三国全史

/ 上卷 /

南门太守 著

中国出版集团 现代出版社

图书在版编目（CIP）数据

三国全史：全2册 / 南门太守著. -- 北京：现代出版社，2017.6

ISBN 978-7-5143-5986-2

Ⅰ. ①三… Ⅱ. ①南… Ⅲ. ①中国历史—研究—三国时代 Ⅳ. ①K236.07

中国版本图书馆CIP数据核字(2017)第069951号

三国全史：全2册

作　　者：南门太守　著
责任编辑：张　霆　王志标
出版发行：现代出版社
通讯地址：北京市安定门外安华里504号
邮政编码：100011
电　　话：010-64267325　64245264（传真）
网　　址：www.1980xd.com
电子邮箱：xiandai@vip.sina.com
印　　刷：三河市宏盛印务有限公司

开　　本：710mm×1000mm　1/16　　印　　张：48.75
版　　次：2017年6月第1版　　印　　次：2017年6月第1次印刷
书　　号：ISBN 978-7-5143-5986-2
定　　价：88.00元

序言：三国，那些有温度的故事

在中国数千年的历史长河中，三国这段时期无疑是最特殊的：它存续的时间不算太长，但留下的历史积存却最丰富，活跃在人们集体意识中的人物和故事也最多；它是乱世而非治世、盛世，但在思想和文化上却大放异彩，使它成为一个充满魅力的时期，以至令人神往。

鲁迅先生说中国社会有“三国气”，先不论这句话为何而说，只说这“三国气”确实已深入所有中国人的内心，三国已不是一个纯粹的历史概念，它成为中华文化的内核之一，千百年来人们说三国、评三国、演三国、看三国，三国的话题总有很高的“点击率”，拥有最广泛的群众基础，是文学、戏剧、曲艺、影视等艺术取之不尽、用之不竭的宝藏。太遥远的不说，只说近代以来，从黎东方在剧场“细说三国”，到新时期新旧两种版本的《三国演义》电视剧热播，再到易中天“品三国”，三国题材经常能在不经意间引发新的轰动，成为永不过时、久盛不衰的文化话题。

三国的魅力究竟来自哪里？有人说三国很热闹、故事很精彩，既斗勇又斗智，看他们的故事可以让人增长智慧，也可以让人加重心机、学会权谋，无论做人还是做事都不吃亏；还有人说三国是个“草根逆袭”的时代，有梦不怕千里远、有志者事竟成，在三国故事中不仅有阴谋论更有成功学，这都是我们最渴望得到的东西。

然而用这些眼光看三国却失于狭隘和偏颇，正如战争可以视为艺术而杀戮却不能那样，心机、权谋和所谓的成功学其实游离在智慧的大门之外，不能把谋略简单地理解为计谋，更不能理解为算计与钩心斗角，它们的区别既在于手段也在于目的，为一己之私、一人之欲或小集团小团伙的荣辱得失而不择手段，是庸俗的也是卑劣的，即使成功了也不足道。

看三国，表面上看是一个个连横、合纵、反目、背叛、厮杀或斗智的故事，有些故事在色调上是黑暗的，在温度上是冰冷的，但当你将思维的触角探进这些故事的内部，用一颗平常的心细细地去体味，你就能品出这些故事的温度来，绝大多数的三国英雄都不是亡命之徒，也不是刽子手，他们有奋斗的目标，也有做事的准则和做人的底线，从他们的身上不仅能看到智慧和勇敢，也能看到忠诚、正义和追求。

这大概才是三国真正的魅力所在，有锲而不舍、百折不挠，有舍生取义、忠贞不屈，有鞠躬尽瘁、死而后已，一谋动千危、一骑当千。在特定的历史环境下人们都为自己的理想而奋斗，将勇力与智力发挥到极致，这些东西远远超越了阴谋与权谋，也超越了庸俗的成功学。它直通每一个人的心灵，即使我们没有生活在那个时代，也会被它深深触动。

所以读三国要读那些真正的三国，而不是“伪三国”“俗三国”。一方面要传达正确的历史知识，还原历史的本来面貌，不将真正的历史与传说、附会杂糅在一起；另一方面对历史要有自己的观点，是褒扬还是批判、是肯定还是否定，要有明确的说法，不能似是而非，不能在历史面前圆滑和世故。除此之外，每一个时代都有自己的特质，品读三国既需要用时代的语言，又要切合当下的物质成果和精神追求，读出时代的风尚。

但要做到这些是有难度的。首先，就三国历史而言，留下来的史料从量上说并不多，可供挖掘的空间非常有限，前人已反复陈说，难以品读出其中的新意；其次，关于三国的演义和民间故事、传说很多，且都已深入人心，真正的历史反而被淡化、弱化；最后，现存的史料有些支离破碎，早期的史家多以纪传体写史，从人物个体的角度读来没有问题，但要按时间的顺序理出历史大事件的完整头绪却很困难，裴松之注《三国志》所引的一大批散佚杂史只保留下一些片段，其相互之间还存在大量矛盾之说，读来更难辨真伪、扑朔迷离。

顾颉刚先生说按照正史的方法写一部《三国演义》是一件了不起的事，但又几乎是不可能的。虽然如此，对于热爱三国历史的人来说，用正史的方法和时代的语言讲述三国时期所发生的那些有温度的故事仍然是一种追求，这也正是写作本书的初衷。

人们心目中的“三国”是个广泛的概念，不能把它理解为曹魏建国（220）到孙吴灭亡（280）的这 60 年，还应该算上汉末的一段，至少从董卓乱政算起，这样才能交代清楚三国的来龙去脉，《三国志》《三国演义》等都采取了这样的方法，本书也予以参照。

本书讲述的内容均来自于《后汉书》、《三国志》及裴松之注、《晋书》、

《华阳国志》等史籍以及三国时期的各种文集、诗集等，为保持阅读的流畅性，书中没有一一注明所引述上述典籍的出处，有兴趣的读者可以找来原文对照阅读。

史书中的地名历来是读史的一大障碍，关于地名，本书参照谭其骧先生主编的《中国历史地图集》等加以古今对照，并在行文中予以说明。有不准确的地方敬请批评指正。

南门太守

写于古都西安

主要官职简介

汉末三国的官职体系较为复杂，盖因朝廷更迭、制度不断变化所造成，先有东汉朝廷，继而魏国封建，之后魏、蜀、吴相继建朝，要将各项官职按朝代、体系一一阐明将十分庞杂，读起来也较为枯燥，有兴趣的读者可以阅读《通典》《东汉会要》《三国会要》《后汉书三国志补表三十种》等典籍。为便于阅读，此处仅就书中涉及的主要官职进行介绍，为使条理更为清晰，特作简单归类，若存在不严谨或遗漏之处，还望批评指正。

一、朝廷官员

（一）上公

1. 太傅：位在三公之上，负责教导天子，一般无实际职守，东汉及魏、蜀、吴均设，属荣誉性职务。
2. 大司马：位在三公之上，东汉及魏设有，多属荣誉性职务。

（二）三公

1. 太尉：三公之一，中央掌军事的最高官员。
2. 司徒：三公之一，中央掌民政的最高官员。
3. 司空：三公之一，中央掌水利、营建、郊祀的最高官员。

（三）丞相及属官

1. 丞相：汉末本不设丞相，曹操废三公改丞相，丞相总三公之职，其后魏国及蜀、吴均设丞相。
2. 丞相长史：丞相府负责综合事务的官员，类似于秘书长。

3. 丞相主簿：典领丞相府文书等事，类似于办公室主任。

4. 诸曹掾：丞相府内设若干曹，类似于处，各曹掾类似于处长。

5. 诸曹掾属：丞相府各曹的副长官，类似于副处长。

6. 丞相军师：类似于丞相府内的军事参谋。

7. 丞相军师祭酒：祭酒是首席之意，本职类似于丞相府内的参谋长或参谋处长。

（四）九卿

1. 太常（或称奉常）：九卿之一，掌礼仪祭祀。

2. 光禄勋（或称郎中令）：九卿之一，掌宿卫侍从。

3. 卫尉：九卿之一，掌宫门禁卫。

4. 太仆：九卿之一，掌车马。

5. 廷尉（或称大理）：九卿之一，掌诉讼断案，平决诏狱。

6. 大鸿胪：九卿之一，掌管王侯封国和各少数民族事务。

7. 宗正：九卿之一，管理皇族事务。

8. 大司农：九卿之一，掌管租税钱谷、盐铁及国家财政收支。

9. 少府：九卿之一，掌管宫中御用之物。

（五）宦官

1. 大长秋：皇后所在长秋宫的宦官总负责人，后宫宦官的最长职务。

2. 中常侍：后宫里的高级太监。

3. 小黄门：后宫里的中级太监。

4. 中黄门：后宫里的低级太监。

（六）尚书台

1. 尚书令：尚书台长官，掌管朝廷日常运行，原为少府属官，后直接向皇帝负责，品秩虽不高但总揽一切，类似于朝廷的秘书长。

2. 尚书仆射：尚书台的副长官，类似于朝廷的副秘书长。

3. 尚书：尚书台内设若干曹，各曹负责人为尚书，类似于尚书台内设的各处处长。

4. 尚书郎：尚书的下属，类似于各尚书台各处内设的各科科长。

（七）其他重要官职

1. 太子太傅：位同九卿，辅导太子。

2. 执金吾（或称中尉）：位同九卿，负责宫外戒备及京师治安。

3. 将作大匠：位略低于九卿，负责修建宗庙、宫室、道路、园林。

4. 侍中：内朝官之一，略低于九卿，一般由博学高德之士担任，类似于皇帝的高级顾问。

5. 御史中丞：御史台长官，负责纠察百官，纠弹百官朝仪。

6. 侍御史：御史台官员，受命于御史中丞。

7. 散骑常侍：负责在皇帝左右规谏过失，类似于皇帝身边的顾问。

8. 五官中郎将：光禄勋的属官，协助光禄勋举察郎官。

9. 博士祭酒：类似于太学的首席教授，即太学校长。

10. 博士：专司经学传授，类似于太学的教授。

二、武官

1. 大将军：武将之首，位比三公或在三公之上，类似于全国武装部队总司令。

2. 骠骑将军：仅在大将军之下，位比三公，类似于全国武装部队副总司令。

3. 车骑将军：位在骠骑将军之下，位比三公，也类似于全国武装部队副总司令。

4. 卫将军：位在车骑将军之下，类似于全国武装部队副总司令。

5. 四方将军：即前将军、后将军、左将军、右将军，分掌各方兵权，类似于各战区司令。

6. 四征将军：即征东将军、征南将军、征西将军、征北将军，分掌各方兵权，低于四方将军，如同一方位两职并设，四征将军就类似于各战区副司令，如不设四方将军，四征将军类似于各战区司令。

7. 四镇将军：即镇东将军、镇南将军、镇西将军、镇北将军，分掌各方兵权，低于四方将军、四征将军，如同一方位两职以上并设，四镇将军则类似于各战区副司令，如不设四方将军、四征将军，四镇将军类似于各战区司令。

8. 四安将军：即安东将军、安南将军、安西将军、安北将军，分掌各方兵权，位在四镇将军之下，类似于各战区副司令。

9. 四平将军：即平东将军、平南将军、平西将军、平北将军，位在四安将军之下，类似于各战区副司令。

10. 杂号将军：各种名号的将军，如讨逆将军、横野将军、伏波将军、破虏将军、征虏将军等，按兵制其麾下满员时约万人，故类似于现在的军长。

11. 偏将军：低于杂号将军，类似于副军长。

12. 裨将军：低于杂号将军，类似于副军长。

13. 中领军：掌管禁军，同时负责选拔武官。

14. 中护军：掌管禁军，同时负责选拔武官，低于中领军。

15. 中郎将：军中的中郎将低于将军以及偏将军、裨将军，略高于校尉，类似于师长。

16. 校尉：军中的校尉略低于中郎将，类似于师长或旅长。

17. 都尉：军中的都尉与校尉相当或略低，类似于旅长。

18. 司马：一种是各类将军的属官，与文职的长史相当，类似于将军府负责军事的秘书长；一种是低于校尉、都尉的武官，麾下满员时约千人，故类似于团长，别部司马类似于独立团团长，假司马类似于代理团长或副团长。

三、地方行政官员

1. 州牧：一州的最高行政长官。

2. 州刺史：原来负责监察一州，后逐步演变为一州的最高行政长官，汉末逐渐推行刺史改州牧，刺史、州牧不并设，从职权上看刺史没有州牧大。

3. 别驾：州牧或刺史的主要助手，类似于副州长。

4. 治中（或称治中从事）：州里主掌人事的属官，类似于各州的人事厅厅长。

5. 太守：一郡的最高行政长官。

6. 郡丞：郡太守的主要助手，类似于副太守。

7. 从事：郡政府内设机构的负责人，类似于各处处长。

8. 县令：一县人口超过万户，最高行政长官称县令。

9. 县长：一县人口低于万户，最高行政长官称县长。

10. 县丞：县令或县长的主要助手，类似于副县长。

11. 功曹：郡和县主掌人事的属官，类似于人事局局长。

12. 都尉：郡、县所设的都尉主要职责是缉盗、维护地方治安，类似于公安局长。

目录

上篇　群雄并起

中篇　大浪淘沙

下篇　三分天下

上篇 群雄并起

一、四方群雄会酸枣

时间是东汉献帝中平六年（189）的年底。

位于京师洛阳以东的陈留郡，今称开封，它的下面有一个叫己吾的地方，是个很普通的县城，平时很冷清，这时突然热闹了起来。

县城里到处在传说有人来这里招兵了，近几年天下乱了起来，朝廷一再招兵买马，地方豪族也跟着招兵，招兵的还有路过的黄巾军，各种招兵形式五花八门，人们开始还有些兴趣，乱世生存不易，当兵至少有口饭吃。但是，随着当了兵的本地人一个个离开这里并从此失去了消息，大家对这种事慢慢地没了热情，招兵成了一件难事。

不过这次招兵似乎有着更大的吸引力，应征而来的人络绎不绝，原因是大家听说本郡很有名望和实力的卫孝廉亲自带着上千人参加了这支队伍，所以都跟着来了。卫孝廉名叫卫兹，是本郡知名人士，曾在司徒杨彪的手下干过，后来回到了家乡，在己吾素有威望。

来己吾招兵的人名叫曹操，他是本郡太守张邈的好朋友，曾任朝廷的骑兵旅旅长（骑都尉），董卓篡夺朝廷大权后曹操的军职已被撤销，并被通缉。曹操与袁绍、袁术等人逃出了洛阳，曹操来到陈留郡，袁绍去了冀州，袁术前往南阳郡，他们相约同时起兵讨伐董卓，曹操在己吾募兵，就是为此做准备的。

卫兹不仅带来了全部家产，还带来一个猛人，名叫典韦。典韦是己吾县本地人，史书没有记载他字什么，说明他出身寒门，他体型魁伟，膂力过人，是本地知名度很高的侠士。现在典韦的职位还很低，在一个叫赵宠的司马手下当兵。赵宠默默无闻，可能早早战死了，典韦后来归其他人指挥，多次立下战功，慢慢也升任为司马。

那个时候一个县通常只有一万户左右，能招募到的兵源十分有限，不过好在曹操招兵的声势造得挺大，不仅己吾周边的几个县，就连陈留郡附近的梁国、陈国也有人跑来应征。在这些应征的人里曹操发现有一个人，个子不高但目光炯炯有神，说话办事干净利索，还有一定的武艺，曹操很喜欢他，就让他给自己当帐下吏。

这个人日后也大名鼎鼎，他就是乐进，他比典韦强点儿，有表字，他字文谦，还挺文绉绉的，他的老家是兖州刺史部东郡，史书说他有胆识、办事果敢。曹操本人的个子不高，选警卫员不能要个子太高的，否则走到哪里都容易抢镜，乐进大概沾了这个光。曹操派乐进回他的老家东郡募兵，招来了上千人，曹操便任命乐进为假军司马。

己吾其实离曹操的老家沛国谯县不远，招兵当然不能忘了自家的人，曹操的几个叔伯兄弟以及与曹家历来关系密切的夏侯家几个兄弟很快都来了。曹家的兄弟里有曹洪、曹仁、曹纯，夏侯家的兄弟里有夏侯惇、夏侯渊，此外还有曹操的侄子曹安民、曹洪的侄子曹休以及曹操的族侄曹真。

人招得很顺利，很快就招到了 5000 人，谯县来的、己吾县本地的、陈留郡其他县以及附近郡国的约各占三分之一。曹操曾担任过朝廷的典军校尉，是专门负责练兵的，所以对新兵训练很有经验。曹操对这 5000 来人开始了训练，分别任命卫兹带来的赵宠等人以及曹洪、曹仁、夏侯惇、夏侯渊当司马、假军司马。

虽然条件简陋，但“曹家军”就此诞生了。

陈留郡太守张邈不仅是曹操的好朋友，跟袁绍的关系也很密切，在这场讨伐董卓的活动中他是个至关重要的角色，在他的串联下，愿意参加讨伐董卓的几支人马陆续向陈留郡北部的酸枣县一带集中。

酸枣县临近黄河，河的北岸是司隶校尉部所属的河内郡。张邈既是东道主也是这次集体行动的实际负责人，他的弟弟张超担任广陵郡太守，该郡属扬州刺史部，辖区在今江苏省扬州市一带，现在也千里迢迢率部来到了酸枣。

很快，兖州刺史刘岱、豫州刺史孔伷、东郡太守桥瑁、山阳郡太守袁遗、济北国相鲍信等人都明确表态，愿意同时起兵讨伐董卓。曹操虽然没有正式职务，但手里却有 5000 人，也算重要的一路。袁绍虽然不在这里，但他们这些人都有关系，张邈、曹操不用说，过去都是朋友，桥瑁、鲍信当初能当太守和国相也都是袁绍在背后秘密策划的，而刘岱则是袁绍的亲戚，跟袁绍的关系非同一般，袁遗是袁绍的从兄。袁绍虽然不在这里，却是大家的精神领袖。

袁绍此时在渤海郡，该郡归冀州刺史部管辖，冀州牧是韩馥，酸枣方面派人到冀州刺史部及渤海郡联络韩馥和袁绍，还去豫州刺史部和南阳郡联络袁术等其他人，他们相距较远，就不来酸枣了，相约就地起事。

说话之间就过了年，被董卓挟持的献帝下诏改元为初平。初平元年（190）正月，讨董的各路人马基本就绪，张邈让人在酸枣临时修起了一个大坛，准备在此会盟。"带头大哥"袁绍不在，大家互相谦让起来，谁都不敢上台领誓，最后一致推举张超手下的功曹臧洪来读。

臧洪于是走上坛场宣读誓文，这篇誓文写得言简意赅、掷地有声，臧洪读得辞气慷慨、涕泣横下，产生了极大的感染力，无论是将校还是普通士兵，都万分激动，为莫大的正义感所激昂。几乎与此同时，冀州牧韩馥、河内郡太守王匡在冀州刺史部起事，后将军袁术在南阳郡的鲁阳县起事，大家都推举时任渤海郡太守的袁绍为盟主。

反董的联军共有十一路，分为四个方向：

冀州方向：冀州牧韩馥屯邺县，河内郡太守王匡屯河内郡。

酸枣方向：兖州刺史刘岱、陈留郡太守张邈、广陵郡太守张超、东郡太守桥瑁、山阳郡太守袁遗、济北国相鲍信，曹操没有职务，行动多有不便，袁绍后来表奏他行奋武将军，上述各部屯酸枣。

豫州方向：豫州刺史孔伷屯颍川郡。

南阳方向：后将军袁术屯南阳郡鲁阳县。

这四个方向自北向南形成一线，对洛阳构成了一个半月形的包围圈，总兵力达10万人以上。袁绍随后到达黄河边上的河内郡，以便"靠前指挥"，他自称车骑将军，以此号令整个关东联军。

看到那么多人口口声声要讨伐他，董卓不淡定了。

虽然靠流氓手段他夺取了朝廷大权，又迅速把洛阳的局面控制住，但背后有关中的皇甫嵩和河东郡的白波军，眼前又有关东联军添堵，董卓头痛不已。袁绍、袁术和曹操等人逃出洛阳后，董卓先是下令通缉，后来又赦免了袁绍，任命他为渤海郡太守，但这些人看来丝毫不领情，现在公然打出了反叛的旗帜。

当初建议赦免袁绍的人是周毖和伍琼，董卓发现他们竟然是袁绍安插在自己身边的卧底，他们主动投靠自己，骗取了信任，却一直在帮袁绍、袁术以及韩馥、张邈这帮人说好话，现在明白了一切，董卓的怒火可想而知，他下令把二人抓了起来，咆哮道："我刚到洛阳，你们劝我擢用能人志士，我一一听从，可这些人一上任就公开起兵反抗我，是你们出卖了我，不是我要出卖你们！"

初平元年（190）2月10日，周毖和伍琼被斩首。

周毖、伍琼的死是关东联军的一个重大损失，不过很快另一个卧底就补上了他们的位置，这个人名叫郑泰，一个老资格的党人，时任朝廷参事室参事（议郎）。关东联军不断壮大，董卓想重新调整战略部署，把主要兵力调集到东边来对付关东联军，郑泰知道后为关东联军捏了把汗，他知道联军组建的时间不长，很多队伍刚刚完成长途跋涉，需要休整才能形成战斗力，这个时候董卓真的动用重兵征讨，联军肯定吃大亏。

郑泰于是跑到董卓那里继续忽悠说："政治成败，取决于恩德，而不取决于武力，所以讨伐无益。"董卓听了有些不爽："照你的说法，要军队就没有用了吗？"

郑泰不着急，慢慢说道："不是说没用，我只是认为关东方面不值得您动用这么大的兵力，如果不信，请让我为明公陈述原因。现在关东合谋，州郡联结，百姓团结一致，不可说不强盛。然而，自从光武帝以来国家平安无事，百姓生活富裕，对战争早已淡忘。孔子说过'不教导人民，而让他们自己去战，这是抛弃人民'，所以他们的人数虽然多，但不足以为害，这是第一点。"

看董卓听得入了迷，郑泰继续忽悠："您出身西州，年轻时即为国家的将帅，熟习军事，多次参加战斗，名震当世，人人怕您、服从您，这是第二点。张邈不过是东平国的一个忠厚长者，不必多看一眼。孔伷只喜欢清谈高论，没啥见地。这些人都没有军事才能和打仗的经验，临阵决战根本不是您的敌手，这是第三点。"

郑泰从第一点一直说到第十点，噠噠噠，一通神侃把董卓弄得晕乎乎的。郑泰最后总结说："如果我上面所说的还有一点点值得采纳，那就不要征兵以惊扰天下，也不要让害怕兵役的百姓们集合一起为非作歹，千万不能弃德恃众，自己亏损威重啊！"

郑泰在江湖上的名声真不是白来的，他的这一番话虽然空洞，很多都是东拉西扯，但却能正好切中董卓的心理。董卓本来就不想打，他有更重要的事要做，听完郑泰的建议，他决定取消军事讨伐关东联军的打算。

董卓发现原来郑参事是个大才，一高兴，直接任命他为将军，担任阻击关东联军的前敌总指挥。如果郑泰掌握了凉州军的前敌指挥权，董卓会死得更快。好在有人及时提醒董卓这个人有党人背景，跟关东那些人的关系也说不清楚，给他军权十分危险。

董卓清醒过来，赶紧收回成命。

二、帝国最后的疯狂

献帝初平元年（190）春天，刚刚把持了朝政的董卓还没有来得及享受权力的快感，迅即遭到了关东联军的集体声讨。

按照董卓的脾气，应该立即放凉州军出关，把袁绍、袁术、曹操这些人全部解决了，论实力他有这个把握，但他却不能这么做，因为在他的背后有日益壮大的白波军，以及驻扎在关中地区的一支由名将皇甫嵩率领的中央军。董卓考虑再三，认为当前不能对关东联军强攻而只能智取，要设法激化他们内部的矛盾，让他们产生分裂。同时也得做出另一手打算，如果不能消灭关东联军，干脆迁都长安。

董卓想到这个方案的时候一定很高兴。他召集朝臣们开会，宣布了这个计划。原本以为经历了废立事件已经没有人再会反对他，但这一次他错了。司徒杨彪、太尉黄琬、司空荀爽等重臣齐声反对，董卓看见反对的人分量很足，不敢轻易动粗，而是拿出了一本《石包谶》的神秘预言书，上面说后汉经历十一世皇帝以后应该迁都。

但董卓又错了，因为玩这个显然更不是他的强项，杨彪直接斥责《石包谶》为妖书："迁都是天下大事，盘庚迁都亳邑，百姓无不怨恨。过去关中遭王莽破坏，所以光武帝才迁都洛阳，经过这么多年，百姓安乐。现在无故放弃宗庙、园陵，必然使百姓惊动，势必如用滚开的水去煮稀粥一样，造成全盘混乱。《石包谶》是妖邪之书，岂可相信！"

杨彪的父亲杨赐当过汉灵帝的老师，向来以敢说真话著称，在这方面杨彪一点儿不输于他爹。董卓耐着性子听杨彪说完，然后说："关中肥沃富饶，所以秦得而并吞六国。陇右出产木材，杜陵有武帝留下来的陶器作坊，都可以利用。至于百姓议论，那算什么？如果敢反抗，我以大兵驱之，把他们都赶到大海里喂鱼虾！”杨彪仍然反对：“天下大事发动容易，收拾残局很难，请慎重考虑！”董卓有些不耐烦了：“你打算破坏我制定的国策吗？”杨彪还没说话，太尉黄琬站出来支持杨彪：“杨公所说有道理，值得参考。”

董卓黑着脸，不吱声。荀爽一看杨彪可能有危险，赶紧出来打圆场：“相国哪里喜欢迁都，只是关东兵起，不是一天两天可以解决，所以才迁都以应对，这正是效仿秦、汉，借山川之势来控制天下啊！”

听荀爽这么一说，董卓的气才消下去一些。但是董卓当场免除了杨彪、黄琬等人的职务，提拔王允当司徒，赵谦当太尉。董卓还明确，王允作为自己的助手负责具体落实迁都事宜。

董卓一直想找个人当助手，尤其决定迁都后得长安、洛阳两头跑，自己一个人实在忙不过来，在选择王允之前他看好的人是朱儁，朱儁是当年讨伐黄巾军的3位主将之一，在军中素有威望，还担任过全国武装部队副总司令（右车骑将军），如能为己所用，那再好不过。

朱儁此时的职务是河南尹，董卓派使者向朱儁宣读委任诏书，任命他为太仆，并且明确是相国的副手，但朱儁不愿意接受，对董卓的使者说：“朝廷要西迁，必然让天下人失望，正好助长了关东联军的声势，我不知道这行不行。”使者对朱儁说：“任命你你拒绝接受，没问你西迁的事你却说这么多，为什么？”朱儁至少也是朝廷的部长，一个下级官吏口气不诚不敬，让朱儁很恼火：“副相国不是我所能称职的，迁都是错误的，这件事很紧急。辞去不堪之任，陈述当下之急，没什么不妥吧？”朱儁再三推辞，董卓只好作罢，让时任尚书令的王允当太仆。

在用人方面董卓最近总是吃亏上当，上过伍琼、周毖的当，又上过郑泰的当，眼前这个王允也是一名党人，曾与前大将军何进以及袁绍等人一起奋不顾身地同宦官做斗争，对于这段渊源董卓竟然不够了解，与刚刚被杀的伍琼等人相比，王允才真正深不可测。

董卓现在特别欣赏王允，这是因为王允特别能装，对于董卓做出的决定王允从不当面反对，派给他什么活，他都积极去落实。董卓对王允很满意，让他负责具体的迁都事宜，好让自己全力以赴部署与关东联军作战的事。

要迁都长安，必须先解决在关中手握重兵的左将军皇甫嵩，董卓想了一个办法，他以天子的名义征皇甫嵩为洛阳城城门校尉。

长安要成为新首都，长安所在的京兆尹就相当于河南尹了，也十分重要。目前担任京兆尹的是盖勋，就是洛阳大阅兵时跟灵帝在阅兵台上对过话的那个人，董卓以天子的名义征他为议郎。谁都能看出来，这是要解除二人的兵权。

诏书送达关中，皇甫嵩的长史梁衍建议："董卓霸占京师，擅自废立，现在又征将军您，您如果去了，大则有生命之危，小则受困遇辱。趁现在董卓还在洛阳，天子即将西来，将军可以率众迎接至尊，奉令讨逆，袁绍等人在东，将军您在西，董卓可擒！"但皇甫嵩不敢接受这一类的建议，而是到洛阳就任。皇甫嵩一走，盖勋即使有想法也孤掌难鸣，只好随后去了洛阳。看到皇甫嵩自动送上门来，董卓大为高兴。

去年朝廷改任董卓为并州牧，诏令他把手下的人马交给皇甫嵩，董卓坚决不答应，为此跟朝廷一度陷入僵持，皇甫嵩曾上书朝廷，朝廷下诏责让董卓，董卓与皇甫嵩进一步结怨。现在皇甫嵩到了洛阳，董卓决定对他进行报复，马上授意有关官员上奏朝廷找了个借口诬陷皇甫嵩，董卓令人把皇甫嵩抓了起来，想把他杀了。

皇甫嵩的儿子皇甫坚寿跟董卓有一定交情，目前也在洛阳。董卓摆设酒宴大会宾朋，皇甫坚寿在席间突然抢到董卓面前和他辩理，责以大义，又叩头落泪，为父亲申冤求情。在座宾客深受感动，也纷纷替皇甫嵩求情，董卓这才离席而起，拉起皇甫坚寿和自己同座，并派人释放了皇甫嵩，任命他为议郎。

初平元年（190）2月17日，朝廷正式开始迁都。

迁都前，董卓派兵到洛阳周边四处抢掠。凉州军本来军纪就很差，对付老百姓以手段残忍而著称，接到董卓的命令，大家抢得更欢了，一时间洛阳周围地区成为人间地狱。董卓下令把洛阳一带所有富豪集中起来，胡乱安个罪名集体处死，财产全部没收。普通百姓强迫迁往长安，不愿意走的全都处死。

董卓下令在洛阳周围200里范围内大行烧光、抢光、杀光，还命令士兵开棺掘墓，盗取珍宝，邙山一带密集地排列着本朝多位先帝的皇陵和许多贵族的墓地，大都无法幸免。洛阳东边有个阳城，乡民正在举行祭神仪式，凉州军开到，立即大开杀戒，所有男人全部被杀，载着抢来的妇女，一路敲敲打打，宣称在前线打了胜仗。前线被抓住的俘虏情况更惨，凉州兵用布涂上油裹在他们身上，活活烧死，围观的人看着取乐。

经过半个多月的长途跋涉，献帝等一行于3月5日到达长安。长安城原有未央宫，是萧何主持下在秦章台基础上扩建的，规模宏大壮丽，但王莽失败后，汉军、赤眉军两次攻入长安，未央宫遭到焚毁。献帝仓促西迁，后宫及朝廷各署衙纷纷涌来，只好因陋就简，未央宫还无法居住，献帝只能在京兆尹府临时下榻。

董卓还在洛阳，司徒王允全面负责长安事务，他协调内外，尽量保证各项迁都事宜有序进行。未央宫在加紧整修下勉强可以入住，献帝不久搬入未央宫。

送走了献帝，董卓觉得有一件事该办了。3 月 18 日，董卓命令司隶校尉宣播斩太傅袁隗、太仆袁基。袁绍的生父袁逢、继父袁成都死了，袁隗、袁基是袁绍的叔父。董卓本想再留袁家人一阵，作为和袁绍、袁术谈判的筹码，现在既决定西迁长安，留着也没用了。袁家在洛阳的亲属有五十多口，全部被杀，连婴儿也不放过。袁氏遭灭门后，先被集中埋在洛阳城青城门以外、东都门以内的一个地方，上面做了标记。董卓后来担心有人来盗取，把他们又都挖出来，送到关中的郿坞。消息传到河内郡和鲁阳县，袁绍、袁术痛哭，誓报此仇。袁氏灭门之祸，董卓是凶手，但袁绍、袁术也无法脱去责任，他们决定兴兵讨伐董卓的时候就应该料到有这样的结局。

但这为袁绍争取到同情，感其家祸，很多人都来投奔他们，有些人虽然没有来到袁绍帐下，也打着袁绍的旗号起事。

三、白鹄救主战汴水

董卓知道，即使迁了都，也迟早免不了一场血战。

所以杀完袁氏一家后董卓又加紧了军事准备，把凉州军主力调往洛阳以东，自北向南分成三路进行布防，与关东联军的主力形成对峙：北路以牛辅为主将，对抗河东郡、河内郡的联军以及白波军；中路以徐荣为主将，对抗酸枣方面的关东联军；南路以胡轸为主将，吕布、华雄辅助，对抗鲁阳的袁术和孙坚。

自北向南，这条战线长达上千里，中间有沁水、河内、酸枣、荥阳、阳翟、鲁阳等要地。在河内郡屯驻的袁绍、王匡离前线最近，他们的驻扎地在黄河北岸的怀县，与洛阳的直线距离不过 100 里，轻骑兵半天即可到达。

袁绍倒是想建个头功，让自己的这个联军总指挥更加实至名归，所以他命令王匡在平阴渡口过黄河，向敌人发起进攻。牛辅率部驻守在平阴渡口南岸，面对王匡的进攻，他一面进行正面抵抗，另一面暗中派出精锐部队从另一个渡口小平津渡过黄河，绕到王匡背后，抄了联军的后路。这一仗王匡所部损失惨重，只得退回怀县与袁绍会合，不再出战。这是关东联军的第一仗，虽然有袁绍亲自坐镇指挥，但仍以失利告终，这让酸枣方面的各位将领变得迟疑起来。

本来聚集酸枣的人马最多，如果一鼓作气往西打，也能形成一定气势，但大家似乎都不急着进攻，每天只是大吃大喝。虽然有共同的敌人，却没有共同的利益，大家内心里都想让别人去打头阵，自己跟着沾光，都不愿意早早就把本钱拼没了。

只有一个人比较着急，这就是曹操。酸枣是陈留郡的地盘，陈留郡太守张邈是酸枣方面事实上的总负责人，曹操跟他也是老朋友了，多次向他请求发起进攻。

曹操为什么比别人急？除了他更具有事业心并一贯积极之外，现实问题他也不得不考虑。与其他人不同，他既没有现成的地盘也没有正式的官职，手下5000多人每天都要吃要穿，虽说联军目前提供统一的物资供应，但时间这么拖下去对他最为不利，如果将来大家来个一哄而散各回各家，他就没地方去了。所以，曹操比别人更迫切地希望尽快打起来，这种想法张邈不便于明确反对，但也不给予支持，曹操找他说了半天，等于没说。

曹操转而向其他几路联军求助，他和济北国相鲍信也是老熟人，就跑去找鲍信，希望他能与自己一块行动。鲍信是一个有眼光、有胆识的人，这一点从当初他劝袁绍铲除董卓上就可以看出来，经过曹操的劝说，鲍信愿意跟弟弟鲍韬一起听从他的指挥。鲍氏兄弟有1万多人，有他们的加入，曹操手里就有了一支近2万人的队伍，不算少了。

这支队伍相当于一个军，军长是代理奋武将军曹操，下面有四个师长，曹操兼任一个，其余的是卫兹、鲍信、鲍韬。

曹操率领这支人马从酸枣西进，首先进入阳武县，这里已经归司隶校尉部所属的河南尹管辖了。联军没有遇到抵抗，阳武县以及附近的原武等县连地方官都找不到了。凉州军还没有占领这些地方，这些地方的官员都是朝廷以前任命的，他们不敢得罪董卓，也不愿意跟关东联军为敌，所以溜之大吉。

一直到了中牟县，才遇到一个叫任峻的人，带着一支队伍没有走。

任峻字伯达，是中牟县本地人，这个县的县令名叫杨原，本来也打算弃官逃命，任峻劝他不要这样做，杨原认为有道理，决定不走了，就在中牟县自称河南尹，任命任峻为他的主簿，把临近的几个县都接管起来，招集散勇，扩充人马。正在这时曹操率领的联军来了，中牟县已集结起一部分人马，下一步该怎么办大家意见却不统一，任峻和本地另一位知名人士张奋主张加入曹操的队伍，但这个提议并没有获得其他人的支持，最后任峻、张奋率数百人投奔了曹操。自称河南尹的杨原没有一块来，关于他的事后面也再无记载。

得到了任峻等地方人士的支持，曹操很高兴，觉得这是一个好兆头，就把任峻、张奋带来的人马编为一个旅，表奏任峻为骑都尉。表奏就是先任命再“报备”，不需要批准，袁绍自称车骑将军用的就是这个办法，曹操的这个行奋武将军也是袁绍表奏的，这个东西看起来很好使，曹操学得很快。

队伍继续前进，很快到达荥阳、成皋一带。

这里附近有一条汴水，是一条人工运河，可以联结起北方的黄河水系和南方的淮河水系，东南各郡的物资通过这条河能很便捷地运来。所以，从秦朝开始就在附近的敖山上修建了一处仓库，用来屯积粮食等物资，也屯积一些军械，这就是著名的敖仓。曹操率军一路西进，当然不能放过敖仓，如果把这里占领，不仅一举解决后勤保障问题，而且也会产生很大的震动。曹操率领队伍渡过了汴水，这时候敖山的影子隐约都能看到了。大家都很兴奋，以为大功即将告成。

他们以为张邈等人不愿意来，简直太傻了。然而等待他们的将是一场惨败，他们中的大多数人再也没有机会渡回汴水。

联军一路西进如入无人之境，这其实都是假象。制造这个假象的人就是徐荣，凉州军中路总指挥，一个可怕的敌人。

在董卓手下的将领中徐荣虽然不是一线将领，但却是一个不折不扣的牛人，他不仅能打，而且最会动脑筋，这一点与其他凉州军将领有所不同。董卓手下现在大约有 10 万人，大部分是他的凉州军，也有一小部分并州军等新归附的杂牌军，论人数不算太多，但战斗力却极强，凉州军个个都是精兵悍将，在战场上足可以一当十。

他们都是职业军人，出生在边地，由于各民族混居形成的基因优势，个个身体强壮。他们身经百战，战场经验丰富，家属子女又都在老家，打起仗来没拖累，一上战场就死拼。

他们还有一个要命的优势，那就是战马。战车退出战争主角地位后，战马就成为冷兵器时代最制胜的武器。衡量一支队伍的战斗力，要看它骑兵人数的占比，以及马匹品种是否优良。在这方面，凉州军无疑占有绝对优势，他们原先也都是朝廷的部队。但董卓抓队伍很有一套，在他的调教下，这支队伍早就只效忠于董卓个人，成为董卓的私人武装。董卓在凉州时最高军职为四方将军之一的前将军，相当于大军区司令或兵团司令，他利用这一职务疯狂扩军，手下人马迅速膨胀，到底有多少人马朝廷并不掌握。

如果把现在的凉州军看作一个兵团，兵团司令就是董卓，下面至少有 3 个军长一级的将领，分别是牛辅、李傕、郭汜。牛辅是董卓的女婿，能力一般，但地位特殊；李傕字稚然，凉州刺史部北地郡人，作战勇猛，诡谲残忍；郭汜又名郭多，也出身于凉州，是一名悍将。

在牛军长手下，比较有名的师旅级将领有张济等人；在李军长手下，有名的师旅级将领有李暹、李利、张苞等人。还有一部分师长、旅长级将领由董卓直接指挥，分别有徐荣、董越、段煨、胡轸、杨定、李蒙、樊稠等。

作为非凉州籍的将领，徐荣在凉州军中显得很特殊，他是东北人，本来是朝廷军队里的下级军官，在凉州作战时因为勇猛职务不断晋升，后来归董卓指挥，由于有勇有谋，所以深得董卓的信任。现在，徐荣看到联军队伍冲自己而来，考虑到人数不足，不宜把战线拉得太长，所以他主动放弃前沿的武阳、原武、中牟等据点，把重兵布防在成皋一带，在此以逸待劳。

联军刚渡过汴水，即遭到了凉州军的突然攻击。

联军人数占优，但战斗力却相差悬殊。联军的士兵多是新招募的，虽然也经过一些训练，但时间很短，战场经验几乎空白，手里的武器装备也很差。凉州军不仅骑兵人数多，而且在此等候了多时，在他们的进攻面前，联军瞬时大乱。

但是，让凉州军也略感吃惊的是，这支很不齐整的队伍却没有望风而逃，而是展开了拼死血战。

战斗进行得异常激烈，联军一方处于下风。混战当中，曹操的战马被乱箭射死了。曹操从马上摔了下来，战场上失去战马，面临的危险系数就会大增。紧要关头，有个人过来把自己的战马让给曹操骑，曹操一看原来是曹洪，他不愿意骑。曹洪急了，恳求道："天下可以没有我曹洪，不能没有大哥你呀！"曹操这才上马。

曹操最后拼命杀出了重围，他能保住一条命，曹洪让给他的这匹战马立下大功，这匹马的名字叫白鹄，是一匹名马，骑上它即如乘风而行，闭上眼只听见风声在耳，马好像不曾着地一样。

联军重新退回到汴水边，他们刚从这里渡的河，但到了河边却发现一件搞笑的事，他们过不了河了，原因是水太深。他们前面肯定是乘船过的河，当时没想到马上就得回来，所以没有把船准备好。徒步作战的曹洪挺命大，最后也安全撤了出来，他沿着汴水去找船，总算找到了，这才让大家过了汴水。

好在凉州军没有追来，曹操把人聚拢起来清点，卫兹、鲍韬战死，自己和鲍信都负了伤，所幸曹洪、曹仁、曹纯以及夏侯惇、夏侯渊、任峻他们倒没有什么大碍。

这是一场惨败，没有死在战场上的人大部分也都开了小差，几乎可以用全军覆没来形容了。身边只有从谯县带出来的人还紧紧相随，这里离谯县不远，曹操就带着他们先回了谯县。

四、联军只会窝里斗

成皋之战，凉州军虽然取胜，但联军的顽强精神让董卓吃惊。

面对这支军事素质很差的队伍，按照董卓的想法，派出凉州铁骑一个冲锋即可搞定，但最终结果却完全出乎意料，一度杀得难解难分。董卓知道，和他们相比自己的老同事孙坚更生猛，所以在三路大军的安排上特别重视南面这一路，安排了胡轸、吕布、华雄等3员猛将共同对付。

胡轸和华雄都是董卓的嫡系，吕布手下主要是原并州军旧部，属于杂牌军。华雄是一员猛将，目前担任都督一职，但对他的情况所知甚少，他在后世的影响与比他在凉州军中的实际地位大得多。

本来这支人马力量最强，但内部好像出了问题。

胡轸字文才，他和董卓手下另一个将领杨定关系很亲密，凉州军中有人称他们为“凉州大人”，凉州人习惯用语中“大人”的意思是大家豪右，也就是地方豪强。胡轸的资历似乎比李傕、郭汜还老，董卓对属下经常呼来喝去，想骂就骂，想打就打，但对胡轸相当客气，除了让胡轸带兵，董卓还给了他一个陈郡太守的官衔，这在凉州军众将领里算是特例。

但这个人的水平比牛辅高不到哪里去，脾气大、嗓门大、爱摆老资格，谁都不放在眼里。一般来说，领导和下属在性格上最好形成互补，领导是急脾气，下属最好是慢性子；领导是慢性子，下属倒可以有几个急脾气，让胡轸去指挥徐荣不会有问题，因为遇事徐荣能耐得住，而让吕布、华雄去，弄不好就得出事。吕布是杂牌军，遇到问题比较敏感；华雄是个急脾气，考虑问题比较简单。

三路大军之中，北线、中线相继失利，但这没有影响到南线的士气。在南线，袁术主动发起了攻击，倒不是袁术的积极性有多高，而是他手下现在有个最积极的孙坚。

孙坚字文台，吴郡富春人，曾当过县丞，后参加镇压黄巾军的行动，被朝廷提拔为长沙郡太守，群雄起兵讨董卓后，孙坚率部参加，从长沙郡一路北上来到南阳郡，他觉得自己的名望还不足，于是主动提出听从袁术的调遣，对于讨伐董卓他的积极性一向很高，袁术想摁都摁不住。

孙坚向北行动，到达梁县境内一个叫阳人聚的地方。这是个大壁坞，位于洛阳的正南方，霍阳山和汝水以北，距离洛阳的直线距离不到百里，相当于洛阳的远郊区。董卓急了，立即催胡轸率部赶紧迎敌。最近几天胡轸一直指挥属下在洛阳周边抢劫，他更乐意干这事。接到董卓的新命令，他不敢怠慢，指挥所部以及吕布、华雄部南下迎击孙坚。

凉州军正热衷于抢抢杀杀，角色一时难以换过来，军纪十分涣散，胡轸大为光火。胡轸发了一次大脾气，不断威胁大家，如果谁不听话就让谁没好果子吃，他甚至放出了一句狠话："这次行动相国给了我大权，我非斩杀一名青绶级官员，才能整顿好纪律！"无论文武，品秩大小可通过官印的材质和绶带的颜色来判断，本朝绶带分为黄赤、赤、绿、紫、青、黑等颜色，皇帝、太后、皇后用级别最高的黄赤色，诸侯王、天子的贵人等用赤色，公、侯、将军用紫色，"青绶"即青色的绶带，九卿、二千石级官员才能用。

在整个南线作战的各支队伍里，够这个级别的只有吕布和华雄，胡轸的话传到他们耳朵里，他们怎能服气？

胡轸率本部走在前面，吕布和华雄率部紧随其后。

胡轸到了梁县境内一个叫广成聚的地方，此时天已经黑透了，将士们远道而来，人困马乏，应该在广成聚就地宿营，秣马饮食，拂晓再对孙坚发动攻击。但是胡轸不让大家休息，不知道他从哪里得到了情报，说阳人聚的贼人已走，应当一鼓作气追击。大家无奈，只好向阳人聚发动攻击。可惜情报有误，孙坚不仅没走，而且早有准备，攻击遇阻。将士们又渴又饿，人马疲惫，无心再攻。

这回轮到胡轸无奈了，他只得下令退回广成聚。此时已是三更半夜，来不及修筑堑垒，将士们一个个都解开盔甲就地休息。半夜，出事了，不知道谁突然在营中大喊大叫："城里的贼人出来了！"这叫夜惊，行军打仗最怕这个，军士们从睡梦中惊醒，纷纷扰乱奔走，盔甲也丢了，马也跑了，弃营逃命，一口气溃退了十多里，确定后面没有敌人追击才稍稍安定下来。

天亮了，吕布和华雄率部也赶到了。

胡轸命人拾取兵器，提出再次攻击阳人聚。吕布和华雄率部随行，但孙坚那边已经进一步加强了防备，阳人聚外面的城堑也进行了加深，胡轸无法取胜，只好撤兵。孙坚不依不饶，下令追击，凉州军一路败了下去。

眼看孙坚可以势如破竹直取洛阳了，突然一支人马从东北方向杀来，挡住了孙坚。

来的还是徐荣。在汴水打败曹操后，徐荣接到董卓的命令，让他赶紧增援南线。徐荣不敢怠慢，马上率一部主力前来支援，结果正碰上孙坚。徐荣不愧是凉州军里最能打的猛将，他堵住了孙坚，将其打败。孙坚这一仗败得很狼狈，只领着程普等几十骑突出重围。徐荣穷追不舍，孙坚头上戴着一个红色头巾，平时看着挺酷，这时候就要命了，红头巾成了一个标志，凉州军拼命追着打，孙坚手下将领祖茂提醒孙坚，把头巾摘下来给自己戴上，孙坚才得以解围。

祖茂被追到一片坟地，四处是敌兵，只好下马，把孙坚的红头巾绑在一根柱子上，自己趴在草中一动不动。凉州兵看见红头巾，以为抓住了孙坚，就里三层外三层包围起来慢慢靠近，等到了跟前才发现是根柱子，祖茂这才脱险。

失利后孙坚退到了颍川郡，该郡太守名叫李旻，是豫州刺史孔伷的人。孙坚如果见到孔伷，一定有些尴尬，因为他也是豫州刺史。不过人家的豫州刺史是正宗的，有朝廷的任命，他这个豫州刺史是袁术表奏的，是水货。但孔伷、李旻还是给了孙坚以支持，协助他整顿残部，重整旗鼓，在很短的时间内又杀回了河南尹辖区。孙坚率部一口气杀到了阳人，距洛阳南郊不到百里，董卓急命华雄率部阻挡，华雄被孙坚斩杀于阵前。

所以历史上很有名的人物华雄死在大谷关，不是汜水关；斩杀他的是孙坚所部，不是后来大家都传说的关羽。

看到孙坚势头太猛，董卓想出一招，他派李傕带上自己的亲笔信去见孙坚，表示求和之意。为了拉拢孙坚，董卓主动提出两家和亲，并让孙坚把自家子弟以及手下的人里愿意当刺史、太守的统统列一个名单出来，他照单全部任用。

董卓已经有了个女婿牛辅，还要再与孙坚和亲，看来他的女儿不止一个，不过没有儿子。但是，这些都被孙坚毫不犹豫地拒绝了："董卓逆天无道，荡覆王室，如不夷其三族、悬示四海，我都无法瞑目，还结哪门子亲？"董卓只得亲自率大军迎击孙坚，结果不是孙坚对手，又吃了败仗。但反董势力也有损失，颍川郡太守李旻在作战中被俘，与他一起被俘的还有好友张安。

董卓命人把他们押送到洛阳，在毕圭苑里搞了个仪式，要把李旻和张安活活烹杀。这是董卓惯用的一招，此前在北线作战中他俘虏了袁绍手下一个名叫李延的将领，就下令把他煮了。大鼎支起，炉火熊熊，不用煮，一般人吓都吓尿了。

在历史上李旻和张安都没什么名气，二人在正史中出场也只有这一次，不过他们却留下了潇洒的一笔。就义前，二人谈笑风生，视死如归。临入鼎时还不忘调侃一下:“咱们不能同日出生，却有幸同日被烹啊！”

三路作战中凉州军胜了前两路，但正是第三路，不仅距洛阳最近，而且战斗力最强，很要命。董卓指挥人马坚守洛阳，同时做出随时西撤的准备。孙坚率部不断向前推进，准备随时发起对洛阳的总攻。

关键时刻，孙坚的后方却出了问题。孙坚一路高歌猛进，袁术心里不踏实了，他虽然是关东联军南线总指挥，但他靠的是孙坚，孙坚在前面打，袁术只是在后方负责后勤。孙坚打了败仗他着急，打了胜仗，他更着急。

有人在袁术面前不断挑拨:“孙坚如果攻入洛阳，就再也不好控制他了，这等于赶走了董卓这匹狼，又引进了孙坚这只虎啊！”袁术心眼儿本来就小，经过这一挑拨，对孙坚更不信任了，于是停止了前方的后勤供应。孙坚一下子傻了，如果断了军粮，将不战而败。

阳人聚距离鲁阳县有100多里，孙坚连夜骑马赶回鲁阳，对袁术说:“我之所以不顾生死全力拼杀，上为国家讨贼，下为报将军家门的私仇。我孙坚和董卓没有骨肉之怨，但将军您受别人的挑拨，还对我有所怀疑！”

孙坚越说越激动:“眼看大功将成，但军粮不继，这就像吴起当年叹泣于西河，乐毅遗恨于垂成啊，希望将军好好想想！”袁术考虑了一下，发现自己现在离开孙坚根本玩不转，只得重新调发军粮。

以上是南线战场，再说中线。

曹操率领从成皋前线败下来的一点儿人马先去了他的老家谯县，曹操的父亲曹嵩之前已弃官回家，但他目前并不在谯县，而是带着家族几十口人到徐州刺史部的琅邪国避难去了。

曹操这次回乡情绪很低落，不仅因为打了败仗，而且看到家乡一带受战争的影响也变得很残破，人员大量外流，想在这里招募人马重整队伍看来比较困难。

于是曹操带着大家重新回到了酸枣。酸枣还是老样子，他们在前方浴血奋战，这里仍然整天醉生梦死，压根没人关心讨董大业。曹操多次向张邈等人陈述自己的用兵计划，但成效都不大。大家表面上还听曹操去说，那是对他的客气，其实内心里早就幸灾乐祸上了，他们都在想，幸好当时没有被曹操忽悠去，否则就是鲍信今天的下场，部队基本上打光了，还搭上了自己的亲人。

在一次会议上，曹操建议采取以下军事行动："渤海郡太守袁绍从河内郡进攻，逼近黄河上的孟津渡口；酸枣的各路联军攻击成皋，占领敖仓，封锁轘辕关和太谷关，控制各战略要地；后将军袁术率领南阳郡的大军进攻丹水和息县，攻入武关，扰动关中。以上各路大军实现第一步目标后，高筑壁垒，不与敌人作战，多布疑兵，发动舆论和思想攻势，以正义之师讨伐叛逆，天下即可平定！"

曹操越说越激动，最后把难听话都说出来了："如果我们迟疑不敢进攻，天下人将失望，我也为诸位感到羞耻！"但即使如此，大家仍然无动于衷。

其实曹操的计划是可行的，凉州军虽然战斗力很强，但他们也有弱点，他们不仅在舆论上不占优势，而且四面是敌，如果大家心齐，行动上又协调一致，那么打败他们也不是什么难事。

但大家好像铁了心，任凭曹操怎么说，就是不行动。失望之下曹操决定离开酸枣。别人都有自己的地盘，曹操没有，老家谯县也不用去了，现在只能另找一个地方。

曹操决定南下，到扬州刺史部的丹阳郡去，那里自古出精兵，他到丹阳郡募兵，有了人马再回来战斗。曹操在酸枣辞别了鲍信南下，经过汴水一战他跟鲍信结下了生死友情，鲍信尽管失去了弟弟，但对曹操的支持不改，他也重回济北国，利用在当地的影响招募人马。

袁绍亲自坐镇河内郡怀县指挥联军在北线作战，但自从王匡主动出击被打败后，北线基本就处于无战事的状态。袁绍、王匡的态度有些消极，因为他们的不作为，董卓就可以从这里抽调人马去对付中线和南线的敌人。

董卓也发现了这一点，所以把用兵的重点放在了别的地方，用重兵对付孙坚，对于袁绍，董卓想出了一个新办法。董卓派出了一个特使团来到怀县，对袁绍等人进行招抚。特使团由大鸿胪韩融、少府阴修、执金吾胡母班、将作大匠吴修、越骑校尉王环等一批重臣组成，这些人品秩都在二千石上下，都是"部长级"高官，重量级人物。

但是，特使团刚到河内郡，还没有展开工作，就被袁绍下令抓了起来。袁绍以联军总指挥的身份命令王匡把他们收押入狱，袁绍告诉王匡，让他做好准备，要拿董贼派来的这些特使来祭旗。

王匡大吃一惊，因为这些人虽然是董卓派来的，但本质上跟董卓并非一路人，他们都是士人，有的还曾是著名的党人，比如大鸿胪韩融，在士人中声名甚盛，在党锢之祸中曾受到迫害。还有洛阳执金吾胡母班，早年就曾名列党人“八厨”之中，并且他还有一个身份，是王匡的妹夫。所以袁绍的命令让王匡深为不解，也痛苦不已，但还是接受了命令。

胡母班更无法理解，他在狱中写信给王匡：“所谓姻亲，到底是福是祸，我今天算是知道了。过去是一家人，现在却是血仇！我有两个儿子，是你的外甥，我死后，拜托你千万不要让他们在我的尸体旁哀哭！”

王匡看到妹夫的信，抱着胡母班的两个儿子痛哭。但是，胡母班最后仍然被处死了，特使团中除了韩融德高望重又跟袁绍的父辈、爷爷一辈都有交往而免于一死外，其他人都被杀害。

本来董卓派特使团也没打算真能把袁绍等人劝回头，他知道有些事可以劝动，有些事是没法劝的，但董卓还是派了这些人去，名单是他精心挑选的，都是一些有声望的士人，袁绍为难他们，董卓才高兴。

袁绍把这些人杀了，董卓更高兴，这些人跟袁绍等人在本质上没有区别，袁绍杀他们，就是自相残杀。这是董卓阴损的一招，而袁绍中招了。王匡早年轻财好施，以任侠而闻名，和大学者蔡邕关系很好，但杀胡母班事件发生后，蔡邕对王匡的看法发生改变，再提到王匡就称他为“逆贼”。胡母班被杀，他的亲属不胜愤怒，后来联合其他势力把王匡杀了以报仇。

在其他各路人马中，兖州刺史刘岱和东郡太守桥瑁有很深的矛盾，他们不去打敌人，而是自己动起了手，刘岱杀了桥瑁，直接任命一个手下担任东郡太守。

就这样，关东联军于是四分五裂，整天大吃大喝让粮食也告尽，大家于是各找出路，作为关东联军的发起地和大本营，酸枣只热闹了几个月就变得冷冷清清了。

五、甄官井上五色气

酸枣那边散伙了，讨董联军从此进入各自为战的状态。

但是，董卓的压力依然没减，因为南面这一路实在太生猛，打得凉州军节节败退，到了初平二年（191）春天，围绕洛阳的争夺呈现胶着之势。

凉州军打退了孙坚的进攻，但孙坚很快重新杀了回来，前锋已到了洛阳的南郊。一向凶猛的凉州军之所以打不过孙坚，一方面孙坚确实是一员悍将，他久居凉州，知道凉州军的作战特点，所以有备而来。

另一方面，凉州军将士都知道马上要撤退了，连朝廷都迁走了，所以这段时间他们每个人的主要精力都放在了抢东西上，都在想着如何把这些东西运回去，最差劲的也要把自己活着弄回去，所以一打起来就往后跑，董卓约束部下很严厉，可这时也失去了效果。

董卓只好下令主力撤出洛阳向东运动，为了保证撤退的顺利，必须有人负责断后，这个光荣的任务落在了并州军身上。董卓命令吕布、张辽率并州军守住洛阳，为大部队撤退做掩护，他率凉州军主力向西，暂驻于渑池一带，随时可以回师长安。洛阳其实已经成为一座空城，朝廷不在了，百官要么去了长安，要么逃到了外地，吕布、张辽守着这座空城，等待孙坚的进攻。

孙坚率部向洛阳发起了进攻，吕布、张辽稍作抵抗后也撤出了，孙坚由洛阳南门之一的宣阳门攻入城中。

此时的洛阳基本上成了一片废墟，南宫和北宫一带一向是重地，附近是朝廷的重要官署和重臣们的宅邸，此时也都荒无人烟，看到此情此景，孙坚怅然流泪。孙坚命令士兵打扫皇宫和太庙的卫生，又到太牢进行了祭祀，整理邙山一带被破坏的汉室诸陵。

城南有一口甄官井，有人发现一个奇怪的现象，大白天井口不时发出异样的光亮，大家都觉得奇怪，不敢到这口井里打水。孙坚命人下到井中，在下面发现了一枚玉制印章，四寸见方，印上有一个由五条龙盘着的印纽。

这枚印章缺了一个角，印文是八个字："受命于天，既寿永昌。"孙坚大喜过望，因为这就是传国玉玺。相传这枚玉玺取材于著名的和氏璧，上面的八个字由秦朝首任丞相李斯所书，象征受命于天，是国之重器。汉朝建立后一直由汉帝拥有，到灵帝驾崩后这个玉玺神秘地消失了，连董卓都没找到。

原来，张让、段珪等人劫持少帝仓皇出宫，当时一片大乱，负责保管玉玺的人（掌玺者）情急之下，把它投到了这口井中。这枚玉玺应归献帝所有，但他去了长安，孙坚得到这枚玉玺，暂时由自己保管起来。

关东联军虽然各自为战了，但攻克洛阳仍然算是他们取得的一场最大胜利，只是这场胜利没有激发起大家的热情，后来让大家的思想更迷惘了。

关东联军各路人马的革命意志本来就很恍惚，讨伐董卓的道理大家比较明白，但讨伐完董卓之后怎么做，大家的想法就比较多，董卓这一走，大家失去了一个共同的目标，无疑进一步勾动起每个人内心里的"活思想"。

孙坚想乘胜追击，袁术却命令他赶紧回军，因为后方出了问题。袁术表奏孙坚为豫州刺史后，孙坚在豫州也有了相当大的发展，豫州刺史部的一部分地区成了他的势力范围。当时的豫州刺史部基本控制在他和朝廷任命的豫州刺史孔伷手中，孔伷年龄比较大，身体也不好，没有多少野心，未来豫州刺史部就是孙坚的了。

谁知道袁绍这时来个了横柴入灶，派了个叫周喁的人当豫州刺史，公然来抢地盘。周喁、周昕、周昂是扬州刺史部会稽郡周氏三兄弟，周昕当过丹阳郡太守，周昂当过九江郡太守，他们跟袁绍、曹操等人早年在洛阳相识，关系一直不错。

作为关东联军的总负责人，袁绍竟然带头把筷子伸进别人的碗里，孙坚听到消息后很气愤，慨然叹道："大家一同举义兵，救社稷，董卓刚刚被打败就干出了这样的事，我还能跟谁同心协力呢！"说着说着，孙坚又流出了泪。孙坚是一员地道的猛将，一直以硬汉形象示人，但他似乎很容易动感情，动不动就流泪。

孙坚从洛阳撤出，回击周喁，周喁败走。大概就在这个前后，孔伷因病去世，孙坚趁机把自己的势力进一步向豫州刺史部伸入，想以此为基地徐图发展。

如果一切顺利，以孙坚的个人能力，在逐鹿中原的竞赛中他将发展得最快，超过袁绍、曹操，脱离袁术也是迟早的事。

董卓率主力西撤后，留守在洛阳一带的除了吕布还有朱儁，他也是董卓留下来对付关东联军的，但他的政治立场却是反董卓的。

董卓任命朱儁为河南尹，让他带领少量人马在洛阳一带活动，阻止敌人的进攻。但朱儁一脱离董卓的控制，马上就和关东联军建立了联系，他想趁机策应联军从东面进攻洛阳，但他势力单薄，酸枣方向的几路联军那时估计都在做着散伙的打算，所以响应得也不够有力。

朱儁最终失败，被迫逃往荆州避难。董卓随后又任命了一个名叫杨懿的人为河南尹，接替朱儁在洛阳周围打游击，哪知朱儁又杀了回来，打跑了杨懿，屯兵在洛阳以东的中牟县。一直在政治上态度暧昧的徐州刺史陶谦看到董卓大势已去，突然表态支持朱儁，表奏他代理全国武装部队副总司令（行车骑将军），并派出3000名精兵支援朱儁。

老谋深算的陶谦怎么突然来了这一手呢？这一手与其说是针对董卓的，不如说针对的是袁绍等关东联军。陶谦肯定不会不知道袁绍早已自称车骑将军，现在又抬出来一个朱儁，分明是想和袁绍分庭抗礼，主导“后董卓时代”的领导权。

但朱儁没有成功，董卓派凉州军主力数万人突然回击，大败朱儁。

在吕布撤出洛阳的时候，在袁绍督促下河内郡太守王匡率部靠近了黄河北岸，把主力集结在黄河上的重要渡口河阳津附近，随时准备渡河作战。

董卓命令刚刚从洛阳撤出的吕布等人在黄河以南布防，防备王匡突然出击，给他的撤退计划造成威胁。凉州军的主力击败朱儁后，仍然撤至洛阳至长安一线，董卓亲率董越部驻扎在渑池，段煨部驻扎在华阴，牛辅部驻扎在安邑，其他将领分驻在各个战略要地。

从上述部署中可以看出，并州军和凉州军的待遇很不一样，凉州军是董卓的嫡系，并州军是董卓眼中的杂牌军，说是掩护撤退，其实就是给自己垫背，如果关东联军一举把并州军消灭了，也没有多大关系。

但并州军也有很强的战斗力，他们没被消灭，吕布负责驻防的这一段黄河上至少有三个重要渡口，河阳津居中，西边有一个平阴津，东边有一个小平津关，等了几天不见动静，吕布决定主动发起攻击。

吕布把并州军分成两部，一部从东边的小平津关渡河，做出向河阳津发起攻击的阵式；另一部悄悄移动到西边的平阴津，在王匡全力迎击前一部分并州军时突然由此渡过黄河，从王匡背后发起攻击。这一招之前牛辅用过，对付的也是王匡。两面夹击之下，王匡所部再次大败，死伤殆尽，王匡仅率少数人马逃走，之后吕布从容撤退，与董卓的大部队会合。

初平二年（191）四月，带着从洛阳搜刮来的巨额财富，率领仍然十分精锐的凉州军主力，董卓来到了长安。

司徒王允率三公、九卿等百官到郊外迎接，董卓所乘的车辆到达，众人一齐参拜在车前。虽然是被敌人赶到关中的，但董卓的霸气一点儿不减，他睥睨着拜伏在脚下的人们，心里很满意。

董卓来到长安后，关中百姓从此生活在水深火热之中。董卓任命了一个叫刘嚣的人担任司隶校尉，负责长安一带的治安和行政管理，这个人名气不大，巴结奉承却有一套，对老百姓也比较狠。

在董卓授意下，刘嚣规定无论官民，有为子不孝、为臣不忠、为吏不清、为弟不顺的，一律诛杀，财产全部没收。忠不忠、孝不孝，这都是不太好说的事，解释权在刘嚣的掌握中，他说谁不孝谁就不孝，他想收拾谁就说谁不忠，往往先看中人家的财产，再罗织罪名。

刘嚣还鼓励大家互相揭发，结果造成了大量冤假错案，冤死的数以千计。长安立刻成了一个恐怖之城，大家平时在路上见了面只能互相看一眼，话都不敢说一句。谁要让董卓觉着不顺眼，那一定得倒霉，不管你是谁，资格有多老，威望有多高，概无例外。

董卓也一改之前重用士人的做法，大肆封拜亲属，他的弟弟董旻被任命为左将军，封鄠侯，他哥哥的儿子董璜为侍中，兼任中军校尉，掌握兵权，还有不少董家的人当了大官，一上朝，董家人能站成一排。

连董氏家族抱在怀里的婴儿也都封了侯，颁发金印紫绶，小孩不懂那是什么，拿着当成了玩具耍。董卓被封为郿侯，郿县在长安以西 260 里，即今陕西省眉县，此地离后来著名的战场五丈原非常近。董卓在郿县筑起高坛，边长二丈多，高五六尺，坛成，让他一个外孙女乘着轩金华青盖车来到这里登坛，在郿县的文武官员，包括都尉、中郎将、刺史等高级官员都到车前，引导着这个小女孩儿上到坛上，董卓让侄子董璜为使者亲自颁发印绶。

董卓还在郿县修筑了一座城堡，号称郿坞，城高与长安城相等，里面储藏着够 30 年吃的粮食，董卓对外宣称："大功如可成，就称雄天下；如果不成，就守着它安度晚年！"

董卓还喜欢玩一些新花样，他亲自设计了一种奇特的车子，这种车用青色的伞盖，爪画两藩（辐），大家给这辆专车起了个名字叫“竿摩车”。董卓觉得很得意，也很威风，出门便坐着。只有担任侍中的蔡邕平时还敢在董卓面前说几句，蔡邕认为天子和大臣乘坐的车子都有规定和讲究，董卓这么胡来很不妥，但又不知道该怎么劝。正巧，长安这时发生了一次小规模地震，董卓有点紧张，问蔡邕是什么原因，蔡邕趁机对董卓说：“这说明地下阴气太盛，是大臣逾制所造成的。您乘坐的青盖车不符合制度，大家都认为有点不恰当。”董卓还真虚心接受了蔡邕的批评，改乘皂色伞盖的车子。

董卓很快被刘嚣这样的小人所包围，大家一致认为，董太师的丰功伟绩无人能比，当太师有点委屈了，于是参照周朝开国宰相姜子牙的先例，要给董卓再上一个尊称，叫“尚父”。

人家姜子牙不仅是宰相，还是武王的岳父，才称尚父，董卓是什么东西，也敢把自己抬得这么高。但心里想归想，没人敢说。董卓吃不准，怕弄出个历史笑话来，就此向蔡邕询问，蔡邕趁机劝道：“姜太公辅佐周室，受命讨伐殷商，所以才加上这个尊号。今明公的威德没有问题，不过我以为现在还不是时候，应该等平定了关东，车驾返回旧京，然后再做。”董卓听了，觉得有理，采纳了蔡邕的建议。

在大家眼里，蔡邕是极少数被董卓尊敬的士人之一，董卓对他的话不仅相当重视，而且平时也非常尊重他。而蔡邕似乎也甘为董卓所用，每次宴会，董卓经常让蔡邕弹琴助兴，蔡邕也很用心。然而，蔡邕内心却十分痛苦，他曾经对从弟蔡谷说：“董卓这个人性情残暴，终究会失败，我想回兖州，但道路太远了，也不知道那里的人如何看我，真不知道该怎么办。”

蔡谷劝他说：“你长得跟普通人不一样，走在外面容易招致大家围观，你想秘密潜逃，那也太难了。”蔡邕究竟长成什么样史书没有明确记载，听蔡谷的意思他长得应该不是一般的特别，属于那种见一面就忘不掉的人。

蔡邕听了从弟的话，这才打消逃跑的念头。

六、最能打的人死了

再来说说朝廷西迁后的豫州刺史部。

该部一度曾同时存在着三位刺史，但这种局面并没有维持太久，袁绍任命的周喁被打跑，朝廷任命的孔伷病死了，现在只剩下了袁术任命的豫州刺史孙坚。

孙坚不仅军事经验丰富，而且很有亲和力，特别适合抓队伍，他的手下凝聚了一批能力突出又对他忠心不贰的将领。这些人包括两部分，一部分是孙静、孙香、孙河、孙贲、孙辅等孙氏族人，另一部分是朱治、程普、徐琨、黄盖、韩当、朱治等追随孙坚的外姓将领，他们中的大多数人日后还将活跃在江东的舞台上。

以孙坚现在的实力，让他放手在豫州刺史部一带发展，他将很快控制全州，并继而向洛阳及周边其他州郡发展，前途不可限量。但袁术却另有打算，他不愿意看到孙坚发展得太快，那样一来将很难再控制住孙坚，没有孙坚，袁术自己只是一个空架子。

所以，看到孙坚在前方势头越来越猛，袁术老想找个借口把他调回来，而这时刘表给了袁术这样的借口。刘表控制荆州刺史部后势力发展得很快，荆州刺史部共有七个郡，有六个郡都被刘表先后控制了，只剩下最北面的南阳郡大部分地区还在袁术手中。

南阳郡是本朝光武帝刘秀的家乡，是个大郡，人口达百万，地方多豪族，本来十分富有，但袁术缺乏治政才能，加上他向来喜欢奢华摆谱，不断向民间征税征粮征兵，一味搜刮盘剥，弄得民怨很大。自从来了袁术，南阳郡百姓便不断有人逃亡。

刘表也一心想把南阳郡纳入自己的实际控制区，他是朝廷正式任命的荆州刺史，他这么想并不违法，但必须先把袁术赶走。刘表不断整顿兵马做出举兵北上的阵势，双方在南阳郡的南部地区发生了摩擦，眼看由小打将变成大打。

要打刘表，袁术不想亲自出马，不是他懒，而是他没有信心打得过。袁术自己不去，就支使孙坚去，他给孙坚下达了命令，让他从洛阳回师。孙坚很听话，就去了，他这个武将尽管有时做事有些冲动和鲁莽，但内心其实挺单纯。

初平二年（191）冬天，孙坚率所部攻打刘表，一直打到了襄阳的外围。刘表手下最重要的将领是黄祖，刘表派他在襄阳以北的邓县、樊城一带迎击孙坚，黄祖不是孙坚的对手，被打得大败。

孙坚率军渡过了汉水，把襄阳城包围起来。襄阳城两面环汉水，背靠群山，易守难攻，刘表来个闭门不战，想跟孙坚打消耗战。

同时，刘表派黄祖乘夜出城调集军队不断偷袭孙坚。

初平三年（192）正月初七，黄祖又被孙坚打败，逃往襄阳西郊的岘山里，孙坚追击，想把黄祖一举拿下。哪知这里有埋伏，追到一片竹林中，提前等在这里的黄祖手下发射暗箭，孙坚中箭，当场身亡，死时年仅 37 岁。

消息传来，刘表额手称庆，袁术吃了一惊。对袁术来说，孙坚的死有好与不好两个后果：好处是解除了他的后顾之忧，从此不再担心孙坚坐大；坏处是，就眼前来说让他的实力大受损伤，尤其是刘表这个敌人将更得势，南阳郡迟早保不住了。

吴夫人给孙坚生了四个儿子，长子孙策现在 17 岁，次子孙权 10 岁，三子孙翊 8 岁，最小的儿子孙匡年龄还小。除了这四个儿子，吴夫人至少还为孙坚生过两个女儿。另外，孙坚还有一个儿子叫孙朗，又名孙仁，年龄比孙匡还小，并非正妻吴夫人所生。

孙策和弟妹们都没有随父亲在外征讨，而是跟母亲在一起，他们先在寿春，后来又去了舒县，离襄阳有 2000 多里。孙坚死得很突然，没有任何征兆，也没有留下任何政治遗言，大家便推孙坚的侄子孙贲为首领，整合孙坚的旧部。

孙贲无心再与刘表作战，扶送孙坚的灵柩回到南阳郡。孙坚自离开长沙郡北上以来，经过不断发展，手下已经有了不少人马，推测起来人数应该在数万之间，是袁术集团的主力。由于孙贲等人缺乏孙坚那样的号召力，这部分人马成为袁术借机侵吞的目标。

从中可以看出，孙坚的事业尽管发展得很快但基础并不稳固，孙氏集团内部除了他尚没有另一位可以领军的人物。袁术假装表奏孙贲为豫州刺史，让他继续带领孙坚旧部，但私下里却找各种借口把这些队伍打乱，编组到其他各部。

到后来，袁术索性改任孙贲为丹阳郡都尉，让他到江南打游击去，孙坚辛辛苦苦拉起来的队伍全让袁术给黑了。

说完孙坚，再来说说曹操。

曹操南下募兵，来到了扬州刺史部的丹阳郡，这个郡在长江以南，今天的南京、芜湖、铜陵都在该郡所辖之内。之前说过，丹阳郡出精兵，丹阳兵自秦汉以来就扬名疆场。

此时的扬州刺史名叫陈温，丹阳郡太守名叫周昕。曹洪与陈温很熟，曹操与周昕关系很好，他们便分成了两路，曹洪到扬州刺史部治所历阳找陈温，曹操携夏侯惇等人去宛陵找周昕。陈温和周昕虽然都没有参加关东联军，但他们也倾向于反对董卓，周昕有个弟弟名叫周喁，就是被袁绍任命豫州刺史的那个。所以，对曹操、曹洪此次南下募兵都给予了大力支持。在周昕的帮助下曹操很快集齐了 4000 人，周昕还派弟弟周昂随曹操一同行动。

在陈温的帮助下曹洪在九江郡一带也募到了 2000 人，虽然人数不如丹阳兵多，但军事素质都是一流的。曹操带着人北渡淮水进入沛国境内，到达龙亢县，在这里与曹洪会合。两支新招募的人马加起来有 6000 多人，之前他们自己也带来了 1000 多人，现在手里终于又有一支人数可观的队伍了。

有了这支人马，曹操可以继续实施他的计划，如果鲍信在济北国的募兵行动也顺利的话，他们按照之前的约定合兵一处，继续讨伐董卓的大业。

但是出现了意外，夜里丹阳兵发生了叛乱，究其原因，可能是当初招募他们的时候没有说清楚，这些人发现自己离家乡越来越远，有上当受骗的感觉，于是发动了叛乱。

还有一种可能，这些丹阳兵早就预谋了这场叛乱，按照募兵的惯例，参加队伍后大家都可以领到一些安家费，这些人把钱领了，假装北上，到半路上再逃跑，反正你也不能再追到丹阳郡去算账。叛乱的人点火焚烧了曹操的大帐，曹操受到叛军的包围，他手里拿着剑，一连杀了数十人才得以脱身。

好几千人的队伍只剩下了 500 人，说明不仅新招募的人全跑了，连他们带来的一部分人也趁机溜了号。曹操、曹洪只好整顿剩下的人，一边往回走，一边沿路继续招募人马。这时候再去酸枣已经没有意义了，曹操也不想去陈留郡找张邈，他带着这支人数不多的人马渡过黄河，来到了河内郡怀县，找到了袁绍。

曹操再次见到袁绍时，袁绍并不关心他南下募兵的情形，而是急着向曹操征询另立新帝的意见，原来这段时间袁绍的精力不在讨董战场，而是在筹划一件大事，他不承认被董卓裹挟到长安的献帝，想另立宗室出身的幽州牧刘虞为帝。

曹操在这种事情上一向不赞成，这次当然明确反对："董卓之罪暴于四海，我们合大众、举义兵，天下无不响应，这都是因为忠义的缘故。现在幼主微弱，受制于奸臣之手，但是还没到亡国的地步，一旦改易天子，天下谁来安定？"曹操说得挺郑重，也很激动，最后说了一句："如果真是那样的话，你们且北去，我独自西行！"刘虞在北面，献帝在西面，曹操告诉袁绍，如果他另立朝廷，自己将不惜分道扬镳。

曹操心里对袁绍从此产生了反感，甚至暗中打算要诛灭他，不过以曹操当时的实力，这些事也只能想想罢了。在这段日子里，曹操只能依附于袁绍，慢慢寻找机遇。曹操的这种心情低落的日子大概持续了1年，远离家乡，看不到光明前景，队伍中的人不断开小差，人数还在逐渐减少，这恐怕是曹操一生最不愿意回首的日子。

袁绍也试图去说服袁术，他再次写信给袁术，说我们全家都被董卓所杀，我们怎么能向他称臣？袁术一向奸猾，不过这次倒也不含糊，他给袁绍回信说："全家被杀是董卓的主意，与天子何干？我的一片赤心，只志在消灭董卓，不知道其他的事！"

没有得到多少支持，但袁绍仍不死心，决定联合韩馥单干。袁绍和韩馥声称，当年光武帝刘秀登基前担任的职务是大司马领河北军政，刘虞担任的大司马领幽州牧与其相仿，再加上王定所献的那颗印，这些都是天意。

袁绍、韩馥搞了个拥戴书，派前乐浪郡太守张歧带着它前往幽州，向刘虞奉上皇帝的尊号。谁知刘虞压根儿不领情，接见张歧时斥责道："天下分崩离析，天子蒙难，我等深受重恩，不思雪耻，反而行叛逆之事，于情于理何堪？"张歧回来报告，袁绍这才心灰意冷。袁绍打了退堂鼓，但韩馥不死心，他又派人恳请刘虞主持朝廷日常事务，代表皇帝封爵位任官。朝廷在长安，有天子、有百官，何须远在几千里以外的人主持日常工作？韩馥的意思还是造成两个朝廷的事实。

刘虞仍然拒绝，并且放出了狠话，如果再逼，他就投奔匈奴人，让大家断绝念头，韩馥只好不再提了。

七、乱世里的窝囊人

袁绍和韩馥联合上演了一出失败的废立闹剧，但他们二人也是各怀心事。韩馥虽然奉袁绍为关东联军总指挥，心里并不听他的。刘虞拒绝称帝后又去劝他主持朝廷日常工作是韩馥一个人干的，袁绍没有参与，韩馥此举实际上矛头暗指袁绍，因为袁绍以关东联军首领自居，基本上垄断了反董阵营的发言权和表奏权，他自己任命自己为全国武装部队副总司令，然后想任命谁就任命谁，俨然成了天子第二。

韩馥很不愤，如果刘虞肯出面“主持”朝廷的日常工作，等于把反董势力的领导权从袁绍手里接了过去，袁绍再也不能那么神气了。韩馥的心思袁绍当然懂，不过他现在还不能跟韩馥公开闹翻，他这个联军首领还寄居在人家的地盘上，论势力自己比韩馥差得远。

于是，袁绍加紧发展自己的力量，好在头上顶着关东联军总指挥的头衔，又因为一家50多口被董卓诛杀而获得的广泛同情，所以不愁没人主动上门。

首先来的是张杨，他是并州军的旧将，并州军的领头人原来是丁原，当初跟董卓一前一后进的洛阳，董卓篡权后策反了丁原手下的吕布，吕布把丁原杀了投奔董卓，张杨没有追随吕布，而是在外面自己发展去了，他一直在河东郡、河内郡一带打游击。

继张杨之后，南匈奴的一支在单于于扶罗的带领下也归顺了袁绍，匈奴曾经十分强大，是汉帝国的主要敌人，但到东汉末年匈奴力量逐渐式微，内部又发生了严重的斗争，最后分化为两部：一部南迁，即南匈奴，归附于朝廷；另一部远上漠北，淡出了中原政治舞台，即北匈奴。南匈奴原来的单于名叫栾提羌渠，于扶罗是他的儿子，三年前南匈奴内部也发生了一次政变，栾提羌渠被杀，须卜骨都侯被立为单于，于扶罗率众赴朝廷申诉苦情，后来便一直留居汉地。于扶罗想重回故地，却得不到朝廷准许。后来，须卜骨都侯也在叛乱中被杀身亡，可是朝廷一直把单于之位空悬着，让南匈奴的老王管理部族事务，于扶罗很有怨言。灵帝驾崩前于扶罗趁乱与白波军联手，他自称单于，进犯并州刺史部的太原以及河内郡等地，朝廷当时让董卓当并州牧，给他的主要任务就是讨伐于扶罗和白波军，后来董卓和关东联军交战，没人再去管于扶罗，于扶罗的势力有所增强。

有这两支队伍的呼应，袁绍的力量壮大了很多。

韩馥当然不希望袁绍强大，袁绍让他当关东联军的后勤部长，负责军粮供应，韩馥不好好干，常常克扣军粮，或者以次充好。同时，韩馥也在抓紧发展自己的势力。韩馥是豫州刺史部颍川郡人，他在当权冀州期间很重视人才引进，派人到老家招纳名士，荀谌、辛评、辛毗、郭图等一批人才来到了冀州。

当领导要坐稳位子，不能让下属太团结，而要设法让他们斗起来。韩馥可能就有这样的潜意识，作为一个外地人，他最担心的就是压不住本土势力，所以他有意引进外人，制造派系斗争，以此平衡各种势力。但这样的领导通常都是没本事的领导，也没办法把手下的人真正凝聚在一起，韩馥手下虽然人才济济，但派系问题很严重，矛盾重重。

这一点让袁绍的谋士逢纪看到了，他对袁绍说："将军现在举大事，但后勤供应还仰仗别人，如果不能至少占据一个州，将来恐怕难以保全啊！"袁绍想这不是废话吗？这个道理我还能不知道？袁绍对逢纪说："可惜韩馥兵强马壮，咱们人马少，后勤供应又不足，如果办不到，连立足之地都没有了。"袁绍的意思是，你可想好，如果跟韩馥动手，结果偷鸡不成反倒蚀把米的话，咱们连怀县这个小小的立足之地都没了。

逢纪不以为然，他建议："可以和公孙瓒联络，让他率兵南下取冀州。公孙瓒肯定会来，那样韩馥就会害怕，到时候跟他陈说利害，韩馥一定会主动让位。"公孙瓒也是在镇压黄巾军时崛起的群雄之一，目前也在幽州一带发展，跟韩馥素有矛盾。

袁绍按照逢纪的主意给公孙瓒写了封信，相约合击韩馥，事成之后瓜分冀州。当时幽州还不全是公孙瓒的地盘，他还有个顶头上司名叫刘虞，刘虞是宗室出身，担任幽州牧，威望又高，公孙瓒拿他暂时没办法，听说南面有便宜可占公孙瓒欣然同意。

公孙瓒领兵南下，口口声声要去讨伐董卓，但目标直指韩馥。公孙瓒手下有一支彪悍的队伍，人称白马义从，纵横北疆无敌手。韩馥听说白马义从来了，吓得要死，勉强在安平打了一仗，被打败。袁绍本可以直接出面向韩馥下手，又觉得火候不够，于是走出了第二步棋，策反韩馥手下的头号将领麹义。麹这个姓不多见，可能与边地少数民族有关，麹义早年长期生活在凉州，精通羌人的战法，手下的人马都是精锐。麹义被策反的细节不清楚，作为一个派系严重的团体，有人被对手策反并不奇怪。韩馥只得又去跟麹义打，结果又被打败。

这彻底摧垮了韩馥的心理防线，他有点顶不住了。

韩馥平时重用颍川派，但这些人当个谋士可以，却没有自己的势力，冀州的真正实力掌握在本地派手里，本土派的颜良、张郃这些武将以及沮授、田丰等人并不真心支持韩馥，看到韩馥内外交困，他们也不打算真帮忙。

本土派甚至想借公孙瓒的手把颍川派挤走，在这种情况下，韩馥有了退让之心。整个事件的幕后操纵者袁绍直到这时还没有公开出面，他看到火候差不多了，使出了倒韩的第三个步骤。

袁绍派到韩馥那里展开游说的人包括郭公则、高元才、张景明等，这帮人到了韩馥那里连哄带吓，逼着韩馥让位。郭公则即郭图，本是韩馥手下颍川派的成员，这时已暗中投靠了袁绍。高元才名叫高幹，跟大学者蔡邕是一个县的人，也是袁绍的外甥。张景明的情况不详，只知道景明是他的字，他名叫张导。除了他们几个，颍川派的荀谌也暗中投靠了袁绍，他吓唬韩馥说："公孙瓒乘胜南下，一路上各地纷纷响应，袁绍也带兵东来，搞不清楚他是什么意图，我真为将军感到担心哪！"

韩馥当然更担心，问荀谌该怎么办，荀谌继续忽悠道："公孙瓒势不可当，袁绍是一时之杰，不会甘作将军的属下。冀州是天下要地，如果公孙瓒和袁绍联合交兵于城下，危亡立待。将军跟袁氏有旧交，现在为将军计，不如举冀州以让袁绍。袁绍得到了冀州，公孙瓒就没办法来争，袁绍必厚待将军。把冀州交给亲近的人，将军就有了让贤的美名，今后一定会安如泰山，请将军不要多疑！"

在郭图、荀谌等人车轮战式的忽悠下，韩馥被彻底洗脑，他坚定地认为目前只有让位这一条出路了，于是决定主动让贤。

韩馥的决定让很多人大吃一惊，因为他手下有亲袁派，但也有反袁派。冀州别驾闵纯、长史耿武、治中李历都反对把冀州拱手让给袁绍，他们劝韩馥："冀州虽偏远，也有兵马百万，粮食够吃十年。袁绍不过是孤客穷军，仰我鼻息，就像股掌之上的婴儿，断了他的奶马上就得饿死，怎么能把整个一个州让给他呢？”

说的可谓实情，但韩馥此时已经毫无斗志，他只想尽快解脱，谁也说服不了他。韩馥派手下赵浮、程奂率精兵1万多人驻扎在黄河上的重要渡口孟津，其中有相当数量的水军，听到韩馥让位的消息他们也吃惊坏了，赶紧回师。

当时袁绍正在朝歌，赵浮等人率领的水军从这里路过，有数百艘战船，路过袁绍军营时正好是夜里，赵浮故意让大家整兵擂鼓，袁绍听得心惊肉跳。

赵浮见到韩馥，劝他说：“袁绍正缺军粮，快要散伙了，不用十天半月必然土崩瓦解，将军只需闭户高枕，有什么可担忧的？”但是韩馥的脑子已经严重不好使，他打定了主意，不再考虑赵浮等人的建议。

韩馥让儿子拿着自己的官印、绶带送呈袁绍，这些都是朝廷颁发的，今后州牧、刺史、太守越来越多，而这种货真价实的东西却越来越少了。韩馥主动搬出官署，住进已故宦官头目赵忠在邺县的一所旧宅。这样，袁绍便“和平解放”了冀州。袁绍进入邺县时，韩馥昔日的手下们纷纷前往迎接，其中也包括沮授、田丰以及颜良、文丑这些人，大家都表现出很积极的态度，唯恐落在别人的后边。

只有耿武和闵纯二人拿着杖和刀相拒，袁绍命令田丰把他们杀了。袁绍从此以车骑将军的身份兼任冀州牧，给了韩馥一个奋武将军的虚名，既不给兵也没有官属，挂了起来。

对韩馥的旧部，肯与自己合作的继续使用，任命沮授为奋威将军，协助自己分管军事；任命田丰为别驾，协助自己分管行政事务；任命审配为治中，协助自己分管人事和总务。

至于韩馥，原本是想通过让权给自己和家人换取一个安稳的生活，谁知根本做不到，在袁绍身边整天过的都是提心吊胆的日子，后来他离开袁绍投奔了好朋友张邈，但仍然整天疑心袁绍要杀他，时间长了难免精神产生错乱，最后还是自杀了。韩馥可以算是个窝囊人，事做得窝囊，死得也窝囊。

袁绍得到冀州后却不再提跟公孙瓒平分冀州的事，这把公孙瓒气得要命，这是导致了他们日后翻脸的重要原因之一，不过公孙瓒那边还有个刘虞，他只得吃了这个哑巴亏，下令撤兵。

公孙瓒回到幽州后还得继续面对刘虞，刘虞是幽州的最高长官，公孙瓒此时的正式职务只是个中郎将，归刘虞节制。刘虞依靠怀柔手段和个人的威望让北部少数部族纷纷归附，朝廷表彰刘虞的功绩，先后拜他为太尉，还封了襄贲侯。幽州刺史部在刘虞的治理下局势逐渐平和。

刘虞上疏朝廷，提出了一个让公孙瓒郁闷不已的建议：裁撤军队。公孙瓒是地方实力派，他近年来不断扩充实力，积攒起数万人马，此时却被刘虞一个建议撤得只剩下了一万来人，朝廷还按照刘虞的意思，下诏命公孙瓒把自己的指挥部设在右北平郡，这一下公孙瓒更恼了，看着刘虞是个老好人，敢情手段也挺黑，所谓裁军其实就是冲着他来的，目的是削弱他的势力，还把自己赶到右北平郡给他站岗放哨。但慑于刘虞的巨大威望和朝廷的强力支持，公孙瓒不得不忍气吞声，去了右北平郡。

但不久公孙瓒又找到了机会，刘虞杀了韩馥的使者，董卓为拉拢刘虞，先后任命他为大司马、太傅，董卓另一边也拉着公孙瓒，在提高刘虞地位的同时升任公孙瓒为奋武将军，封蓟侯。公孙瓒抓住这个机会又迅速扩充人马，他打着讨伐黄巾军余部的名义四处行动，不再局限于右北平郡，在与青州刺史部黄巾军余部的东光之战中，公孙瓒一次就投入兵力 2 万人以上，可见实力增长很快。

有人建议刘虞尽早解决公孙瓒，否则日后更难对付，但刘虞没有接受，刘虞还是把精力用在了地方的治理上，过去因为幽州地处偏远，财政入不敷出，朝廷每年都要从青州、冀州的赋税里拨出 2 亿钱补贴给幽州，天下大乱后这一部分补贴就没了，只能靠幽州自己解决。刘虞推行宽大政策，鼓励农业生产，开放和北方少数部族的贸易，开发渔阳一带丰富的盐铁资源，使幽州的经济得到快速发展，粮食也不断取得丰收，谷物 1 石只需要 30 钱，对比一下凉州军撤出洛阳前每石粮食数万钱的价格，简直有天地之别，青州、徐州不少百姓为躲避兵乱都跑到幽州来避难，仅这部分人口就多达百万，刘虞都加以收留，给他们安排生计。

刘虞虽然位至上公，但生活节俭，平时只穿破衣草鞋，每顿饭不超过两个肉菜，身边的人看了都很感动。有德行、有能力、有业绩，处世低调，严格要求自己，群众基础极好，刘虞确实是治世能臣的楷模，可惜刘虞生错了时代，现在是乱世，天下并非有德者居之，而是强者为王，在要手段方面刘虞就不是公孙瓒的对手了。

八、潜伏在董卓身边

再把视线转向朝廷西迁后的关中。

关中历来是兵家要地，东有潼关、函谷关，又有黄河天险，南面是秦岭，西面和北面都是边塞。董卓到了长安，开始憧憬起自己幸福的晚年生活，可是有一些人不想看到恶贯满盈的董卓也有一个幸福的晚年，他们无时无刻不想把这个祸国殃民的匹夫除掉，他们就是从洛阳被裹挟至此的士人们。

在这些士人中，反董意志最坚决的是当初何进引进的那批人，他们和袁绍等人都有着割舍不断的联系，在伍琼、周毖被杀后他们继续忍辱负重，一面迎合着董卓，一面继续在董卓身边当卧底。他们认为现在的乱局都是董卓一个人造成的，如果把他杀了，然后夺取兵权，就可以趁着凉州军群龙无首，占据函谷关，以献帝的名义统领全国，所以他们开始了谋划除掉董卓的行动。

初平三年（192）春天，一连下了60多天的雨，在春季的关中地区，这比较反常。这一天，王允主持一个祈祷雨停的仪式，完事之后跟几个同僚在一起走，之中有尚书仆射士孙瑞、护羌校尉杨瓒。他们几个人之前秘密讨论过铲除董卓的事，看到现在天气这么异常，士孙瑞说："自从去年底到现在，太阳不照，霖雨不停，星宿运行紊乱，昼阴夜阳，雾气交侵，这种混乱的日子应该有个尽头，如果不把握天机，先发制人，恐怕后患无穷啊！"

士孙瑞劝王允早下决心，王允答应了。

为此，王允去找郑泰商量。郑泰是个老官僚，又最善于忽悠，尤其在忽悠董卓方面比较有经验，他出了个主意，由王允出面向董卓建议，任命杨瓒为左将军，士孙瑞为南阳郡太守，让他们二人领兵由武关道出兵攻击袁术，这个主意的要点是尽可能抓兵权，一旦手里有了兵权，就有了突然向董卓发难的条件，武关道是关中通往南阳郡的捷径，控制了这条战略要道，进退都行。郑泰的这个建议说是征袁术，关键时刻把袁术从武关道放进来才是真。

然而这条建议被董卓否决了，并非董卓识破了郑泰等人的密谋，而是他现在脑子里只想闭关自守，对主动出击没有兴趣。

董卓这个人看来相当狡猾，行动一筹莫展，百官焦急万分。

有个人等不及了，干脆直接对董卓展开了刺杀行动，这个人名叫伍孚，豫州刺史部汝南郡人，跟袁绍是老乡，担任过何进大将军府里的人事处副处长（东曹属），和袁绍、袁术、曹操这些人应该都挺熟。董卓掌权后他也潜伏了下来，一直不露声色地寻找机会。

由于伪装工作做得好，董卓没有识破他的身份，职务反而不断升迁，先后担任了侍中、河南尹等重要职务，目前的职务是北军五营之一的越骑校尉。北军曾是中央军的主力，驻扎在京师附近，但此时的北军基本上是个摆设，所有的军权都在董卓手里掌握着，长安城内外防守归凉州军，伍孚要刺杀董卓，只能凭一己之力。

这天，伍孚在朝服内暗穿小铠，又身藏一柄短刀，借故向董卓汇报事情。董卓对伍孚十分客气，说完事还把他送到院中，边走边说，还亲热地拍了拍伍孚的后背。离得这么近，正是下手的好机会，伍孚见四下无人，拔刀便刺！

虽然是越骑校尉，但毕竟是个文人，这一刀满怀着仇恨而出，力气却明显不够。董卓是个武人，人高马大反应敏捷，力气还大得惊人。伍孚没有刺中，反被董卓一把扭住，闻讯赶来的人把伍孚拿下。董卓咆哮道："你小子要造反吗？"伍孚虽然被擒，仍很英勇，他大声喊道："你非我君，我非你臣，何反之有？"伍孚只求速死，为此他继续激怒董卓："你乱国篡主，罪盈恶大，今天是你死之日，所以来诛奸贼，恨不车裂你于市朝以谢天下！"

董卓怒不可遏，当场杀了伍孚。

事后董卓应该感到后悔，董卓应该把伍孚抓起来好好审审，看看他还有哪些同伙。一般来说，像这样的刺杀行动绝不会孤军作战，伍孚的后面还有人。

果然，伍孚倒下后，更多的伍孚站了出来，领头的人是何颙，他跟袁绍关系密切，曾是袁绍的智囊，袁绍逃走后，不知为何董卓聘他当了自己相国府的长史，何颙秘密联络了很多反董的人，准备寻找时机对董卓下手。何颙联络的人里有荀爽、王允，还有郑泰、种辑、荀攸、华歆等人。王允、郑泰不用说，一直想下手但苦于没机会，荀爽当时担任司空，荀攸是荀爽的侄孙，担任黄门侍郎，华歆的职务是尚书郎，都属于秘书一类的中层干部，种辑的地位比荀攸和华歆高一些，担任侍中，属于部长一级的高官。

他们这些人在一起密谋的时候，荀攸曾说过："董卓无道，天下人都怨恨他，虽然他聚集了不少精兵，但实际上不过是一个勇夫而已。我们应该刺杀他以谢百姓，然后借皇帝的诏令来号令天下，事情如果成功，这将是像齐桓公、晋文公那样的霸王之举！"

眼看这一回要大干一场，但就在这时，荀爽去世了，接下来他们的密谋也暴露了，对于如何暴露的这个重要情节史书均无交代。一般来说，如果没有人告密，董卓不可能知道得那么及时和准确，但谁告的密呢？无法猜测。董卓随即展开了大搜捕，郑泰、华歆动作快，连夜逃出了长安，辗转由武关道投奔南阳郡的袁术去了，荀攸、何颙没那么幸运，他们被董卓抓了起来。

董卓这一回学聪明了，没有马上杀了他们，而是展开了审讯。何颙不招，董卓给他用上了刑，何颙不堪酷刑，在狱中自杀。荀攸大概也被用了刑，但他比较经打，没招供也没自杀，在狱中活得倒泰然自若，该吃就吃，该喝就喝。荀攸一直坐牢到董卓被杀后，他出狱时看到了胜利的那一刻。

而王允和种辑却侥幸没有暴露，继续潜伏了下去。

士人们的密谋一次又一次失败了。

恶人难除，自己的同道反而死的死、逃的逃、抓的抓，侥幸漏网的王允、种辑感到非常着急。王允虽然获得了董卓的信任，但他这时已经55岁了，作为政治家是一个成熟的年龄，但是搞暗杀却总有些力不从心。但从此收手的话又很不甘心，这样做既对不起伍孚、何颙这些烈士，也辜负了汉室重臣的责任。每当看到恶人董卓继续逍遥地活着，继续危害国家社稷，王允的心里都充满了仇恨，心绪难平。

要接着干就得有人，王允看了看身边能帮上忙的，除种辑以及在尚书台供职的士孙瑞外，也就是杨彪、黄琬这几个人了，但他们年龄也普遍偏大，黄琬、杨彪比自己小几岁，但也超过了50岁，搞暗杀也都没有经验。

这时一个人进入王允的视线，这个人是他的同乡李肃。李肃跟王允一样都是并州人，出身于丁原的并州军，现在像他们一样在长安的并州人还有不少，当年丁原手下人多势众，在吕布的带领下都归顺了董卓，并且一同来到了长安。

但是来了以后却感到很失落，与凉州军相比，并州军得不到重视，以李肃为例，不仅在并州军倒戈事件中立有大功，而且协助凉州军与关东联军作战，在抗拒孙坚的战斗中再立战功。但是，他的职务升得很慢，勉强当了个骑都尉，不仅与董家的弟兄子侄不能比，与凉州军的牛辅、李傕、郭汜、樊稠、张济等人也差得远。李肃如此，并州军的领头人吕布也好不到哪里去，他曾杀了丁原，为董卓立下的功劳更大，但职务也仅比李肃高一点儿，是个师长（中郎将），并州军其他人的情况便可想而知。

因为同乡的关系，李肃和王允有了一定交往，言谈间常流露出不满和牢骚，这让王允重新看到了希望，觉得可以争取李肃，继而争取到吕布和并州军。王允于是不露声色加紧了与李肃的往来，并通过李肃联络上了吕布。大家既然都是并州老乡，搞个同乡会什么的，一块吃吃饭、郊游郊游，总还不至过于引起太多的注意。

一来二去，他们越说越投机，越说越能说到一块。

他们在一起谈话的中心议题是董卓太不够意思，太对不起并州军的弟兄们了，大家舍生忘死、背井离乡跟随董卓到长安来，头上顶着忘恩负义、卖主求荣的骂名，为董卓的事业出生入死、玩命打拼，到头来得到的却是如此不公。

说心里话王允对吕布的为人倒也未必能看得上，仅是“卖主求荣”这一条王允就能鄙视他一辈子。但现在为了反董大业，王允也跟吕布套上了近乎，说到对董卓的不满时，王允随声附和，添油加醋，有时还会编一些不利于董卓和吕布团结的小道消息，让吕布越想越恨，越想越觉得跟董卓这一步棋错了。

这时又发生了两件事，坚定了吕布反董的决心。

第一件事情是，董卓曾经为小事和吕布翻脸，并差点儿把吕布杀了。董卓这个人性格急躁，冲动起来做事不计后果，有一次因为一件小事对吕布不满意，拔出手戟就朝吕布扔了过去。手戟是一种防身的短兵器，类似匕首，可以随身携带，或刺杀或投掷，都可以立即要人命。

幸好吕布号称飞将，身手也不是一般人能比的，躲过了。事后吕布主动承认错误，董卓的气也消了些。对董卓来说这事可能就过去了，对于吕布，心有余悸之下增添了新的许多不满。

第二件事情是，吕布勾引了董卓身边的侍女，心里很不安。

董卓让吕布负责自己的安全保卫工作，这样吕布就可以经常出入董卓的内室（中阁）。从这个安排看，董卓其实还是信任吕布的，这与吕布自己的内心感受有差别。

董卓曾明确吕布是自己的养子，他从来没有否认过这件事，只有最信任的人才能放在最关键的岗位上，这就是疑人不用，董卓做到了。问题是董卓的领导艺术过于粗放，如果信任吕布，就应该让吕布感到安心，既要疑人不用，更得用人不疑，对手下的人既要严厉，又要关心和爱护，随时掌握他们的心理变化。

董卓哪懂得这些？董卓一方面重用吕布，另一方面表现得很严厉，说打就打，说骂就骂。吕布利用工作方便，一来二去跟董卓的一个侍婢好上了，吕布很担心这件事最终会被董卓发现，所以很紧张。

在王允的努力下，吕布、李肃被成功策反，吕布开始还有些犹豫，对王允说："我也想杀董卓，怎奈我们还有父子这层关系！"王允觉得他的话可笑，劝他说："你姓吕，不是董卓的骨肉。现在大家都愁着怎么让他死，还说什么父子呢？"

吕布最终答应参与王允的刺杀行动，除掉董卓。

当时为防备关外武装，董卓把凉州军的主力都布防在了陕县、潼关一线，长安的势力相对薄弱，这为王允、吕布下手提供了机会。

初平三年（192）4月23日，董卓进宫参加朝会，吕布安排李肃以及秦谊等10多名勇士穿上卫士的衣服守在董卓必经的宫门附近，待董卓在此经过时将其刺杀。消息传出，长安城里压抑已久的人们终于扬眉吐气，大家载歌载舞，举行了盛大的狂欢。有人卖掉了珠宝首饰和漂亮衣服，换来酒肉进行庆贺，长安城大小街道上都是欢乐的人们。

王允随即下令释放监狱里的荀攸等人，把董卓的弟弟董旻、侄子董璜等董氏家族成员全部诛杀，把董卓的尸体拖到长安城里最热闹的集市上示众。又派人去郿坞，把那里的董氏族人就地处死。

九、书生治国实误国

董卓被杀时，他的女婿牛辅率重兵屯驻在陕县一带，凉州军的其他重要将领李傕、郭汜、张济等分别率部在函谷关附近布防，负责守卫长安的是徐荣、胡轸以及胡文才、杨整修等。

徐荣所部虽然战斗力很强，但作为非凉州出身的将领，长期以来颇受压制和排挤，董卓已死，按理他不大会作拼死反抗。胡文才、杨整修是所谓“凉州大人”，是凉州地方上的豪族，此行是为董卓帮场子的，他们也不会为董卓拼命。倒是胡轸，天生一个暴脾气，做事容易冲动，如果带头闹事，将不好收拾。但是，长安民众庆祝董卓被杀所表现出来的狂热大概把胡轸吓傻了，没敢动一兵一卒，也跟徐荣等人一道直接投降。

董卓以最彻底的方式被消灭了，王允顿时感到一阵轻松。多年来忍辱负重期待的正是这一刻，作为一名忠于汉室的士人，王允在关键时刻挽狂澜于既倒、扶大厦于将倾，他有理由为自己感到骄傲。

献帝随即下诏，让王允以司徒的身份主持朝廷日常工作（录尚书事），同时擢升吕布为奋威将军，仪比三司，晋爵位为温侯。在王允的推荐下，老将军皇甫嵩重新出山，被拜为车骑将军，统领军事。目前凉州军主力仍在牛辅、李傕、郭汜、张济等人手中，必须有这样一位有相当威望的老将来掌握大局。

现在有两件事比较急，一是如何处置在长安的凉州军旧部，二是应对在陕县、函谷关等地集结的凉州军主力。吕布向王允建议，胡轸等人虽然投降，但不能掉以轻心，但王允不同意吕布的看法，他认为：“那些有可能反叛的人，也仅是有可能而已，说他们反叛，现在没有证据，如何服众？”

吕布知道王允的文人气上来了，看来这一条很难说服他，只有出了事他才会明白。跟董卓这样的武人打交道让人心寒，跟王允这样的书呆子打交道更让人郁闷。

吕布又建议，从董卓府里和郿坞那边搜出来大量金银财宝和粮食，现在朝野都很关心这批东西，西迁以来朝臣们和将士生活都很贫苦，现在不如拿出一部分，以天子的名义赏赐给大家，以提振士气。王允听完立即摇头："那怎么可以？这些都是董卓贪污盘剥而来，是朝廷的财产，理应归国库所有，将来朝廷东归，这些都要分毫不少地运回洛阳，将来关东的那些朋友问起来，我们也要能说得清，怎能随意处置？"

王允看起来是个很守规矩、很有原则的人，只是在当前情况下，他的这些想法太教条了，思路有些奇怪。

如何处置陕县等地凉州军？经过几天的思考，王允决定以天子的名义下诏赦免他们，只要他们忠于天子和朝廷就既往不咎，仍留在原地驻守。这本来是正确的策略，但诏书已经拟好，王允却突然改变了主意，决定解散凉州军，同时决定派人到陕县缉拿牛辅等凉州军主要将领来长安进行审判。吕布主张对凉州军实施招抚，听说此事大吃一惊，赶紧来见王允，王允的政治智商仍然没有跳出书呆子的范畴，吕布认为这么做会激起兵变，局面将不可收拾，王允却丝毫不担心。

董卓被杀后，应在第一时间明确对凉州军的政策，是杀是留，发出的信号必须清晰，王允不仅拖延了宝贵的时间，而且摇摆不定，使外面谣言四起。

长安城里现在都在传，说王允要向凉州军大开杀戒，把凉州军的将士都处死，已经投降的胡轸、徐荣等人当然很紧张，留在关中地区的凉州军转而拥兵自守，观望下一步形势如何发展。

王允派李肃带人去陕县，向牛辅宣布天子的诏书。要么是王允太自信，要么是王允太无知，派个人去就能把手握重兵的将领押回来审问，这种想法实在幼稚。结果可想而知，正在犹豫不决的牛辅看到诏书后不再多想，立即反抗，李肃带去的那点儿人不是牛辅的对手，李肃大败。

牛辅彻底跟朝廷翻了脸，不得不大干一票了，他虽然不缺实力，但缺干大事的头脑，过去凡是这样的事都由老丈人董卓去想，他只管出力气，现在要自己拿主意，他头疼得很。

夜里，牛辅在军帐中辗转难眠。正在这时，突然听到外面人声顿起，哭喊声一片。牛辅第一个反应是有人劫营，赶紧出帐迎敌。月黑风高，伸手不见五指，借着火把的光亮，牛辅看到营中东窜西跑的兵士，整个大营已乱成一团，不知道对方来了多少人。牛辅肝胆俱裂，只求活命，来不及叫上亲随，只身骑马向营外逃去，但是他没能保住性命，混乱中被人杀了。

其实吕布指挥的人马还没有到，关东联军更在千里之外，也不是白波军，他们最近已退到太行山一带，更不是李傕、郭汜、张济他们起了内讧，这些人都还在陕县以东。

那是谁在一夕之间解决掉凉州军的悍将牛辅？其实说来很搞笑，干掉牛辅的不是别人，而是他自己。事后查明，当夜牛辅军营里发生了夜惊，由于白天过于劳累，或者精神过于紧张，有人睡觉做噩梦，突然惊醒，晕晕乎乎间大喊大叫，旁边的人以为敌人来劫营，紧张和惊吓之下，也跟着乱喊乱叫，整个兵营很快乱成一团。黑夜中辨识不清对方，再动起刀枪，就更乱了。

倒霉的牛辅遇到了夜惊，丢了命，牛辅手下有人把他的首级割下来送到长安，受到朝廷的嘉奖。

李傕、郭汜、张济等人听说陕县出了事，于是从不同方向率众赶来。看到牛辅已死，他们都六神无主，他们都和牛辅一样，别看平时很骄横，目空一切，手段残暴，但智商确实不好评价，遇到棘手问题往往不知所措。

思来想去，李傕等人唯一能想到的出路是向朝廷乞降。李傕派人来到长安，请求朝廷赦免他们的罪过。这时已经有不少人看出了时局所蕴藏的巨大危险，纷纷劝王允接受，但王允仍然坚决予以拒绝了，他这一次的理由更是有点儿滑稽："今年已经大赦过天下，天子一年之内不可两次大赦，要赦免他们得等到明年。"

正月里献帝的确下诏大赦过天下，一年不能两次大赦的祖制也许是有的，但非常时期面对非常之事，何必那么古板教条？

如果认为这是王允不想赦免凉州军的托词，那可能高估这位老夫子的政治智慧了，更可能的是，牛辅被杀后他也有了一定的警醒，想赦免李傕等人，但内心的确有个"祖制"无法逾越，要他颁发赦免令，或许真得再等一年。

王先生就是这么可笑的一个人，千万别跟他生气。

现在才 5 月，到明年还有大半年，王允能等，凉州军没法等。王允拒绝接受投降的消息传到陕县，李傕等人如雷轰顶，最后一丝求生的希望也破灭了。大家商议了半天，也想不出好办法，在这件事上他们的智商比王先生还不如。最后，大家决定就地解散，各自绕道逃回凉州。

运气好的话，老家见吧！

就在众人收拾东西准备散伙时，有个人站了出来，说了几句话，把大家说醒了：“咱们分散逃跑，半路上一个亭长就能把大家活捉了，此去凉州3000多里，千山万水，不知道有几个人能逃回家？”大家听完，面面相觑，心情更加低落，这个人继续说：“不如咱们团结起来，集结在一起向西攻打长安，我们也拥戴皇上，只杀王允、吕布，替董太师报仇。事情如果成功，可以挟天子号令天下，如果不成功，再跑不迟！”大家认为有理，李傕与郭汜、张济一商量，别散伙了，就这么干！

说话的这个人很不简单，是当世颇有传奇色彩的人物之一，名叫贾诩，字文和，凉州刺史部武威郡人，此时40多岁，在牛辅手下任讨虏校尉。

贾诩现在出了这个主意，对凉州军来说的确是一招胜负手，对朝廷来说，自然是个彻彻底底的馊主意，正所谓一谋动千危。后世多认为贾诩的这个主意闯下了大祸，使有可能出现的和平契机化为乌有，使帝国再次陷入混乱。

十、人中吕布，马中赤兔

在贾诩的谋划下凉州军重新集结，在李傕、郭汜、张济等人率领下浩浩荡荡向长安杀来。

李傕等人从陕县出发时也只有三四万人，但大军一路行进，不断有凉州军旧部加入，樊稠、李蒙等凉州军将领也闻讯率部赶来，人马越聚越多，到达长安时已经超过了 10 万人。各地的凉州军旧部本来都准备散伙，听说有人挑头讨伐王允，自然跟来了。凉州军一到长安城外，立刻把城围了起来，看到这阵势，王允傻了。

王允这才想起和谈，他派胡文才、杨整修出城去见李傕等人，捎话给凉州军，只要撤兵一切都好商量。但是晚了，李傕等人看到手下有了这么多人马，心里想的就不再是自己如何活命，而是想要别人的命。而胡文才、杨整修二人一见到李傕，不提和谈的事，反劝李傕他们加紧攻城，告诉李傕城里的防守兵力很有限。凉州军挑战，王允派胡轸和徐荣出城迎敌，不出所料的是，胡轸投降，徐荣战死。

凉州军继续攻城，皇甫嵩以全国武装部队副总司令（车骑将军）的身份主持守城事务，吕布协助他。长安也是京城，城墙相当厚实，攻起来并不那么容易，但凉州军好像发了疯似的，死多少人都不在乎，非攻下来不可。

他们个个嘴里嚷着为董太师复仇，其实大家心里最清楚，城里有粮食，有大量的财宝，仅收缴董卓的财宝就数不清。而粮食更重要，董卓被杀后李傕等人就断了供应，凉州军将士现在都饿得很。

打开长安城，一切都有了。

皇甫嵩是一名有经验的老将，在他的指挥下，守城将士打得还算顽强，王允不断给大家鼓劲："顶多坚持一个月，关东方面的援军准到！"但是只守了八天，城里就出现了叛军，长安城被攻破。

叛变的是叟兵，叟人是西南的一个少数民族，叟兵以打仗勇猛而著称，这支叟兵人数有1000多人，是益州牧刘焉派来协助朝廷的，董卓执政时他们就来了，董卓死后，他们归朝廷指挥。

叟兵打开东门，凉州军杀入长安城。城破时吕布带着几百名骑兵杀出城去，这一行人里应该有张辽、高顺等人。吕布临走时不忘把董卓的人头挂在马鞍上，这个东西他见着袁术、袁绍时还用得上。路过青琐门，吕布看到了王允，招呼他一块走。王允不想走，慷慨激昂地说："如果社稷有灵，可以保佑国家平安，这是我最大的愿望。如果这个愿望无法实现，我愿意为此献出生命！"王允让吕布带话给关东联军的诸位首领："天子现在还年轻，现在都依靠我。灾难来时我只顾自己逃命，实在不忍心啊！你见到关东联军的各位同人，一定要勉励他们时刻不能忘了皇上！"

吕布只得自己逃命，李傕、郭汜率兵攻到未央宫南宫掖门，在这里杀了太仆鲁馗、大鸿胪周奂、城门校尉崔烈、北军越骑校尉王昕等朝廷高官。长安城里，凉州军见人就杀，见东西就抢，官民死了1万多人，在当时这是一个很大的数字。

街道上到处是尸体和烧抢的痕迹，一片混乱。王允扶着吓坏了的献帝登上宣平门，李傕等人来到城门下，伏地叩头，献帝打起精神，勉强对李傕等人喊话："你们放纵士兵，想做什么？"李傕等人回答："董卓忠于陛下，而无故被吕布所杀，臣等为董卓报仇，不敢造反，请求的事批准后我们自会到有关部门请罪！"凉州兵围住楼，非要让王允出来对话，他们大声质问："董太师犯了什么罪？"王允无法回答，只好下了城楼。

凉州军重新控制了朝廷，李傕胁迫献帝任命自己为扬武将军，郭汜为扬烈将军，樊稠为中郎将。三个月后，李傕升任车骑将军兼司隶校尉，郭汜、樊稠分别升任为右将军和后将军，他们共同主持朝政。张济也升任骠骑将军，按说这个职务高于李傕的车骑将军，但他似乎受到了排挤，率本部出屯潼关以东的弘农郡一带。

和凉州集团关系密切的西部割据势力首领韩遂、马腾等人听说长安大乱，也带兵前来凑热闹，想浑水摸鱼。他们只得任命韩遂为镇西将军，让他驻扎在金城，即今甘肃省兰州市，任命马腾为征西将军，驻扎在董卓昔日苦心经营的大本营郿坞附近。

对朝廷里原有的大臣，李傕等人分别对待，有的留任，有的被杀。前车骑将军皇甫嵩因为有巨大的声望，凉州军不敢动他，改任他为太尉。不久，皇甫嵩因病去世，朝廷追赠他为骠骑将军。赵谦被任命为司徒，接替王允，马日磾仍为太尉，杨彪担任了司空。而王允及其追随者，则被李傕等人杀了。

为凉州军立下大功的贾诩被拟任为左冯翊太守，并且准备给他封侯，被贾诩拒绝了，贾诩大概很清楚，自己出的一个主意虽然是为保命所迫，但带来了严重的后果，他哪里敢再以此居功。贾诩自愿到尚书台任职，李傕想任命他当尚书仆射，贾诩又推辞，他最后只担任了尚书，开始慢慢和凉州军那些将领们拉开了距离。

吕布出了长安，从武关道逃往南阳郡方向，在南阳郡的宛县吕布见到了袁术。吕布认为自己杀了袁氏的仇人董卓，理所应当接受袁术的谢恩，但袁术是个从来不做赔本生意的人，看在杀了董卓的面子上对吕布等人倒给了个好脸，但时间一长也不再待见他们，吕布向袁术要粮要钱，袁术说没有。

吕布不高兴了，不给就抢，在他的纵容下，手下的人故意在袁术的地盘上闹事，袁术不是省油的灯，他最喜欢玩的是“空手道”，善于做无本买卖，之前就是这样对待孙坚的，孙坚死后袁术顺利地兼并了他的人马，尝到了甜头。

袁术也拿这一招对付吕布，你敢闹事，我就暗地里策反你的人，吕布还真玩不过他。吕布在南阳郡待不下去了，只好走人。

离开袁术，吕布去依靠的人是张杨，他们过去都在并州军共事，是好朋友，张杨现在拥有河内郡太守的正式头衔，同时还是朝廷任命的建义将军。张杨此时表面上依附于袁绍，又与活跃在这一带的黑山军、白波军以及南匈奴都有来往，相当于结成了一个松散联盟，他们相互呼应，在诸强争霸中争取各自的生存空间。

吕布到了河内郡，见到了张杨，张杨是个念旧情的人，尽管自己也有困难，但还是收留了吕布一行。

河东郡离长安太近，吕布到来后，大概他们也听到了风声，他们对吕布恨之入骨，一直在通缉他，就给张杨发了一道悬赏捉拿吕布的诏令。张杨的手下看到长安那边开出的赏金很高，就想把吕布杀了换赏钱。吕布提前知道了消息，有些害怕，找了个借口离开了河内郡。

吕布无奈，把周围看了半天，最后觉得投袁绍也许是条出路。

吕布到冀州去投袁绍，此前不久袁绍刚刚跟公孙瓒打了一场大仗，这就是界桥之战。袁绍独占冀州后引发公孙瓒的强烈不满，总想找机会讨个说法，初平三年（192）春天双方在界桥打了一仗，论实力公孙瓒在袁绍之上，但袁绍指挥得当，反将公孙瓒打败，公孙瓒的白马义从从此在疆场上消失。

从内心来讲，袁绍也不大喜欢吕布，牌子倒了，政治信誉没了，谁都不待见。但袁绍对吕布的到来还是给予了十二分的热情欢迎，不是他一向喜欢报恩，而是他对吕布正有所需。界桥之战虽然取胜，但没有彻底打败公孙瓒，公孙瓒退往幽州，双方仍然势均力敌，从冀州刺史部北部、幽州刺史部南部直至东边的青州刺史部一线，双方的争夺全面展开。

阵线自西向东一字排开，哪一边都吃着劲，不容丝毫松懈，好比两个人摔跤，膀子扣着膀子，脑袋顶着脑袋，脚底下也都使着绊子，谁也拿不下谁。如果这个时候突然再出现一个人，朝着其中一人的肋下突然出拳，那是什么效果？这一拳不必太猛，不用太狠，由于出的是时机，打的是地方，也足以立分胜负。袁绍很不幸，公孙瓒率先找来了这样的帮手，给袁绍的左肋上打出了一拳。

袁绍的左翼是太行山，在这一带山区最有实力的要算张燕的黑山军，他们算是黄巾军的余部，在孙公瓒的策动下，黑山军公开支持公孙瓒，从侧翼向袁绍发起进攻。以黑山军的实力把袁绍彻底打败不太可能，但他们擅长游击战，又占据着绝佳的战略位置，频频出动，对袁绍进行袭扰，袁绍不胜其烦。

袁绍也集中兵力打了几次，试图把黑山军消灭，但黑山军利用太行山河谷纵横的特点，不进行大兵团对决，以游击战进行袭扰，打得过就打，打不过就逃进山谷，袁军成效不大。

袁绍还不能把兵力都用在这个方向，所以苦恼不已。吕布的到来让袁绍大喜，吕布是并州军名将，“飞将”的名字已经叫开了，对付张燕应该没问题。更重要的是，太行山也是并州军的地盘，吕布擅长的也是山地骑兵作战，打运动战吕布不吃亏。

袁绍给吕布增加了一部分人马，让吕布和他的手下专门对付张燕的黑山军。张燕的主力是一支数千人的骑兵，战斗力很强，以步兵为主的袁绍也曾创造过战胜精锐骑兵的战例，但那是在双方主力的对决战中，给袁绍施展谋略留下了空间。张燕的策略是你来我走，你走我来，比谁跑得快，这样一来袁绍就没辙了。

现在换对手了，你快，上来的人比你还快；你熟悉地理，人家也都是从小生活在这片土地上的人，动起手来熟门熟路，一点儿都不吃亏。吕布让手下的部将成廉、魏越等人挑了几十个身手好的人，他亲自率领，骑上快马组成一支突击队，专门冲击敌人的核心区，一会儿闪电战，一会儿斩首行动，来如疾风，去如迅雷，无人能挡，打得黑山军直犯迷糊。

论打仗吕布确实是一把好手，尤其是骑兵作战。吕布骑的马也跟着出了名，当时大家都在传颂着两句话：“马中赤兔，人中吕布！”

张燕被打败，退入太行山深处。

袁绍侧翼的威胁解除了，吕布又为袁绍立了一大功。但袁绍对吕布只是利用一下而已，驾驭吕布这样的人，袁绍大概并不认为自己比丁原、董卓、袁术高明到哪里去，所以用完之后准备来个卸磨杀驴，还没等他实施，吕布反倒咄咄逼人起来。

吕布的老毛病又犯了，他以功臣自诩，开始向袁绍伸手要这要那。吕布向袁绍提出，他要到司隶校尉部发展，让袁绍帮他。吕布的这个建议有一定眼光，司隶校尉部是天下 13 个州里最核心、最重要的一个州，目前处在四分五裂的状态，尤其洛阳一带反而没人去占据，洛阳城虽然残破，但如果有人在那一带挑起头来，重新集结为一处重镇也未必不可能。

吕布不会自己去，他要袁绍帮助，就是向袁绍要人。袁绍这边公孙瓒的事还忙不过来，哪能分兵帮吕布去发展？还有一种可能，当初为打黑山军袁绍没准给吕布开出过条件，等他打败黑山军后就帮助他到司隶校尉部发展，事情办成了，袁绍又想要赖，这种事袁术最拿手，袁绍也能干出来。

吕布的目的没达到就故技重施，放纵手下在袁绍的地盘上四处抢掠。袁绍忍无可忍，经过考虑，决心除掉吕布。这绝对是背信弃义的做法，不管吕布的既往历史怎样，毕竟人家杀了你们家的仇人，还帮你打张燕解除你的后顾之忧，怎么说都是功臣吧，不答应他的要求可以，礼送出境就行，不必下此狠手。

但袁绍还是决定要解决吕布，他假装接受了吕布的请求，表奏吕布为司隶校尉，给他拨了 3000 名甲士一同去上任。司隶校尉的办公地点应该在洛阳，吕布一行走的路线应该是由冀州往南经河内郡渡黄河，然后往西。

这是吕布计划走的线路，却不是袁绍的计划，袁绍没有打算把这趟旅行走得那么远，袁绍的人得到命令，在半路上干掉吕布。这些年来吕布常算计别人，所以他的警惕性比一般人高得多，他预感到袁绍会有小动作，所以提前有了准备。晚上，吕布故意让袁绍的人住在自己大帐外，半夜里让人在自己的帐中弹筝，而自己悄悄逃走。袁绍的人冲进帐中，向吕布睡的床一通乱砍，却发现没有人。袁绍得到报告，吓得够呛。袁绍担心吕布回来报复，问左右谁愿意带兵去追吕布，飞将的威名居然让袁绍手下众人无人敢应征。

袁绍越想越害怕，一度下令关闭邺县城门，严加防卫。其实吕布没打算回去找袁绍算账，他没有那个能力，也没有了那样的心气。逃出袁绍黑手的吕布更加体会到了穷途末路的含义，想了半天，发现只能再回去投奔老同事张杨。

要去张杨那里，最便捷的路径是走东方大道一直西行，如果吕布走的是这条道，现在他就首先要渡过黄河。站在黄河边的吕布，想来心情无比沮丧。吕布现在 40 岁左右，多年来他纵横驰骋，奋力拼杀，干的都是玩命的活，换来的却是众人的冷眼，以至于到现在都没有一块属于自己的立足之地。

吕布怀着这种低落的心情过了黄河，过河之后正要向西行，却被一伙不速之客拦下了，这些人好像是在此专门等候他的，问清是吕布本人之后，他们报上了自己的名号，原来是附近的陈留郡太守张邈的人，奉张太守的派遣专门在此迎候吕将军。

吕布很不解，他只听说过张邈的名字，知道这家伙跟袁绍关系不错，是当初关东十一路联军中的一路，但从来没跟他打过交道。张邈确实是袁绍的人，但自己是袁绍的敌人，张邈在此等候自己，一定凶多吉少，如果想到了这些，吕布应该很紧张。但等对方简要说明情况后，吕布心里又大喜，马上跟着这伙人去了陈留郡。

十一、曹操的首席智囊

吕布来到陈留郡的时间大概是初平四年（193）的夏末秋初，他逃出长安后一直到处流浪，没有精力关注其他地方上的事，他不知道这两三年里位于黄河南岸的兖州刺史部发生了很多变化，他来到张邈那里，准确地说这里已经是曹操的地盘了。如果要问这段时间中原地区谁的势力成长得最快、改变最大，那肯定非曹操莫属。

三年前的初平元年（190）底，南下募兵失败的曹操到河内郡依附袁绍，寻找发展的机会，大约在初平二年（191）冬天，曹操来到黄河下游北岸一座小城东武阳，此地属兖州刺史部东郡，曹操之所以来到这里，是因为袁绍给了他一个东郡太守的头衔。东郡的大部分地方在黄河以南，并不在袁绍的控制下。袁绍让曹操到这里来是向南拓展势力的，当然这样做会跟兖州刺史刘岱等人发生摩擦，所以不能明火执仗地硬来，只能用打黄巾军余部的借口偷偷地去抢。

四处天寒地冻，曹操的心境比这天气还寒冷。曹操的心里大概思考的是这些问题：下一步如何打算，是继续坚持讨董大业，还是先谋求自身稳定发展？是在袁绍卵翼下得以苟安，还是干脆独立单干？如果单干，胜算的把握有多少？选择什么方向？

四周强敌林立，曹操自己不仅人马有限，而且经过了一连串的失败，不说下面的士卒，就是和自己最贴心的几个将领，也都难免对前途产生了疑惑。曹操急需要胜利，也急需要能为他指点迷津的人。

正在这时，一个人的到来给曹操带来了曙光。这个人名叫荀彧，字文若，反董斗士荀攸的叔父，已故司空荀爽的侄子，他出生于汉灵帝延熹六年（163），此时 29 岁，比曹操小了八岁。

荀彧年轻时便展露出突出的才能，被郡里举为孝廉，得以到朝廷里任职，后来逐渐升为守宫令。董卓把持朝廷后荀彧深感不妙，在叔父荀爽的帮助下，他谋得一个亢父县令的职务。这个地方在哪里荀彧并不关心，因为他的目的只是逃离洛阳。荀彧先回到了颍川郡老家，后来颍川郡人冀州刺史韩馥派人来家乡招募人才，荀彧便带着家人到了冀州。荀彧有个哥哥叫荀谌，已先于他到了韩馥那里，和同郡人辛评、郭图等人受到了韩馥的重用，但荀彧到冀州不是时候，还没等发挥自己的能力，甚至没等到韩馥给他安排一份工作，韩馥的位子就被袁绍抢了。

冀州进入袁绍时代，颍川人有些黯然失色。袁绍手下人才很多，仅智囊就有逢纪、许攸、郭图、审配、荀谌、辛评、辛毗、田丰、沮授、陈琳一大堆，和他们相比，荀彧不仅年轻，是新手，而且没有做出过任何成绩，自然也引不起袁绍的关注。荀彧大概对自己在这里发展前景也不会看好，袁绍此时帐下已精英荟萃，自己的发展空间有限。

袁绍掌管冀州后更喜欢用自己老家汝南的人以及早年一直跟随自己的那几个人，开始他还对荀谌、辛评、郭图等人不错，但渐渐地更加重用许攸、逢纪这些人，对沮授、田丰等冀州本地人袁绍本不喜欢，但他们在冀州当地影响力很大，袁绍不得不给他们面子，如此一来颍川人受到了全面冷落。

荀彧的哥哥荀谌也很有才干，在袁绍夺取冀州过程中也出过大力，袁绍开始很欣赏荀谌，后来荀谌也慢慢被边缘化了。这时候荀彧想到了曹操，荀彧知道近一段时间来曹操正处于事业的低谷，但以曹操的志气和能力，只要战略运用得当，很快便能重新崛起。而曹操身边没有什么有名气的智囊，也正是吸引荀彧的最重要因素。

与后来的诸葛亮一样，荀彧投奔曹操也有着英雄所见略同的考虑，但与诸葛亮不同的是，荀彧做出这种选择必须有更大的勇气，毕竟舍弃势头正如日中天的袁绍不仅有后悔的可能，而且会遭到袁绍的报复。

经过一番思考，荀彧还是下了决心，于是带着家人离开了邺县，来到东武阳。

让荀彧感到欣慰的是，曹操以极大的热情接纳了自己。正在渴望人才的曹操跟荀彧进行了一番长谈，谈完后曹操兴奋地说了一句："真是我的张子房啊！"张子房就是张良，曹操把荀彧比作张良，言下之意自己是刘邦，太平时节说这话得夷三族，但现在世道不同了，天下需要英雄。

荀彧从此投身到曹操手下，曹操自己才是个冒牌的奋武将军，没法给荀彧一个较高的职务，先让他当别部司马，但主要工作是帮自己出谋划策，成为曹操的首席智囊。

荀彧的离开没有引起袁绍太大的反响，袁绍不仅没有追到这里要人，也没有为难还留在冀州的哥哥荀谌，想必袁绍手下人才实在太多，多一个少一个这样的人不会引起他的关注。或者，在袁绍看来连曹操都是他的人，荀彧在哪里干都一样，在曹操这里干事也是为他效力吧。

荀彧来到曹操身边以后，曹操一改败运，连打胜仗，在东郡一带彻底站住了脚。而就在此时，青州刺史部的黄巾军余部向兖州方向移动，总人数达到百余万人，他们首先进入兖州的任城国，任城国相郑遂被杀。消息传来，兖州刺史刘岱决定出兵迎击，结果竟然也被杀了。

刘岱死后兖州刺史部的 8 个郡国处于群龙无首的状态，面对来势汹汹的黄巾军，当务之急是推出一个有实力、有能力的领头人带领大家打退黄巾军，保护地方安全，这是兖州本地官民们共同的愿望。在兖州地方人士陈宫、万潜以及曹操的老朋友鲍信等人建议和推动下，大家一商量，认为在最近跟黄巾军、黑山军交战中，曹操的战绩最好，应该请他来主持大局，以保证兖州平安。

陈宫亲自到东郡的东武阳拜见曹操，就这样曹操就任了兖州牧。

曹操继续整顿兵马，收编了不少刘岱的旧部，实力明显增强。黑山军退回到太行山不再出来，对青州黄巾军来说，袁绍、公孙瓒在他们后面也都加紧了进攻，目的很明确，就是要把他们从自己的地盘上赶走。青州黄巾军只能前进，没有退路，再次进入兖州刺史部境内。

青州黄巾军拿出拼死的劲头，往日一打就跑的情况不见了，与曹军展开了殊死拼杀，战斗异常激烈和残酷。有一次，曹操率领 1000 多人在战场间巡视，突然遭遇青州黄巾军主力的攻击，手下一下子死伤近半，不得不撤退。为鼓舞士气，曹操亲自披甲持胄，亲临一线，严明军纪，明确赏罚，士气才稍稍提高。

这场战役中最惊险的一幕发生在寿张之战中。寿张属兖州刺史部的东平国，今山东省东平县一带，当时其附近有个新大的湖泊叫东平湖，这里是山东、河南两省交界处，是山东省通往中原腹地的重要通道之一。当时青州黄巾军气势很盛，曹操于是决定在寿张地区设下伏兵。

担任伏击的部队还没有完全集结到位，鲍信陪同曹操去察看地形，这时与敌人仓促而遇。敌兵人多，曹操、鲍信率领部下与敌人交战，为掩护曹操撤退，鲍信拼死力战，最后竟然战死了，时年 41 岁。鲍信的战死是曹操的一大损失，曹操极度伤心。鲍信死后连尸首都没有找着，曹操下令悬赏寻找，仍然没有找到，只能让人用木头刻了一个鲍信的雕像来祭拜。

此战中山阳郡巨野县人李乾给了曹操很大支持，李乾在乘氏县一带聚合了好几千人，他率众投奔了曹操，在寿张之战中立下功劳。曹军日后有个名将叫李典，是李乾的侄子。

曹操这边打得很苦，对手其实更艰难。青州黄巾军打不过曹操，想出了“劝降”的一招，他们给曹操写了一封信，在信中他们先套近乎，说曹操的政治主张与他们的太平道教义其实是一致的，然后劝曹操顺应天道，不要与青州黄巾军为敌。曹操不理，昼夜不停地发起攻击，并不断取得胜利，青州黄巾军开始撤退。

青州黄巾军向济北国方向败走，曹操指挥人马追击，青州黄巾军没有退路，只好请求投降。曹操接受了他们的投降，就地整编，组建了一支新的队伍，从此“曹家军”里便有了一个专用名字，叫作青州兵。负责指挥他们的是鲍信的老部下于禁，他字文则，兖州刺史部泰山郡人，很早就跟随鲍信，鲍信死后曹操把他的旧部交给于禁指挥，现在又指挥了青州兵。

此战奠定了曹操在兖州的地位，曹操在鄄城有了自己的大本营，他想到的第一件事，就是赶紧把夫人和孩子接了过来。曹操的夫人卞氏以及长子曹丕、次子曹彰当时都在冀州，那里是袁绍的地盘，这大概是让曹操最为放心不下的事。

卞氏到鄄城后，很快又给曹操生下了第三个儿子，这就是曹植。此时曹丕六岁，曹彰三岁，曹丕日后在回忆文章中写道，他五六岁的时候，父亲曾亲自教他射箭，使他从小就养成好弓马的习惯，说的正是在鄄城的这段生活。

十二、一场灭门惨祸

兖州刺史部州域范围大致是今山东省西南部、河南省东部及江苏省的西北角，下辖东郡、济阴郡、陈留郡、任城国、山阳郡、东平国、泰山郡、济北国等八个郡国，现在东郡、济阴郡、山阳郡、任城国已被曹操直接控制，陈留郡太守张邈、泰山郡太守应劭也听从曹操的调遣，剩下的济北国、东平国处在和公孙瓒的拉锯状态。

曹操担任兖州牧后把东郡太守一职交由夏侯惇来代理，命他驻守在黄河岸边的战略要地濮阳，他自己驻守在鄄城，以这两处要地为基点，他已经基本上控制了兖州刺史部。曹操命令队伍休整一段时间，认真思考下一步朝哪个方向发展。

北边是袁绍，往东以及东北方向目前是公孙瓒的地盘，不可能有发展的空间；往西是残破不堪的司隶校尉部，人口大量外逃，稍大一点的城市都成了废墟，又处在各种势力的交会之处，别说不好占，就是占住了也无法待；只有南边以及东南方向适合于发展。

这个方向是徐州刺史部，对手是陶谦。陶谦是个不好对付的人，他在西北打过仗，能带兵，有些谋略，手下也有不少能人，经营徐州好几年了，有很强的实力。曹操跟陶谦之前没有正面交过手，也没有打过交道，在大的战略格局里，陶谦属于袁术、公孙瓒阵营，而自己属于袁绍阵营，双方的敌对关系已经形成。

这段时间曹操的目光一定会常在地图上的兖州刺史部与徐州刺史部交错的几个郡县间游走，他在寻找进攻的具体目标和契机。如果他的目光停在徐州刺史部最北面的琅邪国附近时，一定会想起来这里是他的夫人卞氏的老家，它东邻大海，远离中原，是个避乱的好地方。

曹操这时真的盯着琅邪国看的话，他的心里也会突然一惊，他应该想到，父亲曹嵩等一家几十口人此时还正在那里。从己吾起兵后，除弟弟曹德外，曹氏以及夏侯氏兄弟们纷纷离开家乡追随自己来了，曹家在谯县十分不安全，曹嵩带着在老家谯县的曹家人去了琅邪国。

面朝大海，春暖花开，原属琅邪国的今山东省日照市。但曹嵩一行到这里不是为了欣赏大海，而是来避难的，当时从中原地区到这里避难的人还有不少。之所以选择这里，与卞氏的老家在此有一定关系，卞氏的老家开阳县是琅邪国的治所，曹家人来琅邪国应该就住在开阳县一带。

与一般逃难的人家不同，曹家人非常富有，尽管刻意保持了低调，但从他们的吃穿住行以及随行带来的众多仆人等方面也能看得出来。不管怎样，琅邪国是陶谦的地盘，真要跟陶谦打起来，父亲他们留在琅邪国就成了陶谦现成的人质，开战之前必须把他们从那儿接出来。

琅邪国紧邻兖州刺史部的泰山郡，曹操派人到琅邪国通知父亲准备离开，同时命令泰山郡太守应劭派兵接应，把父亲一行接到鄄城来。但是有人却抢先了一步，把曹嵩等数十口人杀得一个不剩，制造了一起血案。

关于这件事史书记载比较混乱，情节扑朔迷离。

一个说法是，凶手是陶谦派去的，曹操想到的事陶谦也想到了，他也派人去了琅邪国，但在那里扑了个空，曹嵩一行已经离开了，他们于是追赶，在泰山郡的华县一带追上，曹家人在这里等应劭来接应，还以为是应劭的人，没有防备，结果全部被杀。

根据这个说法，曹操的弟弟曹德先去开的门，被陶谦的人杀死在门口。曹嵩闻讯感到恐惧，跑到了后院想翻墙逃生，他还带着一个比较喜欢的妾，按后代的称呼曹操应该叫她姨娘，曹嵩想带着她一块逃。

曹嵩让这个妾先翻墙，但这个妾很胖，怎么都翻不过去。他们于是躲进厕所里，结果被发现，一同被害，跟随曹嵩的家人全部被杀。

另一个说法是，那些杀害曹家人的凶手不是陶谦派来的，而是陶谦手下的一个将领，此人当时驻扎在距事发地华县不远的东海郡的阴平，他手下的士兵听说曹家人很有钱，就在路上设伏，在华县、费县一带把曹嵩等人杀了，这个将领的名字史书没有记载。

还有一个完全不同的说法，说陶谦听说曹嵩想儿子，就派部将张闿带领200人护送，曹家人很有钱，值钱的东西就装了100多车，张闿等人见财起了异心，在华县、费县一带将曹嵩等人杀了，抢光了东西，跑到淮南去了。

消息传到兖州，曹操几乎不敢相信，他简直疯狂了。自起兵以来父亲整天担惊受怕，不敢待在谯县，远避琅邪国，如今又举家丧命，说起来这一切都是自己造成的。

曹家没有一个人能够活着回来，曹操无法了解事件的整个经过，不过曹操肯定会认为，这件事一定是陶谦干的。这么大的事，只有陶谦能做，也只有他敢做。曹操本来就要跟陶谦刀兵相见，现在不用再找理由了，曹操迅速调整了计划，命令部队停止休整，全部进入战备状态，他要亲自领兵杀往徐州，找陶谦报仇雪恨。

可还没等曹操的复仇行动展开，陶谦就先动了手。初平四年（193）夏天，中原及华北地区出现了罕见的自然现象，正值炎夏，却刮起了寒风，像冬天一样，这种神奇的自然现象鼓励了那些想造反或者正在造反的人，在他们看来这是天亡刘汉的又一明证。

徐州刺史部下邳国一带原本就有个叫阙宣的人领头造反，响应他的人很多，当他看到上天也出来惩戒当权者时，于是不再客气，自称天子，与长安的献帝分庭抗礼。

当时敢造反不算什么本事，而敢于自称天子那绝对勇气可嘉。北有强敌曹操，随时要来复仇，内部又出了个不要命的阙宣，陶谦头很大。不过他有办法，他不去讨伐阙宣，而是跟他联起手来。阙宣自称天子，是大逆不道、夷三族的人，跟他联手等于造反，为此刚刚接受了徐州牧头衔的陶谦要了个两面派，一面派人跑到长安向天子宣誓效忠，誓死讨伐叛逆，一面私底下跟那位自称天子的人称兄道弟。朝廷太远，就是不相信也没办法，陶谦既得到了名分，又增强了实力。

曹氏血案发生后，陶谦知道和曹操的一场决战不可避免，他这时候倒不太紧张，因为他有把握打败曹操。作为一个老牌军人，一个在地方上深耕多年的实力人物，造反称王的人都搞得定，一个刚出道的曹孟德应该不在话下吧？

所以，曹氏血案发生后，作为最大的犯罪嫌疑人，陶谦没有派人去曹操那里解释，也没有向曹家人表示哀悼和慰问，直接出兵了。

自信满满的陶谦指挥人马进攻兖州刺史部，兖州刺史部的南面和东面与徐州刺史部相邻，陶谦进攻的方向是东面，主战场是兖州刺史部的泰山郡。泰山郡本来就不是曹操势力的核心区域，应劭弃官逃走后这里一时又群龙无首，泰山郡很多地方都被陶谦占领了，附近的任城国的一些地方也相继失守。

面对陶谦的先发制人，曹操立即兵分三路给予还击：第一路由夏侯惇统领留守兖州刺史部，重点是鄄城、濮阳、定陶、东武阳等战略要地，荀彧、程昱留下来协助他；第二路由曹仁率领，由东郡的北部进入东平国、任城国，进而到泰山郡迎击那里的徐州军；第三路由曹操亲自率领，由济阴郡南下，进入已为陶谦所控制的豫州刺史部沛国的北部，进而攻击徐州刺史部的彭城国、下邳国等地，直捣陶谦的大本营郯县。

曹操的策略是以偏师对抗陶谦在东边的主力，而将自己的主力向敌人防守相对薄弱的南边发动进攻，对于已失去先发优势的曹军来说，这不失为是一个正确的选择。对手毕竟是陶谦，结局无法预料，曹操甚至做了最坏的打算，离开鄄城前他告诉夫人卞氏说："我如果回不来了，你就领着孩子们到陈留郡投奔张邈吧！"

初平四年（193）秋天，曹操的反击战开始了。

陶谦的主力都在东面，曹操亲自率领的南面这一路势如破竹，一口气拿下兖州刺史部南部十几座被陶谦占领的城池，直逼徐州刺史部境内的战略要地彭城。陶谦完全没料到曹操会来这一手，放着东面不管出击南面，这就像两个人格斗，一个人举枪刺向对手的喉咙，按照人的本能反应，应该举刀去挡，但对手却没有，放着咽喉不管，一刀奔着对方的胸脯就去了。

这是自杀式打法，比的是谁更狠。陶谦没有曹操心理强大，于是从东面撤军，亲自率主力到南面战场迎敌，双方在彭城一带展开了激战。彭城即今江苏省徐州市，这是一座古城，也是一处古战场，400年前刘邦和项羽曾在此有一场大战，结果刘邦完败，项羽险些把刘邦生擒。

彭城四周虽然被大小不等的丘陵、高地所环绕，周边还有泗水、汳水在此交汇，但交通却十分发达，东汉时有一条起自洛阳的东方大道，基本走向在前半段约沿着现在的陇海铁路，后半段约沿着现在的京沪铁路，彭城就是这条大道上的交通枢纽，自古以来都是兵家必争之地。曹操与陶谦的彭城之战没有楚汉相争时打得那么惨烈，战事呈现出一边倒的态势，曹军大胜，陶谦向东撤退，退到郯县。

曹操攻克彭城后又率军东进，直扑郯县。郯县属徐州刺史部的东海郡，今山东省临沂市的郯城县，是山东省最南边的一个县，这里是当时徐州刺史部的治所，陶谦的大本营。陶谦退无可退，组织人马与曹军殊死一战。

双方在郯县以东的武原县又进行了一场恶战，曹军再次取胜，攻占了武原县，之后兵临郯县城下。从鄄城出发到郯县，直线距离已有上千里，曹军远道而来，虽然节节胜利但自身消耗也很大，士卒减员，战斗力下降，对方又拼命死守，曹军攻城不克。

郯县难攻的原因还有一个，城里来了生力军，这就是公孙瓒派来的刘备，刘备此时尽管还不太有名，却是个战斗力很强的人物。

刘备字玄德，幽州刺史部涿郡涿县人，西汉中山靖王刘胜的后代，但到他父亲时家道已经中落了，父亲死后，母亲靠织席贩履为业，供养刘备读书。刘备曾拜著名学者卢植为师，与同在那里学习的公孙瓒是同窗。学习结束后刘备在家乡无所事事，结识了关羽和张飞，三人情同手足，一块参加了朝廷镇压黄巾起义的军队，之后因功被任命为县尉，老同学公孙瓒成事后刘备前往投奔，被公孙瓒任命为平原国相。

陶谦开始并没有把曹操放在眼里，本想一举把兖州荡平，没想到曹操这么厉害，眼看郯县危急，他赶紧派人向盟友公孙瓒求救。当时的情况是，袁绍、曹操、刘虞结成一个集团，袁术、公孙瓒、陶谦为另一个集团，陶谦是公孙瓒的盟友，所以对他的求援公孙瓒不能不管，公孙瓒命令距离徐州刺史部最近的青州刺史田楷和平原国相刘备驰援郯县。

刘备带着关羽、张飞等人率先到达郯县，他只带来了1000多人，人马虽然不算多，但却是生力军，兖州军和徐州军已经打了几个月都很疲惫了，郯县因为有刘备的加盟，防守力量有所增强，所以曹军几次猛攻都没能攻下。

对曹操来说，长期围城是不现实的，因为这里是敌占区，敌人是守城，而且后援也会逐渐聚集，而自己队伍将面临后勤补给方面的难题。考虑到这些情况，曹操决定放弃攻城，回师兖州。

十三、找顶钢盔戴头上

这时已经过了年，远在长安的献帝下诏改年号为兴平。

兴平元年（194）春天，曹操结束了为期近半年的第一次远征徐州之战回师鄄城，陈留郡太守张邈亲自到州界迎接他们凯旋，想到出征时未卜生死、以家室相托付的情景，两位老战友不禁很动容，都流下了热泪。

看到这种情形的人，肯定会为两个人的深厚友谊所感动，但大家不知道的是，曹操的眼泪是真的，张邈的眼泪却很勉强。不久前，曹操还在徐州浴血奋战时张邈偷偷地见了吕布，在陈留郡吕布受到了张邈的热情款待，他们谈得很投机，但谈话内容谁也不清楚，只知道等到吕布要走的时候二人已经有点难分难舍了，还秘密约定了什么。

作为知名度很高的敏感人物，吕布没有在张邈那里久留，他离开陈留郡后去了哪里也不太清楚，可能暂时投奔了张杨，也可能四处打游击，他在等待着和张邈约定的那件事。

哪件事？当时谁也不知道。曹操回到鄄城，还没有来得及好好休整一下，突然接到了袁绍的一道密令，让他杀了张邈。曹操、张邈都是一个阵营里的，袁绍是他们的首领，袁绍下达这道密令，不仅突然，而且很奇怪。表面上的原因可能是袁绍听说吕布来过张邈这里，二人有密谋，所以让曹操除掉他。

还有一点，张邈和袁绍之间最近关系也很紧张，张邈有侠士性格，比较仗义，曹操当年只身来到陈留郡，如果没有张邈的帮助什么都做不成，张邈待曹操很仗义，只要是朋友，帮人就帮到底，这与韩馥等人形成了鲜明对比。但张邈又是个直脾气，张邈很欣赏臧洪，原因就是在这方面二人脾气相投，都属于敢恨敢爱也敢说的人。袁绍当了盟主后流露出骄傲自满，张邈心直口快，说过他，让袁绍在众人面前下不了台，得罪了袁绍，袁绍很不高兴。

基于以上两个原因，袁绍给曹操下达那样的密令也是可能的。

但这还不是更深层次的原因，袁绍要杀张邈，除了对张邈的不满，也有向曹操下手的意味，有一箭双雕的考虑。

凡是同盟，一般都不希望对方太弱，但也不希望对方太强，太弱帮不上忙，太强则不好控制，袁绍看曹操和张邈，就是这样的心态。曹操和张邈替袁绍缓冲着南线袁术、陶谦造成的压力，让袁绍在北面可以放手与公孙瓒作战，这一点他很满意。

但是近一段时间以来，曹操和张邈的势力发展得都很迅猛，尤其是曹操，先得了东郡，继而又得了几乎整个兖州刺史部，陶谦那样的猛人都被他打得抱头鼠窜，差点全军覆没，照这样发展下去，徐州刺史部迟早也是曹操的。还有张邈也不一般，他虽然只是个郡太守，地盘也只限陈留郡，但号召力很强，又善于找机会，别人都在大打出手时他一直埋头扩充实力，据陈宫在一次谈话中透露，此时张邈已拥有“十万之众”，这个数目可能有水分，但即使打个五折那也相当可观了。

按照这样的分析，袁绍突然密令曹操杀掉张邈，动机就不一般了，要解决张邈不是派几个人到张邈办公室亮一下逮捕证就能把人带走的，先得解决掉张邈的“十万之众”。袁绍的这道密令说白了就是让曹操和张邈火并，无论最终谁胜都将两败俱伤，两个人正在上升的势头都将中止。

袁绍肯定想过曹操未必会接受他的这道命令，不是曹操不忍心下手，而是曹操识破了他的阴谋，同时也不会认为自己有吃掉张邈的把握，但没有关系，袁绍还有一手，他把给曹操的密令故意泄露出去，闹得社会上沸沸扬扬，目的是让张邈知道，这个直筒子不像曹操那么有城府，说不定会先动起手来。

这样狠的招袁绍自己未必想得出来，但此时他手下云集了许攸、审配、逢纪、荀谌等策反专家兼忽悠高手，想出这样的计策来并不费劲。曹操果然置之不理，但不幸的是张邈中招了。

曹操对张邈的看法很单纯，张邈对曹操的感情却是复杂的。

从朋友的角度看，张邈跟曹操的关系处得不错，张邈比较讲义气，够朋友，对曹操也多有帮助，二人不说两肋插刀，至少也互相敬重。曹操托付卞夫人自己一旦出事就去投靠张邈，这种以家室相托的情谊不是假的。

但曹操来到兖州后跟张邈在地位上出现了反差，过去曹操在张邈的帮助下才有了立足之地，在张邈眼里曹操不说是他的下属最少也是平级，但很快曹操就出任了兖州牧，成了他的顶头上级，张邈心里多少有些不是滋味。

张邈与袁绍的矛盾逐渐公开，在张邈眼里曹操和袁绍的关系一直很铁，现在已经有了不少风言风语传到张邈耳朵里，张邈担心曹操顶不住袁绍的压力，迟早会向自己动手。张邈为了自保，产生了向曹操先动手的念头。

张邈的想法得到了陈宫的支持，作为兖州本土派人士的代表，陈宫当初力推曹操为兖州牧，想的是引进一个强人来保卫自己的家乡。曹操确实是一个强人，袁术被他打败，陶谦也不是他的对手，但陈宫并不喜欢，因为曹操不仅是强人，而且太招事。

曹操就任兖州牧以来就战事不断，袁术打上门来当然该还击，但打跑就行了，干吗还要追？陶谦挑事，把他拒于州境之外也就行了，干吗要深入徐州上千里，打到陶谦的家门口？这样的战略不符合兖州本土派的利益，陈宫在心里坚决反对。

前线一开打，后方就得供人、供粮，曹操让陈宫在后方搞后勤，陈宫感到给家乡人民造成的负担很重，思想压力很大。曹操打仗为的是他自己的事业，干吗让兖州人为他埋单？陈宫想不明白。

陈宫也逐渐坚定了一个决心，一定要把曹操赶走。张邈害怕袁绍和曹操加害自己，陈宫一心想把曹操赶走，二人一拍即合，他们的预谋或许开始的时间更早，甚至在曹操征徐州归来垂泣相对时已经有了，吕布的陈留郡之行就是这个预谋的一部分。

兴平元年（194）春天，曹操再次南征徐州。

鉴于上次征徐州时虽打到郯县城下，却没有力量组织攻城，致使整个行动没有达到预期目标，这次再征徐州曹操做了大量的准备工作，他不仅将能抽调出来的人马悉数带上，而且向冀州的袁绍请求增援。袁绍倒也爽快，派朱灵率部前来听曹操指挥。

朱灵字文博，冀州刺史部清河郡人，后来成长为曹军中的名将，他这次带来的有三营人马。当时正规军编制一般有部、曲、屯、队、什、伍六级，没有营。朝廷中央军之一的北军有五营，每营大约有 1000 多人。如果袁绍派来的援军是参照北军进行编制的，三个营应该是四五千人吧。

曹操留下夏侯惇、荀彧、陈宫、程昱等人率不多的守军留在兖州，其他人都随他出征。曹操和手下大多数人的家眷都在鄄城，由荀彧、程昱留守；夏侯惇驻守在黄河上的重要渡口和战略要地濮阳；陈宫负责处理地方日常政务，并督办粮草，为前线提供后勤支持。

在曹仁的建议下，曹操这次改变了主攻方向，派小部分人马由兖州刺史部的济阴郡、山阳郡向徐州刺史部的彭城国、下邳国方向佯攻，而主力部队绕道泰山郡，攻击徐州刺史部北面的两个郡国，即琅邪国和东海郡，陶谦的大本营郯县就在东海郡。

这个进攻路线和上次刚好相反，上次偏师在东、主力在南，这次偏师在南、主力在东。这样的进攻路线可以避开陶谦重兵把守的彭城防线和下邳防线，攻击其相对薄弱的北部地区，并且可以直捣其大本营，令陶谦措手不及。

曹军还会进攻，这一点陶谦想到了。

但哪个方向是主攻，陶谦却猜不出来，上次搞错了敌人的主攻方向，结果吃了大亏。每遇大事陶谦都要先问问他手下的著名佛教徒笮融，陶谦把笮融找来，问他这次曹军会从哪个方向主攻，笮融煞有介事地说要问问佛，结果昏天黑地弄一通，告诉陶谦说，曹操会从北面来。陶谦深信不疑，把重兵摆在了徐州刺史部北部的彭城、下邳一线，结果又吃了亏。

曹军主力突然从东面的泰山郡杀出，防守在徐州刺史部北部的陶谦主力始料不及，琅邪国的五座城池先后被曹军攻占，曹军攻下这几个地方以后大搞破坏活动。陶谦赶忙调集人马，准备应战，同时派人给刘备送信，让他火速增援郯县。

上次保卫郯县的战斗结束后刘备没回青州，而是留了下来，陶谦表奏刘备为豫州刺史，增派了4000名丹阳兵给他，让他驻扎在小沛。小沛是汉代对沛县的别称，即今江苏省沛县，当时属豫州刺史部的沛国。这里虽然与徐州刺史部的彭城国近在咫尺，却是豫州刺史部的地盘，这让刘备这个豫州刺史倒也多少有些实至名归。陶谦对刘备如此优待，甚至不惜拿出自己最嫡系的家乡兵补充刘备的实力，做的不是亏本的买卖。陶谦看中的是刘备的能力，从而对他寄予了厚望，希望他能替自己抵挡曹操。

小沛的位置很微妙，它属于豫州刺史部的辖区，却远离豫州刺史部的中心地带，像一把剑插在了兖州刺史部和徐州刺史部的中间。陶谦又送官又送人，说白了就是想让刘备给他当盾牌，曹军一旦来攻，自己好有一个缓冲区。刘备屯驻小沛期间纳本地人甘氏为妾，他的正妻名字无考，只知道他的几任正妻都死了，并且他的生育能力好像也有问题，至少到现在也没有儿子，甘夫人后来到荆州后给刘备生下了后主刘禅，刘备称帝后封她为皇后。

现在，曹操率军从琅邪国攻入东海郡，直逼郯县城下，而刘备率所部也从小沛赶到了，陶谦命手下将领曹豹率军出城与刘备会合，在郯县东郊与曹军展开激战。战斗在郯县附近的沂水两岸展开，虽然对于这场战斗没有留下更多的文字记载，不过仍然可以推测出双方的参战阵容：曹操方面应该有曹仁、曹洪、曹纯、夏侯渊以及还是基层军官的史涣、典韦、乐进等人；刘陶联军方面，应该有关羽、张飞、赵云以及陶谦的部将曹豹等人。

曹操和刘备亲自指挥了这场战斗，以后他们直接交手的战斗或战役还有很多场，像大多数情况那样，胜利的一方属于曹操，曹军占领了距郯县以东仅40里的襄贲。

有了落脚点，曹军攻打郯县更方便了。困守在郯县城里的陶谦日子很难过，让人找笮融来问问这是怎么回事，下面的人回来报告笮融早已不知去向，陶谦气得要死。派人一查，发现笮融前几天已经领着手下人以及平时的信徒共1万多人逃往广陵郡。陶谦气得要命，却又无可奈何。

眼见曹操大兵压境，陶谦也想一走了之，他想学笮融，撇下徐州不管了，溜回丹阳郡老家养老去。

十四、老朋友的背叛

关键时刻，曹操那边却出了大事。

曹操在前线和陶谦的人马打得难解难分，陈宫认为时机来了。曹操留荀彧、夏侯惇、陈宫等人守兖州，陈宫的主要工作是负责督办粮草，他找了个借口，亲自赶到了陈留郡。

陈宫到陈留郡跟张邈一商量，决定马上动手，他们派人把吕布再次请来，商量如何行动。吕布再一次秘密潜回兖州，张邈看到吕布，灵机一动，想要个花招，在正式起事前不费什么事把荀彧、夏侯惇解决掉。张邈派手下一个叫刘翊的人到鄄城，告诉荀彧说吕布将军听说曹将军攻打陶谦，特来帮忙，请提供粮草。如果城里的人信以为真，吕布大摇大摆地进了鄄城，那鄄城不攻自破，曹操的大本营就没了。

但这只能算小聪明，骗不过荀彧的眼睛。吕布的政治立场已基本明朗，他倾向于袁术一方，虽然帮袁绍打过仗，但目前是袁绍要抓的人，曹操是袁绍的盟友，吕布怎么能帮助曹操呢？张邈要想背后给曹操来一刀，最有效的方法是突然发动袭击，同时攻占鄄城、濮阳等战略要地，虏获曹操等人的家眷，生擒或杀死荀彧、夏侯惇等人，则兖州的其他地方可不攻自破。

刘翊去了趟鄄城，目的没达到，反而给荀彧报了信。张邈和陈宫的异动让荀彧马上判断出情况有变，张邈可能已经反叛，吕布也来到了兖州，情况十分危险。

荀彧迅速做出两项部署：一是派人火速前往徐州前线给曹操报信，二是派人通知夏侯惇放弃濮阳，率所部到鄄城会合，固守待援。这两项对策都完全正确，曹操留在后方的人马有限，张邈、陈宫敢造反，肯定已经联络了兖州的各郡县，曹操虽然是兖州牧，但由于上任时间太短，大部分郡县不一定听他的，所以必须集中兵力，固守待援。

还有一点也很重要，荀彧虽然是留守后方的总负责人，但他来曹营时间还不长，正式职务不过是个司马，夏侯惇军职比他高，是个折冲校尉，还兼着东郡太守，夏侯惇到鄄城对统一号令留守的曹军十分重要。

夏侯惇接到荀彧的情况通报大吃一惊，如鄄城丢失，怎么向大哥交代？夏侯惇立即点齐所部人马，放弃辎重，轻军前往鄄城。

然而，半路上遇到了险情。

吕布到陈留郡后和张邈、陈宫商议下一步的行动，决定分兵两路，一路由张邈、陈宫率领攻打鄄城，一路由吕布率领去取濮阳。他们也想到了夏侯惇会和荀彧合兵，如果抢先拦住夏侯惇，让他进不了鄄城，那迅速攻下鄄城的把握就更大了，所以决定出兵阻挡夏侯惇。

吕布手下有一些人马，张邈又给吕布增了兵，吕布率领这支人马往濮阳方向开来。吕布率领人马来到濮阳和鄄城之间的地方，夏侯惇的人马还没有通过此地，吕布便在这里设下埋伏，准备给夏侯惇来个以逸待劳。

听说要打仗，大道上都是逃难的百姓，看到这种场景，吕布临时来了创意，他安排人想诈降夏侯惇。这个计策竟然得逞，正觉得人手不够的夏侯惇听说有人来投，很高兴，亲自跟他们说话，结果被吕布的手下趁机给劫持了。

曹军将士完全没有防备，一下子傻了。主将被劫持，这种事还没遇到过，大家都不敢向前。眼看吕布的计策大功告成，可以不战而屈人之兵。这时曹军中出来一个人，样子像是一个头目，他让人守住四周，然后严词道："你等凶逆之徒，竟然敢劫持我家将军，你们还想不想活？我们受命讨贼，怎么能因为个人原因而废了军法，去纵容你们呢？"

这个人说完，又对夏侯惇流着泪说："这是国法，我等无可奈何！"说罢立即指挥人发动攻击，完全置夏侯惇的生死于不顾。这一个举动十分突然，吕布的手下没有思想准备，按照他们原来的计划，劫持夏侯惇后如果能让他下令放下武器最好，如果夏侯惇宁死不肯，就采取拖延的办法，装扮成打家劫舍的散兵，勒索钱物，实际目的是迷惑敌人，待吕布的大队人马赶到这里。万没料到曹军中还有更生猛的人，敢置长官的性命于不顾，危急时刻一点都不含糊。转眼一场乱战，夏侯惇竟然脱险，吕布的手下全部被杀。

曹军中那个临阵不乱的头领名叫韩浩，字元嗣，司隶校尉部河内郡人。天下大乱后韩浩的家乡匪寇横行，他聚起百姓保卫乡县，被河内郡太守王匡召为从事，后来王匡死了，很多旧部各奔前程，韩浩辗转来到了兖州参加了曹军，被派到夏侯惇手下。

随后夏侯惇所部与吕布指挥的军队相遇，展开了一场厮杀。

这场仗双方都没有用心打，因为他们心里都惦记着别的事。夏侯惇惦记着鄄城的安危，也不知道那里情况怎么样，只想早些脱身。吕布心里惦记着濮阳，因为那可是黄河沿线一个响当当的重镇啊！

后世对长江更看重，长江可以通航，沿江的各大重镇都是天下举足轻重的要地。但至少在汉代以前，黄河沿线比长江沿线更繁盛，黄河中下游的河段基本上都能通航，沿线的重要城市如洛阳、朝歌、怀县、濮阳、东武阳等名气更大。濮阳一带历来市商繁荣、农事发达，是南北要津、中原屏障，也是兵家必争之地，晋文公在此退避三舍，春秋时期诸侯 10 多次在此会盟，被誉为战神的吴起就是濮阳人。

占领濮阳就拥有了一块很有分量的地盘，对于到现在仍然四处流浪的吕布来说，这里充满了诱惑。吕布下令率先脱离了战斗，直奔濮阳，夏侯惇也趁机脱身，赶赴鄄城。

夏侯惇到了鄄城才知道，鄄城已经风雨飘摇，城里谣言四起，人心惶惶。鄄城也属东郡，陈宫在这里根基很深，城里有一部分人也参与了此次叛乱，或者暗中支持张邈、陈宫，这些人都在寻找机会里应外合。夏侯惇进入鄄城，跟荀彧等人一道连夜查获想谋反的几十个人，全部处死，这才稍稍稳定了鄄城的局势。

这时，张邈、陈宫、吕布反叛的消息已经传到了兖州各地，不出意料的是，各郡县都给予了响应，全州一共有近 80 个县，仍支持曹操的只有三个，除了鄄城还有东郡的范县和东阿县。

这说明曹操入主兖州后重视发展军力，但在地方治理方面下的功夫还不够，打败黄巾军、打跑了袁术，保护了兖州，大家拥护，但此后发起了南征徐州的战役却不符合兖州地方人士的利益，张邈和陈宫正是看中了这一点才敢公开向曹操叫板。

鄄城里加紧防守、积极备战，这时城外又来了一支人马，人数很多，有几万人。城里一下子紧张起来，荀彧和夏侯惇开始以为是张邈的人，或者是吕布从濮阳回击鄄城，后来城外的人主动通报，才知道他们是豫州刺史郭贡带领的人马，郭贡还点名要见荀彧。

郭贡是袁术的人，他这个豫州刺史是袁术表奏的。孙坚死后袁术把发展的重点放在了东边的扬州刺史部，这里北有陶谦、曹操，西有刘表，虽然在各路豪强中间但又处于几股主要势力暂时都无法达到的地方，袁术又抓住了机会。袁术以寿春为基地拓展了扬州刺史部在江北的九江、庐江两个郡，手下实力大增，于是又不断向西北面的豫州刺史部方向发展。听说张邈、吕布反叛曹操，作为曹操的敌人，袁术大概觉得这件事可以利用一下，于是派郭贡横插一杠子，想趁机捞点儿便宜。

鉴于“曹家军”已威名在外，袁术给郭贡下达的命令肯定不是全力相助，能站在一边帮帮忙就可以了，瞅着机会上去捞上一把更好，千万不能动真家伙。

所以郭贡带着人马来到鄄城不是立即展开攻城，而是点名要见荀彧面谈。荀彧决定出城与郭贡相见，大家都认为太危险劝他不要去，就连夏侯惇都不同意他去，荀彧看出郭贡和张邈等人并不同心，觉得出去见见郭贡正好可以劝他退兵，所以坚持要去。

最后荀彧只身出城，来见郭贡。正如荀彧所料，郭贡点名要见荀彧确实是一种试探，当他看到荀彧毫无惧意时，猜想城里早有准备，未必好攻。领导没有下达拼老本的命令，如果自己擅自做主攻城，打赢了还好说，一旦失利就无法回去交差。

想到这里，郭贡带着所部人马从鄄城外撤走。

荀彧、夏侯惇分析了形势，认为鄄城要想守住，范县和东阿县两个据点也不能丢，这样才能形成呼应，让敌人不能集兵于一处。

范县的县令名叫靳允，东阿县的县令名叫枣祗，由于联络中断了，也不知道他们那边的情况如何，荀彧和夏侯惇商量后，决定派一个得力的人到那边去，在荀彧眼里，目前能担当这项重任的只有程昱了。

程昱字仲德，老家就在东郡的东阿县，他的年纪比较大，今年 52 岁了，是曹营里的老大哥，比曹操还要大十几岁。黄巾军起事时，东阿县县丞王度响应黄巾军，烧掉县里的仓库，县令逃走，程昱劝说县里的大户薛房等人趁机夺下了县城。刘岱担任兖州刺史期间，想表奏程昱为骑都尉，但被他拒绝了。后来刘岱被青州黄巾军杀了，曹操来到了兖州，又一次征召程昱，大家认为程昱仍然会拒绝，没想到程昱一口答应了下来，大家问他为什么，程昱笑而不答。

程昱这个人很有智慧，对形势的判断力也很强，他后来成为曹操身边重要的智囊之一，但在早期他是带兵的，像他这样能文能武的人，即使在人才济济的曹营也不是很多。

程昱到范县时，陈宫也派了个叫范嶷的人来了，目的是说服范县投降。在程昱的努力下，靳允表示仍站在曹操的一边，程昱和靳允埋下伏兵把范嶷杀了，稳定了范县的局面。范县东边有一条河，名叫瓠子河，是黄河的一条重要支流，陈宫的军队已经抵达河对岸，程昱派人抢占河上的重要渡口仓亭津，使敌军暂时过不来。敌人一时半刻攻不下范县，程昱又马不停蹄赶到了东阿县。

东阿县令枣祗不是兖州本地人，他的祖籍是豫州刺史部颍川郡，跟荀彧是老乡，荀彧近来为曹操推荐了不少人才，推测一下枣祗很可能也是荀彧推荐的人才之一，他日后成为曹魏著名的农业问题专家。枣祗的态度也很坚决，程昱赶到时他正率领军民做好了在城里坚守的准备。

由于荀彧和夏侯惇处置及时得当，加上程昱、枣祗、靳允等人的坚定支持，鄄城、范县、东阿县这三个最后的据点暂时守住了，为曹操回师反击赢得了时间。

十五、最艰难的时刻

接到后方的急报，曹操顾不上即将能打下来的郯县，赶紧集合人马回撤，为了抢时间，他们走的还是来时的东路，中途必须路过一个叫亢父城的地方，这是一处险地。

亢父故城遗址在今山东省济宁市附近，微山湖的西岸，这里与泰山余脉的梁父山紧夹着东西之道，战国时齐国在其地居高临下修建了城池，苏秦形容这里“车不得方轨，骑不得并行”，还有的说“泰山在左，亢父在右，亢父知生，梁父主死”，是一夫当关、万夫莫开的极险峻之地。

曹操兵力有限，也没料到要突然回师，所以亢父城没有派兵把守，但如果绕道别处，就得多走很多路，大大耽误时间。曹操特别担心吕布已派人占据了此处，所以督促大军日夜行进，等到了一看，发现这里并没有吕布的军队，才放下心来。

曹操很高兴地对大家说：“吕布虽然占得一州，但没有乘机占领东平国，进而占据亢父、泰山之道，凭险地截击我们，而是屯踞在濮阳，从这一点看，我就知道他也成不了什么大事！”有人认为曹操说这番话是自嘲，或者是在给部下打气。其实不尽然，吕布真要有这样的战略眼光，占领濮阳之后迅速东进，趁着各地都在反叛曹操的有利时机，一举占领曹军回师的必经之地东平国，以亢父之险阻击曹操，迟滞曹军的行动，然后由张邈全力攻击鄄城，那将是另外一个结果。

万幸的是，吕布不了解兖州的战场环境，或者还沉浸在新得濮阳的兴奋中，没有走出这一步妙棋来。

按理来说，曹操既然回来了，应该马不停蹄赶往鄄城，但他却没有这样做。曹操率主力直接奔了濮阳，到了那里也不打招呼，直接攻城，这么做要冒一定风险，鄄城危在旦夕，如果张邈组织猛攻，鄄城随时有被攻破的危险。但是曹操又不得不先解决濮阳，如果他此时直接回师鄄城，就要遭受张邈和吕布的东西夹击，战略上更加被动。

这种置之死地而后生的打法这段时间里曹操经常使用，算是围魏救赵的一种，这是劣势之下化被动为主动的一种战法，曹操强大起来以后这种战法就很少用了。

濮阳城外，曹操大概想尽快结束战斗，所以从四个方向都发起了猛攻，吕布指挥人马守城，城上万箭齐发，曹军死伤惨重。正在曹操一筹莫展之际，有人从濮阳城里秘密潜出，给他带来一个好消息，濮阳城里的田氏愿做曹军内应，帮曹军攻城。

田氏是濮阳城大户，拥有大量庄园田产、佃户奴婢，这些人一定会向曹操解释说，吕布等人来到濮阳，把他们的财产粮食都征为军用，又强征他们的奴仆从军，引发他们强烈不满，所以愿意助曹刺史攻打吕贼，将其赶出濮阳，吕布或死或逃，他们别无所求，只愿发还所征财物以及奴仆就行。

曹操很老练，应该能看出一些破绽，但他此时急于拿下濮阳的心情太迫切了，迫切到忽视了很多细节。如果濮阳之战变成了一场久拖不决的攻防战，鄄城一定不保，局面就太危险了，要破此危局，必须立即攻破濮阳，还军鄄城，于是曹操相信了来人，和他们约定了里应外合的信号。

入夜，濮阳城一片寂静。

突然，东门方向发出了信号，城外的曹军见此从营中杀了出来，这正是吕布的计谋，他最近迷上了反间计，鄄城骗荀彧、诈降夏侯惇使的都是这一招。吕布看到曹操中计，让人悄悄把城门打开，曹军像潮水一样涌入城中，进城后他们不忙进攻，却干了一件很奇怪的事，放火。

曹军士兵带着引火的东西，一杀进来就在城门处放起一堆大火，顿时火光冲天。吕布看了一定很纳闷，曹军这是在干什么，他有点儿看不懂。其实这是曹操故意让放的，目的是告诉将士们没有回头的路了，必须破釜沉舟。

曹操本人就在冲进城里的队伍中，这种冒险的仗他本来在城外坐镇指挥就行了，不过他实在太惦记着濮阳，这一仗输不起，让谁带队他都不放心，于是自己来了。这种事曹操之前干过，以后也干过很多次，经常把自己放到险境、绝境，尽管他的运气确实好，每一次都奇迹般地绝地重生，但这种做法并不可取，作为全军的统帅，安全不是个人的事。

曹操冲进濮阳城东门，后路却被吕布的人马迅速堵住，外面的人再也进不来，进来的人想突出去也不可能，双方打起了巷战。曹操这才发现上当了，于是折返回来，在东城门附近，双方展开了激战。这一战打得很惨烈，曹军进来的都是骑兵，在街巷中完全没有优势，吕布所部早有准备，又熟悉环境，所以曹军死伤惨重。

这一仗如果曹操战死，那一切都结束了。

曹军士气本来就低落，又处于明显的劣势，如果主帅死了，那将再无翻身的可能，兖州从此是张邈和吕布的天下，至于他们之间会不会打起来，那都无关紧要了。

好在曹操的好运还没有结束，曹操拼命杀到城门口，发现了很搞笑的事，吕布的兵马还好解决，但有一样东西很要命，那就是自己下令放的火，这一带成了火海，要想冲出去，必须从火海里穿行。无奈之下曹操带头冲进火中，结果被烧伤了左手，并且从马上掉了下来。

危急之中，曹操手下一个叫楼异的司马把曹操扶到马上，曹操才没有被奔驰的乱马踏成肉泥。这是继汴水之战后曹操第二次在激战中从马上掉下来，但还不是最后一次。楼异的情况不详，史书里以后也没有再提到他。

曹操重新上马，但更惊险的一幕还在后面。曹操往外逃跑，遇到了吕布的人，他们把曹操拦住。大概没有想到这个小个子会是大名鼎鼎的曹操，吕布的手下问他曹操在哪里，曹操随便一指说："那个骑黄马的就是！"

吕布的手下于是放下曹操去追骑黄马的，曹操才得以脱险。史书没有说明拦住曹操的人是谁，但应该不是吕布本人，原因很简单，吕布见过曹操，吕布后来曾亲口说过，他早年在洛阳的时候曾经在温氏园里与曹操见过面，如果拦住曹操的是吕布本人，他应该能认出来。

曹军在濮阳失利，主动将营垒后撤，双方陷入僵持。

双方又在濮阳的外围地带展开了争夺，濮阳西面有一个县城叫白马，吕布分出一支人马守在这里形成犄角之势，令曹军再攻濮阳时不得不分兵去防。白马的这支人马也屡屡出击，给曹军连连制造出麻烦，让曹操头疼不已。

曹操忍无可忍，亲率主力夜袭白马。白马的城池不比濮阳，曹军顺利得手，天亮时就结束了战斗，但还在打扫战场之际，吕布亲自率领的援军赶到了，从北、东、南三个方向合围上来。吕布亲自率队冲锋，战斗进行得异常激烈。

曹操手下虽然有不少猛将，但打这种仗更是吕布的强项，吕布志在必得，不肯罢手，曹军陷入苦战。从早上一直打到中午，双方你来我往冲击了几十个回合，难分胜负，吕布的骑兵冲杀太猛，无法阻挡，让曹兵望而生畏。

曹操发现步兵人数再多都是送死，于是在战场上临时招募敢死队，来破吕布的骑兵。典韦那时还是曹军里的一名中下级军官，自告奋勇应征，抢在了其他人前头。典韦挑了几十个人，身上都穿着两重铠甲，每人配备了长矛和撩戟两种武器。

吕布的骑兵冲过来，一边冲一边在马背上放箭，弓弩乱发，矢至如雨，典韦命人蹲伏下来，看都不看两边的箭，典韦对旁边的人说："敌人离我们10步时，再告诉我！"过了一会儿，手下人报告："只有10步了！"典韦仍然镇定从容，他高声道："5步再报告（五步乃白）！"手下人大惧，大叫道："敌人到了！"典韦应声而起，他背着10多支戟，一边呼喊着一边刺向敌人的骑兵，顿时有几个人被刺倒。

被典韦的气概所激励，曹军士气恢复，再不像以前那样望风而逃。典韦因为此战而成名，事后曹操提拔他为都尉，正式成为曹军的高级将领，曹操以后给了典韦亲兵数百人，每次布阵时都安排他们防护在指挥所周围，担任自己的警卫部队。

然而，双方势均力敌，曹军人马数量占优，吕布一方战斗力惊人，一直打到了天黑，仍然难分胜负。曹操大概也不敢在此久留，于是撤回到濮阳城外，吕布命人又新占领了白马，之后率师也回到了濮阳。

曹操和吕布在濮阳城外激战了至少三个多月，在一次交战中夏侯惇被箭射瞎了一只眼，军中从此送他外号"盲夏侯"。

这时已经到了兴平元年（194）4月。

快到夏天了，天下发生了大旱，还闹起了蝗灾，粮价暴涨，谷子一斛50万钱，与太平年景相比涨了上万倍，豆麦一斛也要20万钱。各地都出现了人吃人的惨状，田野里、道路边白骨堆积。这场天灾波及面非常广，关中地区也一样，献帝命令侍御史侯汶调出太仓的米和豆子为难民熬粥，但杯水车薪，救不了那么多的人，饿死者仍然无数。献帝怀疑有人从中克扣粮食，就亲自坐在大锅边看着熬粥，但根本原因是粮食太少，灾民太多，无济于事。

在严重的天灾面前曹操和吕布同时陷入了粮食危机，兖州地区夏粮严重减产，秋粮还未跟上，双方都无力再打下去了，曹操从濮阳撤军。这次粮荒严重的程度超乎想象，程昱是本地人，他回到自己老家东阿县弄粮食。程昱弄粮食的方法不是向老百姓买，因为有钱也没人肯卖，程昱的办法是抢。但即使这样，把全县粮食抢光了，也仅够曹军三天的口粮。

这场粮食危机让曹操和吕布之间的激烈对抗暂时得以缓和，这一年的9月，兖州刺史部一带发生了一件不可思议的事，原本一年只结一次果实的桑树，在秋天又重新结了果。桑树一般春夏之季生桑葚，秋天桑葚又生出一茬来则十分罕见，它也因此救了很多人的命。

曹操和吕布一边嚼着桑葚一边想着下一步的打算。他们就像两个一流的拳击手，但每个人都打了几百个回合，体力已经严重透支，现在需要的是休整。但他们也都明白，对手不会给他们放大假，让他们缓过劲来再开打，曹操退军到鄄城，与这里负责守城的荀彧以及养伤的夏侯惇会合。

曹操和荀彧等人分析了形势，大家普遍觉得情况很严峻。迄今为止曹军占据的地方仍然有限，虽然收复了一些地方，但兖州的大部分郡县还掌握在张邈、吕布联军手中。当秋粮收完，对手的后勤保障将更优于自己，长期拉锯下去，将使自己更被动。由于有强大的后勤支持，敌人可以动员更多的人参军，敌众我寡的局面将进一步突出。

对手能等，我们不能等，于今之计必须尽快发起进攻，决出胜负。曹操想来想去，没有别的办法，只能向袁绍求援了，曹操写信派人送到邺县，正式向袁绍请求支援。袁绍的回信很快到了，奇怪的是他在信里不谈如何出兵援助曹操的事，而是大谈兖州形势如何危险，不如把弟妹、侄子等人接到邺县来住。

这明显是趁火打劫，他给出的交换条件，就是让曹操把家眷送到邺县当人质，曹操顿时觉得一种屈辱感涌上心头。袁绍可能有点后悔当初让曹操轻而易举把家眷接走，没有人质在手里，虽然名义上是领导，但心里还是不踏实。袁绍可能喜欢用这样的方法控制手下的人，多年以后当曹操的事业又一次陷入低谷时，他还提出过类似的要求。

这一次曹操差点儿就答应了，不是他愿意，而是舍此已没有更好的办法。如果不是有个人恰好从外面办事回来听说了这件事，赶紧来劝他重新改变主意，夫人卞氏和几个儿子的户口真要迁到邺县去了。

十六、发起冬季攻势

来劝曹操的这个人是程昱，张邈、陈宫叛乱以来，程昱成了最忙的人了，作为曹操阵营中的东郡人，程昱利用自己在本地的影响力，一边忙着巩固最后的几个据点，一边替曹军搞后勤。

最近他被曹操任命为东平国相，一直在外地，刚回来就听说了这件事，他认为现在万万不可走此下策，就赶紧来见曹操。程昱一见面就问："听说您要把家眷送到袁绍那里以换取他的支持，有这样的事吗？"曹操如实相告："是的。"程昱提出了自己的看法："我猜想您大概是因为当前的困难太多而过于忧虑了，否则不会考虑问题这样不全面。袁绍占据燕赵之地，有吞并天下之心，但他的智谋不够，将军您能永远屈从于他吗？现在兖州虽然残破，但人马还有上万，依靠将军的神武，还有文若以及我等，一样可以成就霸业，希望您三思啊！"

程昱为说服曹操，还举了田横的例子："以前田横在齐地称王，与刘邦等人地位相当，后来刘邦得天下，田横成为败将，在这种情况下，他能够心甘吗？"秦末，陈胜、吴广大泽乡起义后，田横等兄弟三人也反秦自立，占据齐地为王。刘邦统一天下，田横不肯称臣，率500门客逃到海岛，刘邦派人招抚，田横被迫乘船去洛阳，在距洛阳30里的首阳山自杀，海岛上500部属听说后也全部自杀。

田横五百士，尚能守义不辱，曹操当然不愿意屈从于别人之下："是呀，这的确是对大丈夫的一种羞辱！"程昱继续说："我很愚钝，不明白将军为何做出那样的决定。把家眷送到袁绍那里，就等于拥戴袁绍为主，我认为以将军这样的英武，不应该屈居袁绍之下，如果真是这样的话，我都为将军感到羞愧！"

曹操听完程昱的话，打消了原来的念头。

这次谈话很重要，核心不是程昱说的这些道理，这些道理曹操怎能不知道？最终使曹操改变想法的是程昱的态度，以程昱为代表的一批东郡本地人关键时刻坚决支持曹操，这重新给了曹操以信心和决心，曹操决定对袁绍的要求置之不理。

同时，曹操也考虑到现在自己需要袁绍，但袁绍何尝不同样需要自己？兖州刺史部处在南北对攻的要冲，自己在这里挡住了袁术的进攻，拖住了吕布、张邈，对袁绍而言这是相当重要的。

曹操决定跟袁绍赌一把，兖州如果真丢了，看谁更着急？袁绍没等来曹操的家眷有点生气，不过他是个聪明人，坐视兖州的局势不管那将带来可怕的后果，吕布如果消灭了曹操，袁绍在南线将直接与吕布、袁术两个强大的对手照面。袁绍决定给曹操以支援，他命令青州刺史臧洪率部进入东郡，不久之后又任命其为东郡太守，治所设在东武阳，以黄河以北为基地，伺机进攻濮阳等方向的吕布主力。

原青州刺史焦和死后，袁绍和公孙瓒分别任命了臧洪和田楷为青州刺史，在今天的山东半岛一带展开争夺，臧洪率领他在青州的主力进入东郡，之后袁绍任命自己的儿子袁谭为青州刺史。

从这项人事变动中可以看出，臧洪虽然投身于袁营，但他还算不上袁绍的嫡系，袁绍派臧洪支援曹操，趁机把他排挤出青州。袁绍的这点小私心自以为得计，但他的这个决定马上就将使自己付出极为惨重的代价。

除了臧洪，袁绍还派朱灵率领上次支援曹操的三营约 5000 人马直接归曹操指挥，协助曹军从鄄城、东阿一带向北攻击，对濮阳的守敌实施南北夹攻。

兴平元年（194）冬天，沉寂了一段时间后曹军发起了冬季攻势，虽然有袁绍的强力支援，但这一仗仍然打得艰难，吕布在濮阳又坚守了三个月。

不过，在袁军和曹军的夹击下，吕布终于感到了不支。濮阳虽是战略要地，但它距张邈在陈留郡的主力太远，曹军的主力刚好位于吕布和张邈之间，将二人隔断，濮阳与黄河北岸的袁军主力又太近，地理位置十分不利，所以吕布决定放弃濮阳。

这或许是他迈出的第一步错误，吕布的正确选择应该是守住濮阳，由张邈从后面对曹军实施包抄，那将是一场混战，结果如何，很难料定。从兵法上讲，守和撤都蕴含着战机，但该守的时候撤了，或者该撤的时候还继续坚守，都是大忌。

吕布要撤出濮阳是有机会的，他可以在当年夏天撤往济阴国、陈留郡一带与张邈会合，巩固出一块根据地来与曹操对峙，现在敌人围上来再撤，那不是战略转移，而是溃败。作为一支败军，往哪里撤就不由你挑了，对手不会让你轻松前往最想去的地方，有了第一步错误，就会有第二步，也会有第三步。

吕布由濮阳撤出，退到济阴郡的乘氏县一带，这就是吕布的第二步错误。

因为这里靠近巨野泽，那时候这里是一处面积数千平方公里的天然湖泊，周围河网纵横，吕布擅长的骑兵突袭战术在此根本无法施展。而吕布在当地没有群众基础，乘氏当地人李进倾向于曹操，他指挥一支类似于民团的武装居然将吕布击败，吕布退到山阳郡。

这成了吕布的第三步错误，吕布此时进军的方向仍然应选择陈留郡，山阳郡境内多山，泗水、济水等河流又在其间流过，擅长骑兵野战的吕布应该尽可能向平原地区转进。陈留郡辖区内地势平坦，面积广阔，曹军在这里很少活动，这里目前还在张邈的控制之中。吕布不往西进，而选择向东，离友军越来越远。

吕布难道不明白这些简单的道理吗？他当然是明白的，但他没办法，路是曹操给他定的，他决定不了。济阴郡太守名叫吴资，其人情况不详，但他不是吕布的人就是张邈的人，他守在济阴郡的治所定陶。吕布乘氏失利后即使不去陈留郡与张邈会合，至少也应该继续向定陶进军，而不应该去山阳郡。

曹军的战略似乎更为明确，他们很快打到定陶城下，吴资奋力还击，曹军攻城不利。这时，已进入到山阳郡的吕布似乎才明白过来，向定陶回援。近年来曹操跟黑山军、袁术以及陶谦交战，多次使用围点打援的战法，收到了很好的效果。

这一次，面对向定陶增援的吕布，曹操故技重演，先置定陶于不攻，以坚定吕布驰援的决定，然后在吕布进军的路上设下埋伏，吕布钻进了曹军的埋伏圈，大败，曹军回过手来一举攻克定陶。

定陶战役后，曹军继续扩大战果。

曹操命令曹仁、曹洪、夏侯渊、于禁以及典韦等人分别率兵，去平定兖州刺史部的各郡县，这些郡县原来都是支持张邈、吕布的，但他们更务实，看到张邈、吕布打不过曹操，于是很快转向，只要有不愿意归服曹操的，都被曹仁等人消灭了。

山阳郡最北面的巨野县是一个重要据点，已投奔曹操的李乾是巨野人，曹操之前派他回老家安抚民众，吕布抢先一步派薛兰、李封占领了巨野。薛兰、李封把李乾打败并抓了起来，他们试图招降李乾，李乾不从，于是被杀。曹操进攻巨野，把薛、李二人击破，全部斩杀，曹操收集李乾的旧部，让李乾的儿子李整继续率领。不多久，李整也死了，曹操又让李乾的侄子李典统领这支部队，提拔他当中郎将。

李典字曼成，少时好学，曾拜名师读《春秋左氏传》，是曹军高级将领中文化程度比较高的一个。这支由山阳郡人为主组成的军队以后发展到数千人，一直由李典率领，立下不少战功。

在发动巨野战役期间，曹操估计吕布还会来救，于是又演了一回围城打援战法，在吕布进军的路上设伏，又将吕布击破，至此吕布完成了他的“错误三‘步’曲”，实现了四连败。

吕布现在终于明白了，照这样打下去根本不行，他这才想起来要与张邈联合行动，他派陈宫前往陈留郡，向张邈求援。

这段时间最不可思议的人仍然是张邈这位仁兄，他坐视盟军被打得落花流水而不管，依然没有任何行动。张邈似乎认为守住陈留郡就可以高枕无忧了，他亲率主力守在陈留郡的治所陈留县，即今河南省开封市东南，让他的弟弟、前广陵郡太守张超守离陈留县不远的雍丘县，即今河南省杞县。

陈宫要去张邈那里必须经过济阴郡，这里目前已经被曹操控制，陈宫冒险穿越敌占区，到了陈留郡。陈宫说动了张邈，从他那里要到了1万人，由陈宫率领回援吕布。这时的主战场已经移到山阳郡，陈宫率军抵达山阳郡的东缗县与吕布会合。

这支生力军的到来让战场局势发生了一些改变，但仍未能逆转形势，吕布仍处于下风，实在看不到前途，吕布、陈宫率残部最后逃出了兖州，向徐州方向逃去。

跟曹操打了将近一年，这一年时间里张邈有很多机会，但是张邈毫无作为，放任吕布的战略空间被曹操一步一步压缩，最后不得不退出兖州。历史经验多次证明，这种坐山观虎斗的人最终都很难看到自己的预期结果，坐视盟友被消灭，最后一定会轮到自己。

果然，曹操看到吕布逃出了兖州，就不去管他了，立即挥师西进，冲着陈留郡来了。张邈如果打算这时候跟曹操拼一下，那也算是条汉子，可惜他却不敢一战了，放弃了自己经营了多年的老巢陈留县，集中起本部人马，让他的弟弟张超守在雍丘。

张邈这时或许可以考虑放弃整个陈留郡去追随吕布，但他也没有那么做，他在陈留郡多年，乡亲、部下、家属、财产都在这里，弃之不顾，不是张邈下不了决心，而是即使他能下决心，手下的人也不干。

张邈走了，说是要去搬救兵，可能借给他兵的只有曹操的几个对手，但公孙瓒离得太远，陶谦又自身难保，现在唯一能向他伸出援手的只有袁术。

张邈决定亲自走一趟，不过也只能碰碰运气了，但张邈连碰运气的运气都没有了，他没能见到老朋友袁术，因为他在半路上被自己的部下杀死了。

兴平二年（195）8月，曹操率主力围住了雍丘。

救兵迟迟不到，张超不断给大家鼓劲："不要紧，很快就有人来救咱们了，别人不来，臧洪肯定会来。"张超当广陵郡太守时，是他发现了臧洪这个人才并延揽到自己手下，臧洪后来到袁绍那里发展。大家都认为臧洪现在是袁绍的手下，不可能来，张超不相信："臧子元是个义士，我相信他一定会来的！"子元，是臧洪的字。

臧洪被袁绍改任为东郡太守，他此时还驻扎在黄河北岸的东武阳，听到雍丘被曹操围住了，他大吃一惊，马上向袁绍提出请求，要袁绍给曹操下令停止进攻。这当然不可能，袁绍让他别管闲事，原地待命。

如此一来雍丘城真正成了一座孤城，内缺粮草，外无救兵，曹操亲自指挥大军攻城，非把它拿下来不可。应该说城里的这支孤军打得异常顽强，他们守了五个月，直到兴平二年（195）12月雍丘城才被攻破，乐进立下头功，第一个登上城墙。

张超在破城前夕自杀，曹操下令夷灭张邈、张超的三族，按照汉代刑法，三族包括父母、妻室儿女、同胞兄弟姐妹。

消息传到了东武阳，臧洪无比悲痛，他光着脚在地上走来走去，号啕大哭，一怒之下臧洪在东武阳宣布与袁绍正式脱离关系，袁绍听了更生气，什么意思？在你心里朋友比领导还重要？袁绍于是亲自率兵来攻打东武阳。

但是奇迹又出现了，一个小小的东武阳城也硬生生打不下来，这一次坚守的时间更长，前后达一年之久，城里可吃的东西基本没了，开始还能挖个老鼠什么的，后来连弓上的牛筋都给煮了，最后全城只剩下三斗米，手下人想拿它煮点粥给臧洪吃，臧洪流着泪说："我怎么能单独享用呢？"臧洪让大家一块吃。

但是和雍丘城一样，东武阳最终还是被攻破了，袁军进城后发现城里饿死的就有七八千人，大家一个个互相枕着躺在那里。

臧洪被抓，袁绍一直很喜欢他，有意留他一条生路，袁绍说："臧洪，你为什么辜负我？到了这个地步，你现在服了吗？”臧洪虽然饿得发晕，但还是抖擞精神，当着众人的面痛斥袁绍，袁绍无奈，下令把臧洪杀了。

东武阳之战规模不算太大，但对袁绍的打击是沉重的，长达一年的时间里袁军主力被拖在南线，在北线只好采取守势。假如没有这场攻城战，兴平二年（195）袁绍可以专心对付北面的公孙瓒，他解决幽州问题就会提前，仅仅在一年后献帝就回归了中原，袁绍也就不会因为受制于公孙瓒而无法分身了，抢得历史先机的或许应该是他。袁绍虽然最终消灭了臧洪和公孙瓒，但却打乱了他的发展节奏，使他在与曹操的竞赛中总落后了一步。

现在曹操终于可以喘口气了，从兴平元年（194）下半年开始曹操用了不到一年的时间重新收复了兖州，到次年的夏天，也就是雍丘战役结束时，整个兖州重新回到了自己的手中。

曹操把精力放在对兖州的治理上，他多次向程昱、毛玠等兖州本土人士征求意见，毛玠提出要重视农业，发展经济。毛玠认为：“随着局势的进一步动荡，国家的经济将陷入更大的困难，决定战争胜负的关键因素就是物资装备，对此必须早作准备，唯今之计应该鼓励农业生产，积蓄力量，成就霸业。”

这是一项重要的政策建议，对曹操日后事业的发展起到很大的作用。毛玠的看法体现出对战争后勤重要性的认识，仗打到这种程度已经不是拼人数了。甚至战略战术也退居到次要位置，决定战争胜败的首要因素变成了后勤。有吃的才有人，或者说有吃的就有人。有了人，手里还有武器的话，接下来才能打胜仗。

在当时的各路群雄中没有人比曹操对此更有体会了，他跟吕布的这一仗，受过苦，挨过饿，更知道粮食的重要，后勤的重要。曹操接受毛玠的建议，下令在所控制的地区全面恢复农业生产，经过努力，第二年夏收时兖州刺史部的农业得到很大的恢复，曹操的手里积累了足够的粮食。

十七、两个女人闹长安

东面的事暂时告一段落，西边又有了情况。

在帝国的临时首都长安，李傕、郭汜、樊稠等人执掌政权，兴平元年（194）新年刚过，14 岁的献帝刘协在此举行了加冠礼，下诏大赦天下。

董卓死后凉州军阀已不再单指董卓的旧部，新近被朝廷收编的征西将军马腾和镇西将军韩遂也应该属于这一阵营。马腾驻扎在关中地区的郿坞，韩遂驻扎在金城，他们和李傕等人没有任何联系，向前追溯的话，他们一个是官兵，一个是土匪。自古以来，官和匪就有不可调和的矛盾，马腾和李傕等人终于动起手来。

事情的缘起是，兴平元年（194）初马腾到长安公干，顺势率部移住到了长安东郊的灞桥。马腾因为私事想走一下李傕的后门，结果李傕不理，马腾觉得很丢面子，于是翻脸。

这只是表面的，其实背后隐藏着更大的玄机，因为马腾此行不是出差，也不是来度假的，而是有一个阴谋，具体来说就是要发起一场秘密政变，参与的人除了马腾，还有此时正在长安任职的益州牧刘焉的儿子刘范、马腾的族人马宇、前凉州刺史种劭、中郎将杜禀等人，这是一场由几个高干子弟和年轻军官策划的政变，实力派军阀马腾是幕后推手。

李傕没给马腾面子，马腾便以此为由要和他翻脸，眼看矛盾升级，朝廷希望息事宁人，动员韩遂前来调解，狼和狐狸干架，不请老虎当裁判，却请来了一只狐狸。韩遂堂而皇之离开金城进入关中，一到这里，就公开和马腾站在了一起。

兴平元年（194）2 月，马腾、韩遂的联军进军到长安以西 50 里的平乐观，他们的计划是，由马宇等人在长安城里做内应，一举把李傕等人赶出去，但不巧的是马宇等人的计谋败露，马宇、种劭，还有刘范等人逃了出来，带着一部分政变武装退守到槐里。

李傕命令郭汜、樊稠和自己的侄子李利等人率兵与马腾交战，失去内应的马腾、韩遂不敢在长安周围久留，向凉州撤退。郭汜、樊稠进攻槐里，马宇、种劭等参与政变的人被杀。事情败露后刘范先逃到了马腾的军营，之后又逃到了槐里，因为这两个地方在不同的方向，刘范此去可能是给槐里的政变武装传达马腾的某项命令。刘范同时还向父亲刘焉求救，刘焉派遣一个叫孙肇的校尉率领5000蜀兵前来助战。

但这一来一往肯定需要很长时间，孙肇还未到槐里，刘范跟马宇等人就一同被杀了，刘焉留在长安的另一个儿子刘诞随后也被杀。李傕等人既恨马腾和韩遂，又害怕他们卷土重来，于是以献帝的名义赦免了参与此次叛乱的人，重新任命马腾为安狄将军，任命韩遂为安降将军，二人的军职都比之前降了一格，算是惩戒。

此事暂告一个段落，这次行动虽然没能直接打败李傕、郭汜等人，但在与马腾、韩遂的交战中却发生了一些事，影响了李傕、郭汜、樊稠之间的关系。

李傕的侄子李利参加了这场战斗，他仗着叔父撑腰，平时比较摆谱，不太听郭汜、樊稠的招呼，让郭汜和樊稠很看不惯。比如，一个职位空缺，首先要看李傕推荐的是谁，如果李傕没有推荐，再看郭汜的，最后看樊稠的，轮到三公说话也就不怎么顶用了。

李傕、郭汜、樊稠也逐渐有了矛盾，因为虽说共同执政，但李傕常以首席领导人自居，让樊稠、郭汜本来就心生不满，现在就连李傕的侄子都能在他们面前耀武扬威，他们更不能接受。郭汜没吱声，樊稠却忍不住了，当面教训李利道："现在天下人提起你老叔都恨不得杀了他，你这条狗还仗什么势？难道我不敢杀你吗？"

看到李傕与郭汜、樊稠之间发生了矛盾，韩遂在退回凉州之前又顺手使了一次离间计，让矛盾彻底爆发。马腾、韩遂失败后樊稠一直追杀到陈仓，即今陕西省宝鸡市，韩遂突然派人给樊稠送了一封密信，说你我都是凉州出来的，咱们又没有什么个人恩怨，虽然有一点小小的不和，但大的利益方面还是一致的，以后难免还要打交道，天下改朝换代的事谁能说得准，干吗不留条后路？

樊稠想一想也是，就命令士兵撤退。樊稠还应邀与韩遂在战场上相见，他们各自催马来到阵前，靠得很近，别人只能看到他们言谈甚欢，却听不清说什么，他们一起说了很久才完事。李利也在场，目睹了整个过程，回来立即向叔父打了小报告。

李傕于是怀疑樊稠和韩遂之间有什么说不清楚的事，就通知樊稠来开会。樊稠和韩遂之间什么都没有，所以他毫无戒备地来开会了，结果被李傕手下一下骑都尉胡封刺死，一同被杀的还是与樊稠关系密切的凉州军将领李蒙。胡封是樊稠的外甥，两位高级将领一同被杀，凉州军的内讧开始了。

樊稠死得挺冤，真要密谋什么，有当着几万名将士面的吗？韩遂的离间计玩得漂亮。

这样看来李傕是个蠢材，连这么明显的计谋都没识破。其实也未必，李傕大概也看出来这是敌人的一计，但他与樊稠之间的矛盾由来已久，加上樊稠打仗勇猛，爱护部下，很有威望，让李傕早就心存不满了，一场火并早已势所难免，现在正好有一个借口，在宁可信其有不可信其无和宁可错杀也不能漏网思想的指导下，李傕还是下决心把樊稠干掉了。

但是李傕干这件事一定没有跟郭汜商量，郭汜素来跟樊稠关系不错，樊稠被杀，郭汜立刻有了兔死狐悲之感，二人表面相安无事，但私底下都在做着刀兵相见的准备。樊稠的死也让凉州将领们变得疑神疑鬼起来，大家都担心，说不定自己哪一天也会稀里糊涂地被人给算计了。

凉州军真正的危机来了，但李傕仍然毫无察觉，依然挥霍着权力，当起了“董卓第二”，个人感觉相当良好。

兴平二年（195）前后的大饥荒也波及关中地区，为了筹集军粮，凉州兵在关中地区公开抢掠，他们本来军纪就糟糕，现在更成为民害，大量难民出逃，关中地区人口急骤下降。

由此造成了物资的缺乏，就连献帝宫中的人以及文武百官穿衣服都成了问题，献帝想从御库里调一些布来做衣服，李傕不同意，说宫人们已经有衣服了，干吗还要再做？献帝只好自力更生，下令卖掉了100多匹马，又让大司农朱儁想办法弄了些绢绸，准备给大家做新衣服。李傕得到消息，说我们正缺这些东西呢，就把钱和绢绸给黑了。贾诩听说后，劝说李傕不要这样，李傕压根不听。

李傕和郭汜最终动了手，导火索是郭汜的夫人。

郭夫人是个醋坛子，一天到晚总担心哪个女人把她丈夫从自己身边抢走。李傕经常留郭汜在家里过夜，这让郭太太头痛不已，总想找个机会离间他们，让丈夫不再夜不归宿。女人有这样的想法倒也无可厚非，一切缘于爱，爱是没错的。但是在目前这个阶段，在双方矛盾一触即发的情况下，这样的想法实在是太可怕了，弄不好就会血流成河、人头滚滚。

这些郭夫人哪里想过，她终于等来了机会，李傕派人送来一些食物，郭夫人提前弄了些毒药放到了里面，郭汜刚要吃，郭夫人突然说："从外面来的食物，还是检查一下为好。"于是查了一下，果然发现了毒药。郭夫人进一步挑拨说："一山难容二虎，对于李傕这个人，我早就怀疑了。"

这件事来得很奇怪，郭汜的智商本来就很一般，不敢相信李傕真会害他，但也不敢不相信，整个人都被弄得疑神疑鬼起来。没过两天，李傕又请郭汜喝酒，郭汜因为有心事，没喝几杯就喝高了。这也是常有的事，平时八两的量，心情不佳时也许喝到半斤就醉了。

但郭汜不那么想，尽管喝得晕晕乎乎，他仍然保持了高度的警惕，自己酒量还可以，今天怎么这样不经喝？他怀疑又是李傕搞的鬼。于是，郭汜离席偷偷跑到厕所里，弄了点粪汁喝下去，把胃里的东西都吐了出来。看来二人确实已经到了貌合神离、只差动手的程度。

郭汜实在无法忍受这种煎熬，先动了手。李傕迅速展开还击，长安一带成了凉州军内斗的战场。恶人相斗，受难的还是百姓，献帝命令侍中、尚书等分别前往二人的军营展开调解。但这是两个任性的人，他们都表示不接受调解，非分出你高我低不可。

李傕接到报告，说郭汜密谋把天子及百官劫持到自己那边去，于是他先下手，命令另一个侄子李暹率领数千人包围了未央宫，要把天子及百官转移到自己的大营里。刚刚被提拔为太尉的杨彪上前分辩："自古以来天子就没有住到大臣家里的先例，你们怎么能如此行事？"李暹没好气地对他说："李将军的决定，任何人不能更改！"献帝无奈，只好跟着走。

李暹只带来了三辆车，献帝及伏皇后各乘一辆，还有刚入选掖廷的董贵人也得单独乘一辆，这样宫人以及百官只好徒步跟随。天子一离开未央宫，李暹的手下就蜂拥而入，到皇宫里抢夺御用物品以及尚未离开的宫女。之后，将皇宫以及政府办事机构一把火烧成灰烬。李傕、李暹的思维跟董卓差不多，我把皇宫给你烧了，让你想回都回不来。可惜一座洛阳宫和一座长安宫，两汉近400年来的精华，先后毁于凉州军人之手。

献帝派百官到郭汜那边调停，郭汜趁机把大家扣下来当人质，被扣的人包括太尉杨彪、司空张喜、尚书王伟、光禄勋邓泉、卫尉士孙瑞、太仆韩融、廷尉宣播、大鸿胪荣邵、大司农朱儁、将作大匠梁邵、屯骑校尉姜宣，可以组成一个临时内阁了。大司农朱儁是员老将，也是帝国的功臣，从来没受过这样的窝囊气，一气之下死了。

郭汜召开大会，商议如何进攻李傕，杨彪当场质问："臣属互斗，一个劫持天子，一个劫持高官，你们这算什么事？"郭汜大怒，拔刀就要朝杨彪剁去。以董卓的生猛，当年杨先生顶撞时他也只是发发狠话，可见凉州军的素质一代不如一代了。幸好边上有人赶紧上来劝住，郭汜才愤愤不平地停下手。

为了对付李傕，郭汜秘密联系了李傕部下张苞，准备背后下手。李傕那边也没闲着，他招来了羌人、胡人充当雇佣军进攻郭汜，先赏给他们一些从皇宫里刚刚抢来的金银财物，并承诺事成之后赏给他们宫女。

4 月 25 日，郭汜首先发起进攻，一路杀到李傕大营的门口。一阵乱箭，就连献帝御帐的帷帘都被射中了，有一支箭还贯穿了李傕的左耳朵。混乱中张苞临阵反水，去烧李傕的营帐，但不知何故，死活点不着火，李傕指挥部将杨奉展开反击，打退了郭汜和张苞。

李傕看大营不安全，就把献帝一行转移到他在长安城北的另一处军营里，献帝与外界的联系完全隔绝。这里条件极差，正常的饮食都供应不上，献帝还好一点，一天勉强有两餐可吃，但其他人就有一顿没一顿的了，饿得个个一脸菜色。

献帝向李傕要五斛米、五具牛骨，打算赏赐给身边的人吃，李傕不给，反而教训道："已经给你早晚两顿饭了，还要米做什么？"献帝再要，李傕就让人送来几根已经发臭的牛骨头。献帝大怒，打算派人质问李傕，朝廷高级秘书（侍中）杨琦在帝边，劝献帝说："我看陛下还是算了，这个李傕分明自知自己犯的错很多了，已经不在乎了，听说他还要把陛下送到黄白城，陛下还是能忍则忍吧！"黄白城在长安城的北面，今陕西省三原县。

三公中唯一留在献帝身边的是司徒赵温，也听说了李傕想把献帝送到黄白城，写信质问李傕。李傕大怒，要杀赵温，李傕的弟弟李应等人劝了又劝，李傕才稍微消点气。

李傕似乎有点神经错乱的征兆，他找了一批巫士、神女作法，又在军营门口修建了一座董卓庙，经常用三牲进行祭祀。李傕见到献帝，一会儿称陛下，一会儿又称明帝，弄得献帝丈二和尚摸不着头脑，只好含糊其词地随便应和。

李傕经常在营门口以及朝廷各办事机构门外装神弄鬼，完事之后进去向献帝请安。大家看李傕，见他背着三把刀，手里还拎着一条长鞭和一把刀，大家还以为他要行凶，献帝身边的侍中、尚书也都抄起家伙围到献帝身边，以防不测。李傕挺纳闷，这些人要干吗？他有点不高兴。天子的秘书里有一个叫李祯的，跟李傕是老乡，平时挺熟，看出来李傕不高兴，赶忙上前打圆场，说了不少称赞李傕的好话，李傕才感到舒服点。

其实，李傕带的那些家伙都是刚才祭鬼神仪式用的，他来见天子的目的是告郭汜的状。李傕一说起郭汜的不是，立即滔滔不绝，说得义愤填膺，别人连话都插不上，献帝只好唯唯诺诺应付。

如此这般，李傕隔三岔五必然要来上一回。

李傕这个人看来领导能力有问题，张苞反水的事刚过，他手下另一员大将杨奉也要反他，准备直接下手把他干掉。但是，这次又提前泄露，杨奉和另一名叫宋果的将领脱离李傕。

李傕和郭汜在长安附近打内战，几个月里死了上万人。看到这种局面，凉州军里的另一位重量级人物坐不住了，这就是张济。当初，李傕、郭汜和樊稠把张济排斥在权力核心之外，让他驻守在弘农郡的陕县，即今河南省陕县。

眼看闹成这个样子，张济从陕县来到长安，进行调停。百官的调停，李、郭二人可以不理，但是老朋友、老同事出面他们不能不给面子，在张济的撮合下，李傕、郭汜同意和解，并愿意交换儿子互作人质。

眼看和平的曙光不太远了，但还是出了问题，这一回问题出在李夫人身上。李傕的夫人非常喜欢儿子，听说要送到敌营里当人质就不干了，如此一来交换儿子互为人质的计划就搁浅了。一个郭夫人还不够，又来了一个李夫人，偏偏李傕和郭汜又都是“妻管严”。

十八、奔跑吧，皇帝

一天，献帝正一个人生闷气，忽然听到营门外人声嘈杂，喊声不断。献帝让人出去打听，才知道是李傕找的那些雇佣兵，一个个在营门外高喊："皇上是不是在里面？李将军答应我们的宫女，在什么地方啊？"

献帝又气又怕，侍中刘艾出了个主意，说贾诩这个人还不错，在凉州军里也有一定威望，不如请他出面摆平此事。刘艾找到贾诩一说，贾诩表示没有问题，一切包在他身上。贾诩摆下酒宴，请雇佣军的头目们吃饭，代表天子允诺封给他们侯爵，又赏赐他们不少东西，这些人心满意足后，开始打道回府。

失去雇佣兵的支持，李傕实力大减。张济趁势提出了新的调解方案，双方不再互换儿子为人质，改换女儿为人质，同时鉴于长安已经残破，粮食也极为匮乏，张济愿意把天子及百官接到他的弘农郡去。

激战了数月，李傕和郭汜都有点打不动了，对于新的调解方案，他们表示同意。这样被扣压在郭汜军营里的百官们重新见到了天子，大家都觉得必须趁着李傕、郭汜没有反悔，立即离开长安。

兴平二年（195）7月，献帝携文武百官离开长安，这个时间大约是在曹操把吕布赶出兖州的前后。赶快跑，慢了就来不及了，献帝一刻都不想在长安待了。

献帝在长安一共待了六个年头，这六年每天过的都是心惊胆战的日子，这段时间可以说是东汉帝国最黑暗的时期。不过对于今天的古都西安来说这段经历又非常重要，西安现在被称为"十三朝古都"，这十三个朝代里就包括短暂迁都在此的献帝初年的东汉，如果没有这段经历，西安只能称为"十二朝古都"了。

护送献帝一行的主要是张济所部，除此之外还有杨定、杨奉和董承所部，他们也都是凉州军将领，手里都有一定人马，他们初步商定的目的地是弘农郡，之后再想办法回洛阳。弘农郡在今洛阳市以西，献帝一行行进的路线大约相当于出今西安市沿陇海铁路一直往东走。

杨定在凉州军中的地位仅次于李傕，被封为安西将军，他跟樊稠十分要好，樊稠被杀后杨定一直心存不安，想尽快远离李傕，所以在献帝东迁的事情上他竭力支持，并愿意一同东进。

杨奉原是李傕的部将，临阵反水，自然不愿意留下来。董承是灵帝刘宏的母亲董太后的侄子，论起来是献帝的表舅，何进上台后侥幸没被清算，董卓掌权以后他时来运转，因为董卓一度跟董太后攀过亲戚，董承也就成了董卓的本家，因为这个缘故董卓对董承给予了特别关照，让他到自己女婿牛辅的军中带兵，是献帝目前唯一能扯上血缘关系又能和凉州军搭上话的人。献帝对董承很看重，董承对献帝也忠心耿耿，献帝纳董承的女儿为贵人，董承不仅是献帝的表舅还是岳父。

为了保证东归的顺利，献帝下诏擢升杨定为后将军，杨奉为兴义将军，董承为安集将军，为了让郭汜痛快放行，还擢升他为车骑将军。

但是，献帝一行刚离开长安郭汜就反悔了。

郭汜发现天子还有很高的利用价值，掌握天子就能发号施令、随意拜官封爵，跟自己当皇帝差不多，所以他不想失去对天子的控制，提出让献帝一行改去长安以北不远的高陵，那里是他的地盘。但是天子和百官们都不愿意去这个鬼地方，他们只想尽快离开长安，所以一致坚持去弘农郡，张济等人也都表示支持，双方相持不下，论实力又旗鼓相当。

献帝使出了最后一招，绝食。郭汜担心事态恶化，同意献帝一行一边往前走一边再商量，就这样献帝一行到达了长安以东的新丰，即今西安市临潼区。郭汜还是不甘心，他表示不去高陵也行，但天子必须留在关中，他想让天子迁都郿坞。郿坞是董卓生前修筑的城堡，是打算自己养老的地方。郭汜的想法还没有提出，侍中种辑就提前得到了消息，他秘密通知杨定、杨奉、董承等人，把所部人马悄悄集结起来，准备跟郭汜硬拼。

离开了长安，郭汜的实力就不占优势了，他害怕出意外，就离开了军队仓皇逃到附近的终南山里，后来又回到了李傕的军营。郭汜的做法看来有些奇怪，即使目的没达到也不至于逃跑，更不至于逃向对手那里。

史书上的另一条记载解释了原因，郭汜的迁都建议提出后遭到了众人的一致反对，郭汜动手，献帝一度被郭汜弄到了自己的军营里，但杨奉等人随后率兵攻打，又把天子抢了回来。郭汜看来是被打败逃走的，由于没了人马，最后只好依附李傕。虽然是仇家，但现在有了共同的敌人，李傕还是接纳了郭汜。

献帝一行在新丰一共待了两个月，到这一年的10月初才继续东进，来到了华山脚下的华阴，在此迎候的是凉州军将领段煨，他的军职是宁辑将军。

段煨是前太尉段颎的族弟，后来成为董卓手下的重要将领之一，曾经是贾诩的老领导，此时驻扎在潼关附近，听说天子路过，特意到华阴来迎驾，段煨为献帝一行准备了充足的食物、衣服及各种器物。

作为帝国的名将之后，段煨对天子的感情较一般的凉州军将领深得多，所以迎驾的态度很积极。但杨定与段煨不和，他声称段煨要造反，联络了杨奉、董承等人向献帝请令，要求讨伐段煨。献帝说段煨还没有谋反的迹象，为什么要攻击他？杨定派去的人不甘心，仍然苦苦纠缠，一直到了半夜都不走，献帝仍然不松口。

杨定、杨奉、董承不管，直接向段煨展开攻击，双方势均力敌，打了十多天没分出胜负来。段煨继续供应天子及百官饮食起居，毫无贰心，献帝派人从中调解，杨定等人勉强接受，暂时休兵。

这一闹耽误了东进的时间，同时也提醒了长安的李傕和郭汜，这二位如今已尽释前嫌，和好如初。他们突然明白过来，当初是如此愚不可及，让天子脱离了自己的掌握，于是挥兵向华阴杀来，要重新夺回天子。李傕、郭汜打的旗号是援救段煨，这一招有点损，因为他们跟段煨本不是一伙的，通过造这个势，让段煨更加受到怀疑，把水搅得更浑。

杨定不仅跟段煨有怨，跟李傕也有仇，眼看李傕气势汹汹杀来，他有点害怕，干脆开溜，离开部队跑到荆州投刘表去了。杨奉、董承保护天子一行赶紧东进，张济不知何故与杨奉、董承又起了矛盾，这时站在了李傕、郭汜一边。

杨奉、董承护卫天子一行在前面跑，李傕、郭汜、张济带兵在后面追。追到弘农郡内的一个山涧，终于追上，双方激战，董承、杨奉大败，文武百官和士兵又死伤不计其数，天子的御用品、符节、皇家档案丢得满山涧都是。

最后，他们逃到了一个叫曹阳的地方，此地在今河南省陕县境内。

献帝一行只能在田野中露宿，董承、杨奉假装和李傕、郭汜、张济和解以争取时间，暗地里派人渡过黄河，向活跃在这一带的白波军首领李乐、韩暹、胡才以及南匈奴右贤王栾提去卑求援。这是东汉历史上最不堪回首的一幕了，堂堂一国之君，不得不向曾经被视为流寇、土匪、异族首领的人求救，但舍此也没有更好的办法了。

李乐、韩暹、胡才这些人有点类似黑山军的张燕、于毒、眭固，常年在潼关、中条山和太行山一带打游击，现在听说皇帝走投无路到了门口，立刻来了精神，赶紧带兵来接应。他们的想法很朴素，天子是奇货，先弄到手里再说。

李乐等人率数千人马渡过黄河，与李傕、郭汜和张济的联军交战，结果把李傕等人打败。董承提出边撤边往前赶路，李乐和董承护卫天子在前，杨奉、胡才等人断后，开始撤退。李傕等人重新整顿人马，又杀了上来，这一回杨奉等人大败，死伤惨重。

光禄勋邓泉、廷尉宣播、少府田芬、大司农张义战死，司徒赵温、太常王伟、卫尉周忠、司隶校尉荣邵被俘，李傕本来打算把他们全部处死，经过贾诩的苦苦相劝才作罢。这里的周忠，祖籍扬州刺史部庐江郡，他是周瑜的堂叔父。

天子一行人狼狈不堪地逃到了离黄河更近的陕县，追兵紧跟着也到了。此时天子的虎贲、羽林卫士加起来不到100人，李乐、董承的兵力损失也很大，凉州军日夜不停地在城外鼓噪，城里的人胆战心惊，只想早点逃出去。

商议如何逃，大部分人主张顺黄河滩东下，到黄河上著名的渡口孟津，由那里到达黄河以北的白波军控制区。从地图上看这倒是一条捷径，但实际上它是一条死路，因为里面充满了危险，幸亏太尉杨彪就是弘农郡本地人，对这里的地形很熟悉，他说："从这里往东，有一个地方叫三十六滩，那里十分险要，根本无法通过。"侍中刘艾曾在陕县当过县令，他证实杨彪的话没错。

于是，决定直接在陕县附近强行渡河，命李乐先行探路，准备船只。随后献帝以及百官们悄悄出城，开始向黄河边上徒步行进。大家行迹匆匆，都怕走晚了命就没了，所以什么多余的东西都没带，只有皇后伏寿的哥哥伏德例外，他一手搀扶着妹妹，另外一边夹着十几匹绸缎。大家都有点纳闷，这哥们儿够贪财的，都什么时候了，还舍不下这点布？可很快大家都将明白过来，这些绸缎是如此重要，成为救了很多人命的稻草。

一行人向黄河边上奔命，一路上拥挤不堪。

就连皇后的卫士们也只顾往前跑，大家把路都堵住了，符节令孙徽急了，在人群中挥着刀，一通乱剁，皇后伏寿衣服上都溅满了血。

不过总算来到了黄河边，到了以后大家都傻眼了，黄河的大堤太高了，离下面足有十来丈，相当于好几层楼那么高，无法下去。这时候伏德把随身携带的绸缎拿了过来，董承又弄来几个马笼头，就用这些东西捆扎成一个简易坐辇。行军校尉尚弘劲大，由他背着献帝刘协坐在辇上，由上面的人拉着往下吊。

其他人用伏德带的剩余绸缎结起来陆续往下滑，排不上号的索性跳了下去，有的当场摔死，有的摔伤。李乐弄来的船很有限，装不下那么多人，大家一拥而上，都想往上挤，董承、李乐只好用暴力阻止，有人仍然不愿意放弃，跳到水里死死抓住船帮不放，船上的人举刀乱剁，船舱里到处是砍断的手指。

只有少数人上了船，保住了一条命。停留在岸边的人遭到了随后赶来的追兵的劫杀，侥幸没有被杀的，衣服也被乱兵给扒了。此时是12月底，黄河中下游最冷的时候，这一段的河道虽然没结冰，但异常寒冷，有人活活冻死。

从曹阳到陕县，这一路上是献帝东归以来最悲惨的一段，消息也很快传遍了全国，举国震惊。有人甚至传说献帝不仅遇险，而且已经遇难了，身在寿春的袁术第一次动了自立为皇帝的念头，就是在听到这个传言之后。

经历了惊险的一幕，献帝一行总算渡了河。

李傕不甘心，派出斥候去追赶，董承害怕他们放箭伤着献帝，就在船上找了条被褥当盾牌护在献帝周围。不管怎么样，献帝一行总算到达了黄河北岸。

这里距李乐的军营最近，献帝一行进驻军营，这个地方名叫大阳，在今山西省平陆县境内。黄河是一道天险，估计李傕的人一时半会儿不会发起渡河攻击，献帝一行暂时安全——不过吃饭却成了问题，李乐本来就不富裕，要供应献帝及百官的饮食，显得一筹莫展。

正在此时，送粮的人来了，来的是个老熟人，建义将军兼河内郡太守张杨。听说献帝东归渡过了黄河，正朝自己所在的方向行进，张杨赶紧派了一支人马前来接应，他是个细心人，估计献帝一行现在面临最大的问题可能是没吃的，于是让接应的这几千人每人都背上足够的粮食，这真是雪中送炭。

张杨的地盘在河内郡，这里西邻河东郡，河东郡太守名叫王邑，是朝廷任命的，前太尉刘宽的学生，政治上没有倾向性，他也随后赶到，送来了一些布帛，正值冬季，这更是现在急需的物资。献帝下诏封王邑为列侯，拜韩暹为征东将军，李乐为征北将军，胡才为征西将军，张杨为安东将军。

王邑和张杨好歹都是朝廷任命的高官，而韩暹等人不过是东游西逛的流寇，仅仅因为关键时刻搭了把手，不仅身份洗白，而且一跃成为帝国的高级将领，真是来得早不如来得巧。就这样，献帝一行在董承、杨奉、李乐、胡才、韩暹、张杨、王邑等人护卫下暂时停驻在黄河北岸的大阳。

在黄河南岸，李傕、郭汜和张济的联军还没走，他们手里有在黄河岸边俘虏的百官、宫人，以及此前在弘农郡俘虏的司徒赵温等人，献帝特别惦记这些人的安危，派太仆韩融到对岸与李傕等人谈判。

李傕接受和谈，把俘获的赵温等百官以及宫人们放了回来，并送还了一部分缴获的御用器物。李傕他们通过和谈得到了什么不清楚，但此后他们也没有再向这边发起进攻，说起来还是实力问题，折腾了这么长时间，他们现在已经实力大损，尤其后勤保障也严重不足，献帝能宽恕他们的罪行，不把他们当逆臣，有个台阶下这伙人就撤了，他们陆续回到了关中。

大阳是个名不见经传的小地方，因为献帝的到来而充当了临时国都的角色，只是条件实在有限，献帝及百官的日常起居、办公只好因陋就简。张杨虽然送来不少粮食，但此时聚集在这一带的部队越来越多，后勤供应很快又成为一大难题。

献帝议事的地方外面只围着篱笆，他与大臣们议事时士兵们都挤在外面看，这些兵大部分前不久还是农民起义军，刚刚被收编，一点军纪都没有，一边看，一边嘻嘻哈哈。司隶校尉管郃可能长得有点怪，成为被取乐的对象，每次他进去向献帝汇报工作，门口的人都向他扔东西，逗他开心。司隶校尉号称“三独坐”，除了充当州牧的角色，还可以纠察百官，官员们见了都胆战心惊，何等威严，现在却沦落不堪。

大阳看来无法久留，献帝一心想早些回到洛阳。但是献帝的想法不是这些护驾首领们的共同想法，这些人情况很复杂，各有盘算，没有多少人关心献帝的意志，他们每天都在琢磨的是如何利用这个千载难逢的好机会向献帝伸手要官。

不仅给自己要，还给手下的人要，就连各位将领们的私人医生、警卫员等一眨眼都成了校尉这样的高官，负责刻制公章的御史们忙得不可开交，最后只好改用锥子往上面画字。

这还不够，这些人整天琢磨如何斗法，如何把别人甩掉，让自己成为最终的受益者，终于又爆发了内讧。为平息纷争，河内郡太守张杨亲自来到大阳，提出迅速护送献帝到洛阳的计划，但得不到其他人的响应，张杨一怒之下走了。

马上就要过年了，看来这个年只能在大阳过了。

十九、你们不来，我来

过了年，正月初七，献帝下诏改年号为建安。自灵帝以来年号频繁更换，有时一年换了三个年号，一般人很难记住，到了这时才算稳定下来，建安这个年号使用了 20 多年。

建安元年（196）春天，献帝仍滞留在大阳。护驾的各位首领内讧继续扩大，韩暹攻击董承，董承不敌，逃到河内郡找张杨搬救兵去了。白波军另外一个首领胡才联合杨奉又来攻击韩暹，被献帝劝阻。

几路人马势均力敌，谁也不服谁，但谁也无法一口把对手吃掉，未来怎么办？个个面面相觑，不知如何是好。献帝能做的就是给各地有实力的人写诏书，让他们到大阳来迎驾。

献帝现在能想到的有刘表、陶谦、刘虞、刘焉、袁术等人，献帝不喜欢袁绍，但他的势力最强，又离这边最近，想必也给他写了。还有一个人，献帝一直怀有好感，很想让他来，只是不知道他现在的情况怎么样，这个人就是吕布，吕布奉献帝的诏书亲手杀了董卓，给献帝留下了美好印象。献帝也给吕布写了诏书，诏书是献帝亲自写在一块木板上的，听说吕布在兖州、徐州一带，就派人前往那里试试。

都想到了，唯一漏掉的人是曹操，这是为什么呢？

不是献帝对曹操的实力有怀疑，也不是他对曹操怀有敌意，朝廷已经任命曹操为兖州牧，承认了他的实力和合法身份，成见是不存在的。只是在当时很多人看来，曹操并不是一个独立的势力，他是袁绍集团的一部分。曹操这种身份上的尴尬存在了很多年，从起兵到现在，袁绍不仅表奏了曹操的职务，还给人给钱，曹操遭遇失败时都是找袁绍避难，遇到困难时也是向袁绍求援，从这一点上看，大家可能会觉得曹操的地位跟臧洪等人差不了太多。

诏书派人送到了各地，最先来到大阳的是袁绍的特使郭图。袁绍确实离这里最近，按说不等献帝的诏书他应该主动来，但他最近很忙，还有点闹心。

袁绍现在不在邺县，还在东武阳，他目前处在南北两线同时作战的艰难局面。东武阳当时还在臧洪手中，袁绍不肯撤兵，非把臧洪抓起来不可，所以亲自在那里督阵。这段时间公孙瓒在北面也频频给袁绍制造麻烦，他大修易水防线，袁绍不敢等闲视之，命令麹义配合刘虞的儿子刘和以及刘虞的旧部鲜于辅等攻击公孙瓒。

袁绍的主力全部压在这两条战线上，没有富余人手。在对待献帝的感情上袁绍也大有问题，他对当今天子多有不恭，不仅多次试图另立他人，而且扬言天子的血统有问题，不是合法继承人。对于这些，献帝肯定早有耳闻，所以对郭图一行态度也较为冷淡。

双方没有商谈下一步如何行动，郭图到大阳看了看就走了。但是，在郭图看来献帝此时已走投无路，如果得不到妥善安置，就有可能落于他人之手，比如袁术，或者刘表，甚至是吕布和刘备，到那时候将对袁绍集团更加不利。所以郭图回到东武阳前线向袁绍报告此行情况时，建议把献帝一行迎接到邺县来，然而这个建议被袁绍否决了。

这是一种说法，还有一种说法是提出迎接献帝来邺县建议的是冀州本土派人士沮授，他对袁绍说："将军一家几代人辅弼朝廷，累世倡导忠义。现在朝廷遇到困难，宗庙毁坏，各州郡嘴上说起兵为了行仁义，而内心里真实的打算是如何灭了别人，没有人考虑皇帝的安危和百姓的死活。现在冀州初定，可以迎请大驾，来邺县临时安都。"

沮授还说了一句很有名的话："到那个时候，就能以天子为旗帜号令各地的实力派，再积蓄兵马，谁不服就收拾谁，谁还能打败我们？"但这个想法遭到了不少人的反对，前面说是主张迎请献帝的郭图就是其中一位，支持他的还有老将淳于琼，他们的理由是："汉室陵迟，为日已久，现在要重新振兴，那是多么困难！现在各路英雄据有州郡，个个人多势众，正所谓秦失其鹿先得者为王。如果迎接天子到自己身边来，以后干什么事都要先请示报告，如果听天子的就削弱了自身的权力，不听天子的就是违命，这实在不是什么好主意。"

一般都认为郭图、淳于琼这番谈论属于目光短浅，只看到眼前的一点，没有着眼于长远，结果让袁绍错失了一次"挟天子而令诸侯"的好机会。但是，如果真从更长远的眼光看，他们的观点也并非全无道理，“挟天子而令诸侯”固然风光，也会带来严重的副作用。

大家都看到了天子是一个“奇货”，掌握天子就拥有了发号施令的权力，谁反对自己形同于反对朝廷。但问题在于，当今天子不是三岁孩童，已经举行过加冠礼，按道理应该亲政而不是当摆设。

当今天子聪明睿智，经历了很多坎坷曲折，得到了历练，面对凶残的董卓和强悍的凉州军他都能无所畏惧，有勇有谋，这样的天子不是能轻易玩弄于股掌之上的。郭图、淳于琼的话没错，有事你向天子汇报不汇报？不汇报，说你专权。汇报了，天子一高兴，来个指示什么的，执行不执行？不执行，就会跟天子发生冲突，那奸臣的罪名就背定了。如果敢加以谋害，那就更惨了，不管你以前多么英名盖世，也不管你确实做了多少好事，你都将登上历史的恶人榜，子子孙孙都不能翻身。

所以，看着是妙手，却很容易下成臭棋。

把天子接来之前，必须做好充分的思想准备，要么真心实意地拥戴天子，当一名汉室的忠臣；要么横下心去，甘背历史的骂名，否则天子这个烫手的山芋还是不碰为好。袁绍大概也想到了这些，他没有做好思想准备，也没有跟天子每天周旋的耐心，加上他对刘协在潜意识里不大接受，又有当前南北两线战事的困扰，所以放弃了迎接天子的打算。

还有刘表、刘焉、袁术等人，想法大致也差不多，接到献帝的诏书，要么找个借口拖着，要么干脆装聋作哑。吕布对献帝相对真诚，但他现在自顾不暇，要是有实力他倒是会去，但他打了败仗，自身难保，长途远行需要后勤保障，他也没有，所以遣使上书，向献帝做出解释。

献帝理解吕布，虽然没有来，仍然晋升他为平东将军，爵位晋封为平陶侯。但吕布运气不好，献帝的使臣路过山阳国境内时，把任命书弄丢了。

献帝一行在河东郡一直待到了 6 月份。

各路人马谁也说服不了谁，谁也都不愿意放弃自己的利益，没人关心献帝是怎么想的。天慢慢热了，大家仍莫衷一是。

不过到最后大家还是妥协了，张杨重新来到大阳进行调停，杨奉与韩暹和好，董承也回到了献帝的身边，四个人坐在一块开了个会，最后商定还是先离开大阳，护送献帝回洛阳再说。不是这些人突然觉悟提高了，而是他们都面临着同一个问题，那就是缺吃缺穿，物资越来越匮乏，不仅献帝及百官的供应不好办，他们自己也耗不下去了，本着“人挪活、树挪死”的精神，大家决定往前走一步看看吧。

建安元年（196）7月1日献帝一行终于回到了洛阳，此时距上一次离开共五年四个月零十五天，五年多来朝廷一直被凉州军人控制着，至此才算真正摆脱了他们。李傕、郭汜、张济等凉州军阀退出了政治舞台，献帝东归后盘踞在关中的各派势力继续陷入内斗，百姓大量外逃避难，献帝当年来的时候三辅一带还有数十万人口，到这时长安城竟然出现了40多天空无一人的奇景。

在生存危机面前李傕、郭汜等实力派四散而去，到处打起了游击，哪里能弄到吃的就去哪里待一阵。三年后曹操经营关中，派裴茂到长安，联络当地将领把李傕杀了，夷灭三族。郭汜后来退守在郿坞，实现着老领导董卓当年制定的"踞守郿坞以观天下"的夙愿，但他的部将五习背叛了他，把他杀死。

张济率所部离开了关中，辗转来到了南阳郡，在转战途中被杀，所部由他的侄子张绣率领，张绣在贾诩的建议下南投刘表，刘表让张绣驻防在南阳郡一带，成为自己的北部屏障。白波军出身的李乐和胡才留在了河东郡，胡才以后被仇家杀死，李乐病死。

虽然回到了洛阳，但呈现在刘协眼中的是满目疮痍。

洛阳，这个当年世界上首屈一指的大都市此时到处是废墟，南、北二宫多成瓦砾堆，罕有人迹。城里只有已故宦官头目赵忠的住宅可住，献帝一行把这个地方作为临时行宫。赵忠这个人好像特别热衷于投资房地产项目，投资对象房产、地产、墓地都有，当初韩馥让位给袁绍后搬离位于邺县的州政府，住的也是赵忠的宅子，还有少帝刘辩被董卓杀害，也是临时借用赵忠生前为自己准备的墓地。

为庆祝重返旧都，7月14日献帝下诏大赦天下。张杨等人在南、北二宫里寻找相对完整的宫殿，最后在南宫找到了一处，经过一番整修，献帝搬了进去，张杨认为自己在迎接献帝重返洛阳一事上功劳最大，将这座宫殿命名为杨安殿。

朝廷有制度，除了北军、中央禁卫军、守护皇城的卫尉、执金吾等部队外其余武装力量不得常驻京师，张杨比较自觉，主动撤退到他的大本营河内郡。杨奉无奈，只好跟着撤了出去，驻扎在洛阳以南的梁县，今河南省临汝县一带，不是他高风亮节，而是没办法了，他的人马最多，所以吃饭的问题最严峻，手下没有吃的，快散伙了。

韩暹赖在洛阳不走，洛阳除他的人马外就是手里有些兵权的董承。献帝下诏擢升张杨为大司马，前面说过这是一个很崇高的职务，地位超过三公，擢升韩暹为大将军，同时兼任司隶校尉，擢升杨奉为车骑将军。他们三个人都享受持节的殊荣，可以代表天子视察工作，任命一定级别的官职，代表天子发布某些命令。

此时在洛阳除了天子、百官及守卫部队之外已经没有什么百姓了，也找不到吃的东西，为了解决吃饭问题，献帝不得不下令尚书台的尚书郎以下的官员都到洛阳郊外挖野菜充饥。人太多，野菜都没地方挖，有些人就在残垣断壁间饿死了，有的死于乱兵之手。

如果再没人伸一把手的话，献帝和百官都得困死在这里了。但是有实力的人仍然都没有动静，袁绍不来，刘表不来，刘焉也在装聋作哑，再这样下去，献帝只得考虑带着百官们离开洛阳去当乞丐了。

这时，终于有人主动伸出了援手。

这个人就是曹操，他一直敏锐地注意着献帝东归事件。

对于要不要迎请献帝，曹操的智囊团也有分歧，史书没有记载哪些人反对，但想必他们的理由跟郭图、淳于琼差不多，认为把天子接来得不到什么实质性好处，还会带来许多麻烦。朝廷现在成了一个包袱，单就后勤保障就是个大问题，现在粮食比什么都紧缺，已经有价无市。

同时大家认为兖州周边还有吕布、袁术这些敌人，而洛阳及周围的韩暹、杨奉、董承、张杨等人个个都不是省油的灯，插手洛阳的事务，没有特别的把握。

但是，也有人主张应该迎请天子，持这种意见的以毛玠为代表，他认为："现今国家分裂，君主流离，民众饥饿流亡，朝廷缺乏储备，百姓没有安定的生活，这种状况难以持久。袁绍、刘表虽然人多兵强，但都没有长远的考虑。用兵之事合乎正义才能取胜，所以应当拥戴天子以命令那些不肯臣服的人，大力发展农业，积蓄军资，如此霸业就可以成功了！"

同样是把献帝接来，沮授的说法是"挟天子而令诸侯"，毛玠的说法是"奉天子以令不臣"，同样的意思，不同的表达，立场、感情鲜明立见，也看出了水平的高低。

荀彧支持毛玠的看法，他认为："现在天子蒙难，百姓忧愁，如果奉主上以从民望，这是大顺；秉至公以服天下英雄，这是大略；扶持大义以招引天下俊杰，这是大德。天下虽然也会有不服的人，但必然成不了大气候，区区韩暹、杨奉又能怎样？我们如果不能早做决断，一旦其他人抢先一步，我们后悔都来不及了！"

他们的意见也符合曹操的心意，曹操决定去迎接天子。

二十、天道深远勿多问

然而，曹操迎天子的过程并不顺利。

曹操的势力范围在兖州刺史部，与洛阳隔着豫州刺史部和司隶校尉部，要去迎接天子，他不如袁绍便利。曹操行动还是比较早的，在建安元年（196）春天献帝一行还困在大阳的时候曹操就动身了，他亲自率主力从兖州刺史部出发向西运动，首先来到豫州刺史部的陈国境内。

这里现在是袁术的地盘，但袁术在这一带的势力并不强，他任命的陈国相袁嗣投降。曹操继续西进，进入汝南郡和颍川郡，这两个郡都是天下知名的大郡，但目前都在黄巾军余部的控制之下，他们的主要头领有何仪、刘辟、黄邵、何曼等人，这些人过去曾依附过孙坚和袁术，算是袁术的盟友。

曹操命于禁指挥青州兵与这部分黄巾军作战，青州兵也是出身于黄巾军余部，打起仗来路数都清楚，于禁的行动进展很顺利。黄邵想来个出奇制胜，他想夜袭曹操的大营，于禁率麾下人马将其击破，斩杀了刘辟和黄邵，何仪等人率众投降，汝南郡和颍川郡基本被曹操占领，于禁因为有功被曹操提拔为平虏校尉。

这时天子已经到了洛阳，曹操派曹洪为先头部队向洛阳进发，但快到洛阳时曹洪所部遭到了董承、杨奉等人的武力抵抗，不能前进。这说明直到现在献帝也没有把曹操当成未来的依靠，还把他看作不速之客。杨奉有一定战斗力，因为他手下有一个能打的猛人，此人名叫徐晃。

徐晃字公明，司隶校尉部河东郡人，年轻时曾在本郡做一名小吏，后追随杨奉镇压黄巾军，因为战功逐步升至骑都尉，成为杨奉手下一名高级将领。

西行受阻，曹操心里有点郁闷，他的一片忠心换来的却是敌意，这让他多少有些无法接受。但由此打退堂鼓的话，不仅失去了一个机会，白跑一趟，而且从此会被贴上“不受朝廷欢迎的人”这样的标签，今后在政治上反而被动了。

真是进退两难。

就在曹操进退不得的时候，得到了贵人的暗中相助，这个人是董昭。董昭此时任议郎，也经历了千里大逃亡，并侥幸活着回到了洛阳。

董昭一向对曹操充满好感，认为曹操的前途不可限量，听说曹操来了洛阳，又在东面被阻，董昭决定用自己的智慧帮助曹操破解难题。董昭发现董承、杨奉、韩暹、张杨这些人互相都有矛盾，就利用他们的矛盾做文章，他觉得这些人里数杨奉最好忽悠，于是找到他，给杨奉拿出一封信，说是曹操专门写给他的。

杨奉打开信，看见上面写道：“久闻将军大名，早就想表达敬意。现在将军率领军队，不怕万难，让天子能重返旧都，这样的功勋举世无双啊！”对杨奉大拍一顿后，信中表示愿意与杨奉结盟：“现今群凶扰攘，四海不宁，天子和朝廷至尊至重，我们的责任就是保护和辅佐，必须依靠众位贤士来重建王朝秩序，这不是一个人能够独立完成的。心腹与四肢相互依赖，互为支持，缺一不可。将军您应当作为京城内的主要力量，我愿意做将军的外援。现在我有粮食，您有军队，可以互通有无，互相接济，同生死，共患难。”

曹操给杨奉写信，为什么要通过董昭代为转交呢？

其实这封信是董昭伪造的，他模仿了曹操的笔迹和口气给杨奉写的信，杨奉却信以为真，看完之后高兴不已，对手下人说：“曹将军的人马就在附近，有兵有粮，正是国家现在要仰仗的呀！”杨奉于是向献帝上书，任命曹操为镇东将军，承袭其父曹嵩的封爵费亭侯。

曹操接到诏书觉得很突然，他后来才知道是董昭暗地里帮了忙。曹操赶紧上表谢恩，董承对曹操的态度也发生了很大改变，他悄悄给曹操写了封信，让曹操带兵来洛阳。董承跟韩暹一向不和，还曾刀兵相见，为了扼制韩暹，董承也想拉曹操为外援。

从被拒之门外到很抢手，曹操的地位一下子发生了反转，他立即率兵向洛阳进发。

建安元年（196）7月，曹操到了洛阳。

洛阳曾是曹操的家，他上学和工作过的地方，但现在已经面目全非了。曹操在南宫旧址上新整修的杨安殿里见到了献帝，君臣正深受粮荒困扰，曹操不仅兵力充足，还带来许多粮食，献帝很高兴，宣布由曹操主持朝廷日常工作（录尚书事），并授予代表天子的节钺，拥有临时决断之权。

曹操一到洛阳，就马上想见到董昭，董昭已改任符节令，是少府属下的司局级干部，尽管曹操从没有见过董昭，但可谓神交已久，一见面曹操就让董昭跟自己并肩而坐。洛阳周边目前还有董承、杨奉、韩暹、张杨等四个实力派人物，不解决他们将来都是后患，曹操利用他们之间的矛盾给予分化瓦解，先联合董承和杨奉攻击张杨和韩暹。

曹操上书弹劾张杨、韩暹，韩暹势力较弱，以为曹操要对他下手，只身匹马跑到张杨营中躲了起来，献帝念在二人迎驾有功的分上，要曹操不再追究。

8月，献帝下诏撤销韩暹司隶校尉的职务，改任曹操为司隶校尉。司隶校尉可以纠举百官，在曹操的主导下，诛杀了尚书冯硕、议郎侯祈、侍中台崇三人。这三个人是什么情况史书没有详细交代，曹操为何掌权伊始就大开杀戒，原因也不太清楚，也许这三个人早已恶名在外，诛杀他们既为自己立威，又顺应了民意。

献帝还下诏封十三个人为侯，奖励他们一路上护卫天子的功劳。这十三个人是：卫将军董承、辅国将军伏完、侍中丁冲和种辑、尚书仆射钟繇、尚书郭溥、御史中丞董芬、彭城国相刘艾、冯翊郡太守韩斌、东郡太守杨众、议郎罗劭、议郎伏德、议郎赵蕤。一罚一赏，曹操进一步确定了自己的权威，加上兵力最强，有充足的后援保障，曹操对朝廷的控制力迅速增强。

但是，洛阳周围十分残破，没有老百姓，朝廷在这里落户下去十分困难。而且董承、杨奉、张杨等人都掌握一定实力，随时可能向曹操发起突然攻击，这样的局面让曹操始终有如履薄冰的感觉。

如何摆脱这种被动局面？曹操问计于董昭，董昭向他建议："将军您兴义兵、诛暴乱，入朝天子，辅翼王室，建立了不朽功勋，然而洛阳诸将人殊意异，未必服您，您如果留在这里辅佐圣驾，很多事情会有所不利，不如迁都到许县。朝廷刚刚还都，上上下下都期望尽快安定，马上迁都的话可能大家不好接受，不过要做成非同寻常的大事，就得有超越常规的举措，希望将军您能果断行事！"

曹操很赞同这个建议，但也有顾虑："先生的建议很合我的想法，不过杨奉驻扎在梁县，听说他手下都是精兵，不会影响到迁都吧？"董昭说："杨奉这个人缺少外援，之前授予您镇东将军、承袭费亭侯都是杨奉决定的，听说最近他又写信约束部下，足见他没有太大野心。可以派人去向他表示感谢，以安其心。对他说京都缺粮，想让圣驾暂幸鲁阳，鲁阳那边粮食运输容易。杨奉这个人有勇无谋，他一定不会怀疑。"

曹操听完董昭的话，茅塞顿开。

董昭提到的许县属豫州刺史部的颍川郡，曹操进军洛阳走的也是这条路线，在基本肃清了颍川郡内的黄巾军余部后，这里已经为曹操所掌握。颍川郡之所以人才辈出，与它独特的地理位置及自然条件有关。这里地处中原腹地，沃土千里，气候温和，雨量充足，生物茂繁，自旧石器时期以来，一直是人类文明的聚集区。

颍川郡共有 15 个县，几乎每个县都有不少名人，如阳翟县的辛评、辛毗、赵俨、郭嘉，襄城县的李膺，颍阴县的荀氏诸杰，许县的陈寔父子，长社县的钟繇，阳城县的杜密等。许县位于颍川郡的东部，曾经是古代许国的国都，许国虽然不大，却前后传承了十九世，存在 600 多年。

曹操也看中了许县这个地方，一来这里在自己的控制下；二来许县有 600 年作为国都的历史，城市建设有一定基础；三来这里物产丰富，颍川郡以及相邻的汝南郡、南阳郡一带是当时最重要的经济区，有利于长期的后勤保障供应；四来自己手下有许多谋士是这里的人，颍川郡乃至汝南郡的这些世家大族会站在自己这一边。

献帝本人可能也会倾向于迁都，原因很简单，再待在这里文武百官及宫人们恐怕都要饿死了，只要能提供粮食，迁到哪里去献帝都不会特别反对。

只要献帝不反对，董承也不会反对。张杨驻扎在黄河以北，可以暂时不管他，韩暹已没有太大势力，反对不反对无所谓，几个实力派人物中关键是杨奉，他驻扎在洛阳以南的梁县，又和颍川郡紧邻。

曹操于是派人去找杨奉，先对此前的事表达感谢之意，然后以洛阳残破、粮食不足为借口迁献帝到鲁阳。鲁阳这个地方属于荆州刺史部的南阳郡，和梁县很近，此时属杨奉的控制区，杨奉自然也乐意。

最近以来，杨奉对曹操确实印象颇佳。

杨奉过去是李傕的部将，但再往前他也出身于白波军，跟董承、张杨这些人没有太深的渊源，目前虽然实力数他强，但总觉得别人会在背后算计自己。曹操到来后，杨奉潜意识中把曹操当成了知己，杨奉希望曹操的到来可以使洛阳的权力结构更加平衡。

对曹操提出的迁献帝到鲁阳的建议，杨奉果然觉得挺不错，他举双手赞成。洛阳的残破有目共睹，后勤保障已经成了大问题，也只有离开洛阳一条路。与其让天子被张杨迎到黄河以北去，肯定不如弄到自己眼皮底下好哇。

杨奉支持，献帝愿意，董承不反对，曹操不再征求张杨、韩暹的意见，8月中旬护送献帝一行离开了洛阳，向南开进。献帝一行到达洛阳八关之一的轘辕关，再往前就出了司隶校尉部，如果往鲁阳，还要继续向南走。

但大队人马却突然改变了行进的方向，向东面转进。杨奉接到报告大吃一惊，等他派人再探的时候，献帝一行已经到了许县。杨奉这才知道，原来上当了！杨奉大怒，立即联合韩暹率兵来抢献帝，但曹操早有准备，派兵在颍川郡的阳城一带设伏，把杨奉、韩暹击退。

曹操把天子一行迎到了许县，因为还要对县城进行重新修整，新建天子的行宫以及明堂等祭祖之所，所以先暂时让献帝住在自己城外的军营中。等大体上把许县的事安顿得差不多了，曹操亲自率军西征，进攻杨奉的基地梁县，杨奉不是对手，战败后投奔袁术去了。此战中，杨奉手下第一猛将徐晃归顺了曹操。

但是杨奉似乎没有到达袁术那里，他后来又和韩暹联起手来，这二位仁兄，一个曾是天子正式任命的大将军，一个曾是车骑将军，居然又干起了老本行，成为一支流寇。

打败杨奉后曹操回师许县，着手朝廷内外的各项建设工作。

许县这个小城因为献帝和朝廷的到来，迅速成为帝国现阶段的政治中心，天子的后宫、朝廷办事部门以及曹操的军事指挥机构一股脑儿地涌到这里，有些拥挤，但也只能因陋就简，先安顿下来再说。

百废待兴，一切都还没理出头绪来，曹操却先听说了一件事，让他吃惊不小，太史令王立不知出于什么动机，多次跑去找献帝，让献帝直接把皇位让给曹操。

王立其人事迹不详，太史令在秦时和汉初掌修史，最著名的太史令是司马迁，东汉时修史的职责转到兰台和东观，太史令专掌天时星历，国祭、大丧、皇室娶嫁及时节禁忌都要听取他的意见，虽不算部长级高官，但在一些国家大事上却有发言权。献帝搞不清他是什么来路，想训斥又怕他是曹操授意的，听完只好一言不发。

王立来了劲，又多次找献帝说这事。曹操听说后，觉得得赶紧制止这个二杆子，他让人给王立捎话："知道你的心意，然而天道深远，请勿多言！"

献帝东归期间朝廷三公九卿等高级文官随驾同行，有好几个人死于战乱，目前已有不少缺员需要补充。此外，献帝一路上还封了不少将军，根据新形势，也要做出相应调整。

献帝近一段时间以来任命过的高级将领，按军职自高到低共有：大将军韩暹、骠骑将军张济、车骑将军郭汜、征北将军李乐、征西将军胡才、前将军公孙瓒、后将军杨定、右将军袁绍、卫将军董承、镇西将军韩遂、平东将军吕布、安南将军刘表、安东将军张杨、宁辑将军段煨、辅国将军伏完等。曹操自己是镇东将军，和吕布的地位差不多。袁绍虽然自称车骑将军，但朝廷从来没有承认过，朝廷给他的正式军职是右将军，还是不久前郭图出使河东郡时由献帝正式任命的。

按照曹操的意思，献帝下诏重新明确了帝国高级将领，该撤的撤，该留的留。韩暹、张济、郭汜、马腾、韩遂、李乐、胡才、杨定、张杨、段煨这些人，多出自凉州军和白波军，彼一时，此一时，他们现在大多数人已经成为朝廷的敌人，对他们的任命全部撤销，没有合适的人继任就先空着。

袁绍、吕布、刘表、公孙瓒等人属于地方实力派，虽然不在朝廷控制之中，但有个头衔在，名义上他们都归许县朝廷领导，还是保留着。董承和伏完二位都是献帝的老丈人，军职自然不能撤。

韩暹空出来的大将军一职，献帝下诏授给了曹操。这个任命可能有点问题，因为大将军的地位很高，已经超过了三公，这样一来有人就会不服气，后来为了这个任命，有人差点要跟曹操翻脸。

随后曹操还对朝廷的文官体系进行了大幅度调整，现在的三公是太尉杨彪、司徒淳于嘉、司空张喜，他们倒是全都逃了出来，但对这几个位置曹操还想另作安排，在他的要求下，献帝下诏将这三个人同时免职。

曹操把太尉一职送到了袁绍。毕竟，袁绍曾经是关东联军的总指挥，也是自己名义上的领导，现在曹操担任了大将军，为了安抚袁绍，就把太尉一职让给了他。司徒一职曹操给了名士赵温，司空一职暂空。

近一年来，死在东归路上的部长级高官包括：太常王伟，光禄勋邓泉，京师卫尉士孙瑞，廷尉宣播，大司农张义、朱儁，宫廷少府田芬等。在曹操的主持下，朝廷先后征召名士赵岐、张俭、桓典、徐璆、陈纪等人补充进来，加上还在位的韩融、荣邵、杨琦等人，基本上保证了朝廷的日常运转。

赵岐本年 90 多岁了，他是曾经出使过关东的老臣，当年是他与袁绍、曹操相约迎献帝回洛阳。张俭是个老党人，本年也已经 83 岁了。陈纪之前说过，本年也 71 岁了，不过他就是许县人，在这一带很有影响力。这些人不大可能再做什么实质性的工作了，比如像张俭，一到许县来就关起自家的门不出，把公家配的专车挂了起来，根本不问任何事。这倒正符合曹操的意思，把这些老前辈抬出来本来就只是个招牌，目的是扩大新朝廷的影响力。

对于朝廷日常办事机构尚书台曹操比较重视，这可不是一个虚设部门，内外沟通、随时掌握宫内动态都全靠它了，对于由谁来掌管这个要害部门，曹操心里早有了合适的人选。曹操属意的人就是荀彧，他曾在天子身边担任过守宫令，熟悉宫内事务，他性格沉稳，考虑问题周全，出身大族，容易与天子及各位老臣沟通，最重要的是，他对自己忠心耿耿，是可以信得过的人。献帝下诏任命荀彧为尚书令，负责处理朝廷日常事务。曹操出征在外，荀彧实际上成了后方的大管家。荀彧也不负期望，把各项事务处理得井井有条，为曹操分了不少忧。

曹操还把程昱调过来当尚书，协助荀彧工作。程昱的任命虽然下达，但兖州那边仍然离不开程昱，曹操让程昱以东中郎将、济阴郡太守的身份代替自己主持兖州的各项事务。曹洪、曹仁以及夏侯惇、夏侯渊等人负责掌握部队，没有进入到朝廷任职，随着控制区范围的扩大，曹操还让他们兼任一些地方行政职务，如夏侯惇担任陈留郡太守，夏侯渊担任颍川郡太守，曹仁担任广阳郡太守。

朝廷迁到许县后，洛阳方面也不能放弃，曹操此时兼任着司隶校尉一职，洛阳属于自己的辖区，他让为自己立下大功的董昭以洛阳令的身份留守在旧都。

二十一、慈者难带兵

就在曹操忙着收复兖州、迎接献帝东归的这段时间，天下还发生了许多大事，其中最重要的事情发生在北边的幽州刺史部和南面的扬州刺史部。

先来说说幽州刺史部的事，界桥失利后公孙瓒退回幽州刺史部，虽然他对袁绍的绝对优势已经不存在，但实力仍然相当可观，原有的地盘并未损失多少，仍然控制着幽州刺史部的大部分地区和冀州刺史部、青州刺史部的一部分，经过短时间动员，还可以征调起十万大军。

袁绍则有些轻敌，想趁热打铁，一举灭掉公孙瓒。袁绍既没认真做准备，也没有仔细搜集对手的情报，派了几万人马就匆匆北伐了，用这点儿人马就想把公孙瓒消灭，基本上不可能。

更要命的是他派去带兵的这个人也很有问题，他的名字叫崔巨业，专业不是带兵打仗而是一名星工。袁绍这个人很迷信，干什么事都要问个吉凶，身边有好几位专门干这事的人，崔巨业就是其中一位。袁绍特别信任他，认为他很有本事，所以这次北伐他既没有亲自出征，也没有派麹义、张郃这样的猛将来，而是交给了崔巨业。

事实证明，专业不对口是要害死人的。崔巨业率兵北上，攻入幽州刺史部的涿郡，一开始比较顺手，把公孙瓒的军事重镇故安围住了。公孙瓒的大本营在蓟县一带，其故址在今北京市宣武区附近，汉末的故安县属今河北省廊坊市，与北京市区紧邻，现在不少人白天工作在北京，晚上则住在廊坊等地。

星象学家马上就得手了，但是公孙瓒的地盘不是那么好抢的，他一边命令固守故安，一边带着三万精兵南下，要绕到袁军的后面彻底把他们消灭。崔巨业围城多日没有进展，晚上不知道偷偷跑出去看了多少回夜空，但脑子里仍然没有头绪，听说公孙瓒来了，他比较知趣，赶紧放弃攻城回撤。

就这样还是让公孙瓒追上了，在巨马河双方展开激战，袁军大败，死了近万人。巨马河大捷让公孙瓒多少挽回了一些界桥失利的面子。公孙瓒趁势向南推进，田楷当青州刺史、刘备当平原国相大致就在这个时期，冀州刺史部和青州刺史部北面的几个郡国都成了公孙瓒的敌后根据地或游击区。

袁绍损兵折将，心疼不已，他不敢再大意，亲自率军北上，要与公孙瓒展开决战。双方又在龙河一带相遇，袁绍再摆迷魂阵，让老弱残兵在前面诱敌，等公孙瓒主力冲杀而来时袁军主力杀上，大败了公孙瓒。龙河之战可以看作是界桥之战的翻版，招数不在多么新鲜，好使就行，对付公孙瓒看来袁绍已经得心应手了。

一胜一负，双方打成平手。

公孙瓒的主力不得不退回蓟县，田楷和刘备继续在山东半岛一带发展，袁绍则派长子袁谭与田楷、刘备等抢地盘，在其后的近两年时间里他们互相不分胜负，并且也都面临了严重的粮食危机，他们都去抢老百姓，田野里连青草都看不到了。

公孙瓒不敢放手与袁绍一搏，因为刘虞还在。

公孙瓒和刘虞之间的矛盾越来越尖锐，公孙瓒这个人一向目无领导，自以为是，不执行上级决定，刘虞制定的民族政策是以怀柔为主，公孙瓒偏偏喜欢动武，刘虞为了搞统战，经常送给少数民族首领一些礼物，公孙瓒知道后半道上就给劫了，还在刘虞跟少数民族首领之间挑拨离间。

作为公孙瓒的顶头上司，刘虞对公孙瓒的愤怒到了无以复加的程度，刘虞通知公孙瓒来开会，公孙瓒每次都推说有病不来，老头子一向待人谦逊，脾气也好，就这样经常也被气得要死。刘虞跟自己的心腹、东曹掾魏攸商量，想用武力解决公孙瓒，魏攸劝他不要这么做："现在天下人无不对您仰望，您手下也需要谋臣、爪牙，公孙瓒文武双全，是有用的人才。现在虽然有些小过错，应该对他迁就一下。"

魏攸大概知道动起手来刘虞不是公孙瓒的对手，但为了给领导留面子没有直说，而是换了个说法。刘虞很信任魏攸，听他这么说也就算了。但魏攸不久就死了，公孙瓒还是一次次惹怒刘虞，刘虞再发火时没人劝了。

初平四年（193）冬天，刘虞调集十万人马攻打公孙瓒，单从实力对比看，双方可谓势均力敌。可是，刘虞也许被公孙瓒气糊涂了，准备工作明显不足，这时要收拾公孙瓒有两件事必须先做，一是派人知会朝廷，历诉公孙瓒的恶史，取得朝廷的支持，做到师出有名；二是联合袁绍共同行动，让公孙瓒首尾不能相顾。

如果有这两手公孙瓒就死定了，但搞政治斗争和军事斗争都不是刘虞的强项，老实人又特别容易被激怒，盛怒之下的刘虞没有多想，直接单干了。

有人看出了问题，劝他说："公孙瓒虽然干了很多坏事，但还没有正式的罪名，明公不先晓示天下并让他改正就直接起兵，不是国家的幸事。另外，胜败也不好预料，不如先用武力给他施加压力，公孙瓒必然悔过谢罪，这样就不战而使人服了！"

这个人名叫程绪，本来也是好意，公孙瓒虽然很坏，但你得让老百姓都知道，以朝廷的名义给他定罪，这样就合法了，也就更容易获得支持。但刘虞听了很生气，任何阻止用兵的话在他看来都是公孙瓒的同党，盛怒之下刘虞以扰乱军心的罪名，下令把程绪砍头示众。

公孙瓒不会料到刘虞敢向他先动手，要命的是他就在刘虞的眼皮子底下，刘虞要收拾他是相当容易的。公孙瓒常驻蓟县一带，却不是蓟县城内，蓟县是幽州刺史部的治所，是刘虞的办公所在地，公孙瓒为了跟刘虞置气，故意在蓟县的东南面新筑了一座小城，平时就住在那里，现在麻烦了。

当时公孙瓒的人马都分散在各地，而对突然袭击，他再能打也逃不过这一劫了，关键时刻他在刘虞身边安排的卧底发挥了作用。这个卧底名叫公孙纪，因为跟公孙瓒同姓，二人以前来往就比较多，后来发展成公孙瓒的耳目，此时在刘虞身边担任参谋，刘虞发起攻击前公孙纪连夜跑出去，及时把情报送出，为公孙瓒防守反击赢得了时间。

刘虞向公孙瓒的小城发起进攻时，公孙瓒已经有了防备，他下令坚守不出。刘虞一向爱民如子，为减少百姓的死伤，总攻前特意发布命令："只杀公孙瓒一个人，不要伤及无辜！"他还命令士卒注意战场纪律，不要毁坏百姓的房屋，不拿群众一针一线。

刘太傅确实是个好人，一个有德之人，是幽州人民的好领导，但他不是一个好统帅。作为朝廷太傅和幽州牧的刘虞，理应爱民如子，行仁爱之心，但作为十几万大军的统帅，此时考虑的应该是如何取胜，为十多万条生命负责。刘虞的人马还没有开打先开展了一番仁爱教育，打起仗来果然畏首畏尾，攻了半天也拿公孙瓒的小城没办法。

公孙瓒瞅准时机，晚上派精锐数百人出击，一边攻击一边顺风放火，刘虞军大乱，十多万大军居然一战而溃。刘虞只好携带家属和一部分士兵退到上谷郡的居庸县，即今北京市延庆县一带，公孙瓒追击，围城三日将城攻破，把刘虞和家人抓回到蓟县。

刘虞做了公孙瓒的阶下囚，如何处置刘虞让公孙瓒颇费心思，他知道刘虞在幽州百姓心中拥有崇高威望，所以没敢直接向他下手，甚至州政府的往来文件还让他批阅。

当时朝廷还在长安，李傕等人还执掌着大权，他们不知道怎么又想起了刘虞，派段训为使臣前来幽州刺史部，增封刘虞的食邑，并任命刘虞一个督六州事的新职务，所督的六个州是幽州、并州、青州、冀州、兖州、凉州，简言之就是整个中国北部。刘虞拥有这个职务，理论上就将集这六个州的军政大权于一身，这是一个史无前例的职务。

朝廷把一半江山给了刘虞，可惜对刘虞而言不仅毫无用处，而且会害了他。北方这六个州目前被公孙瓒、袁绍、曹操、刘备、袁术这些人把持着，中间还有张杨、张燕、公孙度那样的二流角色，李傕等人抛出这项任命，打的还是分化瓦解各实力派的主意，想以党人来治党人，以诸侯来治诸侯。

但是他们晚了一步，刘虞已经成了公孙瓒的阶下囚。李傕等人也升了公孙瓒的官，提拔他为前将军，封易侯，督幽州、并州、青州、冀州四州，范围不仅比刘虞小一些，而且这四个州都跟刘虞的六个州重复。

现在公孙瓒面临着选择，要么服从朝廷的任命承认刘虞仍然是自己的顶头上司，要么不服从朝廷的任命，但都要给个说法。公孙瓒于是旧事重提，向朝廷特使段训揭发刘虞曾与袁绍合谋造反，想自己称帝，这件事完全是袁绍、韩馥等人一厢情愿，和刘虞毫无关系，刘虞不仅没有参与，还断然与袁绍、韩馥划清了界限，并把韩馥派来的人杀了，把首级送往长安。

公孙瓒不管，非说刘虞也参加了谋反，就以朝廷特使的名义把刘虞斩首于集市之上。临刑前公孙瓒还要个了花招，他公开宣称："如果刘虞真有天子的命，上天就会刮风下雨来救他！"这是瞎扯，此时华北地区已经旱了很久，没有一丝下雨的意思。

刘虞于是被杀，刘虞的老部下、原常山国相孙瑾以及在州政府任职的张逸、张瓒等人忠义愤发，愿意伴随刘虞一块赴死，公孙瓒成全了他们，把他们一起杀了，孙瑾等人在临死前都大骂公孙瓒。作为刘氏宗亲的代表人物，刘虞有修养也有能力，他忠心为国，仁心爱民，更执行了正确的少数民族政策，在他执政期间保证了北部边疆的安定。但是他的仁爱拿到战场上就行不通了，战争就是战争，更何况面对公孙瓒这样强悍的对手。公孙瓒下令把刘虞的首级送往长安，中途被刘虞一个叫尾敦的故吏劫下，进行了安葬。

刘虞在幽州多年，深得民望，有不少景仰者和追随者，公孙瓒杀了刘虞，在幽州的势力虽然有所扩大，但麻烦还没完。

二十二、公孙瓒躲进塔楼

公孙瓒杀了刘虞，势力一下子增强了不少。

但此人打仗有一套，搞地方治理却不怎么行，尤其在用人上很失败。在公孙瓒手下世家大族出身的人都没有发展的机会，无论多么有才，都进步缓慢，不少人死于穷苦之地。有人问公孙瓒，为什么不用世家大族子弟，公孙瓒的回答是："对衣冠子弟以及品格高尚的人，你给他富贵他认为这是应该的，而不会感激你。"

看来问题出在心态上，公孙瓒的心态像个小市民。

而公孙瓒确实喜欢小市民，他所宠信的大多是平庸之辈，其中尤其以算命先生刘纬台、布贩子李移子、商人乐何当三个人最受宠信，公孙瓒跟他们还结成了异姓兄弟。公孙瓒字伯圭，据说他原来的字不是这个，这个字是他后来改的。一家如果有四个兄弟，他们的字里应该分别有伯、仲、叔、季这几个字，公孙瓒为了表示跟刘纬台等几个异姓兄弟很亲，所以自己把字改成伯圭，其他几个人则分别改为仲、叔、季。

有公孙瓒撑腰，这些人很快富了起来，都成了亿万富翁。公孙瓒还跟他们中的人结成儿女亲家，常把他们比作汉初的开国功臣曲周侯郦商、颍阴侯灌婴。用人不拘一格是对的，但过了头就是另类了，靠这帮人给他出谋划策能有多高的水平？

有件事就很雷人，是其他割据军阀做不出来的。

公孙瓒手下如果有部将被敌人围困向他求援，公孙瓒一般不会出兵相救。他的理由是，如果救了这一个，以后将领们再遇到类似情况就有了依赖心理，就不会力战了，如果不救，以后大家肯定会奋力自救。这个说法貌似有理却不实用，因为人都有求生的本能，在生死考验面前有人选择玉石俱焚，也有人会选择投降以求活命，公孙瓒的想法未免理想化了。

面对敌人的大军压境，公孙瓒手下的将领肯定会想，守是守不住，又没有救兵，干脆投降算了。公孙瓒的这个愚蠢决定不知道是他自己的创意还是刘纬台、李移子们的建议，但公孙瓒手下如果有荀彧、贾诩、程昱这样的智囊，绝不会让他干这种傻事。

公孙瓒还重用了太原郡人关靖，此人一贯严刑峻法、虐待百姓，在公孙瓒面前一味逢迎拍马却没有什么才能。

一流的人才思想才是一流的，一流的思想才能开创一流的事业，庸人不可能提出一流的规划。群雄相争，人才是最稀缺的资源，大家都在拼命抢人才，尤其对最优秀的人才更是让群雄们心驰神往。公孙瓒靠一己之勇起家，也开创了不小的局面，发展到一定阶段时应该把人才战略放在最突出的位置，但他偏偏不重视人才，也不会识才、用才和留才，身边缺少顶尖人才，这是他最终失败的主要原因。

由于他不识人，所以身边没有真正有水平的人才，即便有也纷纷离他而去，幽州刺史部被公孙瓒和他所亲信的这帮人弄得民怨沸腾，大家都思念刘虞，对公孙瓒颇有怨言，刘虞的旧部鲜于辅、齐周、鲜于银等人趁机反抗公孙瓒，当时广阳郡人阎柔在北方一带很有声望，他们就推举阎柔来挑头。

阎柔是一名汉人，自小被北方少数部族虏走，生活在乌桓人和鲜卑人中间，逐渐取得了他们的信任，鲜卑人后来帮助阎柔杀了朝廷任命的护乌桓校尉邢举，让阎柔来当这个司令。阎柔在少数部族那里很有号召力，由他出面征召乌桓、鲜卑等少数民族的军队，加上汉人组成联合军团，人数多达数万人，进攻公孙瓒所署的渔阳郡太守邹丹。

双方战于潞河，今潮白河以北，邹丹不是对手，向公孙瓒求救。按照公孙瓒的习惯性思维，在这种情况下是不会发救兵的。公孙瓒让邹丹自己看着办，邹丹还不错，没投降，最后兵败被杀。阎柔、鲜于辅等人比刘虞聪明，他们及时联络了袁绍，袁绍派麴义和刘虞之子刘和领兵北上配合他们的行动。

公孙瓒腹背受敌，马上就将面临被消灭的危险。就在这时有个人救了公孙瓒一命，这个人就是之前提到的臧洪。袁绍任命的东郡太守臧洪因好友张超之死而和袁绍翻脸，袁绍一怒之下去攻东武阳，袁军主力在东武阳城下被臧洪牵制长达一年之久，北线只好暂时转入守势，让公孙瓒有了喘息之机。

公孙瓒趁机把主力集结到易水一带，利用袁绍无力北上的空档，在这里修筑了一道闻名于世的防线。易水位于幽州刺史部与冀州刺史部的交界处，由上游的卢水、雹水、顺水、徐水等河流交汇而成，这是条古老的河流，战国时期燕国太子丹送荆轲刺秦王时就在此作别，高渐离击筑而歌，使此河名扬天下。公孙瓒不久前被封为易侯，封地易县位于易水之上，公孙瓒以易县为中心，沿着易水河两岸大修军事工势。

他先下令在易水的北岸挖了十多重战壕，每隔一段又堆起五六丈高的土山，在土山上修起楼观，大大小小的楼观数以千计，公孙瓒手下的将领分别居住在这些楼观里。这道防线就是由密网交织的交通壕所联结的碉堡群构成，这种碉堡被称为京，京是甲骨文里的象形字，即筑起的高丘，上面有耸起的尖端。

这上千个碉堡筑起了坚固的一道防线，其核心地带是公孙瓒亲自居住的易京，其下的土山高达十多丈，足有十多层楼高，在上面修有楼观，下面用铁门封死，公孙瓒平时居住在楼上，楼里只有婢女和女官，有需要公孙瓒批阅的公文，都通过绳子吊上来，等公孙瓒批示完再用绳子吊下去。

公孙瓒在这些堡垒里屯积了300万斛粮食，他告诉手下："从前以为天下事可以挥手而定，现在看来不是那么回事。兵法上说'百楼不攻'，现在我有上千座楼观，等到这些粮食吃完，也就能把天下事弄明白了！"看来越是生猛的狠角色内心里越是柔软，也越是有逃避的一面，打了无数的仗，最后得出的结论竟然是躲起来才幸福，公孙瓒说的"百楼不攻"不知道出自哪部兵书，也许是公孙瓒个人的军事思想。

汉代1斛合如今约20升，即约80斤。300万斛约合2.4亿斤、12万吨，载重8吨的卡车要拉15000车。这么多的粮食不大可能都屯积在公孙瓒住的易京一座碉堡里，应该是易水岸边上千座碉堡屯粮的总和。公孙瓒发明的易水河防线是对传统城池型防御工事的颠覆，它更注重立体作战和协同作战，一改拒敌于城外的战法，把敌人放进来打，凭借坚固的工势和充足的粮食，待敌军进入碉堡网后四处出击，将其击败。

在南线，袁绍费了九牛二虎之力，在付出了巨大牺牲之后终于将东武阳的臧洪解决了，等他缓过劲来重新审视北线战场时，吃惊地发现横亘在他眼前的是一道数百里长从未见过却牢不可破的超级防线。袁绍试图展开进攻，却遭到了沉重打击，进攻的部队好不容易攻到堡垒下面，却被占据有利地形的敌军以弓箭、乱石等武器打得抬不起头来。

此后数年里袁绍居然无法越过这道防线一步，他把主要精力都用在了如何攻破这道防线上，他为此付出了惨重代价。易水河防线大大迟滞了袁绍统一北方的步伐，牵制了袁绍的行动，给曹操的发展壮大提供了战略机遇。

公孙瓒待在他的坚不可摧的塔楼里再也不出去，在一大群婢女和女官陪伴下过着逍遥的日子。

二十三、孙策独占江东

说完了幽州刺史部，再来说说扬州刺史部。

扬州是古九州之一，到了东汉，扬州刺史部也是全国十三个州之一，范围相当于今安徽省的淮河以南部分，江苏省的长江以南部分，上海市以及江西省、浙江省、福建省的全部，还有湖北省、河南省的一部分地区。论地盘十分大，放到现在，都是经济发达、人口稠密的好地方，但在当时，大部分还属于欠发达地区，尤其长江以南的部分，很多地方还没有开发。

扬州刺史部下辖六个郡，江北的庐江郡和九江郡，江南的丹阳郡、吴郡、会稽郡、豫章郡。在袁术到来前，扬州刺史名叫陈温，是朝廷任命的，各郡太守也大多数忠于朝廷，没有陷入群雄争霸的混战中。

初平四年（193）陈温死了，一个说法是病死的，一个说法是被袁术所杀。陈温死后，袁绍也想插手扬州刺史部，他表奏堂兄袁遗为扬州刺史，但袁绍的势力达不到这里，袁遗在扬州刺史部没有站住脚，被乱兵所杀。袁术也派了一个人当扬州刺史，名叫陈瑀，徐州刺史部下邳国人。

当年袁术北上兖州刺史部被曹操打败，袁术于是南下，但是袁术刚刚任命的陈瑀看到他打了败仗，前途黯淡，不再接受袁术的领导，拒绝其入境。袁术恼了，攻击陈瑀，陈瑀败走，袁术于是到达九江郡的寿春，即今安徽省寿县。

扬州刺史部的州治原来在历阳，即今安徽省和县，袁术嫌这个地方过于靠南，不利于和北方列强周旋，于是把大本营放在了寿春，他在此自称扬州牧，同时兼管徐州刺史部。“徐州伯”这个职务有点儿不伦不类，当时徐州牧陶谦还没有死，袁术大概觉得陶谦毕竟是朝廷任命的老资格官员，自己再当徐州牧或徐州刺史都不太合适，干脆发明了一个“徐州伯”来盖住陶谦。

袁术那时侵吞了孙坚的人马，有一定的基础，虽然打不过曹操，但在扬州刺史部却没有对手，势力发展得挺快。这时孙坚的儿子孙策找上门来，提出要回孙坚旧部的要求。

孙策字伯符，孙坚死时年仅十七岁，他下面还有三个弟弟，分别是十岁的孙权、八岁的孙翊以及刚出生没多久的孙匡。孙坚当年辞去下邳丞加入朝廷的军队，为家眷的安全考虑，把妻子吴夫人和儿女们都放在了寿春，孙坚死时吴夫人领着儿女们刚离开寿春，来到庐江郡的舒县，即今安徽省庐江县。

寿春靠近北面，离战乱地区较近，舒县距长江不远，相对安全些。举家迁往舒县是孙策的主意，他把母亲和弟弟们接到舒县居住，除了安全上的考虑，还因为这里有一个好朋友。

这个人就是周瑜，字公瑾，舒县本地人。周家在舒县是第一大户，周瑜祖父的兄弟周景当过朝廷三公之一的太尉，周景的儿子周忠此时正在长安的朝廷任职，先担任太尉，后改任卫尉。周瑜的父亲周异当过洛阳县令。周景在士人中名望很高，曾经提拔过李膺、陈蕃、杜密、荀绲、朱寓等著名人士。

孙策年纪不大，性格却很豪爽，喜欢结交朋友，当时在社会上已经有了一定的名气。周瑜和孙策同年，长得相貌英俊，才能出众而且早熟，听说孙策的名声，专程从舒县到寿春拜访，于是互相推让着结为异姓兄弟。

周瑜劝孙策迁居舒县，孙策答应了，到舒县后周瑜把府里最好的南大宅让给他们住，两家成为通家之好。

孙坚死后孙策承担了家庭的重任，他把父亲的灵柩移送到老家吴郡的曲阿安葬。按规定孙策可以继续父亲乌程侯的爵位，但他却主动让给了四弟孙匡。

处理好父亲的后事，孙策又带着母亲和兄弟们渡过长江，到了位于长江北岸的江都县，因为周瑜向他推荐了一个高人，说这个人很有眼光和头脑，建议他向此人当面请教。父亲死后，正在上升的孙氏事业突然中断，下一步何去何从孙策没有明确的打算，不知道该怎么办。

周瑜推荐的这个高人名叫张纮，字子纲，徐州刺史部广陵郡人，早年上过太学，拜名师韩宗专习经学，成为一名学者。但他不读死书，喜欢把书本知识活学活用，视野开阔，看问题很有见解。

孙策大老远跑去找张纮，正逢张纮因为母丧在家守孝，见到了张纮，说明来意后，却被张纮婉言拒绝了。孙策很着急，甚至流下了眼泪，对张纮说：“久闻您的大名，今天的事只有您能给拿个主意，请您务必给出个主意，以不负我对您的高山之望。如果我能微志得展，血仇得报，这是您的功绩，也是我心中所望啊！”

孙策的真诚打动了张纮，张纮帮孙策对形势进行了分析，指出了孙策下一步的行动方案。这是一次很重要的谈话，被认为是孙吴版的隆中对，因为这次谈话的地点在广陵郡的江都，也被称为江都对，张纮说：“从前周朝国运衰落，但是有齐国、晋国一起来光复它，这是诸侯王应尽的职责。现在您继承了令尊的事业，又有骁勇善战的名望，如果现在投奔丹阳郡，在江南的吴郡、会稽郡一带发展，那么扬州、荆州日后也不在话下，您的家仇也可以得报。之后据守长江，奋威德，诛除郡秽，匡辅汉室，功业岂不跟当年的齐桓公、晋文公一样？如果是这样，我愿意结盟同好，渡江辅佐将军！”

孙策听完茅塞顿开，觉得前途一下子光明起来。张纮说得没错，不要在袁术跟前耽误时间了，应该及时向长江以南发展，开创新的事业。陈温死后朝廷派了个叫刘繇的人担任扬州刺史，袁术把他赶到了江南。当时江南四个郡的太守分别是吴景、许贡、王朗和华歆，他们多是朝廷任命的，政治上没有明显倾向性，现在朝廷鞭长莫及，他们便处在各自为政的局面，因为群龙无首，所以一团乱象。

袁术想一口吞下扬州，但他又有些力不从心，其他势力相距较远，暂时无法染指扬州，所以张纮劝孙策南渡长江，以条件较为成熟的丹阳郡为基地，统一江南，之后虎视荆、扬，成为一方霸主。孙策认为有理，于是把母亲和兄弟们安顿在了江都，托张纮照料，之后跑到寿春，见到袁术，想要回父亲留下来的旧部，再渡江南下。

从感情上说，袁术很欣赏孙坚的这个儿子，他曾经对人说：“假如我有孙伯符这样的儿子，死又何恨？”但是从理智上说，袁术压根不愿意归还孙坚的旧部。

袁术不答应，就找些理由拖着，孙策不停地找他，找得多了，袁术就出了个主意，说丹阳郡是个出精兵的地方，你的舅舅在那里当太守，你不如到丹阳郡去募兵吧。

孙策无奈，渡江去了丹阳郡。丹阳郡太守吴景是孙策母亲吴夫人的弟弟，孙策的舅舅，孙坚起事后，孙氏族人也借势起家，吴景因为姐夫孙坚的带动逐渐成长为太守，推测起来，这个太守可能是袁术所表奏的。孙策在舅舅的帮助下很快募得几百人，但是他带着这支队伍到泾县一带时，遭到当地土匪祖郎的袭击，队伍被打散，孙策险些丧命。泾县就是后来皖南事变的发生地，看来这里地势险峻，自古以来行军至此就很容易遭遇埋伏。

孙策只得再回到寿春，他还是隔三岔五去找袁术要父亲留下的队伍，袁术被弄烦了，就把孙坚当年队伍里还没有被拆散的1000多人还给了孙策，同时还开出了条件，让孙策带着这些人去平定九江郡，答应事成之后任命他为九江郡太守。

孙策给袁术出了力，拿下了九江郡，但到头来袁术却任命陈纪为九江郡太守。同时又让孙策帮他平定庐江郡，并且特别说明，上次食言是自己的不对，这回一定任命孙策为庐江郡太守。孙策又帮助袁术平定了庐江郡，但袁术像是得了失忆症，再也不记得当初说过的话，任命刘勋为庐江郡太守。

摊上这种毫无信誉可言的领导，孙策真的觉得很受伤，但他也很无奈，他决心彻底离开袁术，按照张纮的建议到江南发展。孙策又找到袁术，对他说："我们孙家在江东一带还有一定号召力，我愿意到江南去，协助舅舅吴景平定江南各郡，到时候至少可以为您募得三万甲士，助您完成匡复汉室的大业。"

袁术听了这些话很高兴，准许孙策渡江。

兴平二年（195）初孙策渡过长江，开始了拓疆之旅。

长江是条自西向东流向的大河，但流到安徽境内时有一段向东北方向斜流，古人习惯以此段长江为标准确定东西和左右，把今天安徽省芜湖以下的长江下游南岸地区，即苏南、浙江北部、皖南部分地区以及今江西的赣东北称作江东。古人以东为左，以西为右，故江东又被称为江左，江西则被称为江右。

孙策准备渡江作战时手下兵马少得可怜，士卒仅1000多人，骑兵更少，不到百人，此外还有几百人愿意追随他。不过，正如孙策说的那样，孙氏在江东的确有不小的影响力，听说乌程侯的儿子回来了，许多人都跑来投奔，孙策渡江的地点在九江郡的历阳，即今安徽省和县，孙策到达那里时，手下已聚集起数千人。

此时孙策的母亲以及孙权等诸弟已不在江都，他们又回到了曲阿，孙策派人把他们接到了历阳，后来安置在江北的阜陵，这样孙策在江东的行动就没有后顾之忧了。

精于盘算的袁术之所以答应孙策向江东发展，一方面缘于九江郡、庐江郡两个太守都让孙策落了空，袁术担心孙策心里必然不满；另一方面，袁术分析了江东的形势，认为江东现在也是诸侯割据的局面，吴郡有刘繇，会稽郡有王朗，孙策不一定能战胜他们，所以才答应。

其实当时的江东除了刘繇、王朗这些人，还有很多势力，形势相当复杂。

朝廷任命的扬州刺史刘繇也是汉室宗亲，关东十一路联军中的兖州刺史刘岱是他的哥哥。刘繇打不过袁术，渡江来到丹阳郡，袁术命令丹阳郡太守吴景阻击刘繇，刘繇退到吴郡，在曲阿一带发展，他是货真价实的刺史，又是汉室宗亲，有一定号召力。

吴郡太守本是盛宪，许贡是他手下的都尉，后来盛宪因病离职，许贡接任。盛宪的太守是朝廷任命的，许贡的太守可能也是朝廷的任命，对孙策来说，与刘繇一样，许贡也是敌人。

会稽郡在吴郡的南面，是一个大郡，太守王朗是北方人，曾在朝中为官，后弃官回到家乡徐州，陶谦推举他为茂才，王朗接受了陶谦的征辟，被任命为治中从事，主官员升迁考核，后来被朝廷正式任命为会稽郡太守，在政治版图中不属于袁术集团。

豫章郡的郡治在南昌县，即今江西省南昌市，这个郡面积非常大，大体相当于现在整个江西省。名士华歆在这里当太守，他的情况有点像王朗，由朝廷所任命，袁术一直打着豫章郡的主意，表奏自己的好友诸葛玄到豫章郡任太守。

除了他们，扬州还有几股山贼，宗帅很有实力。一股是山贼严白虎，白虎是他的绰号，真名不详，他的祖籍就是孙氏的食邑地吴郡乌程县，他和弟弟严舆聚众万余人，屯聚于乌程等地。另一股是地方实力派邹他、钱铜、王晟，邹他和钱铜也是吴郡人，王晟是嘉兴人，担任过交州刺史部合浦郡太守，跟孙坚关系还挺好，这几个人分别聚众数千到一万多人，结成同盟，也盘踞于吴郡境内。还有一股是丹阳郡地方宗帅祖郎，祖郎是丹阳郡人，在地方上很有势力，拥兵自重，孙策之前到丹阳郡募兵在泾县附近被袭击，就是祖郎干的。

以上这些势力，或官或匪，或明或暗，势力都不容小觑，孙策所能依靠的，只有丹阳郡太守吴景和担任丹阳郡都尉的孙贲，不仅袁术不看好他，在当时大多数人眼里，也没有把他当回事。

但谁也没有想到的是，孙策渡江势力发展得很快，首战刘繇，取得大胜，刘繇无法立足，率余部从长江上乘船逃往豫章郡辖下的彭泽，紧接着又一一消灭了盘踞在吴郡各地的许贡、严白虎以及邹他、钱铜、王晟等部，除王晟与孙坚有旧交，又有吴夫人帮助说话因而免于一死外，其他诸人及家族都被杀。

吴郡全境被孙策控制，孙策任命部将朱治为吴郡太守，下令整顿军纪，不得侵犯百姓，受到百姓的欢迎。之后孙策又率兵向南攻打会稽郡，会稽郡太守王朗的功曹虞翻建议避其锋锐，王朗不接纳，坚持守护城池到底，领兵对抗，最后被孙策击败，王朗从海上向南逃跑，打算去交州刺史部避难。但在东冶被孙策的人马截住，只得投降，孙策自兼会稽郡太守，任命虞翻为郡里的功曹。

孙策在江东的进展让袁术大吃一惊，江南四郡转眼间孙策已据有其三，这更是袁术不愿意看到的，于是在背后搞了个小动作。袁术派人带上印绶秘密潜入丹阳郡境内，与宗帅祖郎等人接上头，让他们挑动山越与孙策对抗。

祖郎与另一个实力派太史慈联起手来，结成同盟。孙策率军来攻，先擒祖郎，后收服太史慈。豫章郡当时还是由华歆控制着，孙策先后派太史慈和虞翻前去游说，华歆投降，被孙策礼为上宾，孙策让丹阳郡都尉孙贲过来担任豫章郡太守。

现在，丹阳郡太守是舅舅吴景，吴郡太守是部将朱治，豫章郡太守是堂兄孙贲，会稽郡太守由自己兼任，扬州刺史部的江南四郡尽归孙策掌握，实现这一切，孙策只用了四年多一点儿的时间。

二十四、刘备的意外收获

说完扬州刺史部，再回头说说徐州刺史部。

曹操二征徐州，因为后方生变撤兵，徐州牧陶谦又惊又怕，一病不起。陶谦此时60多岁了，比曹操大了差不多20岁，比袁绍、袁术、刘表也大10多岁，比刘备更是大了将近30岁，在群雄中是一位不折不扣的老前辈。

陶谦年轻时很有才华，也很桀骜，属于愤青一类的人物，成为一路诸侯后性情大变，变得保守持重，也变得胆小怕事。陶谦有两个儿子，一个叫陶高，一个叫陶应，但陶谦不想让他们接班，这两个儿子也没有当官。陶谦并非淡泊名利，只是他经得多也看得多了，深知权力是诱惑也是陷阱，如果自己的儿子能力平平，把权力交给他们等于害了他们，所以陶谦是明智的。当前，徐州经过两次战火，已经成了一个烂摊子，曹操大军注定还会再来，陶谦更不会把这样的烂摊子交给儿子，陶谦在寻找更合适的接班人。

说起来陶谦手下倒是人才济济，孔融、张昭、许劭、赵昱、麋竺、陈登等一批汉末风云人物要么在陶谦手下任过职，要么在陶谦这里做过客。

陶谦把以上这些人都打量一番，但觉得都不满意。论名气，许劭、孔融最大；论学问，张昭不低；论才干，赵昱、陈登不错。但是，名气大的能力差，学问好的缺实践，有实践的又不放心。总之，有雄才的无大略，有大略的却无雄才，而有的人既无大略也无雄才。交班不是件小事，也不是一交了之，如果所托非人，势必连累自己及后人。

最后陶谦想到了刘备，陶谦跟刘备交往倒不深，刘备来徐州也很晚，但据陶谦观察，刘备这个人雄才大略兼具，手下人马虽然不多但战斗力很强，让他主持徐州事务，陶谦觉得比交给其他人更放心。想好以后，陶谦把他的别驾叫来，告诉他自己可能不行了，徐州今后的大事，只能交给刘备了。

陶谦现在的副手名叫麋竺，徐州刺史部东海国人，是个大富商，他们家世代经营垦殖、贸易，家里有仆人、奴婢上万人，家产好几亿。做完这番政治交代陶谦就死了，那时候张昭还没有南下江东，尽管陶谦囚禁过他，他还是为他写了祭文。

办完陶谦的丧事，麋竺跟众人商量如何落实陶谦生前的交代，多数人拥护这个决定，不是大家对刘备多么有感情，而是除了刘备的确没有更合适的人，大家便推举麋竺率徐州官民代表团前往小沛迎接刘备。为了表示隆重，同时也担心刘备推辞，陈登、孔融特意同行。

刘备那时还驻扎在小沛，听说陶谦的死讯，刘备并没有太多在意，他关心的是谁会接替陶谦主政，听麋竺等人一说，刘备简直不敢相信，这个人竟然是自己。

但刘备不敢贸然接受，他在徐州还没有左右时局的能力，目前手下也只有几千人马，活动范围仅限于小沛的周边。不说徐州内部如何，在徐州的外围，现在有袁绍、曹操、袁术等环伺着，水有多深实在摸不清。

在与迎接团座谈时刘备表示推让，无非说些才不足用、德未服人等，陈登劝他道："现在汉室陵迟，海内倾覆，立功立事在于今日，徐州户数超过百万，虽然有点委屈您，但仍然希望您能屈尊就任！"刘备跟陈登不熟，继续客气道："袁术先生在寿春，离这儿也不远，袁先生的家族四世五公，海内所归，这个位子应该由他来坐。"陈登看不上袁术，坚持劝道："袁术这个人既骄且豪，不是治乱之主，我们可以帮助阁下组织起十万军队，上可以匡主济民，成就春秋五霸那样的事业，下可以割地保境，在史册上留下英名！"

刘备仍然犹豫，陷入思考，这让一直没说话的孔融急了："袁术这个人不是忧国忘家的人，顶多是坟墓中的枯骨而已，又何足挂齿？现在百姓拥护的是有能力的人，天赐良机，您要不接受，将来后悔都来不及！"

刘备一向敬重孔融，他们之前曾打过交道，见孔融发话，而且看到火候也差不多了，于是不再推辞，随同迎接团前往郯县，就任徐州刺史。

刘备到了徐州，去的应该是郯县。

他就任的是徐州刺史而不是徐州牧，因为他的资历还差得远。就任的方式有点类似于曹操当年的兖州牧，属于官民推选的，还没有得到朝廷的确认。刚开始刘备应该还是挺激动的，不过这种激动的心情也保持不了几天，因为当他认真审视一下徐州的内外部情况时，他肯定高兴不起来了。

徐州刺史部下辖二郡三国，从北到南依次是琅邪国、东海郡、彭城国、下邳国、广陵郡。琅邪国和东海郡的大部分地区目前被以臧霸为首的泰山帮实际控制着，在陶谦与曹操的两次战斗中都没有看到臧霸参战的记载，可能他负责驻防在外围地区。

陶谦手下的孙观、吴敦、尹礼等泰山帮成员抱成一团，他们又拉拢了陶谦任命的东海郡太守昌豨，表面服从陶谦领导，其实只听臧霸的，陶谦拿他们没有办法，只能睁只眼闭只眼。陶谦一死，臧霸领着孙观、吴敦、尹礼聚兵于琅邪国的开阳县，正式打出旗号，以臧霸为首领。一共只有五个郡国，琅邪国在霸臧手里，东海郡在昌豨手里，徐州没了一小半。这还不算，最南面的广陵郡也不在目前的控制中，这里先被笮融占着，笮融逃到江南后，广陵郡的大部分地区被袁术实际控制了起来。

说起来是堂堂的一州，其实手里能控制的，只有彭城国和下邳国而已。更严重的是徐州还隐藏着内乱的危险，陶谦虽然死了，但他手下还有一支嫡系队伍，陶谦是江东的丹阳郡人，那里素来出精兵，陶谦能在徐州立足，靠的就是一支丹阳兵，他死后这支人马由将军曹豹率领。曹豹出身不详，之前和刘备曾联手抗击过曹操，与麋竺、陈登等人不同，曹豹手里掌握着军队，是真正的实力派，在迎请刘备过程中，并没有看见他的身影，这让刘备很担心。

从外部形势看，徐州四周也是列强环伺，刘备一上任就面对着一个紧迫的问题，在天下总的格局中他要站在哪一边。

从中平末年到现在五六年时间过去了，汉室天下已经完全不再是原来的那个天下，一批军事强人崛起，在各处据地称雄，天子和朝廷成了摆设。群雄之中，除了益州的刘焉、荆州的刘表以及凉州军阀以外，其他人几乎都被搅进了两大集团的争斗，一个是袁绍集团，一个是袁术集团。

袁绍集团里有曹操、刘虞，袁术集团里有公孙瓒、陶谦，现在刘虞和陶谦已成故人，吕布搅局，刘备、孙策异军突起，天下格局又发生了新变化。孙策是袁术的人，不管有多少恩怨，孙策暂时还到不了袁绍那边；吕布尽管已经残败，但仍然是一支力量，他是袁绍和曹操的死敌，未来跟袁术联手的机会很大。

只有刘备的政治倾向仍不明朗，他会继承陶谦的政治传统站在袁术一边，还是另辟蹊径站在袁绍一边，很多人都在关心着这个问题。

从渊源上说，刘备似乎应该站在袁术的一边。一方面，他曾经是公孙瓒的人，是同学又是部下，自然应该跟公孙瓒、袁术保持一致；另一方面，他接手的是陶谦的徐州，陶谦生前一直跟袁术站在一起。

但是，如果继续与袁术、公孙瓒联盟，那就要和袁绍、曹操成为敌人，曹操发展的势头很猛，他已经两征徐州，如果政策没有什么改变，三征徐州一定会迫在眉睫，那时公孙瓒肯定指望不上，袁术这个老滑头也未必会帮忙，以徐州支离破碎的现状，去对抗曹操以及他背后的袁绍，刘备一定觉得没有任何取胜的可能。

对刘备来说最理想的状况是两边都不参与，都不得罪，你们打你们的，我只作壁上观。但这只是幻想，各方博弈渐深，已没有逍遥在外的空间。群雄逐鹿逐到了这个份上，没有朋友可以，没有敌人，是万万做不到的。退而求其次，那就只能与最强大的一方结盟，这是刘备面前的现实选择。

所以，刘备入主徐州刺史部后，马上授意陈登等徐州地方人士，以他们的名义给袁绍写了封信，信中写道："上天降下灾祸，这场灾祸横扫我们徐州，徐州主事的人已经不在了，生民无主。在这种情况下，我们担心一旦奸雄出现，趁隙袭取，那将有损盟主您的威名。所以，我们共同商议，推举前平原相刘备来主事徐州，使百姓有所依归。现在寇难纵横，我无法亲自登门解释，特派遣下吏奔告于您。"

信里说的"奸雄出现"暗指是袁术，解释了徐州士民推举刘备出来的紧迫性。信中还称袁绍为盟主，这有两种理解，一是袁绍是公认的关东联军盟主，是以习惯相称；二是徐州已决定投靠袁绍阵营，尊袁绍为盟主。

这是一种模糊语言，哪种理解是对的不明说，先把话递过去，就看袁绍本人的意思了。这封信之所以用陈登等人的名义，是因为刘备不清楚袁绍的想法，先来个投石问路，避免自己直接送上门被拒绝的尴尬。对刘备的好意袁绍当然不拒绝，马上给陈登等人回信："刘玄德宏量大度，又很有信义，现在你们徐州人士乐于拥戴他，这实在是众望所归啊！"

袁绍的态度十分鲜明，他同意刘备当这个徐州刺史，也接受徐州加入他的阵营。刘备松了口气，这个问题解决了，如此一来北面之忧可以缓和，曹操应该不会马上来攻徐州，至于袁术和公孙瓒方面，走一步看一步吧。

外交方面取得了突破，内政也很顺利。刘备主动与臧霸等人缓和关系，承认臧霸、昌豨在琅邪国、东海郡的现实利益，臧霸、昌豨等人纷纷表态，他们会像拥戴陶谦一样继续拥戴刘备。

为了换取臧霸、昌豨等人的支持，也为了有一个更加稳定、安全的后方，刘备把徐州刺史部治所由东海郡的郯县迁往下邳国的下邳县，即今江苏省邳州市的下邳故城。对陶谦的旧部，刘备能拉拢的就拉拢，能包容的就包容，平衡好各方面关系，让大家都满意，只要能站稳脚跟，就能慢慢扩充自己的实力。

刘备任命陶谦的老部下曹豹担任下邳国相，以换取陶谦旧部对自己的支持，陶谦的旧部许耽等人担任着中郎将一级的军职，而刘备原来的手下职务都普遍不高，关羽、张飞等人目前还只是在平原国时任命的别部司马。

外部和内部都有了起色，刘备这个徐州刺史看起来似乎站住了脚。

就在这时，徐州迎来一位不速之客。

兴平二年（195）春夏之交，正当刘备忙着徐州的内外部事务时，被曹操从兖州一路打出来的吕布来到了徐州。吕布、陈宫率残部从兖州出来无路可去，只得向南来到了徐州刺史部境内，听说徐州已经换了新主人，州治也搬到了下邳，于是前来提出面见刘备的请求。

吕布对刘备这个突然崛起的徐州刺史未必有太多了解，但刘备却很了解吕布，吕布当时已经是天下闻名的人物，大家对他的评价褒贬共存。从肯定的方面说，大家认为吕布是员猛将，称他为飞将，手下有一帮铁杆兄弟，战斗力很强，所以当时人人都在传颂着“马中赤兔，人中吕布”的话。从否定的方面说，吕布出道以来，先后杀了自己的上司丁原、董卓，又和袁术、袁绍等人闹掰，也许原因各不相同，吕布每一次也有自己的理由和苦衷，但一般人不会细究那些，大家只看结果，自然得出结论，觉得吕布这个人缺乏政治诚信，甚至没有基本的道德底线。

丁原、董卓、袁术、张杨、袁绍、张邈，个个都是英雄好汉，他们都跟吕布打过交道，但他们不是死于吕布之手，就是吃过吕布的亏，至少没捞到什么好处，大概有人已经做过总结，要想事业发达，必须远离吕布。

可是，对吕布的到来，刘备最后还是欣然相迎。吕布见到刘备时一副毕恭毕敬的样子，跟刘备还套起近乎：“我跟您都是边地人，真是缘分哪。我杀董卓，本应该得到天下人的敬重，但却没有人愿意接纳我，还都想杀我，所以来投奔您。”吕布的老家是并州刺史部五原郡，今河套一带，刘备的老家在幽州刺史部涿郡，今北京市以南，二人本来拉不上老乡关系，但吕布认为五原郡和涿郡都属于边地，也算老乡吧。

吕布还把刘备请到自己营帐中做客，喝完酒，邀请刘备到内帐中，请刘备坐在自己妻子的床上，然后把自己的妻子叫出来拜见刘备，为刘备斟酒布菜。吕布的妻子叫什么名字史书没有记载，但应该不叫貂蝉，因为貂蝉只是文艺作品中的人物，正史里从未有过记载。

吕布称刘备为老弟，刘备生于汉桓帝延熹四年（161），小曹操5岁，此时虚岁35岁。吕布生年不详，他称刘备为老弟，可能比刘备年长。在一般人的印象中刘备是三缕长须飘在腮下，一副长者模样，而吕布则是英俊小生的打扮，女士们的偶像，看来都是误解。

对于吕布的热情，刘备给予了积极回应，答应收留吕布，并交给吕布一项光荣任务。刘备能实际控制的地盘除了徐州刺史部的彭城国、下邳国外，还有豫州刺史部沛国的一小部分，他头上还有豫州刺史的头衔，刘备表奏吕布为豫州刺史，让他驻扎在小沛。

事后证明，这是一项极其错误的决定。

刘备做出这个决定前肯定没有征求袁绍的同意，即使征求了，袁绍也不可能同意，吕布是袁绍的敌人，恨不得派人四处追杀他，不希望吕布这条咸鱼还能翻身。刘备既然已承认袁绍盟主的地位，所作所为就不能损害袁绍的战略利益，否则，业已建立的良好关系将受损，甚至不复存在。

吕布同时还是曹操的敌人，曹操没有追击吕布，一来当时还有雍丘之战没打完；二来也是希望刘备替他收拾吕布，如果那样，今后刘备自然跟曹操成为一条阵线，刘备遇到别人的攻击，曹操也会帮上一把。现在吕布在刘备的帮助下起死回生，等于向曹操宣布刘备并不是他可靠的盟友。

刘备还应该从张邈的身上汲取教训，张邈、陈宫反叛曹操原来可以自己干，因为想借用吕布的名气所以把他拉来结伙，但最后一事无成，反受牵连。可见吕布所谓的名气并不能当饭吃，他的野心和善变倒一次次把事情推向不可收拾的地步，这样的队友比对手更可怕。

一向精明的刘备没有看到这些吗？为什么会做出这样的决定？

一个原因，可能是刘备看中了吕布和他手下仍具有的战斗力。刘备入主徐州后，可依赖的只有关羽、张飞等人率领的有限兵马，徐州各路地方势力不会真心实意听他指挥，一旦有大的行动，防着敌人进攻的时候还得防内部人搞鬼，这是刘备焦心的事。可能在刘备看来，引入吕布可以平衡徐州的各路势力，让自己这个徐州刺史坐得更稳。

另一个原因，和当初陶谦的想法一样，刘备觉得自己的头上也需要戴一顶钢盔，这就是小沛。作为抵挡兖州方面的前沿阵地，让吕布去守小沛是再合适不过了，正因为吕布和曹操是势不共天的敌人，所以不用担心他会阵前反水，同时吕布有一定战斗力，曹操真的南下，也能顶上一阵。

但是，如果刘备真有这样的想法，那也只是他的想法。事后证明，这样的想法有点儿太傻太天真，吕布不仅没有对徐州各路势力起到平衡作用，还与他们联合起来对付刘备；不仅没有跟曹操拼命，二人还一度和好，亲如一人。

刘备的这个错误犯大了，说明直到现在他还是政治和外交舞台上的一名新手。

二十五、吕布辕门射戟

刘备入主徐州惹怒了一个人，袁术。

听说刘备取代陶谦当了徐州刺史，并一改与自己结盟的现状转投袁绍，这让袁术无法释怀。袁术一向心高气傲，本来就瞧不起刘备，他曾对人说："我袁术生平还从来没有听说过天下还有刘备这个人！"

袁术说干就干，率兵挥师北上，直取徐州。刘备不敢怠慢，赶紧整顿人马南下迎击，双方在徐州刺史部南部的下邳国、广陵郡一带交战，这里就是如今的洪泽湖地区。

建安元年（196）春天，就在曹操把献帝接到许县的时候，刘备率关羽等南下迎击袁术，让张飞留守下邳。曹操听说刘备和袁术开战，对刘备给予了支持，以朝廷的名义任命刘备为平东将军，封宜城亭侯。曹操这么做是拉住刘备，坚定刘备与袁术斗争的信心。尽管刘备收容吕布让曹操不快，但为大局着眼，曹操还是把刘备当成自己人。对曹操来说，夺取徐州是上策，不战而把徐州由敌人转化为友军也是可以接受的。

刘备已经取得了徐州刺史的职务，但他还没有新的军职，刘备的上一个军职是公孙瓒授予的别部司马，平东将军在杂号将军之上，相当于军区或兵团司令，刘备的军职一下子升了好多级。张飞此时的军职仍然是司马，在下邳城比他职务高的有曹豹，他是下邳国相，相当于郡太守。还有陶谦的旧部许耽，职务是中郎将，也比张飞高得多。

这样势必会产生矛盾，张飞是刘备的亲信，是后方的实际负责人，但职务却不高，更重要的是，刘备率嫡系南下后，下邳城的防务以陶谦的旧部为主，很容易出问题。张飞是一员猛将，打仗比较在行，但处理复杂微妙的局面可能不拿手。如果刘备此去很快获胜，徐州倒不会出现大的闪失，但如果打了败仗或者陷入长期僵持，那就不好说了。

而这一仗，恰恰打成了拉锯战，刘备和袁术在淮阴的石亭一带交战，双方互有胜负，形成对峙的局面。从人数上说袁术占优，但从士气上看刘备更旺。袁术挺郁闷，连名不见经传的刘备都打不过，他一定觉得自己简直没法混世界了。

有人看到了这种局面，立即意识到机会来了。

这个人是吕布，他见刘备主力南下，于是乘虚袭取了刘备的后方，曹豹偷偷迎接吕布，夺取了刘备的下邳城。吕布到了小沛，并不甘心给刘备站岗放哨，他曾偷偷地给袁术写过信，这封信里都写了些什么不详，袁术给他的回信却保存了下来，在信中袁术大大地夸奖了吕布，为拉拢吕布对抗刘备，袁术表态说愿意提供 20 万斛粮食给他，近年来除了兵荒还有天灾，粮食稀缺，吕布在兖州被曹操打败，一个重要的原因就是缺粮，吕布深知没饭吃是什么滋味，20 万斛粮食对吕布来说是一个巨大的诱惑。

吕布也想干，袁术也想干，双方一拍即合，就干了。除此之外，想干的还有上面提到的曹豹，作为陶谦的旧部，刘备到徐州以后心情有些郁闷，和张飞之间又有些矛盾，所以也想干一回，曹豹也派人秘密联络了吕布。

吕布接到袁术的信很激动，又有曹豹主动投靠，愿意充当内应，就更不多想了，立即引兵由小沛杀往下邳，负责下邳城防务的中郎将许耽派一个叫章诳的司马来见吕布，报告了下邳城里的最新情况。

吕布这才得知下邳城发生了重大变化，张飞把曹豹杀了，城中已经大乱。章诳告诉吕布城里现在人心惶惶，大家互不信任，张飞根本控制不住局面。丹阳兵有 1000 人屯驻在下邳城的西门，听说吕将军要来大家都特别高兴，好像看到了生的希望，章诳建议吕布引兵向西门，丹阳兵自会开门相迎。

吕布于是连夜进兵，于清晨时分来到下邳城下，丹阳兵果然打开西门，吕布进城。吕布把临时指挥所设在下邳城西门城楼上，在这里指挥手下人马和丹阳兵四处放火，大破张飞。

张飞逃出城，刘备的妻子甘氏以及刘备手下将士们的家眷，还有大量军用物资都落入吕布手中，吕布没费多大的代价就抄了刘备的老巢，夺取了下邳城。

在前线作战的刘备听到后方有变，如雷轰顶，顾不上袁术，立即回师。刘备手下将士知道家里出了事，眷属们都在吕布手里，心里面已经大乱。刘备看到这样子回下邳根本没有战胜吕布的希望，只好带着人马再次南下，试图寻求与袁术决战，但被击溃。

前后都有强敌，刘备陷入绝境。今江苏省灌南县在东汉属徐州刺史部广陵郡的海西县，现在它是个内陆县，东边还有响水等县，而在东汉，响水县和滨海县一带数千万平方公里的土地尚不存在，这里是一片大海，海西县是个典型的滨海县。在群雄争霸战中，这里并不是各路军阀争抢的要地，虽然经济比较落后，但还算安宁。

建安元年（196）秋天，这里突然来了一干人马，顿时制造出紧张的气氛。这支人马有数千人，像是在别的地方打了败仗退到这里的，人不齐、马不整，还有许多伤兵，士气十分低落。海西是个小县，一下子涌来了这么多人，吃饭都成了问题。这就是刘备率领的残兵败将。刘备一行来到这里，没吃的没喝的，不知道该往哪里去，饿极了，甚至发生了人吃人的惨剧。

落到现在这个局面，刘备怪不了别人，要怪只能怪自己，他十分懊悔。但是后悔是没有用的，现在要考虑的是怎么办，不说下一步如何翻身，就说如何解决这几千人的吃饭问题，都够难的。没有吃的，缺少粮食，几天还能克服，时间再长，人马就得一哄而散。

在这个最艰难的时刻，随军出征的徐州别驾麋竺给了刘备以最大支持。麋竺是亿万富豪，家底很厚，麋竺和兄弟麋芳散尽家财支持刘备，同时集合了仆人、宾客和族人共2000多人加入到刘备的队伍中。甘夫人落入吕布手中，生死不详，麋竺把自己的妹妹嫁给刘备当夫人。

麋竺是汉末商人从政的成功代表，在刘备事业最低谷时倾全力支持，看得出他不仅会理财，还很有政治头脑。在麋氏兄弟的大力支持下，刘备暂时可以不用下海当渔民了，但前途仍然黯淡。

走投无路之下，刘备做出了一个让人不可思议的决定，他要向吕布投降。换成袁绍或袁术，事业从巅峰一下子落入低谷，肯定会一蹶不振，说不定直接气得吐血而死，让他们弯下腰来向对手低头，那怎么可能？这种事只有吕布能做出来，因为他的脸皮厚，面子也不值钱。

刘备也能做出来，因为他没有别的办法。刘备率领手下的人马重新北上，来到下邳城外，让人报告吕布说，他想投降吕布。吕布刚进入下邳城，当了徐州刺史，听说刘备回来了，有些吃惊。听说刘备要投降自己，吕布更吃惊了。

但是，刘备的心思别人不好懂吕布却能读懂，吕布和刘备都出身于草根，都在底层奋斗挣扎过，知道人生冷暖、眉眼高低，遇到困境身上也都有惊人的忍耐力。吕布想起自己走投无路来投奔刘备的情景，有些感同身受，所以刘备请降别人不理解，他完全理解。

吕布手下有人反对，他们提醒吕布："刘备这个人反复无常，很难加以笼络，必须早点结果他！"说这个话的人，不知想没想过吕布听到这样的话会多心，这话简直就是在骂他们的领导吕布，要说反复无常，刘备比吕布差得远。

吕布没有接受手下人的意见，还把这些话告诉了刘备。刘备听完心里不安，他现在只想自保，别无他图，于是请人出面到吕布那里说情。刘备请的是谁史书没有记载，不会是关羽等人，最有资格为他说话的人是孔融，如果孔融出面，吕布应该给个面子，还有许劭、陈登、陈群这些人，刘备对他们都很尊重，现在他们是吕布的座上客，请他们去说和一定不难。

为了打消吕布的顾虑，刘备让人带话给吕布，只要接受他投降，他愿意去小沛。这正符合吕布的想法，于是答应了刘备的请求。

吕布收留刘备也是一个错误，他的错误跟当初刘备一样。

但是把徐州整个形势进行了一番梳理后，吕布也发现自己的力量并不强大，四周的形势仍然险恶，与其跟刘备拼命，不如把他收编。不久前吕布内部发生了一次叛乱，差点儿要了他的命。防曹操、防袁绍，还得防袁术，防徐州地方实力派和内部的叛徒，从里到外吕布都得提防，这是他不能再与刘备血拼到底的原因。

吕布归还了刘备的妻子，古文中的"妻子"通常指的是妻子和儿女，但这里仅指妻子，因为刘备的第一个儿子尚未出生，史书也没有刘备有女儿的记载，这个"妻子"指的是甘氏。

吕布命令刘备回豫州，和自己一道抵抗袁术。史书上的这条记载一下子让人摸不着头脑，曹操、袁绍才是吕布当前主要的敌人，刘备到小沛的主要任务应该是对付他们，而且小沛的位置也不对，如果抵抗袁术，应该把刘备派到徐州南部才对。但这不是史书记载的错误，结合郝萌反叛事件对此就容易理解了。吕布这时已洞悉了袁术的居心，他们翻脸是迟早的事，所以已经把袁术当成了敌人，至于曹操，吕布正考虑如何与他消除之前的恩怨化敌为友。这段时间以来，袁绍、袁术、曹操、吕布、刘备等人一会儿是敌，一会儿是友，变化很快，让史学家们都凌乱了。

吕布按照刺史的规格为刘备准备了车马和仆役，在泗水河上举行了发还将士家眷的仪式，为刘备第二次担任豫州刺史饯行。对刘备来说，虽然面子不好看，但最难的一关总算过去了，张飞也回归了队伍。刘备率关羽、张飞等人再次来到小沛，这次待的时间比上一回要长得多。

听说刘备没被消灭，还去了小沛当上了豫州刺史，袁术不干了。

袁术派纪灵率三万人马攻打刘备，刘备刚到小沛，手下充其量也就几千人，面对几乎十倍于己的敌人，刘备自知不敌，赶紧向吕布求援。接到刘备的请求，吕布手下众将都建议不要管这件事。

吕布不同意这么做，他的眼光更宏观："袁术如果消灭刘备，那就会北连泰山诸将，我就被袁术包围在其中，没什么前途出路了，刘备不得不救！"

刘备在徐州时泰山帮的臧霸、昌豨等人还跑出来打个照面，表面上服从，吕布当上徐州刺史后，这些人连面都不照了。前不久，吕布为扩大控制范围，想进攻琅邪国相萧建，给萧建写了封信，萧建畏惧吕布，派人带上礼物来见吕布，但吕布还是想把琅邪国收归自己管理，于是亲自率兵赶到了琅邪国。

吕布的举动引起了臧霸的疑虑，臧霸和吕布开战。战斗中，臧霸所部使用了毒箭，射中吕布手下不少人马，吕布不能取胜，退回下邳。不过后来臧霸还是服软，表示愿意接受吕布的指挥，但进攻琅邪国一事也就不了了之。

吕布担心的是，刘备一旦被消灭，袁术将与臧霸等人联手，自己就处在袁术的包围之中了。所以，吕布决定亲自去帮刘备解围，但带去的人马并不多，只有 1000 名步兵和 200 名骑兵。

纪灵听说吕布来了，于是停止了对小沛的进攻。吕布率部在小沛城西南方向扎营，之后发出请帖，宴请纪灵。宴席上，吕布对纪灵说："刘玄德是我兄弟，他现在被诸君围困，所以我来救他。我生性不喜欢跟人斗，只喜欢替人和解。"

吕布命人在营门外立上一支戟，对众人说："诸君请看，戟上有一小枝，我要一箭射中，诸君应当和解，不能再争斗；如果射不中，你们再斗我不管。"戟的头部是一个不对称的十字形，用来横击的一端刃部长而尖，为主刃，另一端与主刃垂直，短而粗，称小枝。吕布举弓射戟，正中小枝，众人皆惊，齐呼："将军天威也！"

第二天吕布再请大家喝酒，纪灵随后率军撤退。

中篇 大浪淘沙

二十六、解决吃饭问题

建安元年，也是曹操的元年。

把献帝安顿到许县，事情刚一理顺，曹操就决定推行他的政治改革。为此曹操向献帝上了一份《陈损益表》，提出了他的政治改革措施，前后达14项之多，可惜的是这份体现曹操治国理念的重要文件现在仅存序言部分，具体内容已不可考，推测一下无外乎是富国强兵、选贤任能等。

在富国强兵方面，曹操后来推出的最重要措施是屯田。当时曹操面临着很大的经济压力，他的根据地在兖州刺史部，出于战略考虑把新首都定在了豫州刺史部的许县，但这一带都是新占领区，他的基础还不够雄厚，在后勤保障方面的压力很大。

近一两年来，曹操采纳毛玠等人的建议，在兖州一带积极发展生产，基本保障了自身的粮食供应问题，从而让自己处处居于主动。许县以及周边的颍川郡、汝南郡虽然曾经是重要的农业区，但这些年来遭受战争的影响也最深，黄巾军在这里势力很大，有大量人口流失到了南面的荆州刺史部。

朝廷正常运转需要大量粮食、布匹等物资，军队也需要后勤保障，这些物资如果都依赖兖州刺史部的供应，浪费会很大，长期下去兖州刺史部那边也难以为继。军粮运输就是个很难解决的问题，从兖州运到这里来必须组织大量人力，还要考虑运输队伍途中的消耗，往往运一车粮食至少还得再准备一车粮食供路上吃，沿途安全又难以保证，这个办法基本上不可行。

许县的粮食供应问题必须立足于就地解决，曾在东郡任东阿县令的枣祗和夏侯惇的副将韩浩同时向曹操建议，在许县周边一带进行屯田。枣祗是颍川郡本地人，他在当年抵抗张邈、陈宫之叛中立下大功，随曹操来到许县后，曹操让他担任献帝近卫部队的指挥官（羽林监）。韩浩当年成功处置了夏侯惇被劫持事件，事后受到了曹操的表扬。

他们二人建议曹操效仿汉初以来的经验，把流民组织起来，开展农业生产，实施屯田。屯田作为制度其起源可考的是汉文帝时期，当年著名改革家晁错分析了秦朝守塞北失败的教训，认为单纯以戍卒守边的制度有很大弊病，必须实行“且屯且守”的制度，把屯田与戍边结合起来。汉文帝前元十一年（前169年），朝廷下令在边郡屯田，到了汉武帝时，经济专家桑弘羊又建议屯田西域，都收效明显。但是，晁错和桑弘羊所推行的屯田都与国防建设有关，属于半军半民性质，许县的情况和那时有很大不同，能不能参照前人的办法推行，还存在争论。

反对屯田的人也不少，曹军收复了大量无主土地，曹操手下有相当一部分人认为应该赏给有功之人，有人甚至提出恢复古代的井田制，大力推行土地私有化。实行屯田实际上就是“国有化”，与私有化的呼声刚好相反，所以招致不少人的反对，这是曹操不得不考虑的问题。

曹操让枣祗找荀彧等人商议，荀彧支持屯田，在当时特殊的情况下，只有实行特殊的经济政策，才能渡过危机。经过内部讨论并逐步统一了思想后，建安元年（196）曹操颁布了《置屯田令》，从定国安邦的战略高度充分肯定了秦皇汉武奖励耕战，实行屯田的历史经验，阐述了屯田积谷的重要意义，下令开始屯田，标志着这项“战时经济政策”正式实施。

从建安元年（196）到魏元帝咸熙元年（264），这项制度推行了近70年，可以说它伴随着曹魏帝国兴衰的始终，成为曹魏势力崛起的经济基础。

屯田首先在许县附近试点，具体做法是，把已经找不到主人的土地收归国有，然后把丧失土地的流民组织起来，由国家提供耕牛、农具、种子，获得的收成由国家和农民分成。

当时能集中起来的土地很多，流民也很多，土地资源和人力资源都不发愁，屯田很容易就搞了起来。农业工作本应由九卿之一的大司农管理，为了加大推行的力度，曹操决定亲自抓这件事，在许县试点期间，他任命枣祗为屯田都尉，任命自己的堂妹夫任峻为典农中郎将，具体管理屯田事务，直接向自己负责。

但是试点刚一推开就遇到了波折，被组织起来的农民却不太适应，他们经常逃亡。一项好政策为什么农民不愿意接受呢？原因是租税太重。过去农民给地主扛长活，交租的标准一般是收成的一半，即五五分成。曹魏搞屯田，收租也按这个比例，国家就变成了地主。如果连耕牛一块租，交租的比例更是提高到 60%。如此一来，大家积极性自然不高。

汉代农业税的比例大部分时候是三十税一，即 3.3%，现在屯田农民的税务负担是此前朝廷标准的十来倍。在农业生产技术很落后、生产效率不高的情况下，这么重的税率农民生活之艰辛可想而知。但不这样又不行，军事斗争每天都需要巨大的财富保障，曹魏所能聚集的财富十分有限，屯田这一块是相对有保障的，课以重税既是循前朝惯例，也有不得已之处。

有地方官员建议，农民都有安土重迁的传统，不能一下子改变，必须因势利导，要让他自愿，不能搞强迫。曹操采纳了这个建议，对屯田政策尽可能予以改进，包括合理安置劳力、分配生产资料、取消屯田户的徭役等，保证屯田制的健康发展。

对于屯田以外的普通农户，曹操下令重新清查户籍和财产，据此确定缴纳赋税的额度。这有点像划分成分，又像是核定收入申报纳税。这项工作在曹操势力范围全面铺开，包括曹操本人在内都要评定“成分”，然后决定纳税标准。曹操家乡的谯县令给曹操、曹洪二人评为同一等级，曹操对人说：“我家哪里有子廉家富有哇！”

建安元年许县屯田开始试点，次年就获得了好收成，积余粮达百万斛。曹操下令将这一制度全面推广，在曹操势力范围掀起了一场规模浩大的运动，自力更生，丰衣足食。以后曹魏立国，屯田又成为一项基本的经济制度。

根据所在地区的不同情况，曹魏的屯田分民屯和军屯两种，民屯在曹魏的腹地，军屯在边境地区，配备的屯田官级别都很高，郡国配品秩二千石的典农中郎将或比二千石的典农校尉，县配品秩六百石的典农都尉。品秩二千石相当于朝廷的部长和地方上的郡太守，品秩六百石相当于县令，这些屯田官单独设署治事，不隶属于所在的郡县。

以后，曹魏最兴盛的时候控制区涉及了天下 13 个州的 11 个州，共 91 个郡国，据现存史料统计，有 17 个郡国有民屯，8 个郡国有军屯，3 个郡国既有民屯也有军屯，共计郡国 28 个，占总数的三分之一，当然实际比例肯定比这个高得多。曹操亲自抓这项工作，他身体力行，亲自过问屯田事务，尤其对大型水利工程建设很关心。

中国古代以农立国，素有“重农抑商”的传统，但具体到官员体系中，农业等经济领域又是个容易被忽视的部门，这种状况到了献帝建安年间发生了改变，一大批优秀的“农业干部”在曹操手下脱颖而出。曹魏“屯田系统”人才济济，他们有的专门从事农业工作，有的从农业领域起步后来担任了更重要的职务，相比于其他朝代，这一时期是“农业干部”最吃香的时代。

在选贤任能方面，曹操也不遗余力地大力推进。

曹操的首席智囊荀彧转任尚书令后，曹操深感身边像荀彧那样能出谋划策的人才太少，有一次他问荀彧："谁能代替先生为我出谋划策？"荀彧向曹操推荐了两个人，一个是荀攸，一个是钟繇。

荀攸当年因策划刺杀董卓而被关进了监狱，董卓死后他恢复了自由，作为反董斗士，王允主持下的朝廷对他很重视，准备任命他担任任城国相，但荀攸考虑到益州刺史部更容易躲避战乱，所以请求到那里为官，朝廷重新任命他为蜀郡太守。荀攸去益州刺史部上任，他跟当年刘焉走的路线一样，先到了荆州刺史部，想溯长江而上进入益州，但是到了荆州后才发现路途艰险，很难到达，于是暂留在了荆州。而且，益州当时是刘焉的地盘，非亲非故，毫无渊源，荀攸拿着一张任命书就想到益州去上任，结果很难预料。就在这时荀彧把他推荐给了曹操，曹操很重视，亲自给荀攸写了封信邀请他来许县。

荀攸到来后，曹操以朝廷的名义征召他为汝南郡太守，但没有去上任，随即改任他为尚书，在他叔父荀彧手下任职。曹操跟荀攸进行了长谈，深感荀攸不是一般的人才，特别高兴，对荀彧说："公达真是个奇才，能够与他共商大事，天下还有什么可以忧虑的！"于是，重新任命荀攸为军师，到自己身边工作。

荀彧推荐的另一个人钟繇，他不仅与荀彧相识，也是曹操早年的老朋友，曹操让钟繇暂时在尚书台担任荀彧的尚书仆射。

此前，荀彧在曹操身边的实际地位相当于参谋长，在这个参谋班子里还有程昱、戏志才等人。戏志才也是荀彧推荐给曹操的，但是前不久不幸病故，由于他在曹操身边的时间较短，关于他的事记载下来的不多。荀彧去了尚书台，程昱还远在兖州，虽然身边有了荀攸，但曹操仍然觉得他的参谋班子力量太弱，就让荀彧再推荐几个像戏志才那样的人。

荀彧想到了一个人，认为让他来给曹操当参谋长，是再合适不过了，这个人就是郭嘉。

郭嘉字奉孝，比荀彧小7岁，此时27岁左右，也是颍川郡人，跟韩馥是同一个县的。与荀彧不同，郭嘉出身寒门，但他从小就有远大的志向，喜欢暗中交结有识之士，这其中就包括同乡荀彧、辛评、郭图等人，在他们的影响下，郭嘉当初也到了冀州刺史部，先在韩馥手下，后来转到袁绍那里。

荀彧看不上袁绍，郭嘉对袁绍的评价更差，他劝辛评、郭图离开袁绍另寻明主，辛评和郭图不太同意这样做，他们认为袁氏的恩德和威风布于天下，现在人们都来归顺，力量越来越强，在这么有前途的地方干，为什么要离开？郭嘉知道他们听不进去，不再多说，就自己离开，找了个地方闲居起来了。

郭嘉回到了家乡颍川郡阳翟县，在家赋闲了六年。这六年时间里郭嘉都做了些什么不得而知，大家看到的是他喜欢交结天下英俊，不愿意与俗人打交道，一般的人不知道他的才能，只有了解他的人才知道他是个奇才。

阳翟县离许县很近，献帝到了许县，朝廷各部门都在招聘人才，郭嘉被司徒赵温征辟，在司徒府任职。荀彧对郭嘉很了解，让他在赵温手下抄抄写写太屈才了，于是推荐给曹操。曹操把郭嘉找来谈论天下大事，谈完之后曹操高兴地说："让我能成就大事的，必然是此人哪！"

郭嘉也很高兴，在与曹操的谈话中他对曹操也有了进一步了解，深切感受到这是一个胸怀理想，想成就一番大事业的人，对时局的认识也很独到和深刻，是一个值得为之效命的人，他也对人说："这正是我要找的主人呀！"

曹操直接任命郭嘉担任军师祭酒，"祭酒"本指古代飨宴时酹酒祭神的长者，具体到一个部门，就是"部门长"，比如太学里的博士相当于大学教授，博士祭酒就是大学校长。军师祭酒，相当于参谋长。

对于一个不满30岁、个人履历几乎还是一张白纸的人，直接破格提拔到如此重要的岗位上，说明曹操用人确实不拘一格，把能力作为选人用人的最重要标准，郭嘉也不负众望，成为一代传奇谋主。

除得到了郭嘉、荀攸外，在曹操主持下，还以朝廷的名义多方延揽人才，这一时期来到许县朝廷或曹操身边任职的各路人才络绎不绝，重要的有国渊、刘馥、杜袭、赵俨、华歆、王朗、郗虑、刘晔、司马朗、荀悦、徐奕、何夔、蒋济、梁习、张既、贾逵、郑浑、卫觊、陈矫、徐宣、卫臻、胡质、杨阜、孔融等，武将方面有李通、许褚。这些人里大部分是听说朝廷来到了许县而主动跑来效命的，也有个别人是朝廷点名征召来的，如孔融、华歆、王朗等人，原因是他们的名气比较大，朝廷在用人之际，需要他们来扩大朝廷的影响。

孔融近年来一直寄寓于徐州，先后依附陶谦、刘备、吕布，听说朝廷点名要他，他自然高高兴兴地来了，被任命为将作大匠。

华歆和王朗都是朝廷之前任命的郡太守，又都受困于江东，现在江东是孙策的地盘，他们的日子都不好过，听说朝廷征召，也都乐意前来。华歆后来担任了朝廷议郎，王朗担任了谏议大夫。

这一时期来许县的人太多了，这就是天子这块招牌的力量，对于大多数人来说，并不是冲着曹操来的，而是冲着朝廷来的，"挟天子"的效应开始发挥了。

总之，曹操迎接到献帝后一切进展还算顺利，甚至有些风风火火。看到这种情况有个人后悔了，这个人就是袁绍，当初经过他的内部评估，认为插手现在的朝廷事务是弊大于利，所以他躲了。但现在看来这个判断似乎错了，袁绍觉得曹操占了便宜，心里不是滋味。

袁绍一直没拿曹操当外人，在他眼里曹操就是自己的手下，没有他就没有曹操的一切，尤其在曹操几乎走投无路的时候，是他出手相救才化解了危机。在袁绍看来，自己是因为腾不出手来去迎接献帝的，曹操既然去了，那就应该是代表自己去的，事情办完了，曹操理应向自己汇报汇报情况吧。

袁绍在邺县等着曹操来汇报工作，但曹操没有来。甚至也没有派个人来，完全不把他这个领导和老大哥当回事，袁绍感到很不舒服。终于有人来了，还带着献帝的诏书，袁绍接到一看，当时就气炸了，诏书是批评他的，措辞相当严厉，等于把他臭骂了一顿。

在这份诏书里献帝责备他虽然地广兵多，但只顾培植自己的势力，擅自征伐，不来勤王。诏书虽然是以献帝名义下达的，但幕后指使一定是曹操。袁绍大怒，也有些窝火，但既然是诏书，当然不能不理，袁绍马上很认真地给献帝上了一份奏疏，对献帝的批评给予回应。这份奏疏有1300多字，挺长，一看就是下了不少功夫写的。袁绍一再申明，自己对帝室忠心不贰，一直以来都在做着匡扶汉室的努力，丝毫不敢懈怠。

这份奏疏送到了许县，不知是否与此有关，袁绍很快接到了第二份诏书，朝廷任命他为太尉。太尉名列三公，以袁绍的年龄和资历能担任太尉一职无疑是件荣耀的事，数十年来，三公已经快要成了袁家的专利，从他父辈往上数一共四代人，出了五位三公，而他这辈人里还没有这个荣耀，如今能当上三公，且是朝廷正式任命而非自己表奏的，在家族的三公榜上再续一笔，那将是多么值得骄傲的事。

而且太尉是三公之首，等于是百官的领袖，袁绍比较满意。但袁绍多了个心眼，他得打听清楚再接受这个任命，等他仔细一打听，马上就火了，袁绍得知曹操也有了新职务，是大将军。

大将军位在三公之上，太尉要成为文武百官的首领，前提是不设大将军，有了大将军，三公的地位就矮了一截。袁绍立即上表天子，表示不接受这项任命。袁绍还给献帝推荐了一个人，认为他是太尉的合适人选，此人就是陈群的父亲、刚被任命为大鸿胪的陈纪。

当然，这是闹情绪。

曹操这才发现，在处理这个问题上他考虑得有些不周。原本他以为，袁绍无论担任什么职务都是名义上的，没有实质意义，对袁绍来说太尉已经是很不错的安排了，没费一兵一卒就白得了这个职务，应该满意。没想到袁绍丝毫不领情，双方的隔阂反而因此进一步加深了。

曹操虽然明白他跟袁绍迟早会有一场决战，但不是现在。

不仅如此，袁绍还是他现阶段要利用的力量，跟袁绍过早摊牌是极不明智、极不划算的做法，曹操越想越后悔。曹操决定辞去大将军一职，让给袁绍，自己担任司空。这是很伤威望的事，换成别人，宁可错下去也不会轻易低头，但曹操是个务实的人，他宁愿损失一些个人威望，也要把与袁绍的同盟关系继续维持下来。

这项任命很快以献帝诏书的形式下达，曹操辞去大将军，改任司空。可是袁绍那边却毫无反应，接到诏书后，如果接受应该立即上书谢恩；如果不接受，也应该有所表示呀。

曹操明白，袁绍在面子上还有些下不来。过了年，曹操决定派个有分量的人到邺县走一趟，帮袁绍找回面子，让他消消气，把大将军的任命接下来。

建安二年（197）3月，孔融来到邺县，献帝不仅拜袁绍为大将军，而且封他为邺侯，这是一个县侯，较袁绍此前的邟乡侯高一级。赐给袁绍天子的节钺，以及只有天子才能拥有的虎贲卫士百名。

这还不算，献帝还给了袁绍一个新的行政职务，督四州事。这四个州指的是冀州、青州、幽州和并州。献帝下达这项任命时一定没有查阅过近几年的皇家档案，也许皇家档案已经全丢在了逃亡的路上，总之这项任命很有问题，因为几年前献帝也曾颁发过同样的任命，就连所督的这四个州也丝毫不差，不过那是颁给另外一个人的，这个人是公孙瓒。

公孙瓒仍然健在，而且没有被免职，这边又重新任命了新人，如果不是技术性错误，那就只有一个解释，让旧人和新人斗。这可能是曹操故意安排的，当年李傕等人能想出来的主意曹操更不在话下，袁绍和公孙瓒已经势如水火，给他们加把柴，让火烧得更猛些。

失去大将军职务的曹操也没有什么实质性损失，官位是死的，规定是活的，他担任了司空一职，同时代理车骑将军。

曹操在任命自己为司空时顺便搞了一次职务改革，规定司空在三公中地位最高，是朝官的首领，照样把政权和军权牢牢掌握在手中。这里说的“百官”如果从字面上理解自然也包含大将军，你想要我给你，但我规定你还是不如我，因为我有解释权。

一场名位之争谁是最后赢家，看来还不好说。

二十七、刻骨铭心的一战

但是定都许县也有不利之处，许县的位置恰在天下的中央，四面都是强敌：北面是袁绍，一个老大哥，表面是盟友实际是劲敌；东面是吕布和刘备，一个是宿敌，一个是不可等闲视之的新秀；东南面是袁术，一个老朋友更是一个老对手；正南面是刘表，一个修炼得差不多了的老滑头，也是一个真正的实力派；西面是关中，此时已进入了“后董卓时代”，目前被一大群大大小小的割据势力所控制。

这还只是直接照面的，还有虽然照不上面却同样强大的公孙瓒、公孙度、孙策、刘焉、张鲁等人，这些人都拥兵自重，不解决他们，许县的朝廷就只能是个摆设。可是，先解决谁呢？

还没等曹操对东面和西面做出部署，南面先出了情况。许县往南就是荆州刺史部的南阳郡，该郡治所在宛县，即今河南省南阳市，袁术曾经在这里盘踞过，后来受刘表挤压转向扬州刺史部发展。袁术走后这里的情况比较复杂，刘表派兵北上，也占领了一部分地区，但是没能把整个南阳郡控制起来，原因是这一带黄巾军的余部势力也很强大。

豫州刺史部的颍川郡、汝南郡以及荆州刺史部的南阳郡是黄巾军一向比较活跃的地区，近年来黄巾军余部又纷纷起事，声势十分浩大，动不动就能拉起几千几万人，但他们缺少统一领导，各自为战，使南阳郡的局面呈现出混乱的状态。

这时一支人马来到了南阳郡，情况发生了改变。这是张济的人马，凉州军将领张济是与昔日凉州军李傕等人齐名的人，在凉州军里素有威望，不过他的政治态度经常发生变化，先是支持献帝东归，后又改变主意倒向了反对东归的李傕、郭汜一方。

张济曾担任过骠骑将军，不过献帝到许县后这个职务应该被撤销了，张济的人马成为一支流寇，他们先在弘农郡，但那一带经过一系列内战和自然灾害，经济已完全崩溃，人口大量外流，张济面临着严重的生存危机。

不得已，张济率部离开弘农郡，向南发展。凉州军素以凶悍而闻名，刘表听说凉州军悍将张济冲着他来了，大吃一惊，赶紧下令在南阳郡、南郡一带的部队做好迎击敌人的准备。

张济的人马进入南阳郡后一路烧杀抢掠，可能也真是饿急了，有点不择手段，激起了南阳郡人民的反抗。凉州军攻打南阳郡的穰城，张济的命不好，被冷箭射死。刘表松了口气，手下的官员都来向他道贺。刘表心里也挺高兴，但嘴上却说："张济穷途末路而来，作为主人咱们有失礼之处，双方交锋实非本意，我接受你们的吊唁，不接受你们来祝贺。"

刘表比较会装，不过他也的确没有乘人之危对这支凉州军斩尽杀绝，而是派人跟他们联系，希望收编这支队伍。张济死后这支人马由他的侄子张绣统领，这也是一员猛将，早年在老家武威郡时就是出名的侠士，他当时在县里是一名县吏，有个叫麹胜的人造反，袭杀县长，张绣不久就找个机会刺杀了麹胜，从而声名大振，张绣干脆聚合一帮年轻人，成为当地的豪杰。

刘表派人找到张绣时，张绣正不知何去何从，出于生存的考虑张绣接受了刘表的建议，但不是投降，也不是被收编，而是结盟。刘表同意了，结盟也不错，等于在他与曹操之间增加了一个中间地带，可以有效缓冲来自北方的压力。双方达成协议，刘表支持张绣在南阳郡一带发展，张绣替刘表守住北大门。

得到了刘表的支持，张绣势力大增，迅速在南阳郡站住了脚，他占领了宛县，并把大本营放在了这里。

张绣是一员猛将，但他觉得自己打仗还行，谋划大事自己就力不从心了，手下也没有这样的人才，在斗智斗勇、弱肉强食的世道里，如果没有高人经常指点自己，轻了会吃亏上当，重则会被人给收拾了。

论凉州军里谁最有头脑，张绣觉得非贾诩莫属。张绣一打听，得知贾诩这时在段煨那里。凉州军阀段煨驻守在华山脚下的华阴，献帝东归路过他的防区时，段煨曾出面给予保护，引起其他凉州军阀的不满。长安大乱，贾诩没有跟献帝走，他留在了长安。之所以做出这样的选择，或许贾诩考虑到正是他的一个主意搅乱了时局吧。

后来贾诩发现长安也不能再待，于是到了段煨这里，段煨知道贾诩在凉州军里素来名望很高，担心被他夺了权，特别提防他，但表面上尊礼有加，这让贾诩觉得不自在。这时张绣悄悄派人来联络贾诩，贾诩便到了张绣那里。贾诩已经50岁了，张绣年龄不详，大概要小得多。作为自己叔父的同事，张绣把贾诩当作长辈看待。

段煨后来被曹操以朝廷的名义召去，任命为大鸿胪，于赤壁之战后的第二年故去，在凉州军将领中，他算是结局最好的一个。

张绣在南阳郡的快速崛起给曹操出了道难题，本来他打算在许县稍加安顿之后便向东边的吕布、刘备发起进攻，但现在南面有了一个强大的敌人，好比在卧榻之侧来了只猛虎，这让他怎能安心劳师远征？

凉州军向来是不太好对付的敌人，曹操起事以来败得最惨的一仗就是跟凉州军打的，至今记忆犹新。张绣得到贾诩的辅佐，更是如虎添翼，背后又有刘表的支持，南阳郡的这只虎，可不是关在笼子里供人欣赏的，它是随时会吃人的。

如果曹操率主力东征，难保张绣、刘表不趁机袭取许县。在这种情况下，东征吕布之事只能先放下了，当务之急，先得打掉南边的这只虎。

建安二年（197）新年刚过，曹操决定南征张绣。

准确地说宛县在许县的西南方向，南阳郡最北边有两个重要据点，一个是鲁阳，一个是叶县，已被曹军控制。曹操命曹仁所部留守在鲁阳、叶县一带，自己继续率主力向宛县方向进发，他的儿子曹昂今年刚好20岁，也在南下的队伍中。

曹军主力很快抵达淯水附近，淯水即今白河，与唐河汇合后称唐白河，在襄阳注入汉水，是汉水的一级支流，长江的二级支流，宛县就在这条河上，从宛县顺河南下就可以到达襄阳，这条河上还有一个著名的地方，就是新野。

曹军近在咫尺了，张绣当然很紧张，曹操是什么人物？袁术、陶谦、吕布这些人都不是他的对手，自己根本不值一提。除了硬拼张绣还有两个选择，一是向刘表求援，作为同盟，刘表理应帮他一把，这同样是帮刘表自己；二是干脆一走了之，打不赢就跑，到别的地方打游击去。

前一阵张绣派贾诩到襄阳走了一趟，见了见刘表，目的就是探探路，看看刘表那边的反应。这一趟看来效果不好，贾诩回来后对张绣说："刘表这个人，倒是有一些才能，和平年代做个三公应该称职。现在他看不到形势的变化，多疑少断，不会有什么大的作为。"

听贾诩这么一说，张绣打消了依靠刘表抵抗曹操的想法。但他也没有跑，不是因为逃跑很丢人，而是现在已经不像过去，能打游击的地方实在也没什么了。想来想去，张绣决定投降，这是不是贾诩的建议不得而知，但贾诩至少没有反对。

一场恶战看起来已经不存在了，曹操很高兴，在淯水河畔扎下军营，设宴招待张绣及其手下。酒席宴前，张绣等人看到有一个大汉站在曹操左右，威武异常，不禁暗暗吃惊，他们不认识，这个武士就是典韦。

在曹操行酒时，典韦手持大斧一直跟着，斧刃有一尺多长，曹操走到谁跟前典韦不仅站在后面，而且使劲拿眼睛直盯着人家看，弄得客人根本没有心思吃好喝好。

直到酒宴终了，张绣及其部将都不敢仰视。本来这次南征就可以圆满收场了，但发生了意外。张绣有个亲信将领叫胡车儿，勇冠三军，曹操对像典韦、许褚这样的猛士历来见一个喜欢一个，总想弄到自己手下。这个胡车儿大概也是典韦那样的猛人，曹操看到胡车儿后特别喜欢，想笼络一下感情，于是亲自接见，并赠给他不少钱。

曹操此时应该没有通过胡车儿解决张绣的意思，因为此行目的已经达到，不需要把张绣彻底消灭，他拉拢胡车儿最大的目的恐怕也只是挖人。但张绣知道了这件事却不这么想，他认为曹操此举用心不良，是要收买胡车儿谋害自己。

此前还发生了一件事，曹操看到张绣的婶娘、已故骠骑将军张济的遗孀长得很漂亮，就纳其为妾，张绣觉得受到了侮辱，心里很不满。

两件事结合起来，张绣认为曹操肯定正在设计除掉自己，张绣决定先动手。贾诩也同意张绣这么干，他出主意，让张绣向曹操报告，说部队想移防到地势高一点的地方，中间要经过曹营，并特意说："车辆太少，士兵得都背负着很多物资，请求允许士兵们披甲而过。"曹操没多想，答应了，结果，张绣趁自己人进到曹营之际突然发起攻击，打了曹军一个措手不及。

张绣降而复叛，多少有些不可理解。对张绣来说，此举实在太冒险，以他的力量对付曹操实在没有太大把握，仅仅因为觉得受到了屈辱和疑心就冒这么大的险，也许符合他的性格，却不像贾诩的作风。所以也有记载认为，曹操纳张绣的婶子为妾后张绣深以为恨，曹操知道了，于是设计想除掉张绣，但计谋泄露，张绣才不得不放手一搏。

张绣趁曹军不备攻打淯水河畔的曹营，双方立即展开了混战。

在此之前曹操至少经历过三次十分危险的战斗，一次在龙亢，一次在汴水，一次在濮阳，这几次都很惊险，但这一次曹军的狼狈样超过了前几次。混战中，曹操坐下的马被乱箭射中面部和腿部，曹操自己的右臂也中了箭。曹操现在骑的这匹马名叫绝影，是继白鹄之后的又一匹名马，此刻光荣就义于淯水河畔。

混战中失去战马，十分危险。危急关头，有个小伙子从马上下来，把自己的马让给曹操骑。曹操一看，是儿子曹昂。打仗亲兄弟，上阵父子兵，关键时刻能舍身相救的还是自己家的父子兄弟，当年汴水之战如果没有曹洪让马，曹操可能早就没命了，现在曹昂又把马让给了曹操。

但曹昂没有曹洪那样幸运，他战死在乱军之中。

曹昂是曹操的长子，曹丕只是次子，曹昂的母亲也不是卞氏，而是刘氏。曹操的正妻是丁氏，没有生育，曹操后来娶了刘氏，并生下了曹昂，但刘氏死得早，曹昂一直由丁氏抚养，形同亲生母子。

这一仗对曹操而言不仅丢了面子，而且损失相当惨重，曹丕后来写过一篇文章追记了淯水之战，提到他的大哥子修和从兄安民都死于此战。子修是曹昂的字，而安民是谁不得而知，史书记载时都把他称为曹安民，认为是曹操的侄子。

一战之中，死了儿子和侄子，对曹操而言还没有过。

这还没完，曹操的心腹爱将典韦也死于此战，而且死得极为悲壮。当时曹操率轻骑逃走，典韦为了掩护曹操撤退，留下来在营门口与敌兵激战。由于典韦勇猛异常，敌人无法前进，但他们分散从其他地方进入曹营。这时典韦周围只有十多个人，这些人都是曹操精挑细选出来的勇士，平时主要职责就是保护中军的安全，现在无不以一当十，殊死恶战。但是，敌兵越来越多，他们渐渐不支，陷入重围。

典韦手持长戟，左冲右突，一戟刺过去，敌兵10多支长矛都能被折断。最后典韦的左右全部阵亡，他本人也数十处受伤，但他仍然与敌兵近距离格斗。典韦一把抓过两个敌兵，徒手就把他们给杀了，其余敌兵吃惊不小，都不敢再靠近。

典韦又上前冲杀，杀了几个敌人，然而伤势严重，失血过多，最后怒目大骂而死。敌兵确信典韦已死，才胆战心惊地上前把他的头割下，互相传看，想观察一下这个奇人到底为什么如此生猛。

曹军从淯水河边一路惨败，一口气退到了宛县以东百里之外的舞阴。曹军士气十分低落，这里还是敌占区，很不安全。好在留守在鲁阳、叶县一带的曹仁率部及时赶来，局面稍稍有些稳定。离这里比较近的其他各路曹军听说后，也都纷纷抄小道赶来救驾，结果路上拥挤无序，狼狈不堪。

时任平虏校尉的于禁率数百人负责为曹军主力断后，他们且战且退，迟滞了敌人的进攻，敌人见无法继续扩大战果，慢慢退去。

于禁下令整顿人马，敲着战鼓回营。

走在半道上，遇到十多个伤兵，一个个赤身裸体，惨不忍睹。于禁问他们怎么了，这些人说被青州兵趁乱打劫，于禁大怒。这个青州兵就是曹操当年打败青州黄巾军后收编的部队，这支部队作战勇猛，很能打，但军纪一向很差，曹操对他们平时颇为关照，反而让他们更认为自己不得了，这次趁败军之际，公然抢劫到自己人头上。

于禁对青州兵很熟悉，曹操曾让于禁多次指挥他们打过仗，在汝南郡征讨黄巾军余部的战斗中还立过功，于禁这个平虏校尉就是在那时被提拔的。虽然是熟人，但违反了军纪，于禁也不客气，他下令追讨青州兵，把他们收拾了一顿，之后于禁指挥所部安下营垒，防备敌军再来。

这时手下人劝他先不忙安营扎寨的事，应该先到曹公那里报告情况，防备青州兵恶人先告状，于禁不以为然："现在敌人在后，很快就会追到这里来，不做好准备，何以对敌？曹公明察秋毫，不必申辩！"青州兵果然抢先跑到曹操那里告状，曹操也果然没听信他们。

见到于禁，听了汇报，曹操很高兴，对于禁说："淯水之难，我方危急，将军能乱而不乱，整治所部，惩治暴行，高筑坚垒，实在有不可撼动之节，虽古代的名将，也难以超过你呀！"曹操依据于禁前后立下的功劳，上表天子封于禁为益寿亭侯，此时曹军的将领被封侯的还只是极少数。

在舞阴，曹操为典韦盛大发丧。曹操命人设法找回了典韦的遗体，送回老家安葬，在仪式上流下了眼泪。曹操后来拜典韦的儿子典满为郎中，作为自己的近侍。

典韦是陈留郡襄邑县人，以后曹操每次经过陈留郡一带，都要专门绕道襄邑县，亲自祭祀典韦。将士们看到曹操没有为儿子、侄子发丧，反而这么痛惜典韦之死，无不深受感动。之后，曹操从舞阴退回到许县，留下曹洪驻防于南阳郡境内，与张绣对峙。

张绣打退曹操之后，迅速扩大战果，在刘表的支持下，他将曹军曾经占领过的舞阴等地重新收回，把曹洪压缩到南阳郡最北面的叶县一带，曹洪在南阳郡处境艰难，只能勉强守住最北面的防线。曹操知道曹洪在南边很吃力，但此时他却无法迅速支援。

就在回师许县不久，又发生了一件大事，曹操不得不亲自去处理。

二十八、突然冒出个伪朝廷

还在曹操转战于南阳郡时，袁术那边有了大动作。

建安二年（197）春天，袁术在寿春突然称帝，震动全国。袁术想当皇帝，这已经不是秘密，早在两年前献帝曹阳遇险时他就动过这个念头，但当时就连他手下的人都反对，只好作罢。

但是此人像他哥哥袁绍，非常固执，一直没有放弃这个打算。从性格上分析，袁术是个典型的小事看不上、大事做不来的人，一般来说对小事不感兴趣的人常常会对大事发生错误的兴趣，这也许是他执意称帝的内在原因。

还有一个原因，袁术是个高傲且敏感的人。高傲使人脆弱，敏感使人自卑，袁术想称帝，大概就是纠缠在脆弱和自卑的情结里无法自拔，他才执意去做一些匪夷所思的事。

当时社会上流行着许多神秘预言，基本上都是一些不知所云的东西或者是别有用心之人编出来的无稽之谈，但有很多人相信，有人还深信不疑，袁术就是其中的一位。在这些神秘预言里有一句话很知名，叫“代汉者当涂高”。这一句话的前四个字好理解，就是接续汉朝国祚的人，灭亡汉朝的人。后面两个字却十分费解。

“涂高”是什么，谁也说不清楚。但袁术认为这很好理解，这个“涂高”就是指他自己。袁术字公路，“术”是城邑内的道路，“公路”指的也是路，而“涂”被他理解为“途”，也是路的意思。这种解释连东拉西扯都算不上，但袁术认为一定是这样的。而且，根据“五行终始论”，汉朝属于火德，取代汉朝的一定属于土德，袁姓就属于土德，是有资格取代刘汉统治的姓氏。

这一条，又成为上一条的佐证。

这时候河内郡一个叫张炯的人又帮袁术弄出来一个符命，以兆袁术的天子之应，袁术更觉得皇帝非他莫属了。张炯的这个符命具体不知为何物，估计跟河里挖出个写字的石头、鱼肚子里发现一条写字的绸子差不多。

有了这些理论基础，袁术觉得自己再不出来当皇帝实在对不起上天的眷顾。孙坚当年在洛阳宫里得到了传国玉玺，后由孙坚的妻子吴夫人保管，吴夫人曾居住在寿春，袁术当时曾把吴夫人软禁起来，逼她交出了玉玺。

这一年春天，袁术不顾众人的反对正式称帝。

他这个皇帝很奇怪，既没有宣布国号，也没有下诏改元，他也不自称天子，而称"仲家"。后世有人认为，"仲家"就是袁术新王朝的国号或年号，也有把袁术称为"仲家皇帝"的，但这些都是推测，"仲家"并不像个国号，更没有"仲家"作为年号的记载。

两年后，袁术走投无路之际，曾对自己称帝的行为进行过辩解，说他当时看到天下大乱，已经到了周朝末年诸国分势的局面，自己出于一片责任心，出来替汉室管管事，自称"仲家"，仲是第二的意思，在他心里还是把刘氏当老大，并没有真的想当皇帝。

一般认为这是袁术给自己的辩解，但对照实际情况看一下，也许并不完全是虚言，袁术想当皇帝是确定无疑的，但他也知道自己实力有限，于是留了条后路，先跨出一步称"仲家"，弄出来了一个不伦不类的东西。但是，无论当时还是后世，所有人都不怀疑袁术这个伪皇帝确实当了，因为除国号、年号以外，其他一切袁术都是按照真皇帝样子做的。

袁术改九江郡太守为淮南尹，类似于西汉的京兆尹和东汉的河南尹，寿春自然成了"京师"，他在这里任命公卿，建皇宫，设祠庙、明堂。袁术大封百官，但大家似乎都不太给面子，主动来应征的并不积极踊跃。袁术有点犯愁，因为无论如何得找几位天下名士来撑撑门面，不能三公九卿尽是阿猫阿狗之辈。

三公的人选袁术想到了两个人，一个是陈珪，一个是金尚，袁术想请他们出山。陈珪是陈登的父亲，一个高干子弟，他自己的父亲陈球当过太尉，袁术和陈珪年轻时在洛阳就是哥们儿，此时陈珪和陈登都在吕布那里，因为上次合作对付刘备，袁术把吕布看作自己的盟友，给他要个人应该没问题。袁术给陈珪写了封信，但陈珪却没有来，不是吕布不放人，而是陈珪压根不愿意。陈珪不仅没来，还给袁术写了封措辞严厉的信，把袁术批评了一通，信中说，让我去阿附你干那些非正义的事，就是死我也不能去，袁术看完信气得牙痛。

金尚是个老党人，有一定名望，当年被朝廷任命为兖州刺史，被曹操赶跑后没地方待，来依附袁术。袁术任命金尚为太尉，但金尚死活也不干，并且准备逃跑，袁术把他抓住，一怒之下把他杀了。

袁术又让徐璆当三公甚至上公，徐璆同样誓死不干。徐璆字孟玉，徐州刺史部广陵郡人，是一个老臣，跟着名将朱儁打过黄巾军，因为得罪宦官被免官，后又被起用，担任汝南郡太守、东海国相。献帝在许县征召各地有名望的旧臣补充朝廷缺员，徐璆也在征召之列，打算任命他为朝廷的九卿。徐璆应召，在前往许县的途中被袁术扣留，袁术给他连升两级，授以上公之位。徐璆坚决不从，以死相抗，袁术不敢再逼。

袁术的称帝行为曹操不能不管，这不仅是对汉室的叛逆，更是对他的挑战，许县新朝廷运转不到一年袁术就公然分庭抗礼，不给他点教训，势必会有第二个、第三个袁术冒出来。

在曹操的战略规划里解决袁术本来没有排在前面，他现在最需要解决的是南阳郡问题，其次是吕布和刘备，然后是关中的凉州军阀。现在袁术自己跳了出来，曹操的战略规划必须相应做出调整。

要收拾袁术，还得考虑袁术的盟友，一个是吕布，一个是孙策。说起来孙策也算是袁术的部下，只是现在的孙策已非当年可比，在江东发展得很快，听说袁术称帝，孙策给予毫不含糊的反对。孙策马上写来一封信对袁术进行强烈谴责并断绝关系。这封信有1100多字，写得洋洋洒洒，一个说法是张纮代的笔；另一个说法代笔的人是曾经给陶谦写过祭文的张昭，他已离开徐州南下，受到孙策的重用。

这封信里提到，早在去年冬天就听到了一些传言，说袁术想当皇帝，听到的人无不惊悚，后来袁术向朝廷献纳进贡，大家的疑虑才消除一些，但不承想现在果然做出了这种大逆不道的事。对于袁术的称帝行为，这封信一口气谈了九点看法，都是反对他称帝的，在孙策写给袁术的这封信里最后说："以上这九条想必阁下都有所考虑，这里不过再提醒一下，仅供参考罢了，忠言逆耳，如能听进去，实在是万幸！"

这封信写得毫不客气，放在几年前，这是不可想象的事。但现在的孙策已非昔日可比，他在江东已渐成气候，跟袁术翻脸是迟早的事，袁术称帝无疑给了孙策一个最合适的翻脸理由，加上此前袁术为得到传国玉玺而扣押了吴夫人，孙策索性这次来个彻底了断。

跟袁术决裂以后，孙策转而投向许县的朝廷，他主动派刘由、高承为特使到许县朝拜进贡。尽管在孙策写给袁术的信里点了曹操的名，把曹操与公孙瓒、刘备这些人视为朝廷的“逆臣”，但不可否认的是，曹操现在控制着朝廷，孙策想表明自己是拥戴朝廷的就必须跟曹操合作。

曹操见到孙策派来的使者更是高兴，拉拢孙策可以瓦解袁术的联盟，孙策如能从背后夹击袁术，那袁术岂不死得更快？为此，曹操以献帝的名义，立即派议郎王诵为特使前往江东，对孙策勇于同逆臣做斗争的行为给予表彰，并任命孙策为骑都尉，封吴侯。

看来曹操得到的江东方面的情报也有限，只知道孙策成了气候，不知道具体气候有多大，人家在江东的势力已跨有数郡，手下有数万人马，你只给个旅长当怎么行？即使孙策低调肯接受，他手下的人也不干啊，总不能让程普、朱治去当团长，让周瑜当连长、排长吧？孙策派人私下游说王诵，想直接要个军长当。这个王诵倒挺不简单，在来不及请示汇报的情况下当机立断，自己做了回主，现场改任孙策为军长。

当时袁术手下的陈瑀屯驻在长江以北的海西一带，曹操让孙策讨伐这股敌人。孙策领命，准备率军渡江作战。孙策刚要出动，陈瑀那边先下了手，派人悄悄来到江东，结交祖郎、焦已以及严白虎等割据势力，准备趁孙策主力渡江之际从背后下手。这件事幸亏被孙策察觉，他派吕范、徐逸攻打海西的陈瑀，自己留在江东对付敌人。陈瑀最后被打败，只身一人逃走，跑到了袁绍那里。吕范、徐逸大败陈瑀，俘获包括陈瑀老婆孩子在内的4000多人。

袁术的两大盟友，一个算是翻脸了。

而另一个盟友吕布，此时的态度却有些犹豫。吕布从刘备手里抢到了徐州，这一阵日子过得还不错，势力也在迅速上升之中。他能夺来徐州袁术帮了大忙，所以在吕布的心里也一直把袁术当盟友看。

袁术称帝后派韩胤为特使专程到徐州去了一趟，除了向吕布通报情况，还提出一个要求，想与吕布结亲，娶吕布的女儿为儿媳。袁术至少有一个儿子和两个女儿，儿子名叫袁燿，两个女儿后来一个嫁给了孙权，一个嫁给了黄猗，袁术提出与吕布联姻，指的应该是袁燿。

对于袁术的请求吕布开始倾向于答应，甚至把女儿交给了韩胤，让他带走。听到这个消息，有个人特别紧张，这就是陈珪，陈珪拒绝袁术的征召，还把袁术谴责了一番，吕布跟袁术如果站到一块，将来对自己很不利。这倒还是其次，在陈珪看来如果扬州、徐州结成一体，袁术的这个伪朝廷势力就更不得了，天下就要受难了。

陈珪是汉室名臣的后代，正统观念一向很强，在大是大非面前没有丝毫含糊，他急忙来劝吕布："曹公奉迎天子，辅助国政，将军您应当同他合作，共图大计。现在反而与袁术结亲，必受不义之名，将来恐怕会大祸临头啊！"

吕布也一向对袁术有些意见，尤其是在之前的合作中，袁术向来说话不算数，让吕布很伤心，对结亲的事他本来就不太坚决，经陈珪一说，吕布反悔，马上派人追上韩胤一行，把女儿抢回来，并且把韩胤押送到许县，交给曹操处置。

不久，吕布即迎来了朝廷的使者，为表彰他对朝廷的忠心，朝廷升他为左将军。吕布大喜，让陈珪的儿子陈登再去许县奉章谢恩。陈珪、陈登父子虽然屈身事奉吕布，但一直心存不满，所以陈登一见到曹操就劝他除掉吕布。

曹操也发现陈登是个人才，将来会有大用，跟他交了底："吕布这个人狼子野心，轻与去就，难以久养，你看得很准！"曹操以朝廷的名义拜陈登为广陵郡太守，增品秩为中二千石。临别，曹操拉住陈登的手说："东方之事，全都托付给你了！"

陈登回到徐州汇报此行的情况，吕布听完却不高兴。

原来，陈登临出发前吕布还交给他一个任务，让他替自己求一个徐州牧的任命，朝廷却没有表示。吕布生气地问陈登："州牧这样的小事曹操为何不答应？"陈登早知道吕布会问，已经想好了怎么回答："我向曹公转达了您的请求，曹公说州牧确实是区区小事，但别人能给，唯独吕奉先不能给。"

吕布听了很惊讶："这是为何？"陈登不急不忙地说："我也这样问，我对曹公说，奉先将军是一只虎，只有让他吃饱肉，他才能为己所用，如果吃不饱，就会去咬人。曹公却说，非也，吕奉先不是一只虎，他是一只苍鹰，养鹰的人都有经验，饿着它才能为己所用，如果吃饱了，就会振翅高飞。"

这些话曹操是不是说过很难讲，更有可能是陈登临时编的，不过吕布的确头脑比较简单，听了不仅没有怀疑，反而挺舒服。陈登拿出曹操写给吕布的信，信里曹操对吕布加以慰问，并让吕布按照天子的诏书追捕公孙瓒、袁术、韩暹、杨奉等人，吕布又派使者上书天子，表达自己的忠心。

吕布同时也给曹操写了一封信，说自己本是个获罪之人，承蒙曹操亲自写信慰劳，十分感谢，自己一定按照曹操前面所说，努力追捕袁术等人。接到吕布的信，曹操再次派人来到徐州，又带来一封亲笔信，信中说："当年朝廷给将军的印绶不幸丢在了山阳郡，现在补上，但朝廷没有上好的金子，我就拿自己家里存的好金子给将军制了这枚印；朝廷没有紫色的绶带，我就把自己印绶上的紫带取下来给将军，这些都是聊表心意。"吕布看到曹操的信很受感动，又派使者前往许县谢恩，并捎给曹操一副上好的绶带。

袁术听说吕布与曹操交好，不仅不送来女儿，还把自己的使者押送到许县，不禁勃然大怒，立即分兵七路直扑吕布的大本营下邳而来。

袁术的这七路大军中，最重要的有四路：张勋、桥蕤、韩暹和杨奉。单这四路人马就有近十万之众。张勋和桥蕤是袁术手下的大将，韩暹是前白波军首领，杨奉是凉州军旧部，献帝东归，他们被曹操打跑后到处流浪，后来转投袁术。韩暹、杨奉形同流寇，战斗力虽然不强，但号召力很厉害，每逢哪里有大仗，他们一声号召，总能马上聚集起很多人马，遮天蔽日，不明就里的人一看场面都得被吓住。

吕布手里大约有三四万人，把刘备的几千人马都算上，也凑不够人家的一半，吕布有点儿傻了，他有点后悔，埋怨陈珪说："都是你们父子弄的好事，现在该怎么办？"陈珪不着急，帮吕布分析说："韩暹、杨奉跟袁术是仓促之间联合到一块的，同盟难以稳定，我派犬子陈登前去，一定可以把他们拆散。"

吕布将信将疑，但也没有更好的办法，就派陈登去搞策反工作，还专门给韩暹、杨奉写了封信让陈登带上。很快便从前面传来消息，说不知发生了什么事，韩暹和杨奉突然掉转头，反而向张勋和桥蕤发起进攻。吕布既惊且喜，决定抓住战机，立即集全力向张勋和桥蕤发起进攻。

张勋、桥蕤猝不及防，迅速败下阵来，吕布下令追击。韩暹和杨奉表现得也不错，按说他们的任务已完成，可以坐等收钱了，但他们一直和吕布的人马配合，紧追敌人不放。袁军败得一塌涂地，被追到了淮水边上，进入到扬州刺史部辖区。

吕布大概这时才发现韩暹和杨奉为什么愿意跟着追了，他们名义上一路上配合行动，其实是一路抢，所到之处被他们抢得十室九空。一口气过了淮水，拿下了袁术淮水南岸的重镇钟离，此地离袁术的"京师"寿春已经不远了。袁术急眼了，亲率大军前来迎战。吕布看看也差不多了，袁术新败但实力犹存，这根又臭又硬的骨头还是留给曹操啃吧，于是下令大军返回淮水北岸。袁术率领的大军到达淮水南岸，双方隔河相望。

为了再挫袁术的锐气，吕布下令先不走，在北岸列阵，他给袁术写了封信，让人送过河去，信里写道："足下常吹嘘自己的人马多么强盛，吕布我虽然无勇，但虎步淮南，一时之间，足下鼠窜寿春，不敢露头，你的猛将武士都在哪里？足下一向喜欢说大话，用以欺骗天下，可天下之人又怎么那样容易被欺骗？古者交兵都是有原因的，现在首先挑事的不是我，咱们现在相去不远，你有什么说的可随时答复。"

吕布特意让人把这封信誊抄两份送到许县，一份上报天子，一份呈给曹操。

双方就这样夹河对峙了好几天，袁术既不敢过河，也不敢撤兵，弄得很难受。吕布这边的将士在北岸还大声嘲笑袁术，好不痛快。

有孙策和吕布的配合，曹操这边就好办多了。等袁术被这两位兄弟弄得顾头难顾尾之时，曹操抓住时机亲自东征。这时是建安二年（197）9月，袁术听说老对手曹操亲自来了，倒也干脆，留下部将桥蕤、李丰、梁纲、乐就等人驻守蕲阳抗拒曹操，自己开溜了。

曹操指挥于禁等部进击，把桥蕤等四人包围在苦县，全部斩杀。袁术跑到了淮河以南，彻底不敢迎战。曹操无意对袁术穷追不舍，因为南阳郡的问题还没有解决，曹洪被张绣压得喘不过气来，他得尽快回师，再战南阳郡。

曹操于是撤兵，回到许县，准备第二次征讨张绣。

二十九、打起了地道战

建安二年（197）11 月，曹操率军再征南阳郡。

这次军事行动前，荀攸曾劝曹操暂时不要在南面用兵，他的理由是："张绣与刘表相恃为强，然而张绣只是一股游军，处处要仰仗刘表的接济，刘表一旦不给他提供资助，二人势必分离。不如暂时缓兵，让他们自动分开；如果我们攻得急，刘表对张绣肯定不能不管，要全力相救。"

事后证明，荀攸的这个分析是有远见的，但曹操考虑到南面的事不能拖下去，必须尽快解决，好让自己无后顾之忧，可以腾出手来对付东面的吕布和刘备。所以曹操没有采纳荀攸的建议，继续进兵。

大军首先抵达南阳郡最北边的叶县，与驻守在那里的曹洪会合。如果曹操再不来，曹洪可能真守不住了，张绣的部队以凉州军为老底子，战斗力很强，刘表又派邓济等人支援张绣，南阳郡呈现一边倒的态势。曹操首先进军湖阳，那里是刘表的人马驻守，曹军攻克湖阳，生擒了刘表的部将邓济。

之后，曹军转攻舞阴，将其攻克。在肃清了宛县这些外围后，曹操率军攻打张绣的大本营宛县，又一次进军到淯水河畔。这里是曹操的伤心之地，去年，他的长子曹昂、侄子曹安民以及心爱的将领典韦都战死在这里。

在曹军的强大攻势下，张绣的主力离开宛县南撤，退到距宛县 100 多里的穰县，即今河南省邓州市附近。曹军占领了宛县，取得了此次南征的最大胜利。或许可以考虑就此收手，以宛县、舞阴一线为分界与张绣、刘表形成对峙，将南阳郡一分为二，压缩张绣所部的生存空间。

但曹操彻底解决张绣的心情很迫切，不仅因为有仇要报，而且不把卧榻旁边的这只虎除掉，他睡觉都不觉得安心，所以曹操亲自率军继续追击，对穰县发起了进攻。

张绣顶不住，急忙向刘表求援。正如荀攸分析的那样，刘表可以坐视张绣被消耗，却无法置其被消灭于不管，刘表立即派兵北上驰援张绣。没有确切记载刘表派了多少人马前来，但一定不少，动了老本。

刘表的人马不仅有来驰援穰县的，还分出一些去占领穰县周围的一些战略要地，其中有支人马占领了一个叫安众的地方。当时没有多少人关注这个细节，因为穰县才是焦点。

穰县城里的张绣迎来了刘表的援军，士气大振，曹操攻城遇阻。

张绣在城里做着长期守城的准备，按照眼下的阵势，曹军想攻破穰县，一时半会儿做不到。果然，张绣接到报告，说曹军退兵了。

张绣害怕曹操使诈，下令先不要贸然去追。但曹军撤得很迅速，一路向北而去，张绣看看不像有诈，于是大着胆子追了上来。这的确不是曹操使的诈，曹操下令回师是真的，因为许县大后方出了问题。听说曹军主力南下，田丰劝袁绍趁机袭击许县，将献帝抢到自己这里来，袁绍那边有人叛逃到曹营，提供了上述情报。

曹操接到情报后认为事关重大，不敢有丝毫迟疑，即刻北撤。这件事很蹊跷，可以猜测的是，要么田丰真有此议，而袁绍确实准备发兵袭取许县，要么是袁绍造的谣，目的是不让曹操太顺手。当然还有一种可能，这是贾诩的计策，为了解穰县之围故意制造谣言。不过曹操在做出回师决定时一定是有充分依据的，如果这样看，第一种可能性应该最大。

曹军要回师许县，最快速的推进方式是走南方大道。东汉的南方大道跟东方大道、东北方大道一样，是全国交通网里的骨干线路，它起自洛阳，联结鲁阳、宛县、穰县、襄阳以及南郡的治所江陵、武陵郡的治所汉寿，走这条道就好比上了高速公路，直线距离最短，路也最平坦宽阔。

曹操现在只想火速回师以解许县之危，因此想都没有想，指挥人马沿着南方大道向北疾行，要走这条路必须路过安众。

安众此时已在刘表的手中，穰县以北仅 20 多里处是一片山地，地势很险要，南方大道在此穿山而过，形成了一处要塞，这就是安众。

曹操包围穰县时没有想过这么快就会撤军，所以忽视了背后的这处要点。刘表的援军恰恰发现了这里很重要，于是分重兵占领，实际上断了曹军的后路。刘表的人马进入安众要塞后，立即整修防御工事，以南方大道为轴线，以山地为依托很快建成了一条东西连绵数十里的防线。曹操率军抵达安众，突然发现过不去了，如果绕道而行，无论向西还是向东都是山区，道路不畅，费时费力不说，敌军依托有利地形更容易袭击自己。

安众防线就像一条铁链，牢牢地缚住了急于回师的曹军。张绣也指挥穰县的人马从后面杀来，曹军面临前后被夹击的不利处境，局面一时陷入僵持。

情况显然对曹军很不利，虽然人数占优势，但在有限的区域内兵力难以全部展开，在这种情况下，守着有利地形的一方更占优势，曹军陷入了所谓的死地。在此关键时刻，曹操发挥了军事上的天才想象力，指挥人马神不知鬼不觉地突破了看似牢不可破的安众防线，并且基本上没有什么损失。

曹操是怎么做到的？这一点史书没有详细解释。曹操此前曾给荀彧写了封信，说只要到了安众，必然能打败张绣，后来果然把张绣打败了。回师后荀彧见到曹操，讨教破敌的办法，曹操的回答是："兵法说'归师勿遏'，而敌人非要阻挡我们的归师，并且跟我们争夺死地，我所以知道他们必败。"

但这番话等于没说，不是所有的归师都能打胜仗，也不是在所有的死地里都能起死回生。其实，曹军之所以化险为夷，是因为他们采取了敌人想象不出的作战方式，这就是地道战。

曹操白天与敌人对阵，晚上悄悄地在最险要的地段挖掘地道，这项巨大工程估计颇费时日，绝不是一夜之间可以完成的。曹军到达安众时是 5 月，回师到许县荀彧向曹操讨教破敌秘密的时候已经是 7 月了，这从侧面印证了安众地道挖掘工程量的巨大。

最后，曹军的工兵部队以顽强的毅力挖通了安众防线，曹操指挥人马趁夜遁去。

天亮后，张绣吃惊地发现数万曹军一夜之间不见了踪影。

侦察之后才发现，曹军已从地道里越过了他们精心构筑的防线，张绣立即下令追击。贾诩过来劝张绣不要追，否则必然失败。张绣不听，指挥所部人马以及刘表的参战部队全军压上，沿着曹军撤退的路线追击，但是吃了败仗。

他们还没有追上撤退的曹军，却先后迎面遇上了曹军新投入战场的两支生力军，这两支人马不约而同挡住张绣、刘表联军，上来一顿猛打，把张绣、刘表联军打得大败而回。

这两支人马，一支由曹仁带队，一支由李通率领，他们倒不是商量好的统一行动，而是碰巧遇到了一起。曹仁没有随曹军主力行动，曹操派他肃清宛县附近几个县的残敌，而李通驻守在南阳郡以东的汝南郡，是曹军距此最近的部队。这两支人马都是得知曹军主力被阻于安众防线而前来解围的。赶到时，正好遇着曹操率大队人马从地道里钻出来仓促北撤，所以当张绣的人马杀过来时，正好与他们相遇。

追击不成损失不小，张绣很后悔。谁知贾诩这时又过来，力劝张绣立即再追，张绣以为听错了："当初没听您的话，结果打了败仗，现在都这样了，为什么还要追？"贾诩分析说："现在敌情出现了新变化，去追一定能取胜。"

张绣抱着将信将疑的想法派人追击，这一次竟然打了胜仗。事后张绣请教贾诩胜败的原因，贾诩说："曹军开始退却，但曹操必然会派精兵断后，我们追击肯定失败。打败了我们的追击，他们又会轻军前进，没有料到我们会再来，所以我们就能取胜。"张绣听了，简直佩服得要命。

曹操再征张绣，居然又遭失败，在曹操的军事生涯中，这还是绝无仅有的事。曹操回到许县，对荀攸感慨地说："没有听先生的话，才造成今天的结果呀！"言语之间，对一再败于南阳郡十分后悔和无奈。

曹操从南阳郡回师，并没有看到袁绍来袭。

这有两种可能，一是袁绍压根没有这样的打算，前面放出的风声只是虚晃一枪；二是曹操的迅速回师让袁绍失去了最佳进攻时间，所以放弃了奇袭许县的计划。但是连一个名不见经传的张绣都打不过，曹操的心情很沮丧。更为要命的是，这种情况滋长了某些人的骄傲情绪，认为曹操不过如此，比如袁绍。

袁绍一直对曹操把献帝接到许县一事耿耿于怀，去年他曾给曹操写过一封信，以许县地理位置偏僻、地势低湿为由，要求曹操把献帝迁到兖州刺史部的鄄城，这里虽然还属于曹操的控制区，但距袁绍的控制区只隔一条黄河，袁绍的用心很明显。曹操当然拒绝了袁绍的提议，这次南征回来，他又接到了袁绍的信，不仅旧事重提，而且流露出对曹操的不尊重。曹操看了大怒，以至于行为都有些失常。

当时大家不知道原因，还以为是因征讨张绣失利造成的，所以都觉得着急，老朋友钟繇就此事去问荀彧，荀彧说："曹公是一个深谋远虑的人，对于既往之事不会过于放在心上，现在必然是因为别的事。"

荀彧于是来见曹操，询问缘由，曹操出示了袁绍的来信："我真想讨伐这个不义的人，但是力量不够，你说该怎么办？"

针对曹操提出的问题，荀彧其实早有考虑，他说了一段很长的话，认为曹操在用人、度量、谋略、法令等方面都超过袁绍，袁绍再强大也没有用。曹操不是一个爱听奉承话的人，但荀彧所说的都不是虚言，荀彧在袁绍身边待过，对袁绍的了解还是比较准确的，郭嘉后来也向曹操谈了相似的看法，曹操心里的阴云散去了一大半。

落实到具体对策上荀彧和郭嘉的意见非常一致，他们都认为应当把南阳郡的事放一放，先取吕布。荀彧认为如果不先取吕布，那么以后要解决袁绍相当困难。郭嘉认为袁绍正北击公孙瓒，可以趁着他主力远征时东取吕布。如果失去这个机会，等到袁绍发起进攻时以吕布为外援，那就太危险了。

曹操同意他们的看法，但心里有一些顾虑："我比较担忧关中方面，如果关中处理不好，羌人、胡人加上南面的益州就会与袁绍、吕布等人联合起来，到那时我们将四面都是敌人，虽然据有兖、豫二州，却也顶多只占天下的六分之一而已呀！"就此荀彧有自己的看法："关中地区目前大的割据势力有十几支，彼此互相不服，其中韩遂和马腾最强。他们看见关内相争，必然各自拥兵自保。现在如果主动联合他们，示以恩德，和平的局面虽然不能维持太久，但也可以坚持到整个关东地区平定之后。"荀彧的分析正切中要害，很有说服力，让曹操心中顿时亮堂起来。

荀彧推荐钟繇出镇关中，曹操同意，于是辞去自己兼任的司隶校尉一职，让钟繇以侍中的身份兼任司隶校尉，持节督关中各军，授予钟繇遇到有些问题可以先处理再上报的权力。钟繇不仅是个书法家，而且属于实干型人才，他有胆有识，沉着勇毅，他到达关中时，当时活跃在关中一带的割据势力除段煨、李傕外还有很多股，其中马腾、韩遂的势力最为强大，钟繇给他们写信，表明利害，劝他们忠于朝廷。经过对形势的分析，马腾、韩遂选择了向许县朝廷靠拢，他们各送一名儿子到许县作为人质，以表明自己的忠心。

三十、杀此一人失英雄

就在曹操准备向吕布动手时，吕布那边的形势也发生了变化。

这两年，刘备一直驻守在小沛，但他并不甘心给吕布当盾牌，刘备趁着别人都在忙活的时候，自己一直悄悄埋头扩充势力，他对外宣称只有几千人马，其实至少发展到了万人以上。

这还不是最让吕布担心的，据情报说，刘备私下里跟袁绍和曹操来往密切，当时袁绍和曹操的关系已经由微妙转为紧张，但刘备跟他们都保持着来往，刘备给袁绍秘密写信，又派人到许县跟曹操拉关系。

这些情况很快得到了证实，献帝的诏书下达，把刘备之前的平东将军升为镇东将军，这个职务此前是一直由曹操担任，说明曹操对刘备很看重，当然也是对吕布的牵制。吕布和刘备之间虽然没有明确的上下级关系，但小沛是吕布让给刘备的，豫州刺史也是吕布让的，刘备的架势是想撇开吕布独立发展，这让吕布极为不快。但仅就这一点还不能跟刘备翻脸，因为这等于给曹操难看，吕布现在需要曹操的支持。

可是，随后又发生了更让吕布不爽的事。在讨伐袁术时被吕布临阵策反的韩暹、杨奉二人自恃有功，在吕布的地盘上总闹事，为了打发他们，吕布让二人向豫州、兖州和青州方向发展，打下地盘都归他们。这二位便率领部下离开了徐州一路向北连杀带抢，激起了不少民愤。抢着抢着，就到了刘备的地盘上。刘备原来只驻扎在小沛，但近来已经悄悄地把手伸得很长，不仅豫州刺史部沛国北部几乎尽归其所有，而且还伸向了相邻的地区，韩暹和杨奉大概没打听清楚，或者明知是刘备但没把他放在眼里，所以来到这里照抢不误。

刘备没去找吕布告状，他想自己解决。刘备假意约杨奉相见，杨奉还以为请他喝酒，就去了，结果让刘备抓了起来。刘备用杨奉作人质很快瓦解了杨奉的人马，韩暹失去杨奉的支援成为孤军，他想带着残余武装回并州老家，结果走到一个叫杼秋的地方，被当地一个叫张宣的屯帅所杀。

有组织有纪律叫团队，有组织没纪律只能叫团伙。

刘备没费太大损失就解决了韩暹和杨奉，得到了很大实惠，为了给吕布一个交代，刘备主动给吕布写了封信，信中对吕布说白波贼头领韩暹、杨奉二人流窜至豫州，沿途烧杀抢掠，民愤极大，更为可气的是，他们干了那么多坏事，还打着您的旗号，说是您让他们干的，这是公然对您的造谣污蔑，为此我就把他们收拾了，既为民除害，又帮您洗刷了清白。得了便宜没啥，还要卖乖，就可气了。

这件事还没完，又发生了一件事，更气人。建安三年（198）春天，吕布派人到河内郡一带买马，吕布擅长骑兵作战，但兖州、徐州一带不产良马，无法在当地补充，他只有派人到外地买马。吕布派去买马的人回来时路过刘备的防区，结果让人抢了。

在吕布看来，这件事不用动脑子就知道是谁干的，敢抢飞将军的马，只有刘备有这个胆。吕布决定对刘备不再忍耐，直接惩罚。吕布命张辽和高顺带队出征，他在下邳做后援，但战事并不顺利，刘备一不认错，二不投降，坚守小沛，一时难以攻克。

这个时候，二人大概都会第一时间给曹操写信，刘备是求援，吕布则解释为什么要收拾刘备。曹操如果接到他们二人的信，只会扔到一边，是非曲直不重要，重要的是两个对手自己先干起来了。吕布亲自率军增援张辽和高顺，小沛城里的刘备有点儿吃不消了。正在这时，刘备接到报告说有一支曹军向小沛开来，顿时感到了希望。

可能在刘备看来，曹操一定会救自己，因为他刚被曹操任命为镇东将军就被吕布消灭了，这种“打狗不看主人”的做法如果视而不见，将会产生对曹操不利的连锁反应。刘备的判断是正确的，眼看刘备快要被吕布消灭，曹操决定派一支人马过来增援他。吕布有点儿紧张，但随后探明来的不是曹操本人，而是他的老对手、“独目将军”夏侯惇，而且只有几千人，吕布才松口气。吕布命高顺在半道伏击夏侯惇，夏侯惇战败，退回。

刘备彻底失望，趁夜突围，小沛被攻克。刘备逃得很狼狈，只带着关羽、张飞、赵云以及麋竺等人和少量人马，自己的两位妻子甘氏和糜氏都没来得及带上。

建安三年（198）10月，曹操亲自率大军赶来了。

曹操行进到与沛国西面相邻的梁国时，遇到了刘备。刘备这才见到了真正的救星，一见到曹操，就力劝他一鼓作气杀往徐州，把吕某人彻底消灭。曹操既然出动，也不会空手而归，他在南阳郡连输了两次，需要来一场胜利提振士气。

但是如何处理刘备，曹操有些犹豫。当时劝曹操借机杀了刘备的大有人在，比如负责兖州刺史部事务的大胡子将军程昱就劝他："刘备此人有雄才，而且很会赢得民心，终究不会甘居人下，应该早点消灭他。"曹操想了想，没同意："方今正是收天下英雄之时，杀一个人而失天下英雄之心，不能这样做呀！"曹操不仅接纳了刘备，还以献帝的名义正式任命刘备为豫州刺史。

对刘备而言这项任命来得太迟了，因为他已先后两次就任该职，但对朝廷而言，做出这项任命已经算破例了。献帝东归以来，对这些年各地自行任命的官职一直采取不承认态度，当初曹操握有整个兖州，朝廷可以承认他的实力，拜他为镇东将军，但对于他希望得到的兖州牧一职，朝廷拖了很久才给。

曹操命刘备率领他的残部随军行动。

对于曹操下一步的进攻重点，吕布的判断是下邳而不是小沛，所以下令把主力快速南撤。梁国与下邳国之间隔着一个彭城国，吕布把主力分成两部，一部分部署在下邳城周围，一部分部署在彭城国境内。

吕布亲临前线，动员大家誓死保卫彭城。但是曹军似乎更有信心，打起仗来也很有章法，根本不跟吕布硬拼，而是在运动中寻找战机，曹操人多势众，吕布处于被动挨打的局面。

吕布产生了撤退的想法，想依托下邳城的坚固，放曹操来攻。吕布大概想，曹操不敢在徐州停留时间太长，南面的张绣、刘表，北面的袁绍，还在近旁的袁术，对曹操来说哪一个都比他重要，只要守得住，曹操必撤军。但陈宫认为应该把防御重心放在彭城，理由是彭城境内地势更有利，便于同曹操大军周旋，他建议应当改变固守挨打的局面，分出多路奇兵袭扰曹军两翼，尤其是他的后勤补给线，曹军人马数万，拼人多是他的优势，但后勤保障就是他的劣势，一旦粮草供应不上，曹军不战而退。

应该说，陈宫是对的，吕布应该学学张绣，论名气张绣顶多是个小字辈，因为吕布跟他叔叔张济可以称兄道弟，论实力张绣还不如吕布，但张绣能把曹操打败两次，而且败得一次比一次惨。吕布似乎忽略了这些，忽略了张绣以弱胜强靠的是什么，固执地认为坚守才对自己有利。吕布下令主力撤回下邳一线，彭城随即被曹军攻克。

撤回下邳后，吕布方面士气十分低落。陈宫提出拒敌于外，在运动中歼敌，他认为曹操的大军必须经过泗水，可以依托泗水河组织防线，阻击曹军的进攻。

吕布不同意这个看法，泗水那么长，如何在沿线都组织起有效防线来？待敌兵渡河至一半时发起攻击岂不更有效？大概吕布也经常研究兵法，《吴子》讲到有十三种最佳的进攻状况，敌人渡河到一半时就是其中一种。《孙子兵法》也讲“敌人渡河来攻，不要在水里跟他打，等他们渡河到河中时再攻击”，所以吕布没听陈宫的建议，而是集重兵于泗水河边曹军必经之处，待曹军主力渡河时先不对其发起攻击，待其渡至一半再突然攻击。

可是，吕布又错了。曹军来了，开始渡河，吕布下令攻击，千弩怒射，万箭齐发，曹军纷纷中箭，有被射死的，有溺水而死的，曹军大败。但是所谓大胜必经大忍、大败常因心切，吕布还没来得及庆祝，突然接到报告说曹军主力已经从南边过了河，正朝下邳杀去。

吕布大惊，才知道上当了，这里的曹军只是诱饵，敌军主攻方向不在这里。兵法是一门高深的学问，相对于公认的兵法研究权威曹操，吕布只能算兵法爱好者，知其一不知其二，不如不知。

吕布赶紧下令撤军，拼命往下邳城赶。还算好，吕布先一步进了城。喘息未定，让吕布更闹心的事传来：陈登反叛了。

三十一、相见白门楼

上次出使许县，陈登被朝廷任命为广陵郡太守，陈珪后来也应朝廷之召去了许县。

没有负担，才好反叛，吕布如果认真想一想，对陈登就该防一手。陈登是个能干的人，他虽然到广陵郡才不到一年，但却发展了一支自己的势力，他明申赏罚，建立了威信。郡内有一支海贼，首领名叫薛州，手下控制着一万多户人，也投降了陈登。郡中百姓对陈登都很拥戴，既喜欢他，又敬畏他。曹军围下邳，陈登立即率人马从广陵郡来了，说是支援吕布，到阵前才亮明卧底的身份，回马一枪，吕布损失很大。

吕布恨得牙疼，盛怒之下，亲率人马冒险出城，寻找陈登的踪迹，想将他抓住。但陈登很狡猾，逃得比泥鳅还快，转眼到了曹军的背后。吕布一番苦战，才勉强脱身回到城内。

陈登的三弟还在城中，吕布把他抓了起来，想以此为条件与陈登谈判，遭到陈登的断然拒绝，攻城反而更急。困守孤城，吕布手下一些人信心被动摇，吕布的刺奸张弘也在给自己找出路，陈登的三弟掌握在他的手里，张弘趁夜将其护送出城，交给陈登。

曹军围住下邳城，却没有发起进攻。

曹操给吕布写了封信射进城里劝吕布投降，这让吕布有所动摇。一天，吕布、陈宫在城楼上观察敌情，见城外曹军连营密集，阵形整齐，敌兵士气正旺，吕布心中投降的念头更强了，他冲着城外的曹军喊："诸位围得别这么紧，我会自动到曹公那里投降！"吕布话音未落，陈宫急了，对吕布说："只有逆贼曹操，哪里来的曹公！"陈宫劝吕布放弃幻想，这个时候投降已经晚了，无法保全自己。吕布是个特别没主意的人，经陈宫一说，就真的放弃了投降的打算。

应该说，这是吕布的最后一次机会。吕布如果真的投降了，曹操杀他的可能性很小，吕布忽略了陈宫竭力反对投降的真实原因。在曹操眼中陈宫跟吕布不一样，吕布顶多是个降将，而陈宫则是叛徒，曹操一向爱才，对于降将很少杀害，而对于叛徒，必杀无疑。吕布如果有九分活路的话，陈宫大概仅有一分，陈宫坚决反对投降，为的是保他的命。

可惜吕布没有想到这些，反而认为陈宫说得对。

为提高士气，陈宫提出了一个反败为胜的计划，他建议派兵出城偷袭曹军的粮道。曹军远途作战，粮食供应很困难，一旦粮食被劫，军心必乱。

吕布认为有道理，决定自己亲自率队出城。出城前，吕布想回家给妻子交代一下，听说丈夫要出城，吕布的妻子顿时没了安全感，她想反对，又怕丈夫不听，于是换了个理由："高顺和陈宫素来不和，将军一出城，他们必然不能同心协力守城，如果发生了什么意外，将军怎么能自保呢？"吕布的妻子还哭诉说，当年在长安李傕、郭汜之乱时，吕布只顾自己逃命，已经把她扔下不管了一回，现在再也不能那样了。这位吕夫人，让人想起李傕的妻子和郭汜的妻子，看来武将都容易患"妻管严"。

听完老婆这番话，吕布闷闷不乐，不再提劫粮道的事。陈宫很失望，不过他很快又提出了一个计划，建议把人马分出一半出城，在城外寻一立足之处，不断向曹军发起袭扰，与城内形成配合。

敌人原来对付的是一个目标，可以倾全力来围城，如果目标变成两个，他们不得不分兵来攻，攻城的力量也就减少了一半。敌人如果弃城外部队不顾，那他就会不断受到袭扰。这当然是上策，一半人马出城，还可以减轻城中的粮草压力，是目前打破僵局的一着好棋。

吕布也认为好，同意了。和上次一样，吕布又回到家跟妻子交代这件事，吕布的妻子仍然反对："陈宫是怎样的人将军可以再细想一下，当初曹操待陈宫那么好，事事听他的，对他十分器重，可陈宫仍然背弃曹操。将军想想看，现在将军待陈宫有没有曹操那样好？陈宫在这里的前途有没有比在曹操那里更远大？如果想清楚了，也就知道该不该冒险了。将军把守城的大任付于他，孤军远出，一旦情况有变，我岂能再为将军之妻呢？"

吕布听完，心里更乱，陈宫新的计划又不提了。

曹军开始攻城，在攻城战方面曹军已经积累了一定经验，他们打过雍丘那样艰巨的攻城战，所以攻势一上来就很猛，四门同时猛攻。好在下邳城很坚固，城里准备的弓弩等守城器具很充足，曹军一时不能得手。

吕布想也不能坐以待毙，好歹也得去找找援兵。现在有可能给予支援的只有两个人：一个是袁术，一个是张杨。张杨现在仍活跃于河东郡、河内郡一带，他的实力虽然有限，但若能出兵来救，至少能提振一下士气，于是吕布给他写了封信，派人潜出城去，送往河内郡。

对于袁术，吕布跟此人矛盾太多，拒绝了人家和亲的请求，又杀了他的特使，之后刀兵相见，目前已是仇人。但是曹操是吕布的敌人，也是袁术的敌人，敌人的敌人其实是朋友，根据这个说法，向袁术求援并非不可能。吕布于是率领 1000 多人杀出下邳城，主动向曹军发起挑战，双方混战一气，但吕布并不恋战，杀了一阵，主动撤回城里。吕布的目的达到了，他此次军事行动为的是掩护特使出城。

吕布的特使是许汜和王楷，他们的具体情况不详。吕布集团失败后手下很多武将和谋士只留下了名字，而没有详细的个人事迹。这并不奇怪，历史往往是成功者的舞台，如果吕布成功了，想必许汜、王楷也是荀攸、郭嘉甚至诸葛亮那样的人物吧。

许汜和王楷在吕布的亲自掩护下出了下邳城，来到寿春，见到了袁术。袁术还在生吕布的气，对许汜和王楷说："吕布不愿意联姻，失败是必然的，干吗还要来告诉我？"许汜和王楷赶忙为吕布解释："明上现在不救吕将军，自己最后也得失败。吕将军不在了，曹操的下一个目标就是明上。"

许汜和王楷不称袁术为"明公"，而是一口一个"明上"，实际上就是承认袁术这个皇上，这让袁术听了很舒服。同时，袁术也想到自己与吕布再闹得不痛快也是唇齿相依的关系，吕布如果被消灭，曹操收拾自己就更加容易，所以袁术决定还是得管管。

下邳城里的吕布此时心里更着急，许汜和王楷走后不见回音，吕布为当初不送女儿到寿春去而特别后悔。

当初都是陈登这小子劝他与袁术反目投靠了曹操，如今看来曹操不可信，陈登更不可靠，还是袁术算是一伙的。现在陈登正在曹操指挥下攻城呢。吕布越想越生气，越生气心里越着急。吕布决定不再坐等，为了争取袁术的支援，他决定亲自送女儿到寿春，向袁术求救。吕布的女儿年龄不详，吕布也不再管妻子是否愿意，他把女儿用丝绵裹在自己背上，准备亲自护送出城。吕布刚一出城，外面的曹军发现拼死抵挡，同时乱箭齐发，吕布虽然是一世名将，但也无可奈何，又害怕背上的女儿受伤，只好退进城内。

城里的守军士气更加低迷，他们虽然是一支能征惯战的队伍，但此时被困在下邳城内，擅长的战法施展不出来，粮草消耗得很快，外面没有援兵的消息，个个人心惶惶。

其实攻城的一方也不顺利，下邳城久攻不下曹操也很头痛，大军长期滞留在徐州一带，南阳郡的张绣，荆州的刘表，冀州的袁绍，关中的马腾、韩遂，这些人此刻都在盯着徐州的战局，会不会趁乱打劫，真的很难说。如果出现那样的情况，自己仓促回军，岂不是兴平元年兖州之叛的重演？

曹操人在徐州，心里一直惦记着许县，这时又传来情报说张杨在东市起兵，打出支援吕布的旗号，向下邳杀过来，这让曹操对许县的局势更加担忧。曹操不怕张杨杀过来，他怕张杨杀到许县去，张杨虽然构不成致命的威胁，但他带头一闹，四周的实力派们更要蠢蠢欲动了。张杨起兵的东市不知何地，应该在河内郡，有人认为是下邳城的东市，那肯定是不对的，张杨此刻应该距这里还很远。

曹操想撤军，这时郭嘉和荀攸都来劝他，现在已经到了节骨眼上，一定不能松气，如果让吕布缓过这口气，日后再解决他就更困难了，郭嘉认为："当年项籍有 70 余城，从来没有打过败仗，但一朝失势导致身死国亡，这是他恃勇无谋造成的。现在吕布每战必败，已经气衰力尽，内外皆困。吕布的势力比项籍差得远，而现在的情况比项籍还不如，如果乘势攻之，一定可以将其擒获！"荀攸也分析说："吕布自彭城以来连战皆败，锐气已衰。三军以将为主，将衰军队就没有斗志。陈宫虽然有些智谋，但现在他的计谋已来不及施展，趁着这股劲猛攻，一定可以拿下吕布！"

既然正、副参谋长一致认为不能放弃，曹操坚定了攻城的信心。郭嘉给曹操出了个以水灌城的主意，将下邳城附近的泗水、沂水引向城里，弄得城内一片汪洋，吕布守起来就更加困难了。

袁术那边虽然愿意支援一下，但动作很慢，他想等吕布被消灭得差不多了再出手。而张杨那边更不顺利，刚一起兵就被手下将领杨丑杀了，杨丑转而投降曹操。不过，没有多久张杨手下另一个将领眭固把杨丑杀了，率部投降了袁绍。

不管怎么说，吕布做梦都在渴盼着的两个人都来不了了，一个人还不想动身，另一个已经永远没法动身。

突围无望，外无援军，下邳成为一座死城。

吕布心情抑郁到极点，不是唉声叹气，就是训这个训那个，言行都有点失常了。陈宫竭尽全力想办法解围，但仍然无计可施，这种情况下很容易出问题。

果然问题就出了，吕布手下的将领侯成有15匹好马让人喂养，但喂养的人却偷偷把马弄走，想出城交给刘备。侯成亲自追赶，把马夺了回来。侯成觉得这也是个小胜利，想摆几桌酒席庆贺一下。

侯成搬出来自家酿的酒，又杀了几头猪，诸将都来祝贺。侯成一向很敬重吕布，他拿了半头猪和五斗酒送给吕布，跪禀道："承蒙将军的恩德，让我把马追了回来，这些酒和肉我没敢先吃，特地奉上聊表寸心。"

吕布看来也不失人格魅力，手下的人不管什么时候都对他尊敬有加，侯成这么做纯粹是出于敬意，可吕布一听就火了："城里被围，粮食匮乏，我正在禁酒，你难道不知道吗？你们又吃又喝，称兄道弟，想结伙谋杀我吗？"侯成吓坏了，赶紧赔罪求饶，回到家，把诸将送的礼都退了，把酒和肉都扔了，心里仍然惴惴不安。吕布的不近人情让侯成有点寒心，侯成守城时就不像原来那么卖命了。终于侯成决定投降曹操，成为压垮吕布的最后一根稻草。

城外攻城仍在继续，城内的军心彻底动摇，除了侯成外，宋宪、魏续等人也有反水的想法。

宋宪、魏续把陈宫抓了起来，打开城门，投降了曹操。吕布带着一部分手下登上最后一处据点白门楼，也就是下邳城的西城门。吕布看到回天无力，于是走下城楼投降。

吕布投降后，被人捆了起来。曹操携刘备等人随后登上白门楼，在此建立临时指挥所，手下人把吕布等带了上来。吕布虽然被五花大绑，但神态还很轻松，见到曹操主动打招呼："绑得太紧了，能不能松松？"

曹操走到吕布跟前，这大概是曹操第一次如此近距离接触吕布，看到闻名天下的飞将被捆着向自己恳求，笑道："绑的是老虎，不能不紧啊！"吕布更放松了，没话找话地说："明公好像瘦了，怎么回事？"曹操听了有点惊讶："咱们以前见过面吗？"吕布说当年在洛阳，在温氏园中见过曹操。

当年吕布相当于董卓的贴身警卫，曹操担任骑都尉，要说二人见过面，很有可能。所以曹操很认真地想了想："有可能，我全忘了。现在是有点瘦了，那是因为一直抓不到你呀！"谈话的气氛出人意料地有些轻松，曹操和吕布又探讨起他失败的原因，吕布认为："我待诸将不薄，但他们都叛我而去，这是失败的原因。"谁知曹操不给面子，当面揭丑："你背着你的妻子跟手下将领们的妻子私通，还说很厚道？"吕布怕老婆，这个有记载，说他跟别人的老婆私通，情况不详，吕布听了半天不说话，看来曹操说的也不假。

这时，陈宫被人押了上来，见到老熟人，曹操很直接，问陈宫想不想让老母亲和女儿活命。陈宫的母亲和女儿都在下邳，看来已在曹操手中。陈宫慷慨激昂地说道："我听说以孝治天下的人不会绝别人之亲，以仁义施于四海的人不会断绝别人家的祭祀。老母亲能不能活命，取决于曹公，不取决于陈宫！"

曹操又问："公台，你平生计谋过人，现在怎会这样？"陈宫看了看旁边的吕布："都是这个人不听我的，才至于此。"陈宫自请一死，态度很坚决，他直接往外走，拉都拉不住，曹操无奈，命人把他杀了。

吕布还在找生的机会，看到了一旁的刘备，对他说："你现在是座上客，我是阶下囚，能不能帮忙说句话，给我松松绑？"曹操听了，笑道："干吗不跟我说，还麻烦刘使君？"曹操的意思，是要给吕布松绑。刘备急了，对曹操说："明公，难道您忘了丁建阳和董太师吗？"见刘备落井下石，吕布大骂："你这小子，是最不值得信赖的！"曹操随后下令把吕布杀了，叱咤风云的一代飞将，就这样悲剧地谢幕了，吕布死得挺窝囊，是被勒死的（绞杀）。

一同被杀的还有高顺，他一生跟随吕布，他为人清白有威严，不饮酒，不受贿，训练出一支数百人的陷阵营，攻无不克，战无不胜。但吕布更信任魏续等人，经常把高顺调教好的兵交给魏续带，让高顺带魏续的兵，即使如此，高顺仍然毫无怨言。像高顺这样品才皆优的将领实在难找，吕布被杀后，曹操不应该再杀高顺，但最终还是杀了，一定是因为高顺执意要陪吕布一死，曹操没有办法，高顺的死法跟吕布一样。

至此，吕布集团彻底灰飞烟灭。

三十二、曹操感到一阵眩晕

下邳之战，吕布死了，刘备投降，曹操收获巨大。

此战不仅消灭了两个重要对手，而且基本上占领了徐州刺史部的全境，豫州刺史部也更加巩固，沿黄河一线，西起关中，东到大海，司隶校尉部、豫州刺史部、兖州刺史部、徐州刺史部连成了一线，曹操控制区的范围至少扩大了三分之一。

取得这样的成绩最大的功臣是陈登，正是他临阵倒戈给了致命一击，吕布才死得这么快，曹操立刻宣布提拔陈登为伏波将军，让他继续以广陵郡太守的身份主持徐州一带的军政事务，陈登此后便在江淮地区与袁术周旋，不断拓展势力，成为曹操在华东地区的重要支柱。

曹操在下邳还见到了滞留在吕布军中的陈纪和陈群，作为颍川郡陈氏家族的重要成员，曹操一定早就听荀彧等人讲过他们的事，所以见到陈氏父子特别高兴。陈氏父子见到曹操时，都行叩拜之礼，曹操以献帝的名义征陈纪为朝廷的九卿，任命陈群为自己的司空西曹掾属，陈群从此进入曹魏阵营。

吕布手下最有名的将领是张辽，论资历一点都不比吕布差，曹操提拔张辽为中郎将，把吕布集团保留下来的力量经过整编后交由张辽来统率，这支队伍在张辽手里继续保持了很强的战斗力，在其后的历次大战中均有出色表现，张辽逐渐成长为曹魏阵营里的一流大将。

现在曹操手下至少有两位著名的降将，一个是徐晃，一个是张辽。曹操对他们很信任，他们也很忠于曹操。这得益于曹操不同一般的识人智慧和用人胆略，曹操善于发现人才，善于辨别人才的品行和节操，一旦认定就用人不疑，让各种人才发挥最大的潜能。

张辽和关羽一见如故，成为好朋友。对于如何安排刘备，曹操有点儿踌躇。刘备现在是朝廷正式任命的豫州刺史，还是镇东将军，豫州刺史部现在大部分已在曹操控制之下，治所是曹操的老家谯县，今安徽省亳州市，按照制度的话，让刘备到那里上任就行了。

但曹操不会这么做，豫州刺史连颍川郡和许县都管，相当于昔日的司隶校尉，也就是清代的直隶总督，这么重要的职务怎能交给刘备？同样的道理，徐州也不能给刘备，刘备这样的人，论危险指数比吕布差不了多少，只能待在自己的身边，待在能看见的地方。曹操任命的徐州刺史是一个叫车胄的人，史书基本上没有关于他的其他记载，要么他在曹操阵营里的地位不高，要么因为后来死得早，事迹失传了。

最后，曹操以献帝的名义拜刘备为左将军，这是所谓的四方将军之一，比镇东将军还要高一级。此前，袁术担任过左将军，那是董卓主持朝廷时任命的，曹操主持朝政后又曾把左将军给过吕布，吕布刚死，曹操又把它给了刘备。张飞和关羽也都升了职，他们原来一直是司马，曹操提拔他们为中郎将。

这时已到了建安三年（198）年底，许县方面事情很多，南面的张绣未平，北面的袁绍正在向公孙瓒发起最后总攻，一旦消灭公孙瓒，北方的局势将发生彻底改变，到那时袁绍就会率兵南下。

对曹操来说，南北两边的形势都很急迫。可是曹操还没有从下邳回师的意思。曹操很了解徐州的情况，他知道回去之前必须见到一个人，不管多难找也得把他找来，不见到他，曹操走了心里也不踏实。

这个人就是泰山帮首领臧霸，下邳城破后臧霸便躲了起来，怎么都找不着，曹操下令悬赏搜寻，最后还是把臧霸找到了。曹操特别高兴，说服臧霸归顺了自己，并通过臧霸先后找来了昌豨、吴敦、尹礼、孙观以及孙观的哥哥孙康等人。

曹操很慷慨，一次任命了六个郡太守、国相，其中任命臧霸为琅邪国相，昌豨为东海郡太守，吴敦为利城郡太守，孙礼为东莞郡太守，孙观为北海国相，孙康为城阳郡太守。这些地方处于徐州、青州交界地带，他们以臧霸为核心，形成了一个更加紧密的团体。

曹操不怕这样的团体存在，鉴于目前的总体局势，他在徐州的战略是，以陈登在南线牵制袁术、孙策，以臧霸等人在北线牵制袁绍、公孙瓒，这样他才能腾出手来，优先解决南阳郡的张绣。臧霸等人据守在青州、徐州之间，使这里成为曹魏势力的边缘地带，虽然他们服从曹操的领导，在历次战事中也始终站在了曹操的一边，但他们保持了相当的独立性，他们不具备与曹操分庭抗礼的实力，但曹操也不能以武力解决他们，因为他们这里不是曹操的主战场。

处理完这些事，已经是建安四年（199）的春天了。

曹操搬师回许县，路上还办了一件事，渡过黄河占领了北岸的重镇射犬。射犬属河内郡的野王县，今河南省沁阳县境内，这里多年来一直是前河内郡太守张杨的地盘，眭固杀了杨丑，率张杨旧部投奔了袁绍，袁绍命其驻扎在射犬。

从今河南省孟津到新乡这一段的黄河有 200 多公里，河的北岸是河内郡，河的南岸是河南尹，都属司隶校尉部，未来要与袁绍争胜，河内郡、河南尹都将是主战场，所以曹操没有直接从徐州回许县，而是先到了昌邑，在那里稍作休整，之后率主力来到河南尹境内。

河南尹既是官职名，也是地名，作为官职相当于郡太守，作为地名相当于一个郡，此时的河南尹是董昭。眭固大感紧张，他跟曹操也是老熟人了，曹操刚当上东郡太守时眭固还是黑山军的一个首领，他们进攻曹操的后方东武阳，曹操来个了围魏救赵，直接挥师太行山，进攻黑山军的老巢，黑山军仓促回兵，在半路上遭到曹操的伏击，眭固吃了一个大败仗。

眭固直叫命苦，盼望着曹军不会渡河，他字白兔，杀了杨丑，又屯驻于射犬，有个算命先生劝他说："将军字兔而此城名犬，兔见犬，其势必惊，应该赶紧离开！"眭固将信将疑，心里害怕，但又舍不得轻易就把地盘丢了。

4 月，曹操命曹仁、史涣率兵渡河，围攻射犬。眭固急了，让薛洪、缪尚留守射犬，自己亲自北上找袁绍求援。薛洪是张杨的前长史，缪尚是袁绍新近任命的河内郡太守，眭固说是搬兵，其实是想开溜。但眭固运气不好，走到犬城这个地方正遇到曹仁、史涣的人马，一番交战，眭固被杀。

曹操于是也渡过黄河，亲自指挥围攻射犬。董昭当年曾在袁绍和张杨手下都待过，跟薛洪、缪尚有交往，董昭单身入城，劝说薛洪和缪尚率众投降。二人无奈，只得献城，曹操以献帝的名义封他们为列侯，这可能是董昭说服薛、缪二人投降的条件。

曹操随后撤回黄河南岸，屯兵于敖仓，在这里发布命令，任命董昭为冀州牧，这只是个象征性职务，即使占领了河内郡的一部分地区，但整个冀州刺史部仍完全掌握在袁绍手中。曹操还任命魏种为河内郡太守，让他负责黄河以北占领区的事务。

之后曹操回到了许县，同行的还有刘备、关羽、张飞等人。曹操对刘备给予了充分礼遇，出去就坐一辆车，进屋就坐在一张席上，但事实上刘备等人被曹操软禁在了许县。

论规模，射犬之战不是一场大仗，但意义非凡。

首先，这是曹操与袁绍之间第一次直接交手，而且是小兄弟和“下级”曹操先动的手，标志着“袁曹联盟”彻底不存在了。其次，此战之后曹操占有了河内郡的一部分，把势力伸入到了黄河北岸，曹操控制区与袁绍控制区直接对接了，曹操明知袁绍一直以冀州牧自居，但又任命董昭为冀州牧，摆明了要翻脸。

看来这是重要的一仗，但奇怪的是袁绍对此战却不那么上心，看着曹操如此大张旗鼓又毫不避讳地来抢地盘，袁绍似乎抱着事不关己、高高挂起的态度，没有主动派一兵一卒，最后坐视眭固被消灭。

这当然不像袁绍的作风，其中的原因很快就有了答案。曹操回到了许县，立即遇到了袁绍派来的人，曹操原以为是为眭固被杀来讨说法的，但袁绍对此只字未提，反而给曹操送来一个礼物。这个礼物盛放在一只木匣内，曹操让人打开木匣凑近一看，竟然是一个人的首级，把曹操吓了一跳。当曹操听说这是谁的首级时，更感到了窒息和不安，以至于脑子突然有些眩晕，看东西都模糊起来。

这是公孙瓒的人头！就在曹操对吕布大打出手的同时，袁绍也对公孙瓒发起了最后的猛攻，他的全部精力都用在了这上面，曹操进攻眭固时他这边的战斗也进行到了最后关头，所以顾了北面顾不了南面。

袁绍向公孙瓒盘踞的易京发起总攻，就在吕布被杀仅三个月后，终于将易京攻破，公孙瓒被杀，之后袁绍特意将公孙瓒的首级送往许县，一来公孙瓒杀过大司马刘虞，是朝廷的罪人，袁绍把他杀了结案；二来袁绍借机向曹操炫耀和示威。

曹操擒杀吕布威震中原，袁绍杀公孙瓒也足以威震华夏，从此以后，北方的幽州、冀州全部以及并州、青州、司隶校尉部的一部分尽入袁绍的掌握中。

三十三、袁术想喝蜂蜜

吕布死了，公孙瓒死了，也就几个月之间的事，这还没有完，因为又过了几个月袁术也死了。

最近一段时间，袁术这个伪皇帝的日子一点儿都不比公孙瓒强，到哪里都被声讨，别说“九五之尊”，就是想睡几天安稳觉都难。1700 多年后也有个姓袁的军阀，势头比袁术还猛，也想过把皇帝瘾，结果也称了帝，这就是袁世凯，他们的祖籍地也相同，有人考证说他们是同宗。袁世凯跟袁术差不多，没当皇帝时还是个人物，一旦宣布当皇帝就迅速走向灭亡，袁世凯当了 80 多天的皇帝，袁术比他强一点，好歹当了一年多。

官职可以表奏，皇帝却不是谁都能自封的，现在有好多人想打架正愁找不着对手，你当了皇帝，就给人家送上一个揍你的理由。大家一哄而上，这些人里既有曹操那样本来就想打你的人，也有孙策那样的聪明人，同时也有吕布那样心里本不想打但也不得不跟着打的人。

当皇帝不仅要有政治资本、军事资本，还要有经济实力。皇宫、百官、后宫嫔妃、羽林卫队，光是备齐这些家当也得有相当实力。袁术的地盘并不大，核心区域仅是扬州刺史部六郡里的江北两个郡，再加上豫州刺史部的一些游击区而已，以这点实力不用别人打上门来，就是自己关起门来过日子都难。袁术这个反面教材无疑给袁绍、曹操、刘备这些人上了生动的一课，袁绍也动过当皇帝的念头，试探了一下就不敢往下进行了，曹操终其一生都坚决反对称帝，并且一再声明谁敢称帝就收拾谁。

曹操从徐州撤退前，起用陈登主持徐州南部以及扬州一带的军务，陈登很有两下子，在江淮一带干得有声有色，整天扬言说不用曹公亲自来他就能打下寿春。袁术待不下去了，下令一把火烧了寿春的宫室，前往大别山区的灊山，投靠他的部将陈兰、雷薄。

皇帝当到这个份上，简直生不如死。不幸的是，陈兰、雷薄二人翻脸，拒绝接纳老领导率领的流亡伪朝廷。袁术很愤怒，但又无奈，身边的人看到此情此景，有些干脆溜之大吉，袁术又恨又忧，不知道下一步如何办。

走投无路之际，袁术想到了哥哥袁绍。

虽然是势不两立的敌人，虽然这些年中原一带的乱仗大多数都与他们兄弟俩有关，但毕竟是同宗兄弟，别人都不管他，自家亲人不能不管吧？袁术给袁绍写了一封信，表示愿意将帝号让给他，袁术摸准了袁绍的脉，知道这个老兄当皇帝的瘾一点都不比自己小，于是专从这方面下手。他现在虽然没落了，但手里还有两大法宝，一是他建立的新王朝，一是传国玉玺。有这两样东西，称帝路上的障碍会小得多，对于既要面子又要里子的袁绍来说，这两样东西都相当有价值。

果然，袁绍接到这封信，动心了。事情就是这样，看别人往火坑里跳都会觉得人家太傻，可轮到自己站在火坑上的时候脑子又常常犯迷糊。

袁绍立即派长子袁谭从青州刺史部动身去迎接袁术。袁术自己已没有能力一路打到黄河以北，只能等侄子来接。袁谭南下，必须经过已是曹操控制区的兖州刺史部和徐州刺史部。曹操已和老袁公开翻脸，自然不会放小袁过去，他命朱灵、刘备率兵拦截，袁谭南下受阻。

袁术还想冒险试试，可到了徐州刺史部境内就再也过不去了，只得折返回来，又来到了寿春。寿春城里的皇宫已被袁术自己烧得一塌糊涂，这里也待不下去了。袁术只得继续往南，走了 80 来里，于建安四年（199）6 月到达一个叫江亭的地方。

寿春往南有淝水，连通著名的水利工程芍陂，这个江亭应该是淝水上的一个渡口。此时袁术身边已经没有多少人了，粮食也吃完了，袁术问他的“御厨”还有多少吃的，回答说只有 30 斛麦屑。这些本来是喂马的，袁术怎能咽得下去？

这时正是盛夏，天气闷热，袁术身体有些不舒服，想喝点蜜浆，手下人说找不到蜂蜜。英雄一世的袁公路，就这样穷困潦倒地坐在江亭边的草席上回顾着自己的一生。想刚出道时的前途无量，刚起兵反董卓时的叱咤风云，当了皇帝以后的锦衣玉食，想想这些，看看眼前，袁术不禁老泪纵横。

袁术一生都颇为自负，他也是个有血性的人，他大叫道：“我袁术怎么混到了这个地步！”喊罢，瘫倒在草席上，呕血不止，足足吐了一斗多。

袁术就这样死了。

继陶谦、吕布、公孙瓒之后袁术也退出了历史的舞台，在汉末三国袁术是个重量级人物，他出身高贵，志向也很高，自视能力很强，从来不愿意居于人后。但他奢侈、荒淫、放纵，使事业在还没有死的时候就终结了，这实在是咎由自取。

袁术死时只有堂弟袁胤在身边，袁术的后事便由袁胤来料理。袁胤害怕曹操，不敢回寿春，就率领剩下没有走的人护送着袁术的老婆、儿女投奔袁术的旧部庐江郡太守刘勋。

袁胤不清楚的是，这个刘勋虽然是袁术任命的，但跟曹操关系相当亲密，推测起来他们应该在年轻时便相识，那时候刘勋似乎也认识袁术，袁术待刘勋也不错，不惜得罪孙策，让刘勋当上了庐江郡太守。

袁术的另外一批旧部，在杨弘、张勋等人带领下准备渡江投奔孙策，随身还带着袁术积攒下来的大量珍宝。刘勋得知，在半道上对他们进行了伏击，把他们全部俘虏，缴获了许多珍宝。

孙策大怒，密谋除掉刘勋，他假装与刘勋结好，并且向刘勋提供情报，说豫章郡有一块地盘，与庐江郡隔江相望，有当地土著居民结伙聚守，孙策表示刘勋如果能打下来，这里就归他。

刘勋刚刚兼并了袁术不少旧部，人马骤增，正要干一番大事业，没有看出来孙策动机不纯，还以为他是个好人呢，于是按照孙策提供的情报渡江作战。

孙策待刘勋到了江南，亲率一支快速机动部队趁夜来到江北，到达刘勋的大本营庐江郡治所皖城。孙策没怎么费劲就打下了皖城，刘勋的部下全部投降。刘勋这才发现上当了，但无计可施，身边只有几百个人，在庐江郡一带无法立足，只好跑到许县投奔老朋友曹操去了。

袁术的老婆孩子此时也在皖城，孙策把袁术的女儿许给了自己的弟弟孙权。而袁术的儿子袁燿后来入仕吴国，担任过郎中等职。但是，袁术逼吴夫人交出的传国玉玺却没能找着，这件被袁术夺去的东西后来辗转到了誓死不当袁术的上公的徐璆手上，具体过程不详。徐璆后来也辗转来到了许县，成为九卿之一，他献上玉玺，使这件本该属于汉室的东西重新回到主人手里。

三十四、刘备的许县时光

配角们先一步退了场，相对于他们，刘备才是未来的主角之一。

刘备跟着曹操来到许县，开始了新的生活。许县是个是非之地，虽然在曹操的严密控制下，但各种势力在此暗流涌动，还有一些所谓名士，经常聚会，品评人物，时不时给曹操捣乱。

刘备知道自己目前的处境，所以一到许县就闭门不出，老朋友孔融也在许县，刘备连他都不见，避免曹操对自己的怀疑。实在不好打发时间，刘备就领着仆役在住处开出一片园子种菜。曹操对手下人历来防范很严，经常派遣心腹暗中刺探下属的私生活，看大家有没有暗中交结，一旦发现，就会严厉惩处。

有一天，刘备在自家院子里指挥人种菜，种的是一种叫芜菁的菜，曹操派的密探来了，从门缝往里看。刘备很老到，发现门外有人，但装着没察觉，该干什么干什么。密探走后，刘备对张飞和关羽说："我岂是干种菜这种活的？曹操必会生疑，这里不能再待了！"

与此类似的记载还有，说曹操派手下人偷偷监视刘备，发现刘备在园子里整理葱，刘备指挥仆役干活，仆役干得不好，刘备生气，拿着棍杖打那个仆役。情况报告到曹操那里，曹操说："看来这个大耳朵家伙还没有察觉。"其实这也是刘备在演戏，他已发现有人监视，所以故意做给监视的人看，监视的人一走，刘备感觉不妙，连夜出走了。

按照这些记载，刘备担心曹操进一步迫害，所以主动逃出了许县。

刘备确实在许县没待多久就离开了，但不是逃亡走的，而是向曹操请示后经过批准才离开的。刘备急于离开许县的原因，不全因为曹操对他的监视，而是他牵涉进一桩大案，在事情暴露前，必须赶紧脱身。

这是一场预谋中的政变，发起人是董承。作为献帝的岳父，董承现在的职务是车骑将军。

刚到许县时献帝对曹操充满了好感，在别人都往后退缩的情况下曹操挺身而出，使朝廷不至于陷入困顿或离散。但随后曹操大权独揽的做法让献帝产生了反感，他现在虽然还不到20岁，但经受过的磨难已经很多了，他是个有远大志向的青年，从地狱般的长安逃出来，在他的心中越来越强烈地渴望刘汉江山能在他的手中重新振兴。

不久前，还在曹操从徐州回师的途中，献帝突然发布了一项人事任命，将董承由卫将军擢升为车骑将军。曹操把大将军让给袁绍后，自己一直代理车骑将军的职务，献帝把车骑将军正式授给自己的老丈人，意味着曹操代理的这个职务被免除了。

曹操此前有三项重要职务，一个是司空，抓行政权；一个是车骑将军，抓军权；还有一个算是兼职，录尚书事，抓朝廷的日常事务。车骑将军的职务对曹操来说并不是摆设，没有这个职务，曹操直接指挥军队就有点儿名不正言不顺了。所以，献帝的这项决定肯定出于自己的想法，没有跟曹操商量过。他这样做，可能是跟曹操置气，表达对曹操独揽大权的不满，也可能另有打算。

献帝的打算是除掉曹操！这不是耸人听闻，而确有此事，董承就是这个密谋的核心人物。董承为此曾经找到刘备，拿出一份献帝亲笔书写的密诏，让刘备诛杀曹操。献帝和董承找到刘备，一来基于刘备和曹操并不一心，二来刘备手里尚有一定实力。刘备在小沛被打散，但收拾残卒手下还有一些人马，目前应该在关羽、张飞等人的指挥下，曹操想必对这些人马看得很紧，也可能被分编于各部，可一旦有事，把这些人发动起来就是一股力量。

现在刘备面临着选择，刘备不难看出董承密谋的胜算很小，许县是个小地方，上上下下、里里外外都是曹操的人，周边也都是曹操的嫡系重兵，曹操的情报工作做得很细，可谓无孔不入，一旦泄密，参与的人都将在劫难逃。

刘备此时也可以选择向曹操告密，以换取曹操对自己的信任。

但是刘备实在做不出来，一来他对曹操并无好感，如果能除掉曹操他也乐意为之；二来选择告密就等于和献帝作对，如果曹操一怒之下来个废帝弑君，之后顺势把“功劳”往自己身上一推，那刘备可就成了千古罪人遗臭万年了，这个刘备也不能做。

所以，刘备选择了暂时不动。这可以理解为刘备答应了董承，但没有任何行动，既没有去告发，也没有再去联络他人，这大概也是刘备唯一能做的。

可以拖一拖，但也拖不了太久，刘备不行动，董承还会联络其他人，一旦败露，曹操会追查下去，结果还是一样，为了这件事刘备恐怕每天都有如坐针毡的感觉。董承确实有了新行动，他又找到了三个人，一个叫种辑，是个越骑校尉；一个叫王子服，是个偏将；还有一个叫吴硕，担任朝廷议郎。关于他们的背景史书没有太多记载，根据职务判断，种辑和王子服手里多少有些兵权，董承劝王子服说："郭汜当年只有几百人，但也打败了李傕的几万人，现在就看你我敢不敢干了。过去吕不韦有了子楚之后得以富贵，现在我和你正是这样。"

子楚是秦始皇的父亲秦庄襄王，曾在赵国做人质，后来在吕不韦帮助下成为秦国国君，秦始皇统一天下，追封其为太上皇。这是一项高回报的投资，但有极高的风险，王子服比较犹豫："这事非同小可，而且兵力也不够啊！"董承给他打气："如果能杀死曹操，就能得到他的人马，怎么不够？"

董承的计划是给曹操来个斩首行动，曹操伏诛或被擒，他手里人马再多也群龙无首，再由献帝出面征调曹操的人马，完全可行。董承敢这么想并不是他的脑子进了水，汉末发生过多次政变，有宦官发起的，有外戚发起的，也有皇帝本人亲自发起的，经常是以弱胜强，以不可能打败可能，只要出其不意，强大到坚不可摧的堡垒瞬间也会轰然垮掉。

王子服于是答应下来，双方定下密谋。

有一个流传很广的说法，在此期间说献帝打猎，曹操携刘备、关羽、张飞等人同行，曹操轻慢献帝，惹恼关羽，关羽要杀曹操，被刘备拦住。

这件事没有记录在史书中，推测一下也不可能发生，因为刘备在许县只待了三个多月，各方面正面临着巨大压力的曹操没有时间更没有心情去打猎，陪献帝去打猎也不可能。

而且，刘备来许县是春末夏初，离开时夏天还没有结束，狩猎一般在秋冬进行，很少有大夏天出去打猎的。即使有这么一场狩猎活动，刘备和关羽等人也参加了，在戒备森严的环境里，仅凭关羽一己之勇就想当场诛杀曹操，那也是开玩笑。对刘备来说，这段时间的心情想必比王子服等人紧张多了，许县不能久留，尽快脱身是唯一的出路。

正在刘备忐忑不安时来了一次机会，这就是之前说过的，袁术要率伪朝廷北上，曹操要派人去拦截。刘备知道了这个信息，主动向曹操提出，由他率兵执行这一任务。

按理说曹操是不会答应的，然而曹操答应了，还给刘备摆酒送行。几杯酒下肚，曹操意气风发起来，对刘备说了一番很有名的话："当今天下的英雄，依我看只有玄德你和我曹操罢了。袁绍那些人，根本排不上号！”这是夸人的话，刘备听了却心惊胆战，手不由一抖，勺子、筷子掉到了地上。

刘备是个聪明人，知道曹操最不放心什么样的人。笨不怕，傻不怕，怕的是聪明过了头，被曹操视为英雄的。危险系数显然比傻子大得多。刘备到许县后一直低调做人，遇事装傻，种瓜种菜，目的就是不引起曹操的怀疑和防范。

刘备的失常行为曹操看在眼里，好在这时外面响起了震雷，刘备打圆场道：“圣人说‘迅雷风烈必变’，看来确实如此呀，一震之威，居然这么厉害啊！”

不过，刘备还是如愿地领到了任务，率部前往袁术北上的路上展开阻击，随他前往的有关羽、张飞、陈到等率领的人马，这些都是多年追随刘备的旧部，刘备率领他们赶到了下邳。

曹操并不完全放心，所以又派了一支人马跟着刘备前来，由朱灵和路招率领。朱灵是袁绍的旧部，曹操在兖州期间朱灵曾奉袁绍之命率兵支援过曹操，一来二去就留在了曹营，路招的情况不清楚。曹操明确，此次行动由刘备统一指挥，这是因为刘备的职务已经是左将军，比朱灵、路招高得多。

程昱、董昭等人听说曹操派刘备去下邳执行任务，赶紧跑来劝曹操收回命令，或者干脆把刘备杀了，程昱说：“主公前面没有解决刘备，考虑得很正确也很全面，是我们不能及的。但现在再让他拥有兵权，他必然会生出异心。”新任冀州牧的董昭也劝曹操：“刘备有大志，又有关羽、张飞为羽翼，他心里到底怎么想的很难说。”

听完他们的话，一个说法是曹操也后悔了，派人去追，结果没追上。另一个说法是，曹操没有采纳他们的建议，而是说：“可是我已经答应他了。”

分析一下，后面一个说法或许更合理。如果曹操后悔，怎么都能追回成命，他派刘备去执行任务有着成熟的考虑。一个考虑是刘备对徐州、豫州一带的情况最熟悉，对袁术也熟悉，去执行这项任务，是最合适的人选。另一个考虑是，目前自己人手比较紧张，袁绍那边消灭公孙瓒以后已开始了行动，袁绍还派人去联络刘表和张绣，想给曹操来个两面夹击，情报显示孙策的主力也有北上的意图，在曹操眼里到处都是敌人，他都得分兵应对，相对来说阻击袁术的任务次要一些，能挡住最好，挡不住也坏了大局，在派不出太多人马的情况下，让刘备去，利用他的名气弥补人马的不足，也是一个恰当的安排。

阻击任务不复杂，很快完成了。

按理说刘备应该率部返回许县，但刘备没走。这时董承、王子服、种辑、吴硕等人密谋叛乱的事情败露，所有参与这件事的人全部被诛三族，其中包括董承的女儿董贵人。

消息传到徐州，刘备知道自己没退路了，曹操一定会继续追查，迟早查出自己也是这场政变的参与者之一，刘备觉得只能跟曹操彻底撕破脸了。

建安四年（199）底刘备在下邳突然动手，杀了曹操任命的徐州刺史车胄，宣布与曹操决裂。朱灵、路招没有阻止，推测起来刘备可能在行动之前已经把他们打发走了，刘备可以假称任务完成回军，让朱灵、路招先行，待他们离开徐州后就动手。

曹操怒火中烧，终于被刘备算计，让他又恼又愧。曹操迅速做出部署，派出一支人马去征讨刘备。但他派出去的人很奇怪，一个是刘岱，一个是王忠，结果刘备没费多大劲儿就把刘岱、王忠打败了，之后还教训他们："像你们这样的，来上几十个、上百个又能把我怎么样？就是曹操亲自来，结果怎么样也说不好！"

之后刘备立即做出几项决定，以左将军的身份表奏关羽代理下邳国相，让他守下邳，自己率张飞等人驻守小沛，做好与曹军进一步周旋的准备。同时，派孙乾前往袁绍那里联络，再次表明支持袁绍的态度，联络泰山帮以及徐州、兖州、青州一带的反曹力量，结成联盟。

袁绍此时正准备倾尽全力南下，志在必得，孙乾见到袁绍，表明来意，袁绍自然求之不得。联络泰山帮方面也有收获，虽然臧霸仍然支持曹操，不愿和刘备结盟，但泰山帮的二号人物东海郡太守昌豨被争取过来，响应刘备。有了昌豨的支持，刘备在下邳、小沛一带的势力迅速壮大，手下有了几万人马。

曹操决定亲自率兵征讨徐州，对此大多数智囊和将领都表示反对，曹操则坚持要去，他认为："刘备是天下豪杰，现在不打败他，日后必是大患。袁绍虽然有大志，但他优柔寡断，不会立即采取行动。"曹操的想法得到了郭嘉的支持，郭嘉认为只要此次行动速度快，可以做到两边不耽误。

曹操于是亲率一支人马直扑徐州，刘备没有料到局势到了这种程度曹操还有精力照顾他一下，当侦察兵向他报告说曹操亲自来了，刘备大吃一惊，但还是不太相信。

刘备亲自带着几十名骑兵到前面察看情况，看见了曹操的旗帜，于是连打一仗的信心都没有，不战而逃。刘备手下大部分人马都做了曹军的俘虏，其中包括刘备的两位夫人和关羽。对甘氏、糜氏来说，做俘虏快成家常便饭了，而关羽的被俘让刘备损失巨大。曹操很喜欢关羽，升他为偏将，待他很厚。刘备率张飞等残部向北逃走，幸好之前联络过袁绍，现在只有去那里了。

解决完东边的事，曹操重新回到了前线，这时已经到了建安五年（200）初，公元三世纪的第一年，全中国的目光都集中在了黄河南边一个叫官渡的地方。

一场规模空前的大战即将在这里发生。

三十五、五千万买曹操的人头

官渡，从字面上看，是一个渡口。

这个地方确实是渡口，具体来说位于鸿沟之上。中国北方有两大水系，一个是黄河水系，一个是淮河水系，自古以来这两大水系便是人口的主要聚集区和主要经济区。为方便交通，自战国起人们就在两河之间挖了很多人工运河，最后形成以鸿沟、汴渠、狼荡渠等组成的运河体系，将南北水域联结在一起，成为沟通南北经济和人员往来的水路交通要道。袁绍的大本营是冀州刺史部魏郡的邺县，由此南下赴许县有一条陆路交通大通道，它与鸿沟的交汇处就是官渡，具体位置在今河南省中牟县境内。

献帝建安五年（200）初，曹操亲自率兵东征刘备，很快得手，之后曹操不敢怠慢，立即回师，以防备袁绍即将发起的进攻，而刘备被打败后无路可去，只得投奔了袁绍。

在曹操闪击徐州时，袁绍有一次绝佳的进攻机会，曹操嘴上说不怕袁绍趁机进攻，但心里还是发虚的，所以顾不上追击刘备赶紧回来了。袁绍手下自然也有人看出了其中的机会，谋士田丰就力劝袁绍立即出击许县，打曹操一个措手不及。

奇怪的是，袁绍对田丰的建议不说行，也没说不行，就是没行动。田丰多次催促，袁绍仍然不动，他还给出了一个奇怪的理由，说儿子有病，再等等看。袁绍有三个儿子，袁谭是长子，次子叫袁熙，三子叫袁尚。袁绍消灭公孙瓒后任命三个儿子以及外甥高幹各负责一个州，袁谭为青州刺史，袁熙为幽州刺史，袁尚为兖州刺史，高幹为并州刺史。

按照嫡长子继承制，袁谭应该是袁绍的接班人，但袁绍和他的妻子刘氏更喜欢最小的儿子袁尚，所以接班人问题一直没有明确下来。袁绍的说法是，给这几个孩子提供一个平等竞争的机会，看看他们的才能谁更强，对此大部分人表示反对。袁绍已经是一方诸侯，所以他的家事已不再是普通人的家事，而与这几个州的数百万人的前途命运息息相关，所以沮授那么着急。可惜的是，袁绍看不到这一点，以为家事就是自己家里的事，与外人无关。

袁绍打破常规的举动果然在部下中造成了混乱，审配、逢纪等人看到袁绍偏爱袁尚，就开始聚拢到袁尚周围，而辛评、郭图支持袁谭，派系就此形成，并愈演愈烈。田丰建议袁绍抓住机会南下，虽然是一个高明的谋略，但没有得到其他人的支持，袁绍以儿子有病为借口把田丰的建议搁置了，田丰很生气，用手杖敲着地说："这么好的机会，却因为小儿子生病而失去了，真可惜呀！"

其实袁绍并不愚蠢，否则他早就被公孙瓒消灭了。他之所以没有采纳田丰的建议，儿子生病恐怕并不是主要原因，有没有胜算才是关键。大概在袁绍看来，这一仗是实力的较量，作为明显占优势的一方，没有必要通过突袭这种冒险的方式打乱整个战役部署。

就在这时，刘备北上到了冀州，袁绍大喜，命令袁谭护送刘备速来与他会合。袁绍对刘备很重视，派人一路相迎。这时袁军终于完成了集结，已经开始向南进发。为了节约时间，也为了表示对刘备到来的隆重欢迎，袁绍让大军一边南下，自己则由邺县向东去迎刘备，一口气走出了200里。此前他们二人并不相识，但早已互闻大名，所以格外亲热，袁绍、袁谭对刘备也十分敬重。

之后，袁绍携刘备等一行由元城返回邺县，未作太多停留，立即南下。为做好此次南征，袁绍他还让大笔杆子陈琳撰写了一篇檄文，向天下发布。这篇檄文约1300字，陈琳下了很大功夫，痛揭曹操的黑史，从曹操的爷爷曹腾开始写起，罗列了曹操的数条罪状，大肆爆料，专抖曹操的黑史，包括曹操设盗墓机构、秘密联络公孙瓒谋反、杀名士边让、派700名精兵包围皇宫、拘禁皇上等，最有趣的是，袁绍悬赏求购曹操的人头，价码是5000万钱，相当于现在1亿多元人民币。

檄文中的那些或真或假的材料经过陈琳这个大笔杆子的加工，曹操的黑史立即传布四方，在当时就已造成了极为广泛的影响。曹操在后代常被人诟病，很多素材也出自这里。曹操当时正为眼前的战事伤神，偏头疼的毛病又犯了，看了老朋友陈琳写的痛骂自己的文章，脊背上开始冒冷汗，脑袋居然一下子不疼了。

袁绍不仅组成了南下兵团向黄河一带开进，还做了很多战争准备，其中最重要的就是连续派出多路使者，拉拢同盟军，从而建立起一个统一战线，给曹操搞出一个包围圈。

袁绍拉拢的人主要是南阳郡的张绣、荆州的刘表和江东的孙策。派往南阳郡的使者最先到达，见到了张绣，陈述了袁绍的主张。袁绍深知贾诩在张绣面前的分量，所以专门给贾诩写了信，派使者暗中去做贾诩的工作。张绣看到袁曹大战一触即发的形势，在他看来，也许想都不用想应该站在袁绍这一边，不仅因为袁绍的势头更猛，而且因为他与曹操之间是敌人，曹操已视自己不共戴天。所以袁绍的使者说明来意，张绣当场就准备答应，但就在这时，贾诩说话了。

贾诩当着张绣的面对袁绍的使者说："请回去转告袁本初，兄弟尚不能相容，又怎么能容天下人呢？"张绣闻言大吃一惊，不由得脱口而出："这话怎么说的呀！"但张绣一向听贾诩的，知道凡是听了贾先生的话准没错，不听准吃亏，所以这一次仍然按贾诩的意见办了。

打发走袁绍的使者，张绣心中的疑问仍没有消失，问贾诩："既然这样了，下一步该怎么办？"贾诩的回答让张绣十分吃惊："投降曹操！"张绣以为是自己听错了，问贾诩："袁绍强大曹操弱小，我们又与曹操互为敌人，怎么能归顺他呢？"

贾诩说出了其中的理由："曹操奉天子以令天下，这是第一条理由；袁绍强大，我们弱小，在这种情况下归顺他，必然不会重视我们，曹操弱小，得到我们必须欣喜，这是第二条理由；有霸王之志的人，肯定会把个人恩怨放在一边，而让普天之下都知道他的宽容，这是第三条理由。希望将军不要再迟疑！"

经过贾诩一分析，张绣认为也有道理，于是决定投降曹操。这是一个非常大胆的决定，曹操只有如贾诩分析的那样，是一个胸怀远大志向、把个人恩怨抛于脑后的人，这项决定才不会后悔。张绣投降袁绍，基本上不用担什么风险，而投降曹操，则面临着生死考验。

所幸的是，一向料事如神的贾诩在这个重大问题上依旧保持了他的一贯正确，曹操在官渡前线听说张绣投降自己，惊讶之余，顿时感到欣喜若狂。

为了表达诚意，张绣亲自携贾诩到前线面见曹操。在官渡，曹操拉着张绣的手不放，这个人曾经差点要了他的命，而且欠他一个儿子、一个侄子加一员爱将的命，是一个他做梦都想诛灭的敌人，现在就站在他的面前，只要他愿意，可以轻而易举地完成复仇的想法。

但是，现在曹操已经不那么想了，所有的仇恨顷刻间瓦解，因为他真的很高兴。曹操设宴款待张绣和贾诩，任命张绣为扬武将军，封列侯，将张绣带来的人马就地编入官渡前线兵团。为了打消张绣的顾虑，曹操主动提出两家结为儿女亲家，为自己的儿子曹均娶张绣的女儿为妻。

对于贾诩，曹操更喜欢。虽然这是一个可怕的对手，让自己连吃了三次苦头，但今天终于得到了他，曹操有如获至宝的感觉，曹操也拉着贾诩的手说："是先生您让我在天下人面前增添了信誉呀！"曹操以献帝的名义封贾诩为都亭侯，给他安排的职务更高，委任他为执金吾，这是部长级的高官，负责宫外的安全保卫工作。但这只是个虚职，曹操不会让贾诩在许县给献帝站岗，委任贾诩一个很高的荣誉性职务，目的是先把他从张绣身边挖过来，他要把贾诩留在自己身边。董昭已经改任徐州牧，原任的冀州牧一职空缺，曹操于是又任命贾诩为冀州牧。

不费一兵一卒，居然解决了悬在心头很久的一道难题，但是对南边的形势曹操仍然不敢松气，因为还有一个刘表。

襄阳城里，刘表也在紧张地盯着地图看。如果按实力进行排名，袁绍是老大，曹操勉强算个老二，刘表就是当之无愧的老三，至于刘焉、孙策、公孙度，实力还稍逊一筹，现在老大跟老二斗，如果老大联合了老三，老二当然没法玩了；如果老三跟老二联合，老大也有被干掉的可能。

所以，刘表的态度至关重要。但是，对即将发生的袁曹决战，刘表的内心却很紧张，二虎相争虽然必有一伤，但也必有一胜，谁打赢了这一仗，谁就是北方的霸主，也是天下实力最强的人，到那时不管愿意不愿意，自己都得跟他打交道。尽管现在与谁联合决定权在他，但这是一个赌博，一旦押错了宝，今后就被动了。

支持谁不支持谁，刘表心里一直犹豫不决。袁绍派人也来到了襄阳，向刘表表达了希望结成同盟共同对付曹操的想法，刘表没有拒绝，口头上答应了，但并不做任何实际行动。他虽然更看好袁绍一些，但也不敢十分确定，万一最后赢的是曹操呢？现在，他只准备坐山观虎斗，保存实力要紧。

这反映出刘表在战略上的游移，更反映出刘表的私心。但是这个策略受到一些部下的反对，刘表的别驾刘先以及原来在朝廷里担任过天子从事中郎的韩嵩都劝刘表说："豪杰并争，两雄相持，天下之重在于将军。将军如果想有所作为，可以乘此机会崛起；如果不然，也应该选择其中的一方给予支持。将军拥有十万之众，怎么能坐而观望呢？"

而且，榜样的力量是无穷的，曹操善待了一个张绣，马上引起了后续效应，刘表的手下们大都认为应该走张绣的路，除了刘先、韩嵩等人，刘表事业上的重要支持者、老朋友蒯越也持这种观点，他也建议刘表率部投降曹操，这让刘表很犹豫。

为什么刘表的手下大多是“亲曹派”？

从实力上看，袁绍已经占有黄河以北的四个州，手下人才济济，人马众多，论地盘、论实力都胜过曹操，这是不难看出的事，但蒯越、刘先、韩嵩等人还是看好曹操。与其说曹操更有魅力，不如说天子更有号召力。刘先的履历不详，但他对汉室的典籍制度非常熟悉，韩嵩、蒯越曾在朝廷任职，对汉室怀有深厚感情。他们这些人未必多么喜欢曹操，但对献帝是拥戴的。袁绍兴兵讨伐曹操，在他们看来讨伐的是汉室，当然反对。

在这种情况下，刘表决定派韩嵩到曹操那里走一趟，观察一下那里的情况，之后再做决定。建安五年（200）初，韩嵩一行北上，在官渡见到了曹操。曹操对韩嵩一行十分热情，给予了盛情接待。韩嵩对曹操和曹军也有了深刻的印象，之后他又去许县拜见了天子，在曹操的授意下，献帝拜韩嵩为部长级的侍中，韩嵩大概不愿意接受，表示想回荆州，献帝于是改任他为荆州刺史部零陵郡太守。

韩嵩回到襄阳，向刘表汇报所见所闻，对曹操大加赞扬，并劝说刘表送儿子到许县做人质，以证明自己的诚意，这引起了刘表的猜疑，他本意仍想中立，派人考查曹操更多的是做个样子看看，所以对韩嵩的话很反感，甚至想找个借口把他杀了，后来经大家劝解，韩嵩才保住一命。

刘表决定继续执行他原先的策略，对袁绍那边尽量敷衍，答应结成同盟却不做任何实质性的动作，对曹操则不和不战，继续保持中立。

三十六、展开外围争夺战

除了刘表，袁绍还想拉拢关中诸将、徐州的泰山帮等实力派，甚至曹操的部将、防守汝南郡的李通那里都派了人，但都没有取得进展，他们要么明确表态支持曹操，要么态度暧昧。

还有一路，路途比较远，袁绍或许也派人去了，或许没有派，但这一路却主动来了。这就是江东的孙策，论起凑热闹，他的热情一点儿不比父亲孙坚差，袁曹决战，这么大一场战，怎么能少得了他这个看客呢？

孙策的自信来自于实力的增长，经过几年的拓展，他在江东的势力越来越大，不仅占有了江南的丹阳郡、吴郡、会稽郡等地，还发展到江北的庐江郡和庐陵郡。曹操不断接到报告，说孙策又打了胜仗，地盘又在不断地扩张，听得多了，曹操终于忍不住说了一句话："难以与这小子再争锋了啊！"

曹操当前首要的对手是袁绍，所以对孙策只能拉拢，通过结亲、任命官职、封爵等手段先把孙策拉到自己这一边，孙策表面上也乐于接受，双方的关系看起来还不错。曹操给了孙策一个任务，让他打刘表，孙策执行了，不是孙策愿意给曹操当枪使，而是他要报仇。

孙坚死于刘表之手，具体来说死于黄祖之手，黄祖目前担任着荆州刺史部所属江夏郡的太守，守着荆州的东大门，孙策既要报仇，又要向西扩张，所以内部事务理顺之后，即开始了西征黄祖之战。孙策一举打败了黄祖，他本想乘胜追击，但考虑到庐江郡新下，江东也不稳固，征讨黄祖的时机还不成熟，于是回师吴郡。

在后方，孙策有一个心腹之患，那就是曹操任命的广陵郡太守陈登，近一段时间以来不断出击，给孙策制造麻烦，这说明曹操和孙策之间表面和好，下面早已动起了刀枪。

这时已经到了建安五年（200）初，袁曹对决已经拉开序幕。

对形势的判断孙策跟刘表的不一样，他认为这是一次难得的机会，想趁曹军主力北上对抗袁绍之机对许县发动突然袭击，把天子抢到自己的手中。有的记载还更具体，说孙策看到曹操在北面脱不开身，便聚集江东所有兵马，自称大司马，准备偷袭许县。这就不是当看客了，而是也要上台演一把，大有把主角轰下台的意思。这个行动相当突然，无异于公开谋反，但对照一下孙氏的性格基因，不难发现做出这样的行动也并不意外。

只是主力要想北上，还必须先做一件事，那就是要先解决后方的问题，陈登已经堵在了家门口，这是一匹咬人的狼，要么把他消灭，要么把他赶到远远的地方。

建安五年（200）春天，孙策亲自率军来到丹徒，准备向陈登发起总攻。孙策已经到了，但军粮还没有运齐，需要再等几天。在这几天里孙策没事干，有点儿闷慌，他喜欢打猎，他想利用这难得的几天空闲时间去打猎。孙策喜欢轻出微行，这是一种冒险行为，他手下的名士虞翻曾经规劝过他，孙策嘴上表示接受，但总难改老毛病，这一回就出事了。

孙策只带了几个随从去山中打猎，他们发现了一只鹿，孙策领人去追，他骑的是好马，手下人的马追不上。孙策一个人在前面跑，正在这时，突然从林中冒出来三个人。敌方间谍时常在这一带活动，孙策十分警觉，厉声喝道："你们是什么人？"这几个人回答："我们是韩当将军的士兵，在此射鹿。"

孙策看了看，不认识："韩将军手下的人我都认识，从没有见过你们！"孙策意识到有危险，取弓便射，其中一个人应弦而倒。剩下两个人害怕了，举弓与孙策对射，结果有一箭射中了孙策的面颊。孙策手下的人随后赶到，把这两个人都杀了。事后得知，这几个人是吴郡前太守许贡的旧部，等在这里就是为了刺杀孙策。

许贡曾经担任过吴郡太守，一度依附于朝廷任命的扬州刺史刘繇。孙策消灭了刘繇，许贡内心不满，多次向朝廷秘密上报，反映孙策的恶行，建议朝廷征孙策入京，借以削弱孙氏的势力。许贡的上书被孙策截获，孙策下令把许贡处死，这几个人是许贡的旧部，他们的暗杀行动已策划了多时。

众人将孙策护送回营帐，请随行军医来看，发现伤势很重。孙策自知难过这一劫，于是忍住伤痛，把弟弟孙权以及随行的张昭、程普等人找来，指着孙权对众人说："现在天下大乱，我们以吴越之众、三江之固，足以成就大业，希望诸位能善待我的弟弟！"孙策还对张昭说："如果仲谋不堪大任，请先生取代他自任。"孙策让人取来自己的印绶亲手交给孙权，对他说："举江东之众，决策于两阵之间，与天下争衡，你不如我；举贤任能，各尽其心，以保江东，我不如你呀！”

建安五年（200）4月4日，孙策死了，年仅26岁。

从孙坚到孙策，他们身上有着共同的基因，结局也很相似。史学家评论孙坚勇挚刚毅，评论孙策英气杰济，都不是一般人物。但同时也指出，他们父子二人做事不够谨慎，这是他们殒身致败的原因。这或许与他们的出身有关。说到底，孙氏出身于社会的底层，也可以说是草根和寒门，与儒学世族崇尚礼法、家教严正不同，寒门较少受拘束，所以他们好驰猎，喜欢滑稽与酗酒，有时候这些成为他们的魅力和凝聚部下的特长，有时候又成了致命的缺点。

曹操得知孙策死了，兴奋之情难以言表，相对刘表，孙策才是南面的一只猛虎，现在孙策死了，短时间内江东方面难以对他构成威胁。曹操迅速以献帝的名义任命孙权为讨虏将军，兼任会稽郡太守，但是指定他必须屯驻于吴县，也就是今江苏省苏州市。

对曹操来说，压力虽然巨大，但几个月以来得到的全是好消息。

三十七、失守两道防线

邺县与许县两地间直线距离约500里，中间隔着黄河、汴水等河流，沿线有黎阳、白马、延津、官渡等战略要地。

为迎击敌人的进攻，曹操沿着这条中轴线安排了三道防线：第一道防线是黄河以北的黎阳，即今河南省浚县；第二道防线是黄河南岸的白马、延津，即今河南省滑县到延津县一带；第三道防线是官渡。

前两道防线目的是迟滞敌人的进攻，挫败其锐气，而曹军主力都收缩在官渡一带。在第一道防线黎阳，曹军只有一小部分人马；在第二道防线上，守延津的是于禁，手里也只有2000人，守白马的是东郡太守刘延，人马也不多。

建安五年（200）2月，袁军兵指黎阳，曹军稍作抵抗后迅速撤到黄河以南。袁绍占领黎阳，暂时以此为基地进行休整，进一步集结部队，同时派部将颜良为先遣军，渡过黄河攻击南岸的军事要地白马，但是这项决定却遭到了沮授的反对："颜良这个人生性偏狭，虽然骁勇，但不能独立担当大任。"

颜良的情况不详，却很有威名，当时在军中的地位和名望远远超过关羽、张飞等人。袁绍曾经对沮授很倚重，几乎言听计从，可这次却不接受沮授的建议。沮授现在以奋威将军的名义任监军，相当于袁绍的军长兼兵团司令，论军职是袁军中最高的。但这次南征，沮授、田丰等本土派很有意见，惹得袁绍不高兴，前几天还把极力反对南征的田丰下了狱。

仗还没打起来，身居要职的沮授已经到处散播"亡国论"，袁绍十分厌恶，沮授在冀州的影响力让袁绍不至于立即有所发难，但对沮授的信任大为降低。所以，当沮授对于重要的人事安排再指手画脚之时，袁绍出于对沮授渐渐生出的反感，想都没想就驳回了。

袁绍一生气，做出了一项决定，把沮授的监军之权一分为三，分别由沮授、郭图和老将淳于琼担任。这是一项重要的人事调整，和临阵换帅差不多，是兵家大忌。

4月，颜良率部渡过黄河，直指白马。

曹操决定亲自北上解救白马之围，军师荀攸提出了不同意见："现在我们兵力不足，敌不过袁绍，只有分散他们的兵力才能取胜。您到延津，做出要渡过黄河袭击他们的样子，袁绍必然调集重兵前来应战，然后我们再轻兵疾进去取白马，掩其不备，颜良可擒！"

荀攸的意思是先置白马于不顾，把主力开赴延津，这是黄河上重要的渡口之一，给袁军一种要从这里渡河包抄黎阳的架势，诱使袁军主力向延津对岸一带转进，袁军被调动后，再迅速出击白马。这个计划具有一定的冒险性，一是袁绍看破曹军的企图，不分兵西进；二是袁军虽然分兵，但他们兵力足够多，既能迎击延津之敌，又能加强白马的攻势。

如果上面两种情况出现，对曹军来说结果都是白马丢失，曹军大败。但是曹操认真考虑了荀攸的建议，他肯定也看到了敌强我弱的现实情况，在这种情况下如果中规中矩地跟敌人打正面战，肯定会处于下风。用兵之法，奇正相辅，尤其在被动的情况下，出奇才能制胜。

曹操接受了荀攸的建议，放弃驰援白马的方案，而是亲自率一支人马向延津方向开来。袁绍果然中招，将进攻白马的一部分人马调往延津。曹操看到计策成功，命张辽为主将，率一支轻骑兵疾驰白马。张辽领命，请求让关羽同行，曹操同意。

白马前线，颜良一直以为主战场在百余里之外的延津，没有想到突然有一支劲旅向自己杀来，仓促应战，结果打了败仗。此战关羽立下大功，亲斩敌方主将颜良。

曹军虽然取得白马大捷，但曹操深知袁绍依然强大，所以不敢冒进，而是命令张辽、关羽等部迅速回防，准备迎接袁军的下一轮进攻。

袁绍丢了面子，盛怒之下命令主力立即渡河，此举又遭到沮授的反对，沮授认为："曹军不仅人数不如我们，而且他们的后勤保障也不如我们。敌人想急战，而缓战对我们更有利。正确的做法应该是打持久战，把战事拖长。"沮授的建议有一定道理，打仗不仅拼人马数量，还要拼经济实力，有北方四个州做后盾，袁绍的经济实力是曹操所不能比的。

但袁绍的耐心已经用完，毫不客气地把沮授的意见驳回。

沮授当即以健康为由请求辞职，袁绍批准，把沮授所部交由郭图统率。曹操知道袁军下一个进攻的目标将是白马，于是下令白马军民全部随军撤离，但向哪个方向撤却颇费思量。白马属兖州刺史部的东郡，沿黄河向东不远就是另一个军事要地濮阳，此时它还在曹军手中，但驻军不多，再往东就是曹操在兖州刺史部的中心城市鄄城，现在只有程昱率 700 人在那里防守。

鉴于东部防守的薄弱，曹操不敢向东撤，但他也不敢轻易撤向南面的官渡，那样正面的压力太大，弄不好就容易被袁军一鼓作气来个中心突破。曹操做出了一项大胆决定，他亲自率领白马的人马沿黄河向西撤，并且带上所有辎重和白马一带的老百姓。

这有点儿出乎袁绍的意料，袁绍此时应该弃曹操不顾，直接向南进攻，那里才是中心战场。但袁绍新败，心里不服，有点儿置气，正急于找到曹操本人打一仗，挽回白马失利的面子，于是命令已渡过黄河的主力部队，一部由郭图率领驻守刚刚到手的白马，另一部由文丑率领顺着曹军撤退的方向追击。

刘备参加了追击曹操的行动，虽然他的军职很高，但这个行动应该以文丑为主，刘备和手下只是唱配角。刘备现在手里多少有一些实力，但人马不会太多，这是他投奔袁绍后的首次行动，袁绍可能鉴于刘备和曹操打过很多交道，对曹操比较了解，所以做出这样的安排。

当然也可能是刘备主动请缨，关羽在阵前亲斩颜良，这个情况瞒不住任何人，这让刘备又喜又惊，喜的是知道了关羽的下落，惊的是此举恐怕将加深袁绍对自己的疑虑，所以他主动请战，表明自己和曹操势不两立的态度，打消袁绍的疑心。

文丑、刘备率部追上了曹操，地点在延津以南，当时袁军都是骑兵，总兵力近 6000 人，而曹操的骑兵不到 600 人，形势异常危险。

如果文丑和刘备此战一举生擒或者杀了曹操，后面的事就简单了。那样一来，袁绍就可以一鼓作气打到许县，今后的天下就真的姓袁了，文丑将一战成名，刘备也将一雪前耻。

然而，结果却不是这样的。在以一比十的悬殊对比下，曹操居然打了一场漂亮的大胜仗。看到袁军来了，曹操不慌不忙，居然有工夫命人扎了营，并派人登高侦察。不一会儿侦察兵向曹操报告："敌兵来了，大概有五六百人！"曹操没有动，让其继续观察。过了一会儿，侦察兵又报告："骑兵更多了，步兵不计其数！"曹操镇定地说："知道了，不用再报告了！"

曹操没有下令撤退，反而下达了一个奇怪的命令，让大家出营解鞍下马，同时把从白马带来的辎重摆在道路上。随行的将领们都认为敌人骑兵多，不如退到营寨里坚守，待援军到来。曹操胸有成竹，他把目光移向荀攸。荀攸早已会意，微微一笑：“这正可以作为诱饵，怎么能撤呢？”

文丑、刘备率领的骑兵转眼就杀到了，众将都说该上马了，曹操让大家先别急。又过了一会儿，袁军越来越多，看到路上的辎重，有一部分人开始忙着清理这些战利品。

曹操命令大家：“可以了！”曹军全部上马，纵兵杀出。文丑、刘备没有防备，大败。此战文丑被杀，袁军没战死的大部分成了俘虏，刘备跑得快，侥幸逃脱。

从史书记载来看，此战是曹操创造的一个如神话般的经典战例，不仅以一抵十，而且打得从容不迫，在敌众我寡的情况下，一开始就胸有成竹、稳操胜券，打得不慌不忙，相当从容，这极不容易。相比而言，文丑、刘备水平也太差了，文丑空负虚名，刘备也愧为一名老军人，在优势明显的情况下被打得落花流水，打乱了袁绍的总体布局，说他们最终影响到官渡决战的胜败也不过分。

但是，以区区600人能一举打败近6000人，并斩敌方主将于阵前，这又让人十分不解，因为这违背了冷兵器时代战争的一些最基本常识。除非文丑晕了头，除非刘备在战场上睡着了，否则这样的结果不会出现。

表面看曹操以辎重为诱饵使敌军大乱是取胜的关键，但这只是一个方面，因为它改变不了双方兵力悬殊的总体态势。袁军即使开始有些慌乱，但对一支训练有素的劲旅而言，临阵应变是基本能力，他们很快就可以组织起反击，到那时兵力多寡才是胜负的决定因素。袁军追击而来，人数想必还在不断增加，6000人还不是它的全部，曹军600人如果退到营寨里固守待援，打败敌人几次进攻尚可理解，将敌兵全歼，并将没有打死的敌兵全部俘虏那就有点儿天方夜谭了。

对于上面的疑问，史书没有做出解释，文丑、刘备就这么稀里糊涂地败了。不过，分析一下当时的情况，似乎可以看出一些问题来，关于此次延津之战的记载有几个问题值得思考：一是曹操为什么非要向已经被敌兵占领的延津方向撤退？二是为什么曹操身边只有600人？三是随曹操撤退的辎重都在，而老百姓上哪里去啦？

如果把这些问题联系在一起考虑，似乎可以看出曹操撤向延津是一个精心构思的计划，带上辎重和老百姓是这个计划的重要部分，袁军看到大批辎重于是下马抢占而没有提防后面的曹军，是因为辎重里混杂着大量的老百姓，场面很混乱，像是赶大集，这为曹军突然发起攻击提供了最佳时机。所以做诱饵的不仅是这些辎重，还有老百姓。

这样的场面十分复杂，袁军再彪悍，也不能见到老百姓就剁，曹军将士甚至可以混到老百姓里，穿上老百姓的衣服，让袁军防不胜防。刘备目睹了这一切，想必留下了深刻印象。多年后，刘备被曹操追击，为了脱身他也使出了这一招，用老百姓做掩护抵挡追兵。

在白马向延津撤退的路上，曹操应该有时间进行兵力部署，调集周围的部队向预设的战场机动。曹军趁袁军抢夺辎重突然发起攻击时，投入的兵力绝不是 600 人，而要多得多，如果短时间内能全歼袁军，人数恐怕也不比袁军少。史书没有这方面的详细记载，因为它不便回答随军行进的老百姓在此战中的作用，所以炮制出 600 人全歼近 6000 人，又临阵斩杀名将文丑的神话。

当然曹操这项计划也有很大风险，那就是袁绍变得聪明起来，他不向西追，而直接进军正前方的官渡。但曹操对袁绍太了解了，他们自青年时代便相识、相惜，如今在战场上相见，曹操知道心情高傲的袁绍首战挫败后急于报复的心情，所以只带 600 人亲自当诱饵，把袁军主力吸引到延津一带，集中优势兵力迅速将其歼灭。

颜良、文丑都是河北名将，短短几天内被曹军打败并战死，极大地鼓舞了曹军士气，也深深震撼了袁军士兵。

三十八、虎豹骑的闪电战

一败再败，袁绍被彻底激怒了。

袁绍亲自率主力推进到阳武县，此地在今河南原阳县东南。曹军不敌，阳武县被占领，曹军三道防线中的前两道全面失守。

关羽斩杀颜良后，曹操立即以天子的名义拜关羽为汉寿亭侯，曹操很欣赏关羽，有意把他永远留在自己身边，所以特别怕关羽离他而去。不久前，曹操曾密派与关羽交好的张辽去摸底，看看关羽愿不愿意长期待在他这里。

张辽说明意图，关羽叹息道："我知道曹公厚待我，然而我受刘将军厚恩，我们在一块起过誓，要同生同死，我不可能背叛他。我不会永远留在这里，但我会报答曹公以后再走。"关羽向张辽说完那番话后，张辽心里犯了嘀咕，原话转告，怕曹操生气杀了关羽，不如实转告，又觉得对不起曹操对自己的信任，最后张辽还是如实说了。曹操没生气，反而觉得关羽很仗义。

现在关羽力斩颜良，兑现了当初的承诺，曹操预感关羽有可能走，立即对关羽给予厚赏，想留住他。但关羽去意已定，他把曹操赏赐给自己的东西全部封存起来，留下一封信，前往袁军大营找刘备去了。有人想追，曹操制止了，对大家说："他也是各为其主，不要追了。"

关羽受到后世的追捧，被称为武圣，其实不是他的勇猛无人能比，而是他为人做事方面很到位，他不为利所动，所有的事都以义为先，做事很讲究，即使离开也让人挑不出理来。曹操对这件事的处理也得到后世的高度评价，他明知关羽去心已定，仍然激赏其志向，等关羽离开时已不去追赶，以成全其忠义，这种胸襟没有相当气度无法做到。

刘备此时应该在阳武或者黎阳，关羽此时应该在官渡附近，关羽要找刘备不必太费周折，也不需要过五关、斩六将，只要事先把路线搞清楚，应该问题不大。关羽不仅自己走了，还带上了刘备的两位夫人甘氏和糜氏，可见他事先做了精心准备，曹军不追，关羽一行顺利来到袁军控制的地区。

关羽刚杀了袁绍的大将，这边恐怕正在给颜良开追悼会呢，这时候关羽送上门来，袁绍想必是既爱又恨，但也不好说什么，如果追究关羽把他杀了，不仅逼着刘备造反，而且得让曹操笑掉大牙。

刘备见到关羽以及失散的两位夫人，自然喜出望外。此时在刘备身边的，除了张飞还有赵云，赵云早年在公孙瓒手下任职，与刘备关系很好，后来赵云因故离开了公孙瓒，与刘备失去了联系。刘备到冀州投袁绍后，赵云打听到刘备的行踪，主动来找他，刘备又见到赵云特别高兴，一刻都舍不得离开赵云，刘备交给赵云一项任务，让他招募人马，现在刘备最头疼的是手下没人，袁绍很贼，尊你敬你但不给你一兵一卒，如果刘备自己出面募兵，袁绍必然会有警觉和疑虑，赵云是个新人，目标不大，悄悄做这项工作很合适。

赵云做得很好，没用多长时间就招募到几百人，赵云私下告诉他们是刘备将军在招人，他们都是刘将军的手下。也许是赵云保密工作做得好，也许是袁绍太忙顾不过来，袁绍对这些事一概不知。

虽然连破曹军两道防线，但袁绍自己也连失了两阵，而且败得很惨，这个时候他应该先冷静冷静，总结一下教训，调整一下思路，就像篮球比赛，一连让对手得分，自己毫无招架之力，那就得叫暂停了，最少也要把对手连胜的气势给挡住。

但袁绍没有，曹操在他心目中只是个小兄弟，昔日一个拎包的、跟班的，被曹操打败，袁绍觉得很丢面子，而且他不认为自己在指挥上有什么失误，他觉得曹操能赢纯粹是运气好。

运气，不能总是你一个人好吧？黄河边上的阳武县秦代称博浪沙，因张良在此刺杀嬴政而闻名天下。现在该地处在黄河以南，北距黄河数十里，但在汉末黄河经过敖仓后不是向东北方向流去，而是流向东南，阳武县在黄河的北岸。袁绍把指挥部由黎阳推进到阳武县，由此渡过黄河就是中牟县，汉末到现在中牟县的位置变化不大，今天的官渡镇就在中牟县城的东郊。

曹操不能退了，官渡必须守住。曹操这边形势相当紧张，大家都认为双方的力量仍然悬殊，一部分人产生了动摇，还有一小部分人甚至暗中与袁绍联络，随时有叛乱的可能。就在这个节骨眼上，更为不利的事情发生了，后方的汝南郡一带出了问题。

曹操安排部将李通驻守在汝南郡，但毕竟力量有些薄弱，袁绍派人到处拉拢收买，李通不为所动，袁绍又去策动活跃在这一带的黄巾军余部，结果黄巾军余部在刘辟等人带领下在汝南郡起兵，公开响应袁绍。袁绍得知后大喜，刘表、孙策没有指望上，天上却掉下来一个来帮忙的刘辟，袁绍决定派人前去支援，壮大刘辟的力量，也给曹操的背后来一刀。

袁绍决定派刘备领兵前往，执行这项特殊任务。这个决定有点儿出乎意料，正如当初曹操派刘备执行拦截袁术的任务一样，都不太好理解。

到曹操背后发展势力，的确是当前的一着好棋，这样的机会对袁绍来讲是很重要的，不能轻易浪费，基于这种考虑，派谁去执行这项任务必须慎之又慎。袁绍手下本来最不缺能独当一面的将领，但是短短几天时间，颜良、文丑这两位最出色的将领先后丧命在军前，袁绍的手头一下紧张起来，再调一员与颜良、文丑相当的将领去执行这项新任务，袁绍还真不好派。这大概是袁绍让刘备去的主要原因，如果换成曹操，再难也不会派刘备去，曹操吃过亏。

还有一种更大的可能，这项任务是刘备竭力争取来的，袁绍可能开始也有疑虑，但看到刘备的积极性这么高，而自己的人手也不富裕，于是就答应了。在袁绍眼里，刘备是货真价实的豫州刺史，长期在豫州、徐州一带活动，熟悉那里的情况，也有一定的影响力，他去倒也挺合适。

这样，刘备便率部离开阳武前往汝南郡，此行按现在里程直线距离也有200公里，是一趟远差。而且不能从中间走，必须绕开中间的官渡、许县等曹操重兵把守的地方。不走中间，走西边还是东边都要越过曹操控制区。如果从西边绕行，要经过新郑、阳城、昆阳等地，如果从东边绕行，要经过陈留郡、陈国。

最后刘备率部顺利到达了汝南郡与刘辟等人会合，声势大增，刘备指挥人马自南向北攻击许县，前锋一度到达濦强县，该县位于许县以南30公里的地方，再往前，马跑得快点儿，小半天就到许县了。

许县是曹操的后方基地，献帝以及包括曹操本人在内的所有高级将领、智囊们的家眷几乎都在这里，拿下许县，把这些家眷俘虏在手，对曹军的杀伤力将是巨大的，刘备对此深有体会。

此时曹军的主力都在前线，曹操只派荀彧、王必、满宠等人留守许县，他们都是文官出身，曹操的后院眼看要燃起一把大火。好在尚书令荀彧处理这样的危机很有经验，当初张邈、吕布突然起事，情况与现在有点儿类似，正是在荀彧等人临危不乱下才渡过了危机。荀彧一面加紧备战，一面派人火速前往官渡前线，向曹操报告情况。

官渡前线，袁军的进攻势头正猛。

曹操压力很大，正在这时却接到荀彧的报告，想必曹操的头疼病一下子加重了好几倍。曹操现在面临着根本无兵可抽、无将可派的局面，但许县也不能丢失，曹操深知其中的利害。

曹仁看到这种情况，向曹操建议："南面情势危急，不能不救。刘备手下大都是新从袁绍那里招来的兵，他刚带这些兵指挥起来未必顺手，刘辟等人向来见风使舵，不会苦战。所以，如果快速出击，一定能很快把他们击破。"

曹仁现在正式的职务是议郎兼广阳郡太守，但曹操给他的实际任务是训练和指挥骑兵。这支骑兵，是曹军嫡系中的嫡系、主力中的主力，它有一个响亮的名字：虎豹骑。

有人认为汉末三国有四大王牌部队，分别是公孙瓒的白马义从、吕布的陷阵营、曹操的虎豹骑和刘备的无当飞军，白马义从、陷阵营前面介绍过，他们已随公孙瓒和吕布而消失，无当飞军纵横沙场还是多年以后的事，当下能被称为第一劲旅的，只有这支虎豹骑。

曹操本人对骑兵作战一向十分偏爱，在之前与陶谦、吕布、袁术等人的作战中可以看出，他擅长使用骑兵，关键时刻往往收到出奇制胜的效果，所以他组建了这支战斗力超强的虎豹骑。虎豹骑也是曹操的近卫部队之一，先后由曹仁、曹纯等人指挥，曹休、曹真等曹家下一代青年将领曾在这支军队服役。这支人马数量不多，大约 5000 人，但个个都是千挑万选，每有一个缺员，就从上百人里挑选一个补上。

曹仁的建议启发了曹操，在无力抽调正面战场兵力的情况下，可以让曹仁率虎豹骑快速出击，得手后迅速回师，袁绍还没等弄清情况问题就解决了，打一个时间差。

这就是拿速度弥补兵力的不足，但这样做比较冒险，如果曹仁此行不顺利，不能很快结束战斗，如果袁绍得到消息趁机发起正面强攻，后果都不堪设想。但曹操最后还是向曹仁下达了率虎豹骑奔赴汝南郡的作战命令，原因是舍此已没有更好的办法。

曹仁率虎豹骑悄悄地出发了。

他们只带少量干粮，不带辎重，从官渡前线隐蔽撤下，之后向南，直扑汝南郡。200 公里对虎豹骑来说是一天加一夜的行军路程，面对这样一支快速机动部队，刘备即使在沿途安排有侦察人员也毫无作用，因为刘备的便衣侦察员根本跑不过虎豹骑。所以当曹仁突然出现在刘备面前时，刘备吃了一惊。

刘备没想到的是，前来支援的竟然是曹军最精锐的主力，也没有想到曹仁亲自来，自己手下虽然有关羽、张飞、赵云这样的勇将，但能打硬仗的人马不多，至于刘辟等人，不要看他们嘴上多么慷慨激昂，一到打硬仗，肯定第一时间开溜。刘备并没有为袁绍的事业牺牲自己的打算，所以他指挥的人马一触即退。

曹仁得手后不敢停留，立即由汝南郡回师，回到官渡前线时已是建安五年（200）的 8 月，此是袁军主力又向前推进了一些。

在曹军官渡大营的正面，双方展开对决，袁绍下令用沙土堆成土丘，在曹营前面呈东西方向展开，长达数十里，以此为依托构筑营寨。为了对抗袁军，曹操也分兵筑营，但如此一来，兵力不足的问题更加突出了。有的史书认为此时在官渡前线对阵的双方兵力，袁绍有十多万人，曹操不足一万，且伤兵占到十分之二三。这显然不准确，袁军人数估计得差不多，但曹军人数明显低估了，推测起来曹军在此的兵力应该在三万人左右，甚至更多一些。

双方陷入艰苦的对峙之中，为了取胜，都想了不少办法。袁绍下令在曹军营外堆起土山，支起高高的瞭望楼，凭借制空权向曹营射箭。曹营暴露在敌人弓箭手的射程之内，营里的人想来回走动，只能蒙着盾牌慢慢走。为了对付高处的弓箭手，曹军将攻城用的抛石车进行了改良，使之射程更远，力量更大，号称霹雳车，抛掷石块，专打袁军瞭望楼和土山上的弓箭手，瞭望楼纷纷被打倒，袁军的弓箭手也轻易不敢到土山上来。

袁绍见弓箭兵没有发挥威力，又调来了工兵，向着曹营方向开始隧道作业，曹军的对策是以地道对地道，在营中横向挖出又长又深的壕堑，袁军的地道挖到这里时就暴露了出来。

双方斗智斗勇，使出了浑身解数，打得异常艰苦。

三十九、老将军的鼻子没了

对峙时间一长，后勤问题很快暴露出来，最先感受到压力的是曹操，曹军的粮食眼看接济不上了。这是一个严重的问题，一旦不能给士兵开饭，即使思想政治工作做得再好，部队也没有战斗力，更何况曹军这边士气本来就成问题，士卒叛逃事件时有发生，如果再没有饭吃，定会不战而败。

面对这种严峻形势，曹操产生了退兵回许县的想法，为此他给后方的荀彧写了封信，征求他的意见。荀彧很快回信，不赞成曹操的想法，荀彧分析道："现在军粮虽然很少，但还没有到楚汉在荥阳、成皋争胜时那样，当时刘邦和项羽都很艰难，但都不肯先退，因为先退的一方气势必然会受到打击。现在我们用很少的人阻挡袁军的进攻，扼其咽喉使其不能前进，已经好几个月了，现在正是关键时刻，形势必将发生变化，一定能等来出奇制胜的机会。"

曹操认为荀彧说得有理，他又问计于贾诩，贾诩认为："曹公您贤明胜于袁绍，勇力胜于袁绍，用人胜于袁绍，决断胜于袁绍，有此四胜然而将近半年之久仍不能决胜的，是考虑问题太求万全而造成的，应该抓住机会奋力一击，大局必然可定。"

荀彧和贾诩都不主张撤退，认为局势已经到了关键时刻，现在需要的是一次出奇制胜的机会，但道理是对的，只是这样的机会可遇不可求，它能出现吗?

在荀彧和贾诩等人的鼓励下曹操决定暂不撤兵，但他找不出更好的破敌之策。后方的荀彧以及夏侯惇、钟繇、李通、任峻等人想方设法筹集军粮，但这些粮食要安全运到前线却比较困难。

因为双方一边在前线相持，一边都睁大眼睛盯着对方的运粮队，袁绍三番五次派人打劫曹军的运输线，让曹操苦不堪言。终于，曹操也抓住一次机会，给袁绍的运粮队一次痛击。曹操得到情报，说袁绍有一支运输队由部将韩猛带领正向前线开来，运粮车有数千辆之多。曹操问军师荀攸谁能担负突袭袁军运粮队的任务，荀攸说偏将徐晃可以。

徐晃脱离杨奉进入曹营后屡立战功，在攻打吕布以及东征刘备的战斗中表现突出，在不久前进行的白马之战和延津之战中也充当主力。徐晃的临阵谋略和战斗力让曹操很欣赏，深入敌后攻击袁军的粮道是一件难度很大的任务，仅有勇力不行，还要随机应变，果断处置各种突发事件，在这一点上徐晃完全胜任。

曹操命令徐晃率队出发，同时派史涣为副将随行，这个安排体现了曹操对这项任务的高度重视。史涣日后的名气虽然不如张辽、于禁、徐晃等人那么大，但曹操对史涣的信任却超过一般人，不仅因为史涣是他的老乡，从己吾起兵就追随他，更主要的是史涣做事稳当，对曹操忠心不贰，曹操以后多次派史涣为监军。

徐晃和史涣率部出击，劫了袁军的运输队，但所获物资无法运回，只得一把火烧了。

曹军人数不占优势，粮食快吃完了。

辛苦的不仅是阵前厮杀的部队，负责运粮的人也同样很难，为了保证供应，不分昼夜地从后方紧急运粮上前线。为了给他们鼓劲，曹操专门向他们训话："再过 15 天我就给你们打败袁绍，到时候就不再烦劳你们了！"

曹操说这话的时候心里未必有把握，为了稳定军心，他必须装出胜券在握的样子。曹操的压力实在太大了，加上头疼，弄得他常常睡不着觉。现在他满脑子装的都是粮食问题，整天愁眉不展，虽然夸下 15 天破敌的海口，但他知道除非奇迹发生，否则那是不可能的。

一天晚上，当他一个人还在指挥帐里沉思的时候，奇迹来了。

当时曹操正在洗脚，准备不去想那些烦心事，先睡觉再说。卫士进来禀报，说外面有个自称是他老朋友的人要见他，来人自报名字叫许攸。听到这个名字，曹操脑子里灵光一闪，许攸是袁绍的高级参谋，深夜至此极不寻常。曹操是个极其聪明的人，马上明白了大概，不禁脱口而出："子远来了，我的大事要成功了！"

曹操来不及擦脚穿鞋，竟然光着脚跑了出来迎接许攸。曹操与许攸也是老朋友了，当时在洛阳与宦官斗争时，许攸就是袁绍身边的骨干成员，曹操是他们联络的主要对象之一，经常有来往。既然是朋友，多余的话也就不说了，谈话直奔主题，许攸问曹操：“袁绍强盛，你如何破他？还有没有军粮？”

果然是老江湖，一开口就击中要害。曹操也正想谈谈粮食问题，但他对许攸此行的目的还没有把握，是献计来了还是摸底来了搞不清楚，于是说：“还可以吃一年。”许攸一听，毫不客气地说：“不对，请重新回答！”曹操只得说：“可以吃半年。”还玩虚的，许攸有点儿不高兴：“足下不想破袁绍吗，为什么不据实回答呢？”曹操这才笑道：“刚才是开个玩笑，其实粮食只够吃一个月的了，怎么办呢？”

其实这也是虚数，曹操之前说 15 天可以破敌的时候已经传达出了实情，他的粮食不是可以吃一年或半年，甚至也不是一个月，而是只有 10 多天了。

许攸替曹操分析道：“您孤军独守，外无救援而粮草将尽，这是非常危险的。现在袁绍有一万多车辎重粮草在故市、乌巢一带，守卫的士兵警备不足，如果以一支奇兵发起突然袭击，出其不意把粮草烧了，用不了三天，袁绍必然大败！”曹操一听大喜过望，这难道就是冥冥之中上天赐给自己的那个机会？

许攸说出了一件极其重要的军事机密，那就是袁绍后勤基地的位置及防守情况。乌巢位于今河南省延津县境内，故市地名不详，也应该在这附近，这里位于黄河之南、官渡以北，在袁绍军营的背后。如果真能一把火将这些粮食烧了，短时间内袁军粮草接续不上，军心必然动摇，这真是一招制胜的绝好机会。

曹操立即连夜主持召开军事会议，与诸将以及各位高级参谋们商议此事。出乎曹操的意料，大多数人反对去劫粮。大家认为许攸此时来投很可疑，弄不好是袁绍使的反间计，还是慎重为好。

的确，许攸为什么从袁绍那里叛逃呢？

原来，许攸曾向袁绍建议分兵进攻曹军，具体方案是，以主力的一部在正面吸引曹军主力，然后分另一部主力悄悄绕到曹军背后直接进攻许县，把献帝掌握在自己手中，奉迎天子反过来讨伐曹操，曹操即使不溃败，也会首尾难顾。许攸的这项建议本来也很有价值，但刘备、韩猛已经两次分兵出击都以失败而告终，所以袁绍不再考虑类似方案，就没有听从。

按说这也没啥，更不会因此跟领导反目成仇，但恰在此时许攸家里出了点事，让他动了叛逃的念头。袁绍手下文武失和是一个公开的秘密，许攸一向说话口气大、脾气臭，不注意团结同事，平时人际关系一般，他跟审配不仅有矛盾，而且矛盾很深。田丰、沮授失势后审配现在是袁绍身边的头号红人，审配一旦得势就想找机会收拾许攸。许攸家里的什么人这时候犯了法，审配把他抓了起来，并且扬言要挖后台，许攸又气又怕，干脆叛逃到曹营。

这件事来得太突然，所以很可疑，对于曹军的将领们来说，他们宁可信其无，也不愿信其有。如果许攸唱的是反间计，那么偷袭乌巢就是袁绍布下的一个陷阱。

但是许攸带来的这个情报也太有价值了，太具有诱惑力了。作为弱势的一方，打正规战看来取胜的希望越来越小了，只能利用机会出奇制胜，打对手一个冷不防。出击袁军的后勤基地，的确是目前的最佳作战方案。

机会来了，关键是能不能抓住。能不能抓住，关键又是敢不敢去抓。在不可能详细核实情报真伪的情况下，只有荀攸、贾诩认为许攸的情报可信，应该抓住机会，毕其功于一役，彻底扭转战局。有他们的支持，曹操最终拍了板，决定抓住这个稍纵即逝的机会偷袭乌巢。

不是曹操喜欢冒险，而是他对许攸很了解。作为20多年的老朋友，他知道许攸的秉性，这位仁兄的确智谋过人，但一向唯我独尊，不太合群，跟郭图势不两立的情况也早有耳闻。而且，许攸生性自私自利，做事情处处替自己着想，冒死跑到敌人那里献上一条让人生疑的假情报，这种事许攸干不了。

曹操决定亲自带队完成这项任务，众人大吃一惊，都不赞成。但曹操意志很坚决，他既然决定了偷袭的计划，就必须保证此行的成功，他可以派其他将领去，但是又不放心。虎豹骑已经从南阳郡回到官渡前线，曹操把大营临时交由曹洪负责，由荀攸协助曹洪，曹操率5000人马趁夜悄悄出发了。这支人马里有张辽、徐晃所部，肯定还会有虎豹骑的一部分，都是精锐。

乌巢的具体位置在袁军大营东北方约40里处，曹军此去必须经过袁军的防地，为了顺利通过，曹操让人准备了袁军的旗帜，令士兵嘴里衔上小木棍，用布裹住马蹄，以防夜行途中马匹发出声响暴露行踪。曹操命令士兵还抱了很多柴禾，这些都是有专门用途的。

路上遇到袁军，但他们根本没有料到这是敌人，询问是哪部分的，曹军士兵回答："袁公担心曹军包抄后路，派我们增加防备。"一路上多次遇到这种情况，居然都顺利通过。袁军士兵戒备心有如此之差吗？那倒未必，一切缘于许攸送来的绝密情报中最有价值的部分除了袁军屯粮的位置之外，应该还有袁军的暗语口令等行军机密，所以曹军才能一路畅行无阻。

甚至可以推测许攸也一路同行，有他这个袁军的高级参谋在，行军路线、敌军守备情况、敌将姓名、暗语口令等都不成问题，所以曹军在夜里很快便推进到乌巢附近。

袁军在乌巢的指挥官是淳于琼，他手里有一万多人，袁绍交给他的任务是负责屯粮基地乌巢的安全，这批粮食是袁绍刚从后方调运来的，由袁谭亲自送来，有了这批粮食，袁绍料定曹操必败无疑。

曹军出其不意地出现在乌巢袁军营外，曹操下达攻击命令，将士们奋力拼杀，袁军没有防备，顿时陷入慌乱。曹军攻入袁军大营，带来的柴禾派上了用场，他们四处点火，袁军大营顷刻间变成火海。

如果放在平时，曹军未必能得手，但此时是夜里，袁军士兵毫无防备，大部分人还在睡觉，被惊醒后根本摸不清情况，也不知道敌人有多少，只见各处都在起火，到处都是喊杀声，哪里还有战斗力。

袁军为什么如此麻痹大意？因为他们远在后方，前面全是友军，根本没有料到曹军大队人马能从天而降。但老将淳于琼毕竟很有经验，加上袁军的总人数是曹军的一倍以上，在短暂的慌乱之后迅速组织反击，双方展开了激战，淳于琼同时派人向大本营求救。

其实，许攸不见了，袁绍就应该有所警觉，袁绍应该想到，许攸负气出走，最有可能去的地方就是曹营。许攸是高级参谋，掌握这边很多军事机密，他如果反水，后果十分严重。

但袁绍没有过于在意，直到接到了淳于琼的求救，他才意识到问题有些严重。袁绍立即召集儿子袁谭以及审配、张郃、高览等人商议对策。袁绍认为曹操攻击乌巢，他的大本营必然空虚，此时不如置乌巢于不顾，直接进攻官渡正面的曹军，让曹操有出无回。袁绍下令张郃和高览率所部立即对曹军大营发起攻击，但张郃却认为不妥："曹操敢攻乌巢，率领的必然都是精兵，淳于琼将军肯定会被攻破，如果是那样的话就大势已去了，不如先去救他。"

张郃的意见遭到郭图的反对，他支持袁绍的想法，坚持要张郃先攻曹营，张郃跟他辩论起来："曹营很坚固，之前已经打了很久也没有攻破，现在仓促之间能不能拿下实在没有把握。而淳于琼将军如果被曹操俘虏，我们也都得当俘虏啊！"

按理说，袁绍此时真应该慎重考虑一下了，要么重新部署让张郃等人先救乌巢，要么继续坚持他的方案，但最好派别人执行这项任务，因为作为主将的张郃思想已经不统一。可是袁绍仍然坚持要张郃发起正面进攻，只以少部分轻骑驰援乌巢。

乌巢这边，双方打得都很艰苦。

曹操亲自督战，张辽、徐晃等人率部拼命厮杀，但始终未能攻破淳于琼的指挥部，正在这时，侦察兵报告说袁绍的援军快到了，左右赶紧向曹操建议：

"敌兵很近了，请分兵以拒！"曹操头也不回地说："敌人到了背后，再来报告！"

曹军将士拼死殊战，终于在敌人援军到来前的一刻将淳于琼的指挥部攻破，俘虏了包括淳于琼在内的袁军1000多人。之后曹操组织人马回击袁军的援兵，将其打退。曹军临阵斩杀的袁军将领有眭元进、韩莒子、吕威璜、赵叡等人，这些人可能是淳于军长手下的师长、旅长级将领，而淳于琼本人则是被活捉的。曹操为了震慑敌兵，下令把俘虏的鼻子割去，把牛马的唇舌也割了，拿出来展览。

这种残忍的办法是一种心理战，目的是让敌人害怕。果然，凡是看到过这一堆战利品的袁军士兵无不惊恐万分。在这些被割去鼻子的俘虏里居然也包括淳于琼，这未必是曹操的命令，可能是乱军之中老将军被抓，大家不认识他，跟其他俘虏一样挨了刀。

淳于琼被带到曹操面前时已经血流满面了，他是一员老将，跟曹操早年就相识，当年他们二人都名列朝廷的"西园八校尉"之中。淳于琼字仲简，曹操吃惊地说："仲简，怎么会到这个地步啊？"淳于琼忍着痛回答道："胜负自有天意，还有什么好问的！"

曹操念及都是老朋友，有点不想杀他，但在一旁的许攸插话说："明天他若照着镜子看，一定不会忘了这件事。"许攸看到老同事遇难，不来搭把手就算了，还在背后补上一刀，看来袁绍真没有把队伍带好，手下净是落井下石之辈。曹操想了想许攸说的话也有道理，还是下令把淳于琼杀了。

乌巢一仗曹军艰难取胜，成为扭转全局的关键点。

袁军的大溃败开始了，官渡曹军大营前，袁军急攻，却未能得手。张郃、高览也都是宿将，打仗很有两下子，但也没能攻破曹营，不是他们没本事，也不是他们不尽力，而是几个月都打不下来的曹营，的确不是几个时辰能得手的。袁绍也许这时才清醒过来，没有听张郃的建议全力增援乌巢是多么失策。即使曹军的一部分主力离开大营，但一定会留下足够的人马防守，并且会做好充分准备。

袁绍的指挥水平看来不怎么样，而郭图那样的"高参"也空有其名。郭图竭力劝袁绍发起正面进攻，看到自己判断错误，于是开始乱找理由给自己开脱，他向袁绍报告说："进攻曹营失利，张郃反而很高兴。"郭图的潜台词是张郃对自己判断正确而沾沾自喜。明智的领导一定会从失败中总结教训，勇于承认错误，不会掩饰决策失误而会想办法进行弥补。可惜袁绍不是那样的好领导，他就爱吃郭图这一套。

郭图这个人其实有些本事，当初是他凭借三寸不烂之舌忽悠韩馥让了位，给袁绍立了大功。但他本质上是一名策士，在袁绍集团内部既不属于田丰、沮授那样的本土实力派，也不是颜良、张郃那样带兵出身的将领。他要往上爬，必须有一些特别手段。郭图的特别手段就是踩着别人的肩膀往上走，他攻击沮授，混上了带兵权；又攻击许攸，赶跑了一个强劲的对手；现在又攻击张郃，也不考虑是什么时候了，会不会把张郃逼反。

消息传出来，张郃又生气，又害怕，他跟高览一商量，干脆临阵起义得了，于是焚烧攻城器具，来到曹营前投降。张郃看来很有经验，他可能考虑到了对方是否接受他的投降，于是先烧毁了攻城的器具，在当时那种情况下，这一点很重要。

这时曹操还没回来，负责守营的曹洪居然不敢相信张郃是真投降，荀攸对他说："张郃的计策不被采纳，生气来投奔，不用怀疑！"这也许是史家之言，张郃的计策是什么，袁绍有没有采纳，以及张郃为什么生气这些情况当时的荀攸是来不及掌握的，但荀攸仍然能判断出张郃是真降还是假降，因为张郃把攻城的器具全都烧了。曹洪、荀攸于是接受了张郃、高览投降。

这一下，袁军彻底垮了。

四十、袁绍抑郁而终

袁军不再抵抗，慌不择路地展开了大逃亡。

袁绍和儿子袁谭来不及穿戴整齐，仓皇出逃，带了800名骑兵一口气跑到黄河边才甩掉了曹军的追兵，渡过河去。没有跑掉的就做了俘虏，事后统计，曹军光俘虏就抓了好几万。郭图打仗不行，跑路比较有眼色，此时紧跟领导不掉队，侥幸保住了一命。而沮授没有那么幸运，做了曹军的俘虏，被杀。

官渡之战就此基本结束了，袁绍战败后退回黄河以北，曹操没有立即渡河追击，做出这项决定是冷静的，因为此时仍然要考虑自己的后勤保障问题，在这个问题得到解决之前，贸然进攻可能使局面翻盘。

曹操在豫州一带休整了几个月，到了第二年即建安六年（201）春天，他率一部分人马东进，来到兖州刺史部东平国，驻扎在安民，此行的目的是征调兖州刺史部、徐州刺史部一带的粮食，为后面的战事做准备。曹操在东平召开了军事会议，研究下一步行动计划，这次会议很重要，就连一向留守在许县的荀彧也参加了。

曹操在这次会议上提出了自己的想法，他想趁袁绍新败，暂时无力南下，这时正好可以出兵荆州，解决刘表。荀彧不同意这个计划，他认为："袁绍新败，其众离心，应该继续对他保持高压，直到完全打败他。如果我们远征江汉，袁绍趁机收拾残众，从我们后面发起攻击，后果不堪设想。"

荀彧在河北待过，他知道袁绍的实力，别看他们现在士气很低落，但要是露出了自己的破绽，一定会被对手牢牢抓住。此时攻击荆州，如果一切顺利，荆州一战可下；那还好说，如果形成胶着不下的局面，袁绍怎会放弃找回面子的好机会？

对袁绍必须保持足够的压力，让他没有翻身的希望。曹操觉得荀彧说得有理，于是重新将主力部署到黄河沿岸。4 月，曹操亲自赶到东郡，这东阿县附近还有一些地方被袁军占领着，这是袁军在黄河以南唯一的占领区，曹操在这里指挥了仓亭之战，再次将袁军击溃，袁绍所部完全退到黄河以北。

这时曹操有了一次渡河作战的机会，他可以由东郡渡河，东郡境内的濮阳是战略要地，一直在曹军掌握之中，东郡在黄河以北的地区曾经是曹操的地盘，他在这里多少有一定基础，先以此为基地，可以趁袁绍再败之机徐图冀州。

但是曹操却下令撤兵，并且一直撤回到了许县，原因是许县那边又出现了危机。

这次来找事的还是刘备，刘备上次在汝南郡被曹仁率领的虎豹骑打败，本可以一走了之，但他却回到了袁绍那里，究其原因，也许当时刘备也看好袁绍，认为曹操必败。但后来的情况也许让刘备觉得不妙，他还是想离开袁绍那里。

刘备建议袁绍南联刘表，以打破目前僵持的战局。这个建议毫无新意，之前的尝试均以失败而告终，但这次袁绍却同意了。那时候的战事虽然让曹操倍感压力，但更感到吃惊的是袁绍，他原以为这场战斗容易得多，他有绝对优势，对付曹操这个小兄弟和曾经的部下，他认为自己没问题，曹操要么知趣投降，要么被一举荡平，可结果大出意外。

对峙时间一长，袁绍先烦了，在阵地战不能马上取胜的情况下，刘备的建议显示了价值，袁绍命刘备再次深入敌后，去南阳郡一带联络刘表。袁绍仍然没有给刘备调拨人马，只是让他率本部前往，大概袁绍也考虑到了，刘备此行有一去不返的可能，加之这次的任务很明确，是去联络刘表，也就是个联络员的角色，人马多少关系不大。

这时刘备手里已经没有多少人了，好在骨干成员都还在，接到袁绍的命令，刘备立即率部再次绕行深入曹军之后。

联络刘表应该去南阳郡，南阳郡是荆州刺史部最北面的一个郡，一部分地盘掌握在刘表手中，一部分掌握在已归附了曹操的张绣手中。但刘备没去那里，走到汝南郡时，停下了，刘辟被打散后黄巾余部在龚都的带领下继续起事，已经发展到数千人，对于急需扩充实力的刘备来说，如果能收编这支队伍，那就再好不过了。

由于跟黄巾军有过良好合作，刘备这次也没费太大的事，龚都等人表示愿意听从他的指挥，刘备的势力一下子壮大起来。但刘备学聪明了，不急于进攻许县，先站稳再说。曹操听说后挺着急，但这时官渡之战还没有结束，他已派不出人马来支援汝南郡了，曹操命令一个叫蔡阳的部将组织地方武装进攻刘备。蔡阳情况不详，不在曹军一流将领行列，一战下来，蔡阳大败被杀。

还没等刘备思考下一步应如何行动，从官渡前线传来了一个让人不敢相信的消息，袁绍的十万大军几乎在一夜之间被曹军打败，袁绍率残兵败将已经逃回了冀州。这有点儿太戏剧性了，说起来袁绍被打败似乎也算不上新奇，但这种败法却让人措手不及。

刘备不知道该怎么办了，待在汝南郡考虑着出路问题，现在听说曹操要亲自来收拾他，刘备急了，没等跟曹操照面，先跑了。刘备去了荆州，真的投奔刘表去了，这时已经是建安六年（201）的下半年。

在北边，袁绍也没有发起进攻，一来他的实力大损，官兵士气低落，内部纷争不断，没有力量重新组织进攻；二来袁绍自官渡大败以后好像换了个人，过去向来是意气风发、藐视一切，现在却灰心失望、毫无斗志，整天唉声叹气。

袁绍又忧又气，健康状况每况愈下，住在邺县城里不再出来。曾经号令天下、威名远扬的袁本初，居然落到这般模样。到了第二年，曹操准备好了粮草，将士也得到了充分休养，准备发起夏季攻势。曹操刚把各项部署安排好，就等着发起进攻，却传来消息说，袁绍死了。

这个消息是真的，建安七年（202）5 月抑郁中的袁绍发病呕血而死，享年约 58 岁。

在荆州方面，袁曹大战突然间结束，刘表才突然觉得好像失去了什么。袁绍当初派人到荆州联络他，希望结成同盟共同对付曹操，刘表口头上答应袁绍，但没有实际行动。袁绍败得这么迅速和彻底，却让刘表感到吃惊，他才看清了北方的局势，看来很难抵挡曹操前进的步伐了。

刘表希望曹操此时发起北征战役，让袁曹再斗几年，但曹操没有。曹操反而挥师南下，表面看是讨伐汝南郡的刘备，但刘表比刘备还紧张，担心曹操来个搂草打兔子，顺道来攻荆州。

就在这时，刘备派部下麋竺和孙乾来到了荆州，荆州现在的治所是南郡的襄阳，即今湖北省襄阳市，麋竺和孙乾在这里见到刘表，表达了刘备想归附的想法。

刘表很高兴，对刘备一行的到来表示欢迎。刘表早就知道刘备的名字，这个跟公孙瓒同过学、跟陶谦共过事、跟吕布搭过伙、跟袁术交过手、跟曹操喝过酒、跟袁绍结过盟的人，早已不是一般人物，头上有左将军、豫州刺史的头衔，手下有关羽、张飞几员猛将，虽然现在人马不多，但谁也不敢小瞧他。曹操迟早要南下，在用人之际，单就刘备的名望，就很值钱。麋竺和孙乾回去复命，刘备正在走投无路，听到报告，他一刻不敢耽误地率部赶往荆州。

为了表示热情，刘表亲自到襄阳郊外相迎。如何安排刘备，刘表做了认真思考，不知是不是受到陶谦的启发，刘表也给刘备找了一个好去处：新野。

新野是个县，隶属于荆州刺史部南阳郡，此时南阳郡的治所宛县已在曹军控制之中，新野刚好处在宛县与襄阳中间，是敌我对攻的要冲。刘表给刘备增加了人马，让他驻扎在新野。如今的新野正如当年的小沛，都是当盾牌用的，刘备折腾了这么多年，又一次被人作为钢盔套在头上。

但刘备别无选择，这次的情况连上一回还不如，属于没人、没钱、没地盘、没前途，已经走投无路，刘表能收留他已是很不错了，地盘虽然小点但总算有个立足的地方，不能挑挑拣拣了。新野北距宛县50来里，南距襄阳不足100里，实际上每天都生活在敌人的鼻子尖底下，形势一紧张，睡觉都不敢脱衣服。

刘表给刘备增了兵，让他来指挥这些人马，看起来很大方，其实除了增加防卫力量外，这些人还有一项重要任务就是监视他的。到关键时候，他的话对这些人并不好使。

面对如此复杂的内外部情况，换成别人说不定得愁死，但对刘备来说这点事算不了什么，风风雨雨经过了太多，他习惯了这种东奔西跑、在刀尖上行走的生活。

四十一、小青年挑起大担子

对曹操来说，官渡之战后可以稍微喘口气了，趁着这个空档，再来说说江东的事。

孙策死后，年仅 18 岁的孙权接班，成为孙氏基业的第二位继承人，对孙权来说，失去最倚重最亲近的人，这种痛苦十年间竟然让他连尝两遍，上一次是父亲，这一次是长兄。哥哥孙策临终前让他来挑起重担，但这是多么沉重的一副担子，他甚至无心多想，他的心里只有哀伤，连觉都睡不着。但当时的形势十分严峻，如果陈登、黄祖这些敌人知道这里发生了变故，就会趁势偷袭，还有那些虽已臣服但一直不稳定的地区，如果感到孙策死后群龙无首，也一定会蠢蠢欲动。

作为孙策临终前寄予重望的“托孤重臣”，张昭看在眼里急在心里，他对孙权说：“孝廉，这是哭的时候吗？现在是奸宄竞逐，豺狼满道，请先把礼制放到一边，节哀振作精神。”孙权被举过孝廉，所以张昭这么称呼他。但孙权还是振作不起来，张昭不管，硬是让人给孙权换了衣服，扶着他上马，亲自陪着孙权出巡各军，形势才稍稍安定。

孙策平时最为信赖的人有四位，分别是张昭、程普、周瑜、张纮。张昭负责文事，程普在武将中资格最老，周瑜当时的身份是中护军，同时兼任江夏郡太守，江夏郡还是黄祖的地盘，周瑜最重要的任务是继续攻打黄祖，他驻军在巴丘，即今江西省峡江县，距离孙策去世的地方有上千里，孙权让人送信给周瑜，让他火速前来。

另一位张纮，就是向孙策提出“江都对”的那位，目前离得最远，在许县。孙策去世前的一年，派张纮出使许县，结果被曹操留了下来，曹操看中张纮的才干，以朝廷的名义任命他为侍御史，还让张纮兼任九江郡太守，但不让他赴任，希望他留下来帮自己，被张纮以身体有病拒绝。

后来，朝廷任命孙权为讨虏将军，仍兼任孙策生前的会稽郡太守一职，承认了孙权作为孙策事业继承人的地位。但诏令特别强调，孙权平时须驻扎在吴县。

这是曹操的主意，是对孙权的警告。

而在内部孙权的地位也并不稳固，这个不到20岁的小伙子能不能领导整个江东的事业，很多人都在观望。

孙坚和孙策实行强人统治，手下固然有不少精兵强将，大家都以他们二人为核心，一旦风云有变，核心没了，这支队伍就有瞬间分崩离析的可能，孙坚死后数万人马顷刻间被袁术轻易吞并，就是前例。

江东各郡县虽然初步平定，但很多地方的统治并不稳固，州郡遍布英豪，个个不是省油的灯，一部分已经归顺的人此刻也在思量着另起炉灶，和孙权并没有形成稳固的君臣关系。孙策给孙权留下的地盘大约是五个郡，分别是会稽郡、吴郡、丹阳郡、豫章郡、庐陵郡，前四个郡原来就有，庐陵郡是由豫章郡中分出的一部分新成立的郡。会稽郡太守由孙权兼任，丹阳郡太守是孙权的舅舅吴景，豫章郡太守是孙权的堂兄孙贲，庐江郡太守名叫李术。

此外，还有一个郡目前也正在纳入孙氏集团控制内，这就是江北的庐江郡，孙策生前发动了皖城之战，取胜后任命孙权的堂兄弟孙辅为太守。吴景、孙贲还好，对孙坚、孙策一直很忠诚，孙辅就不太好说了，对孙权并不太服气，还有李术，野心很大。

论地盘，确实现在已经不小了，但孙策依靠武力手段平定江东，杀伐无数，被杀者中不乏地方大族、豪强，这些人也有相当大的影响力，他们的支持者有的隐没于民间，暂不发声，但复仇之心未死；有的表面合作，可内心并不情愿。孙策遭遇意外虽然有一定偶然性，但树敌太多也隐含着这个意外实出必然。

外部形势就更不用说了，曹操、陈登、刘表、黄祖等外部强敌此时也无不想趁隙相攻，曹操虽然无法分身，但他不会毫无作为，只要这边有一线机会，曹操就会抓住大做文章。刘表、黄祖的总体实力不亚于曹操，如果主动发难，江东的西面将面临巨大压力。

现在，不管外部敌人还是江东的内部，不少人都在盯着孙权看，如果头几脚踢不好，恐怕就会有失去控制的危险。

按照朝廷诏书的要求，办完兄长的丧事孙权便留在吴县，周瑜、张纮也先后到了这里，周瑜不仅自己来了，还带来了所部人马。张昭和周瑜给了孙权极大的帮助，作为孙策临终前指定的“辅臣”，他们二人都真心实意地愿意帮助孙权渡过难关。

张昭以讨逆将军府长史的身份向各郡下发文告，要求大家奉令行事，不得妄动，维护地方的稳定。张昭年纪比孙权大得多，孙策生前以师友之礼待之，孙权就把张昭看成自己的师傅，称呼他为张公。周瑜以中护军的身份留在了吴县，他手下有一支从巴丘带来的人马，在当前的形势下，这一点显得格外重要。

在张昭、周瑜的倾力相助下，各郡县基本保持了平静，没有发生大的动乱。张纮主动要求回到江东，回来后成为孙权最重要的助手。张纮回来后，有些人劝孙权说他曾经接受过曹操的任命，不一定可靠，孙权对此毫不介意。张纮的职务是会稽郡东部尉，上任不久便被孙权召回，孙权认为会稽郡东部没有多少事，张纮在那里纯属浪费，于是让他回来协助自己处理军政事务，会稽郡东部事务采取远程办公的方式解决。

孙权刚刚接班，年龄还小，而外方多难，母亲吴夫人感到很忧心，她多次以谦逊、感激的言辞嘱咐张纮对孙权尽心辅佐，张纮每次都以书面形式给予答谢回复，并不断反省自己。张纮参与孙权的重要决策，遇到特殊事情和秘密决议，需要章表信函，或者与四方人士交结，孙权都让张纮和张昭来撰写。孙权称张昭为张公，称部下其他人都呼其字，对张纮则是另一个例外，每次称呼他都叫东部，显示出亲切和尊重。

百事待举，让孙权常感到人才的重要，尤其是一流的人才，这时周瑜给他推荐了一个人，让孙权大为满意，这个人就是鲁肃。

鲁肃字子敬，史书上说他是临淮东城人，东汉没有临淮郡或临淮国，此处的临淮不知何指，不过却有东城县，属徐州刺史部广陵郡，一般认为此地在今安徽省定远县附近。

鲁肃小的时候父亲去世，由祖母养大，他们家很富有，是当地有名的大财主。鲁肃乐善好施，经常大散家财，甚至把地卖了来赈济穷人，他好结交朋友，在地方上很有影响力。周瑜刚被孙策任命为居巢县长时，有一次带数百人远赴九江郡一带执行任务，军粮成了问题，听说鲁肃家富有，于是来找鲁肃，要求支援点粮食。鲁肃家有两个大粮仓，每个粮仓存米3000斛，合三万斗，是一个大数目。鲁肃随便指着其中一个送给了周瑜，周瑜大为惊奇，和他结成好友。

孙权在一次宴会上见到鲁肃，与他交谈后十分高兴，认为他是难得的人才。宴会散去，宾客们都走了，鲁肃也要告辞，孙权却把他留下，引至密室，面对面进行交谈。

这次谈话也十分著名，其重要性不亚于当年孙策和张纮在江都的对话。在谈话中，孙权问鲁肃："如今汉室倾危，四方纷扰，我继承父兄余业，想建立像齐桓公、晋文公那样的功勋，先生既然惠顾于我，如何来帮助我呢？"

鲁肃想了想，回答道："当年汉高祖刘邦想尊崇义帝却不能够，因为有项羽的缘故。现在的曹操就像当年的项羽，将军为什么还要当齐桓公和晋文公呢？据我看来汉室不可复兴，曹操不可能马上灭亡，为将军考虑，只有鼎足于江东，以观天下之变。这样的计划是现实可行的，因为北方多事，趁着多事，我们剿除黄祖，进伐刘表，占据整个长江流域，然后建号称帝以图天下，这是汉高祖的事业呀，岂是齐桓、晋文所可比的？"

鲁肃的这番谈话与后来诸葛亮《隆中对》中提出的天下三分异曲同工，曹操如果大败袁绍，中原局势渐趋明朗，在鲁肃、诸葛亮等有识之士看来，"汉室不可复兴，曹操不可卒除"成为一种共同看法，不与曹操争锋是他们立论的基点，故此分别提出了三国鼎立的构想，事后证明都是很有远见的。

这番话让孙权心里豁然开朗，更加清晰了下一步的发展战略，孙权对鲁肃说："现在倾尽我们全部力量，也只能辅佐汉室罢了，您所说的，还远远达不到啊！"孙权没有马上任命鲁肃职务，而是以宾友的身份让鲁肃在自己身边出谋划策。

建安七年（202），曹操突然以天子的名义下诏批评孙权，让他送质子。质子就是人质，一方向另一方臣服，表明自己忠心的最好办法就是把儿子送过去当人质，历史上最著名的质子是秦始皇的父亲，在称帝前他就被送到外地当了很久的人质。

曹操让孙权送质子也不过分，朝廷改刺史为州牧时向下面派了一些地方大员，像益州牧刘焉、幽州牧刘虞等人，为了加强对他们的控制，就让他们把儿子留在朝廷，名义上给个职务，实际上就是人质，现在主事益州的刘璋当初就是以质子的身份被扣留在朝廷的。

孙权不是州牧，但现在是讨虏将军兼会稽郡太守，事实上掌握了扬州的绝大部分地区，按照当年州牧的标准让他送质子，也是说得通的。唯一的问题是孙权现在还没有儿子，他的长子孙登出生在 7 年之后，要送质子，只能在孙权的弟弟中挑选，最有可能的是孙匡，他是吴夫人最小的儿子，又是乌程侯的合法继承人。

但是，对孙权来说这又是极不愿意接受的事。

一旦送质子入朝，就多了一层考虑，今后在战略决策上就受到了限制，即使可以不管质子的安危，但因为双方摊牌而引起质子丧命，就会背上不仁不义的名声。但是，不送人质又难过曹操这一关，现在公然与曹操决裂，显然还没到时候。

孙权心里没底，就召集大家讨论，张昭等人意见不能统一，只有周瑜态度鲜明地反对送质子，最后由孙权的母亲吴夫人亲自拍板，决定不送质子。这件事最后不了了之了，曹操那边也没了下文，也许送质子也只是个试探，见江东方面很强硬，他也没法深究，双方仍然保持表面上的合作。

吴夫人对孙权给予了大力支持，帮助他治军治政，使孙权收获不小，不幸的是就在这一年吴夫人因病去世了，临终前，吴夫人召张昭等人嘱托后事。

孙权将母亲归葬于曲阿，与父亲孙坚同葬。

四十二、袁氏兄弟内斗

说完江东，再回过头来说说河北的袁氏兄弟。

袁绍死了，留下了未竟的事业，留下了深深的遗憾，要命的是留下了一个烂摊子。虽然经过官渡之战的惨败，但袁绍一手缔造的袁氏集团仍然有很强大的实力，只是袁绍没有能力解决好集团内部的纷争，随着他的死去袁氏集团开始了严重的内讧。

袁绍的原配夫人姓氏不详，刘氏是续弦，这是个厉害的女人，在很多方面都能当袁绍的家。在袁绍的三个儿子中，刘氏喜欢小儿子袁尚，经常在袁绍面前说他的好话，而对老大袁谭抱有成见。手心手背都是肉，对亲生儿子为什么还会反感？推测起来也许作为长子的袁谭不是刘氏所生，而是袁绍原配的儿子，但这一点没有史料依据，只是猜测。

袁绍迟迟不明确继承人的问题，不仅制造了家庭内部的分歧，而且让袁氏集团的政治前景蒙上一层阴影，沮授、田丰这样有责任感的人看到后会向袁绍苦谏，而逢纪、审配、辛评、郭图这些投机分子则看到的是机会。逢纪、审配依附于袁尚，辛评、郭图依附于袁谭，形成了两大派系。逢纪和审配原来并不和，但官渡之战后二人的关系发生了戏剧性改变，他们都支持袁尚。

袁绍大概也没想到自己会死得那么早，一直到闭眼的那一刻还没有给大家一个明确的政治交代。袁绍死后，大多数人认为袁谭是老大，应该推举他做接班人。但此时袁谭在外地，逢纪、审配等人在刘氏的帮助下掌握了先机，伪造袁绍的遗嘱，抢先让袁尚接班。

刘氏是个生性嫉妒、为人凶残的女人，袁绍刚死还未来得及入殡，她就把袁绍生前宠爱的五个小老婆全部杀死。刘氏很迷信，她怕这几个人到阴间见到袁绍告状，于是把她们的头发剃了，用墨涂黑她们的脸，把她们全部毁容。她心爱的小儿子袁尚倒也挺孝顺，帮助老妈把她们的家人全部杀光。史书对袁谭的评价较袁尚好，认为袁谭颇为仁爱聪慧，而袁尚仅仅是长得英俊而已。袁谭此前担任青州刺史，虽然说不上有什么特别建树，倒也基本称职，在实践中锻炼了才干。

袁绍吐血而死的时候袁谭估计在青州刺史部，他听到消息赶到邺县时袁尚已经宣布继位。大势已去，他于是在辛评、郭图等人跟随下移驻黄河边上的战略要地黎阳，自称车骑将军。

一开始，兄弟二人还没有完全翻脸。

逢纪、审配拥戴袁尚对外宣称只是暂代袁绍生前的职位，袁绍死前是朝廷正式任命的大将军，袁尚暂代的应该是这个职位，朝廷已经不大可能重新给袁尚发一份新的任命诏书，袁尚比较方便的做法就是把他老爹的印绶拿过来自己用就行，反正上面也没刻名字。

而袁谭自称车骑将军，是大将军的副手，意在表明他仍然愿服从袁尚的领导，黎阳是与曹军对峙的前线，他在替兄弟袁尚看大门。

可是，袁谭干活，袁尚却不给支援，还把逢纪派过去监视他的行动。袁谭请求增兵，审配鼓动袁尚不答应，袁谭忍无可忍，就把逢纪杀了，兄弟俩这才正式翻脸。

曹操接到报告，认为是个机会，于是在建安五年（200）9月渡过黄河进攻黎阳，袁谭告急，再次向袁尚求援。“兄弟阋于墙，外御其侮”，这是《诗经》里的一句话。兄弟们虽然在家里争吵，但一有外面的人来欺负便能立刻团结起来对付敌人。袁尚再笨，也知道哪是敌我矛盾，哪是兄弟之间的内部矛盾，在曹军的进攻面前，他决定亲自率兵支援大哥。

袁尚之所以亲自来，不是出于对敌情的重视，而是害怕派别人来镇不住大哥，让袁谭趁机把他的人给夺去了，袁尚让审配守邺县，自己率部到达黎阳。

事实证明，袁绍即使死了，他留下来的军队仍然拥有很强的战斗力，从这一年的9月一直到次年2月，曹操亲自指挥围攻黎阳，却没能打下来。后来，袁谭、袁尚估计实在守不住了，突然率部趁夜逃出黎阳，退还邺县。曹操率军追击，袁尚终于找着了露脸的机会，在路上打了曹军一个埋伏，曹军败退。

之后，曹军放弃了追击，也放弃了黎阳，直接退回到黄河南岸。曹操此举让人不解，但这是明智的，或许曹操也想到了《诗经》里的那句话，对于随时会反目成仇的袁氏兄弟来说，加强进攻只能让他们更团结，而一旦外界压力减轻他们就会陷入内斗。

事实果然如此，看到曹军撤退，袁谭对袁尚说："我部铠甲不精，所以前面让曹操打败了。现在曹操退兵，将士都盼着回家，等他们还没有渡过黄河时，突然发起进攻，可以让他们大败，这个好机会千万不能错过呀！"

袁谭自愿为前部，请求更换将士铠甲并派兵进行支援。对于袁谭的建议袁尚犹豫不决，既不增兵，也不给袁谭换装备，袁谭大怒，郭图、辛评趁机对袁谭说："当初挑拨你们父子兄弟关系的是审配，都是这小子进的谗言。"袁谭相信，于是率兵攻打袁尚，双方交战于邺县城外，结果袁谭打不过袁尚，退到了渤海郡的南皮，即今河北省南皮县。

这正是曹操想看到的结果，也是他主动撤兵的目的。袁绍的这两个儿子，论实力袁谭处于下风，袁尚被立为继承人后，袁绍的大部分政治遗产和军队都让袁尚拿去了，袁熙和高幹在他们争斗中虽然还没有明确表态支持袁尚，但他们都想观望，更不会表态支持袁谭。

袁谭退到南皮后，处境更加不利，袁尚亲自率军来攻，袁谭再次大败，退到婴城。袁尚又围攻婴城，袁谭逃往青州刺史部的平原郡。

这时，郭图给袁谭出了个主意，把他吓了一跳。

郭图对袁谭说："如今将军地盘小、人马少，粮食匮乏，显甫若再来攻，时间长了我们无法抵挡。我以为可以联络曹操来抗拒显甫。曹操到，必先攻击邺县，显甫回救，将军再率兵出击，如此邺县以北的地区都可以归将军。如果显甫不是曹操的对手而失败，他必然奔亡，将军可以收留他以拒曹操。曹军远道而来，粮饷不继，打上一阵必然退去，到那时，整个燕赵之地尽归我们所有，足以与曹操相抗衡！"显甫，是袁尚的字。

这个主意实在太过卑下了，放在之前袁谭想都不愿意想，不过事到如今，不听，看来也不行了。袁谭问郭图谁可以出使曹操，郭图推荐了辛评的弟弟辛毗。辛毗字佐治，豫州刺史部颍川郡人，跟荀彧、郭嘉等人既是同乡又是熟人，曹操刚当上司空时四处搜罗人才，经荀彧推荐曾打算征辟辛毗，但是辛毗当时在袁绍手下而未能成行。在派系斗争中，郭图和辛评是同盟，所以郭图推荐辛毗跑一趟。

黎阳战役后，曹营的大部分人都主张趁机扩大战果。

不过，郭嘉不同意这种看法："袁绍对这两个儿子，不知道让谁继位好，结果让郭图、逢纪等人做他们的谋士，他们必然会争权夺利。现在，如果进攻太急他们就会团结在一起，进攻稍缓他们就会内讧，不如做出南征刘表的样子，让他们内讧，然后趁机出击，一举攻占河北。”

曹操认为这个意见很好，于是回师黄河以南，就在袁氏兄弟闹内讧的这段时间里他亲自带队到汝南郡的西平一带，做出一副远征荆州的姿态。所以辛毗到许县没找着曹操，于是南下西平，在这里见到了曹操，转达袁谭的问候，曹操十分高兴。

不战而屈人之兵，坐收渔人之利，而且是对方主动送上门来的，哪有这么好的事？曹操召集内部会议研究对策，但出乎意料的是，大多数人认为刘表势力强大，应该先平定刘表，袁谭和袁尚反正已经内斗，不用有什么顾虑，别管他们，抓紧时间把刘表解决掉。

表面来看也是这样，河北那边两位小袁内斗，曹操正好腾出手来解决南面的老刘。但是，这只看到了眼前的一步，而没有看到下一步。荀攸就持不同意见，他认为：“现在四方都有战事，而刘表坐拥江汉之间没有什么作为，说明他缺乏雄才大智。袁氏仍然有四个州的地盘，十万之众，在河北一带有一定群众基础，如果他们兄弟二人联合起来，那是很难攻破的，现在他们内斗，正是各个击破的难得机会，这个机会千万不能错过。”

这两种意见让曹操有些犹豫，荀攸说得也有道理，但从另外一个方面来看，现在也正是解决荆州问题的最佳时机，到底先解决哪一边，曹操有点举棋不定。经过思考，曹操决定还是抓住现在的时机把南面的问题先解决了，至于黄河以北的事，既然二袁相攻正急，不妨让他们多打一阵再说。

辛毗得到消息，心急如焚。

辛毗此行显然不只是转达袁谭对曹操的良好祝愿来的，他肩负着搬救兵的重任，袁谭那边还眼巴巴地等着呢。辛毗找到老朋友郭嘉，向郭嘉求助，经过郭嘉从中帮忙。郭嘉本来就支持荀攸的看法，在他的帮助下，曹操再次召见了辛毗。

曹操问辛毗：“袁谭可靠吗？袁尚是否一定能被打败？”辛毗回答说：“明公其实不用管袁谭可靠还是不可靠，只需要分析现在的形势就行了。袁氏兄弟相伐，是他们自愿的，也不是谁能从中间挑拨得了的，这就是天命。现在袁谭能向明公求救，明公就应该知道这里面的事情了。二袁眼光不能长远而自相残杀，弄得河北士者无食、行者无粮，确实已经到了灭亡的地步。四方之难莫大于河北，河北平则天下震动啊！”

辛毗这番话提醒了曹操，现在袁尚强而袁谭弱，如果坐视袁谭灭亡，袁尚的力量便会迅速强大起来，这显然不符合曹操的战略利益。

于是，曹操决定挥师北上，援救袁谭。

建安八年（203）10月，曹操率军北渡黄河，再次来到黎阳。

曹操摆出了大打一仗的架势，当时袁尚正率主力在平原国围攻袁谭，听到消息，立刻回师邺县。袁尚的部将吕旷、吕翔二人对前途灰心失望，投奔曹操。

平原之围解除，袁谭暂时化解了危机，他悄悄拉拢吕旷和吕翔，刻了将军的大印给他们送去。这不是挖袁尚的墙脚，而是在挖曹操的墙脚了，曹操知道了这件事，但他没有声张，看到袁谭暂时不会被消灭，他决定回师。

能在高处随心所欲地走钢丝的人，必须有时刻保持两边力量均衡的本领，要做到这一点，除了艺高胆大之外，手中还要有一根木杆，以此调节平衡。当这个木杆要向一边落下时，及时出手把它抬起来，一旦恢复了平衡，就可以悠闲地在一边看热闹了。曹操明白这个道理，所以他决定收手。为了稳住袁谭，让他坚定不移地跟袁尚打到底，曹操主动提出跟袁谭结成了儿女亲家，让儿子曹整娶了袁谭之女。曹整是李姬所生，年龄不详，应不超过十岁，这桩婚事不仅是政治婚姻，而且属于典型的早婚。同时这门亲事也很有意思，曹操的儿子娶了袁绍的孙女，意味着曹操自愿比袁绍降低了一辈。后来曹操的儿子曹丕又娶了袁绍的儿媳妇，曹操又跟袁绍变成了同辈。

有了这门亲事，曹操觉得差不多了，于是撤退。

这边一撤，袁尚那边果然又行动起来。建安九年（204）2月，袁尚让审配、苏由守邺县，自己再次率大军攻打平原国的袁谭。袁尚走后，留守邺县的苏由就打起了战场起义的主意，他悄悄跟曹军联络，准备杀了审配献出邺县，结果情报泄露，审配发觉，双方战于城中。此时袁尚的主力在洹水附近，距邺县并不太远，只有50来里，苏由不敌，闯出邺县投奔曹军。

曹操得到苏由为内应的情报后，立即率军向邺县杀来，但晚了一步，苏由已经败逃出邺县，曹军随后把邺县围了起来。

四十三、攻占袁氏的大本营

建安九年（204）2月，曹军完成了对邺县的合围。

指挥守城的是审配，经过苏由反叛事件，袁军士气非常低落。但是，这一仗也没那么好打，袁绍在这里经营了多年，城防坚固，曹军一时无法得手，又成了一次艰难的攻城作战，堆土山、挖地道，把所有攻城的办法都使上了，就是迟迟攻不下来。

但曹操不想撤军，如果把邺县攻下了，黄河以北大局可定，所以这一次围则必打、打则必胜。曹操索性沉下心来，从肃清外围之敌入手打起了持久战。邺县的左翼是并州刺史部，这里是袁军目前最重要的后勤供应来源，其后援基地集中在上党郡一带，由上党郡到邺县必须经过太行山区的毛城，袁尚的部下武安县长尹楷驻扎在此。

建安九年（204）4月，曹操留曹洪主持围攻邺县，自己亲自率军攻打毛城的尹楷，将其击破而还。此后，曹操又率军绕到邺县的北面，击破了袁尚驻守在邯郸的部将沮鹄，攻占了邯郸，袁尚任命的易阳县令韩范、涉县县长梁岐投降。

徐晃向曹操提出建议："二袁未破，他们手下其他诸城都在观望，应该重赏这两个县给大家看。"曹操认为有理，将韩范、梁岐这两个县长直接赐爵为关内侯。这一招果然奏效，引起了多米诺骨牌效应，不仅又有多位袁尚任命的地方官员投降，而且还招来一位重量级人物。

这个人就是老牌的实力派人物，黑山军首领张燕。张燕一直是袁绍的劲敌，多年以来也是袁氏集团挥之不去的梦魇。在袁绍与公孙瓒的对抗中张燕坚定地支持公孙瓒，公孙瓒失败后张燕被袁绍打散，后来趁着袁绍忙于官渡之战的机会，张燕慢慢恢复了元气，又卷土重来。张燕看到曹军势大，于是主动联络要求投降曹操。在此前的战史中，张燕跟曹操虽然在大多数情况下是战略上的敌人，他们彼此分属于不同阵营，但他们之间却很少有直接交手的记录。

张燕的投奔进一步鼓舞了曹军的士气，加速了袁氏集团的灭亡。

但是，邺县仍然未能攻下。

这也考验着曹军将士的耐心，最后他们使出了一计狠招。一天，站在邺县城墙上的审配看到曹军的工兵们围着城墙开始挖战壕，整个战壕联结起来长达 40 里，但是又浅又窄，一使劲都能跨过去。

审配看到以后微微一笑，心想这样的东西是没有任何实际作用的，他也不派人出击搞破坏，曹军有劲没处使就让他们挖吧。岂料，入夜之后曹操下令全体将士都投入到挖战壕的工作中，大家排着队，前面的人挖累了后面的人赶紧替换，人歇活不歇。经过高强度的工兵作业，一夜之间这条 40 里长的战壕全部扩充到两丈深、两丈宽，这一回审配不笑了，他大为吃惊，但一时间闹不清曹操搞出这种超级工事做什么用。

审配的好奇心马上就有了答案，这些战壕里神奇般的灌满了水，这些水借着设计好的地势一路前奔，直扑城内。原来，曹军挖的不是战壕，而是人工运河，把附近漳河里的水引来灌城。河北省临漳县的三台遗址据说并不是铜雀台，而是它附近的金凤台，真正的铜雀台已被改道的漳河给冲毁了。金凤台遗址在一个镇子边上，镇子的另一侧就是漳河，现在大多数时候河里都没有什么水，站在桥上就可以看到金凤台。所以漳河就在邺县跟前，虽然方便了生活和生产，但也暴露出一个隐患，那就是邺县很容易被水攻。

用水攻城对曹军来说并不陌生，之前在下邳之战中最后也是引河水灌城，彻底击垮了守城敌军的意志。城里本来都快撑不住了，现在又泡在了水中，更是雪上加霜。好在现在是夏天，要是换成冬天，不知道情况会怎样。即便如此，城里的人也饿死了一半以上。

但是，袁军仍拼命死守，看来其战斗力并非不堪一击。

转眼间，就到了秋天。

在冀州北部一带活动的袁尚也拼了，率领一万多人马前来救援，曹军大部分将领认为不如放过他们，避开锋芒，然后再寻找机会歼灭。这样的想法是有依据的，《孙子兵法》里说“归师勿遏”，意思是说正在撤退回来的敌人不要去拦阻，因为这些人回家心切，个个都会死战。

曹操才是研究《孙子兵法》的翘楚，对这部兵书比任何人都熟悉，他说：“那倒也未必，这要看袁尚从哪里来，如果是从北面的大道而来，应当避开他；如果是从西面的山道而来，我料定可以擒获他了。”曹操说得挺有把握，根本不像说着玩，弄得大家一头雾水。

曹操派出多路候者在这两个方向随时打探情况，后来接到报告，说敌人走的是西边的山道，大部队已经到了邯郸一带。曹操大喜，对诸将说：“我已经得到冀州了，诸君知道不知道？”大伙不知道领导卖的是什么关子，都说不知道，曹操说：“诸君马上就能看到了！”

曹操并不会算卦，他依据的是心理战的原理。袁尚如果是从北面的大道而来，说明他们没有给自己留退路，来了就会决一死战。袁尚之所以专程绕到西面再向这里进攻，说明他想的是打得赢就打，打不赢就退到太行山里打游击，有了这种心理，曹操料定袁尚必败。

袁尚的主力进到了邺县以西 70 里的阳平亭，在滏水边扎营。夜里，袁尚派人向邺县城里举火报信，城里也举火回应，这是双方约定的共同行动信号。

审配率兵从城里杀出，想跟袁尚会合，曹操早有准备，在这两个方向都派出阻击部队，城里和城外两路敌兵均被击败，审配退回城里，袁尚被曹军顺势围在了漳河边。袁尚实在没有信心打下去了，向曹操请求投降。

现在才想起来投降，可见袁尚没有他哥哥机灵，但此时曹操已经不需要他投降了，曹操只想尽快消灭他们。袁尚无奈，趁夜突围，还不错，逃了出去，到达附近的太行山中，袁尚的部将马延、张颉等人临阵投降，袁尚在太行山里也待不下去了，只好逃往中山国。

曹军缴获了大量辎重，还缴获了袁尚的印绶、节钺、衣物等，曹操命人拿着这些东西到邺县外面搞展览，故意让城里的人看，城内守军看到，信心和斗志完全瓦解。

但即使到了这种情况，邺县仍未被攻克。

审配不光会耍嘴皮子，看来还真有两下子，他下令坚守死战，并不断给大家打气：“曹军也疲惫不堪了，二公子袁熙就要来救我们了！”老大和老三打，老二袁熙还在幽州没动，手里有一定实力。但是有人撑不住了，守城的部将冯礼叛变，他打开城门放曹军进城。曹军一下子涌进来 300 多人，但被审配及时发觉，在城上指挥人扔下大石块堵门，门被堵住，冲进城里的 300 多名曹兵全部被杀。

还有一次，曹操在城外巡视，让审配看见了，命令弓箭手悄悄埋伏，找到机会突然放箭，差点射中曹操。不过审配再死撑也挽救不了邺县内无粮草、外无救兵的绝境，对于袁军的处境，城里有些将领看得很清楚，他们不想跟审配一块送死，这其中就包括审配的侄子、东城门守将审荣。8 月 2 日夜里，审荣打开邺县东门迎接曹军入城，审配虽然组织人在城里继续巷战，但已无力回天，邺县很快被曹军占领，审配成了俘虏，后来被曹操下令杀了。

打了六个月之久的邺县攻防战以曹军最后的胜利而结束了，包括袁绍妻子刘氏在内的家眷都没有受到伤害，曹操不仅没杀他们，而且还归还了他们的财产，袁熙的妻子甄宓也在城中，被曹操的儿子曹丕看中，成了曹丕的妻子。

曹操不喜欢袁绍，但也不至于恨之入骨，作为相识多年的朋友，曹操对袁绍一直有着复杂的感情，不是一个“爱”或“恨”就可以概括的。不仅如此，曹操还到老朋友的墓前亲自进行了祭奠。

攻克邺县后，曹操给献帝上了一份奏章，报告此次征讨袁尚、占领邺县的情况。

同时，曹操还请献帝发布了两项人事任命：第一项是任命贾诩为太中大夫，免去他原来冀州牧的职务；第二项是任命自己为冀州牧。

冀州刺史部长期是敌占区，冀州牧只剩下了象征意义，此前董昭担任过冀州牧，后来他改任徐州牧，冀州牧让曹操给了刚加入本阵营的贾诩。如今冀州刺史部的大部分地区已被占领，冀州牧也成了实职，曹操决定亲自担任这一职务，所以先给贾诩安排了个新职务，但贾诩不用到许县上班，仍然跟随自己左右，对于这个闻名天下的智囊，曹操一直都寄予着厚望。

曹操在邺县正式以司空兼冀州牧的身份处理公务，他首先给自己找了一个得力的助手，名叫崔琰，他是冀州本地的名士，字季珪，清河郡人，年轻时尚武，23 岁才开始发愤读书，29 岁拜郑玄为师，跟刘备手下的孙乾是同学。曹操让他担任别驾。

崔琰到位后，曹操让他把冀州刺史部的户籍、土地等方面的档案材料找出来，整整看了一个晚上，看完之后大为兴奋。第二天，曹操对崔琰说：“昨天晚上我查看了冀州的户籍，按照我的推算这里可以征调 30 万甲士，真不愧是个大州哇！”冀州刺史部确实是个大州，下辖 9 个郡国、约 100 个县，根据东汉最后一次人口普查的结果，不说魏郡、渤海郡这样的人口大郡，就连安平国、河间国、清河郡这样的中等郡国，人口也都在 60 万以上。

面对心花怒放的领导，新上任的崔副州长毫不客气地给他泼了盆冷水：“现在天下分崩，九州割裂，袁氏兄弟大动干戈，冀州百姓生灵涂炭，您领着大军而来，不见您先施行仁政，整顿风俗，救民于水火，反而计算甲兵多少，这岂是冀州百姓对您的期望呢？”

旁边的人听到崔副州长这番话都吓傻了，领导刚上任你就这么不给面子？大家在等着崔琰会受到什么处罚，但没想到的是，曹操立刻收敛起笑容，以一脸严肃的样子郑重向崔琰道歉。曹操这样做不是装样子，他的长处就是大多数情况下都能虚心接受批评，只要你批评得对，也不存在当面接受批评，背后给人穿小鞋的地方。

此后，曹操更喜欢崔琰了，冀州刺史部的事务更加依赖他。

除了崔琰，占领邺县后曹操还大量征辟本地知名人士出来工作，增强自身力量，同时尽快在冀州站稳脚跟，其中包括陈琳、牵招、崔林、高柔、司马懿等人。

四十四、虎豹骑扬威南皮

正在曹操考虑下一步先从哪个方向用兵的时候，建安九年（204），并州刺史、袁绍的外甥高幹投降了。曹操接受高幹的投降，以献帝的名义仍任命其为并州刺史。

这样，西面就可以暂放一下，对北面的袁熙和袁尚以及东面的袁谭，曹操决定先打东面。曹操跟袁谭是合作关系，还结成了儿女亲家，目前这一关系仍未从形式上终止，为何先从他下手？这是因为，袁谭趁曹操围攻邺县之机抓紧扩张势力，这段时间以来先后攻占了魏郡以东的甘陵国、安平国、渤海郡、河间国的一些地方。甘陵国过去叫清河郡，桓帝时改为甘陵国，治所在甘陵县，即今山东省高唐县。

这些举动无异于向世人表明，袁谭又背叛了曹操。不仅如此，袁谭还向袁尚下手，袁尚从邺县逃出来，先到的是中山国，袁谭向其进攻，袁尚被打败才逃到了袁熙那里。

袁谭打败弟弟，把主力移驻到龙凑这个地方。龙凑在哪里不详，十二年前袁绍曾在这里和公孙瓒有过一场激战，结果公孙瓒大败。袁谭的快速扩张成为曹操先解决他的原因，而袁谭的一系列行为也刚好给曹操找到了借口，曹操可以光明正大地发兵攻打他。

出师前，曹操先给这个亲家写了封信，责备他负约，宣布解除双方的婚约，把袁谭的女儿遣送回家，之后曹操亲率大军向龙凑开来，袁谭自知不是对手，主动撤退，将主力收缩到渤海郡境内，坚守渤海郡的治所南皮县。

南皮，意思是“南面的皮革城”。

这不是搞笑，而是真的。南皮这个名字起源于春秋时期，当时北方少数民族山戎攻打燕国，燕国向齐国求救，齐桓公出兵援燕经过现在的沧州，为了保证军事供应，找了一块地方筑起一座城，专门从事皮革加工，这座城便被称为皮城。由于它北面的章武县有一座北皮亭，所以就把这个皮城称为南皮。

袁绍担任过渤海郡太守，这里是他的老根据地。袁谭退守南皮后，曹操于建安九年（204）底先攻入渤海郡南面的平原国，肃清了那里的袁军，于第二年初将主力部队开到南皮城外。

对于这场战斗，曹操十分重视，务求一战必胜，彻底消灭袁谭，所以他不仅带上了张辽、乐进、于禁等名将出征，还带上了曹仁的虎豹骑。虎豹骑除曹仁直接指挥外，指挥官还有曹纯，曹真、曹休等曹家年青一代也在这支队伍里。刚刚当了新郎官的曹丕也参加了南皮之战，他虽不是虎豹骑成员，但在战斗间隙经常跟曹真、曹休在一起，这些情况在保存下来的曹丕私人信件里都有记载。

除了曹真和曹休，曹丕还有两个好朋友，一个是夏侯渊的侄子夏侯尚，此时在曹军中担任司马一级的军官；另一个叫吴质，字季重，年龄约比曹丕大10岁，是兖州刺史部济阴郡人，曹操在兖州主政时期就投奔了曹营，但一直默默无闻，曹丕对他很欣赏，认为他才学过人，见解独到，而且擅长交际，所以引为至交。吴质于是成为曹丕身边的智囊，他始终追随曹丕，成为影响曹丕一生的重要人物之一，此次南皮之战，夏侯尚和吴质都来了。

名将云集、兵强马壮的曹军面对困守孤城的袁军应该一战而胜，但让人觉得意外的是战局开始却并不顺利，曹军攻城很艰难，付出了重大伤亡仍然没有多大进展。

造成这一情况的原因，除了袁军顽强抵抗、南皮城防坚固之外，最大的问题来自气候，此时是正月，华北平原正值严寒季节，城上滴水成冰，对防守的一方有利，对攻城的一方明显不利。

看到这种情况，曹操想先退兵，等天气转暖之后再说。各位将领听了都没有什么意见，但有个人一听就不干了，他是曹纯。虎豹骑亲自出战却无果而还，曹纯实在不甘心，他向曹操建议："我们孤军远征，如果撤退必然会影响士气，现在敌人在攻防战中占优，必然会滋生骄傲思想，我们只要再坚持一下，一定能将敌人打败！"

曹操觉得曹纯说得也有道理，这一趟如果不能顺利解决袁谭，那么袁熙、袁尚的解决也都得往后拖延，夜长则梦多，最好还是把南皮拿下，为此多付出一些牺牲也是值得的。

曹操最后下了决心，无论如何也要攻下南皮。曹操亲临前线指挥，他还亲自擂鼓助战，曹军将士无不奋勇争先，守城的袁军渐渐不支。乐进率部第一个突进到城下，首先把东门攻破，杀进城里，袁军开始溃逃。

袁谭骑马在卫队的保护下逃出了南皮，倒霉的是，他一出城就遇到了负责堵截的曹军，而且偏偏是摩拳擦掌正要露一手的虎豹骑。

攻城不是骑兵的长项，曹纯率领虎豹骑在外围堵截溃逃的袁军，结果堵住了袁谭。虎豹骑上去一顿猛揍，袁谭及其卫队哪里是对手，被杀了个丢盔卸甲。也是虎豹骑过于生猛，打起来有点收不住，一个冲锋居然把袁谭杀死了，没有抓到活的。袁谭的主要谋士郭图在城里被活捉，被曹操下令处死。

曹操听到袁谭被杀的消息高兴坏了，大概在曹操看来此战结束后北方将再无大的战事。

南皮所在的渤海郡是袁氏父子经营多年的基地，他们影响这一地区长达十多年，曹操攻占渤海郡，需要尽快树立起自己的权威，保证这一地区长治久安。

在南皮驻军后曹操以司空和冀州牧的身份颁布了一系列命令，恢复冀州地区的生产和生活，整顿社会秩序。这些命令包括《蠲河北租赋令》《抑兼并令》《赦袁氏同恶令》《整齐风俗令》等，其中在《蠲河北租赋令》中曹操下令免除冀州刺史部建安九年（204）全年的田租和赋税，以恢复和发展生产，这道命令的颁布，受到了百姓的拥护。

袁绍统治冀州刺史部期间，政治和军事上依靠豪强地主，使得这些人的政治和经济势力迅速膨胀。长期以来，曹操一直在思考东汉政权在机制上的弊端，他认为豪强势力发展太快是造成政权衰弱的主要原因，所以对如何抑制豪强势力的问题十分关注。曹操认为如果这个问题解决得不好，即使得到政权也不会稳固，在关键时候会被豪强势力所左右。

基于这些长期的思考和对现实情况的分析，曹操颁布了《抑兼并令》，他强调一个社会不患寡而患不均、不患贫而患不安，任由贫富差距拉大，必然会带来严重后果。他说，像审配这样的家族，不仅经济实力很强大，而且成为窝藏罪犯的据点，是黑恶势力的保护伞，老百姓怎么能拥护这样的政权？

曹操借民意向豪强势力开刀是经过深思远虑的，他不愿意在自己统治的地区有豪门经济继而出现豪门政治。作为抑制豪门的一个重要步骤，在《抑兼并令》中他明确规定，每亩地收租的标准是 4 升，每户另收 2 匹绢、2 斤丝，除此之外一律不再收取其他赋税。他要求各郡县要严格检查，看看有没有豪强地主搭顺车额外收取其他税费的现象，同时禁止弱势群体替那些豪强交赋税。

攻占南皮后，冀州刺史部全境成为曹操控制地区，那些曾在袁氏政权及军队里任职的各级官员，有的仍旧被录用，有的则心怀不安，害怕有朝一日会被清算。针对这种情况，曹操在南皮颁布了《赦袁氏同恶令》，明确表示跟袁氏做过坏事的人，允许他们改恶从善。

袁氏政权之所以失败，一个重要原因是内部结党营私、钩心斗角很严重，这种风气由社会上层传达到社会的各个层面，成为一种不良风气。在过去的袁绍控制地区，不仅官员、豪强们操纵舆论、排斥异己、颠倒黑白，而且在一般老百姓里也存在是非不分、缺乏社会正义感、歪门邪道盛行等现象，针对这些问题，曹操在南皮又下达了《整齐风俗令》，从整顿社会风气入手，恢复社会秩序。

一系列政策的出台很快使冀州的社会面貌得到改观，生产得到了恢复和发展。

在此期间，幽州刺史部的局势也发生了新变化，袁熙的部将焦触和张南看到袁氏集团即将覆灭，于是发动兵变，将袁熙、袁尚赶出了幽州刺史部，二袁只得投奔辽西的乌桓首领蹋顿。蹋顿以前娶了袁家的姑娘为妻，跟袁家有姻亲关系，如今在辽西一带势力很大。

焦触自称幽州刺史，率全州各郡县长官归降曹操。曹操大为高兴，幽州不战而胜，省去了远征的麻烦，他以朝廷的名义承认焦触为幽州刺史，将焦触、张南都封为列侯。

但是没多久，幽州刺史部涿郡人赵犊、霍奴起兵，杀死了刺史焦触以及涿郡太守，在袁熙、袁尚的鼓动下，蹋顿也趁机出动，在幽州刺史部渔阳郡北部的犷平一带进攻鲜于辅。

在这种情况下，曹操率主力离开了南皮，进军幽州刺史部，此次北征比较顺利，在涿郡斩杀了赵犊、霍奴，曹操随即率军渡过潞河救援犷平。蹋顿所部未做抵抗，撤到了塞外，曹操于是率军回师邺县。

四十五、基本统一了北方

建安十年（205）10 月，曹操回到了邺县。

此次出征历时整一年，但收获颇丰，攻下了南皮，扫荡了幽州残敌，将袁熙、袁尚赶到了塞外，原来袁绍控制地区的北方四个州中，冀州、青州、幽州已全部占领，加上并州的高幹已经投降，扫平北方的目标看来实现了。

但是出了意外，就在曹操回师邺县时，并州刺史高幹发起了叛乱。这有点儿不太好理解，袁氏势力尚在时不叛乱，现在却要叛乱，高幹不知道是怎么打算的。

高幹不是弱智，也许这里面另有隐情，比如他投降曹操时会不会有约定，要曹操保证袁氏兄弟的安全，曹操杀了袁谭，赶跑了袁熙和袁尚，还把袁熙的妻子给自己当了儿媳妇，所有这些，让高幹无法忍受。

所以，在时机选择上高幹也没有太多考虑，他如果早有预谋，就不会选择在建安十年（205）10 月起兵，因为这时曹操率主力已经回师到邺县。真想大干一场的话，应该在曹军主力激战于南皮时动手，或者最少也应该比现在提前两三个月，在曹操率主力打到现如今的北京市密云水库一带时动手。

把叛乱的时间定在这个时候，注定不会有什么奇迹发生。

并州刺史部的范围约相当于今山西省大部、陕西省北部地区以及内蒙古自治区的河套一带，现在的太原、大同、呼和浩特、包头、榆林、延安都在其内，治所是太原郡的晋阳县，即今山西省太原市。由太原郡向东是上党郡，上党郡与邺县所在的冀州刺史部魏郡之间只隔着一座太行山。

上党郡太守是曹操的人，高幹把他抓了起来，之后进军并占领了太行山中的军事要塞壶关，妄图以太行山为依托抵挡曹军的进攻。

壶关，太行山里的一个山口，也称壶关口或壶口关，位于今山西省壶关县，属长治市，北有百谷山，南有双龙山，两山夹峙，中间空断，山形像一把壶，所以称为壶关。

曹操派乐进和李典为前锋进击壶关，随后他亲率大军赶到，于建安十一年（206）正月把壶关围住，高幹留下部将夏昭、邓升守城，自己前往南匈奴单于那里求救。

袁熙、袁尚投奔的是蹋顿乌桓人，除此之外，袁氏的传统盟友里还有一支少数民族武装是南匈奴，南匈奴单于于扶罗跟袁绍关系密切，官渡之战时南匈奴也派兵为袁绍助战。

现在于扶罗已经死了，他的兄弟呼厨泉继位，呼厨泉看到曹操势力日益强大，不敢与他为敌，对于高幹的请求，呼厨泉不予理睬。

高幹无奈，只得带着几名随从前往荆州刺史部，要找刘表搬救兵，但路上被一支地方武装截住，高幹就这样被杀了。

这支类似于民兵或民团的武装组织首领叫王琰，是上洛都尉。上洛是哪里不详，或许与洛阳有关，因为高幹由并州南下荆州有可能路过河洛一带，而都尉相当于县公安局局长。

王琰把高幹的首级呈送给曹操，立即被封了侯，受到大家的羡慕。只有一个人高兴不起来，整天待在屋里哭，她就是王琰的妻子。因为王琰从此将要富贵，就会娶更多的小妾，从而会夺走对自己的爱。

没有高幹，壶关这场仗按说不用打了，但结果不是。

夏昭、邓升却很顽强，加上壶关城很坚固，曹军久攻不下。曹操火了，发布军令："城池攻破后，把他们全部活埋！"

但是又打了三个月，还是没有攻下。这就是冷兵器时代的攻城战，易守难攻，从之前的郯城、雍丘到东武阳、下邳、鄴县，以及之后的陈仓之战，都是在力量悬殊的情况下打得旷日持久，常常几个月甚至一年都攻不下来。

曹仁看出了问题，他向曹操建议："围城的时候最好让城里的人看到他们还有活路，现在要是让他们感觉只有死路一条，他们必然会奋力抵抗，加上敌人城固而粮多，我们硬攻必然会有很大伤亡。位于坚固的城池下，去攻打必死的敌人，不是上策。"

曹操接受了曹仁的建议，城内的敌兵很快投降了，曹仁因此被封为都亭侯。曹仁的建议里应该还有更具体的攻城方案，不然城里的敌兵也不会轻易投降，这个方案是什么没有记载，应该是更改之前的命令，给城里的人留出一条活路，诱使敌兵投降吧。

高幹被杀，壶关攻破，活跃在并州地区的黑山军首领张燕此前已归顺了曹操，被封了侯爵，在这一带有传统势力的南匈奴也表示不愿为敌，并州刺史部的问题也就解决了。

并州刺史部一向独立性很强，就是缘于黑山军、南匈奴这些因素，但它的战略位置又很重要，不说庇护着中原的北部边防，就说河洛与关中的联络，它也占着中间要害的一段，所以并州刺史部的问题如果不能彻底解决，也让人不踏实。

并州刺史部最北部还有自西向东一字排开的四个郡，分别是朔方郡、五原郡、云中郡和雁门郡，尽管地盘很广大，但都不用发兵，基本上传檄可定。

并州刺史部的南面是隶属于司隶校尉部的河东郡、弘农郡，这里一直处在动乱之中，能不能把这些地方也治理好，影响到并州刺史部的稳定。就在高幹起兵的同时，河东郡的张晟聚众上万人响应高幹，弘农郡的张琰也加入进来，他们活跃于崤关、渑池一带，势力逐渐壮大。

河东郡、弘农郡是通往关中的必由之路，如果这里不在控制之中，关中就成为孤岛，这让曹操很头痛。曹操任命的河东郡太守名叫王邑，这个人或者能力不怎么样，或者不太可靠，他的上司司隶校尉钟繇想奏免他。

但王邑在河东郡有一定势力，郡政府属官卫固和地方驻军负责人（中郎将）范先是他的盟友，当时王邑的调任诏书已经下达，但卫固和范先趁机生事，他们赶到长安面见钟繇，以民意为借口要求王邑留任。当时高幹还没有死，卫固、范先表面上为民请愿，实际上是想把局面弄乱，好与高幹暗中相通。

河东郡的严峻形势让曹操忧心，他写信给在许县的荀彧："关西诸将表面臣服而心怀贰心，张晟作乱于殽、渑，南面与刘表相通，卫固等人又响应他，眼看将酿成大乱。河东郡是天下要地，请先生为我举荐一个像萧何、寇恂那样的贤才去镇守。"

荀彧接到曹操的信，很快回复："西平郡太守杜畿勇足以当难，智足以应变，正是明公需要的那个人。"

曹操于是任命杜畿为河东郡太守，杜畿字伯侯，关中人，是西汉名臣杜延的后代，20多岁时在家乡当过县长，后避乱于荆州。建安初年曹操在许县招揽人才，经荀彧推荐到司空府任职，后外派为护羌校尉，兼任凉州刺史部西平郡太守。

杜畿走马上任时壶关之战还没有结束，这时能抽调出来随杜畿进入河东郡的人马有限，杜畿索性只带少数随从前往。卫固等人知道后，派出几千人占领了黄河上的重要渡口陕津，这个地方位于今河南省三门峡市附近。

杜畿无法渡河，曹操于是派夏侯惇率部前来增援。但是，大军开到还需要一定时间，杜畿认为河东郡百姓并非想作乱，而卫固等人也没到公开违抗曹操命令的地步，应该先稳住他们。杜畿于是绕道黄河上的另一个渡口豆津，这个地方在今山西省芮城县东南，他从那里过了河，来见叛军首领。对于杜畿的到来卫固和范先产生了分歧，范先想杀掉杜畿，为了给杜畿一个下马威，范先在城门外绑了几十个原郡政府的属官，从主簿开始杀起，一口气杀了 30 多个，但杜畿居然神态自若。

杜畿超强的心理素质镇住了本来就不想杀害他的卫固，卫固是个不想把什么事都做绝的人，他认为对杜畿杀之无益，徒有恶名，反正他人少势孤，难有作为，于是表面上仍然尊杜畿为太守。

杜畿耐住性子与卫固、范先等人周旋，并悄悄发展自己的势力，分化瓦解敌人，后来他抓住机会，与卫固、范先决裂，双方激战于张辟。正在此时壶关战役结束了，曹操派出的大军也开到了，杀了卫固、范先以及张晟等人，平定了河东郡。

官渡之战结束后，一直到建安十一年（206），曹操用了几乎六年的时间，经过连续作战，把北方四州中的冀州、青州、并州全部纳入势力范围，幽州刺史部除了北面的一部分在公孙度手中，其他大部分也都在曹操控制之下。

至此，基本完成了北方的统一。

对曹操来说，这是手下将士们奋死拼杀的结果。

自从己吾起兵以来，几乎每一天都有战斗，每一仗都有成百上千的人流血牺牲，胜利来之不易，功劳应该归大家。所以，在北方大势初定后，曹操下令对死去将士们的家属、遗孤给予抚恤，对有功的将士们给予封赏。

曹操开始起兵时的身份是奋武将军，勉强算个杂牌军的军长，当时的骨干只有曹仁、曹洪以及夏侯渊、夏侯惇等几个，他们的身份是奋武将军属下的司马或别部司马，类似于团长。后来，随着军队规模越来越大，加入的将领越来越多，曹军的组织体系也发生了很大变化。

到官渡之战时，夏侯惇他们已经升为军长一级的各种名号将军，或者师长一级的中郎将、旅长一级校尉。而曹操手下的一批“异姓将军”，进步更快。官渡之战前后，于禁等人已经晋升为将军、偏将或裨将了，其中于禁、乐进是偏将，还有捕虏将军李典、振威将军程昱等人，张辽、张郃、徐晃也都是裨将或偏将，许褚的军职稍低些，是校尉这一级。

 这说明，在曹军中曹氏和夏侯氏兄弟的地位并不是最高的，起码现在仍是这样，他们晋升的速度并不比其他异姓将领更快，甚至还稍稍有些落后。曹操的用人方略历来受到后人的推崇，其中一条就是赏罚分明，平时建立有严格的军功考核、登记制度，该奖的时候必奖，不该奖的时候决不滥奖，避免了奖惩和职务晋升的随意性。

建安十一年（206），曹操从壶关回师后，立即着手考评各位将领的功劳，考评的最后结果，于禁、乐进和张辽三个人的功劳最大，曹操于是上表献帝，对他们三个人予以表彰，提拔他们全部升任军长，其中于禁为虎威将军，乐进为折冲将军，张辽为荡寇将军。

除了武将，谋士们也功不可没，功劳最大的自然是荀彧。早在建安八年（203），曹操就根据荀彧前后所立的功劳，上书献帝表荀彧为万岁亭侯，但荀彧坚决推辞，他是朝廷的尚书令，有关文件需要从他这里传递，荀彧自作决定将其扣下不发。曹操又反复劝说，最后荀彧才肯接受。

到了建安十二年（207）2 月，曹操又在邺县表奏献帝，大封功臣 20 多人，全部封为列侯，其余的也都评出等级予以封赏，这次受封的 20 多个人名单不详，只知道曹纯的高陵亭侯、张辽的都亭侯等都是这次受封的，想必其他战功显赫的武将们也都封了侯。除了武将，谋士里至少郭嘉、荀攸在这次也得到了封侯，郭嘉受封的是洧阳亭侯。荀彧当初被封为万岁亭侯时食邑是 1000 户，此次又加封 1000 户，共计 2000 户，在亭侯里算是很多的了。

曹操甚至想让荀彧担任三公，荀彧不好当面拒绝领导的美意，就让荀攸出面替自己谢绝，前后达十多次，曹操最终才放弃了这个想法。

四十六、一场政治风波

曹操大赏群下，封侯的封侯，升官的升官。

有一个人其实功劳才是最大的，却不在名单中，这个人就是曹操自己。理论上曹操也是汉室的一名臣子，目前的职务是三公之一的司空，他曾经代理过一段时间车骑将军，但这一职务后来被免去了。袁绍死后大将军一职也空了出来，还有车骑将军，之前由献帝的老丈人董承担任，董承因谋反被杀，这个职务也空了出来。

文官方面，除曹操外，现任的三公还有司徒赵温，而太尉一职空缺，曹操曾有意让荀彧担任三公，指的可能就是太尉，但被荀彧坚决拒绝了。曹操还担任了冀州牧一职，除此之外还有一个头衔，是初到洛阳迎驾时被授予的，叫录尚书事，算是个兼职。

朝廷的九卿里，赵岐、陈纪、张俭、桓典等人因为年事已高这些年先后去世，对于空出来的职位，暂时无人替补，献帝身边的人越来越少，目前比较活跃的是孔融等几个人。曹操这些年来重点加强了司空府的建设，使其机构逐渐庞大，内设部门不仅涵盖了经济、民政、司法、人事等，还设置了军师、军师祭酒、参司空军事、军谋掾等军职，以服务战争的需要。

虽然曹操没有再担任大将军或车骑将军，但他的司空府实际上行使了军政合一的职能，成为事实上的最高军事决策机构，先后不同时期里投奔曹操的主要文士，除荀彧等极少数人外，都在司空府任职或曾经在司空府任职。

但是一直以司空府来管理整个国家，有些名不正言不顺。

在曹操攻占邺县兼任冀州牧时，有人建议他恢复古代的九州制，原因是在古代九州里，冀州的面积最大，曹操现在担任冀州牧，那样一来势力范围更大，更容易为天下信服。

对这个建议曹操有点动心，占领冀州后，他也一直在思考如何处理与许县朝廷的关系，如果把大本营还放在许县，将会有许多不便，不管怎么样，刘协都是天下人公认的皇帝，自己作为三公之一理应履行做臣子的本分，比如按时上朝、有事上报、天子随召随到等，这又是曹操不可能做到的。

曹操内心里已经打定主意跟许县的天子“分开过”了，但那样一来，必须找出一个合理的理由和一个恰当的操作模式。而且，传统概念上的司空府也不掌兵，以司空府来统领天下的军政大权，时间长了也容易被人说三道四。

在这种情况下，曹操也认为恢复九州制是个好主意，可以破解当前的政治难题。九州作为古代中国的另一个称呼是虚指，它还有一个实指，指的是九个州，即九大行政区，与现行十三个州的行政规划有所不同。不过，如果仅仅为了增加冀州的影响力而恢复九州制，似乎有点过于兴师动众了，毕竟行政区划的调整历来都不是一件小事，涉及各方面的技术困难和各派势力的利益冲突，更何况有些地区还不在曹操控制地区，能否推行下去都是一个问题。

果然，这一概念提出后立即引来众多反对，身在许县的荀彧听说后也写信给曹操，表达了不同意见：“现在如果依古制，那么冀州的管辖范围将包括现在的河东郡、冯翊郡、扶风郡、西河以及幽州、并州的全部，这些地方本来人心就不稳，让他们归属冀州，将会使大家更加不自安。如果因此引起叛乱，那么天下大业就不好说了。”

荀彧建议曹操先平定黄河以北的地区，修复旧都洛阳，之后南下荆州，讨伐刘表、刘璋等不肯朝贡的军阀，让天下人都知道这些想法，从而人人自安，等到天下大定之后，再来议古制。

荀彧的这番表态，说得很有道理，却让曹操吃了一惊。

其实，曹操坚持恢复九州制的真实原因倒不是增加冀州的地盘这么简单，其背后还有玄机，可惜荀彧没有看到。九州制是一个地理概念，或者说是一个规划中的行政概念，但它也是整个古制中的一个组成部分，只有把它与整个古制联系起来看才能洞悉曹操的心理。恢复地理或行政区划上的九州制不是曹操想法的全部，甚至不是主要部分，借恢复九州制进而恢复已经废除的其他一些政治制度才是要害。

现行政治制度大都因袭于汉初，这套制度由高祖刘邦初创，经过汉武帝和汉光武帝等君主的不断改造，与最初的形制已经有了很大不同。比如目前推行的三公制与汉朝初年的丞相制就区别很大，三公分了丞相的权力，有了制衡却丧失了效率，东汉三公又长期被尚书台等内朝官分权，有时竟形同虚设。

在曹操看来，即使高祖刘邦定下的制度有些也值得商榷，比如封爵制度，以前是五等爵制，即公、侯、伯、子、男，刘邦非要来一个白马盟誓，称“非刘氏不得封王”，断了一般人的封王之路，异姓的臣子功劳再高，封到县侯也就到顶了，逼得王莽这样的人只好另找出路。曹操想恢复九州制，行政区划调整才是第一步，后面还会陆续推行以恢复古制为重点的政治体制改革，目的是进一步加强自身的集权，同时在爵位分封等方面有所突破。

但是第一步还没有迈出去，便遭到了荀彧干脆利索的反对。

而且，继荀彧之后少府孔融又提出了一个问题，九州制是古制，王畿制也是古制，恢复九州制，王畿制要不要也恢复？畿的意思是直属管辖区，所谓王畿制，指的是首都为中心方圆1000里以内的都是王畿，方圆500里之内的是侯畿。孔融认为，按照这个制度，以许县为中心，千里之内的地区都应该划入献帝直接管辖区里。这就包括了豫州、兖州和司隶校尉部的大部分地区，也包括冀州、并州、荆州的一部分地区，孔融端出王畿制，显然是跟九州制对着干，让你弄不成。

孔融最近以来一反初到许县时的良好合作态度，在很多事情上都喜欢跟曹操唱反调。就孔融的这番谈论曹操完全可以不理，也可以追究他的责任，问问他的动机是什么。但现在的问题比较复杂，中间还夹着荀彧。

荀彧的表态让曹操不能不认真对待，荀彧不仅是自己事业上的第一功臣，而且在士人中很有号召力，自己手下相当一批官员都来自荀彧的推荐。或许荀彧没有看出来自己的真实动机，就行政区划调整本身发表的意见，因为仅就此而言，费那么大的劲确实有点不值，荀彧及时提出建议是他一贯责任心强的表现。

但是也有一种可能是他看到了自己的心思而执意反对，如果是那样就麻烦了。这表明，荀彧在一些原则性问题上与自己的想法出现了分歧，这种分歧将是一个危险的信号。

不管是哪一种情况，恢复九州制的提议都不能再进行下去了，曹操下令终止关于恢复九州制的讨论，他为此专门写信给荀彧说：“不是先生及时提出反对意见，我要失去的可能更多了！”话是这么说的，但曹操的心里颇不是滋味。

不过，这些不良情绪在曹操心里也只是一闪而过，他现在更关注的是下一步如何打算。统一了整个北方，他终于可以向南边看看了。南方有三个重要的对手，从西向东分别是刘璋、刘表和孙权，先从哪里下手呢？

四十七、越过长城险关

现在，曹操思考着下一步的行动。

南皮之战结束后，袁熙和袁尚仓皇出逃，袁绍当年为了笼络蹋顿，曾经学了回西汉的皇帝，在袁氏家族里找了个长得漂亮的姑娘收为义女，把她嫁给了蹋顿。袁熙和袁尚不大清楚蹋顿还认不认这门亲，但目前已走投无路，只好硬着头皮试试了。

没想到蹋顿对袁家很有感情，把袁熙和袁尚还当自家兄弟看，眼见他们落难，立即慷慨地伸出援手，把他们接到自己的地盘上。乌桓是游牧民族，走到哪儿抢到哪儿，没有稳定的根据地，他们目前活跃于幽州刺史部以北的广大草原地区。

袁熙和袁尚并非空着手去投蹋顿的，他们走的时候裹胁了 10 万多户幽州、冀州的军民，强迫他们迁往乌桓控制区。这是一份厚礼，也是他们今后在乌桓人那里说话的本钱。这些年来蹋顿每次南下侵掠内地，都要劫持内地的军民到草原上来，前后累计也有 10 万多户。

有了这 20 多万户内地军民，乌桓人的势力大增，加上袁氏兄弟在幽州一带仍然有一定影响力，乌桓族的蹋顿部落有慢慢坐大的势头。

曹操的眼睛也始终紧盯着袁氏兄弟，因为他深知袁氏在北方经营多年，与少数部族首领有很深的交往，说他们随时会卷土重来，一点都不是杞人忧天。

袁熙和袁尚的年龄不详，曹操比他们的父亲袁绍小了大约 10 岁，这个年龄差距可以视为同代人，也可以视为两代人，曹操主动与袁谭结为儿女亲家，可见在他的心目中袁绍更倾向于是上一代人，而把袁熙和袁尚视为同代人。他们现在都处在最为成熟、精力也最充沛的时期，必然不甘心一辈子待在草原上当个牧马人。

但并非所有人都看到了这一点，当袁氏兄弟逃到乌桓人那里时，曹操身边的大多数人都松了口气，认为北方的战事可以告一段落了。持这种观点的人不在少数，包括曹操身边的一些武将和谋士在内，都认为袁熙和袁尚不可能再掀起什么大浪来。

可是，曹操本人并不这样看，曹操觉得北面还有仗要打，并且是大仗、恶仗，对此他丝毫没有掉以轻心。建安十二年（207）2月，曹操返回邺县，立即把北征计划提了出来，让部下们讨论。

大多数人对此时大举北征持反对意见。哪些人反对史书并未详细记载，只是说很多人都这么认为，看来人数不少，并且以武将为主。持这种观点的人认为，袁尚只是个亡虏而已，乌桓人贪而不亲，袁尚在那里不会得到什么发展，如果现在远征，刘表必然趁机袭击许县，要真是那样的话，后悔都来不及了。

大家提出与其北征不如南征，趁着兵强马壮，挥师直驱荆州，征服刘表，而北方二袁及蹋顿、公孙度之流要么主动投降，要么自生自灭，根本不用理它。只有郭嘉、史涣等少数人持不同意见，他们赞成此时北征，其中郭嘉的态度最坚决，他认为刘表不过是一个喜欢坐着空谈的人而已，他知道自己不如刘备，跟刘备之间虽然合作，但关系很微妙，对于他们不必过于担心，即使现在举全国之兵远征乌桓，也可确保无事。

建安十二年（207）春天，北征乌桓之役正式开始了。

乌桓人生活在幽州刺史部以北的广大地区，大本营叫柳城，这个地方具体在哪里，至今仍有争论，一般认为它位于今辽宁省朝阳市西南。曹军主力由邺县远征柳城，路途遥远，关山阻隔，困难重重。但对曹操来说，这是一场精心准备的远征，为此他已耗费了数年时间，花费了巨大的人力和物力进行准备，所以势在必得。

这一仗当然要由曹操亲自率队，他带上了曹军中最有战斗力的几支队伍，包括张辽、徐晃、张郃、曹仁、张绣所部，还有曹纯统率的虎豹骑，韩浩、史涣等人统领的中军，参谋人员以郭嘉为首。这些将领和谋士其实对乌桓并不熟悉，对少数部族的生活习惯、人文地理也很陌生，好在曹操手下不缺少这方面的人，鲜于辅、阎柔和牵招都长期生活在北方，长年同乌桓人打交道，这一次远征当然离不开他们的帮助。

曹操还有一个特别的安排，他想借机锻炼一下几个儿子。曹昂死后卞夫人所生的三个儿子在诸子中最年长，其中曹丕21岁，曹植16岁，曹彰介于二人之间，具体年龄不详。上次西征并州曹操让曹丕留守邺县，这次也一样，他让曹彰和曹植随征。

曹彰字子文，在诸子中他是最与众不同的一个，不仅因为他不爱文而爱武，从小擅长骑马射箭，臂力过人，胆子特别大，敢徒手与猛兽搏斗，而且单从外表就能看出来他是个“异类”，他生有黄胡须，被曹操称为“黄须儿”。

大军向北进发，开始较为顺利，很快推进到了幽州刺史部境内。过易水时，曹操特意考察了公孙瓒当年在这里修筑的那些超级城堡。尽管现在这些庞大的建筑早已荒败，但依稀能看见当年这些工程是如何的坚固。

这时，郭嘉向曹操提出建议：“兵贵神速，如今要赴千里之外袭击敌人，辎重太多不利于机动，时间长了敌人会知道，早做防备。不如把辎重留下，轻兵兼程，快速推进，以掩其不备。”曹操接受了郭嘉的建议，从各部抽选出精兵，全部骑马，加上虎豹骑组成快速纵队向北进发，其他部队留在幽州刺史部一带作为后援。

曹操亲自率快速纵队向北疾进，即将进入无终县境内。汉末的无终县即今天津市蓟县，曹操听说这里有个人很有影响力，而且对北边的情况特别熟悉，如果能把他请出来帮忙，此次北征至少成功了一半。

这个人名叫田畴，他曾是刘虞的部下，公孙瓒杀刘虞的时候田畴曾冒险为刘虞哭丧，公孙瓒差点杀了他，但田畴的义举深得人心，公孙瓒不敢贸然加害，把他放了。田畴对时事彻底失望，就带领本族的人以及自愿随行的乡亲们共数百人进入老家无终县北部的无终山里，想避开乱世，开辟另外一种与世无争的生活。

他们在山里选了一处相对平坦的地方建屋舍，然后开垦土地，发展生产，过上了自给自足的日子。虽然比较清苦，但没有战乱的烦扰，倒也自在。这种生活比后世幻想中的桃花源还早了数百年，吸引越来越多的人进入山里，随他们定居，最后发展到了5000多户，在当时相当于规模挺大的一个县城。在这个世外之城里，大家推举田畴为首领，他们自订乡约开展自治，制定了简单的法律和婚嫁之礼，开办学校，各项事业发展得十分兴旺，民风淳朴，道不拾遗。

无终山处在乌桓人控制区与内地交界处，乌桓人经常侵入内地，抢一把就走，无终山也很难幸免，田畴很生气，立志找机会痛击乌桓。他把年轻人组织起来，开展军事训练，打击入侵者。

袁绍灭掉公孙瓒，也算是了却了田畴的一个心愿。袁绍派人送来了将军的印绶，想收编田畴并请他出来做事，但被田畴婉拒。袁绍死了，袁熙、袁尚逃到北方一带，又派人来试图征召田畴，给出的条件更优厚，但田畴仍然不为所动。在大家看来，田畴已经打定主意在这山里过一辈子了。

曹操去请田畴，并没有明确给田畴一个什么样的职务，相对于当年袁绍父子送来的将军印绶，曹操的这次征召缺乏吸引力。然而田畴一听说曹操召唤，完全变了一个态度，立刻动身赶来了。对田畴态度的转变，身边的人有点不理解："过去袁绍父子仰慕您，三番五次派人来请，您都不答应。为什么曹公的使者只来了一次您就爽快答应，并且还那么主动，一副争先恐后的样子？"田畴听完笑了笑，神秘地说："这些不是你们能理解的呀！"

田畴的家在北部边疆，经常受到乌桓、鲜卑、匈奴人的侵扰，在他的内心里保土守疆的使命感很强。他早年倾心于刘虞就是因为刘虞在处理北部少数民族问题上做得很好，维护了边疆地区的安宁。他对袁绍父子没有好感，是因为袁绍父子与乌桓人走得很近，互相利用，这让田畴无法苟同。

田畴之前没有跟曹操接触过，也没有跟曹军打过仗，他对曹操的了解是比较有限的，但曹操带大军是来打乌桓人的，仅这一点对田畴就很有吸引力，至于官位高低，对于田畴这样对功名利禄毫无兴趣的人来说，是没有什么意义的。田畴来见曹操，之后被曹操任命为司空户曹掾，曹操还与田畴进行了一番长谈，这次谈话看来让曹操很满意，因为田畴这个处长只当了一天，第二天他就接到改任的命令，命令中有一句话："田畴先生不是我可以任以为吏的呀！"

古时官和吏是有明确区分的，司空府的处长权力再大，也是吏的身份，是丞相聘任的属官。曹操觉得对于田畴这样有大德的人，自己聘任他为属吏不够尊敬，于是让幽州刺史推举田畴为茂才，取得了成为朝廷正式官员的资格，然后拜田畴为蓨县县令。

曹操命田畴不用去赴任，而随军行动。

快速纵队随即进抵无终县。

再往北就是乌桓人的活动区了，这时正是夏天，下起了大雨，一连下了好长时间，结果坏事了。自古以来由蓟县、无终县一带进入东北地区只有两条路可走，一条是所谓的滨海道，穿越幽州刺史部的辽西郡境内，即今辽西走廊。这条路现在还是交通要道，在这条路上有天津、唐山、山海关、葫芦岛、锦州等重要城市。

但是如果摊开东汉的地图，就会发现辽西郡所属的 14 个县都不在这条线上，这说明当时这里很荒僻，因为这一带当初地势比现在还低，一下大雨容易积水，实际上变成了一片泽国，说水浅吧它无法通车马，说水深吧又不能通舟船，阻断了南北交通。另一条道路在西侧，由徐无过卢龙塞直驱柳城，也就是从今天的喜峰口到冷口一线。西汉时期与匈奴人作战频繁，这条道路主要为保障战事需要而开辟，但东汉以后随着战事转向西北地区，这里逐渐被废弃了，最后变成人迹罕至之地。

这条道路不仅艰险，而且出了山以后还要面临500多里的不毛之地，直到越过白檀、平冈才好走一点儿。这条路真正走过的人少之又少，田畴建议："现在蹋顿认为大军到达无终以后，面对道路泥泞难行的情况只好不进而退，必然防备松懈。如果我们表面上说回军，暗地里越过卢龙、白檀等险地，出其不意，蹋顿一定可以不战而擒！"

曹操大喜，采纳了田畴的建议，佯装要回师，还在路边立了个大木牌，上面写着："如今是暑夏，道路不通，暂且等到秋天再来进军。"蹋顿派出的侦察兵看到了，以为曹军真的要回家避暑去了，迅速向蹋顿报告。

曹操命令田畴及其手下人为向导，悄悄开进如今辽西走廊西侧的燕山山脉中，当时它被称为徐无山，沿着西汉时期开辟出的小路直抵卢龙塞。卢龙塞即今长城沿线著名的要塞喜峰口，位于徐无山脉的最东面，坐落在梅山和云山之间，这里周围是一片低山丘陵，由南向北地势迅速抬升，形成突兀的地形，从而成为一处险地。

滦河那时候称濡水，穿徐无山而出，形成了天然的河谷，成为南北往来的通道，卢龙塞扼守着进出的咽喉，是兵家重地。由于有田畴及其部下做向导，曹军顺利越过了已经荒废的卢龙塞，再往前道路更不好走了，曹操带来的都是骑兵，曹操命令他们暂时改成工兵，一边填山开路，一边艰难前行。就这样，终于越过了平冈、白檀，到达了白狼山附近，深入到了乌桓人的腹地。

直到这时，蹋顿仍然没有察觉。

四十八、激战白狼山

白狼山，位于今辽宁省喀喇沁左翼蒙古族自治县境内，海拔并不高，只有800多米，但因为周围地势平坦，此山突兀而出，所以给人高耸入云的感觉。

山下有白狼水流过，今称大凌河，为辽西最著名的河流，直接注入渤海，据说白狼山因此得名。但还有一个说法，说山上有一个白石砬子，砬子是方言，也就是大石头，这块大石头样子像一只羊，也像一只狼，所以称白狼山，而白狼水因山而得名。

这座山虽然远在北疆，却历史悠久。春秋时伯夷和叔齐二人因为不食周粟而隐居于首阳山，最后饿死在那里，据学者考证这个首阳山即白狼山。曹军的快速纵队越过白檀、平冈，接近了白狼山，距此东北方向200里就是乌桓人的大本营柳城了。

这时乌桓人才发现曹军主力已经到了跟前，疾告蹋顿。蹋顿大吃一惊，仓促间集合兵马，迅速赶往白狼城迎敌。随蹋顿一块来的还有袁熙、袁尚，以及辽西郡乌桓单于楼班、右北平郡乌桓单于能臣抵之等部，总兵力多达数万人，基本上都是骑兵。

曹军快速纵队与乌桓联军相遇，此时是建安十二年（207）的8月。曹操亲率先头部队抢占了白狼山，占据了有利地形，随后数万乌桓骑兵也杀到了，气势很强大。这时曹军的后续部队还没有跟上，曹操身边只有张辽所部和曹纯率领的一部分虎豹骑，由于是急行军而来，大部分人都没有披戴铠甲。

面对数倍于己的乌桓骑兵，有些人感到了害怕。曹操让大家不要惊慌，他登上白狼山远望，发现敌人阵形不整，曹操看出他们也是远道而来，疲惫不堪，如果此时发起攻击正是时候。

站在白狼山上的曹操只向山下的乌桓人看了几眼，就断然决定不待后续部队赶到，趁敌人阵形未稳之机立即发起猛攻。曹操的想法与张辽不谋而合，张辽意气风发，主动请战，曹操把手里的指挥旗授予张辽，命他全权指挥曹军，组织对敌人的进攻。

当初曹操决定北征乌桓，张辽也是反对者之一，张辽劝曹操说许县是天下要地，绝不能轻易丢掉，应该防备刘表的偷袭。曹操最后还是决定北征，张辽不因自己的意见未被领导采纳就闹情绪，作为北征的先头部队，他坚决执行命令，面对危险来临时，他敢打敢上，这正是做大将应有的素质。张辽整顿所部人马在前，曹纯督率虎豹骑在后，直冲乌桓骑兵，结果乌桓人大败，曹军以悬殊的兵力获得大胜。

虎豹骑更是露足了脸，一举将蹋顿斩于马下！

其实乌桓人是挺有战斗力的，如果认为乌桓人本来就不堪一击那就大错特错了，乌桓人能长期驰骋于北方，绝不是吹出来的，尤其是蹋顿，有勇有谋，在乌桓人中很有号召力。

乌桓人之所以大败，一方面是张辽、曹纯所部尽是曹军中最能打的精锐部队，他们作战勇敢，如今身处险地，誓死一搏。另一方面，也是最重要的，是曹操抓住了战机，敌人远道而来，人困马乏，阵形不整，互相联络不畅，本想停下来扎住营寨再跟曹军真刀真枪地过过招，没想到曹军没给他们这样的机会，一上来就打了个冲锋，让他们措手不及。此战虎豹骑表现得确实太生猛，这支在南皮城外立斩袁谭的劲旅，此番又找到了疆场扬名的机会，他们杀了蹋顿，使乌桓人的抵抗迅速瓦解。乌桓人没有统一的指挥，很快就四分五散。

曹操见状高兴异常，他让人把蹋顿的首级拿来观看，看完亲自系在自己的马鞍上，又手舞足蹈地在马上舞了起来。楼班、能臣抵之以及袁熙、袁尚等人不敢恋战，纠合在一起约有数千人，他们没有退回柳城，而是向东南方向逃去，投奔辽东太守公孙康去了。

曹操率军趁势直捣柳城，在此未遇到大的抵抗。

曹操在柳城只待了一个月就下令回师了，临行前曹操下令重新清理乌桓控制区的人口，对于那些从内地被乌桓人和袁氏兄弟挟持来的汉人，征求他们自己的意见，愿意回去的就一块带回。结果绝大多数汉人都愿意回去，人数多达10余万。

按照将领们的想法，就这样回去显然不甘心，既然袁氏兄弟逃到了辽东，还不如驱兵直赴辽东，一举把公孙康也灭了，省得今后再来一趟。但曹操撤军的命令下来了，不去辽东，直接回冀州。

这让许多人不解，大家都觉得若论敢想敢干，一般人真比不上曹公，现在大家的积极性被调动起来了，曹公反而不敢干了。

面对士气如虹的将领们，曹操笑着说："我正在让公孙康把袁尚、袁熙的头砍了送来，不劳大家辛苦了！"这句话让大家百思不解，于是去问参谋长（军祭酒）郭嘉，希望他出面再劝劝曹公。哪知郭参谋长神秘地笑而不答，那意思是你们就等着看好戏吧。

北征大胜，作为此次军事行动的坚定支持者和首席谋士，郭嘉一直跟随大军行动，打了大胜仗，他本应和大家一样感到很振奋，但此时他却振奋不起来。

因为郭嘉病了，郭嘉得的什么病没有记载，也许是过于操劳，也许是深入北方少数民族地区后水土不服，这次他病得很重，身体一天比一天差，曹操为此很忧心，命人好好照料他，并且准备尽快回师。

建安十二年（207）9月，曹操率军从柳城回师。

刚上路不久，辽东郡太守公孙康的使者就追来了，送来了袁尚、袁熙以及辽东郡乌桓单于速仆丸的首级。

将领们一看简直神了，原来曹公早已胸有成竹，料事如神，不战而胜。大家不知道他究竟用了什么样的高招，把向来恃远不服的公孙康都调动了。于是都过来问，曹操笑了笑说："公孙康对袁氏父子素来畏惧且忌惮，我们如果追之过急，他们就会联合起来对抗我们。如果缓一些，他们就会自相残杀，就是这个简单的道理而已。"

大家听了，不得不佩服。

曹操率军继续前进，他们回师走的是哪条道没有明确记载，但与来时相比，回程一样不轻松，甚至更加艰难。来时遇到大雨，归途却遇到了大旱。这时候天气还很冷，200里之内找不到水源，军粮也成了问题，曹操不得不下令杀马充饥，前后共杀了几千匹战马，这让曹操心疼坏了，可怜一部分虎豹骑的兄弟现在也只能暂时改当步兵了。

曹操命人就地凿井取水，挖了30多丈，再往下挖就要把辽河油田提前给挖出来了，这才勉强打出了点儿水。这一仗打得惨烈，行军的景象也惨烈，去的时候惨烈，得胜归来也惨烈，曹军从来没有打过这样的仗。

郭嘉已经无法骑马，只能躺在车上。曹操惦记着郭嘉的病情，一路上不停地询问，经常到郭嘉跟前探望，但郭嘉的病情丝毫没有好转的迹象，这让曹操心情很沉重。

在这次回师的路上也有令人高兴的事，大军行进到易水时，代郡乌桓单于普富卢、上郡乌桓单于那楼等人亲率部族首领前来祝贺曹军大捷，并表示愿意归降。

还有一件有趣的事，在曹军队伍里有一辆大车，车上有个大铁笼，里面关着一件稀罕物，一只狮子。在白狼山上曹军遇到了一只狮子，派人格杀，但狮子很凶，伤了不少人。曹操亲自率领数百人围攻它。狮子怒吼，吓得左右皆惊。曹操忽然发现从林子里跑出一个东西，像是狸子，它蹿到曹操所乘车子的车把上，狮子过来攻击，这个像狸子一样的东西跳起来蹿到狮子头上，狮子一下子趴到地上不敢起来了，大家于是上去把狮子杀了。

白狼山上遇到的狮子不止一只，曹操指挥人居然还活捉了一只，于是弄个笼子装到车上拉回去。快到邺县时，这头雄狮大吼了一声，30 里之内的鸡狗闻听此声，吓得都不敢叫唤。

建安十三年（208）正月，曹操率军回到邺县。

北定乌桓，打了最艰难也最充满悬念的一仗，所有的人都松了口气，邺县到处是一片喜庆的气氛，但曹操的心情却放松不下来，他甚至有些悲伤。

在归师的队伍里没有看见北征军军祭酒郭嘉的身影，因为就在前几天，还在归师的途中，年仅 38 岁的郭嘉因病去世了。算起来，郭嘉追随曹操前后 11 年，但时间仿佛眨眼间就过去了。郭嘉这次是抱病随征，一路上病情不断加重，回来的时候越来越重了，曹操一直很担心他，确信郭嘉已不在人世时，曹操无比悲伤。

此前，曹操在战场上失去过儿子和侄子，失去过典韦这样的心腹爱将，也失去过鲍信那样的战友，每一次他都很悲痛，但都没有这一次这么伤心。

曹操亲自参加了郭嘉的追悼会，哀痛异常。荀攸当时也在场，曹操对荀攸说："你们的年龄跟我差不多是一辈的，只有奉孝年纪最小。等天下平定了，本想把后事托付给他，不想却中年夭折，这难道是命运吗？"说完，曹操又连声呼唤道："哀哉奉孝！痛哉奉孝！惜哉奉孝！"曹操上书献帝，追记郭嘉的功劳，将其食邑追加了 800 户，谥郭嘉为贞侯，爵位由郭嘉的儿子郭奕继承。

之后，曹操又做出一项政治改革，废除了三公制，恢复丞相制，自己担任丞相，这是几年前恢复九州制构想的延续，虽然那一次曹操做出了妥协，但他一直思考着这件事，北征取得的巨大成功，也许鼓舞了曹操，所以回师后就把这件事提了出来。

东汉不设丞相，只有西汉设置，西汉的丞相府里下设十三曹，相当于 13

个处，标准的编制多达 382 人，实际上就是一个标准的小内阁，人事、行政、经济、交通、司法、外交、军事无所不管。建安十三年（208）6 月，献帝命太常卿徐璆拿着天子的符节前往邺县，拜曹操为丞相。徐璆就是那个从袁术手下逃脱，并将传国玉玺归还汉室的功臣。

曹操对这项任命也做了礼节性的推辞，甚至要把丞相让给徐璆当。徐璆再弱智或者再官迷心窍也断然不敢应承这种事，予以坚决拒绝。

于是，曹操正式就任丞相，同时任命郗虑为御史大夫。

西汉的三公除丞相外，还有御史大夫和太尉，曹操此次恢复丞相制，没有恢复太尉，只恢复了丞相和御史大夫。有人认为御史大夫很重要，相当于副丞相，论资历、声望和影响，这个职务应该给孔融，但曹操把如此令人瞩目的职务给了名不见经传的郗虑。

郗虑资历虽浅，与孔融等老牌士大夫们关系也比较恶劣，加上他为人尖刻，报复心强，的确不是副丞相的合适人选，但想想看，也许这些也正是曹操所需要的。

四十九、刘备寄寓荆州

这几年曹操一直在北方用兵，减轻了南方各路实力派的压力。

南方的实力派，不算遥远的交州刺史部，目前主要有三个：一个是益州刺史部的刘璋，他是前益州牧刘焉的儿子，一个是荆州刺史部的刘表，一个是江东的孙权。除此之外还有一个刘备，名气不小，但以他目前的实力，还不能与以上这些人平起平坐。自建安六年（201）开始，刘备在刘表的安排下到新野驻扎，一晃已经六年了，时间真不短！

刘备替刘表守着北大门，期间虽然没有大战发生，但也有过一些规模较小的战斗。趁曹操率主力北上之际刘表也想做点事，他派刘备率部向北攻击。刘备率兵一直攻打到南阳郡最北面的叶县，曹操派夏侯惇率军迎击，派于禁、李典为夏侯惇的副将。

刘表的战略是正确的，机不可失、失不再来，如果不趁曹操的多事之秋主动有所作为，待曹操腾出手来再想做点儿什么已经晚了。可惜刘表骨子里一味守成，动作虽有，但只能算小动作，他怕损伤嫡系，只派刘备去执行北征的任务，而没有其他后援，效果就大打折扣了。

而刘备也并不想替刘表打到许县去，即使有这个能力，他也不会那么做，他知道自己的定位，不会给刘表真卖命，之所以发起此次进攻，多半是为了应付刘表，以此向刘表多要些粮草装备。

所以，当刘备听说夏侯惇、于禁、李典这几位曹军中最能打的将领联袂而来时，立即下令烧掉自己的营寨撤退。夏侯惇下令追击，副将李典认为不可：“敌人无故退兵，很可能有埋伏。往南面去的道路狭窄，草木很深，不能追啊！”

独眼将军夏侯惇不听，只想扩大战果，于是携于禁追击，留李典守营。刘备听说后很生气，面子已经归你，还这么不依不饶？刘备毕竟是个经验丰富的老军人，他迅速给夏侯惇和于禁准备了一个口袋，打了他们一场埋伏。

埋伏的地点是叶县与宛县之间的博望，刘备所部依托有利地形发起攻击，曹军形势很不利，作战中赵云十分英勇，生擒了夏侯惇的部将夏侯兰。

这个夏侯兰与谯县夏侯氏无关，他的祖籍是冀州刺史部常山郡，跟赵云是老乡，赵云以前就认识夏侯兰，所以向刘备求情，没有杀他，因为夏侯兰精通法律，还推荐他当了军中的军正。

刘备又回到了新野，他现在最想做的事就是招募人马、广揽人才，不断壮大自己的实力。以刘备当时的处境和地位，做这件事比较困难，不是他的名望不够，没人愿意跟他。相反，刘备当时已经有了很高的知名度，慕名而来的英雄豪杰不少。

让刘备感到苦恼和不安的是，他目前只是寄寓在荆州，在别人的地盘上招兵买马是一件很招摇、很犯忌的事，加上有刘表这样疑心重的人，刘备既怕招不来人，更怕招来的人太多，引起刘表的猜忌。事实上刘表果然起了疑心，对刘备更加防范。

这让刘备感到了苦闷，刘备在新野期间，有时会到百里之外襄阳的刘表那里做客。一次，刘备又到刘表那里喝酒，席间去上厕所，宽衣解带，刘备突然看到大腿内侧的肉长了起来，不禁慨然流涕。返回座位，刘表见刘备闷闷不乐，询问原因，刘备说："我常常身不离鞍，所以大腿内侧的肉都没了。现在好久不骑马，这里的肉又生了出来。时光流水，日月如梭，我眼看快老了，却没有什么功业，所以悲伤啊！"

刘备屯驻新野是在他40岁到47岁这一段时间，处在壮年，正是大干一番事业的好时候，却窝在了一个小小的县城里，过着担惊受怕的日子，想想走过的路，也可谓波澜壮阔，看看前途却一片渺茫。

刘备看到髀肉顿生感慨，这也容易理解。与当初被软禁在许县的时候相比，此时的刘备不仅更容易感伤，而且内心里的英雄气概也正在一天天消弭，甚至失去了许县种菜时的智慧和机警。

比如，刘备的髀肉之叹，叹给关羽、张飞都没问题，叹给糜氏、甘氏二位夫人更没有问题，但叹给刘表，只能提醒刘表要更好地提防眼前这个人，这明显失策。

放在当初的许县，刘备断然不可能这么不谨慎，所以有人怀疑这项记载。其实这也没有什么，刘备是个英雄，也是一个凡人，酒喝多了，话就说了，作为一个性情中人，刘备也不会为说过的话后悔，就那么回事了。

到建安十二年（207），刘备寄寓荆州已经是第七个年头了。

曹操率主力北征乌桓时，刘备认为这是一次绝佳的机会，建议刘表趁机袭击许县，但刘表没有采纳。刘表的优柔寡断再次坏了自己的事，时局每天都在发生不同的变化，强者善于抓住机遇，而更强者，没有机遇都要去制造机遇，像刘表这样让机遇一次又一次白白错失的人，只有被淘汰的命运。

想一想也不是刘表没有战略眼光，或许他有自己的苦衷。刘表虽然不愿意投降曹操，但他手下几乎全是亲曹派，如果此时举兵北伐，手下又将是一片反对声，勉强为之，恐怕也没有什么好效果。

等到曹操北征得胜而归，刘表有些后悔了，对刘备说："没有听你的，白白失去了一次大好机会！"刘备听了不以为然，对刘表说："现在天下分崩，每天都在打仗，机会随时还会来，哪能就没有啦？如果今后能抓住机会，现在也没什么可后悔的。"顺境不喜，逆境不忧，不忿不怨，保持良好乐观的心态，这是刘备的过人之处。

就在这一年刘备迎来了人生中的一件大喜事，他有儿子了。刘备在生育能力方面似乎有问题，40 多岁了，先后娶了几位夫人，之前都没有生下一个儿子。在新野期间刘备曾收养了一个姓寇的男孩儿做养子，这个男孩的舅舅也姓刘，是长沙郡人，刘备收养寇氏的这个男孩儿后，给他改名叫刘封。

刘备都打算将来以刘封为嗣了，但没想到在自己 46 岁时，甘氏突然为他生下一个儿子。儿子的降生让刘备喜出望外，刘备给他取了个小名叫阿斗，大名叫刘禅。

刘备的内心里对人才有着深深的渴望。这是一个"拼"的年代，既拼出身和起点，也就是"拼爹"，更拼实力、毅力和运气，再有就是拼人才。在群雄争霸的情况下，人才是决定事业成败的关键，人才流动的方向就是霸业的走向。

人才也分高低，普通的人才固然也需要，但对刘备来说现在更需要的是最好的、最顶尖的人才。在武将方面，刘备已拥有了关羽、张飞、赵云、陈到等人，经过大大小小战斗的考验，他们已经成长和成熟起来，现在急缺的是替自己出谋划策的人，像曹操手下的荀彧、郭嘉、荀攸那样的人才，刘备认为曹操之所以不断取得成功，与这些人的贡献密不可分。

刘备的身边也有简雍、孙乾、糜竺、刘琰等人，但他们都还不是刘备心目中的那个人，遇到重要决策，往往还是刘备自己去拿主意，他急需能与荀彧、郭嘉匹敌的高级智囊。刘备在新野招兵买马，特别留心这方面的人才，还真的有所收获，来了一位很有水平的人，名叫徐庶。

徐庶原名叫徐福，祖籍在豫州刺史部颍川郡，原来是侠客一类的人，是出来混的角色，后来突然到学校读书，其他学生都不愿意跟他接近，徐庶态度很谦卑，每天都比别人早起，一个人打扫卫生，小心谨慎，刻苦学习，对经书义理的理解也很快，慢慢改变了大家的看法。

汝颍自古多奇士，徐庶为避战乱，与同郡好友石韬南下到荆州居住，听说刘备在新野招募人才，便前来投奔。刘备见到徐庶后非常器重他。刘备让徐庶再为自己推荐一些人，徐庶于是向他郑重地推荐了一个人，名叫诸葛亮，人称卧龙。

徐庶提起卧龙，刘备对这个名字其实并不陌生。刘备不久前曾拜访了名士司马徽，司马徽也向他推荐过这个名叫诸葛亮、被人称为卧龙的人。

如果真是这样，那他正是刘备要找的人，刘备的心里对诸葛亮产生了强烈的好奇，渴望马上见到他，刘备对徐庶说："那就有劳先生把他请来吧。"徐庶听了摇摇头，对刘备说："这个人只能您亲自去请，不能硬让他来，将军最好枉驾到诸葛亮的住处走一趟。"

徐庶和诸葛亮是好朋友，对诸葛亮的情况非常了解，他告诉刘备诸葛亮正隐居在隆中，刘备于是亲自跑到隆中去请诸葛亮，前后去了三次才见到了诸葛亮。

诸葛亮字孔明，徐州刺史部琅邪国阳都县人，生于汉灵帝光和四年（181），这一年曹操已经27岁了，按照之前的说法，陶谦这些老字辈算是公元2世纪的"30后"，刘表、袁绍是"40后"，曹操是"50后"，刘备、吕布是"60后"，司马懿、周瑜是"70后"，而诸葛亮跟孙权、曹丕都属于"80后"。

诸葛亮的祖上可以追溯到西汉初年的司隶校尉诸葛丰，他的父亲名叫诸葛珪，当过泰山郡郡丞。诸葛亮有一个比他大八岁的哥哥名叫诸葛瑾，少年时代曾到洛阳游学。还有两个姐姐和一个弟弟，姐姐名字、年龄不详，弟弟名叫诸葛均，比诸葛亮小三岁。

诸葛亮很小的时候母亲就去世了，为了照顾他们姐弟的生活，远在泰山郡任职的父亲续了弦，这位继母姓氏不详，但孩子们对她都很孝顺，尤其是诸葛瑾，因为孝顺继母而为人称道。不幸的是诸葛亮八岁时父亲也离开了人世，好在诸葛亮还有一个叔父，关键时刻给他们提供了帮助。

这个叔父名叫诸葛玄，是个有本事的人，跟刘表、袁术都是朋友，他应袁术的邀请担任豫章郡太守，上任的时候诸葛玄带上了诸葛亮和他的弟弟诸葛均以及两个姐姐，诸葛瑾则在家乡侍奉继母。但诸葛玄后来死在了任上，临终前将诸葛亮等托付给好朋友刘表照料，大约在建安元年（196）前后，诸葛亮姐弟到了荆州，刘表还算念旧，安排他们在襄阳居住。

对诸葛亮来说，下一步何去何从成为新的人生难题。值得庆幸的是，他的两位姐姐很快都分别完成了婚事，她们所嫁的对象都是荆州赫赫有名的大族，其中大姐嫁给了蒯祺，二姐嫁给了庞山民。诸葛亮则带着弟弟诸葛均在襄阳城西一个叫隆中的山村里过着耕读的生活。在汉末隐而不仕也是士人的一种风尚，得时则行、不得时则退而息意，面对社会动荡和人身无法保全，一部分士人自动退居山林，过起了与世隔绝的生活。但诸葛亮显然不是一名纯粹的隐士，他也无意于成为隐士，他来隆中只是看中了这里幽静的环境，可以静下心来读书学习。他没有用这个小环境来封闭自己，相反，在躬耕隆中的这段时间，他积极与外界沟通，随时掌握外部世界的变化。

诸葛亮的二姐夫庞山民的父亲庞德公是荆州名士，经他的介绍、又拜司马徽为师，进一步开阔了眼界。在司马徽的私学里诸葛亮结识了庞德公的侄子庞统，还有向朗、尹默等人。

有庞德公的指点，加上司马徽的进一步教导，诸葛亮学业进步很快，由于没有官学程式化的教育束缚，诸葛亮学习的内容和方法都很灵活，除当时读书人必不可少的经学外，诸葛亮还广泛涉猎了诸子百家，其中对于法家和兵家的著作更是格外留心。诸葛亮读书的方法也与众不同，别人读书务求精通、熟练，而诸葛亮只注重大的方面。诸葛亮显然不希望自己刻苦读书只是为了成为一名寻章摘句的儒生，他读书为的是积累和思考。

刘备去找诸葛亮，一个求贤若渴，一个待时而动，按说这是个顺理成章的相遇。但是刘备却去了三次才见到诸葛亮，有人认为这是诸葛亮故意试探刘备的诚意，也有人认为诸葛亮其实并没有做好出山的打算，更没有想好要辅佐刘备，所以还在犹豫。

但这些都是推测，诸葛亮此时 26 岁，尽管有些名气，但还没有任何官职，也没有建立起任何功业，年龄几乎长自己一倍、早已天下闻名的左将军刘备来访，说他故意不见，以试探对方，似乎可信度不高。而如果说诸葛亮并没有做好人生的规划，仅被刘备的诚意所打动，也不符合他对待事情的态度。去了三次才见上，可能是碰巧了，在信息交流不发达的情况下，无法提前预约，诸葛亮又经常出门游学交友，刘备扑了两次空是可以理解的。

刘备第三次来到隆中时终于见到了比他整整小 20 岁的诸葛亮。见面后屏退众人，刘备直接问："汉室衰败，董卓、曹操又先后专权，皇室奔难。我不顾德行和实力能否达到，想为天下人伸张正义，然而智谋浅短、办法很少，连遭失败，以至于今天。然而我的志向没有罢休，您告诉我有没有什么好办法？"

对这个问题，诸葛亮显然已经做过深入的思考，于是一口气说出了下面一段很有名的话："自董卓之乱以来，豪杰在各地同时并起，占州据郡，称霸一方，多得已数不过来。曹操与袁绍比，名气差，实力弱，然而曹操竟然打败了袁绍，由弱变强，其原因不仅是时机好，而且在于谋划得当。现在，曹操拥有百万大军，挟天子以令诸侯，确实不宜和他争雄。孙权占据江东，经过了三世，那里地势险要，民众归附，又任用有才能之人，孙权以之为外援，也不可谋取。荆州北靠汉水、沔水，南达沿海，东面和吴、会相连，西边和巴、蜀相通，这正是用兵之地，但是刘表没能力守住它，这是上天拿来要资助将军的，将军是否有意夺取它？益州地势险要，有广阔而肥沃的土地，是个天府之国，高祖刘邦凭借此地建立了帝业。如今刘璋昏庸懦弱，张鲁又在北面威胁，那里人多物丰，刘璋不知道爱惜。有才能的人都渴望得到贤君。将军是皇室后代，声望闻于天下，罗致英雄，思慕贤才，如能占据荆、益两州，守住险要的地方，和西边、南边的少数民族部落和好，对外联合孙权，对内革新政治，一旦天下形势发生变化，就派一员上将率领荆州的军队杀向宛、洛，将军您亲自率领益州的军队打出关中，百姓怎能不拿着饭食、酒水来欢迎您呢？如果真这样，那么霸业可成，汉室可以复兴。"

这段谈话就是著名的隆中对策，诸葛亮先通过对时局的分析，总结出兴亡成败的规律，那就是要成大事不仅依赖天时，更要有人谋，也就是说，要想成事，必须重视人才，再经过不懈努力，客观上的不利条件也是可以改变的。

久处下风的刘备很愿意听到这样的话，如果一切都由命运所决定，那么个人再努力也都无济于事了，刘备是个不服输的人，他认为诸葛亮说得有理。更为重要的是，诸葛亮就目前天下时局和各路豪强此消彼长变化进行了具体分析，为刘备规划出一个清晰的战略蓝图，那就是尽可能避开强大的曹操，想办法与正在快速成长的江东孙氏结盟，占据荆州，进而徐图益州，寻求三足鼎立之势。

这是诸葛亮为刘备做出的顶层设计，所谓最顶尖的人才，就是站得最高，看得最远，提出的方案无须繁复，却能一语中的。

听完诸葛亮的话，刘备感到豁然开朗，心中久积的抑郁一扫而空。诸葛亮进一步提出占据荆州和益州之后等待天下变化，到时候兵发两路，一路由荆州北上宛县、洛阳，另一路由益州攻击秦川，到那时天下可定，汉室可兴，更让刘备大为兴奋。在刘备的邀请下诸葛亮离开了隆中，开始了辅佐刘备建功立业的生涯。

刘备得到诸葛亮后非常高兴，感情日益加深，让关羽、张飞都感到了忌妒。刘备发现了这个问题，对他们说：“我有了孔明，就像鱼儿有了水一样，你们可别再说什么了！”

五十、孙权三征黄祖

孙权如果知道了刘备与诸葛亮这番谈话，他一定会心里不服，因为之前鲁肃已经就此发表过见解，主要思路跟诸葛亮异曲同工。

孙权 18 岁接班，用了短短三年时间就让江东的面貌焕然一新，那些对他掌权并不看好的人，无论这些人是敌还是友，现在都不再怀疑他的能力。孙策留下的地盘不仅没有缩水，而且不断扩大，人马快速增加，内部也进一步理顺，没有人再胆敢从内部向他发起挑战，一批新人迅速成长起来。

从外部情况看，也都朝着有利于江东的方向发展，近年来曹操忙着北方的事，刘表胸无大志，一心守成，给江东制造了难得的战略机遇。孙权始终记得鲁肃向他提出的规划，待内部安定之后，他决心立刻向西扩张，打败黄祖、刘表，继而占领荆州。

孙权知道曹操也是这么想的，只是曹操目前还顾不上，孙权必须跟曹操、也跟时间赛跑。当然刘表、黄祖也会这么想，所以对于荆州西线的防务进行了周密部署。

黄祖当时以江夏郡太守的身份驻守西陵，即今湖北省武汉市新洲区。为了把黄祖牢牢拉住，刘表新设了一个章陵郡，任命黄祖的儿了黄射为太守，驻扎在沙羡，此处位于今湖北省武汉市以上的长江边上，黄射以沙羡为基地，控制着从沙羡到柴桑这一段江防。

为了支持黄祖父子，刘表还让侄子刘磐率兵驻扎在彭蠡以西的地区，彭蠡即今鄱阳湖，这里是豫章郡的辖区，总体上是孙吴的势力范围，刘磐东进至此，与江夏郡的黄祖、章陵郡的黄射形成三角之势，江东出兵攻击其中一部，另外两部可以策应和增援。

为了打破敌人的三角形防御体系，孙权也做了一番准备，他让周瑜以中护军、江夏郡太守的身份率一部主力进驻宫亭，此地详细位置已不可考，只知道它在鄱阳湖一带。同时，命徐盛以柴桑县长的身份驻柴桑，即今江西省九江市。为了对付刘磐，孙权让太史慈以建昌都尉的身份驻扎在海昏，此处在鄱阳湖西南面，今江西省永修县一带。

做完这些部署，孙权一直等待着发起进攻的机会。

机会很快来了，建安八年（203）8月曹操曾亲自带兵南下征刘表，这一次虽然是佯攻，但造的声势很大，曹操驻军西平，即今河南省中南部的西平县。

曹操此次虚晃一枪的目的是对刘表施压，他当时虽然一直忙北方的事，但对荆州心里并不踏实，总担心刘表趁机在他背后来一下，但分重兵布防南线他又做不到。作为出色的《孙子兵法》研究专家，曹操当然明白最好的防御就是进攻，所以他主动出击，让刘表更加不敢进犯。

刘表吓坏了，赶紧调集人马向襄阳及其北部一带布防，对孙权来说，这当然是西征的最好机会。这一年的10月，孙权集中江东精锐人马西进至扬州和荆州交界的宫亭、柴桑一带，第一次西征黄祖。

参加此战的除先期驻扎在那里的周瑜、徐盛以及驻扎在海昏的太史慈外，还有荡寇中郎将程普、讨虏中郎将吕范以及凌操、黄盖、韩当、周泰、吕蒙等部，江东精锐尽出，孙权志在必得。

开始进展得比较顺利，孙权率各部突入江夏郡，由柴桑沿江一路西上，一直抵达了章陵郡的沙羡。那时候汉水汇入长江的地方还没有武汉这样的重镇，武昌建城以及武汉三镇崛起都是以后的事，其上游不远的沙羡重要性相当于今天的武汉市，是一座重镇。

沙羡如果攻破，刘表的江夏郡和章陵郡将尽入孙吴，荆州将失去整个东部防线。为此，黄祖父子十分着急，组织人马拼死守城。

沙羡攻防战打得很激烈，孙权亲自指挥，城池仍久攻不下。黄祖本人也亲自率兵增援，双方在城里城外展开了激烈争夺。有一次黄祖被打败，孙权领兵追击，黄祖眼看凶多吉少，这时黄祖负责断后的队伍里有人射出一箭，正中孙权手下破贼校尉凌操，凌操被射身亡，黄祖趁势得以脱身。

凌操战死是此次西征黄祖之战孙吴军队遭受的最重大损失，凌操的儿子凌统时年15岁，孙权任命他为别部司马，破贼都尉，统领他父亲的人马。

孙权后来得知，射死凌操的那个人名叫甘宁。

沙羡之战至为关键，黄祖父子为了守住此城已拼尽了力气，按理说不下此城孙权不会收兵。然而孙权很快下令撤军了，原因是后方出了问题，各郡的山越趁孙吴主力西进之机同时起事。

山越，指的并不是一个特定的民族，而是一些居住在南方山区的大大小小部落的总称。据史料记载，山越先祖原来也在北方，炎帝、黄帝时居住在黄河中下游，在与炎黄、东夷部落争战中被打败，向当时尚属蛮荒之地的南部迁徙，形成众多互不隶属的部落，称为“百越”。秦朝建立后曾派大军南下平百越，虽有一定成效，但由于这些部族居住分散，山大沟深，未能完全将其纳入朝廷管理之下。

汉末时局动荡，朝廷式微，百越更成为法外之地，加上许多不满苛捐杂税和逃避战乱的人向山里涌去，百越势力不减反增，他们凭借山水险峻，在深山里形成了独立的势力，称为“山越”，主要分布于今安徽、湖南、江西、浙江、福建一带的山区，这些地方恰好是孙吴的势力范围。

所以，在群雄争霸中孙吴还多了一个额外的负担，就是得拿出很大的精力对付山越。在对待山越的态度上孙权继承孙策的做法，哪里有人挑起叛乱，就立即派兵前去镇压，孙吴的一线将领几乎每人都有与山越作战的经历。但是，军事讨伐解决不了根本问题，一旦有机可乘，各地的山越总会起来作乱，总也杀不完灭不尽。

这次山越同时起事，范围非常大，涵盖了豫章、丹阳、庐陵、吴郡、会稽等郡，来势异常凶猛，孙权不得不下达回师命令。孙权先回到了豫章郡，在那里做出军事部署，派吕范到鄱阳，派程普到乐安，派太史慈仍然在海昏，派韩当、周泰、吕蒙等分赴其他闹事厉害的郡县，全面开展平定山越的战斗。

解决完境内的山越问题，孙权又谋划西征黄祖的事，这时候甘宁突然前来投奔，增加了打败黄祖的把握。

甘宁就是射死凌操的那个人，他为黄祖立下大功，但黄祖并不重用他，甚至对他也不大尊重。黄祖手下有一个重要将领叫苏飞，很欣赏甘宁，多次在黄祖面前推荐甘宁，黄祖不听，反而派人秘密联络甘宁的部下，试图分化瓦解他们。

在这种情况下甘宁只有再走，但又担心黄祖不让，心里闷闷不乐。苏飞看出他的心思，想再帮帮他。一次，苏飞请甘宁喝酒，喝得差不多了，苏飞对甘宁说：“我多次推荐你，但上面不肯用，日月如梭，人生几何，你还是远走他乡吧，或许能遇到知己。”甘宁想了一会儿，说：“我虽然有这个想法，可不知道该怎么办。”

苏飞对甘宁说："我想办法推荐你当邾县县长，你去那里上任，那地方是边境，到任后谁还能拦住你？"甘宁一听大喜："太好了！"苏飞去做黄祖的工作，黄祖果然任命甘宁当了邾县县长，甘宁于是召集那些想跟他一起走的人，有数百人，投奔到了孙吴。

孙权亲自接见甘宁，对他格外优待，把他当成老臣一样看待。建安十二年（207），孙权再征黄祖，此战没有展开就草草结束了，原因不详。到了建安十三年（208）春天，孙权发动了第三次西征黄祖战役。

这次距上一次西征才不过几个月时间，之所以如此着急与北方局势有关，在孙权二征黄祖的同时曹操冒险亲征乌桓，获得大胜，完全统一了北方。孙权知道，曹操下一步将挥师南下，最有可能的是先解决刘表，之后再解决自己和刘璋。对孙权来说，与曹操直接对决的一天迟早会到来，现在能做的就是在决战之前尽可能壮大自己的力量，打败黄祖父子，占有荆州西部的江夏郡、章陵郡，就是要给江东建立起一道抵挡曹操的屏障。

孙权命张昭和吕范留守吴县，其他能带的人马都尽数带上，此次出征，更是志在必得。孙权任命周瑜为前敌总指挥（前部大督），命偏将董袭、平北都尉吕蒙、代理破贼都尉凌统为前锋，自己亲率其余各部随后跟进。这是一场硬仗，打头阵的人孙权用的全是年轻将领，而没有用程普、韩当等老将，对孙权来说这需要有些魄力才行。

这一仗打得异常激烈，对黄祖父子来说，这是保命之战，所以使尽了所有力气拼死抵抗。而吴军更勇猛，连下蕲春、鄂县、邾县等要地，沿长江一直打到了沔口。

汉水也称沔水，沔口即汉水入长江之口，也就是今天武汉三镇一带，由此上溯不到百里，就是荆州西部重镇沙羡，黄祖父子在沔口布下了一道坚固防线。黄祖父子命人在沔口的江面上横着两只大船，然后用棕榈大绳系石为碇，把船固定在江中。在这两只船上有上千人，他们手持弓弩，飞矢雨下，吴军不得近前。前锋董袭和凌统各率100人的敢死队，每人穿两副铠甲，乘船突至敌人的大船下。董袭亲自挥刀砍断了系船用的两根大绳，敌船不稳，在江中横摆，让开了江面，吴军趁势突破了沔口防线。

在其他方面吴军也取得大胜。黄祖命部将陈就抵挡吴军的另一路前锋吕蒙。吕蒙与其激战，亲自将陈就枭首。凌统还率数十名健儿乘坐一条船深入敌后数十里侦察情况，路遇黄祖的部将张硕，凌统将其斩首，其他敌兵连船带人全部俘获。凌统回来把情况报告给了孙权，引导大军继续前进。

孙权报仇心切，他只想抓到杀父仇人黄祖。

吴军各路齐进，兵至沔口城下，孙权原本想这里会和上次在沙羡那样再打一场攻坚战，但结果轻松得多，没费多大事就把城攻破了，黄祖父子弃城而逃。孙权有些失望，下令追捕，不惜一切代价，一定要抓到黄祖。没过一天，好消息便传来，黄祖在逃亡途中被吕蒙手下一个叫冯则的骑士遇到，将其枭首。黄祖的儿子黄射下落史书未予记载，想必也一同死于此战。

这样，第三次西征黄祖，孙权取得了全胜，报了杀父之仇，这一业绩无疑彻底巩固了孙权在江东的地位。更为重要的是，攻占沔口后，孙吴的势力由柴桑西进了数百里，打开了荆州东面的门户，使周瑜这个江夏郡太守实至名归。尽管黄祖死后刘表派长子刘琦继任江夏郡太守，但刘琦的势力仅限于江北地区，沔口以下的长江各要塞都掌握在吴军手中。

五十一、刘表被吓死了

孙权消灭了黄祖，最害怕的是刘表，最吃惊的是曹操。

孙权实力增长之快超出了曹操的预料，这些年净忙于在北面用兵，给了孙权壮大势力以可乘之机。尽管北征归来后事情一件接着一件，曹操还是不敢怠慢，把南征的大事提到议事日程。

早在这一年正月，也就是刚返回邺县城时，曹操就下令在邺县修筑一个人工湖，叫作玄武池，用来训练水军。只为了征讨襄阳的刘表，似乎还用不着太多的水军，看来此番曹操是想连江东的孙权一块办了。

6 月当上丞相，7 月便下令南征。北征乌桓历时近一年，但准备工作做了不止三年。此次南征的对手如果把刘表和孙权一块算上，实力将何止是乌桓人的若干倍，曹操却只准备了半年，这是一个不太好的征兆。曹操亲自率主力由邺县南下，直指襄阳的刘表。在此次南下之前，曹操让郗虑编了几个借口，先把“老愤青”孔融杀了，总算出了一口气。

看到曹军主力越来越接近自己的地盘，刘表病了。这一年刘表 67 岁，他来荆州已经近 20 年了。他曾经是一个党人，算是文人，也小有名气，但他一点都不文弱，颇有胆识和谋略，依靠老同事蒯越以及荆州的蔡氏、马氏等大族的支持，迅速在荆州站住了脚。

刘表治理政务、发展经济都有一套，是个实干家，这些年把荆州治理得不错，在一片纷乱扰攘的时局中，荆州一度成为中原人避乱的最佳地点，人才的大量涌入，又进一步推动了荆州经济和社会的发展。

与曹操相比，刘表没有打过什么像样的大仗，大部分时间是在和平的环境中度过的，舒舒服服过了 20 年的太平日子。

这是幸运，同时也是不幸。如今，身经百战的曹操携统一北方的雄威率大军向自己杀来的时候，刘表才明白和平是美好的，但和平得太久了也害人。刘表手下军队的人数应该超过10万，而且在水军方面优于曹军。但刘表心里明白，这是一支在和平年代成长起来的军队，岂是能征惯战的曹军的对手？虽然明白了，但是有点晚了。刘表或许想过投降，那是很没有面子的事，但要硬着头皮打一仗，他又实在抖擞不起精神来，也没有任何取胜的把握。

所以刘表病了，病得还挺重。

除了敌人大兵压境，家事也让刘表烦心。

刘表有两个儿子，长子刘琦，次子刘琮。刘表开始比较喜欢刘琦，原因是刘琦长得像自己。作为长子的刘琦深得父亲的喜爱，在嫡长子继承制的体制下，接班是迟早的事。

但是，却出现了插曲。刘表的前妻死了，后妻蔡氏出自于荆州大族蔡家。蔡氏有个弟弟叫蔡瑁，蔡瑁有个外甥叫张允，二人掌握着刘表的水军，是刘表也不敢小视的人物。刘表喜欢刘琦，蔡氏却喜欢刘琮，原因是刘琮娶了蔡氏的侄女，成了亲上加亲。蔡氏为了抬高刘琮，不断在刘表面前诋毁刘琦，次数多了，刘表居然慢慢相信，于是对刘琦逐渐疏远。

表面上看刘表有些糊涂，犯了废长立幼的大忌。袁绍之败就在眼前，他居然没有汲取教训，重蹈覆辙，实在不明智。但是刘琮背后有蔡氏集团的支持，而刘琦没有后盾，如果刘表不顾实力强大的蔡氏集团的反对执意让刘琦接班，不用想他都能猜到，在他死后荆州必然是一场内乱，所以刘表主动疏远了刘琦，并且把刘琦派到外地任职，以安抚蔡氏集团。

刘表的病情不断加重，刘琦听说后又急忙从江夏郡赶回襄阳探望。刘琦是个孝子，刘表对刘琦也十分喜爱，鉴于此，蔡瑁姐弟俩认为待他们父子二人相见，刘表很难说不会突然托后事于刘琦，于是千方百计阻止他们父子相见。蔡瑁对刘琦说："你父亲命令你镇守江夏郡，这个担子很重啊。你现在放下众人擅自前来，你父亲见到你必然生气，影响你们父子的亲情，还会增添他的病痛，这不是孝道。"蔡氏姐弟连门都不让刘琦进，刘琦无奈，流涕而去。看到这个场景的人无不伤心。

建安十三年（208）8月，一代豪杰刘表病逝，死时67岁。

刘表死于背疽，现代医学称为背部急性化脓性蜂窝织炎，其外因是外感风热、火毒，湿热郁结所引起，内因是七情郁结，脏腑蕴热而发，刘表得这个病，完全是因为连吓带愁。刘表死时长子刘琦不在跟前，在刘表妻子蔡氏以及荆州主要将领蔡瑁、张允等人主持下，刘表的次子刘琮继位。

建安十三年（208）9月，曹军前锋抵达新野。

刘表在荆州北部的守将文聘率部投降，曹操让文聘继续统率所部，给予很高礼遇。文聘字仲业，荆州刺史部南阳郡人，日后成长为曹魏的著名将领之一。

这时候感到最紧张的其实还不是刘琮，而是刘备。大战在即，荆州易主，刘琮的身边是蔡瑁、蒯越这样的投降派，他们不仅会劝刘琮投降，而且对刘备一向怀有敌意，说不定会使什么坏呢。刘备现在的驻扎地是襄阳对面的樊城，他不断派人到襄阳了解情况，但那边似乎对刘备封锁消息，刘备不得要领。

刘备不怕跟曹操打一仗，即使打输了，荆州地盘那么大，很容易找到立足之地，不行就到江南打游击去。刘备现在担心的是刘琮不战而降，那样刘备想跑都来不及了。

襄阳城内，刘琮召集紧急会议研究对策。除了有意没有通知刘备外，荆州的主要人物都参加了。会上众人的意见惊人的一致：投降。这是要换老板的意思，刘琮虽然没有他哥哥聪明，但道理还是明白的，这些人只替自己着想，没有站在他的立场上想问题，员工换老板，原来的老板怎么办？不用翻看史书，只看看眼前发生的许多事，比如韩馥，就知道结局往往很凶险。

刘琮不想当第二个韩馥，对大家说："现在我们据有整个荆州，守着先君之业，又有刘备相助，即使投降，再观望一阵子难道不行吗？"投降派们不接受，大家推举镇南将军府东曹掾傅巽出面做刘琮的思想工作："逆顺有大体，强弱有定势。以人臣而拒人主，是大逆之道；以小小的楚地对抗中原，是自不量力；以刘备抗击曹公，更是很不恰当。以上三个方面我们都不占优势，必然灭亡啊！将军自己考虑一下，您与刘备相比如何？"

刘琮想了想，真比不过刘老前辈："差得远。"傅巽接着分析说："以刘备之雄尚不足抵御曹公，荆州怎能自保？假如有奇迹发生，刘备能够抵御曹公，他又怎能甘居将军之下？就是这个简单的道理，希望将军不要多疑！"

这次劝降工作声势很浩大，就连在荆州避难的诗人王粲都参与了劝降，他是曹操的拥护者，他对曹操的评价是"雄略冠时，智谋出世"，王粲劝刘琮不要做无谓的抵抗，只有投降才能保全宗族、安享幸福生活，这些话已经是赤裸裸的威胁了，刘琮无可奈何，同意投降。

这时，曹操亲自率领大军已经逼近襄阳，他接受了刘琮的投降。

这时刘备还在樊城，他得不到任何消息，曹军压境，他本可率部一走了之，但又怕打乱了刘琮的整个部署，所以每天都在焦急地等待着。刘琮可以投降，刘备却不能降，今非昔比，现在的曹操已容不下他刘备了。

刘备当时的军事情报相当匮乏，居然不知道曹军已到眼前。等知道消息，自知不是对手，赶紧率众撤出樊城。路过襄阳的时候，诸葛亮劝刘备趁曹军未进襄阳之机进攻刘琮，刘备拒绝了："我不忍心这么干啊！"

刘琮也知道投降的事无法再隐瞒，就派著名学者宋忠到刘备那里传达命令，说准备投降。刘备听了又惊又骇，对宋忠说："你们这帮人如此做事，又不早点相告，事到临头才通知我，是不是有点太过分了！"刘备越说越气，抽出刀来架在宋忠脖子上："现在就是杀了你都不解气！"刘备的气话也只能说说，刘琮料定刘备会生气，所以派了个刘备不敢杀的人来传达命令。作为荆州本地最著名的学者，荆州学派的创始人之一，郑玄死后宋忠便是全国文化界公认的头号人物，这样的人刘备如果一怒之下杀了，那他整天挂在嘴上的仁义也就白喊了。

刘备召集大家商议对策，有人劝刘备劫持刘琮以及荆州官民南下江陵，依托那里的水军以及丰厚的军用物资再做打算，但刘备同样拒绝了："刘荆州临亡前对我有托付，背信自救的事我做不来，死后有何面目去见刘荆州啊！"

刘备于是率众人南下，路过襄阳城，刘备在城外呼刘琮出来对话，刘琮不敢出来。刘备跑到刘表墓前祭拜一番，涕泣而去。曹军推进迅速，襄阳以北大部分地方都被曹军占领，刘表父子所任命的地方官员纷纷投降，徐庶的母亲住在这一带，成了曹军的俘虏。

徐庶是孝子，由于母亲被俘，只得向刘备提出请求离开。徐庶辞别刘备时，指着自己的心口说："本来想跟随将军共图王霸之业，凭借的是此方寸之地。如今老母亲被俘，方寸已乱，已无益于事，咱们从此作别吧！"

徐庶至孝，刘备至仁，尽管不舍，还是放徐庶走了。徐庶到了曹操那里，后来官至右中郎将、御史中丞。

五十二、刘备脱险之谜

刘备不同意抢占襄阳，但他接受了进军江陵的建议。

江陵，今湖北省荆州市，位于长江的边上，春秋战国时是楚国的郢都。从春秋战国到五代十国，先后有 34 代帝王在此建都，历时 515 年。在汉代，它曾长期作为荆州刺史部的治所，刘表把治所迁往襄阳后，江陵的地位才有所下降。

江陵位于江汉平原西部，南临长江，北依汉水，西控巴蜀，南通湘粤，古称“七省通衢”。刘表虽然把建设的重点放在了襄阳，但这么多年来也一直对江陵苦心经营，在此建立了强大的后勤基地，储存了由江南各郡调集起来的粮食等物资，以备战时之需。

尤其重要的是，刘表还花了很大代价建成了一支水军，论装备和人员，并不亚于江东的水军，只是在作战经验上稍逊一筹，这支水军的基地也在江陵。如果能抢占江陵，就可以获得充足的物资补给，同时拥有这支水军，所以刘备把下一步的攻取目标定在了这里。

刘备现在也有一支水军，虽然无法和江东水军、江陵水军相提并论，但也有各式战船数百艘，刘备让关羽率领这支水军沿汉水南下，前往夏口与刘琦会合，自己去占江陵。

如果江陵得手，就控制了从江陵到夏口上千里的长江防线，就可以以长江为依托和曹操周旋，甚至打退曹操的进攻也是有可能的。

听说刘备向江陵方向去了，正筹备襄阳城入城仪式的曹操吃了一惊，立即决定暂时不进襄阳城，迅速南下追击刘备，务必赶在刘备之前占领江陵。

一场追击战就此展开，就看谁跑得快了。

刘备跑不过曹操，因为曹操有虎豹骑。

曹操亲自率领虎豹骑以急行军的速度展开追击，他们的行军速度是一天一夜 300 多里，在当时这是行军速度的极限。

但是，曹操此举也有点儿冒险，刘琮虽然要投降，但毕竟还没有完成交接，刘琮还待在襄阳，荆州仍然掌握在他的手中，尤其是襄阳以南的广大地区情况更为复杂。虎豹骑战斗力很强，但也不过 5000 人，孤军深入，一旦受到围攻，将处于绝地。

这绝不是枉猜，还真有人看出来了。刘琮手下有个叫王威的人看到曹操轻军冒进，秘密建议说："曹操认为将军已经投降，刘备逃走，必然松懈无备，现在又轻行单进，如果以奇兵数千，在险要处埋伏，定可将曹操擒获。那样以来将威震天下，中原可传檄而定。这是难遇之机，切不可失去呀！"

王威其人不详，但这小子眼光很毒，如果刘琮放手干一把，曹操当年在淯水河畔被张绣打得溃不成军的一幕将重演，刘琮只要敢挑头，刘备、刘琦再加上江陵的水军以及正悄悄向荆州靠近的孙权，大伙一起动手，正好把曹操围在中央，结局很难预料。

这种事刘备敢干，吕布敢干，孙策、孙权都敢干，可刘琮绝对不敢。一个生来就锦衣玉食的公子哥，典型的富二代，杀人都手颤，让他拿出赌命的劲头闹上一出，他不敢，王威的建议没有了下文。

刘备所部的行进相当缓慢，造成这个问题的原因是一路上不断有向南逃避兵灾的荆州百姓加入，人数很快多达 10 多万。这是一支没有战斗力的队伍，有点像黄巾军远征，家属、百姓、逃亡的地方官吏，什么人都有，夹杂着各式各样的车辆，有数千辆之多，这样的队伍行进起来只能用蠕动来形容，一天顶多走 10 多里。

看到这种情况，有人向刘备建议："现在我们人数虽多但能战斗的人少，如果曹军杀到，如何迎敌？应该加快行军速度尽快赶往江陵。"言下之意应该弃官民百姓不顾，轻军直奔江陵，跟曹军抢时间，但是刘备仍然不接受："成就大事必须以人为本，现在大家自愿追随我，我怎么能忍心抛弃？"

刘备一向重视仁和义，不仅这么说，也尽量这么做，不接受刘表相托缘于仁义，不夺取襄阳也缘于仁义，对百姓不抛弃不放弃也缘于此。"以人为本"是刘备的原话，如今这几个字已耳熟能详了，不知道刘备是不是发明者。可是，仁义是旗帜却不是武器，刘备难道不知道虎豹骑正急速向这里靠近吗？

刘备当然知道，他并不傻，他可能有自己的想法，但不便明说。多年前，他亲身经历过的延津之战也许给当下的紧急情况以启发，他知道这 10 多万百姓也许能帮助自己躲过一劫。

刘备大概想过，既然曹操拼命来追，即使自己率几千人抢先一步赶到江陵，也未必能得手，江陵水军的总兵力应该在三万人左右，还不包括一定数量的兵步和骑兵，他们效忠于刘琮和蔡氏集团，让他们在自己和曹操中间做选择，他们肯定不会给自己当垫背。

刘备的心里大概早就有了主意，江陵就算了，逃出曹军的追击才是关键。

曹军终于追上了刘备，地点在南郡所属的当阳县。

当阳县即今湖北省当阳市，取名当阳指的是荆山之阳，荆山在其西北一带，向东南方向逐渐缓降为丘陵和平原，因而有许多面积很大的山坡，其中一个山坡名叫长坂坡。

当年的长坂坡一带长着茂密的树木，其中以栎树为多，所以自古以来此地又被称为栎林长坂。这是一处险地，因为它的东面是汉水，西面是沮水和漳水，北面是山地，有著名的虎牙关，南面是长湖，被堵到这个地方，想逃跑相当吃力。不幸的是，刘备一行正是在这里被曹操亲自率领的虎豹骑追上的，一场激战就此展开。

结果毫无悬念，在虎豹骑的面前，对手永远别指望奇迹发生。这是刘备和曹操本人第三次在战场上直接交手，第一次是在徐州，第二次在延津，刘备都大败，这一回也不例外，而且情况更惨。

刘备所部迅速被打乱，刘备找不到妻子甘氏和两岁的儿子阿斗，这娘儿俩被刘备丢弃了，刘备与诸葛亮、张飞等数十骑败走，曹操把随同刘备一同南下的 10 多万官兵百姓以及辎重等全部俘获。

但是赵云十分英勇，拼命保护甘氏和刘禅，当时刘备已经往南跑了，赵云抱着刘禅，保护着甘氏，居然杀出重围，最后免于一难。张飞当时率领 20 多名骑兵负责断后，张飞把守在一座桥上，瞋目横矛，对追来的曹军大喝道："我是张益德，可以过来决以生死！"居然把曹军震住，一时间没人敢靠近。

刘备脱险后清点人数，发现诸葛亮、张飞都在，老婆孩子不在，赵云也不在。刘备身边有人说赵云已经投降曹操了，刘备听了很生气，用手戟敲打说话的那个人："子龙绝不会弃我而去！"过了一会儿赵云回来了，还带回来甘氏和刘禅，刘备大为高兴。

刘备在赵云、张飞等人的拼死保护下暂时脱险，给他帮了忙的并不是长坂坡附近茂密的树林，而是那 10 多万百姓。可以想象一下当时的情形，5000 多曹军骑兵杀到，但一下子都傻眼了，因为他们看到的全是人。推测一下刘备的兵力至多不过三四千人，他们混在10多万百姓中间，曹军想马上找到攻击目标比较困难。

都说曹操干过几次屠城的事，即使真的有，那也都是攻城作战后为震慑敌人、打垮敌军斗志而进行的，曹操没有丧失理智，没残暴到见着老百姓就杀的地步，所以虎豹骑纵然彪悍，也不敢纵马乱冲，刘备等人才借机脱险。

对刘备来说，再去江陵已无意义，于是收拾残部改向东走，目标是汉水上的渡口。刘备率张飞、赵云、诸葛亮等到达汉水上的渡口时正好遇到指挥水军沿汉水南下的关羽，于是合兵一处，乘船去夏口。

对曹操来说，目标还是江陵，所以没有去追刘备，而是继续南下，前去占领江陵。

五十三、贾诩欲言又止

建安十三年（208）深秋，天气慢慢转凉了。

曹操率虎豹骑赶到江陵，驻守这里的是刘表手下的将领蔡瑁和张允，他们都是“降曹派”，也接到了刘琮投降的命令，所以这里没有发生战斗。

蔡瑁身世显赫，他有一个姑妈嫁给了名将、前太尉张温，还有两个姐姐，一个嫁给了刘表，一个嫁给了诸葛亮的岳父黄承彦。作为荆州的大族，蔡瑁少年时代也在洛阳度过，有一部史书提到，他那时就认识曹操，关系很好。张允也不是外人，是蔡瑁的外甥，这样来看蔡瑁还有另一个姐姐或妹妹。

曹军的后续部队源源不断地开来，江陵成了南下曹军的临时基地，曹操决定暂不回襄阳，在此休整。曹操下令仍由蔡瑁、张允统率水军，一来出于对荆州降将的信任，让他们不要猜疑，二来曹操手下熟悉水军的将领还真不多。刘表的水军经营多年，有大小舰船数千艘，水军主力三万人以上，如今全部纳入曹军的编制。

如何处置刘琮，原荆州旧部都在观望，必须尽快做出交代。曹操的想法是，刘氏父子在荆州时间太长，影响力深远，即使刘琮自己没有想法，难免什么时候冒出来个王威那样的人，拉刘琮做大旗叛乱，所以最好的办法是把刘琮从荆州弄走。当然这个青州刺史只是个虚职，刘琮也不会拥有什么实权，由荆州刺史改为青州刺史，只是名义上更顺一些而已。

这项人事安排肯定没有提前跟刘琮通气，因为刘琮马上给曹操写来一封信，表示不想去青州上任，宁愿继续留在荆州。曹操考虑了一下，重新以献帝的名义改任刘琮为谏议大夫，此职更是一个闲差，不过比州刺史品秩高。刘琮的职务短短几天就发生了变化，不明就里的人会不会多想？曹操于是专门为此发布了一道命令进行解释。

从韩馥到刘琮，一次又一次印证了那句话：人在江湖，身不由己。主动让贤也罢，被动投降也罢，结局都不怎么样。

刘琮空出来的荆州刺史一职地位很重要，理论上担任这个职务的应该是曹操的旧部，最好是文官出身，但又对军政事务很熟悉，同时深得曹操信赖，本人也有相当的资历。目前曹操身边符合这些条件的人至少有一个，比如像董昭就是理想人选之一。但曹操选定的荆州刺史却名不见经传，他的名字叫李立，史书上只能查出他是涿郡人，字建贤，其余事迹一概不知。

回想之前被曹操任命为徐州刺史的车胄、单经等人，也都很不起眼，可能在曹操眼里刺史并不是个重要角色吧。然而，此次任命李立仍然让许多人吃惊，外面有人编了首民谣，里面有“不意李立为贵人”的话。

接着，曹操以献帝的名义封荆州的15位士人为侯爵，表彰他们在荆州“和平解放”事业中所做的贡献。这15个人具体名单不详，除史书明确提到的蒯越以外，推测起来蔡瑁、张允、韩嵩、文聘、邓羲等人都应在其中。

曹操在江陵这边封官、会友，一片喜庆热烈的气氛。

另一边，刚赶到夏口的刘备却十分紧张。汉水下游称夏水，夏口是汉水汇入长江之口，即今湖北省武汉市，之前孙权在此征讨黄祖，孙权攻破夏口后，大概考虑到此处距离他能控制的地区有点儿远，为安全起见退到了柴桑，即今江西省九江市一带。刘备在夏口与刘琦会合，刘琦手下有一万多人，而刘备方面加上关羽的水军在内，至多一万人，用这点儿力量对付曹操，差得实在太远。

为今之计必须寻找外援，而可以引为外援的，无疑只有孙权。诸葛亮一直密切关注着孙权方面的动向，一到夏口他就对刘备说：“事情很紧急了，请让我向孙权求救。”刘备于是派诸葛亮沿江而下寻找江东的人马，联络孙权共同对抗曹操。不过，还有另外一种记载，认为在刘备抵达夏口前孙权已经派人前来联络了，这个人是鲁肃，双方相会的地点是刘备打了大败仗的当阳。

根据这个记载，孙权听说刘表死了，马上派鲁肃以吊丧的名义前往荆州，真实目的是观察荆州的动向，寻找机会与刘备建立联系。然而荆州形势变化得太快，鲁肃还没有到襄阳刘备已出逃，鲁肃便改变方向，在刘备的必经之地等他，双方最后相遇于当阳。

还有一个记载说，一开始鲁肃并不知孙权的底，为了试探孙权，鲁肃故意说：“曹操可是个强敌，新并袁绍所部，兵马强壮，又乘战胜之威，伐丧乱之国，攻无不克。不如派兵帮助曹操打刘备，同时送将军的家眷到邺县，不然的话情况就危险了！”

孙权闻听大怒，一气之下要斩鲁肃，鲁肃这才对孙权说：“现在情况紧急，已经不容有任何别的想法，不先派兵去助刘备，怎么先要杀我呢？”孙权这才明白鲁肃之前的那番话是在试探自己的态度。于是孙权同意了鲁肃的建议，派他去联络刘备。

见面后，鲁肃转达了孙权的想法，和刘备共论天下大势，鲁肃问刘备：“刘豫州下一步想往哪里去？”刘备回答说：“我和苍梧郡太守吴巨有些交情，想到那里投靠他。”苍梧郡属交州刺史部，管辖范围大体相当于今广西一带，治所在今广西壮族自治区梧州市，当时这一带属特别偏僻荒凉的地方。吴巨其人不详，只知道他是刘表的旧部，所以刘备倒是真有可能认识他并和他有一定交情。

刘备这番话当然是试探，他并没有真去苍梧郡的打算，但他也不清楚孙权方面的想法，所以先故意那么一说。

鲁肃对此不以为然：“孙将军聪明仁惠，敬贤礼士，江东英豪都归附他，目前已据有六郡，兵精粮多，足以成就大事。现在为君计议，不如派心腹之人出使江东，双方联合起来共创大业。而吴巨不过是凡人一个，又地处偏远，马上就会被人吞并，怎么可以以身相托呢？”

鲁肃的话里透露出孙权的一个秘密，那就是他正在打交州刺史部的主意。不久之后，孙权果然派部将步骘为交州刺史，设计把吴巨杀了，占领了交州刺史部。刘备听完鲁肃的话大喜，于是前进至鄂县，此处距夏口很近。刘备在这里派诸葛亮同鲁肃一起去见孙权，完成结盟任务。

鲁肃和诸葛亮从此相识，并成为终其一生的好友。二人刚见面时有过一次私下谈话，在这次谈话里鲁肃告诉诸葛亮他是子瑜的朋友。子瑜，诸葛亮的大哥诸葛瑾的表字。原来，诸葛亮随叔父离开老家后，诸葛瑾在家乡实在没法待下去，于是携继母一起来到江东避难，开始没有受到重用，生活上也很清贫，后来经孙权姐姐的女婿弘咨的推荐，诸葛瑾引起了孙权的重视，后来担任了孙权的秘书长。

以上两种记载有些出入，本来也不是什么大事，但却涉及一个重要问题，那就是谁才是孙刘联盟的发起方。大概蜀汉、孙吴写历史的人都想抢功，所以造成了不同的记载。

诸葛亮在柴桑见到了孙权。

长江流至庐山脚下与鄱阳湖相会，其交汇处汉末称为柴桑。这里属九江郡，是东吴势力的前沿地带，因为前临大江，背靠庐山和鄱阳湖，可以攻，可以守，也可以在此练兵，所以历来都是军事重地。由夏口到柴桑，相当于从今湖北省武汉市到今江西省九江市，驾车约 120 公里，坐火车约两个小时，所以选择坐船的倒不多了，除非想看看沿途的风景。诸葛亮那时候估计只能选择乘船，他心里一定无比焦急，只盼着船行得更快些。

曹操南下荆州后，孙权也很紧张，他亲自坐镇柴桑，观察荆州事态的发展，他很清楚，荆州之后曹操的下一个目标就是江东，迟早得跟曹操打一仗。诸葛亮在柴桑见到了孙权，他们的年龄只差一岁，诸葛亮稍长，都是二十几岁的年轻人，却在引领着历史的走向。

情况紧急，来不及客套，诸葛亮对孙权说："天下大乱，将军起兵于江东，刘豫州拥兵于汉南，都在与曹操并争天下。现在曹操占领荆州，威震四海。根据眼下的局势，我为将军考虑，无外乎两条出路：如果能以吴、越之众与曹操抗衡，不如早下决心；如果不能，何不按兵束甲，向曹操投降。"

这些话让孙权听了有些不舒服，反问道："如果真如先生所说，刘备为什么不投降？"诸葛亮摇了摇头，很一本正经地说："田横是齐国的壮士，尚且能守义不辱。刘豫州是王室之胄，英才盖世，众士仰慕。如果成不了大事，那是命运不济，怎么能干投降敌人的事？"

孙权大怒，这不是小看人吗？刘备是英雄，我孙权难道不是？孙权对诸葛亮说："我不能举全吴之地，十万之众，反而受制于人。我意已决，不是只有刘豫州能抵挡曹操，刘豫州失败了，还有我！"诸葛亮要的就是这个，别看他只比孙权大一岁，但老练得多，诸葛亮接着说："刘豫州虽然败于长坂坡，但手下人马加上关羽将军统率的水军还有万人之多，刘琦所率的江夏郡人马也不下万人。曹军远道而来，所谓'强弩之末势不能穿鲁缟'。而且北方之人不习水战，荆州投降过去的军民又未必心服。将军如果能命猛将统兵数万，与刘豫州协规同力，必然能打败曹操！"

孙权听完，由怒转喜，立即召集会议进行研究。

在江陵，曹操忙完接收的事也在考虑着下一步的行动。

摆在曹操面前有两个选项，一是继续一鼓作气，解决掉江夏郡的刘备和刘琦；另一个是暂作休整，待明年春天再开战事。这两种方案各有利弊，连续作战容易犯轻敌冒进的大忌，曹军的主力此行虽然还没有经历大的战事，但一路南下已行进了 1000 多里，难免有所疲惫。而且，最近一下子接收了很多地盘和荆州的军队，有大量的工作需要做。

但放着敌人不打会给其喘息之机，刘备和刘琦联手自不用说，他们背后的孙权也不会坐视不理，这几股力量很容易联合起来，留给敌人的时间越充分，将来就越难打。

曹操在江陵召开了军事会议，参加此次重要会议的是已抵达江陵的主要谋士，包括贾诩、董昭、陈群、和洽、华歆、王朗等人，以及刚刚加入曹氏集团的王粲、裴潜、刘廙、桓阶等，武将方面有曹仁、徐晃、任峻、满宠、曹纯、文聘等，还有担任水军正副指挥的蔡瑁和张允。会上，武将们都主张抓紧时间打，而参谋们分成了两派，一派主张现在就打，另一派主张先不着急。

认为现在不能着急的代表人物是贾诩，他认为："明公过去打败袁氏，如今又收服汉南，威名远著，势力强盛，如果借助楚地之富饶，壮大武力，安抚百姓，使大家安居乐业，那么不用兴师动众江东自会臣服。"表面上看贾诩这番话等于什么都没说，此时天下形势仍未定，荆州虽然得手，但环绕于四周到处都是敌人，伸张和平主义还远远没到时候。

但结果大家都知道，真让贾诩说对了，所以贾诩也许话里有话，他或许想阻止曹操此时东进，但有些理由他没有明说，而是说了一通不战而屈人之兵的大话，这又是没有说服力的。贾诩不想说的理由也许是，此战并没有绝对的胜算。但是一路势如破竹，加上绝对的实力和高昂的斗志，说曹军有可能打不过已如惊弓之鸟般的刘备和刘琦，总会有人不服气，所以贾诩只说了一半就不再往下说了。

此次会议也讨论了刘备是否会与孙权联手的问题，对此大多数人得出了奇怪的结论，他们认为孙权不仅不会与刘备联合，而且会杀了刘备，但大胡子将军程昱表示反对："孙权刚刚继承权位，还没有树立起绝对权威。曹公无敌于天下，占有荆州，威震江表，孙权即使有谋略，但自知不能独当，刘备素有英名，关羽、张飞都是万人敌的猛将，孙权必然会帮助他们以抵御我们。"

事后证明，程昱的见解也是完全正确的。

可惜的是，这次重要的会议对贾诩和程昱的意见均未采纳，曹操最后做出决定，大军即刻沿江而下，目标直指夏口。

五十四、一封恐吓信

曹操决定发起夏口之战，对手其实并不包含孙权。

为了吓阻孙权，防备他掺和进来，曹操专门派人给孙权送去了一封信，这封信的具体内容已不知道，只保存下来几句话："最近我奉天子之命讨伐罪臣，大军南下，刘琮投降，现在我率领水陆混合部队共 80 万，邀请将军到东吴会猎。"

会猎不是打猎，而是邀你出来找个地方练练。这是一封挑战书，也是一封恐吓信，曹操告诉孙权，他的目标并非发动一场江夏战役那么简单，他已经做好了把孙权放在一起收拾的打算。兵行诡道，军事行动最在乎的是突然性，要打你事先专门照会一下，这并不符合常情，所以这封信也恰恰说明曹操的夏口战役作战方案里没有孙权什么事。

孙权当然也能看出来曹操的真实意图，他知道曹操之所以专门送来一封恐吓信，目的只是阻止自己去支援刘备和刘琦。但孙权看得更远，假如刘备和刘琦被消灭，自己就是曹操的下一个目标，必须早有准备。

与诸葛亮谈完话后，孙权心里已经有了主意，不管曹操是怎么规划的，他都要投入到这场战役里去，不是主动找打，而是争取主动。只是他还想听听手下人是怎么想的，于是召集会议进行商讨。会上孙权手下的谋士和武将们想法呈现一边倒，那就是投降，其中张昭最积极："曹操是虎狼之辈，挟天子以征四方，动不动就拿朝廷说事，现在要抵抗他不一定有把握。我们过去可以赖以抗拒曹操的是长江，如今曹操得到荆州，获得了刘表经营的水军，各式各样的战船有几千艘，曹军水陆俱下，长江之险已经和我们共有了，实力相差悬殊，我认为不如投降。"

张昭的观点有代表性，大家纷纷表示赞同，孙权很不痛快。

孙权看了看，只有一个人没有随声附和，就是鲁肃。会议中途孙权离席去上洗手间，鲁肃赶紧跟了出来，这时孙权已经知道他要说什么了，紧紧地握住了鲁肃的手："先生有什么话要说？"鲁肃对孙权说："刚才听了大家的议论，我认为他们都是要耽误将军，而不足以与他们讨论大事。你听我说，现在我鲁肃可以投降曹操，但是将军你不可以，为什么呢？"

鲁肃说得很着急，也很恳切，孙权睁大眼睛认真地听着，鲁肃接着说："我鲁肃要是投降了曹操，曹操一定会给我官做，我继续吃香的、喝辣的，最少也得弄个太守、刺史当当。将军投降曹操，曹操会怎么对你？请早定大计，不要听大家瞎议论！"这些话都说到孙权心坎里了，他叹息道："刚才大家说的，很令我失望，你的想法正和我一样！"

孙权此时面临着与刘琮一样的处境，面对强敌是降是战，都不好决策。刘琮手下的一帮人坚决主张投降，结果他们这些人里仅被曹操封了侯爵的就有十多个，至少任命了三个部长，其他人也是该提拔的提拔，该加薪水的加薪水。这就是鲁肃所分析的，投降了，曹操不会为难这些人，他们吃香的、喝辣的，活得会更滋润。

但是刘琮就不一样了，曹操不得不提防他，即使刘琮自己不多事，但难保有人把他抬出来当大旗，所以只能弄到别处去，好的话给个闲职，过着软禁终身的生活，差的话，遇到风吹草动，脑袋随时就得搬家。

孙权多聪明，他能想不到这些？

张昭等人的表现让孙权很失望，从此也记在了心里。孙吴阵营后来经常涌现后起之秀，除了周瑜、鲁肃这些后来居上的人，吕蒙、陆逊、陆抗等重臣的提拔都带有突然性，往往是连蹦带跳好几级，让人目瞪口呆。一方面说明孙权的用人艺术和识人之准，另一方面也说明孙权对于本阵营里的一些老人不太感冒。

张昭是孙策当年所倚重的人，说起来在孙吴是类似于教父式的人物。但他仗着跟老孙是朋友，不把小孙放在眼里，动不动就喜欢摆老资格，想批评谁就批评谁。可他一生职务都不高，孙权称帝后设立了丞相一职，大家都认为应该是张昭，可孙权就是不同意，任命了名气小得多的孙邵。孙邵死了，孙权还不让张昭当丞相，任命了顾雍。可以敬着你，可以让着你，但不会信任你，这些伏笔恐怕就是此时埋下的，张昭发表了一番投降论观点，为此付出的代价太大了。

鲁肃建议孙权速找周瑜来商量，孙权这才想起周瑜来。

孙权掌权后不断重用周瑜、鲁肃等人，这遭到了一些议论，张昭就曾当面向孙权表达过不满，张昭最不满意的是鲁肃，在孙权面前多次说过鲁肃的坏话。现在孙权肯定会想，重用鲁肃、周瑜看来没错，如果只重用你张昭，我恐怕想哭都没处哭了！

周瑜没有参加此次会议，因为他目前正在鄱阳湖练水军。鄱阳湖就在柴桑附近，登上庐山，到一个叫含鄱口的地方，向下俯视就是万顷碧波的鄱阳湖。

孙权赶紧派人去请周瑜，周瑜一到，也主张打："曹操虽然托名汉相，其实是汉贼。将军有神武雄才，继承着父兄的遗业，占据江东，地广兵多，应该横行天下，为汉室除残去秽。现在曹操来了，他这是自己送死，请让我为将军来分析分析。"

周瑜接着说："现在北面的形势未定，马超、韩遂都在关中，是曹操的后患。曹操舍弃擅长的鞍马，改乘舟船，来与我吴越争衡。现在天气寒冷，北方兵士远涉江湖之间，肯定不习水土，必然会生疾病。上面这些都是用兵之忌，曹操贸然行之，可以预言，将军擒获曹操，必为时不远！"

要战胜敌人，人马数量、武器装备固然重要，还有天时地利，这些都少不了，但只有这些未必靠得住，最能靠得住的是士气，是必胜的信心。在一片"亡国论"盛行的时候，周瑜、鲁肃等人展示出来的眼光和自信，让孙权备感振奋。当然，只有决心还不够，最近以来周瑜一边训练水军，一边也在思考着与曹操的决战，他对曹军方面的情报进行了大量搜集，在此基础上提出了具体的应对计划。

周瑜向孙权提出请求，自己率精兵数万进军到夏口，迎击曹军。夏口目前在刘备、刘琦的手中，刘备既然派诸葛亮前来联络，此处即可视为友军的防区，前推至夏口，可以争取战略上的主动。这一年孙权才 26 岁，周瑜稍长几岁，但也不过 33 岁，周瑜与孙权长兄孙策亲密无间的友谊可以追溯到十多年前，在此危难关头周瑜是孙权完全信得过的人。

听完周瑜激昂慷慨的一番话，孙权激动地说："曹操想废汉自立已经很久了，只是顾忌二袁、吕布、刘表与我罢了。如今群雄已灭，只剩下了我。我与曹操势不两立，你说应当迎敌，这与我的想法相合，这真是上天把你赐给了我呀！"

这次谈话后孙权立即再次召集会议，这一回他不再征求大家的意见，而是直接宣布了决定，那就是举江东之力联合刘备抗击曹操。为了表达决心，也为了防止有人再唱反调，孙权宣布完决定即拔出佩刀，挥刀砍向奏案。孙权大声宣布："以后有人再敢说投降曹操的，与此案相同！"

说罢，宣布散会。

孙权连夜与周瑜研究行动方案，周瑜帮孙权进一步分析了敌情，认为曹操虽然扬言有水陆两支部队人数 80 万，但仔细分析也不过就是 20 多万，其中十五六万是自己带来的，荆州降卒有七八万。应该说周瑜的这个分析是准确的，作为孙吴的主要军事将领，他平时不可能不注意搜集敌人的情报，他对曹军人数的判断应该建立在一定情报线索基础上的，因而更准确。

但即便如此，也远远超过孙权现在能调动的兵力。周瑜让孙权不必着急，他认为曹军是一群疲病之卒、狐疑之众，人数虽然占优，战斗力却不怎么样，只要有 5 万精兵，就足以打败敌人。

孙权听完周瑜的分析，拍着他的背说："公瑾，你说得太好了。不过，5 万精兵难以马上集齐，现在有 3 万人，船粮战具都已准备好，你们先出发，我随后调集人马，准备物资，做你们的后援。"

孙权还说了一句话，让周瑜很感动："你能打赢就打，打不赢你就撤回来，让我亲自上！"君王送主帅出征，一般会说"我就这点家当，全交给你了，你可得努力杀敌呀，打了败仗提头来见"。但现在孙权必须给周瑜减压，毕竟拿 3 万人对决 30 万人的事，谁都没有玩过。

孙权发布命令，任命周瑜为左都督，老将军程普为右都督，鲁肃为赞军校尉，率 3 万主力沿江西进，迎击曹军。

五十五、被忽视的兵团

建安十三年（208）10月，曹操下达攻击令。

曹军的目标直指汉水与长江交汇处的夏口，此时距发起荆州战役不过三个月，距占领江陵不到一个月。此次进军的路线，大体相当于从今天湖北省荆州市到武汉市，从地图上看，其直线距离不到300公里，而沿水路前进的话，距离就要多一倍还不止，因为这一段河道变化多端，曲折难行，今天被称为荆江。

虽然陆路较短，但曹军还是选择走水路，因为陆路更难走。

长江流至江陵后没有直接往东，而是先往南，绕了一个大圈再往东去，在这个半圆形的圈子里，是著名的洪泽湖区，如今是中国第四大淡水湖，水域面积近2000平方公里，形成了河网密布、湖泊纵横的低洼地带。而在当时，这一片湖区的面积更大，它的名字叫云梦泽，根据司马相如《子虚赋》的描写，其范围东到今武汉以东的大别山麓，西到湖北省西部的山地，北到大洪山区，南界长江，东西400公里以上，南北超过250公里，是如今洪泽湖区面积的数倍。

曹军由江陵进攻江夏郡，最直接的办法是由陆路向东，但必须经过云梦泽，这里交通不便，很多地方道路不通，不适合大兵团运动，所以只能选择乘船东进。

好在江陵聚集了原荆州的主要水军，有大小战船数千艘，可以满足曹军将士转运的需要。曹军将士包括战马、辎重一律登船前进，开始大家觉得挺好，毕竟行军是件苦差事，现在坐在船上一边看风景，一边不知不觉就到了目的地。

但习惯于陆地行军作战的曹军士兵对这种行军方式和沿线的气候、环境显然不能马上适应，一些很严重的问题很快就要发生了。

曹操亲率曹军顺江而下，但这不是曹军的全部主力。事实上，曹军的行动不限于江陵一地，这次进攻有着更加周密的部署。

曹操率领的这一路主力包括曹纯、曹真、曹休统领的虎豹骑，许褚统率的宿卫军，以及徐晃、满宠、任峻统率的各部。徐晃此时是横野将军，满宠是奋威将军，任峻是长水校尉，他手下的水军应该是曹操在北方训练出来的，人数不会太多。也就是说曹操亲自率领的这一路大体上有两个“军”，再加上数千虎豹骑和一部分近卫军，除此之外就是原荆州的水军，如前所述，大体上有3万人，有各式战船数千艘，基本上都参加了即将开始的江夏之战。

江陵还有曹军的一部分主力，由曹仁率领，曹操交给他的任务是在此坚守。江陵是荆州七郡之一南郡的治所，地位举足轻重。从江陵溯流而上，穿越如今的三峡库区即可到达益州刺史部，刘璋虽然表面臣服，但不得不留上一手，所以让曹仁守在这里，监视上游的情况。

幸好曹操做了这个布置，否则有可能就回不来了。

而此时，曹军更多的人马却不在江陵，而是在襄阳一带。

曹操下令在襄阳的各路主力也迅速南下，沿汉水直指江夏郡。

这一部分主力包括于禁、张辽、张郃、乐进、路招、朱灵、冯楷各部，他们如今的军职全部是将军，其中于禁是虎威将军，张辽是荡寇将军，张郃是平狄将军，乐进是折冲将军，路招是扬武将军，冯楷是奋威将军。也就是说，这一支人马主力是这七个“军”，在满编状态下每“军”有一万多人，这支人马有将近10万人。

如果江陵出发的是西路兵团，襄阳出发的就是北路兵团，这个兵团人数更多，是曹军真正的主力，但往往被忽视了。

北路兵团不仅人马众多，主要将领也都是特别能打的猛人，除了冯楷事迹较少之外，其余各位都身经百战、功绩赫赫。一般这样的猛将不免都有点脾气，他们对曹操忠心耿耿，也服服帖帖，但除了曹操之外能镇住他们的恐怕就没有几个了。

北路兵团的七位猛将资历、战功都大致相当，让谁统一指挥大家都不会服气。曹操考虑再三，最后想到了一个人，把他派去应该最合适不过。

这个人是曾经担任过曹操司空府主簿的赵俨，此时的职务是章陵郡太守。章陵郡是新近从南阳郡中分出来的，这一时期还从南郡分出过襄阳郡，所以荆州七郡一度被称为荆州九郡，不过这个时间不太长，又恢复了之前的建制。

赵俨长期在汝南郡与李通配合，处理问题周到全面，深得曹操的赏识。赤壁之战前于禁所部屯驻于颍阴，乐进所部驻屯于阳翟，张辽所部屯驻于长社，都在许县附近。这几位都有点傲气，平时合不来，曹操觉得赵俨善于做沟通协调工作，就派他当这三个军的联席参谋长，而赵俨把这件苦差事居然干得挺好，让大家都满意。曹操发挥赵俨的特长，让他担任于禁等部的都督护军，监督于禁、张辽、张郃、朱灵、乐进、路招、冯楷等七军。同时派赵俨的好朋友、丞相府军祭酒杜袭协助赵俨。

北路兵团除了这七个"军"，还有一部分水军，由原荆州将领文聘指挥，此前曹操已发布命令，任命文聘为江夏郡太守，等拿下江夏郡，文聘才能在那里履职。

以上是曹操直接投入江夏战役的兵力情况，除了西路和北路两大兵团，曹军间接投入的兵力还有很多，包括臧霸、李典、李通、曹洪、夏侯渊、夏侯惇所部，下面也做简要介绍。

长期驻扎在青州、徐州一带的臧霸此时的军职是威虏将军，曹操发起荆州战役前，命他率部南下，将所部主力移至广陵郡，也就是如今长江下游北岸的扬州、泰州一带，对孙权的大本营吴郡形成战略威胁。

李典此时是破虏将军，曹操命他率所部移师合肥，由那里伺机侵扰孙权的庐江郡。

汝南郡太守李通虽然不是曹操的嫡系，但在每次重大战役发生时都坚定不移地站在曹操一边，逐渐得到曹操的信任。曹操命他率所部向南运动，从江夏郡的北面对其造成压力。

曹洪的任务是守住襄阳，夏侯惇此时在许县，他与荀彧共同守卫后方。而后勤保障方面的艰巨任务，曹操交给了夏侯渊。

上述两大兵团加上各地间接投入江夏战役的曹军部队，大约在 20 万到 30 万之间，其中包括数万水军。

在那个时代拥有这样一支武装力量足以成就任何事，这大概也是曹操历次战役投入兵力最多的一次，也理应成为最保险的一次。

事实上，曹操压根没有想过小小的一个江夏郡会打不下来，可鬼使神差，偏偏打败了，甚至被打败的时候连江夏郡的影子都还没有看到。

这时还发生了一个小插曲，看似事情不大，但对后面时局的发展却影响不小。在曹操从江陵出发前，刘璋在先后派出阴溥、张肃拜见曹操表达敬意后，又派出了第三个代表团，团长的名字叫张松。

张松的地位更高，是益州别驾，刘璋又派他来荆州，说是沟通感情，其实是观察事态进展，好决定下一步的行动，所以这也是一支战地观察团。

这位张团长算是重要人物，但在史书里却没有单独的传，只知道他字永年，益州本地人，他也是刘璋第二个代表团团长张肃的哥哥，其他事迹不详。张团长在江陵见到了曹操，曹操拿下江陵后，大约有点儿志得意满，对刘璋的特使重视程度有所降低，对张松本人也不是太客气，这让张团长很不爽。

张团长回到益州，说了曹操不少坏话，使劲劝刘璋不要联结曹操。

后来，刘璋果然没有向曹操靠拢，让曹操始终与益州无缘。

五十六、周瑜故意摆谱

在两路曹军分别东进、南下的同时，周瑜率领的孙吴兵团也出动了。周瑜指挥的孙吴兵团沿江而上，很快到达鄂县的樊口，刘备在这里已经等得很心焦了。刘备派诸葛亮出使柴桑后，一直忐忑不安地等待消息。

刘备派了不少侦察兵打探长江上游的消息，得到的情报都是曹操亲率大军正乘船而来，刘备十分焦虑不安。

对于诸葛亮能否说动孙权一块抵抗曹操，刘备心里没有底。说起来，孙权和曹操的关系更亲，两家还是儿女亲家，孙权的弟弟孙匡娶了曹操的侄女，孙权的堂兄孙贲又是曹操之子曹彰的岳父，两家随时成为一家人的可能性很大。如果是那样的话，刘备可真是叫天天不应、叫地地不灵了。这不是杞人忧天，此时兼任着豫章郡太守的孙贲就产生过投降曹操的打算，朱治听说后急忙前去规劝，陈述利害，孙贲才打消念头。

现在天下形势已经发生了根本变化，随着群雄被一一剪灭，曹操已不需要用什么人来向世人表达容人爱才的胸怀，作为曹操眼里的重要对手，刘备与曹操有着数不清的恩怨纠葛，如果落入曹操手中，等待他的结局未必会比老朋友吕布好多少。

白门楼上，吕布是被人用绳子勒死的，刘备就在现场。每当想到这些，刘备恐怕会常常从梦中惊醒，这恐怕是刘备一生中最难熬的一段时间。

刘备天天派人到长江上看孙吴水军有没有来，这一天终于接到了报告，说看见了孙吴的战船。刘备激动万分，但仍不敢相信，他问侦察人员，这会不会是曹军中的青徐兵团？青徐兵团即奉曹操之命由长江下游威慑孙吴的臧霸所部，他们此时应该在广陵郡一带，即今江苏省扬州市、泰州市附近，距此上千里之遥，怎会突然出现在此？可见刘备确实给吓怕了。

侦察人员报告说不是曹军而是孙吴的船，因为孙吴船上标志很明显。刘备这才放心，于是派人前去慰问。

但是，接下来双方在一些礼节安排上发生了小争执。

周瑜在自己水军大营里没有等来刘备本人，只见到刘备派来的使者，有点不大痛快，周瑜告诉来使："在下有军务在身，不能随便离开，如果能让刘将军屈尊前来，那是最好不过。"

刘备虽然正在走下坡路，但好歹也是朝廷正式任命的左将军，比孙权都要高得多，更何况小小的中郎将？论年龄，刘备此时 47 岁，周瑜 33 岁，差不多差了一代人，周瑜见了刘备也应该喊声刘叔叔才对。但周瑜就是要给刘备摆个谱，因为这涉及下一步两军联合作战他的命令好不好使的问题。

刘备的使者回来如实报告，惹得关羽和张飞二位很不爽，刘备给他们做了思想工作："他想让我去，我们如今一块合作抗曹，如果不去，体现不出我们的诚意。"刘备于是乘坐一条小船去见周瑜，这个安排也是有讲究的，轻舟简从，既显得潇洒，同时也表明我们其实并没有特别在意你。

刘备见到周瑜，商量拒敌之策，他开门见山提出了自己眼下最关心的问题："周将军此次前来，带了多少人？"周瑜并不隐瞒，如实相告："三万人。"刘备听了大失所望："太少了啊！"周瑜自信地说："这已经足够了，刘将军请看我周瑜如何破敌。"

这是刘备与周瑜初次相见，看来不太投机，刘备对周瑜印象一般，此人架子挺大，口气也不小，不知道本事如何。周瑜对刘备的印象可能也好不到哪儿去，虽然联手，少不了各有猜疑。

刘备大概觉得跟周瑜实在没有共同语言，于是想请周瑜把鲁肃叫出来一起聊，哪知又碰了钉子，周瑜说："接受命令就不能私自离开，想见子敬的话，你可以专程前往拜访。"周瑜同时告诉刘备，诸葛亮也一块回来了，再有两三天即可到达。

诸葛亮出使柴桑给江东不少人留下了深刻印象，张昭就很欣赏诸葛亮的才华，把他推荐给孙权，希望他跳槽到孙吴来。

眼下，孙权开的公司实力强、前途好、待遇高，而刘备开的公司面临倒闭的危险，随时可能被人兼并重组，诸葛亮如果选择跳槽，是很容易被理解的事。但诸葛亮不打算换老板，有朋友不解，诸葛亮解释说："孙将军算得上是个好领导，然而据我观察，他能重用我，却未必能让我尽情施展才华，所以还是算了。”

这才是诸葛亮的高明之处，领导信任你，重用你却未必都能让你尽情发挥，真正顶尖的人才不在乎挣多少，不在乎官多大，在乎的是自我价值是否最大化实现。诸葛亮没投曹操，也没有早早地跑到刘表那里谋差事，等了很久才等来刘备，他是不会轻易换主人的。

刘备与周瑜初次见面，周瑜完全不给面子，态度颇为冷淡，但目前的形势是离不了人家，实在没有办法。

刘备与周瑜商谈了下一步的行动安排，刘备把所属人马以及此时已经实际上归自己指挥的刘琦所部，全部交与周瑜统一调度指挥。如前所述，这一部分人马大约有两万多人，其中包括关羽南撤时带出来的水军。加上这些人马，孙刘联军大约有五万多人。根据联合作战的惯例，刘备应该把所部人马的详细驻防位置、人数、指挥官姓名等如实告诉周瑜，以便统一指挥。但刘备还是留了一手，他私下里隐藏了 2000 人，这是刘备自己的特别预备队。

与周瑜的信心十足相比，刘备心里实在没底，就这一点家底了，不能全交给周瑜，让这小子折腾光了，万一战败，真的要跑到南方找老朋友吴巨，路上也得有几个本钱吧？

随后，周瑜率孙刘联军即刻沿长江西进迎敌。

五十七、只打了一场遭遇战

现在，长江上就有两支大军相向而行。

想象中这应该是一场惊天地、泣鬼神的大战，论规模和激烈程度都不应该比八年前发生的官渡之战逊色。但是这场战斗实际上远远没有官渡之战规模大，更没有那一场战役持续的时间长，其实就是一场遭遇战。

所谓遭遇战，往往是不期而遇，一触即散。

这场本应该打得难解难分的著名战斗，就以遭遇战的形式开始了，最后也以遭遇战的形式而结束，双方相遇的地方叫赤壁，本是个默默无闻的地方，因为这场战斗而扬名至今。但是，这个地方的具体位置历来都有争论，归纳起来居然有20多种说法，比较集中的有5种，包括蒲圻赤壁、江夏赤壁、汉阳赤壁、汉川赤壁、嘉鱼赤壁等，它们不仅有在长江上的，还有在汉水之上的。

这恰好说明，这场仗打得有些草率，结束得有些突然，以至于到底主战场在哪里都有些模糊了。

一般来说，现在公认的地方是湖北省蒲圻县，如今该地已改名为赤壁市。如果从曹军出发地江陵算起，以曹操的目的地夏口为终点，蒲圻赤壁大体位于其四分之三处，曹操率水军走了四分之三的路，眼看快到夏口，遇到了周瑜率领的孙刘联军。

此时是建安十三年（208）的冬天。

由于只是一场遭遇战，所以正史对这场战斗记载得也十分简单。

双方相遇于赤壁，此时曹军中发生了疫情，刚一交战，曹军就败退了，曹操下令在江北扎营，周瑜率军在南岸。

黄盖看到这种情况，向周瑜建议："现在敌众我寡，难以持久。我发现曹军船舰首尾相接，可以采取火攻。”周瑜同意了黄盖的建议，让他找了数十艘小战船，里面装上柴草，浇上油脂，外面裹上帷幕，上面再插上牙旗。

黄盖先给曹操送去封信，要投降。曹操吃不准这封信是真是假，还特地召见信使，亲口对他说：“如果这封信是真的，将大大奖赏你，封你的爵位将超过其他人。”这个信使没有留下名字，但他出色地完成了任务，因为曹操最终相信了黄盖是真投降。

黄盖先命人准备了轻舟10只，把干燥的荻草和枯柴堆在船上，浇上鱼油，用赤色的幔布盖着，在船上插上旌旗龙幡。

这时江面上刮起了东南风，这10只轻舟在前，到江中心时升起帆，黄盖手持火把告诉部下，让大家大呼：“投降了！投降了！”曹军将士闻听都出来观看，离曹军还有2里多地时，孙吴的各小船上同时点火，火烈风猛，船行如箭，烧向曹军的战船，并引燃了曹军在岸边的营寨。

周瑜趁势挥师跟进，一时间雷鼓大作，曹军大败。

冲在最前面的黄盖被流矢射中，这时是冬天，江水寒冷，幸好黄盖被随后赶上的韩当所部救起，不过大家并不知道是他，把他放在一张床板上。黄盖迷迷糊糊醒来，强打精神叫了一声韩当，韩当听见了，惊讶道：“这是公覆的声音啊！”看到黄盖，韩当忍不住垂涕，马上为他换了衣服，黄盖才得以生还。

曹军大败，除了周瑜、黄盖使了诈降计被打了个措手不及外，还有一些重要的原因，比如疫病。

此战发生时，有一场严重的疫病正在曹操将士中蔓延，造成曹军严重减员，战斗力下降得很厉害。但这是一种什么病呢？过去一般都认为是血吸虫病。血吸虫是一种寄生虫，人一旦感染，就会出现发热、斑疹、丘疹、腹泻、腹水、腹痛、肝肿大等一系列症状，致死率很高。

曹军士兵多来自于北方，水土不服，对疾病的抵抗力低，防护流行性传染病的意识也差，一旦疫情蔓延就无法控制，曹军因此受到重创，在遭到第一轮打击之后，他们也无法组织起有效反击。

这场发生在长江上的战斗看起来不像一场有谋划的大战役，倒像一场没有准备好仓促打起来的遭遇战，围绕这场大战的其他故事，如舌战群儒、借东风、草船借箭、蒋干盗书、周瑜打黄盖、关羽义释曹操等，在史书上全都查无出处。

对于曹操来说，他根本没打算在这个叫什么赤壁的鬼地方打一仗，根据他此前的部署，曹军西部兵团和北部兵团两路夹击，目的地是夏口，距此还有一段路程。

北部兵团主力有七个军，还有荆州降将文聘率领的水军，这两路大军会合后才准备痛痛快快打一仗，至于跟刘备打还是跟孙权打，曹操都不在乎。

而北部兵团的行踪更是有些诡异，这支人数众多的部队在赤壁之战发生时处于什么位置呢？是已经到达乌林与曹操亲率的西部兵团会合了，还是仍在行军的路上？

从种种迹象来看，这支部队应该还在预定的行军路线上，也就是在汉水一线，他们的目的地是江夏郡的夏口，本来曹操率领的西部兵团也是奔夏口去的，他们计划在夏口附近会师。被迟滞于赤壁是曹操没有料到的，所以北部兵团事先并没有接到改变行军路线来乌林会师的命令。

曹操在长江上与周瑜的水军初一接触吃了败仗，于是退到长江北岸的乌林，在此扎寨，这个策略是正确的，他下面要做的就是重新调整部署，让北部兵团火速向这里靠拢。

如果两大兵团实现会师，周瑜再聪明，老天爷再帮忙，孙刘联军想战胜曹军胜算都不会太大。所以，当曹操在江面遭遇失败后，他并没有慌乱，甚至也没有放在心上。他很快在乌林建起了水陆两军大营。

曹操在乌林等待北部兵团的到来。

他恐怕已经做好了在这里过年的打算，因为此时离建安十四年（209）顶多只剩下一个月了。但周瑜却不想在长江边上过年，这样的年他过不起。

处于绝对劣势的一方必须出奇才能制胜，于是周瑜给曹操安排了一出诈降计。这不仅需要高超的表演天赋，更要有极大的冒险精神。周瑜赌了一把，因为他没有更好的办法。

最后，他赌赢了。

然而，即使这样，大家对于最后的结果也大都缺少必要的思想准备。曹操当然做梦都没有想到，对周瑜或者刘备来说，固然想到了，但也没有想到江上的这把火会烧得这么厉害，把曹军居然一口气烧得大败惨败。

曹军开始全面溃退，刘备的主力多驻扎在江北一带，他指挥关羽、张飞、赵云等人四处出击截杀曹军，曹军的水军一旦弃船登岸战斗力大减，加上有不少人得了病，有很多人做了俘虏。

慌乱间曹操做出了一个也许是比较奇怪的决定，他没有向北撤，而是向西撤，这一点相当不明智。由赤壁对岸的乌林往西就是茫无边际的云梦泽，到处是河湖、沼泽湿地，行动起来很不便。西边是江陵，有曹仁在那里驻守，曹操大概想率败兵尽快与曹仁会合。

但江陵距此尚远，从地图上看曹军应该向北穿越云梦泽，迅速向汉水方向靠拢，那里有正在南下途中的北部兵团，与他们会师后，甚至可以迅速展开反击，不必休整即刻可以杀个回马枪，反败为胜的概率很大。

曹操也许在慌乱中来不及细想，也许不想丢掉十分重要的江陵，或者只是想到既然从江陵来，就再退到江陵去，于是又吃了苦头。

由于道路实在太糟糕，曹军用了四天时间才走到华容县境内。道路泥泞，天气条件转坏，刮起大风，曹操下令让士兵背着草，遇到有水的地方填上草，马匹才能勉强通过。其间大家争先恐后，人马相撞，老弱病残的士兵被战马踩踏，有的陷入沼泽中，又死了不少人。

又付出了巨大代价后，曹操才率领残部回到了江陵。

这一场败仗对曹操来说有些突然，至于原因，倒不能完全用“被胜利冲昏头脑”来概括，有天时、地利方面的因素，也有人谋的不足。曹操本想在夏口打一仗，打败刘备和刘琦，彻底占有荆州，之后再徐图江东，没想到孙权主动上手，与刘备、刘琦联合，反而把他打败。如此，天下的格局就再次让人看不清楚了。

曹操败回江陵，周瑜指挥孙刘联军乘胜追击。

孙权当时还在柴桑等待前线的消息，为了让孙权放心，周瑜请赞军校尉鲁肃亲自回柴桑一趟，向孙权汇报情况。孙权已经大致知道了前方的战况，听说鲁肃回来了，孙权率领在柴桑的所有重要官员出迎，见到鲁肃后，孙权不让鲁肃下马，他要亲自为鲁肃牵马。

来到里面，鲁肃拜见孙权，孙权反而起身向他施礼，孙权对鲁肃开玩笑道：“子敬啊，我用这样的礼节欢迎你，足以使先生显耀了吧？哪知鲁肃回答道：“还没有！”鲁肃一向持重，突然冒出这样的话让众人无不吃惊，但鲁肃却不着急，从容坐下，举起手中的马鞭说：“希望至尊您有一天能威加四海，包揽九州，克成帝业，到那时改用安车来征召我，那才使我荣耀呢！”众人恍然，孙权拊掌大笑。

通过鲁肃的汇报，孙权了解到战斗的前后过程，他更想知道的是赤壁遇挫后的曹操下一步有什么部署，何时退出江陵乃至荆州，抑或马上组织起反攻。鲁肃大概会告诉他，曹操在赤壁被打败了，但现在就庆贺胜利为时尚早，因为赤壁之战重创的只是曹军的一部，曹军整体实力仍很强，就荆州的形势而言，孙刘联军仍然处于敌强我弱的态势。

事实也的确如此，曹军的北路兵团也沿汉水南下，不过他们后来也与孙刘联军发生了遭遇，打了一仗，尽管曹操和周瑜本人没有参战，这场战斗也很精彩，孙刘联军同样采取了火攻的办法，烧了曹军的竹筏，曹军败走。

这场战斗又叫浦口之战，当时北路兵团南下，他们遇到了头疼的问题，就是船只太少，为此临时造了许多竹筏，乘着这些竹筏到达浦口。浦口位于如今何地不详，但可以肯定的是它在汉水上，而不在长江上。曹军到达这里，还没来得及渡江。孙刘联军就连夜密派轻船、走舸等 100 多艘，每艘 50 人划船，手持火炬，用火烧了曹军的战船和竹筏，一时大火四起，火光照天，曹军败走。

这两场遭遇战重创了曹军，但曹军及时撤退，减少了损失，而江陵和襄阳还有大批曹军留守部队，曹军在荆州的主力仍然有十几万人，对于总人数只有五万人左右的孙刘联军来说，下面的战斗仍然不好打。

曹操退回江陵，荆州七郡的重心在江北的南阳郡、南郡，军事重镇有宛县、襄阳、江陵，这些地方仍然在曹操的控制中，孙权、周瑜、刘备也看到了这一点，必须把曹操赶走才算彻底胜利。

建安十三年（208）12 月，孙权突然离开了柴桑。数日后，孙权率一支人马出现在江北的合肥附近，消息传到江陵，曹操大吃一惊。不仅如此，曹操还接到九江郡的报告，说另有一支孙权的人马出现在该郡的当涂县一带，指挥这支人马的是孙权的长史张昭。

当时曹军主力大都集结在荆州及其外围地区，东南方向相对空虚，曹操急忙之间很难组织起对合肥和当涂的大规模支援，所以孙权的这一手相当可怕。

如果顶不住，赤壁之败后扬州再丢了，那就要出大问题了。战事的焦点迅速从荆州转到了扬州，扬州刺史部长期以来被袁术所控制，纳入曹操控制区的时间并不长，曹军的力量相对薄弱，加上荆州战役打响后，一部分人马抽调了出去，孙权此时向扬州刺史部用兵，正是抓住了一个空档。

扬州刺史部的治所一直在寿春，曹操任命刘馥为扬州刺史，刘馥感觉到寿春的位置有些偏北，不利于与孙权争锋，于是把治所搬到了九江郡的合肥县。东汉合肥县在今安徽省合肥市以东，当时战乱不息，合肥县一度成为废墟，刘馥下令对城池进行大规模整修。

刘馥不仅跟曹操是老乡，是正宗的汉室宗亲，还是个很有本事的人，经过几年的治理，合肥一带经济发展，人口兴旺。刘馥还重点加固了合肥城墙，在城墙上堆积了不少木石，没事时就组织大家编草苫，不停地编，积攒了成千上万个草苫，都堆到城墙上，还在城上储存了大量鱼油。大家挺纳闷，刘刺史弄这些东西做什么？后来大家才明白，这些都是用来救命的。不过，孙权进攻合肥时刘馥并不在城中，赤壁之战发生的这一年他去世了。

孙权突然发起合肥战役，起初的目的不在于攻城，而是给曹操制造压力，让他退出江陵。但是，战役开始后吴军打得很顺手，孙权于是改变了想法，想一举把合肥攻克，给赤壁之战来个锦上添花。

曹操命令一个叫张喜的部将前往救援。张喜事迹不详，只知道他此前驻扎在与扬州刺史部相邻的汝南郡，之所以现在把他派去，可能是他的防区离合肥最近，他带来的人马不到2000人。这支援军根本无济于事，但曹操没办法，眼下能派到合肥城下的只有这点儿人马了。

孙权亲自率部猛攻合肥，但这时老天爷帮了联军的忙，下起了连阴雨。攻城的人最喜欢下雨，而且最好是连阴雨，因为那时的城墙都是夯土结构，雨水一泡就得塌，所以过去的城墙需要经常维修。

合肥城虽然进行了整修，但也没有防水功能，被水泡得快要倒了。危急关头刘馥留下的成千上万个草苫发挥了作用，守城军兵用它们盖到城上，保护城墙。

不仅如此，储备的大量鱼油和木石也派上了用场，一到晚上城上就燃起鱼油火把，把城上城下照得一清二楚，让下面的人无法乘夜偷袭。而木石是给攻城敌人准备的，招呼爬墙的敌人，没有什么比大木头和石块更过瘾的了。因为刘馥有先见之明，生前做了大量精心准备，合肥城才得以不失，孙权围住合肥前后达100多天，但没有什么进展。

现在的扬州刺史名叫温恢，不久前还是曹操的丞相府主簿，曹操另派蒋济为温恢的副手，担任别驾。温、蒋二人日后都是曹魏的重臣，但相对而言，蒋济日后的成就更大。蒋济字子通，当过郡吏，实践经验丰富，现在还不到30岁。蒋济观察了敌军进攻的情况，悄悄建议温刺史，对外诈称接到了张喜的书信，说有4万人马正往这里赶来，目前已经到了雩娄。

蒋济还假装派人迎接援军，回来时分成三个小分队，一队进城，告谕城内军民，让大家增添信心；另外两个小分队故意让敌人捉去，并有意让敌人“缴获”了伪造的张喜的书信。

孙权正因久攻合肥不下而郁闷，张昭那边进攻也受挫，没有攻下当涂，进退维谷。张昭独立带兵似乎只有这一次，看来学者改行要格外小心，不是读过兵书就是军事家。孙权急了，甚至想亲自冲锋陷阵。接替张昭担任长史的张纮赶紧死死相劝，孙权才打消念头。

恰在此时，孙权得到了俘获的书信，这让孙权犹豫起来，从荆州方向也传来情报，说曹军的主力有从江陵撤退的迹象。如果江陵的曹军真的撤走了，合肥之战的目的也算达到了。

孙权于是下令烧掉攻城的器具和营寨，从合肥撤退。

下篇 三分天下

五十八、曹将军惊为天人

在孙权兵围合肥的同时，周瑜、刘备指挥孙刘联军加紧了对江陵等军事要地的攻击，让曹军新败之后没有喘息之机。

曹操也知道孙权兵出合肥的用意，但他无可奈何。赤壁之败严重影响到士气，而且疫病仍在蔓延，短时期内扭转荆州的败局没有把握，如果此时孙权真的在合肥搞出了名堂，后果就太严重了。

赤壁之战是近年来曹军败得最惨的一次，朝廷和地方上的反曹势力说不定已经开始蠢蠢欲动，绝不能低估他们的能量。想到这些，曹操决定把主力从荆州撤回去。但是，江陵和襄阳两个重镇仍然不放弃，曹操任命曹仁为征南将军，由原属西部兵团的横野将军徐晃协助共同守卫江陵，原属北部兵团的折冲将军乐进守襄阳。

之后，曹操率领其余主力北撤。

征南将军是四征将军之一，地位高于一般“杂号”将军，如果徐晃这样的“杂号”将军是军长，曹仁的征南将军就是曹军南方军区的司令，意味着他可以节制整个战区内的各路曹军。

曹操刚走，周瑜就率人马杀到江陵附近。这支人马有数千人，曹仁率领征南将军长史陈矫等人登城察看敌情，曹仁觉得必须乘敌人新到未稳，打他一个措手不及，用胜利提高队伍的士气。当时的江陵城仍然被失败的阴影所笼罩，曹操率大部队撤走后，这里还能不能守得住，大家都在疑问。

为此，曹仁征集了一支 300 人的敢死队，由部将牛金率领，主动出城迎击敌人。牛金，南阳郡人，日后逐渐成长为曹魏的高级将领，后来曾长期在司马懿手下。牛金冲入敌阵，虽然杀了不少敌人，但毕竟人数悬殊，一下子被吴兵围住，不能脱身。在城上观战的曹司令看到，立即让人牵过战马，他要亲自率兵解围。

陈秘书长急了，赶紧跟身边的人上来阻拦。曹仁不理，披甲上马，只率领数十名勇士纵马杀出城。陈矫是徐州刺史部广陵郡人，曾经在曹操的司空府工作过，他虽然是个文人，但看到曹仁出了城，也不敢怠慢，找了匹马就跟出了城。城外有一条小河，牛金等人在河对岸 100 多步外的地方正与敌兵厮杀，陈秘书长仍然考虑首长的安全，建议曹司令就在河这边为牛金他们助阵就行，千万不要再往前走了。

但曹司令好像没有听到，跃马过了小河，杀入敌人阵中。经过一番搏杀，曹仁居然将牛金一行救了出来，不过回头一看，还有几个人仍然被围敌阵中没出来，曹司令二话不说再次杀回，最后把他们全部救了出来。

吴兵被敌方主将的这种气势所震撼，于是退兵。陈矫等人看傻了，见到曹仁不由得惊叹道："将军您真是天人啊！"

江陵暂未攻下，周瑜就派甘宁占领了江陵上游的夷陵，即今湖北省宜昌市，这里已成为益州的地盘。

刘璋派手下将领袭肃在这里守备，袭肃率部投降。周瑜想把袭肃的人马编入横野中郎将吕蒙所部，吕蒙建议说袭肃是个人才，主动投奔，不宜于夺其兵权，周瑜采纳。

夷陵被甘宁攻占后，曹仁受到来自上下流的夹击，为此他分兵夷城攻打甘宁。对于救不救夷陵，吴将分歧很大，大家认为现在兵力不足，如果分兵，曹仁必来攻，首尾难顾。吕蒙提出不同意见，他建议留下凌统防守，由周瑜亲率其他人马解救夷陵，只要凌统能守住十天，就不会有问题。周瑜接受吕蒙的建议，到夷陵大破曹军，曹军从夷陵退还。

这段时间 30 岁的年轻将领吕蒙脱颖而出，屡建功勋，孙权提拔他为偏将，守寻阳令，也就是以副军长的身份兼任寻阳县令。

曹军随后在江陵城外也取得了重大收获，在一次激战中，周瑜亲自督战，结果右臂被曹军射中一箭，伤势很严重。曹仁得知周瑜负伤，率军前来挑战，为了不影响士气，周瑜勉强挣扎着起来，到各营巡视。

曹仁在江陵前后坚持了一年多，吸引了周瑜率领的主力和一部分刘备的部队，为减轻其他战场的压力做出了贡献。赤壁之战后的第二年下半年，主战场逐渐转向东线的合肥，曹操决定把曹仁从江陵撤到襄阳。

曹仁撤走后，周瑜带伤指挥作战，迅速攻下江陵及其以东长江沿线的许多重要据点，从柴桑到夷陵一线的军事要地基本上都被孙吴占领。

孙权任命周瑜为南郡太守，驻守江陵；任命程普为江夏郡太守，驻守沙羡；任命吕范为彭泽郡太守，驻守柴桑。也就是说，今湖北省的宜昌市、荆州市、武汉市一直到江西省的九江市，近2000里的长江沿线全被孙权占领了。

至此，曹操发起的荆州战役才算完全落下了帷幕。

这一战不能简单地称为赤壁之战，因为赤壁遭遇战仅是很小的一部分，这场战役从曹军南下襄阳开始，激战当阳、接收江陵，孙刘联军于柴桑和夏口一线，之后赤壁遭遇，再接着是合肥之战和江陵拉锯战，前前后后打了一年多。

对曹操来说，这一仗本来并不难打，比官渡之战好打，比征河北好打，比北征乌桓也好打。但是，在官渡赢了，在河北赢了，在乌桓人那里也赢了，唯独在这里输了。有人归之于曹操在战略上的失误，有人归之于曹操的轻敌，有人归之于疫病，有人归之于那场大火。其实说起来这些因素都有，既有主观上的轻敌，也有客观上的不利。

这场战役成为一个转折点，一路势如破竹般攻城略地的曹操不得不停下扩张的脚步，以更大的耐心与孙权和刘备这两个对手纠缠，这个时间还将很长很长。

曹操是建安十四年（209）初由荆州返回北方的。

与半年前南下时顺风顺水、一路所向披靡相比，曹操的返程显得很压抑。他甚至没有在襄阳做停留，直接由南阳郡境内撤到了许县。曹操在许县没有停留，因为此时合肥城外仍处于胶着状态，曹操决定亲自去解围，会一会孙权。

建安十四年（209）3月，曹操率主力向扬州刺史部转进，这时接到了合肥前线的战报，说孙权已经撤军了。合肥可以暂时不去了，此时曹操离老家谯县不远，他决定回一趟老家，让部队也在那一带休整休整。官渡之战结束时曹操曾重返故乡，并在此练兵，然而今非昔比，那一次是打了大胜仗，这一次打了大败仗。

不过，这对曹操没有太大的影响，有人喜欢衣锦还乡，而在遭遇失败和挫折时不敢面对故乡和亲友，曹操不那么看，十多年的戎马生涯，早已让他把成败看得很淡，输得起的人才能赢得起。曹操很认真地在谯县一带练起了兵，与上次练兵不同，这一次主要练的是水军。

曹操认为水军是自己的一个弱项，是赤壁之战导致全败的主因，要战胜孙权，重新夺回荆州，必须建设一支强大的水军。

谯县位于涡河边上，这条河通船运，而且可以直通淮河。曹操在涡河上设立了造船基地，加紧打造战船。涡河比不上淮河，更比不上长江，曹操这时候造出来的只能是排水量较轻的战船。

到这一年的秋天，曹操在谯县练兵也有几个月了，从四面征调以及新打造的各式战船也有了相当数量，曹操决定率领包括水军在内的主力前往合肥前线，让水军在实战环境下接受考验。他们走的路线是由涡水进入淮水，再由淮水进入淝水，直达合肥城外。

出发前，曹操专门发布了一道军令："近来大军多次出征，遇到疾病蔓延，让许多官兵死在了外面，造成夫妻不能团聚，百姓流离失所，有仁爱之心的人难道愿意这样吗？这实在是不得已呀。现在命令，死者家里凡是没有产业来养活自己的，政府不得停发其口粮，地方行政长官要经常抚恤慰问，以了我的心愿！"这既是对牺牲将士的祭奠、对家属的安慰，更是对目前仍然效命厮杀的这些将士们的激励。

曹操赶到了合肥，在此住了几个月。

在此期间，曹操调整充实了扬州刺史部以及各郡县的官吏，并大兴水利工程，推行屯田建设，亲自主持重修了芍陂等水利工程。

芍陂又叫安丰塘、期思陂，最早由春秋时期楚国著名宰相孙叔敖主持修筑，是一个人工水库，被誉为"世界塘中之冠"，与都江堰、漳河渠、郑国渠并称中国古代四大水利工程。芍陂的位置在今安徽省寿县以南，处在淮河众多支流的包围之中，周围又是广阔的良田，地理位置十分优越，水域面积比今天大得多。曹操重修芍陂，发挥它的灌溉、航运作用，配合周边地区的屯田，这里成为重要的粮食基地，这对进一步巩固合肥的战略地位十分重要。

在扬州刺史温恢、别驾蒋济以及负责屯田的绥集都尉仓慈等人的领导下，曹操在扬州的势力得到一定程度的巩固，曹操从其他战场上抽调了乐进、张辽、李典等率部移防过来，加强了这里的军事力量。

合肥的战略地位于是进一步上升，扬州方向敌我攻守的焦点之前是寿春，今后变成了合肥。有刘馥打下的基础，又经过不断整修，合肥的城防工事更加坚固。

孙权在合肥没有得手，今后还将多次组织人马对这里展开抢夺，但合肥一直没有失守过。

五十九、"剿匪"专业户

到了年底曹操重返谯县，可他一走就出事了。

当时曹军内部正在进行换防，乐进、张辽、李典等部陆续从其他战场赶过来，但还没等他们完成布防，曹操控制区内部出现了叛乱。叛乱发生在曹操控制区的九江郡六县、潜县等地，这里是现在的皖西地区，位于大别山区的北部，自古以来这里民风强悍，加上地处山区，适合打游击，在古代这一带经常是强人出没的地方。

早在官渡之战前后，这一带就有许多变民，规模比较大的有陈乾、梅成、雷绪几股，当时曹操与袁绍相持于官渡，无力东顾，派刘馥担任扬州刺史维持局面。刘馥挺有本事，他虽然是光杆司令一个，但很快打开了局面，使曹操控制区的面积一点点扩大，又重修了合肥城，给曹操与孙权对抗创造了条件。

刘馥开拓扬州有一项重要措施是招安变民，梅乾、陈兰、雷绪都先后被刘馥招安了，从建安五年（200）前后一直到建安十四年（209），这些人倒也挺老实，一直没有闹出过什么事。

这中间刘馥的个人威望起了不小的作用。刘馥去世后，曹军与孙权打了好几个月的仗，当地百姓遭受到巨大的损失，曹操来到合肥后虽然推行了一系列恢复生产、促进社会发展的措施，但民心不稳已成现实。

曹操也看到了这个问题，他对经营好淮南一度失去了信心，甚至想把淮南民众迁到北方去，以避开战乱。

曹操征求蒋济的意见，蒋济表示反对。曹操对蒋济说："当年我与袁绍在官渡相持，整体迁移过燕县、白马县的民众，似乎并非不可行。"

蒋济这个年轻人很熟悉当地的情况，他回答："那个时候我弱敌强，不迁走必然被敌人占去。现在情况完全不一样，我们的势力足够强大，民众不会有其他想法。同时，老百姓都有怀土情结，不愿意迁徙，如果硬力推行，大家必然心中不安。”曹操经过考虑，最后没有采纳蒋济的建议，下令从江淮之间进行大规模人口迁移。此令一下，果然引起民众的恐慌，有十多万人跑到孙吴控制区。

曹操赶紧下令停止了移民活动，再次见到蒋济时，曹操曾向蒋济当面做过自我检讨。

陈兰等人再次叛乱正是在这种大背景下发生的，叛乱影响到刚有点规模的合肥基地的安全，看到这种情况，已经身在谯县的曹操立即调兵遣将，镇压叛乱。

当时大的叛乱有陈兰等三股，叛军活跃的主要地区是九江郡的六县、潜县，叛乱的规模相当大。曹操下令成立临时“剿匪司令部”，级别相当高，由夏侯渊行领军，下辖于禁、臧霸、张辽、乐进、张郃、牛盖等部，曹军最精锐人马和最顶尖将领几乎有一半参加了此次行动。

如此兴师动众，一来说明陈兰等人来势很猛，力量小了不解决问题；二来说明曹操对合肥基地的重视，赤壁之战后曹操不能再输了，即使是变民他也不敢大意。

两年前的建安十二年（207），济南国、乐安国发生了黄巾余部徐和、司马俱等人的叛乱，刘氏宗族里的济南王刘赟甚至被杀，夏侯渊负责镇压民变，斩杀了徐和，收复诸县，积累了丰富的平乱经验，所以这一次把他调了过来。

夏侯渊除担任总指挥外，还直接负责对付雷绪这一股。梅成这一股，由于禁和臧霸对付，张辽率领张郃和牛盖所部对付陈兰。看到曹操这边有事，孙权自然不会只是闲观，他派人跟陈兰暗中建立联系，还派韩当率部支援陈兰。

夏侯渊命令臧霸率所部开到皖县一带阻挡韩当，使吴兵不得通过。双方先后战于逢龙、夹石，曹军均获胜。臧霸接到情报，说孙权派了数万人乘船进入舒县支援陈兰，于是移师舒县堵截，孙权的军队闻风撤退。臧霸不干，下令连夜追击，一夜狂追了100多里，于天亮时分终于将敌人追上，双方展开一场激战，曹军大胜。

陈兰没等来外援，在张辽、张郃等人的进攻下渐渐招架不住。

正在这时，陈兰却意外地等来了其他援兵。其实这也算不上援兵，而是梅成那一股。梅成开始向于禁投降，于禁没有察觉有异，就接受了。谁知不久，梅成重新与陈兰勾结，他们联兵一处逃入潜山。

潜山山脉里有一个天柱山，山高道狭，陈兰凭险据守。张辽想发起进攻，手下将校劝道："兵少道险，难以深入。"张辽不理，仍坚持攻山："现在正是狭路相逢勇者胜啊！"张辽下令强攻，一举斩杀了陈兰和梅成。

此次皖西作战，张辽立功最大，事后曹操论功行赏，张辽增食邑 200 户，加上此前的 1000 户，达到 1200 户，并且获得了持节的殊荣。曹操在给张辽的颁奖令中说："登天山，履峻险，斩杀陈兰、梅成，这都是荡寇将军立下的功劳啊！"乐进也增加了 500 户食邑，达到 1200 户。于禁增加了 200 户，也达到了 1200 户。

这两支民变彻底解决后，夏侯渊对付的雷绪那一股也进展顺利，将雷绪击破。此战接近了尾声，正在这时曹操又接到并州刺史部的报告，说那里也发生了民变，变民首领商曜等人攻占了太原城。曹操下令改任夏侯渊为征西护军，到并州平乱，夏侯渊成了曹操手下的"剿匪"专业户。

曹操同时下令乐进、张辽所部仍留在合肥，加上接到命令刚刚到达的李典所部，由他们三个人共同守卫合肥，其他各部人马撤离。

在这次民变中，有人举报说蒋济与叛军勾结，参与叛乱活动。有关部门报告到曹操那里，曹操压根不信，他当着于禁等人的面说："蒋济怎么会干这种事？如果真有此事，说明我不会识人，这肯定是假的。"后来经过查实，确实是诬告。

曹操看来对蒋济这个年轻人特别欣赏，后来干脆调他来自己身边任职，先后担任过丞相西曹属、丞相主簿。

六十、天上掉下来孙妹妹

放下曹操，再来说说荆州这边的事。

曹军主力后撤，孙权的行动快速而果断，丝毫没有考虑联盟另外两方刘备和刘琦的感受，比如江夏郡太守原本由刘琦担任，孙权派程普去当太守，明显是搞内讧。

换成别人早就不干了，非得跑去问问孙权到底想干啥不可，但刘备没有。作为一个老牌的创业者，他经历过也看到过太多这样的事，丝毫不以为意。

一位政治家曾说过“没有实力的愤怒毫无意义”，这句话要让刘备说，估计他会说“没有实力的愤怒不仅没有意义，而且很危险”。在刘备看来眼下绝不是跟孙权翻脸的时候，因为他们都面对着曹操这个强大的敌人。为了应对孙权的挑衅，刘备公开表奏刘琦为荆州刺史。这是一着妙棋，刘琦是刘表的长子，于情于理都有资格担任此职，刘表在荆州深耕多年，拥有广泛民意基础，推举刘琦当荆州刺史，是与孙权争民心的一步。

但论实力还是孙权强大，为了不与程普发生正面冲突，刘备把自己原来驻扎在夏口一带的人马全部撤出，至于新的落脚点，孙权和周瑜早就给他准备好了，是一个叫油江口的地方。

油江口是油水入江之口，位于长江南岸，由江陵沿江而下约百里可达，是个不大的地方，属南郡，目前归南郡太守周瑜管。南郡横跨长江，分为江南和江北两个部分，即使孙权把南郡的江南部分都交给了刘备，刘备也高兴不起来，因为从地盘上看这里虽比江北大，但辖区内至少五分之四是荒无人烟的山区，东面又是茫茫无边的云梦泽，在这种地方不说求发展，就是生存也很困难。

孙权一口气得了三个郡，作为另一个战胜方，刘备只得到了这一点儿，确实不公。但刘备继续忍耐，为了换取孙权的支持，刘备主动表奏孙权为车骑将军。

别看孙权现在势力很大，但朝廷颁布的正式职务只是讨虏将军兼会稽郡太守，相当于曹操手下的于禁、徐晃那样的角色，比刘备的左将军差了好几级，与实力严重不符。朝廷掌握在曹操手中，过去还有可能给孙权升个官，眼下是不可能了。

这就产生了一个现实问题，由于孙权本人职务不高，影响到了手下人的任命，造成了江东文武们职务普遍偏低，比如孙刘联军总指挥周瑜，赤壁之战后因功才被升为偏将，不是孙权抠门，是因为他自己才是个军长。要解决这个问题，孙权可以自己想办法，比如他可以像袁绍那样自己表奏自己一下，但那样被认为是比较丢人的，容易落下话柄。

朝廷不给，又不能"自力更生"，唯一可行的方案是由别人出面表奏，这是没有办法的办法。但这里也很有学问，不是随便出来个什么人都能表奏的，一般来说不能是自己的手下，那样还不如自己表奏自己呢。至于其他人，其身份和影响力很关键，决定了被表奏职务的"含金量"。

通盘考虑之下，目前只有刘备来做这件事最合适，他是盟友，也是资深的朝廷要员，因奉诏讨伐逆贼而出走，由他向天子呈请才具有合理性和合法性。

所以，对刘备的好意孙权欣然接受，从此他便以车骑将军相称，马上组建了车骑将军府，对外办公。车骑将军论地位高于左将军，刘备的潜台词十分明显，他不寻求与孙权争锋，愿意继续服从孙权的领导。孙权担任的行政职务是郡太守，刘备索性把人情做大，又表奏孙权兼任徐州牧。徐州现在是曹操的地盘，刘备除了送顺水人情，显然还有其他用意。

也许刘备担心的是，孙权会进一步谋求在荆州的利益，比如他宣布当荆州牧，那样一来自己的生存空间将再次被挤压。

孙权没有这么做，看来曹操在合肥方向给他的压力也不小，他还顾不上这边。但刘备却无法松气，因为这时突然发生了一件事，让他的心再次被揪了起来。

刚刚被刘备表奏为荆州刺史的刘琦因病去世了，对刘备来说，这无疑是个沉重的打击，同时也是个棘手的问题。刘琦不仅是刘备的盟友，也是刘备在荆州拓展实力的关键人物，他的突然去世削弱了刘备对荆州的影响力，刘琦死后空出的荆州刺史一职，更让刘备忐忑不安。

没想到的是，孙权立即表奏刘备为荆州牧，让刘备松了口气。

孙权此举可以理解为对刘备一系列示好动作的回报，也可以理解为对孙刘联盟的重视，但从更真实的情况看，对曹操的恐惧和担忧才是促使他决定保持并加强孙刘联盟的根本原因。

刘备就任荆州牧后，名义上整个荆州都归他管，但这是做不到的。荆州最北边的南阳郡和南郡的襄阳在曹操手里，南郡的大部以及江夏郡、彭泽郡在孙权手里，江南还有四个郡，目前处于自治状态，刘备的这个荆州牧也就在油江口一带说话管用。

油江口，这个名字听起来就不大，不适合把荆州的治所放在这里，刘备便改油江口为公安，作为自己的大本营，此地即今湖北省公安县。

公安太小了，刘备想扩大地盘，这必须得到孙权的首肯，刘备经过再三考虑，决定亲自去面见孙权，当面提出自己的要求，具体方案是，孙权的人从南郡的北部撤出去，让自己这个州牧好歹也有一个郡的地盘。

此时孙权已经不在柴桑，合肥之战后孙权回到了后方的京口，即今江苏省镇江市，听刘备说要去一两千里之外的京口见孙权，所有人都大吃一惊，诸葛亮更深表忧虑，劝他不要去，以免遇到危险。

但刘备执意前往，并于建安十五年（210）冬天出发了。

刘备的举动让孙权吃了一惊。

但孙权也不能拒绝，于是，刘备到了京口，赤壁江上的大火已熄灭两年了，联军的两位盟主才第一次相见。刘备开门见山说出来意，孙权没有思想准备，让刘备先别急，他和属下们商量商量。孙权把刘备的来意向手下人一说，立即引发了激烈讨论，有人赞成，但更多的人反对。

反对最激烈的是周瑜，他虽身在江陵但也听说了这件事，马上写密信给孙权说："刘备是个枭雄，又有关羽、张飞这样的熊虎之将，不会久居人下。我建议把刘备留在吴地，给他修宫室，让他整天吃喝玩乐，让他安于享乐，丧失斗志，使他与关张二人分隔起来，我趁机发起挑战，大事可定。"

在周瑜看来，如果割地给刘备，刘备必然如蛟龙得云雨，一定不再是池中之物。他的看法得到一些人的支持，时任彭泽郡太守的吕范也建议孙权趁机把刘备扣留，不要放他走。也有人同意给刘备让地盘，他们以鲁肃为代表，理由是给曹操树个对手，给自己添个盟友，这才是上计。

应该说鲁肃考虑得更加长远，赤壁大败后曹操把主攻方向放到了东线的合肥，目前正以谯县、寿春、合肥等为基地整顿人马，随时准备向孙吴发起攻势，荆州虽然重要，但当务之急是全力以赴保东线，现在没有力量增兵荆州，所以不能和刘备闹翻。只要孙刘联盟在，曹操就不能不有所忌惮，在荆州一线就得保持足够的兵力，这样东线的压力可以减轻。

面对两种不同的意见孙权陷入了沉思，让地盘，当然他不愿意，但鲁肃等人说得对，当前主要的任务是防范曹操，所以必须得紧紧拉住刘备。孙权最后决定答应刘备的请求，撤出南郡。

对孙权来说让地盘只有这一次，所让出的其实只有半个南郡而已，这就是“借荆州”的由来。从战略上看这的确是高明的一招，受益的不仅是刘备，还有孙权自己。消息传到北方，曹操正给人写信，这个消息让他吃惊不小，一紧张笔都掉到了地上。

目的达到，刘备不敢多留，赶紧回荆州。

临行前，孙权携张昭、鲁肃等十多人乘坐飞云大船相送，又在船上举行宴会叙别。宴罢，张昭、鲁肃等出去，孙权单独与刘备密谈。

谈话中，刘备故意感叹道：“公瑾此人文武兼备，是天下少有的俊才，我看他志向远大，恐怕不是能久居人下之人啊！”后世有史学家看到这里忍不住发出了感慨，认为刘备此言有失厚道，到人家那里做客，目的也达到了，还不忘挑拨离间一把。

刘备不喜欢周瑜，因为周瑜是江东的鹰派，看着这个人在自己眼前晃悠刘备总感到不舒服。孙权虽然答应把南郡让出来，但作为南郡太守的周瑜能不能顺利执行这项决定，刘备感到担忧。

但是刘备有所不知的是，周瑜与孙权之间有着深厚的感情，是孙权目前最依赖的人，谁也无法挑拨他们的关系。江东的情况比较特殊，一部分人是孙坚的旧部，一部分人是孙策发现和提拔的，还有一部分是孙权自己看中和培养的，大家虽然比较团结，但难免也有心结，孙权主要倚重的是新崛起的一代，但在他们成长的过程中，需要有人承前启后，周瑜就发挥着这样的作用。

不知道孙权听了刘备的话如何反应的，但这次谈话的效果似乎不佳，因为刘备回来后就对亲随说：“孙将军这个人长得上身长、下身短，这样的人不可能居于人下，我可不想再见到他了。”

刘备立即离开京口，并让手下人马不停蹄往回赶。庞统不久后也来到京口，待过一段时间，庞统后来投奔了刘备，刘备听说他了解一些江东的内部情况，曾问过他：“我到京口，听说周瑜曾劝孙权把我扣下，有没有这事？”庞统如实相告：“确有此事。”刘备深感后怕：“当时情况很严峻，因有求于孙权，不得不亲自前往，没想到差点儿落入周瑜之手。天下智谋之士所见略同，当时孔明竭力劝我别去，担心的也是这个。我主要考虑到孙权最大的威胁在北面，还希望引我为外援，所以才敢去。看来这是一次冒险行动，不是万全之策。”

诸葛亮的老同学庞统一直待在荆州，此时为何到了江东呢？

他是来公干的，早在刘表时期庞统就担任了南郡的功曹，南郡后来落入孙权手中，周瑜当了南郡太守，庞统仍然在任，周瑜成为他的顶头上司。孙权做出撤出南郡的决定后，周瑜果然不同意，马上秘密赶回了京口，向孙权阐述自己的主张：“曹操刚被打败，又担忧内部不稳，暂时无暇与我们交战。这正是一个好机会，不如让我与奋威将军孙瑜一起攻取益州，得手后再攻汉中张鲁，之后留下孙瑜将军守备蜀地和汉中，与凉州的马超结好，我回来与您一道攻取襄阳，届时我们多路出击，北方可定。”

周瑜的这个战略规划相当宏大，甚至超过了诸葛亮的隆中对策。诸葛亮提出两路出击北方，一路汉中，一路荆州。周瑜的计划则包括了汉中、益州、襄阳、合肥等处，从西、中、东三路同时发起总攻击，是全面开花、全线作战的计划。如果这个计划最终得以实现，曹操一定傻眼。

周瑜的这个计划其实否决了让出南郡的决策，如果现在去取益州，得手的可能性也很大。孙权听了很高兴，批准了这项计划，让周瑜回江陵做好攻取益州的准备。

看来周瑜想这些事也不是一两天了，从当时的实力和士气来看，即使刘备不帮忙，以江东的力量去取益州，把握也是很大的。如此一来，诸葛亮为刘备设计的战略将化为泡影，益州的刘璋将提前灭亡，曹操的噩梦也将从此开启。

但时运不济，天妒英才，老天爷帮了刘备、刘璋和曹操一个大忙，周瑜死了。在由京口回江陵的路上，走到一个叫巴丘的地方，周瑜去世，年仅 36 岁，一般认为周瑜英年早逝与当初在江陵城外所中的那一箭有关。

孙权接到消息哀痛欲绝，亲自穿着素服举哀，悲伤之情感动左右。灵柩还吴，孙权从京口亲自赶到芜湖迎接。庞统来江东，就是以下属的身份护送周瑜灵柩的。

周瑜病重期间给孙权写信，推荐鲁肃接替自己的职务，孙权于是任命鲁肃为奋武校尉，派他到荆州。周瑜去世前只是一名偏将，鲁肃的军职连中郎将都不是，只是个校尉，勉强算是师长，作为孙权派往荆州地区的实际负责人，他们的职务真的不高，这与他们在军中的资历有关。但孙权用人一向不拘一格，常以低级军职节制高级军职，所以就实权而言，鲁肃此时的权力非常大。

鲁肃的观念和周瑜完全不同，在对待刘备的问题上周瑜是鹰派，鲁肃则是鸽派。鲁肃受命上任，马上就把南郡让了出来，把自己的指挥部搬到江陵下游的陆口，这个地方离赤壁不远，在今湖北省赤壁市西北。鲁肃在这里治理地方，发展军务，很有成效，所统率的人马由接手时的4000人发展到1万多人。

南郡不存在了，孙权便把已占领的长沙郡以及陆口周边一部分地区划出来，新设了一个汉昌郡，任命鲁肃为汉昌郡太守，军衔升为偏将。

对刘备来说，周瑜的去世是一个转折。从此之后，和江东方面的关系不再像之前那么敏感和紧张，获得了南郡，也让刘备拥有了新的发展平台。

周瑜去世是在建安十五年（210）的年底，在此前后刘备的夫人甘氏也去世了。甘氏是在小沛来到刘备身边的，跟着刘备这些年整天担惊受怕，先后两次被吕布所俘，一次被曹操俘虏，还有一次差点儿在战场上丧命。

除甘氏外，刘备身边还有一位糜氏，身份相当于妾。甘氏去世，糜氏如果扶正也是常事，况且糜氏出身于富豪之家，两个哥哥对刘备的事业给过巨大支持，于情于理糜氏都应该继为正室。可还在刘备无暇考虑这些事的时候，孙权主动上门提亲，要把自己的妹妹嫁给刘备。

甘氏去世的消息传到京口，孙权灵机一动，他正好有个妹妹尚未婚嫁，于是主动提出把妹妹嫁给刘备，进一步巩固孙刘两家业已存在的良好关系。史书对这桩政治婚姻记载得相当模糊，以至于这个孙妹妹叫什么名字都无考，有说她叫孙仁献的，听起来不太像女人的名字，一些文艺作品中叫她孙仁、孙尚香，都属于附会。

女方主动提婚，又是孙权的妹妹，刘备没有理由拒绝，于是和这位孙妹妹成了婚。刘备马上就50岁了，孙权还不到30岁，他的这个妹妹当然只有20多岁，双方年龄相差一倍。

这个孙妹妹不是娇妻，而是一个典型的野蛮女友。孙坚是有名的虎将，一生在刀尖上行走，杀人不眨眼。虎父无犬女，孙坚的这个女儿在女人中算是相当另类。

孙妹妹虽然挺有才，但跟孙策、孙权等几个哥哥一样作风泼辣刚猛，浑身透着男人气，随她而来的还有100多名侍卫婢女，个个执刀弄枪。刘备每次去见孙妹妹，看到身边那么多舞刀弄枪的人，总会觉得心惊胆战。孙妹妹仗着是孙权的妹妹，平时骄横得很，她手下的那些人常横行不法。所以也有人揣测，孙妹妹到刘备身边没准还肩负着某种特种使命，必要时把刘备抓起来做人质都有可能，所以刘备见了才会害怕。这看似小说家之言，但其实也颇有几分道理，后来发生的事部分验证了这种推测。

但总体来说，这桩政治婚姻对双方是利大于弊，联盟因此得以进一步巩固，可以让孙权放手与曹操在东线抗衡，不必为荆州的事过多分心分力。对刘备来说，维护联盟的存在也是当前重要的战略方针，如果和孙权闹翻，他将占不到任何便宜。为了对付共同的敌人，双方尽量搁置分歧，互相让步，让联盟不断巩固，只有这样才符合他们各自的利益。

六十一、不给刘备面子的人

刘备有了整个南郡，虽然这不过是荆州的七分之一，但对他而言意义也十分重大。自从离开豫州，十年来他一直过着寄人篱下的生活，直到现在才算拥有了一块像样的地盘。

然而，北有曹操的挤压，东有孙权的掣肘，西面是益州的刘璋，刘备的日子仍然不好过，只能快速壮大自己，才能在列强环伺中找到生存的出路。

对刘备来说，现在要做的有三件事：抓人才，扩队伍，抢地盘。刘备把人才放在首位，这是参与群雄争霸以来斗争经验告诉他的。荆州也是人才辈出之地，刘备在士人中有不错的号召力，所以包括刘琮旧部在内不少荆州士人专门跑到公安投奔他。刘备现在是荆州牧，可以设置办事机构，对这些士人进行安置。

在招揽人才方面诸葛亮对刘备的帮助很大，诸葛亮在荆襄一带有广泛的人脉资源，他的同学庞统、向朗先后来到了刘备身边，另一位同学尹默虽然来得晚些，最后也效命于刘备。

前面说过，庞统不愿意留在江东，他回到了荆州。他原来任职于南郡，担任功曹，刘备占有南郡后这一职务大概已任命了他人，庞统一回来就“待岗”了。

刘备也是知道庞统的，当初司马徽向他推荐荆州人才，除了诸葛亮还推荐了庞统，认为他们二人能力不差上下。但刘备大概与庞统初次见面就印象不佳，所以只任命了他一个耒阳县令的职务。

耒阳县不属于南郡，而属于桂阳郡，这是刘备新近“拓展”回来的一个县，属于新占领区，派庞统去，要么是一种锻炼或考验，要么是确实不怎么重视。庞统大概也看出来了，他是个大才，不是当县令的人，所以他在耒阳干得并不怎么样，那段时间诸葛亮不在刘备身边，庞统结果被免了官。

鲁肃在陆口，离南郡不远，消息挺灵通，他知道了庞统被免职的事，觉得很可惜，专门给刘备写了封信，对庞统进行推荐，信中说："庞士元非百里才也，最少也要让他任治中、别驾这样的职务，才能尽其所能。"恰在这时刘备也接到了诸葛亮的信，也向他推荐庞统。由鲁肃和诸葛亮出面共同推荐一个人，这才引起刘备的注意，刘备决定单独约庞统谈谈。

这次谈话虽然不如隆中对有名，但也足以影响刘备之后的战略规划。谈话中，庞统毫无保留地展示了他的才慧，刘备听完大为高兴，任命庞统为州政府人事处长（治中从事），从此对他信任的程度仅次于诸葛亮。

是什么让刘备对庞统一下子改变了看法呢？那应该是庞统为刘备规划的"益州战略"，庞统对刘备说："荆州已经残破，东有孙吴，北有曹氏，想以此为鼎足之计，难以实现。益州地富民强，人口上百万，兵强马壮，可以借以成大事。"

庞统的这个观点与诸葛亮隆中对策不谋而合，可谓英雄所见略同，不过刘备对庞统还不算太熟悉，所以嘴上说："我和曹操势如水火，他急，我宽；他暴，我仁；他诡，我忠。只有与曹操不一样，事情才能成功。所以，夺取益州难免失信义于天下，我不能取。"

庞统不以为然，继续阐述他的战略思想："现在是讲究权变谋略的时代，不是固执一面就能成就大事。兼并弱小，攻取愚昧，这就是春秋五霸的事业。逆取顺守，推行善政，待大局已定，给原来的主人以优厚的待遇，又何妨于信义呢？如果不取，终落入别人之手。"在庞统看来在南郡站住脚远远不够，下一步的发展方向应该是益州。刘备听完这番话没有立即表态，但心里进一步坚定了西取益州的信念。

诸葛亮的另一位同学向朗在刘表手下当过临沮县长，临沮县属南郡，刘备占有南郡时向朗就在那里当县长，大概在诸葛亮的推荐下，向朗被刘备委以重任，刘备让他负责秭归、夷道、巫县、夷陵等四个县的军务和民政。这是一项重要的人事任命，临沮只是南郡北部地区的一个小县，而秭归等四县相当于南郡的整个西部地区，荆州的西大门。周瑜当初为占领这些地方付出了很大代价，当时这里不仅有曹军，还有益州刘璋的人马。

刘备未来要徐图益州，秭归等就是战略要地，派一位熟悉南郡地方事务又可靠的人去那里经营，当然是再理想不过了。

除了同学，诸葛亮在荆襄还有一批亲戚和朋友，诸葛亮与荆州七大家族或多或少地都有着交往，其中与庞、蔡、蒯、黄四家有姻亲关系，另外三家里，马氏的马良、马谡兄弟，习氏的习祯，杨氏的杨颙、杨仪兄弟，他们跟诸葛亮都是朋友，所以他们纷纷投靠了刘备。

马氏有五兄弟，表字里都有一个“常”字，老大字伯常，老二字仲常，老三字叔常，老四字季常，老五字幼常。五兄弟里老四、老五最有才干，分别是马良、马谡。

马良长相上有个显著特征，他的眉宇间有一撮白毛，所以襄阳一带有民谣说“马氏五常，白眉最良”，他比诸葛亮小六七岁，现在也就20岁刚出头的样子，他们很早便相识，诸葛亮曾在信中称他为“尊兄”，说明关系很亲近。

马谡是马良的弟弟，大约也20岁，或者还不到，他们兄弟俩来到刘备身边后，都被刘备任命为州政府内办事机构的从事，刘备有了这个州牧府，安排人的确很方便。

荆州有七大家族，论以往的实力习氏其实最厉害，他们的先祖习郁在本朝光武皇帝驾前称臣，被封为襄阳侯，当时整个襄阳都是他家的食邑。习家住在襄阳城南至宜城之间的冠盖里一带，修建了大片的豪华别院，相当显赫。

出身于习氏的习祯也很有才华，大家公认他比庞统差一些但比马良要高。习祯和庞统有亲戚关系，他的妹妹嫁给了庞统的弟弟庞林，这样习祯跟诸葛亮也有了亲戚关系。习祯也是此时投奔刘备的，职务不详。

庞林后来也在蜀汉为官，关羽主政荆州期间他是关羽手下的治中从事。曹操南下荆州时庞林和妻子——也就是习祯的妹妹失散，从此天各一方。十几年后他们还将重逢，并成为轰动一时的事，这到后面再说。

荆州另一大家族杨氏出了两个人物：一个名叫杨颙，一个名叫杨仪，他们后来都在蜀汉担任过重要职务，尤其是杨仪，名气很大，他们也是这一时期投奔刘备的，开始职务也不详。

荆州几大家族的成员也有一部分跟着曹操走了，如诸葛亮的姐夫蒯祺，但他们中的大多数人没有选择孙权，也没有跟曹操到北方去，这与刘备的号召力和诸葛亮的影响密不可分，更重要的是他们都不愿意离开故土，愿意协助刘备经营好家乡。除了他们自身能力很突出外，他们在荆州还有很大的影响，对急于在荆州站稳脚的刘备来说这相当关键。

除了几大家族的成员，这一时期被刘备延揽的荆州人才还有廖立、蒋琬、刘敏、魏延等人。

廖立字公渊，荆州刺史部武陵郡人，他投奔刘备时不到30岁，但刘备很器重他，开始让他担任州政府办事机构的从事，后来直接提拔他为长沙郡太守。

蒋琬字公琰，荆州刺史部零陵郡人，少时好学，聪明过人，长得仪态轩昂，气度不凡，跟表弟刘敏都因才学出众而知名当时。

刘敏表字不详，他后来也到蜀汉效力，成为一名重要将领，曾协助王平守卫汉中，官至扬威将军。

魏延字文长，荆州刺史部江夏郡人，他是一员猛将，也是一个有争议的人物，他这一时期来到刘备身边，推测起来一开始的职务并不高，刘备入蜀时他只是一名部曲。

在人才获得大丰收的同时，刘备抢地盘的速度也很快。

荆州七郡里江北有三个，江南有四个。江南的这四个郡分别是武陵郡、长沙郡、零陵郡、桂阳郡，在地图上看它们面积很大，远远超过北方的三个郡，范围涉及今湖北、湖南、广西、广东、贵州等几个省区。

武陵郡的太守叫金旋，长沙郡的太守叫韩玄，桂阳郡的太守叫赵范，零陵郡的太守叫刘度，他们都是刘表任命的，刘表死后归服于曹操，还没等曹操动手把他们一一换成自己的人，赤壁之战就结束，曹操走了，这几个郡太守实际上处在了自治的状态。

刘备就任荆州牧，这几个郡理应听刘备指挥，但刘备与他们素无渊源，他们肯不肯甘心听命，刘备心里没底，所以派诸葛亮和赵云等人领兵去收服江南各郡。

进展很顺利，四个郡里有三个主动投降，只有武陵郡太守金旋试图武力抵抗，后战败被杀。

长沙郡境内有一支驻军，带兵的将领名叫黄忠，这也是一员猛将，字汉升，荆州刺史部南阳郡人，刘表时担任中郎将，和刘表的侄子刘磐一块驻守在长沙郡。曹操到荆州后有意拉拢黄忠，升他为裨将，仍然驻守原地，归长沙郡太守韩玄指挥。韩玄投降后黄忠也到了刘备阵营，他作战勇敢，战绩卓著，身为高级将领经常带头冲锋陷阵，逐渐成长为与关羽、张飞和赵云齐名的将领。

黄忠都当了副军长，赵云此时的职务还比较低，刘备于是提升赵云为偏将，领桂阳太守，荆州南部这几个郡有赵云、黄忠两支人马驻守，刘备可以放心了。

桂阳郡原太守赵范投降后心里不安，他一心想巴结赵云。赵范有个哥哥，已经死了，嫂子樊氏长得十分漂亮（有国色），赵范于是提出把嫂子嫁给赵云。

当时寡妇改嫁很正常，曹操就娶了不止一位寡妇，给儿子曹丕娶的媳妇也是一名寡妇，赵云跟随刘备后戎马倥偬，大约至少仍未娶妻，按说答应下来也不为过，但赵云拒绝了。

为了不伤赵范的面子，赵云推辞道："我和你同姓，你的兄长就好比我的兄长一样，怎能娶兄嫂？"有人劝赵云接受，赵云说："赵范是被迫投降的，心里怎么想还不知道。天下女子多的是，不必着急。"后来赵范果然逃亡了。

诸葛亮来到江南四郡的任务与赵云有所不同，他是帮刘备加强这几个郡地方治理的，尤其是抓税收，为此诸葛亮也有了第一个正式头衔，军师中郎将。

军师中郎将不是军师，而是师长一级的武职。此时，关羽已升为荡寇将军，张飞是征虏将军，赵云、黄忠相当于副军长，诸葛亮的职务比他们都低，这和人们印象中的情况似乎不太一样。

但这是实际情况，而且不能因此认为刘备对诸葛亮不信任或不重视，恰恰相反，任命为军师中郎将是对诸葛亮的重用，甚至是一次破格提拔。诸葛亮此时还不到30岁，来到刘备手下也不过两年，关羽、张飞跟随刘备多年，出生入死，一直到刘备主政徐州时他们的职务才不过是个团长（司马）。在一支队伍里，职位高低要靠战功和资历来换取，否则众人不服。以诸葛亮的资历，直接担任军师中郎将肯定很勉强，但他辅佐刘备以来的出色表现，让刘备敢于对他破格提拔。

诸葛亮以军师中郎将的身份来到江南，刘备让他负责征调零陵、桂阳、长沙三郡的赋税，以备军用。这三个郡里没有武陵郡，也许该郡的位置在江南四郡的西北方，与南郡的联系较为紧密，所以单独划出来由公安方面直接管理。

这是一项很重要的工作，这段时间刘备手下人马增加很快，仅靠南郡无力保障后勤供应，新收服的江南各郡面积广大，虽然在当时农业生产尚欠发达，但如果好好经营，潜力也很大。之前诸葛亮提出过游户自实的建议，在他看来赋税难收的一个重要原因是户籍登记制度不严格，大量人口不在编，因而不交税，增加税赋要先从重新登记人口做起。

诸葛亮是怎么解决这些问题的，史书虽然未做进一步交代，但可以想见，他到了江南后一定想尽办法发展当地经济，同时加强人口管理，打牢统治基础。

诸葛亮长驻在一个叫临烝的地方，湘水有条支流叫烝水，又称承水，其与湘水交汇之处即临烝，位置在今湖南省衡阳市附近，之所以选择此地，因为这里正好处在零陵、长沙、桂阳三郡交会处，方便联络。诸葛亮在临烝前后待了三年左右，出色地完成了任务。

虽然主要任务是负责地方政务和抓税收，但诸葛亮也没有忘记为刘备推荐江南各郡的人才，前面说过的蒋琬应该就是这种情况下推荐给刘备的。

还有一个人，名气比蒋琬大得多，诸葛亮也把他推荐给了刘备，但刘备对此人印象却很不好，这个人就是刘巴。曹操进入江陵后任命刘巴为丞相掾，考虑到他是零陵郡人，祖父和父亲都当过太守，在当地很有名望，就派他回江南，负责安抚和招纳工作。

刘巴天赋很高，从小就挺有名气，刘备对他也不算陌生，刘表在世时，刘备曾派一个叫周不疑的人到刘巴那里求学，刘巴很不给面子，拒绝了。周不疑是何人，刘备为何派他去拜刘巴为师，这些均不详。

这让刘备对刘巴有了不好的印象，不仅如此，曹操来到荆州后刘巴主动跑去投奔，让刘备也觉得不爽。刘巴奉曹操之命到了江南四郡，但曹军已撤往北方，刘巴也许可以继续跑去追随曹操，但考虑到自己寸功未立，刘巴也就打消了念头，他想远走交州避难。

临行前，刘巴给诸葛亮写了封信，信中写道："我虽乘危历险，无奈此地到处是秉义之民，承天之心、顺物之性不是我能劝动的。如果已经道穷数尽，我将托命于沧海，不再回荆州了。"从这封信来看，刘巴似乎曾试图说服诸葛亮归顺曹操，并因此与诸葛亮相识，无奈诸葛亮意志坚决，刘巴觉得无望。

诸葛亮也在争取刘巴，他回信劝道："您雄才盖世，据有荆土，莫不归德，天意人事该何去何从，应该能看清了，先生干吗还要去别处？"刘巴不愿意，又给诸葛亮写信："我接受任务而来，不成自然得回去，这是理所当然的事，先生何必多此一问？"

这件事让刘备知道了，对刘巴印象差到了极点。刘巴待不住，真的去了交州。

总的来说，刘备在江南四郡的行动是迅速的，成效也很大，在诸葛亮、赵云等人的努力下，江南四郡很快得以平定，随着地方治理的加强，来自江南四郡的税收和兵源成为刘备事业的有力支撑。

有了底气，刘备便不断向北拓展，跟曹操抢起了地盘。

南郡的郡治本来在襄阳，这里仍然为曹军占有，刘备升任关羽为荡寇将军，让他率兵不断向北进攻，蚕食曹军的地盘。关羽不断得手，向北一步步推进，刘备干脆在此成立了一个襄阳郡，让关羽兼任太守。

为了加强西部的防守力量，刘备把南郡西边的几个县单独划出来，新设了一个宜都郡，治所在枝城，由征虏将军张飞兼任太守。

这样，刘备在荆州的布局基本完成了。仍从荆州原先的七郡版图看，曹操占有整个南阳郡和南郡的一小部，孙权占有江夏郡和其他一些地方，刘备占有大部分南郡以及零陵郡、长沙郡、桂阳郡和武陵郡，三家瓜分了荆州。

刘备新设了襄阳郡、宜都郡，孙权新设了彭泽郡、汉昌郡，曹操也新设了章陵郡、南乡郡，荆州的格局变得复杂。

虽然这才是三分荆州，还算不上三分天下，但对刘备来说辛辛苦苦的努力总算换来了丰厚的回报，从三分荆州开始他的事业才真正迎来了转折点。

六十二、一场看不见的战争

荆州仍然很热闹，孙权扩充了地盘，刘备后来居上，把曹操扔在了一边。这段时间曹操一直待在北方，其中自建安十四年（209）底到建安十五年（210）春天他都在老家谯县，一向负责留守邺县的曹丕这次罕见地随父亲在外，留守的是他的弟弟曹植。

建安十五年（210）3月，曹操返回邺县。

这一年汉献帝刘协已经29岁了，来许县也有十多年了。十多年前，曹操考虑更多的是如何打出天子的旗帜，吸引天下才俊来效命，同时以天子的名义征讨对手。的确，曹操在这些方面都有了很大的收获，不说别的，官渡之战能打赢，很大程度上是因为天子在自己这边，掌握了天子就左右了民意，某种程度上可以这样说。

"奉天子"也罢，"挟天子"也罢，曹操坐收了太多的红利，这是他取得目前事业成就的关键因素之一。但是，正如当初袁绍不愿意接受献帝所怀有的顾虑那样，这件事有利也有害，随着曹操势力的进一步扩大，有利的地方正在弱化，有害之处却在不断增加。

献帝快30岁了，要不要还政于他，从朝廷到民间再到对手，很多人都在关注着。官渡之战时正值献帝的弱冠之年，按照民间的看法他也成人了，那时就应还政给他，但大战在即，强敌环顾，这又不可能，对此大部分人也能理解。但又过了这么多年，形势已经不那么严峻了，献帝的年龄在一天天增长，还不还政？对曹操来说这个压力不断增大。

让曹操把权力交出来，这又是不可能的，不说刘协有没有这样的能力、曹操有没有这样的意愿，即使刘协敢干、曹操愿意，曹操手下众多文臣武将也不会答应。跟着领导奔事业，领导的事业也就是大家的事业，同在一条船上就是命运共同体。韩馥的悲剧告诉人们，无论领导还是部属，保守和退却形同自杀。

这是一种无解的矛盾，这种矛盾在一天天加剧着，种种迹象表明，对曹操做法不满的人也一天天增多，他们有的出于忠君的习惯认识，有的因为对曹操的不了解而产生了不理解，有的则别有用心。

献帝成了曹操面对的一个头疼问题，他干脆采取了回避的态度，最后一次见献帝还是几年前南征张绣前，以后即使路过许县附近也都匆匆而过，他不想再见到这个人，有什么事需要办理都交给荀彧处理，孔融被杀后交给荀彧办的事也越来越少，大部分都由御史中丞郗虑出面办理。御史中丞被称为“副丞相”，既是曹操的助手又是在许县的朝官首领，地位超过了荀彧。

以献帝名义做的，也就是任命重要官员、册封爵位这些事，日常的军政大权都出于邺县的丞相府，保守分子们也会拿这个攻击曹操，过去有“五大不在边”的说法，丞相属“五大”之一，带兵已经破了例，长期在外不归更于法度不容，在他们看来丞相应该跟天子在一起，另起炉灶明显缺乏先例，即使情况特殊也应该给个说法。

曹操不管这些，他让梁习、董昭等人调集北方各州郡的人力、物力继续大规模营建邺县，摆出了一副长期在外的架势。

曹操和献帝的尴尬关系到建安十五年（210）冬天有所打破，主动示好的是献帝，他突然下诏增加曹操的食邑。

曹操此时是武平侯，这个爵位是十五年前献帝下诏所封，武平是豫州刺史部陈国所属的一个县，曹操的这个县侯食邑为 1 万户。十五年来在曹操主持下不少人先后封侯，有的一再增加食邑，而曹操的武平侯却一直没有变过。在目前的爵制里，除刘姓以外的人臣到了县侯一级也就没有了，再增加只能增食邑数，按说以曹操的资历和实力，增加食邑是正常的。

献帝下诏，在曹操原有武平县 1 万户食邑的基础上增加阳夏县、柘县和苦县三个县各 1 万户作为曹操的食邑，使曹操的总食邑数达到了 4 万户。新增的这三个县也都属于陈国，与武平县相邻，地理位置大体在如今的豫东地区，介于太康、柘城、鹿邑等几个县之间，其中苦县是老子李耳的故乡，与曹操的老家谯县相距仅几十里。

食邑上了万户就是所谓的万户侯，在汉代这基本上是人臣的极致，4 万户的食邑规模在本朝历史上还从未有过，但这项殊荣曹操却不打算接受，这说明献帝此次下诏增封纯属自己的想法，事先没有与曹操沟通过。

曹操是个看中实际的人，对这种没有什么特别意义、反倒容易被人抓住把柄的事当然不会做，曹操让人拟一份上表进行推辞。

这不是什么难事，田畴为让封刚刚上过好几道表，拿来抄抄也就行了，如果觉得不够严肃，有陈琳等大笔杆子在，这份例行公事的上表一定会一挥而就。

但曹操对这道上表很重视，秘书们拿着拟好的草稿请他审阅，他看了直摇头，上面写的都是些冠冕堂皇的大话，不符合他的心意，他决定换个写法。

论写诗，在那时很少有人能超过曹操。诗不仅是语言的艺术，诗言志，诗更是一种情怀，是见识和气度，在这些方面再有才气的文人也难以超越曹操。在写文章方面曹操也不逊色，很多军令、书信都由他亲自动笔，所以这一次他干脆自己写了。

曹操重新写了一道辞封的奏表，奏表发出后，他觉得还不够，又根据奏表的内容发布了一道军令，这就是《让县自明本志令》，在曹操现存的文章里这篇算最长的了，但读起来一点儿都不觉得枯燥，如果耐心地去读、去品味，可以走进曹操的内心。

在这篇文章里，曹操回顾了自己奋斗的历史，边叙边议，有点像口述自传，把参加工作、当国相、参军、起兵反董卓、消灭袁绍等群雄这些事一一道来，曹操想利用让封这件事向外部表达自己对权力的看法。这个“外部”既包括献帝及其拥护者，也包括本阵营的将士、文臣，还有孙权、刘备这些对手以及天下所有百姓，也就是说，曹操这篇文章的倾诉对象是天下所有人。

曹操想对所有人说，他自己并不贪慕权贵，但他又不能让权，因为情不由己。放弃了兵权自己和家人都会受到谋害，国家也将有被颠覆的危险，这都是实实在在的，曹操没有说一堆大话，而是用常人能够理解的语言把道理阐述清楚。

这篇文章打消了一部分人对曹操的疑虑，对那些成见已深的政治对手，也是一次有力的回击。鲁迅评价说曹操是一个“改造文章的祖师”，认为曹操写文章胆子很大，文章很通脱，做文章时没有顾忌，想写便写出来，只可惜流传下来的太少。

当然，也不全是头疼的事。

建安十五年（210）冬天，铜雀台竣工了，这是一座高台式建筑，位于邺县城内，与城墙连为一体，在重修邺县城时大概已经做了专门规划，在其西南角借着城墙修了一座单独的高台，仅台基就高出了城墙很多，有 10 丈，加上台上的 5 层楼阁，整个高度达到了 27 丈，约合今天的 63 米。

邺县即今河北省临漳县，属邯郸市，虽然不算特别知名的大县，但要找一座20层高的大楼也不是什么难事。但在1800年前,3层以上的建筑都很少见到,20层是一个让人震撼和恐怖的高度。

关于铜雀台名称的由来有一个传说，说曹操有一次梦见一道金光，飞向某处就不见了，曹操醒来即命人在该处挖掘，结果发现了一只铜雀，曹操不知何兆，荀攸认为昔日舜的母亲梦见玉雀入怀而生下了舜，今得铜雀是吉祥之兆。曹操很高兴，于是修建了这座铜雀台，但这个传说在史书中并无记载。

还有的认为铜雀台修成后，屋宇之上有一只1.5丈高的铜雀展翅欲飞，神态逼真，故命名为铜雀台。但据史料记载，铜雀台初成时并无铜雀，曹操以丞相的身份筑高台已有违制嫌疑，而弄一个只有天子才能拥有的铜雀，更容易引起议论。铜雀即使有，也是在曹操称魏王之后了。

还有的认为，铜雀台建成之初其实名为“铜爵台”，因其像一只爵而得名，但这也没有根据。铜雀台究竟因何得名，这仍然需要探究。但这座新建筑绝对是一个创举，它不仅是邺县的新地标，而且其高度、体量以及重要性都足以盖过当时天下的任何一座新建筑。

铜雀台的高度令其他建筑无法企及，体量也十分硕大，它既不是一根细高的烟筒，也不是一座岗楼，而是人工堆起的一座小山，因为在它上面居然能建起100多间房屋，按5层计算每层至少也有20多间，相当宽敞。

这还不是这项超级工程的全部，铜雀台建成后，在它的前后还各建了一座姊妹台，称金虎台、冰井台，中间有复道相通，合称“铜雀三台”。邺县只是一座县城，去过宛平和平遥就会有大致的概念，古代的县城其实没多大，站在制高点上往往就能把全城一览无余。铜雀台无疑是邺县的制高点，在上面可以轻松地尽观全城，向四面眺望的话，西边的太行山、脚下的漳河水以及附近数十里内的村庄道路等也全部尽收眼底。

而城中的百姓也会发现，几乎就在他们的头顶突然出现了一座庞大建筑，离得近的话，可以看到上面的人，隐隐听到上面传来的乐音；如果离得远，到了晚上也可以看到上面灯火闪闪，宛如“天上的街市”。

这是一个天才的创意，一个建筑史上的大手笔，公孙瓒的易京和董卓的郿坞在它面前都相形见绌。当然，要修建这么庞大的建筑，也要耗费巨大的人力和物力，对一向主张节俭的曹操来说，这是非同寻常的。

有人认为曹操修建此台是为了彰显自己的实力，是一项“形象工程”；有人认为修建此台的目的是提供一个饮宴聚会之所，是一座“高级会所”；有人甚至认为曹操之所以不惜代价修建了这三座高台，是为了征服江东后把大乔、小乔这两位传说中的美女接来在此享乐，是曹操的“私人花园”。

这些说法都是错误的，不是没有依据就是不合常理。曹操修建这三座高台的目的，其实是为了提高邺县的防御能力。曹操北征乌桓路过易水河畔时参观过公孙瓒留下的易京，从而留下了深刻的印象。“台”这种建筑形式在秦汉时期得到了最大的发展，在火药没有普遍使用、攻城技术还很原始的情况下，高大的城堡仍然是最安全的地方。

冷兵器时代攻城最大的障碍是高度，公孙瓒的易京虽然最后倒了，但它曾经抵御敌人数年之久。在华北平原，骑兵的攻击速度极快，邺县周边缺少险隘，如果有人发起突袭，城防不坚固很容易就被攻破，而修建起高台可以延缓敌人的进攻，为驰援和反击赢得时间。

曹操以铜雀三台为依托修建了铜雀园，东面连着丞相府，再往东是大批的官署和府宅，那里是重要文臣武将们在邺县城内办公和居住的地方，一旦邺县被突袭，一些重要的人可以迅速登台，在上面固守待援。铜雀三台的建成，巩固了邺县作为曹操大本营的地位。

六十三、马超造反了

铜雀台建成的这一年即建安十五年（210），曹操难得有清闲，可以不必在外征战，而是在大本营里过了一个轻松的新年。

年后，曹操还在想着荆州或合肥的事，却不料另一个方向出了问题，那就是关中。建安十六年（211）春天，朝廷任命的偏将马超在关中反叛，当地驻军将领被马超挑动跟着造反了。对曹操来说没有比这更糟糕的事情了，南面的荆州、东面的合肥已经有了两个战场，西边的关中再乱，那就要全线作战了。

马超怎么会突然造反呢？

这还得从赤壁之战前说起，当时曹操要率主力南下，为了稳住西部的实力派马腾，曹操以献帝的名义征调他来朝廷任职，担任卫尉，这个头衔听着挺吓人，但其实没有任何实权，所谓皇城是许县，那里的一兵一卒都掌握在曹操手中，马腾如果就任，等于被软禁了起来。

一向老谋深算的马腾居然同意了，至于其中的原因有两种说法，一种说法是他跟老伙计韩遂闹了矛盾，想回避一下。作为凉州出身的老牌军阀，马腾的名字始终跟韩遂联系在一起，他们也有失和的时候，但他们都明白彼此不是敌人，而有唇齿相依、兔死狐悲的血肉关系，所以他们只有一次真的动过手，其他时候都还能顾全大局，马腾想避开韩遂，似乎也说得通，但回避的办法很多，比如可到自己势力可控的凉州去，不是要比做人质强吗？

还有一种说法，马腾觉得自己年龄大了，不想太折腾了，想找个地方养老，但这不像马腾的为人，作为老资格的军阀，他比谁都明白“实力决定一切”的道理，可以要他的钱，可以要他的命，但不能动他手里的武装，这一点对军阀们来讲大体都如此。

所以史书上提到的以上两个说法其实都不成立，推测起来马腾离职的唯一可能跟曹操达成了某种交易，为了解除后顾之忧，南下荆州前曹操对盘踞在关中一带的各路军阀必须有所安排，曹操给马腾开出的条件是让他的儿子马超继续统率本部人马，朝廷为此封马超为都亭侯，提拔他为偏将。

马腾有三个儿子，马超是长子，下面还有两个弟弟，分别是马休、马铁，人们熟知的马岱不是马腾的儿子，而是他的侄子。朝廷征召马腾的同时还征马休为奉车都尉，征马铁为骑都尉，看着是旅长、师长这样的将领，但一到内地，肯定也不会有兵权。卫尉、奉车都尉按理要随侍在天子近前，但曹操没有让他们父子去许县上班，而是把马氏几十口人全都接到了邺县。

邺县生活条件好，到这里来享享福吧！

曹操用这个办法把凉州军里战斗力最强的一支人马暂时控制了起来，不仅如此，这一招还收到了额外的效果。

董卓之后的凉州军经历了李傕、郭汜等人的短暂过渡后进入马腾、韩遂时代，看到马腾向曹操服软，韩遂坐不住了，没等曹操发话，赶紧向曹操靠拢，建安十四年（209）冬天，韩遂派了个密使访问邺县，想先探探路。

这个密使名叫阎行，字彦明，凉州刺史部金城郡人，是韩遂手下部将，建安初年马腾跟韩遂闹翻过的那一次，双方斗得很厉害，阎行与马超在战场上有过正面交手的记录，他差点把马超杀了，是个猛角色。但阎行在政治上更倾向于曹操，相当于吕布手下的陈登，韩遂派他当密使，正好给他提供了一次接近曹操的机会。

阎行到了邺县，也像陈登当年那样，悄悄向曹操表示忠诚，曹操以朝廷的名义任命他为犍为郡太守，这也像陈登。不过该郡远在益州刺史部，是刘璋的地盘，不可能去上任，只能解决个“级别”问题。曹操交给阎行的任务是继续回到韩遂身边做工作，让韩遂真心拥护朝廷。

曹操给韩遂写了一封亲笔信，信中说韩遂虽然反对过朝廷，但都是无奈之举，这些他自己都很清楚，希望韩遂能早点归来，与自己一起共同匡辅国政。

阎行回到凉州，呈上曹操的信，劝韩遂说：“我也这样认为，您起兵已经30多年了，外面已经兵民疲瘁，咱们所在的地方又地处褊狭，应该早些归附。我这次去邺县，向曹公主动提出把我的父亲送到京师，我认为您也应该送一个儿子过去，以表达自己的忠心。”

韩遂听罢没有立即反对，但仍然犹豫：“这件事，还是再看上几年再说吧！”后来，在阎行的反复劝说下，韩遂还是派一个儿子跟随阎行的父亲一块去了邺县。

马超不敢动手，韩遂表示归附，西边应该无战事了，所以曹操近来把精力都用在了合肥和荆州方向，在谯县大练兵，在涡水、淮水训练水军，都是为在这两个方向用兵做准备的。

马超突然起事出乎很多人的意料，这件事是由钟繇奉曹操之命进攻汉中引起的。

建安十六年（211）春天，曹操命令驻守在长安的司隶校尉钟繇对汉中的张鲁发动攻击，夏侯渊所部当时正在并州平息民变，曹操命他们进入与相邻的河东郡，对钟繇进行支援。

由于地理原因，汉中历来自成一体，从行政区划上说它归益州刺史部管辖，原来也是益州牧刘焉的势力范围，现在的主人是张鲁，已经逐渐脱离了益州刘氏父子的控制，成为独立王国。

此时曹操的主要对手还是孙权和刘备，突然进攻张鲁让人有些费解。汉中之所以能自成一体，说明它的地理位置确实优越，不是那么容易攻占的。而关中虽然名义上归曹操所有，但马超、韩遂以及诸多割据势力都有很强的独立性，关中这块地方说变天就会变天。

所以取汉中时机并不成熟，而放到整个天下来审视，曹操的正南面是刘备和孙权，东南面是孙权，西南面是刘璋，背后还有割据辽东的公孙氏，这些势力都虎视眈眈，寻找每一个机会与曹操叫板。在这种情况下汉中的张鲁似乎还没有达到优先解决的程度。

或许可以认为，曹操进攻张鲁是要打益州的主意，他想抢在刘备和孙权前面占领益州，争取更大的主动。曹操有自己的情报系统，知道刘备、孙权那边都在盯着益州，诸葛亮、庞统、周瑜等人不约而同地阐述过益州巨大的战略价值，曹操和他的智囊们自然不会看不到。

但如果要进攻益州，其复杂性和艰巨性丝毫不亚于取荆州或取江东，将是一场陆地上的“赤壁之战”，这么大的一场战役，派钟繇、夏侯渊去就太草率了，征讨小小的管亥、昌霸，曹操都亲自出马，这一次为何如此反常？

所以主动攻击张鲁是一着让人看不懂的棋，弄不好就是一个败笔，就连在曹操手下从事司法工作的高柔都看出了问题，他听说曹操派遣钟繇、夏侯渊讨伐张鲁赶紧进谏，认为如此大规模用兵，韩遂、马超等人不会坐视不管，一定会有所动作，应该先平定关中，之后再说汉中的事。

还有目前在许县担任尚书的卫觊，他曾在关中长期协助钟繇工作，对关中事务很熟，他听说这件事后，也通过荀彧向曹操提出了建议，认为不宜惊动关中诸将，这些人没有太大的政治野心，安于割据现状，不动他们的地盘就不会闹事，让他们觉得有威胁，他们一定会联起手来反叛，事情就糟了。

不同意见从各方传来，一向重视集思广益的曹操这次却更加反常，对大家的意见没有做任何表示和解释，继续安排向汉中用兵。

钟繇担任司隶校尉，平时驻守在长安，但曹操的嫡系人马在关中很有限，关中是马超、韩遂的天下，除他们以外，还有杨秋、李堪、成宜等割据将领，称为“关中诸将”。夏侯渊率领的一支曹军主力刚开到与关中相邻的河东郡，立即引起了马超、韩遂等人的疑虑。

马超等人一直担心曹操迟早会兼并他们，现在看到曹操动了手，决定豁出去干一场。论资历韩遂最老，大家推举他为首领，称他为“都督”。但马超才是这场叛乱的核心人物，听说曹军主力进入关中马超立即决定造反，他积极联络各部人马，事情准备得差不多了，才去请韩遂来挑头。

为了说服韩遂，马超还向韩遂爆了个“猛料”：“世伯，告诉您一个秘密，以前钟繇这小子让我对您下黑手，这种事我哪能干？现在我舍弃了生身之父，以后就拿您当我的父亲看待。希望将军您也舍弃自己的儿子，今后就拿我马超当您的儿子看待。”

马超说的这件事韩遂估计不会太怀疑，因为钟繇奉曹操之命留守关中多年，为了分化瓦解对手，相同的话估计给韩遂也说过。只是造反不是好玩的，尤其是自己的儿子还在曹操手中。可马超说得慷慨激昂，把他的父亲、两个弟弟以及全家几十口人都不要了，韩遂不好再提他的儿子。

可韩遂一时还难以下决心，因为他的反叛意志原来就不如马超。阎行力劝韩遂不要跟着马超干，但韩遂考虑再三，最后决定与马超联手，韩遂对阎行说：“现在关中诸将能不约而同地联合在一起，正好说明这是上天的安排。”

除马超、韩遂以外，参与此次叛乱的“关中诸将”还有侯选、程银、李堪、张横、梁兴、成宜、马玩、杨秋等人，他们合在一起刚好十路人马，总兵力约10万。马超还想联络益州的刘璋一块行动，可刘璋拿不定主意，他手下的蜀郡太守王商劝道：“马超这个人有勇力却不讲仁义，见利忘义，不可以作为盟友。老子说‘国之利器，不可以示人’，如今益州物华天宝，人杰地灵，不怀好意的人无时无刻不想倾覆它，马超之所以把眼睛往这里看，打的主意就是这样的。如果跟他联合，形同于养虎成患。”刘璋觉得王商说得有理，就拒绝了马超。

马超可能也联络过汉中的张鲁，但张鲁在此次叛乱中没有任何表示，估计对马超等人的叛乱并不感兴趣。

六十四、曹家的婆媳关系

其实，马超的做法也让人看不懂。

作为杂牌军将领，受气吃亏在所难免，能忍则忍，不能忍也得接着忍，没办法，实力不如人。凉州军尽管能打，但董卓的例子摆在那里，政治是他们的短板，又被民意完全排斥，只靠打打杀杀根本成不了气候。马超再厉害也厉害不过董卓，实力和控制力都差得远，但马超还是义无反顾地造了反，甚至丝毫不顾及父亲兄弟等全家几十口人的性命，这让人费解。

如果要解释的话，只能说还是太年轻了，这一年马超 35 岁，由于身边缺乏贾诩这样的一流智囊，马超对形势的判断未必准确，假如存心要造反，那曹操南下荆州才是最好的机会，当初曹操征他的父亲去朝廷任职，干脆不去，直接造反算了，那是一次机会，如果他肯挑头，估计刘表也不会愁死，刘琮也不会轻易投降，后面是什么结果，很难预料。

现在，马超想拿人质打悲情牌，其实也有些幼稚，如果曹操先杀了他全家，这个悲情牌是有用的，但如果他先造的反，舆论就会认为是他害死了家人。当然，曹操现在不会马上杀人，如果马超在外面把事情闹得足够大，曹操真拿他没办法，人质反而安全；如果他失败了，一家几十口必死无疑。

总之，挑战曹操说明马超不智，选择造反说明他无谋。

马超、韩遂指挥叛军迅速东进，占领了关中东面的门户潼关，在长安到潼关之间摆出了营阵，要把曹军挡在潼关以东。司隶校尉钟繇被迫撤往河东郡，与夏侯渊会合。

曹操手下的智囊们普遍认为马超、韩遂是最不好对付的敌人，将士大都出身于凉州，继承了凉州兵彪悍、野蛮的特点，打起仗来不要命，又习惯用长矛，在战场上杀伤力很强，不派出精锐部队难以与之抗衡。

曹操于是派曹仁率部增援，但行前特意交代说："关西兵战斗力很强，到了以后做好防守，千万不要和他们交战。"曹操这么安排，是他要亲征，曹操对大家说："战斗的主动权在我不在敌人。他们虽然习惯用长矛，但是我有办法让他们没有用武之地，诸位不信就看着吧！"

听口气，对付马超他已胸有成竹。

曹操没有马上出发，因为他要对后方做出妥善安排。

上次到谯县练兵留在邺县的是曹植，这次有所不同，因为将要出征，前方打得吃紧，后方不容半点闪失，所以这次曹操安排曹丕留守，曹植随征。不久前曹丕刚刚被任命为五官中郎将，这个职务的品秩是二千石，比九卿略低，相当于"副部级"，隶属于九卿之一的光禄勋卿，主要职责是保卫天子的安全。曹丕担任此职，曹操也不会让他到许县给献帝当警卫员，这也是为了解决"级别"问题。

曹操为曹丕留下了两位得力助手，一位是崔琰，丞相府建立后他担任东曹掾，负责人事工作。之前他曾长期担任过冀州的别驾，对后方事务很熟悉，所以曹操每次在外总命他协助留守。

另一位是程昱，这个大胡子将军有勇有谋，当初在江陵他提出不要草率进军，后来果然被言中。归来后，曹操曾拍着他的背说："荆州之败，是因为没有听你的意见，才至于此啊！"程昱听后心里颇生感慨，他担任着奋武将军一职，于是上表退职，交出兵权，平日闭门不出。众人不解，程昱解释说："知足方能不辱，我现可以隐退了！"程昱的举动让人不解，有人猜测背后另有隐情，甚至有人把他比作田丰，是曹操夺了他的兵权。其实不是，程昱自求隐退并无别的原因，主要是年龄，他出生于汉桓帝永和六年（141），比曹操还要大14岁，本年已满70岁，该退休了。

在曹操眼里程昱是个有谋略、为人持重且在曹军中颇有威望的人，所以再次起用老将军，让他以参知军事的身份协助曹丕。崔琰负责行政，程昱负责军事，有他们二位保驾护航，曹操这才放心。曹操还叮咛曹丕，除了他们以外有事还要多向另外两位先生请教，一个是张范，一个是邴原，他们都是德高望重的士人，曹丕于是把他们都当成长辈看待。

后方的驻军比较多，分属曹军中的不同系统，统一指挥和协调这些人马也是一件头疼的事，曹操决定留下给陈登做过助手的徐宣承担这份重要工作。

徐宣字宝坚，徐州刺史部广陵郡人，陈登在该郡当过太守，徐宣和另一位日后的曹魏名臣陈矫都被陈登任用，从而进入曹营。后来徐宣被调到司空府工作，曹操对他很赏识，派他到外地任太守，后又调回丞相府，目前的职务是丞相府门下督。出征前，曹操任命徐宣为后方留守部队左护军，命令说："现在大军要远征，但后方也没有完全平定，为了解除后顾之忧，应该选派一个清正、公平有威望的人统率留守的各部。"

做了上面充分的安排，曹操终于可以出发了。

除已经抵达前线的曹仁、夏侯渊所部，曹操还带上了徐晃、张郃、朱灵、许褚等部人马，谋士方面有贾诩等人，许褚负责近卫。徐他谋刺事件发生后，曹操特别注意安全保卫工作，出入都带着许褚。

今年是曹植的弱冠之年，他 20 岁了，不久前"建安七子"之一应玚因病去世，在此次行军的路上曹植还不忘写了两首《送应氏》送给应玚之妻，根据这两首诗的序言交代，曹植随军出征的路线是：由邺县向西，经过洛阳，然后进入弘农郡。

曹操的夫人卞氏之前很少出征，这次曹操也带上了她，曹操的想法可能是营造一个轻松的气氛，让将士们面对关西联军不要太紧张吧。但出发不久卞夫人即感到身体不舒服，走到黄河上的渡口孟津时只得留了下来。听说婆婆身体欠安，身在邺县的甄氏因为不能每天向婆婆请安而感到难过，白天晚上不住哭泣，她派人骑上快马前去问候，派去的人回来报告说卞夫人的病情正在好转，甄氏有点不相信："夫人在家的时候每次犯病都得有一段时间，这次怎么会好得如此快？你们一定是在安慰我！"

甄氏反而更加忧心了，后来卞夫人亲笔给她写了信，说病已经完全好了，甄氏才高兴起来。等卞夫人回到邺县，甄氏看见婆婆表现出一副既悲又喜的样子，情形让人感动。卞夫人也哭了，对甄氏说："你问我的病是不是还像以前那样常犯，我只是有点小毛病，十几天就好了，不信你看我的脸色！"

这段时间甄氏跟婆婆的关系处得相当不错，卞夫人对这个美貌但却是二婚的媳妇也越来越接纳。甄氏是个有心人，从曹冲死后她赶紧让娘家一个刚刚死去的姑娘跟曹冲主动结成冥婚之事上就能看出来，卞夫人曾对人感慨地说："真是一个孝顺的好媳妇哇！"

曹操各部主力陆续进入与潼关相邻的河东郡、弘农郡，徐晃所部按命令驻扎在河东郡的汾阴县，他的老家是河东郡杨县，距此很近，细心的曹操不忘记专门赐给徐晃牛和酒，让他到先人墓前祭拜，徐晃深受感动。

河东郡的太守是杜畿，他是个很能干的人。马超反叛后，河东郡虽然与敌人相邻，但没有人响应叛军。大军开到前线，后勤保障大多由河东郡供应。

杜畿是个理财高手，把后勤工作安排得井井有条，到此战结束时，非但没有造成物资上的亏空，反而节约了 20 多万斛粮食，曹操专门下令对杜畿进行表彰，并提高了他的品秩。

弘农郡位于今黄河以南的豫西、陕南一带，与河东郡南北对应，都和潼关相接，曹操认为这里很重要，就调贾逵过来担任郡太守。高幹反叛时郭援联合弘农郡的张琰共同发动叛乱，贾逵在平叛过程中立下大功，平叛后曹操本要重用贾逵，但贾逵的父亲此时病逝，按礼制他要在家里守孝三年。守孝结束，贾逵先是被司徒府聘为司徒掾，这只是个闲差，当时有本事的人都在司空府里当差。可能一直没有找到适合贾逵的职务，目前仅以议郎的身份担任司隶校尉钟繇的军事参谋。

在曹操眼里贾逵也是个有本事的人，又是河东郡人，在弘农郡参加过平叛，对这里的情况很熟悉，所以委以重任。曹操在弘农郡召见贾逵，寻问如何治理地方，贾逵如何回答的没有记载，但曹操听完之后非常高兴，甚至对左右说："假如我们的二千石官员都像贾逵那样，我还有什么可忧虑的呢？"品秩二千石的官员，相当于省部级。

贾逵在曹魏众臣里享有很高声誉，大家认为他政绩突出，为人刚正不阿。但他的儿子贾充却不怎么样，受到世人的诟病，还有他的孙女、贾充的女儿贾南风，更是一个出了名的恶女人。不过现在贾充还没有出生，贾南风来到人世也是 40 多年以后的事了。

六十五、曹操河上遇险

建安十六年（211）8月，曹操亲率大军到达潼关。

潼关，著名的古关口，地处关中平原的最东端，是今陕西、山西、河南三省的交界处。黄河自北向南流来，在此突然折向东，形成一个直角，潼关即在黄河的拐弯处。潼关的得名与黄河水有关，黄河向南流来突然变向，河水撞击关山，"潼浪汹汹"，因此称潼关。

潼关地势很险峻，它南面是秦岭，北面是黄河天堑，东面的塬地居高临下，中间有禁沟、原望沟、满洛川等横断东西的天然防线，形成了"关门扼九州，飞鸟不能逾"的险地。但是通常所说的关中、关东、关西指的并不是潼关，而是东距潼关约150里的函谷关。

函谷关位于如今河南省灵宝市北面的王垛村一带，东距河南省三门峡市约150里，西距陕西省潼关县也是约150里，它紧靠黄河，关口建在峡谷中，这道峡谷名叫函谷，因深险如函而得名，它的长度也是150里左右，函谷关在它的东出口，潼关位于它的西出口。在东汉以前所提到的都还是函谷关，历史上开始设潼关的居然是曹操。早在建安元年（196），曹操为预防关西兵乱，下令在函谷的西出口建关，这就是潼关。自那时起到现在函谷关逐渐湮没无闻，而潼关的战略位置日益显要。

曹操率领人马驻扎于潼关以东，而他下令为预防关西兵乱所修建的潼关此时正在马超、韩遂等关中联军控制中，他们依仗潼关天险与曹操的大军对峙，占据了地形上的优势。曹军强攻潼关无法得手，手下将领们认为应该避其锋芒，沿黄河北上，从河东郡攻击敌军占领的冯翊郡，在那里开辟第二战场。但曹操看起来并不着急，双方又对峙了一段时间。

在当前情况下相持对曹军无疑有诸多不利，一方面敌人可以趁机完成集结，另一方面相持太久自己一方后勤保障的压力就会增大，运粮通道一旦出了问题，粮草接济不上的局面随时可能出现。

这种担忧不是没有道理，事实上每天都有各部敌军开到，这方面的情报不断呈报给曹操。听到这样的报告曹操不仅不发愁，反而喜上眉梢。大家都猜不出来为什么，直到这场战役结束后，手下将领向丞相询问，曹操解释说："关中地域广阔，如果各路敌兵依险据守，我们要征讨的话没有一两年不能完成。现在他们自己集中起来，人虽多，但缺少统一指挥，我们趁机一举歼灭，那不就容易多了，所以我感到高兴。"

众将领才恍然大悟，敢情丞相考虑的不仅是打赢眼前这一仗，他想得更长远。表面看丞相当初派钟繇出击张鲁，派曹仁移师河东郡增援钟繇，意外地导致了马超等人的反叛，但其实那是虚晃一枪，目的就是逼着关中诸将造反，从而彻底解决关中问题，所以当众将们提出在河东郡开辟第二战场时丞相并不着急。

一个是战役问题，一个是战略问题，丞相思考的是后者。

这一年的八月是闰月，意味着有两个中秋节，即"月看中秋两度圆"，不过在黄河岸边的曹操无心赏月，一来中秋节赏月的习俗从唐代才有，二来大战之时，尽管心里很自信，但打破目前的僵局也颇费脑筋。

闰八月，曹操接受众人的方案，悄悄派一支 4000 人的队伍到达黄河上的渡口蒲阪津，率领这支队伍的是河东郡本地人徐晃以及朱灵。

蒲阪津，位于今山西省永济市一带。潼关的位置在黄河拐弯处的南岸，要机动到蒲阪津，必须先从黄河南岸渡到黄河北岸，之后沿黄河东岸向北，大约行进三四十里就到了。徐晃、朱灵所部也许本身就驻扎在河东郡，这样他们的行动更带有突然性，关中联军居然没有在此设防。

徐晃、朱灵率部顺利过了黄河，在黄河西岸扎下营寨，策应大部队的行动。马超之前也担心曹军分兵渡河，他跟韩遂商量想分兵拒敌，在渭河北岸阻击敌人。

马超认为时间对自己有利，原因在后勤方面，他认为曹军远道而来，后勤是短板，只要实现长期对峙，不出 20 天曹军的后勤供应就会出现困难，不战而自退。应该说这个战略是对的，所以曹操摸清了马超的想法，看到对手并不急于进招时，也吃了一惊，觉得小看马超了，感慨道："马超这小子如果不死，我将死无葬身之地呀！"

但是，这项正确的战略在关中联军内部却出现了分歧，韩遂认为应该速战速决，放手让曹军渡河，等到曹军渡到一半时再发起反击，让敌人首尾不能相顾。韩遂又犯了“半渡而击”的错误，通常“半吊子”军事家都会有这样的错觉，这让人想起了吕布。《吴子》里确实有“军半渡可击”的话，但战场上的形势往往变化莫测，绝不能教条地看待问题。可是韩遂很坚定，非要改变马超的想法，他是前辈，马超最后只好妥协。

关中联军在潼关等待曹军“半渡”，徐晃和朱灵因此有机会顺利转进到蒲阪津，并由此悄悄渡过黄河，在河西岸站住了脚。这时，曹操突然率潼关外的曹军主力向北移动，也要强渡黄河。看到这种局面，马超急了，不再跟韩遂商量，亲自带着人马急速赶了过来。

曹操率军渡过的地方在潼关以东不远的地方，由于行动迅速，大部分人马已经过了黄河。曹操想率主力赶赴蒲阪津，在徐晃、朱灵的接应下渡河，从关中联军的侧翼展开攻击。

曹军正在渡河时，马超带着一万多人马杀来了，这是他的嫡系，战斗力最强，正如曹操的智囊们分析的那样，他们擅长使用长矛，跟一般军队的打法不一样，有古罗马军团的风格。

此时是我国西汉时期，一支罗马军队辗转流落到汉朝的西域地区，成为匈奴人的雇佣军，总兵力约有 6000 人。再后来匈奴人被汉朝军队打败，这支罗马军队投降汉朝廷，在河西走廊上的一个叫犁轩的地方居住，而这里正是马超活动的核心地区，所以有研究者认为，马超是一位“古罗马化的将军”，不是说他有欧洲血统，而是说他的部队深受古罗马战法的影响，即以速度和力量见长，使用的都是重量级武器，在战场上的杀伤力很大。

马超率部突然杀到时曹操还没有渡河，他正坐在一个行军用的胡床上看部队过河，身边只有张郃、许褚等少数将领和不太多的队伍。

马超的人马速度极快，瞬间就杀到了跟前，情况十分危急。张郃和许褚见势不妙，赶紧招呼人架上曹操就走，试图登船。有个校尉叫丁斐，大概是负责后勤的，照管着一些牛和马没有渡河，见到情况危急，把牛和马赶出来以制造混乱，掩护丞相逃命。马超手下纷纷跑去捉牛捉马，曹操等人才得以登船，丁斐立了一功。

曹军渡河之处一片混乱，曹操虽然上了船，但危急关头人人都想逃生，大家也不管丞相是不是在船上，都往上挤，把船都快弄沉了，当年献帝大逃亡时的狼狈一幕又重演了。许褚急了，挥刀就剁。这时南岸马超的人马开始向船上放箭，膀大力猛的许褚关键时刻发挥了自己的特长，他一边砍人，一边举起马鞍替曹操挡箭。

潼关一带的黄河水流湍急，船只往北岸使劲划，但被水冲着老往东走，一直走了四五里路。马超的军队见状顺着河岸往前追，一边追一边放箭。看到这种情形，已经渡过黄河的曹军将士都吓傻了。偏在这时，船工被乱箭射死，船顺着河水使劲往下漂流，许褚一手举着马鞍子，一手划船，费尽九牛二虎之力，总算到达了对岸。

北岸的曹军见丞相坐的船顺水而下，敌人不断放箭，船上不断有人倒下，都惶惧不已。后来，看见曹操平安归来，大家悲喜交集，很多人情不自禁流下了眼泪。曹操虽然受了惊吓，但看起来仍然满不在乎，笑道："今天差一点让马超这小子给算计了！"

经历生死险境后获得平安，一般人会有惊魂未定的感觉，想一想那些可怕的事还会沉浸在后怕之中。但曹操每到这时，总会展露出一种轻松的样子，有时不忘开几句玩笑。这看似很随意，但却有良苦用心，因为这样可以抚慰部下们心中的紧张和不安，让大家重新获得信心。

六十六、贵在现学现用

曹操脱险后率主力顺着黄河向北转进，也到达蒲阪津，这里已被曹军占领，所以没有太费事大军就渡过了黄河，抵达黄河西岸的临晋县境内，该县属三辅之一的左冯翊，位置约在今陕西省大荔县附近。

等于说，曹军已绕到关中联军的左翼，关中联军所依赖的潼关天险已不存在了，曹军两渡黄河，这是马超、韩遂没有料到的。

但来到了黄河西岸的曹军也面临着严峻的问题，他们发现这里的道路状况很差，很难满足这么多人马以及后勤运输车辆调动的需要。时至今日黄河两侧的陕西、山西一带仍然存在交通不畅的问题，原因是黄河及其众多支流把这一带劈成了沟壑纵横的模样。

关中联军迅速调整部署，利用地理优势，不断派出小分队袭扰曹军，尤其是曹军的运输队最容易遭到袭击。为了解决这个问题，曹操下令快速修成了一条甬道。

甬道，一种全封闭的道路，类似现在的高速公路，本来是皇帝专用的，皇帝出行为了保证安全，路的两边筑起墙来保护。甬道也曾用于军事，楚汉战争时刘邦为了保证源源不断从敖仓运出粮食，专门在荥阳修过一条甬道。

用墙来封闭整条道路肯定耗时费力，曹操下令修的这条甬道用的不是墙而是各式车辆，中间用树枝做成连续不断的栅栏。尽管有些简陋，但这一招很管用，有效抵挡了敌人的袭扰，保证了人马和粮草的运输。

打仗其实是很艰苦的事，时常会用到工兵作业，当年在安众为了突围曹操临时使用过“地道战”，如今又打起了“甬道战”，没有强大的工兵还真不行。

在甬道的帮助下曹军不断向南推进，一直来到了渭口，即渭河与黄河的交汇处，也就是潼关所在的位置。之前关中联军与曹操“夹关而军”，一个在潼关的西面，一个在东面。现在位置发生了迁移，变成了“夹河夹军”，一个在渭河的南面，一个在渭河的北面。

渭河是黄河最大的支流，但水流量和险峻程度远逊于黄河，从渭河上攻击敌人要轻松许多。曹军搜集了不少船只，可以乘船渡河，同时工兵又大显神威，迅速在渭河上架起了一座浮桥。就这样，曹军又顺利渡过了渭河，在南岸扎起一座军营。

现在，对关中联军来说相当不妙了。

关中联军不仅失去了潼关天险，现在连渭河防线也没有保住，地理优势已不复存在。马超慌了，组织人马出击，他能想到的是趁夜劫营，但这种小儿科的事曹操怎会想不到？曹军有准备，将敌人击溃，之后曹军的全部人马都到了渭河南岸的军营，与关中联军对垒。

此时已经是农历的九月，由于这一年闰八月，九月相当于十月，天气很寒冷。曹军在渭河边筑营时发现，这里都是沙土地，异常疏松，不利于就地筑营。这个情况事先无法预料，一时难坏了曹操，谋士娄圭建议：“现在天很冷，可以用沙土筑城，一边筑一边浇水，马上就能结成冰，这样的营垒像铁一样坚硬，一夜之间就能筑起百道营墙，一定固若金汤！”曹操一听有理，就下令筑“冰营”，果然一夜而成。

曹军在渭河南岸站住了脚，马超多次来挑战，曹操不理，马超受挫，陷入深深的焦虑中。马超觉得还是曹操强大，自己没有取胜的信心，于是请出求和，愿意送儿子做人质，以表忠心。马超还是太天真，这个时候讲和已经不可能，曹操完成了对关中联军的攻击部署，一战即可解决关中问题，怎么会放弃？马超能做的，要么放手一搏，至少当个失败的英雄；要么赶紧撤退，回到凉州徐图再起，跑得越快越远越好。

如果想求和，那就让人捆了送到曹操面前任其发落。想谈判，马超已经没有本钱了。

但对马超的请求曹操没有立即回绝，他还在深思。看到这种情况，贾诩悄悄建议不如假装答应他们。曹操问贾诩，答应之后怎么办，贾诩只简单说了几个字：“离之而已。”

曹操恍然大悟，马上明白了其中的意思。对凉州军贾诩再熟悉不过了，他最早就是凉州军出身，是董卓手下的一名校尉，后来成为一名智囊。他知道凉州军将领虽然作战勇猛，但有一个通病，那就是多疑，马超与韩遂不和，正好可以做文章。

曹操复信马超，同意谈判。双方会面，曹操带着许褚等少数护卫赴约，关中联军一方是马超和韩遂。见了面，马超却有些心不在焉，他发现曹操身边的人并不多，他是一名虎将，突然产生了袭击曹操的想法。

马超正准备动手，猛地发现曹操背后有一个大汉，正直勾勾地盯着他看，目光逼人，充满杀气。马超吃了一惊，他早就听说曹操身边有个叫许褚的人力大无比，勇猛异常，难道是他？马超停下来，装着轻松的样子问曹操："听说您手下有个虎侯，不知道现在何处？"曹操回头一指许褚，说这就是我的虎侯。许褚勇冠三军，军中号"虎痴"，又被封为关内侯，因此有"虎侯"的美誉。

马超想了想，没敢轻举妄动。

这次见面没有取得实质性成果，没说打，也没说和，双方约定再谈。等到再见面时，不知何故，这一次只有韩遂去了。

韩遂和马腾齐名，但他们的出身却大不相同。马腾早年是一名伐木工，地地道道的"穷N代"。韩遂出身好得多，他的父亲举过孝廉，而且跟曹操是同一年举的孝廉，当时全国一年被推举的孝廉最多也不过几十个人，算是一种缘分，有点类似后世同一年中进士被称为"同年"，韩遂本人是朝廷正式任命过的征西将军，跟曹操又是同僚关系，因为上面这两个原因，韩遂自己觉得跟曹操"不是外人"，会谈的气氛很好。

说话中曹操跟韩遂越走越近，两匹马不知不觉中走到了一块，两人聊了很久，他们的谈话没有切入正题，而是叙了些旧事家常，说得高兴处，还拍手欢笑。

为保证曹操的安全，曹军士兵在俩人谈话的区域之外放置了很多木头做的障碍物，这样其他人只能在很远的地方看他们而听不到他们具体说些什么，但能看出来他们谈得很投机。那时天下没人不知道曹操的大名，包括从凉州来的少数民族士兵也是一样，但见过曹操的却很少，他们都想近距离看看曹操长得什么样。

看到这种情形，曹操高声对关中联军将士开玩笑道："大家想看我曹操吗？我也是人哪，没有四只眼睛两张嘴，只不过智慧多一些罢了！"现场大乐，气氛更加轻松，场面不像是打仗，倒像是为曹操专门举办的明星演唱会，下面净是粉丝。

韩遂不知道这正是曹操的计谋，而这个计谋的发明人还是他自己。十六年前，大体上也是在关中地区，韩遂用阵前拉家常这一招让李傕和樊稠翻脸，从而导致樊稠被杀，当时的那一幕有个人一直在阵前观看，这个人就是贾诩，他向曹操提出离间计的时候，脑子里肯定闪过的是这一幕。现在曹操好比是韩遂，马超和韩遂好比是当年的李傕和樊稠，招数不在于是否新鲜，实用就行，以贾诩的机敏，临时克隆了这一招，反过来给韩遂用上，而韩遂还被蒙在鼓里。

马超中招了，韩遂回来后马超问他跟曹操在阵前谈了些什么，韩遂想了半天也想不出来谈过什么正经事，于是老实回答说没什么。

这让马超更疑心了，韩遂本来态度就不坚决，是自己反复争取他才参与造反的，他的儿子现在还在曹操手中，他跟曹操之间素无深仇大恨，这样的人随时可能被曹操拉拢过去，要是那样就糟了。

更让马超起疑的事随后发生，他手下的士兵截获一封信，是曹操派人送给韩遂的，这封信写得很神秘，净是让人看不懂的话，而且上面涂涂改改。马超确信这是曹操与韩遂密谋的证据，关中联军于是军心大乱，到了草木皆兵的程度，无心考虑眼前的敌人。

火候差不多了，曹操下达总攻击令。

总攻前，曹军先以小股部队进行袭扰，反复冲击，使敌人疲于应对。之后，以虎豹骑为主力突然纵兵杀出，敌人大败，成宜、李堪等人被斩于阵前，韩遂、马超率残部逃到凉州，杨秋逃到安定，程银、侯选逃到汉中，长安重新回到曹军手中，关中平定。

潼关之战打得很漂亮，从战略布局到战役指挥都显示出曹操的高超军事指挥艺术。战役初期曹操故意放慢攻击节奏，让敌人集结，之后及时分兵，巧施甬道、浮桥、冰营，克服了地理上的劣势，又巧用疑兵，关键时刻上演离间计，瓦解了敌人的斗志，使决战毫无悬念。

六十七、临事独断之权

建安十六年（211）10月，曹操来到长安。

关中自古是重地，也称“四塞之地”，言其处在函谷关、大散关、武关和萧关之间，中部是八百里的秦川，经济开发较早，商、周在此起源，秦、汉在此发迹，自董卓挟朝廷西迁以来，关中实际处在割据状态，至此才真正回到了朝廷控制之下。

下一步，曹操可以实现他的构想，以关中为基地南攻汉中，继而徐图益州，这件事本已经迫在眉睫，但到了长安，曹操又犹豫起来。这是因为，关中虽已平定了，但凉州仍然未定。马超、韩遂率残部西逃，跟着他们起哄的关中诸将也有没死的，其中杨秋一部势力仍然很强，他们占领了安定郡，这是凉州刺史部最东边的一个郡，大体范围相当于今宁夏大部和陇东的一小部，固原、平凉以及六盘山都在其中，治所在临泾县，这个位置距离关中实在太近了。

安定郡同时处于关中通往凉州主干道的侧翼，想顺畅地进入凉州，打通西域大通道，也要先解决这个威胁。所以，当下的任务不是发起汉中战役，而是先解决杨秋。

曹操在长安做了短暂休整，又亲自率军征讨安定郡，把杨秋包围在临泾。杨秋情况不详，也许是董卓时代凉州军的旧部，也许是近年趁乱而起的地方实力派，属于卫觊所说的“竖夫崛起”一类人物，他曾被朝廷收编过，并且还被封了爵位，看来实力不小。杨秋也许之前就驻扎在安定郡一带，被马超挑动造反，他这样的人在政治上并无野心，只安乐于当前的富贵而已，看到曹操亲自来招呼自己，杨秋投降。

考虑到广大西部地区的治理是一件复杂而头疼的事，曹操果断做出决定，保留了杨秋的官职，恢复了他的爵位，让他继续率部留守在安定郡。

曹操的这个做法有些冒险，如果杨秋是个反复无常的人，待曹军主力撤走后继续叛乱，那么就会成为一个很坏的示范。但同时，如果杨秋是个可信赖的人，大胆使用他，不仅可以稳固一方，而且可以成为一个好榜样。

曹操这次没看走眼，杨秋从此对曹魏忠心耿耿，一直驻守在安定郡，成为曹魏版图上"安定的一郡"。曹丕继位后提升他为冠军将军，配合张郃、郭淮等人镇抚凉州，立下了不少功劳，晋封为县侯，是关中诸将里结局最好的一个。

安定郡的南边是汉阳郡，再南边是武都郡，这三个郡自北向南一字排开，共同组成了凉州东面的门户，现任凉州刺史韦康在后面这两个郡里有一定实力。

韦康字元将，关中人，他是前凉州牧韦端的儿子。韦端在凉州多年，有一定基础，官渡之战前韦端曾派杨阜来许县探听情况，看看应该站在曹操一边还是袁绍一边，他听从杨阜的劝告最后支持了曹操，后被朝廷征为交通部部长（太仆），朝廷同时任命韦康为刺史。

韦端有两个儿子，另一个儿子就是著名书法家韦诞，而韦康也工于书法。韦诞还是汉末著名的制墨家，时人以他制的墨与张芝制的笔、左伯制的纸并称文房里的"三绝"。

韦康算是官宦之子，大高个，很有才干，被孔融所称赞，荀彧曾向曹操推荐过他。韦康虽然担任凉州刺史，但凉州长期以来被实力派军阀所割据，他的控制范围仅限于汉阳郡一带，曹操平定安定郡后，仍然让韦康担任凉州刺史。

三郡平定，凉州刺史部的东大门完全打开了。

此时，马超、韩遂的主力退到了金城郡一带，曹操决定抓住这次难得的机会继续进军，彻底平定凉州。

然而就在这时曹操接到了紧急情报，说邺县那边出了问题，有人发动叛乱，曹操大吃一惊，下令撤军。原来，在曹操西征期间邺县附近的河间国爆发了田银、苏伯领导的民变，势头很猛，整个幽州、冀州都受到了波及。情急之下曹丕决定亲自出征，五官将功曹常林曾任职于博陵、幽州，对那边的情况比较熟悉，他劝道："北方吏民都希望和平安定，对战乱已经彻底厌倦，安分守己的人是大多数。田银、苏伯只是乌合之众，野心大但才智不足，难成大患。现在丞相率主力远征，外有强敌，将军您应该在此坐镇天下（将军为天下之镇也），轻易出兵，即便取胜也不算大智大勇。"

曹丕听后，点头称是。

曹丕改派部将贾信率兵征讨，很快将这场农民起义扑灭。贾信其人情况不详，史书中共有两次出场，另一次是在此前的建安八年（203），他曾受曹操指派驻军黎阳以监视袁氏兄弟。

但是，另外一处记载显示这场农民起义势头要大得多，为了镇压这场起义曹操不得不从西征军里抽调出相当一部分人马参加平叛，总兵力多达七个“军”，将近10万人，西征军主将之一的曹仁代理骁骑将军，担任总指挥。

这场起义虽然被扑灭了，但它说明曹操控制区的局势很不稳定。因为连年征战的原因，百姓的负担越来越重，除了承担兵役外，还有沉重的税赋，不满情绪在不断积累。

这场起义让曹操暂时放弃了平定整个凉州的计划，他还是决定撤军。有一个人听说了这个消息，赶紧跑来见他。

这个人曹操认识，就是之前出使过许县的杨阜，此时担任凉州别驾，是韦康的副手。这一次到凉州来，曹操一直惦记着他，有意让他到丞相府任职，但韦康请求让杨阜留下来。

凉州刺史部州治在汉阳郡冀县，今甘肃省天水市以西，杨阜就是这个县的人，这两天他刚好奉韦康之命来安定郡拜见曹操，听说大军要撤走，杨阜求见曹操，劝道：“马超有韩信、黥布之勇，很得羌、胡之心，西部州郡都害怕他，如果大军撤回，不做周密准备，陇上诸郡恐怕将落入他的手中。”

曹操虽然认为杨阜说得有理，但后方的事也很紧急，不容他在此做太多停留。这一年的12月，曹操率军回到了长安。留谁驻守长安呢？最理想的人应该是曹仁，他单独驻守过江陵，有独当一面的经验，但他现在平叛去了。曹操于是留下夏侯渊，让他行护军，该兵团主要由张郃、朱灵、路招所部组成。为协助夏侯渊，曹操任命张既为京兆尹，张既在关中地区当过县令，是钟繇的得力助手，在调马腾入京就任卫尉一事上他处理果断，调度得当，受到曹操的赞赏。

做了这些妥善安排，曹操很快离开了长安，于第二年正月回到了邺县。

此时的邺县，民变已被扑灭，恢复了平静。

曹操一回来就听取了曹丕、曹仁、程昱等人的汇报，他听说除了战场上被诛杀者外还抓了不少俘虏等待处理，曹操问大家是什么意见，冀州长史国渊建议惩治首恶就行，其他人应予宽大，曹操接受了这个建议，有1000多人因此活命。

国渊也是郑玄的学生，跟御史中丞郗虑、丞相东曹掾崔琰都是同窗。这次民变后，曹操下令各地方、各部门上报战果，结果有不少虚报多报，曹操让有关部门严格核查，最后发现国渊上报的数目最真实，曹操问国渊是怎么想的，国渊说："征讨敌人虚报战功的，只是想把自己的功劳夸大些，河间国在冀州辖区内，田银等叛逆虽被剿灭亡，但作为地方官我深以为耻。"

曹操最喜欢老实人，听了国渊的话感到很高兴，后来提拔他当了魏郡太守。

当初贾信等人进攻田银、苏伯，起义军里也有大量人员请求投降，曹丕让大家讨论，大家都认为应该遵守制度，即围城之前投降可以接受，一旦围城即使投降也要诛杀，程昱对此有不同意见："诛降发生在天下扰攘之时，围而后降的不赦，用来示威于天下。现在是和平时期，又发生在自己的辖区内，面对必降之贼，杀了无法立威，已经与先前诛降的用意不同了。所以，我认为不能诛杀，即使要诛杀，也应该先报告丞相。"

但其他人不同意，认为五官将有临事独断的专权，不用再请示，可以诛杀。程昱听了，没有吱声。曹丕起身，专门询问程昱还有什么意见，程昱说："所谓临机专断是遇着临时之急，瞬间发生的事来不及请示才可以用。现在贼人已被贾信将军控制，不会有朝夕之变，所以老臣我不想让将军按临事专权办理。"

曹丕认为有道理，采纳了程昱的建议。

曹操听了曹丕的报告，高兴地对程昱说："你不但明晓于军计，还很善于处理我们父子之间的关系。"

六十八、一群小人物成大事

此次撤军后，曹军的主力很长时间里都无法再回凉州，因为主战场慢慢转向了合肥，荆州方向也承受着很大压力。

曹操的确错过了一次平定凉州的好机会，不过这种遗憾随后得到了弥补。在短短的两年时间内，凉州的局势突然峰回路转，韩遂兵败被杀，马超无法立足而逃走，凉州纳入曹操控制区。这可谓一场惊人的变化，造成这种变化的关键人物有两个，这两个人前面都提到过，一个是杨阜，一个是阎行。

曹操率大军撤走后，虽然留下夏侯渊驻守长安、留下韦康和杨秋等人驻守凉州东部三郡，但对凉州腹地鞭长莫及，凉州各种势力在马超的鼓动下又蠢蠢欲动，马超还联络了在兴国的羌族首领阿贵、在白项的氐王千万等部族势力再次起兵。

不知何故，韩遂没有参加这一次行动，马超率人攻打效忠于朝廷的郡县，有些地方虽然不愿意跟着起事，但害怕马超，也都应和他们，只有汉阳郡、安定郡没有投降。

韦康在汉阳郡，在杨阜的竭力劝说下，韦康决定率全城军民拼死抵抗，他们坚守凉州州治所在地冀县，等待朝廷援军的到来。马超率一万多人将冀县围了起来。马超联络了汉中的张鲁，张鲁这次倒答应了，派将领杨昂率兵前来助战。

冀县保卫战从建安十八年（213）正月一直打到8月，打了半年多，极为惨烈。守城的士兵只有1000多人，兵力对比至少十比一，但马超却没能攻进去，原因是城里有一位不知名的高人。

杨阜是冀县本地人，杨氏宗族子弟全部上了城墙，杨阜有个堂弟叫杨岳，精通阵法，他在城墙上修筑了一个偃月营，来跟马超死战。所谓偃月营，就是一种形似偃月的阵法，常常用于背山冈、面陂泽之地，轮逐山势、弦随面直，适合于地窄山狭之所，城上地方狭小，正可以采取这种方法。

这种阵法很有效，马超、杨昂打了好几个月，冀县仍然未破。

奇怪的是，身在长安的夏侯渊一直没有反应，说他不知道这里发生的事有些不太可能。但如果他还不及时来救，冀县终将不保。

韦康、杨阜商量后，决定派人冒死出城搬救兵，派出去的人名叫阎温。冀县城紧邻渭水，阎温趁夜从水中潜出城，天亮后城外的敌兵发现水迹，派人来追，追到显亲县时把阎温追上了。显亲县位于冀县以北，看来阎温打算先逃到安定郡，在那里找到杨秋，再设法向长安的夏侯渊求救。

阎温被抓回来，马超对他很客气，解开他的绑绳说："现在成败已无悬念，足下为孤城请救兵而被抓，想行大义又如何做到？如果听我的，你对城里说外面没有救兵，可以从此转祸为福。不然，现在就杀了你。"阎温答应，马超命人把阎温带到城下，阎温却对城上大呼："大军不过3日就到，大家要坚持呀！"

城上的人听到，群情激昂，高喊万岁。马超大怒，威胁阎温说："你不想活命了吗？"阎温不理，马超还想诱降他，每次都遭到阎温的谴责，阎温最后被杀，临死前说："事君就要死无二心，让我说不义之言，我岂能苟且偷生？"

阎温说大军3天就到，只是一句激励大家的话。几天过去了，援军仍未到，城里的士气开始低落，就连韦康都有投降的打算。杨阜竭力劝说，甚至流下眼泪："杨阜等率父兄子弟以义气相激励，至死也没有贰心，当年田单守城也不过如此。现在放弃马上就能得到的功劳，陷于不义的名声，我宁愿以死相守！"杨阜越说越激动，不禁大哭起来。

但韦康等人还是决定投降，他们打开城门迎接马超入城。马超占领了凉州最重要的城市冀县，在此自称征西将军，兼任并州牧，负责处理凉州一切军政事务（督凉州军事）。韦康虽然投降却没保住性命，马超让杨昂把韦康杀了，但奇怪的是，却没有追究杨阜，也许因为杨阜是本地人，在这里势力很大，马超还想加以拉拢和利用。

但杨阜只想报仇，可惜的是一直没有机会。这时他的妻子去世了，他以丧假为由离开了冀县。杨阜有个表兄叫姜叙，手里有一些人马，屯兵在历城，此地位于冀县以南，前往武都郡的方向。杨阜到了历城，见到了姜叙，拜会了姜叙的母亲。杨阜把此前在冀县的事跟表兄说了，言谈之中很悲切，他们的谈话被姜叙的母亲听到，她支持儿子参加杨阜的计划。

于是，由杨阜牵头，姜叙找来同乡姜隐、赵昂、尹奉、姚琼、孔信等人，还有武都郡人李俊、王灵等，约好共同讨伐马超。姜叙还派堂弟姜谟悄悄潜进冀县，设法联络杨岳，杨岳被马超看管，暂时没有自由，姜谟又联络了梁宽、赵衢、庞恭等人。

这样就有了十来个骨干分子，他们在汉阳郡秘密结盟，同时派一部分人潜入冀县，其中包括赵昂。赵昂当过县令，后来给韦康当过军事参谋（参转军事），他的妻子名叫王异，夫妻二人都参加了冀县保卫战，韦康想投降时赵昂也曾苦苦相劝。

马超进城后想拉拢赵昂，但又不完全信任他。马超的妻子杨氏听说王异不一般，主动请来相见，王异知道丈夫已秘密参加了图谋马超的行动，为了赢得马超的信任，她与杨氏也主动接近，最终获得了杨氏的信任，通过马超的妻子杨氏这层关系赵昂也得到了马超的信任。

建安十七年（212）9月，杨阜、姜叙在距冀县不远的卤城起兵，马超亲自率兵来讨伐。

马超一走，潜伏在冀县的赵昂、赵衢、梁宽等人设法把杨岳救出，利用杨岳、赵昂在冀县的影响力很快控制了冀县城，杨岳下令关闭城门，杀了马超的妻子杨氏及儿女。马超在卤城遭到杨阜、姜叙的抵抗，杨阜亲临一线，身上先后负了五处伤，本族子弟也有七个人战死，在他们拼死抵抗下，马超无法得手。

马超回兵，但冀县已失，只得转而去偷袭历城。

马超的人马开到历城，城里居然认为这是姜叙等人回兵，没有任何防备，马超轻松地将历城占领，抓住了姜叙的母亲。马超想用姜叙的母亲做筹码进行谈判，姜母痛斥道："你这个背弃父亲的逆子，杀害守君的贼人，天地岂能容你，不早点去死，还有什么面目活着？"姜母故意激怒马超，求得一死。马超大怒，把她杀了。

马超无法在历城立足，下令一把火烧了历城，之后由武都郡逃往汉中，张鲁还真够意思，又给了马超一些人马，让他重新夺回凉州。这时候夏侯渊终于决定率兵来救了，有人建议先向邺县汇报后再做行动，但夏侯渊认为长安到邺县来回 4000 里，等接到命令凉州那边肯定坚持不住。

夏侯渊说得没错，但这个想法为何不出现在一年前？

这一次夏侯渊行动很快，他命张郃率 5000 人先出发，从陈仓入凉州，他自己督运粮草紧跟其后。张郃过了陈仓，在渭水上游遇到马超，马超率领由氐人和羌人组成的联合兵团共数千人来战张郃，但刚一接触就败了下来，只得再次逃往汉中，从此不再做反攻凉州的打算。

夏侯渊率大军随后开到，原来被迫效忠马超的凉州西部各县全部投降，对曹操来说这绝对是个意外收获。为表彰收复凉州的有功人员，曹操以朝廷的名义连封十一个人为列侯，他们过去都是一些小人物，关键时刻挺身而出，从而建立了特殊功勋。

杨阜上表辞让，曹操不许，亲自给他写信要他接受。杨阜后来担任过益州刺史、金城郡太守、武都郡太守等职，曹丕继位后担任过将作大匠、少府卿，以直言恳谏著称。

六十九、设立雍州刺史部

关中平定后，曹操回到邺县并没有对马腾动手，马超第二次起事，曹操忍无可忍了，就在马超逃往汉中的同时，曹操下令把卫尉马腾以及他两个儿子在内的数十口人全部诛杀。

应该说，不能怪曹操太狠，马超自己得负更大责任。

在此次马超起事中韩遂没参加，不过他一直都在凉州。金城郡是韩遂在凉州的大本营，即今甘肃省兰州市一带。韩遂造反的意志并不强，他一直抱着有朝一日与曹操和解的幻想，所以这一次他坚决没有参与，但曹操杀马腾的时候也顺便把韩遂的儿子杀了，韩遂感到了绝望。

曹操看来对韩遂也彻底绝望了，转而把希望寄托在阎行身上。曹操没杀阎行的父亲，还派人秘密潜入凉州，给阎行送来一封亲笔信，信中写道："我看韩遂的所作所为十分可笑。我前前后后给他写了不少信，信中无话不讲，到了这种地步还如何忍耐？你的父亲知晓大义，目前很平安。即便如此，牢狱那种地方不是赡养父母的场所，况且我也不能为你长期赡养老人哪！"

可以看出，曹操对阎行迟疑不决也有些不满，话也说得很明白，他的父亲暂时不会有生命危险，但不能等得太久。阎行接到信后，感到压力很大。

韩遂察觉到阎行的不安，他担心阎行有贰心，于是强迫阎行娶了自己的女儿，试图以此拉住阎行。韩遂派阎行以西平郡太守的身份向西发展势力，与金城郡形成犄角之势。西平郡是建安年间分金城郡部分县新置的郡，治所在西都县，即今青海省西宁市，现在湟源、乐都之间的湟水流域都属该郡，下辖西都、临羌、安夷和长宁等县。

阎行有了独立发展的机会，立即反身向韩遂发起进攻，但实力不够，被韩遂打败，最后带着家人逃到了内地，后来见到了曹操，被封为列侯。

阎行虽然没有打败韩遂，但对韩遂形成了重创，尤其在心理上彻底打垮了韩遂，韩遂很伤心，对心腹成公英说："大丈夫遇到危难，祸患的根源居然从婚姻开始！如今连亲戚都要背叛我，人马又少，看来只能从羌中向西南去投奔蜀地了。"

成公是复姓，成公英是金城郡本地人，对韩遂一直忠心耿耿，听说韩遂要去投刘璋，成公英劝道："将军兴兵数十年，现在虽然遇到挫折，哪能放弃自己的门户投靠他人？"韩遂说："我年纪大了，你有什么办法教我？"成公英说："曹操不可能亲自从远方赶来，这也就是姓夏侯的主事而已。夏侯氏人马无法追赶上我们，又不能在这里久待，我们暂时在羌中休养休养，等待他离去，然后聚集以前的人马，我们还会有所作为的。"

这时候夏侯渊的大军已经抵达凉州，金城郡肯定守不住了，韩遂认为成公英说得有道理，于是带着随从以及男女数千人到了羌人那里，由于他向来对羌人很好，羌人愿意保护他。

羌人的核心活动区在长率一带，在他们的支持下韩遂进驻到显亲，此地在冀县的北面。夏侯渊占领冀县后率兵攻打显亲，韩遂不敌，逃往略阳城，夏侯渊缴获了不少辎重粮草，同时展开追击，又追到略阳城，此地在显亲县东北方向。

当时凉州境内除韩遂余部和羌人外，还有一支势力较大的人马是氐王，下一步如何行动？夏侯渊手下部将有两种不同意见，一种认为应该攻击略阳，一种认为应该攻击兴国的氐王。夏侯渊认为韩遂人马虽然不多却都是精兵，而兴国城池坚固，不能立即得手，这两个地方都不能轻易攻击，而应该先攻击长离一带的羌人。

夏侯渊认为，韩遂与羌人关系紧密，已结成同盟，韩遂部下有很多人的家眷都在长离，如果攻击长离，韩遂不想救都得来救，韩遂只要离开略阳，在运动中必然能得到歼敌的机会。夏侯渊留下一部分人守辎重，自己率轻兵直趋长离，韩遂果然率部来救。双方相遇，对曹军来说此时敌众我寡，大家不免有些担心，想结营与敌人打持久战，夏侯渊却说："我们转斗千里，士兵们已经很累了，再修筑营垒，士兵会更疲惫。敌人虽然很多，没有什么可怕的。"

夏侯渊下达攻击令，为了鼓舞士气，他亲自擂鼓，曹军将士个个用命，最后大败韩遂军，缴获了敌人的指挥旗，之后得胜而回，又将略阳攻克。

夏侯渊命部队在略阳稍作休整，之后向兴国发起了进攻。

兴国是氐人的势力范围，在兴国的氐人首领叫阿贵，另外在百项还有一个氐人首领叫千万，他们都称氐王。虽然他们都很勇猛，但也没有挡住曹军的进攻，阿贵被击破，千万战败后逃往汉中去投奔马超去了。夏侯渊率部乘胜追击，连战高平、屠各等地，都获得大胜。

陇西郡有个地方叫枹罕，位置大约在今甘肃省临洮县以西，是董卓的家乡，此地有个叫宋建的人，趁着凉州大乱自称河首平汉王，任命了丞相等官员，跟袁术一样做起了土皇上，已有 30 多年，朝廷的军队也曾讨伐过几次，都没能消灭宋建，反而让宋建壮大了实力，手下已有数万部众。

连败韩遂和羌人、氐人后，曹操下令夏侯渊出击枹罕。这一年 10 月，夏侯渊自兴国出兵枹罕，在人马并不占优势的情况下，只用了一个月时间就活捉了宋建，将其本人及丞相以下所有官员全部斩杀。

之后，夏侯渊又派张郃等人率兵平定了河关，深入小湟中，河西地区的羌人部族全部投降，至此凉州全境宣告平定。

曹操很高兴，专门发来了嘉奖令，其中说道："宋建作乱 30 多年，夏侯渊将军一举灭之，虎步关右，所向无敌，正如孔子所说的'吾与尔不如也'。"

至于韩遂的下落，史书没有详细记载，有的提到他在略阳之战后不久就死了，是死于战斗，还是死于疾病，不得而知。

从建安十六年（211）起，曹军用了三年多的时间，在没有付出特别大代价的情况下平定了关中，得到了凉州，收获巨大。曹操命令夏侯渊仍撤回长安，授予他假节的特权，统筹西部地区的军务。

为了理顺西部地区的行政管理，曹操以朝廷的名义对行政区划进行了重大调整，撤销凉州刺史部，改设雍州刺史部，将原凉州刺史部的全部以及原属司隶校尉部的关中地区划归新设的雍州刺史部。

首任雍州刺史的人选早就在曹操心中了，他就是刚刚就任京兆尹的张既，曹操命他统一管理关中以西地区的政务。张既上任前专程赴邺县听取曹操的指示，他是关中地区的左冯翊人，也在雍州辖区内，能在家乡当父母官说明汉末的"三互法"早已荡然无存了，曹操笑着对张既说："你这次回到家乡，可以算得上衣锦还乡了吧！"

看来曹操此时的心情格外轻松，西线总算告一段落，他可以放心地考虑南线和东线两个战场的事了。

七十、刘璋坐不住了

关中之战改变了北方的格局，受震动最大的一个是汉中的张鲁，一个是益州的刘璋。张鲁知道，关中既平，曹操的下一个目标一定是他。刘璋也知道，张鲁若败，曹操一定会从汉中进攻益州。

张鲁和刘璋都知道，凭借他们本身的力量要做到自保根本不可能，为求生存，他们都在努力地找办法、找出路，不过他们的想法不太一样，张鲁倾向于投降，刘璋倾向于抵抗。

投降当然好办，而要抵抗，就不那么容易了。

除了他们，孙权和刘备也都在关注着这边的局势，孙权想起周瑜临终前当面向自己提出的建议，认为现在正是进军益州的好机会，于是派人到公安给刘备送去一封信，信中说："张鲁据有巴郡、汉中郡为王，为曹操作耳目，妄图吞并益州，刘璋不武，无法自守，如果曹操占据蜀地，则荆州危矣。现在我想先攻取刘璋，之后进讨张鲁，使首尾相连，一统吴楚。如此，即使有十个曹操来，也没什么可担心的了。"

在信中孙权只说统一吴楚以对抗曹操，没有说谁去统一、统一之后怎么办，对刘备来说对付曹操当然很重要，但这个新大舅哥也绝不是善类，这种借道伐蜀的事当然不能答应，谁敢保证孙权不会来个"搂草打兔子"？更何况，益州早已成为刘备的必取目标，又怎会拱手让别人？

刘备想了想，给孙权回了封信："益州百姓富强，土地险阻，刘璋虽弱，足以自守。张鲁为人虚伪，未必肯忠于曹操。现在如果骤然用兵，人马军需将运转于万里之间，要取得成功，吴起、孙武在世也不敢保证。曹操虽有无君之心，但是却有奉主之名，听说曹操失利于赤壁，现在已无远志。如今天下三分，曹操据其二，他的想法是饮马于沧海、观兵于吴会，怎么肯去攻打汉中、益州？我们之间不应互相猜疑、攻伐，那样就会让曹操有机可乘，非长久之计。”

刘备不同意孙权的提议，不仅不同意，还把孙权恶心了一下，说什么益州和汉中都不好打，吴起、孙武在世都未必能办成，你孙仲谋更没办法，你别惦记汉中和益州了，人家曹操正盯着你的江东呢，还是好好想想该怎么自保吧？

刘备就差直接说：我要是你都愁死了，还顾得上打别人？

接到刘备的回信，孙权气得够呛，这个妹夫看来真是大家说的那样，表面忠厚其实奸诈得很，不答应算了，还说那么多？孙权有些后悔，当初不该把南郡让出来，如果南郡还在自己控制之中，就不存在借道的问题了。

孙权越想越生气，盛怒之下决定单干。孙权下令，命孙瑜率水军集中于夏口，摆出一副溯江而上的阵势，之后再次知会刘备，江东水军要经过荆州攻打益州。此时鲁肃是江东在荆州方面的总负责人，孙权没让鲁肃负责西进行动，是不是对他不信任呢？其实不是，进军益州是大事，不是依靠荆州的力量就能完成的，必须调动整个江东的人马，孙瑜是孙坚弟弟孙静的次子，孙权的堂兄，此时的军职是奋威将军，而鲁肃还只是偏将军，由孙瑜统一指挥西进行动，更符合当时的实际情况。

照会发出，刘备不理，想硬闯，那就来吧。公安、江陵、夷陵、秭归这些长江上的要塞全部都掌握在我的手中，我不同意，你以为你能过得去？

孙瑜也不让，做出非过不可的姿态，眼看两个盟友就得在当年赤壁之战的那一段长江上打起来，刘备给孙瑜写了封信，信里说：“我刘备与刘璋同为宗室，凭借先人的英灵匡扶汉朝。今天刘璋得罪大家，我深感竦惧，不敢听闻，希望阁下对他能加以宽贷。”信里还撂下一句狠话：“你如果强行通过攻取蜀地，我就披发入山，决不在天下人面前失去信义！”

刘备拿忠义做挡箭牌，让孙权、孙瑜无话可说，更重要的是，刘备看来翅膀已经硬了，敢摊牌了，所谓披发入山，其实就是不惜一战的意思。

刘备的确做着开战的准备，他让诸葛亮立即从临烝回来，迅速调整了军事部署，让关羽屯江陵，张飞屯秭归，诸葛亮屯南郡，自己驻扎在公安，一字排开，布下重重防线，防备江东的人马硬闯。孙权尽管气得要命，但硬拼他并无把握，即使获胜，也将使曹操坐收渔利，那是最坏的结果。

考虑到这些，孙权只好命孙瑜回来。

成都城内，刘璋整日如坐针毡。

他比张鲁还着急，因为他不想投降曹操。但如何化解即将到来的危机，他一时也想不出太好的办法。如果没有荆州作为前车之鉴，他或许也会选择投降，但他看到刘琮投降曹操后荆州立即陷入多路势力的争夺中，多少年来两代人辛苦经营的基业瞬间被战火摧毁，曹操对刘琮等人的安排更让刘璋寒心，他感到曹操现在是个很冷血的人，投降没有出路。束手就擒他更不甘心，毕竟益州地方很大，他们父子在此经营多年，有一定的势力和基础，还有与曹操周旋的可能。

有一个人对刘璋的这种心态很了解，他就是别驾张松，上次出使荆州让他对曹操极度反感，所以不希望将来的益州是曹操的天下，为此他内心里希望刘备能来益州主持大局，但一直苦于找不到机会。

现在机会来了，张松于是向刘璋提出建议，认为如果邀请刘备来益州，不仅可以增加益州的防卫力量，而且可以抢在曹操之前打败张鲁、夺取汉中，汉中在手，将成为益州的缓冲地带，曹操便不敢轻易窥视益州。张松的建议某种程度上打动了刘璋，在刘璋看来，联合刘备至少有两大优势，一来刘备也是汉室宗亲，跟自己是本家，二来刘备与曹操之间有深仇，在抗曹这件事上刘备比谁都坚定，请他来很可靠。

但这毕竟是大事，刘璋还要再考虑一下，此时还有几个人也向刘璋纷纷进言，赞同张松的观点，这几个人里有法正、孟达等人，他们的政治观点都差不多，属于一个叫“扶风派”的小团体，除法正、孟达外，主要成员还有射援、上官胜等人，他们都是关中地区的扶风郡人。

益州的政治格局很有意思，这里距离朝廷挺远，但政治派别却不少，有益州的本土派，也有随刘璋父子入川的所谓东州派，而在这两大派系之外，还有一些人既不出身于本土，也与刘璋父子没有太深渊源，比如扶风这一派。刘璋父子依靠东州派对本土派时拉时打，而对扶风派的这些人，基本上没有放在眼里。扶风派人单力薄，历来不受重视，随时会被边缘化，但他们个个都是人才，很有智谋和想法，总想找机会改变现状。

在对待引进刘备这件事上，本土派主流想法是反对，来了个刘焉、刘璋，已经把他们搞得很不爽，再来个刘备，岂不更受气？而东州派还没拿定主意，不过内心里倾向于有个外人来帮忙，既能对付曹操，也能弹压本土不服的势力。扶风派们则强力支持，刘璋不行，换个人来总是多了次机会。

张松是益州本地人，但他与扶风派的法正、孟达关系很好，政治上和他们是一路人。在法正、孟达等人的策划下，经过张松不断地向刘璋建议和施加影响。

刘璋最终拍板：请刘备来！

但刘备是怎么想的还不知道，如果人家没有这个打算，那不就白激动了？为此，必须派个使者先探探路。刘璋问张松谁合适，张松顺势推荐了老朋友法正。

法正字孝直，扶风郡郿县人，此时大约35岁。他的祖父名叫法真，有清节高名，活了89岁，知名于世，号称玄德先生，其号与刘备的字相同。法正的父亲叫法衍，当过司徒掾、廷尉左监。

建安初年长安经历的那场大动荡后又逢大饥荒，关中一带大量人口外逃，法正和好友孟达就是那时一起入蜀依附刘璋的，他们都是很有才能的人，但刘璋不识人，法正在益州一直郁郁不得志，过了很久才当上了个新都县令，后改任军议校尉，但不受重用，常遭排挤诽谤，十分苦恼。

法正常在张松面前感慨自己的遭遇，有时也发发牢骚，认为刘璋不是个能成大事的人。张松虽然是益州本地人，但在政治上与扶风派很相近，可以归入这一派。张松向刘璋推荐了法正，为了不引起刘璋的疑心，法正还假模假样地推辞了一番，之后受命出使。

消息传出，刘璋身边的其他一些人立即反对，刘璋的主簿黄权劝刘璋说一国不容二君，希望刘璋慎重考虑。有个叫王累的做得更绝，为劝说刘璋不惜自刎于州政府大门外，来了个尸谏，希望刘璋能够警醒，但刘璋不为所动。

刘巴也劝刘璋不要这么做，这位仁兄不是去了交州吗，怎么又来到了益州呢？刘巴开始确实去了交州，到交州后改姓张，想重新开始自己的人生，无奈与交阯郡太守士燮计议不合，于是经牂牁道来到益州，到了益州郡又被人拘拿，太守要杀他，幸亏郡里的主簿看他气度不凡，没有杀，主簿请命亲自送刘巴到成都，见到刘璋。

刘巴的父亲刘祥当太守时曾举荐过一个孝廉，此人就是刘璋的父亲刘焉，因为有这层关系，刘璋待刘巴很尊重，每有大事都向他征询意见。刘巴认为刘备不会屈居人下，把他弄来必然是引狼入室。

但是刘璋心意已决，仍然命法正成行。

七十一、“献地图”疑案

法正带着刘璋的嘱托、肩负着扶风派的政治理想赶赴荆州，当时刘备应该在公安，从成都到那里大概要走 2000 里路。刘备跟法正还不太熟，当着众人的面法正传达了刘璋的意思，想邀请刘备带兵入益州。直到这时刘备大概还不清楚葫芦里装的都是什么，如果只充当雇佣军的话，他没有兴趣。

公事说完了，法正主动要求与刘备单独谈谈，刘备知道，这才是重点。果然，在这次谈话中法正道出了帮助刘备夺取益州的具体计划，法正说：“以将军的英才，应该乘刘璋的懦弱而有所作为。张松在益州是个重要人物，他可以从里面响应您，得手之后就拥有了益州的殷富以及天府之国在地理上的险阻，以此成就大业易如反掌！”

对刘备来说，居然有人如此会意于他的心思，知道他对益州正在千思万想，所以白送给他。这已不是困了有人送枕头那么舒坦，而是焐着十八床被子也做不出来的春秋大梦！刘备确信法正没有使诈后，又与他密谈了后面的一些细节。

送走法正，刘备火速把诸葛亮、关羽、张飞、庞统等人从各地召来，商议前往益州的具体事宜。

成都方面，法正回来以后报告了荆州情况，说刘备已经答应来益州，可以就此做出正式安排，可刘璋听了却又不那么着急了。

原来，法正走后一些反对刘备来益州的人继续劝说刘璋，而刘璋也冷静了许多，所以他还要再想想。看到这种情况张松着急，事情眼看就要成功，决不能半途而废。

张松很了解刘璋的心理，知道他最怕什么，于是故意向他密报："现在得到消息，庞羲、李异等人听说时局将变，他们现在很活跃，正密谋私通外敌，如果不赶紧请刘豫州前来，敌人攻其外，他们攻其内，必然失败！"

庞羲曾是朝廷的议郎，与刘璋父子有通家之好，刘焉当年密令其子刘范私通马腾袭取长安，事情败露，刘范被杀，庞羲招募勇士解救了滞留在长安的刘范的几个儿子、也就是刘焉的孙子，之后把他们带到益州，受到刘焉的感激和器重。张鲁后来独立发展，刘焉很生气，曾派兵进攻张鲁，负责对张鲁作战的就是庞羲。庞羲原本只是个"外来户"，由于手里有了兵权，势力因而不断壮大，后来被刘焉任命为巴西郡太守。刘璋继位后庞羲变得有些不太听使唤，刘璋碍于庞羲的实力一直容忍和迁就着，以后又发生了赵韪反叛事件，有情报称庞羲也参与了，刘璋虽没有因此跟庞羲摊牌，但对他已经完全不再信任。

张松还提到了一个李异，其人情况不详。史书上确有李异其人，但那是孙权手下的将领，参加过夷陵之战，应该不是张松提到的这个人。张松说的这个李异应该也是益州地方的实力派，与庞羲一样对刘璋并不忠心。张松的话让刘璋大受触动，他不再犹豫，正式向刘备发出了邀请。

刘备接到报告大喜，此次刘璋仍派法正来请刘备，随法正一同前来的还有扶风派的另一位干将孟达。刘璋为表示诚意，还让他们带来了数千人马，拨归刘备指挥。刘璋现在反而特别担心刘备不来，所以不惜血本。

有一个记载，说刘备之前与张松有过一次相见，谈话中多询问蜀中的一些情况，尤其关心军事部署及山川地理等，张松这次干脆画了幅地图，把各种重要情况一一标明，让法正和孟达带来，作为献给刘备的一份大礼。

这条记载似乎有问题，因为查阅史料，迄今为止还没有发现张松与刘备见过面的记载，张松上次来荆州见到的只是曹操，地点应该是在江陵，那时刘备已逃至夏口，张松不可能再与他见面，所以有人认为"献地图"这件事不可靠。

其实不然，张松既然已钟情于刘备，就会想尽各种办法来帮他，法正和孟达在益州的地位不高，平时接触的重要情报也有限，张松作为益州别驾，知道的东西肯定很多，在法正、孟达行前，张松把一些重要内容写成书面材料或画成图捎给刘备，是完全在情理之中的。

跟法正、孟达谈完后刘备来到公安，在此召集军事会议，对入蜀作战以及荆州的防务进行布置。赤壁之战后刘备的实力增长得很快，推测起来此时已有近10万人马，入蜀作战是件大事，益州土地广阔，情况也很复杂，带的人马少了肯定不行，刘备决定带走数万人，至于具体是几万，史书没有交代。

但是，刘备决定不带关羽、张飞、赵云等人，让他们继续留在荆州，之所以这么安排，主要考虑的是荆州这个大本营不能有丝毫闪失，益州那边能得手更好，一时无法得手还可以回来，但荆州如果发生意外，那就满盘皆输了。

刘备倒不太担心曹操，有情报显示曹操近来的战略重心在合肥和关中，已经连打了几场大仗，估计暂时不会再从荆州方向发起大规模攻击。刘备担心的是孙权，孙瑜借道伐蜀未果，孙权怒气难消，如果听说他抢先带兵入蜀，肯定更恼火，把关羽等人留下来，主要为的是防范江东。

除此之外刘备还有一个考虑，此次入蜀是应邀助战，夺取益州只能相机行事，不得轻举妄动，所以应该处处低调，世人尽知关羽、张飞、赵云等人都是猛将，带他们来刘璋和益州士人难免会增加疑虑，而他们没来，则说明自己除了助战并没有别的想法。

刘备的另一个重要决定是把诸葛亮也留下。

诸葛亮的军职虽然还不高，但他处理问题周到细密，有临危不乱的气质，近年来在江南各郡协调地主政务、抓税收，成绩非常显著，为拓展和巩固荆州发挥了重要作用。而且，诸葛亮和江东负责荆州方向防备的总指挥鲁肃关系不错，必要时可以起到稳定荆州的作用。

刘备将庞统带在身边出谋划策，庞统上次主动提出攻取益州的建议，正符合刘备的心意，对于益州他也多有研究，此去有他在身边，正好弥补诸葛亮不在的遗憾。

除庞统外刘备还带上了简雍、黄忠、魏延、廖立等人，安排好这一切，刘备一行就在法正、孟达的陪伴下，率领大军浩浩荡荡地沿长江西进了。

七十二、百日涪城大会

听说刘备去了益州，孙权发觉上当了，气愤异常。

孙权认为刘备之前欺骗了他，口口声声不忍心看他进攻刘璋，现在却自己先下了手，典型的两面派做法。不过，客观地说孙权生这个气没有必要，更没有道理，刘备是应邀前去益州的，现在并没有表明抢夺益州的意图，而即使是那样，在这个弱肉强食的世道里，似乎也没有什么好说的。

孙权不管，反正觉得上当了，很生气。

一怒之下，孙权做出决定把妹妹接回江东。现在两国交恶，经常互相召回大使，孙权的做法可以理解为这个。孙权直接派大船来接人，孙妹妹这时应该住在公安，诸葛亮、赵云在此留守，这是个棘手的问题。孙妹妹要回娘家，诸葛亮、赵云都不好阻拦，也没办法说去益州请示完刘备再放行。

为什么呢？因为这是领导的家务事。

最后只得让孙妹妹走，可孙妹妹玩起了阴的，不仅自己走，还要把刘备 4 岁的幼子刘禅一起带走。刘禅不是孙妹妹所生，他的母亲是已故的甘夫人，孙妹妹可能比较喜欢这个孩子，平时就由她带着。趁众人不备，孙妹妹把刘禅抱到了船上，眼看就要带往江东了。刘禅要是这么丢了，诸葛亮肯定没法跟刘备交代，幸好赵云和张飞及时得到消息，马上带兵从陆路赶到前面，勒兵截江，把刘禅抢了回来。

孙妹妹的举动，一种理解是出于爱孩子的心理，虽然她跟刘备结了婚，但还没有孩子，跟刘禅待了一段时间，有了如母子一般的感情，走的时候没多想，就带上了；另一种理解是孙权的安排，刘禅不是普通的孩子，是刘备唯一的血脉，弄到江东就是人质，以后跟刘备讨价还价，这就是最好的筹码。

分析起来，后一种可能性更大。

但赵云等人反应及时，避免了这次危机。这是赵云第二次救幼主，刘备走时特意任命赵云为后方警备司令（留营司马），做出这样的安排就是针对孙妹妹的。刘备早就觉得这个新夫人一向无法无天，自己在的时候尚且骄横不法，如果自己不在，恐怕没人能约束住，还不知道会闹出什么事来。刘备认为赵云平时比较威严，能压得了阵，所以让他掌管内务。

刘备率领大军沿长江西进，越过益州最东部的门户鱼复就进入到了刘璋的地盘。鱼复又称白帝城，这个名字大家都不会陌生，它附近有个要塞叫江关，是扼守三峡东口的据点。

大军进入江关，现在三峡已经出了“平湖”，成为著名的风景区，但在当时这里是极险的水道，两岸也罕有人烟。刘备率大军乘船，先后过朐忍、临江、平都、枳县等地，来到益州东部最大的城池江州。

江州，今称重庆，是益州刺史部所辖巴郡的治所。巴郡太守名叫严颜，是益州本地人，也是反对刘备入蜀的益州人士之一，多次劝说刘璋，刘璋不听。听说刘备真的来了益州，严颜不禁捶胸长叹：“独坐穷山，放虎自卫！”

独自坐在没有出路的山里，把老虎放出来保卫自己。在严颜看来，这就是引刘备来益州的后果，无异于饮鸩止渴。但大政方针取决于刘璋，严颜不能不执行，只得放刘备过去。

刘备继续前进，如果仍然一路向西的话，下一站就是成都。不过之前刘璋跟他有过约定，荆州的人马不去成都，而是去成都北面的涪城。涪城不是今天的涪陵，而是绵阳，距成都 120 公里，是成都北面的门户。听说刘备如约而至，还带来数万精兵，刘璋很高兴。他亲自赴涪城与刘备相会，为显示对刘备的欢迎，刘璋是率领 3 万多步骑去的涪城，一路上车乘帐幔，精光曜日，很威风。

到了涪城，双方相见，无比亲热，刘璋下令就地摆下盛宴，给刘备及其手下将士们接风洗尘。这是一场超级大酒宴，参加的人数多达数万，刘璋不仅跟刘备喝，还和刘备手下的将士喝，一口气喝了上百天。刘璋还下令拨给刘备一批物资，包括米 20 万斛，马千匹，战车千乘，以及缯絮锦帛等，作为替自己攻打张鲁的一部分报酬。

刘璋还以益州牧的身份表奏刘备行大司马、领司隶校尉，此前刘备有左将军、荆州牧的头衔，一个是朝廷给的，一个是孙权表奏的，现在又添了两个，其中大司马在三公之上，司隶校尉相当于州牧。作为回报，刘备也表奏刘璋为镇西将军，兼任益州牧。

这不是空头人情那么简单，也许包含着双方的某种约定，从刘璋方面说，你帮我打了汉中，让我的益州牧实至名归，我就支持你向外发展，攻取司隶校尉部。之前介绍过，司隶校尉部是东汉十三个州之一，也简称司州，洛阳就在其中，长安也归司隶校尉部管辖，曹操设雍州刺史部后长安划了过去，尽管如此，司隶校尉部仍有天下第一州之称，目前基本都是曹操控制的地盘。

刘璋其实对刘备还谈不上完全放心，否则就不带着3万人马来涪城喝酒了。在刘备这边，的确也有人劝他趁机下手，一举解决了刘璋。

第一个劝他的是法正，他转达的是张松的意思。张松还在成都，他让法正悄悄告诉刘备，如果在涪城动手大事可成。应该说，这的确是个机会，刘备如果出其不意动手的话，拿下刘璋没有太大悬念，张松趁机在成都起事，之后协助刘备占领成都，益州本来就派系重重，地方势力纷纷坐大，到时候各地不战可定。然而，对这个建议刘备拒绝了，他对法正说："这是大事，不能太仓促。"

第二个劝刘备的是庞统，他也觉得现在动手胜算很大："借着这个机会，正好把刘璋抓起来，那就免去用兵之劳而可坐拥一州了！"对庞统的建议，刘备同样给予拒绝："才入益州，恩信未立，不能这么做。"

刘备拒绝法正和张松，给出的理由是不能太仓促，应该说这个理由相当笼统，而后面说给庞统的才是他的心里话。作为一个战略家，刘备关心的并不是夺取一州的地盘，他在乎人心。现在益州百姓都知道他是受邀而来，刘璋又如此盛情厚义，他对益州没有任何建树，却趁机发动政变，即使得手，也会让益州百姓心寒。

取地盘易，取人心难，益州迟早要取，但必须到了火候再说，不能操之过急。

欢娱百余日，刘璋回了成都。

按双方约定，刘备将率所部加上刘璋增拨的兵马向北进攻汉中。有史书称此时刘备的总兵力超过3万人，不过结合前文分析，刘备来益州时自己就带了"数万人"，法正、张松又带"数千人"给他，刘璋又为刘备增兵，其兵力远远不止这3万。

手握重兵，如果现在向成都杀个回马枪，刘备仍有胜算，但他仍不着急。刘备率部由涪城向北进发，一直到了葭萌，才不走了。

葭萌，广汉郡辖下的一个县，在古嘉陵江上，介于今四川省剑阁与广元之间，现称昭化古城，分布着众多三国遗迹，是保存较好的三国古城遗址之一。

葭萌的地势很有特点，它依托着嘉陵江和牛头山，当时嘉陵江被称为西汉水，以与流经襄阳、由夏口注入长江的汉水相区分。西汉水宛转曲折，将牛头山包围，从高处俯瞰，山水形成了一个天然的太极图，葭萌就处在"太极眼"上。离葭萌不远有一处白水关，是益州北御张鲁的最后一道防线，刘璋在此设白水军督，相当于边防军区，所辖各部称为白水军。白水军督名叫杨怀，副手叫高沛，刘璋下令，他们都归刘备指挥。

刘璋希望刘备能抢在曹操之前拿下汉中，解除益州的北部之忧。但刘备不着急，到了葭萌就在这里住了下来，不提北进的事。

刘备来葭萌是建安十六年（211）12月，离开这里的时候已是次年的年底，也就是说，他在此一住就是一年。这一年里，刘备没有向北方用过一次兵，对外他只做了一件事：厚树恩德，以收众心。

刘璋父子治蜀，精力都耗在了上层斗争方面，对于百姓关心不够，刘备兵精粮足，不用管别的事，要收买人心那还不容易，况且对刘备来说，这些正是他的强项。

刘璋一开始还在等，希望前方有好消息传来，但左等右等不见动静，他有点急了，但也不好问，只好耐着性子继续等下去，直到这时，他仍然相信刘备会履行诺言，替他攻打张鲁。

这是一件很奇怪的事，在历史上恐怕也是绝无仅有的一例，一方想拓展地盘，但觉得自己实力不够，就出钱出人请另一方帮自己去实现梦想，问题是请来的这一方实力比自己强，请神容易，怎么送神？

刘备不是雇佣军，这是刘璋至今还没弄明白的一件事。

主力西进，刘备就不怕荆州出事吗？

荆州方面这段时间相对平静，曹操暂时没有南下的意图，孙权这边虽然发生了一些不愉快，但也没有因此撕破脸，江东在荆州方向的总指挥是驻扎在陆口的鲁肃，他是诸葛亮的老朋友，也是孙刘联盟的坚定支持者，在他的努力下，孙刘双方关系处得还算好。

双方在这段时间里的关系，可以从互相通信的情况反映出来。孙权曾给诸葛亮写了一封信，询问现在谁在刘备那边出谋划策，诸葛亮给孙权回信，说在刘备身边出谋划策的主要是庞统和廖立，他们二位都是楚地的俊才，有能力辅佐刘备复兴汉室大业。

这说明，刘备抢先去了益州惹得孙权不高兴，但孙权也只好默许了，他只能继续维持着孙刘同盟的存在，江东对荆州的威胁可以暂时不考虑。

正是后方的稳固，可以让刘备从容地在葭萌多待上一段时间。

但动手仍然是迟早的事，否则就不来了。

庞统认为葭萌不可久留，必须早日确定行动计划，刘备让庞统设计具体行动方案。庞统经过一番考虑，提出了三套方案：第一个方案是，悄悄选派精兵，昼夜间行，直接袭取成都，刘璋实力不强，防备力量不足，大军如果突然发起攻击，定然能一举将其拿下；第二个方案是，考虑到杨怀、高沛是刘璋的大将，依仗有强兵据守白水关，听说他们多次秘密向刘璋报告，建议把我们遣送回荆州，现在可以告诉他们，说荆州那边有事，要回荆州救急，之后做出要回去的样子，这二人既惮于将军的威名，又高兴将军现在离去，必然会轻骑来见，到时候一举将其擒拿，进而攻取成都；第三个方案是，暂不用兵，退回白帝城，与荆州相连，益州之事徐图缓进。

这三套方案其实是上、中、下三策，刘备经过认真思考，觉得上策虽然可以出其不意地攻取成都，在军事上是胜算最大也是最有效的方案，但是不明不白地突然反戈一击，势必造成极大震动，益州即使可以夺取，人心仍然无法收服，会为治理益州留下后患。至于下策，退回自己的地盘，那就等于这一年来白忙活了，退容易，再来就难了，刘璋怕是不会再请自己了，这个方案刘备根本不考虑。

刘备决定采取中策，其实这正是庞统预料之中的，之前发动突袭的建议被刘备否决，他也知道上策虽好，刘备不会采纳。至于下策，说出来也只是做个陪衬，庞统的真实意图，也是中策。

给领导提建议、做方案，要会揣摩领导的心思，把自己的真实意图不露痕迹地隐藏起来，引导领导自己去选择，所有聪明的下属都会这一手。同时，几个方案一块提出来，领导便有了一个选择的过程，选择也是思考，也是创造，比单一的被动接受更容易获得成就感。目的达到了，又让领导享受了创造的过程。什么叫高明？像庞统这样聪明的下属都懂。

中策虽然稳妥，但仍然需要时机，具体来说这出戏只有刘备和刘璋还不行，还得有曹操、孙权来联袂出演，为此刘备还要耐心等待一下。

建安十七年（212）10月，刘备终于等来了机会。

这时，曹操率部征讨孙权，目标是孙权在长江北岸的要塞濡须口。孙权有点顶不住，向刘备求援。刘备不关心孙权的死活，但他知道终于等来了机会。

接到孙权的求救，刘备即刻向刘璋写信，信中写道：“曹操征吴，孙权那边快顶不住了。我和孙权是联盟，唇齿相依。而且，曹操还派乐进在青泥进攻关羽，如不相救，关羽也危险了，乐进必然大举进攻荆州。张鲁虽然要打，但现在荆州那边更危险。张鲁毕竟是守在那里的敌人，不足为虑。”

乐进与关羽是否有青泥之战，没有其他史料作为旁证，但并不证明这条信息是刘备瞎编的，为配合曹操东线战场的行动，守在襄阳的乐进此时主动向关羽发起进攻，这种可能性是存在的，不过有诸葛亮、关羽、张飞等人严密防守，乐进不可能突然总攻荆州，那是刘备在夸大其词。

刘备向刘璋提出请求，要增加一万人马以及相应的军需物资，自己回荆州救急。刘璋接到刘备的来信，愤懑之情可想而知，等了一年，好吃好喝好招待，又是给人，又是给钱，血本都投进去了，没有任何回报，现在要走人？刘璋有点后悔没听黄权等人的话，但现在说后悔也没有用了。如果一气之下与刘备翻脸，刘璋没有这个勇气，更没有这个把握，刘备现在拥数万之众，动起手来，刘璋自觉不是对手。

可气的是，刘备得了好处抹嘴走人不说，还再要一万人马及大批军需物资，这不是欺负人吗？但是如果不给，又让这小子得了口实，刘璋又气又急又犯愁，想了半天，给刘备回了封信，同意刘备先回荆州去救急，一万人马太多，只能凑齐四千，其他军需物资，按照刘备所列清单一律减半供给。

应该说，刘璋还是够意思的。

张松在成都听到消息，急了。他不知道刘备、庞统的计策，还以为刘备真的要走，他赶紧给刘备和法正写了密信，信中说：“眼看大事将成，为何放弃目标要回去？”按照这个情况推测，法正此时不在成都，刘璋命他和孟达率一部分人马配合刘备的行动，此时法正应统兵在外。

张松的这个举动，却惹来了大祸。张松的哥哥张肃，也就是那个出使过曹操的广汉郡太守，不知怎么就得到了消息，他大吃一惊，害怕连累自己，就向刘璋告发了。张肃、张松虽为兄弟，但长相、性格都非常不同。张肃长得有威仪，很排场，做事稳重。张松个子矮，机敏干练。

刘璋接到报告，压抑许久的气愤瞬间爆发。原来刘备早有企图，原来张松、法正是刘备在自己身边的卧底，原来这一切都是早就算计好的。刘璋越想越气，下令把张松杀了。刘璋同时密令益州各地，今后重要文书不再知会刘备。刘备在葭萌听到张松被杀的消息也无比愤怒，尤其张松之死，让他觉得十分痛惜：“你杀了我的内应啊！”

双方算是彻底撕破了脸，所有秘密都大白于天下，所有遮着掩着的都不必了，接下来就要拿实力说话。

建安十七年（212）12月，刘备在葭萌起兵反击刘璋。

行动前，刘备按照庞统的计策，先设计杀了白水军正副总指挥杨怀、高沛。杨怀一直对把刘备请来这件事不满，多次向刘璋进谏，刘备早就想除掉他。刘备请杨怀来喝酒。酒酣之际，刘备见杨怀佩着一把匕首，就从自己身上也掏出一把来，对杨怀说："将军的匕首不错，我也有，把你的那把给我看看。"杨怀把匕首交给刘备。刘备拿着杨怀的匕首，对他说："你这个小人，怎敢离间我与刘益州之间的兄弟感情？"

杨怀知道坏事，对刘备破口大骂，骂声未绝，刘备即下令把他斩杀。之后，刘备命黄忠、卓膺、魏延等率兵向成都方向攻击，黄忠现在至少已是裨将军，魏延的军职稍低，这里提到的卓膺，情况不详，后面也再无有关他的记载。

刘备留中郎将霍峻守葭萌城。霍峻字仲邈，荆州属下南郡枝江县人，他的哥哥叫霍笃，在乡里聚合部曲数百人，霍笃死后，霍峻投归刘表，以后又率众归顺刘备，刘备任命他为中郎将，从这个职务上看，他已进入刘备手下高级将领的行列。

刘备自己则径直来到白水关，把那里接收了，为防备他们生乱，刘备下令把守关将士的妻子儿女作为人质，之后率部与黄忠、卓膺等人会合。刘备在白水关还发表了战前动员演说，他激励众将士道："我替刘益州征强敌，辛辛苦苦，一刻不得安息。如今刘益州府库里堆满了大批财物却不愿意赏赐那些有功之士，还奢望有人替他卖命，怎么可能？"

七十三、孙权营建濡须口

葭萌与成都相距500余里，中间隔着梓潼、涪城、绵竹等数道防线，刘备率大军南下去取成都，困难还是相当大的。

从兵力对比看，刘备即使已经有5万人马，那也不及刘璋的一半，如果只靠硬拼的话，这个仗没法打。好在刘璋也有弱点，那就是士气不足、内部涣散，许多手握兵权的实力派都采取观望的态度，如果刘璋占不了上风，他们也不会真的去卖命。

双方首战于广汉郡梓潼县，此地今仍称梓潼县，秦实行郡县制，蜀郡为天下36个郡之一，当时辖有31个县，梓潼便是其一。刘备率大军而来，刘璋的援军还在路上，按说梓潼守军应该不战而降，结果却很让刘备意外。

梓潼守军顽强抵抗，刘备竟然无法得手。

初战不顺，让刘备很郁闷。他让人打听城内的情况，得知县令名叫王连，字文义，不是益州本地人，老家在荆州刺史部南阳郡，根据这个情况判断，他应当属于刘璋父子手下的“东州军”。王连看来是个有本事的人，刘备记住了这个名字，以后王连来到刘备的手下，受到重用，诸葛亮担任丞相时，王连做过他的丞相长史。

刘备很冷静，知道不宜在此久耗，于是率主力继续南下，只留少数人马牵制梓潼，大部队来到涪城，展开攻击。此时刘璋派出的援军也到了，他们包括刘璝、泠苞、张任、邓贤等几支人马，双方在涪城及其外围展开了激战。

此战至为关键，如果刘备战败，他辛辛苦苦构想的夺取益州的计划也就失败了，不仅如此，涪城深居益州腹地，他和带来的将士们还能不能顺利回到荆州都是未知数；如果刘备战胜，夺取成都的胜算就大增，刘璋所部的士气会进一步衰落，拿下整个益州定指日可待。

除了刘备和刘璋，还有很多人紧张地关注着这场战役的胜负，比如庞羲、李异那样的实力派，如果刘璋胜，他们就一哄而上去打刘备；如果刘璋败，他们就倒向刘备，转而打刘璋。

在庞统的协助下，刘备亲自指挥的这场战役以全胜而结束，刘璋派来支援涪城的各路人马被一一击溃，分别退向了绵竹，刘备率部攻克涪城。

一年前，刘备和部下们在这里喝过一场大酒，此次以胜利者的身份重返，刘备命令再摆一场酒宴庆贺。这顿酒喝得更高兴，离开荆州一年多了，能不能实行既定战略目标夺取益州，让大家的心一直悬着，涪城之战获胜，心里的悬念基本解除，所以大家喝得都比较放松。

此时已经到了建安十八年（213）初，还在涪城的刘备突然接到报告，说诸葛亮派马良从荆州来了。

刘备吓了一跳，还以为荆州出事了，等把马良叫过来询问，才知道荆州没有什么大事，马良来是汇报情况的。刘备离开荆州的这一年多里，孙权那边办了两件大事，一是把大本营迁到了秣陵，二是在长江上修筑了一处要塞，名为濡须坞。

上次刘备到江东拜会孙权，去的还是京口，即今江苏省镇江市。这里其实还不是孙氏最早的大本营，第一个大本营是吴县，即今江苏省苏州市，随着江东势力的不断向西推进，孙氏的大本营也不断西移，孙权觉得京口的位置还是有些偏东，所以迁到了秣陵。

秣陵最早为战国时楚武王所置，当时就叫金陵，后秦始皇东巡会稽曾经此地，望气者对秦始皇说从金陵地形看有王者之气，秦始皇于是下令掘断连冈，破坏其风水，并改称金陵为秣陵。迁都至此后，为了加强防卫力量，孙权下令在附近长江边上的石头山上筑城，号为石头城，以此扼守长江咽喉。

现在提起金陵或南京，都会想到“虎踞龙盘”这个词，这个典故的由来，据说与诸葛亮有关。有一部记载吴地山川风物、人情逸闻为主的史书，上面说石头城建成不久，诸葛亮曾奉刘备之命再次访问江东，公务之余他登上秣陵近郊的山顶，目睹山水形势，发出了一番感叹：“紫金山山势险峻，像一条盘龙环绕着建业，石头城很威武，像老虎蹲踞着，这真是帝王建都的好地方！”

诸葛亮的这次出访应该发生在刘备离开荆州之后，可能是一次秘密出访，所以在其他史书中均没有留下记录。

迁都秣陵后，江东的防卫重心也需要进行一番调整，以保卫新的大本营的安全，修建濡须坞即是重要举措之一。从曹军江北基地合肥南下长江，中间隔着巢湖，当时这片水域比现在还要广阔，合肥有一条叫施水的河流与巢湖相连，在巢湖与长江之间也有一条河，名叫濡须河，它发源于巢湖，流入长江。

江东的战船由长江出发，经濡须水、巢湖、施水就可以轻松到达合肥，反之亦然。可以说，在合肥与长江之间存在一条黄金水道，是双方必争的一条战略要道。

濡须口是濡须河的入江口，在长江北岸，孙权开始提出在此修建军事要塞时，大部分将领却持反对意见，他们的理由是江东在长江上一直是防御性的，所以建设的重点应该放在江南，在长江对岸修工事没有必要，孙吴擅长游击战，上岸杀敌，转身上船，有没有固定的码头无所谓。

只有吕蒙认为修建这个军用码头十分重要，他认为："打仗有胜就有败，谁也做不到百战百胜，如果打了败仗，敌人的骑兵来追，仓促之间哪来得及上船？"于是孙权下决心修筑濡须坞，作为秣陵上游最重要的军事基地。

濡须口两边是山，孙权依托它们夹水筑城，下了很大功夫，把濡须坞修筑得很坚固，同时储存大量军用物资，来抵御曹军的进攻。濡须坞就像一把锁，牢牢地锁住了曹军入江的门户，在这里驻守重兵，也是庐江郡、九江郡方向拓展势力的战略支撑点，无形中把双方共有的长江天险变成了自家独有，在战略上完全处于主动。

这时曹操已经打完了潼关之战，重新把目光投向东南。曹操突然发现孙权已在长江中下游构筑起一条近3000里的长江防线，这让他很不舒服，他给孙权去了一封长信，发泄了心中的不满。

这封信由"建安七子"之一的阮瑀代笔，信的开头先叙旧，说自己没有一天不惦记着孙权，因为双方有姻亲之好，表明自己是重情重义之人。接着，为自己的赤壁之败辩护，说那是因为遇到了瘟疫，自己下令把船烧了撤的军。曹操向孙权表示，他无意夺取荆州，愿意把那里让给孙权。表面看曹操挺大方，但荆州现在是刘备的地盘，曹操这么说等于是让孙权打刘备。当然这些都是虚的，曹操紧接着话题一转，不加掩饰地表明自己现在实力很强大，孙权割江表于一域，势力无法远伸，长江虽险，也挡不住王师，从历史经验看，像江东这样以一地而对抗王师的如刘安、隗嚣、彭宠等人，最终都没有好下场。

曹操给孙权指了两条路：一条路是把张昭、刘备杀了，表明自己的忠心，曹操会原谅孙权犯下的过错，重新和好，并把江东一带交给孙权长期治理，到那时可以享受高官厚爵；另一条路是，如果不忍心杀张昭，把刘备杀了也算数。

曹操恨刘备，可以理解，但如此恨张昭就不好理解了。也许曹操知道张昭在江东德高望重，是孙权手下最重要的人物，所以才那么说。总之一句话，要打你是打不过，要投降，你得拿出点儿实际行动来。

但孙权向来不惧，置之不理。

建安十七年（212）10月，也就是孙权刚搬到建业的次月，曹操亲率大军到了合肥，要与孙权争夺长江天险。

这一仗规模不小，是赤壁之战后孙曹之间最大的一仗，有的史书甚至说曹操此行带来了40万人马，很快打到了长江岸边，与孙权对峙。40万显然有点夸张，或者是曹操又在故意虚张声势，但人马肯定不少，应该与赤壁之战时差不多。孙权得到报告不敢怠慢，立即率领7万人马应战，这个数字如果是真的，那基本上就是孙权能拿出的全部家底了。

孙权派折冲将军甘宁率3000人为前锋，并给甘宁下达秘密指令，让他一到前线就发起攻击，打曹军一个措手不及。这是吴军惯用的手段，人数既然不占优势，就得先发制人，先取得小胜，鼓舞士气。甘宁挑选了100多名勇士组成敢死队，孙权赐给大家米酒和饮食，吃完，甘宁用银碗盛酒，自己先喝了两碗，然后再斟满交给都督喝，这个队长可能有点紧张，伏在地上不能起来，甘宁火了，拔刀横在队长的膝上，对他进行呵斥，队长见他神情严厉，赶紧接过酒喝了，后面的敢死队员每人也都喝了一银碗的酒。

二更时分，甘宁率敢死队悄悄出发，杀往敌营。他们拔掉曹营的鹿角，潜入营垒，杀了几十名曹兵，曹营一片混乱，不知道有多少敌人攻进来了，乱了好大一阵，等到慢慢平静下来，甘宁等人已顺利返回自己的大营。

甘宁连夜拜见孙权，孙权高兴地说："这下子一定吓着曹操这老家伙了吧，让他也看看我们甘宁的胆量。"孙权还对大家说："孟德有张辽，我有兴霸，足以匹敌！"

濡须口附近的长江中有一个叫中洲的沙洲，曹操看到可以利用，于是命人乘油船率兵趁夜渡到洲上，哪知此举被孙权侦察到，立即调集水军前来围攻，曹军不是孙吴水军的对手，仅被俘虏的就有3000人。

曹军两战皆负，吴军士气大振，反而主动到曹营外发起挑战，曹操下令坚守不出。有一次孙权亲自来挑战，乘轻船从濡须口前往曹军营寨，曹军将领要发起攻击，曹操说："这是孙权前来观阵，后面没准有阴谋。"

曹操于是下令军中整齐军容，严阵以待，弓弩不得妄发。孙权又向前行进了五六里才回去，在船上吹吹打打，故意气曹军。

还有一次孙权来挑战，这一次孙权是乘大船来的，曹操倒不客气，下令射箭，弓弩乱发，箭射到船身上，射中得太多，把船都压偏了，孙权下令掉转船头，让另一面受箭，等船只保持平衡后下令回去，这大概才是真实版的草船借箭。

对曹操来说，这一仗打得实在窝囊，整体实力虽然占优，但在场面上却处于劣势，以至于孙权频频挑战而不敢应战。曹操任命的青州刺史孙观也参加了这次濡须口会战，在战斗中被流矢射中左脚，但他仍然坚持战斗，事后曹操对他进行了嘉奖和慰问，把他由偏将军升为振威将军，但孙观够倒霉的，本来只是被冷箭射中了脚，但伤势却越来越重，居然死在军中。

此战再次暴露出曹军不善水战的弱点，随着春季到来，江水渐涨，孙权的水军优势将进一步发挥，形势对曹军更加不利。

吴军也有损失，一艘五楼船在暴风下倾覆。楼船就是甲板上建筑物比较高大的战船，外形似楼，五楼船即甲板上的建筑物有 5 层，这在当时可能是体积最庞大的战船了，可以盛载很多士卒。孙权后来建造了一艘“长安”号楼船，载员多达 3000 人。

在征讨黄祖中立下大功的偏将军董袭当时奉命在五楼船上指挥，夜里暴风突然来袭，五楼船即将被吹翻，大家惊慌失措，赶紧放救生艇逃生，并劝董袭快走，董袭怒道：“我受孙将军的命令在此迎敌，怎么能私自逃走？有再言此者斩！”大家于是不敢再出声，当夜船覆，董袭遇难。孙权换上丧服为董袭出殡，对董袭的后人给予优厚待遇。

但总的来说，魏军始终处于被动态势，尤其在水军方面，更不如吴军。曹操在江上看到孙吴舟船整齐，军伍整肃，感叹道：“生个儿子就应该像孙权这样，刘表的那几个儿子要比起来都如猪狗一样！”

孙权大概也洞悉了曹操的心理，他给曹操写了封信，其中说：“春水马上就要涨起来了，您应该赶紧撤退。”在这封信里孙权还另外夹了一张字条，上面只写了八个字：“足下不死，孤不得安。”曹操接到孙权的信后，对将领们说：“孙权没有骗我！”

曹操下令撤退，首战濡须，曹军以失败告终。

曹军撤退后，孙权指挥人马趁机攻占了江北的许多地方，曹操担心沿江的各郡县被孙权占领，下令官民内迁，这一下造成大面积恐慌，沿江的庐江郡、九江郡以及蕲春、广陵等地有十多万户渡江逃到孙吴。经过此战，濡须口的重要性进一步显现，当初花大力气修筑濡须坞看来是英明的。曹操撤走后，孙权留周泰、朱然、徐盛所部在此守备，其他各部撤回。

七十四、一次意外事件

在益州的刘备得知曹操和孙权这一阵相攻很急，放心了。

马良奉诸葛亮之命来益州除了汇报荆州的情况，还捎来诸葛亮的一封信，刘备打开这封信来看，其中一段话引起了他的格外关注："亮夜算太乙数，今年岁次癸亥，罡星在西方；又观乾象，太白临于雒城之分，主于将帅，多凶少吉。"

上面是原话，翻译过来就是：我推算了太乙星的情况，今年木星处在天干星的第十位，地支的第六位，北斗星斗柄指向西方；又观看天象，发现太白星处在雒城的上空，此天象主宰将帅，一定凶多吉少。

用星相占卜吉凶在那时是常做的事，刘备出师前也经常问卜于术士。诸葛亮擅长百家，对易经、道家也多有涉猎，说他会占星，没有什么可大惊小怪的。

这里提到的太乙数，与奇门遁甲、六壬神课合称三式，即古代的三大预测术。据说，太乙数最早形成于黄帝战蚩尤时，用它可以预测天灾、地变、人祸，可以测天文、占风雨、推兵荒、断疾疫，也可以推演出国运的兴衰、朝廷大事的吉凶宜忌、君臣将相的关系顺逆，因此被视为帝王治国的参考，从科学的观点看其合理性并不高，但自古以来颇受重视。

信中的内容似乎是说，今年对刘备来讲是关键的一年，而雒城这个地方尤为关键，弄不好会有不测事件发生，提醒刘备注意。后来在雒城果然出事了，有人认为诸葛亮有先见之明。不过，更多的人认为太乙数只是牵强附会之术，用它预测吉凶并不可靠，这封信虽然收录在《诸葛亮集》中，但应该是后人的伪托之作。

建安十八年（213）5月，刘备率军继续南下。

涪城大败，刘璋乱了阵脚，一时不知如何应对。其实，他现在的实力仍远在刘备之上，如果集中兵力再战，仍有取胜的机会，关键要有信心和决心，同时要协调好各部人马，不要再乱了阵脚。

刘璋能力平平，但手下也有能人，有个叫郑度的眼光很毒，他看到了刘备的弱点，向刘璋提出建议："刘备现在孤军深入，其前锋不足万人，士气不齐，粮草不足，为今之计不如把巴西郡、梓潼郡的百姓全部迁到涪城以西，把田野里正在长的和仓库里存的谷物全部烧毁，之后筑起高垒，开挖深沟，静而待之。刘备来请战，不跟他打，时间长了，他们缺少后勤保障，不出百日，自己必然退走。待他撤退时发起攻击，定可将刘备擒获。"

郑度在刘璋手下任从事，益州刺史部广汉郡人，知名度虽然不高，但从上面的见解来看，他是个有本事的人。郑度认为，刘备虽然打了几场胜仗，但他是孤军深入，缺少外援和后勤保障，他现在急于求战，应该不与他硬拼，避开锋芒，深沟高垒，和他拼消耗，同时把粮食藏起来，让他们找不到吃的。

郑度这一招拿到现在来说就叫坚壁清野，是对付强敌入侵的最好办法。刘备知道了郑度的建议，大吃一惊，心里感觉很不好，急忙问法正该怎么应对。

这说明刘备的消息很灵，虽然张松不在了，但刘璋身边还有人为他提供情报。至于法正，此时已经公开追随了刘备。

法正很了解刘璋，对刘备说："不必担心，郑度的建议刘璋不会采用。"让法正料对了，刘璋果然没有采纳郑度的建议，他的理由是："我只听说拒敌以安民，从没有听说把人藏起来避敌取胜的。"

刘璋不仅不用郑度之计，还免了他的职。

刘璋的策略是主动出击，为此他制订了一个两路夹击的方案：一方面派扶禁、向存率一万多人马由阆水北上，围攻葭萌；另一方面在绵竹一带组织人马，展开会战。

阆水是嘉陵江的另外一个名字，葭萌现在由霍峻率部驻守，他手下的兵力十分有限，只有 1000 来人，不到敌人的十分之一。刘备率主力正在向南进攻，无力分兵来救霍峻，只能靠他们自救。

霍峻虽然没有关羽、张飞有名，但打仗也很有一套，他依托葭萌的有利地势坚守不出，扶禁、向存无法得手。霍峻不简单，一守就是一年。霍峻在葭萌牵制了刘璋的部分人马，打破了刘璋南北夹击的计划，不仅如此，霍峻还伺机出击，选精锐向敌人发起突袭，把敌将向存斩杀。

刘璋阻击刘备有三道防线：梓潼是第一道，涪城是第二道，绵竹及其附近的雒城是最后一道。在绵竹会战中刘璋倾尽了所有，把刘璝、泠苞、张任、吴懿、邓贤、李严、费观等部都派上了场，双方在成都以北广阔的平原地带展开了又一场厮杀。

这场会战仍无悬念，刘璋所部再次大败，中郎将吴懿率部投降，被刘备当场连升两级，提拔为讨逆将军。吴懿的妹妹是刘璋的儿媳，关系非同一般，连他都投降了，益州官兵的士气更加低落，大家还看到吴懿投降后受到刘备的厚遇，于是纷纷效仿，刘璋的护军李严、参军费观等先后在绵竹率部投降，都被刘备拜为裨将。这些人都很重要，以后细说。

刘备占领了绵竹，战线再向前推进，来到雒城。

雒城即广汉郡的郡治雒县，今四川省广汉市，距成都已不足百里。来到这里，刘备如果想起了诸葛亮信中的话，一定不敢大意。防守雒城的是刘璋的部将张任和刘璋的儿子刘循，双方激战于城外的雁桥，张任被生擒。刘备素闻张任在益州军中威望很高，希望能劝说他投降，但张任誓死不降，慷慨激昂道："老臣终不复事二主！"

刘备只得把张任杀了，继续指挥人马攻城。刘璋仍作拼死一搏，命雒城的残部统一由儿子刘循指挥，坚守不出。刘备指挥人马猛攻，刘循拼死反抗，战事激烈。

庞统到前面观察形势，不小心中了冷箭，结果竟不治身亡，死时仅 36 岁。诸葛亮前面那封神秘来信提到的也许就是这件事，刘备痛失股肱，悲伤不已，一连多日只要一说话就流泪。

也有不开眼的人，有个叫张存的，是南阳郡人，以荆州从事的身份随刘备入蜀，此人估计也有些才学，但平素最不服庞统，看见刘备对庞统如此叹息称赞，在一旁道："庞士元虽说尽忠可惜，不过却有违大雅之义。"

张存说的"大雅之义"从字面上看有些含糊委婉，推测起来可能有两个意思，一是暗讽庞统以军师中郎将的身份跑到最前沿攻城，死得不值；另一个是说庞统出谋划策袭取刘璋，生得光荣，死得却不伟大。在领导身边工作说话做事一定要有眼色，遇到高兴的事往往需要藏起来，自己偷着乐就行，该说的话说，不该说的别说，不然要吃亏。

刘备正为庞统之死悲伤，听张存这么说，勃然大怒："庞统已杀身成仁，你还在说什么风凉话？"刘备当即下令罢了张存的官，说起来刘备还算脾气好的，换成袁绍、袁术、曹丕那样的领导，张存的脑袋今天就得搬家。不过，这也把他吓得够呛，不久便得病而死。

消息传到荆州，诸葛亮也悲痛不已，庞统不仅是他的故友也是他的亲戚，庞统的家人还在荆州，诸葛亮亲自到庞统家中祭拜。刘备后来让人表奏庞统的父亲为议郎，以后又升为谏议大夫。庞统的弟弟庞林、儿子庞宏后来都在蜀汉担任过郡太守。

七十五、刘备调来援军

庞统的死不仅让刘备悲痛，更让他蒙受了重大损失。

这种损失随后就表现了出来，原本很顺利的局面突然不在了，刘备在雒城外围遭受到敌人更加猛烈的抵抗，攻城受阻。眼看就要打到成都，现在出现了变数。

这给刘璋带来了新的希望，他手里还有相当的实力，比如东部的巴西郡、巴东郡和巴郡，号称“三巴”，其范围大体相当于现在的重庆市，刘备在此寸土未占，像巴郡太守严颜那样对刘备一向不持好感的人还有不少，如果刘璋调动得当的话，便能迅速集结在一起。益州南部的几个郡，包括汉昌郡、益州郡、越嶲郡等，地盘都很大，他们目前多持观望态度，如果刘璋能打上两场胜仗，这些郡的态度也都会有所改变。

对刘璋有利的还有时间，他不用直接战胜刘备，只要能拖住，形成对峙的局面，对刘备就大为不利，刘备有后顾之忧，那就是荆州，曹操、孙权如果腾出手来，不管是谁出上一招，刘备恐怕就顾不上益州了。刘备也看到了情况的危险，赶紧调荆州人马来参战。

按照刘备之前的想法，自己带的这几万人就能把益州搞定，不需要荆州再分出力量来支援，因为面对曹操和孙权，荆州方面的压力也很大，但现在已经顾不上那么多了。

建安十九年（214）5月，诸葛亮接到了刘备的命令，急忙与关羽、张飞、赵云等人商议入蜀的方案。根据刘备的意见，关羽留下来防守荆州，诸葛亮、张飞、赵云等率兵驰援益州。

情况紧急，不容耽搁，诸葛亮让张飞率一部人马先行，赵云率部与自己在后面跟进，两支人马约定在江州会合。为了协助关羽做好荆州的防务，诸葛亮把马良、麋竺、麋芳、廖化等人留了下来，之后诸葛亮携赵云所部也沿长江西进，向益州进发了。这是诸葛亮第一次单独指挥大兵团行动，这一年他 34 岁，加入刘备阵营刚满 7 年。

从军职上看，张飞此时是征虏将军，赵云是偏将军，而诸葛亮仅是军师中郎将，西进兵团应该以张飞为主将才是，但刘备仍然把这支大军的指挥权交给了诸葛亮，这既是对他能力的充分肯定，也是对他的信任，在这一点上刘备很像孙权，孙权就常以军职较低的周瑜、鲁肃统制军职更高的将领。

张飞率军西进，首战于巴东郡，将其攻克，之后继续向前推进，来到巴郡，将郡治江州包围。

巴郡太守严颜组织抵抗，双方展开了激战，最终张飞获胜，将严颜生擒。严颜被带到了张飞跟前，张飞斥责道："我大军已至，你怎敢不投降而拒战？"严颜毫不畏惧，回答道："是你们不讲理，侵占我们的土地，我州只有断头将军，没有投降将军！"

张飞听了很生气，让左右把严颜拉下去砍头，严颜脸色不变，对张飞道："砍头就砍头，发什么火？"张飞被严颜凛然之气所感动，下令把他释放，尊之为宾客。

张飞攻克江州不久，诸葛亮携赵云一行也赶到了。

江州多山，附近有一山，高 3 里，合今约 1000 米，诸葛亮、张飞、赵云等把大军安排在此进行休整，同时派人去接收已平定的巴东郡、巴郡各县。这一带的百姓对刘璋的统治好像并不满意，他们欢迎荆州人马的到来，百姓用牛、酒犒劳大军，诸葛亮下令在此大会将士，军营所在的山因此得名为会军堂山，沿用至今。

江州不能多停留，诸葛亮决定分兵三路向益州腹地进发：一路由张飞率领，由垫江向北，收服巴西郡，之后折向西南，去德阳等待会合；一路由赵云率领，继续沿长江而上，攻占江阳、犍为等战略要地，之后迂回至成都东南方向；一路由自己率领，由江州直接西进，攻占德阳，与张飞会合后直赴成都。

巴西郡的郡治是阆中，即今四川省阆中；江阳即今四川省泸州，犍为是益州的一个郡，郡治武阳，即今四川省彭山；德阳属广汉郡，即今四川省遂宁。这些地方都是益州的战略要地，诸葛亮的战略是不急于去雒城支援刘备，而是先肃清成都外围，从南、北、东三个方向包围成都。

制订这样的作战计划，考虑的是刘璋的主力已被刘备吸引至雒城方向，撤不能撤，打不敢打，现在只要继续保持对雒城的压力，就可以腾出手来一一将其收服，到那时即使雒城仍不破，刘璋也无计可施。如果直接赶赴雒城的话，可能仍会面临城坚难攻的局面，而且即使攻破了雒城，益州各地的战略要地也要一一去占领，不如先做这些事。

另外还有一层考虑，那就是如何夺取成都。如果成都是第二个雒城，麻烦就大了。雒城无关大局，成都却举足轻重，如果刘璋不肯投降，再围成都数月，攻守相还，死尸遍地，把城池打烂，有人逼急了再给城里放几把火，那成都即使拿下，也废了。

杀人总是凶事，攻城之日，如果死伤巨大，终不吉祥。按照诸葛亮替刘备做出的规划，今后将以益州为根本，成都就是成就王业的基础，此城不能硬攻，最好让刘璋出城投降。现在三路分击的方案正是断绝刘璋的后路和希望，迫使他出降。

三路大军分头行动，进展都很顺利。张飞一路进军巴西郡，严颜给了很大帮助，巴西郡功曹龚谌投降，巴西郡很快被占领。张飞按照之前与诸葛亮的约定，留下一部分人马防守，自己率部前往德阳与诸葛亮会合。赵云也顺利地平定了江阳、武阳等地，之后向成都方向进军。

诸葛亮率部攻击德阳，遇到的抵抗最大。刘璋帐下司马张裔顽强抵抗，与诸葛亮战于德阳附近的柏下，经过激战，张裔被打败，退回成都。

张裔字君嗣，是成都本地人。他也是一名学者，长于《春秋》，博涉史籍，受到大名士许靖的赞赏。刘璋举荐他为孝廉，让他当县长，又任命他为帐下司马。这是个能文能武的人才，虽然被打败却给诸葛亮留下了深刻印象，张裔随刘璋投降后，诸葛亮对他刻意培养和重用。

看到刘备的援军来了，而且一路连连得手，在成都的刘璋更加坐卧不安，原来还指望坚守一阵子让刘备知难而退，现在看来这一切都不可能了。

这时，刘璋收到了法正写给他的一封劝降信，法正替刘璋分析了目前的形势，刘备在益州已站稳了脚跟，退回去是不可能的，益州大半土地已失，雒城、成都都将不保，失败是迟早的事。通过这封信，刘备借法正之口向刘璋表明了态度，也就是他若肯降，可以保全其家族，希望刘璋三思。一句话，主人和客人的位置现在已经变了，用投降来换取家族的安全，目前是最后的机会了。

这极大地动摇了刘璋顽抗到底的决心。

七十六、来了一位神助攻

建安十九年（214年）夏，在诸葛亮、张飞、赵云等各路有生力量的策应下，刘备终于将雒城攻破。之后刘备率军进抵成都，诸葛亮等几路人马也完成了各自任务，先后到达成都城外，在此会师。

刘璋被困在孤城之内，但仍不愿投降。

可见人都有一种本能，这与求生的本能类似，是对权力的渴望。直到这时刘璋才更加清醒地意识到，权力是个多么宝贵的东西，而他即将失去这一切。更可怕的是，刘备会怎么处置自己刘璋不知道。是像袁绍对待韩馥那样，还是像曹操对待刘琮那样？人家还都是主动让权的，自己弄成了现在这样，结局肯定不如他们。

刘璋越想越害怕，索性豁出去，干脆来个闭门不战也不降。

这时发生了一件事，压垮了刘璋集团的最后一点斗志，这就是马超主动投奔刘备事件。

马超这些年在哪里？他为什么跑到益州来呢？

自从被曹操赶出了凉州，马超一直待在张鲁那里，张鲁任命他为都讲祭酒。张鲁祖孙三代居汉中，以五斗米教治国，所有官职都带有宗教色彩，其最高职务是大祭酒，由张鲁本人担任，有人认为都讲祭酒仅次于大祭酒，但缺乏史料依据。但不管怎么说，张鲁对马超还是相当不错的，张鲁甚至想把女儿嫁给马超，这时有人劝阻道："如果连自己的亲人都不爱，怎能去爱别人？"

马超起兵后留在郿县的父亲马腾及全家上百口人被曹操所杀，外界多不批评曹操的残暴，反而对马超做事鲁莽置家人于死地很有看法。这是因为凡事讲因果，马超起兵在先，而一家人被杀在后，对此马超也无法争辩。此外，马超由于虑事不周，还致妻子杨氏及儿女都死在了凉州，所以有人提醒张鲁，跟着马超没有好结果。张鲁想想，打消了收马超为婿的念头。

马超在汉中其实很难受，身边没有亲人，他有一个姓种的妾，这个妾有个弟弟在关中，后来到了汉中投奔他，过年时别人家都在团圆，马超身边只有这个小舅子陪他。小舅子为他祝酒，马超悲从中来，捶胸痛哭，以至吐血。马超痛苦地对他的小舅子说："一家上百口人死于一旦，仅剩咱们两个，还有什么可贺的啊？"

孤独、悲痛还好说，忍着就行，但马超在汉中的处境很不妙，张鲁手下过去最得势的人是杨昂，他担心马超威胁自己的地位，所以对马超很不友好，还有一个将领叫杨白，也嫉妒马超的才能，想害他。

马超有些害怕，不敢在汉中待下去，找了个机会跑到了汉中郡西边的武都郡，又从那里逃回氐中，但雍州刺史部设立后，包括陇西在内的昔日凉州刺史部所有地方都已成了曹操的控制区，马超根本无法立足。天下之大，竟然没有一代名将马超的立身之所，思来想去，马超觉得只有刘备有可能收留自己，于是辗转到了益州。不过还有一种说法，认为马超来投是刘备派人秘密联络策动的，派去的这个人叫李恢。

李恢字德昂，是益州建宁郡人，曾任郡里的督邮，因为姑父爨习犯事受牵连而被免官。爨习也是益州名士，是郡中大族，太守没有为难李恢，反而推荐他到州里任职。李恢由家乡出发去成都，走到达州，听到刘备在葭萌起兵的消息，李恢知道刘璋终将失败，于是不去上任，而是跑去拜见刘备，在绵竹与刘备相遇。

刘备与李恢交谈后，对他的才能很赏识，就派他到汉中联络马超，正是在李恢的联络下，马超最后才投奔了刘备。

不管是怎么来的，总之马超来得很是时候。

刘备大喜过望，忙派人去迎接马超。马超此行应该没带几个人，他在汉中新纳的妻子董氏以及儿子马秋还在张鲁手里，他的爱将庞德也没有随行，总之来得很匆忙，或者说有点狼狈。

刘备觉得无所谓，他要的是马超的名气，有这一点就够了。没有兵好办，刘备悄悄给马超增兵，对外说是马超带来的，让他们屯驻于成都城北，然后宣称马超带着凉州兵前来助战。成都城内原本物资储备充足，粮食吃两年都没问题，而大家都愿意死战。但现在听说名将马超和勇猛异常的凉州军来了，斗志终于彻底瓦解。

就连刘璋父子一向十分敬重的名士许靖都想到了投降，他此时担任蜀郡太守，该郡是益州第一郡，成都就在其管辖之下。许靖虽然是个知识分子，但为了逃生也有惊人的勇气和体力，他逃跑的方式很勇敢，就是翻城墙逃出去投降刘备。

不过到底是知识分子，智则智矣，力有未逮，许靖被发觉，让人抓了起来。刘璋倒也没生气，也没杀他，因为刘璋知道此城已危在旦夕，他要是许靖，也会这么做。

刘璋终于想到了投降，对左右说："我们父子在益州二十多年，对百姓没什么恩德，却给大家带来三年的战乱，百姓饥荒露宿，死于道途，这些都是因我而起，让我何以心安？"刘璋决心投降，派张裔出城，作为自己的谈判代表去见刘备。刘璋的条件很简单，只要保证自己及一家人的安全，他愿意和平让出成都。

张裔就是在柏下与诸葛亮有过一战的那个人，刘备见了他很高兴，强攻只能把成都打烂，尸横遍野只能在士民中增加仇恨，他更看中益州的未来，对于刘璋提出的条件他都答应，向张裔表示，只要刘璋出城投降，一定会对他充分尊重并做出适当安排。

刘备命简雍随张裔一道进城，向刘璋当面重申自己的承诺。简雍在刘备手下，对重大决策发挥的作用一般，但他风度翩翩，谈吐不凡，很适合担任大使这一类的角色。

刘璋见到简雍，悬着的心放下了一半，他下令即刻出城，向刘备请降。刘璋请简雍与自己同乘一车出城，刘璋的手下们见此情景，不禁流下泪来。刘备兑现了自己的承诺，把刘璋及其家人迁往南郡的公安居住，归还其财物，其中包括振威将军的印绶。振威将军是曹操以汉献帝名义任命刘璋的职务，刘备归还其印绶，意思是承认他仍然挂着振威将军的头衔。

刘璋有两个儿子，长子刘循，次子刘阐。刘璋曾多次命刘循率兵抗拒刘备，但他又是庞羲的女婿，庞羲在益州势力很大，刘备占有益州，也得与他合作，故而刘璋把刘循留了下来，只带刘阐去了公安。刘备后来继续重用庞羲，并任命刘循为奉车中郎将。

刘璋带着小儿子刘阐到公安过起了寓公生活，虽然没有自由，倒也生活得平静。不料以后孙刘多次交恶，刘璋父子的平静生活还要被打破，他们的政治生命还未完结。

以后孙权袭取荆州杀关羽，刘璋落入孙权之手，孙权为对抗刘备，任命刘璋为益州牧，驻秭归，不久，刘璋便死在了那里。再后来，南中豪族雍闿等人占据益州郡，归附孙吴，孙权又命刘阐为益州刺史，驻扎在交州与益州的交界处，诸葛亮平定南中，刘阐回到江东，被孙权任命为御史中丞。

七十七、成都的两个府

建安十九年（214）夏，刘备率部进入成都。

这是一次和平接收，按理应是一片忙碌而热烈的气氛，但刘备看到的却是混乱不堪。需要大家各司其职做好工作时，许多人却找不到了，刘备在街上溜了一圈，发现不少人一进城就急着跑到府库去抢东西，没时间办正事。

刘备一向温和而又克制，尤其是对部下，但这一次，他不由得不生气。刚要发作，左右提醒他，这不能怪大家，因为命令是他自己下的，在围攻成都时他曾与众人约定府库里的东西都归大伙，他不要。以刘邦那样的匪气，攻破咸阳之际尚约法三章，刘备向来以仁义自许，怎会下达这么缺心眼儿的命令？难道是史书记错啦？

其实并非不可能，性格沉稳而克制的人往往也有轻浮和任性的一面，成都在眼前，梦想将实现，喝完酒，一高兴，顺口说了那样的话，不是不可能，尤其刘备，根据史书记载，因为喝高了而言行失当的情况有好几回。领导高兴，那么一说，过后兴许就忘了，可这样的承诺大伙儿怎能忘？所以一入城将士们都放下手中的武器，忙着赶往府库，争着去抢里面的财物。

这还没完，更不靠谱的还在后面。

进了城，刘备下令举行盛大的庆祝活动，蜀中很富，是全国数一数二的繁华地区，打了二十多年游击战的刘备确实需要犒劳自己和部下。酒要喝，战功要总结，官要升，同时大赏群下。

刘备这次赏赐，出手极为阔绰。据史书记载，赏赐按功劳大小分不同等级，最高一档四个人，分别是诸葛亮、法正、张飞和关羽，赏赐标准是：黄金500斤，白银1000斤，钱5000万，锦缎1000匹。跟随刘备一路披荆斩棘的将士们个个兴高采烈，有人还嫌不过瘾，提出了更宏伟的想法，他们跑到刘备那里建议，要把成都城内的房产和城外的桑园、田地都分了。

钱分完了分房产、地产，可见富贵如毒药，要么一点儿不沾，要么再也戒不掉。类似这种建议总有强烈的群众基础，刘备不好一下子拒绝，一向有主见的赵云听后反对："霍去病当初说匈奴未灭、无以家为，现在的国贼何止是匈奴，还没有到求安稳享乐的时候。只有到天下平定的那一天，大家各返故乡，再谈享受才合适。益州士民初罹兵革，遭受战乱之痛，田宅都应归还其主人，令其安居复业，然后制定差役、赋税政策，这样才能让大家安心。"

革命尚未成功，先别谈论享受，哪天事业告成，一个个荣归故里，到那时再过荣华富贵的生活不迟，现在还远不是时候。刘备有时会冲动，但他决不傻，他当然采纳了赵云的建议，只是赵云做了回恶人。

刘备进入成都后，即宣布复领益州牧。

刘备之前的头衔有很多，有左将军、豫州刺史，那是朝廷正式任命的；有一个荆州牧，是孙权表奏的；来到益州后，刘璋表奏他为大司马、司隶校尉。但是，这个益州牧从来没有担任过，为什么称"复领"呢？

后世有学者认为"复领"是笔误，但也有学者认为这个"复"是相对于之前曾担任过荆州牧而言的，是强调刘备现在集荆州牧、益州牧于一身。但推测起来还有一种可能，那就是史书故意装糊涂，这时候已经没人再会来表奏刘备了，如果被手下人"推举"，那刘备将很没面子。

刘备不回荆州了，索性在成都开府治事。刘备开的"府"主要有两个：一个是左将军府，一个是益州牧府，是武和文两套班子。

从武的方面说，刘备的左将军属四方将军之一，相当于大军区司令，根据本朝官仪可以开府治事。左将军府中设长史、司马各一人，长史主行政，相当于秘书长，司马主军事，不是相当于团长的那个带兵的司马，地位要高得多，类似于武职的秘书长，他们二人品秩都是一千石。再往下设掾属 29 人，另有从事祭酒、从事中郎等属官，掾相当于各处的处长，掾属相当于各处的副处长。

这是"军区司令部"的配置，往下，左将军管辖各位将军、偏将、裨将、中郎将等部众，刘备手下的将军有两位，分别是荡寇将军关羽、征虏将军张飞，黄忠、赵云分别是裨将军和偏将军，诸葛亮是军师中郎将，魏延等人军职稍低。除此之外还有一个马超，是朝廷正式任命过的偏将军。

刘备对众人的军职进行了调整，根据马超的资历和影响力，刘备拜其为平西将军，这不是普通的将军，而是"四平将军"之一，地位高于关羽、张飞，如果左将军相当于“西南军区总司令”，平西将军就相当于副总司令。

刘备为什么给马超这么高的待遇？因为在当时论知名度马超远在关羽、张飞之上，马超曾统率联军跟曹操打过大仗，这一点关羽、张飞不及，更重要的是刘备刚在益州站住脚，需要各方面的支持，所以对马超格外关照。

关羽、张飞军职没有再升，赵云被提升为翊军将军，黄忠被提升为讨虏将军，诸葛亮被提升为军师将军，他们都与关羽、张飞的军职相当，除了他们，被提拔为将军的还有魏延，担任的是牙门将军。

魏延此前的身份是“部曲”，也就是团营一级的军官，这一两年里作战再勇敢，也不可能连升五六级，这个“牙门将军”赵云之前也担任过，当时推测可能是“牙门将”之误，这里也许一样。

此前，没有带过兵、打过仗的诸葛亮直接被任命为军师中郎将，现在又跨越裨将、偏将等直接被任命为军师将军，说明刘备对诸葛亮已经无比信任和器重，左将军府的日常事务，刘备也交给诸葛亮来处理（署左将军府事）。

左将军府长史任命的是许靖，他跟堂弟许劭主持过著名的“月旦评”，曹操那句“清平之奸贼，乱世之英雄”就是他们给的，和马超一样许靖也有益州人士无法企及的影响力。与长史对应的左将军府司马一职任用了庞羲，之前说过这个人很不简单，是绝对实力派，刘备把他召到左将军府任职，既利用了他在益州的影响力，又解除了他的兵权，不失为一着好棋，庞羲来到刘备手下后便偃旗息鼓，不再生事。

往下是左将军府里的诸曹，其中西曹最重要，刘备任命刘巴为西曹掾，这项任命一来出于对刘巴为化解经济危机立下功劳的回报，二来可能出自于诸葛亮大力推荐，刘备尽管内心里不怎么喜欢刘巴，但脾气不好的人做人事工作倒合适，不怕得罪人。

左将军府其他各处负责人无法细考了，只知道有一个是马良，上次诸葛亮曾派他给刘备送信，马良回到荆州时雒城被攻克，马良为此曾给诸葛亮写信说“听说雒城已拔，此乃天意，尊兄应接受上天安排，辅佐圣君，光耀国家”，从这封信里可以看出马良和诸葛亮之间无话不谈，“尊兄”的称呼在那时不是随便可以使用的，一般有亲戚关系才会用。

左将军府还设从事祭酒、从事，类似于高参、顾问的角色，初期担任过此职的有何宗、秦宓、伊籍等。何宗字彦英，是益州蜀郡人，汉朝司空何武之后，刘璋时曾任犍为郡太守，刘备任命他为从事祭酒，相当于参谋处长；秦宓字子敕，益州广汉郡人，少有才学，州郡征辟皆称病不去，刘备听说他的名声，任命他为从事；伊籍字机伯，祖籍兖州刺史部山阳国，早前追随过刘表，后依附于刘备，担任从事。

以上是左将军府的情况，下面再说说益州牧府。

州牧的主要属官有别驾、治中从事、功曹等，别驾相当于副州长，治中从事是州牧的高级助手，功曹相当于人事处长。刘备请王谋当别驾，王谋字元泰，益州汉嘉郡人，是益州本地大族，史称其有容止、重品行，刘璋时任巴郡太守、治中从事，是益州官场上的重量级人物。

担任治中从事的有黄权、彭羕等人。黄权字公衡，益州巴西郡人，担任过刘璋的主簿，相当于办公室主任，他曾劝谏刘璋不要迎请刘备，因此被刘璋降职为县长。刘璋失败后黄权投降。彭羕字永年，益州广汉郡人，性格高傲，之前只不过做了个书佐一类的小官，被刘备看中，任命为治中从事。

彭羕身高八尺，一表人才，但是个怪人，在刘璋时期他曾被人诽谤，刘璋罚他做苦役。刘备刚进益州彭羕就主动去拜访，接见他的是庞统，庞统与他无旧交，当时有宾客在座，就没怎么理他，彭羕径直到庞统坐榻边躺下，对庞统说："等客人走后，我与您好好聊聊。"

客人走了，庞统再找彭羕聊，彭羕不聊，要庞统先跟他一起吃好东西，再谈话。吃完，时间也晚了，当晚彭羕便留宿在庞统那里，二人谈了一夜，次日又谈了一天，庞统大为高兴，认为彭羕有才。法正也很了解彭羕，也向刘备推荐，这样刘备对彭羕便格外看中。

州牧府里的功曹品秩虽不高，却是个重要的位置，刘备任命了益州本地人李恢，之前说过刘备曾派李恢去联络马超，促成了马超来投，立下大功。

除了州牧府，还有下面的郡太守和国相。东汉益州刺史部有 12 个郡国，在选择郡太守、国相方面刘备动了一番脑子，不仅选派一批有行政才干的人才到地方任职，也留任或提拔了一批本地人才。

益州最重要的有两个郡：蜀郡和益州郡。蜀郡太守任命了法正，一来法正很有才干，此次夺取益州他又立下首功，二来他对益州的情况很熟，交给他比较放心。刘备还给了法正一个身份，扬武将军，除了让他当太守也让他领兵，说明法正此时得到了刘备的完全信任。

益州郡太守任命的是诸葛亮，该郡名为益州郡，位置其实很偏，郡治在滇池县，即今云南省滇池东南，辖区主要位于今云南省的东部，距成都上千里，诸葛亮负责左将军府的日常事务，不可能远赴益州郡上任，担任这个职务只是个挂名，或者顶多定期抽时间去益州郡一趟，处理一下太守的事务。刘备可能觉得诸葛亮虽以军师中郎将的身份锻炼了几年，毕竟还没有担任过地方行政负责人，所以安排他兼任益州郡太守，算是弥补这方面的不足。

其他相对重要的郡国里，张飞兼任巴西郡太守，费观为巴郡太守，李严兼任犍为郡太守，江阳郡太守是刘邕，朱提郡太守是邓方。

李严这个人需要多讲一下，他字正方，是荆州刺史部南阳郡人，很有行政才干，刘表曾任命他为秭归县令，秭归是荆州的西大门，反过来也是益州的东大门，曹操南下，秭归有一段时间没人管，李严弃官跑到益州投奔了刘璋，刘璋觉得他是人才，任命他为成都县令，在任上李严获得了能干的名声。刘璋后来让李严任护军，在绵竹一带拒刘备，李严投降，被刘备任命为裨将军，刘备觉得他的特长还是在行政方面，在益州又有名望，就任命他为犍为郡太守。

还有几个可以考证的郡太守：年轻时就与诸葛亮关系密切的向朗被任命为牂牁郡太守，霍峻守葭萌有功，刘备干脆任命他为位于益州北部的梓潼郡的太守，早年便跟随刘备的刘琰被任命为固陵郡太守，马良的弟弟马谡刚入成都时被任命为成都县令，马谡干得不错，后被提拔为越嶲郡太守。

刘备入主益州后，对益州的行政区划不断做出调整，郡国的数目持续增加，最多时增加到了 27 个，所以后来还有更多的人有机会担任郡太守，在跟随刘备从荆州过来的人中陈震担任过汶山郡太守，廖化担任过宜都郡太守，邓芝担任过广汉郡太守。

从上面的职务任命来看，州牧府的主要官员多用的是本地人，而郡太守则多半是随刘备从荆州过来的人，算是一种平衡。

七十八、这场仗没法再打了

在刘备攻入成都前后，曹操、孙权在做什么？

他们也在打仗，打得还挺激烈。濡须口之战孙权打退了曹操的进攻，双方消停了一阵，后来曹军再次发起进攻，夺下了孙权控制下的皖城，此地即今安徽省安庆市，自古以来都是重镇。汉末这里是扬州刺史部庐江郡的治所，孙策、孙权以前分别在此打败过刘勋和李术，长期把它控制在自己手里，首次濡须口会战后不久，皖城却落入到曹军的手中。

史书对这件事没有任何记载，但皖城的确已经易手，建安十八年（213）曹操任命朱光为庐江郡太守，朱光到皖城上任，他在庐江郡广开稻田，发展农业，吸引来大量逃难的人口，曹操认为这个办法很好，又任命谢奇为蕲春典农都尉，在蕲春屯田。

孙权这边兼任寻阳县令的吕蒙首先发现了问题，他认为曹操的这一招比较毒，这是稳扎稳打的做法，来年水稻丰收，曹军的势力必然倍增，再发展几年就更难收拾，于是建议出击皖城，消灭朱光和谢奇，孙权接受了这个建议。

建安十九年（214）5月，就在诸葛亮率军西进益州的同时，孙权发起了皖城战役。孙权手下将领们认为应该堆积攻城的土山，准备攻城器具才能拿下皖城。当时连续多天大雨，吕蒙认为大雨有助攻城，做土山有点来不及，且容易被水冲垮，应该举三军的锐气，从不同方向同时猛攻，不用太久必可将城攻破。

吕蒙推荐甘宁任升城督，甘宁手握绳索亲自攀城，吕蒙在后面支援，亲自擂鼓助阵，攻城战从半夜里展开，到拂晓时分便将城攻破，俘获庐江郡太守朱光和曹操派到庐江郡的参员董和等以下男女数万人。

张辽从合肥率援军向这里赶来，但城破得太快了，才到达夹石就接到皖城被攻占的消息，于是撤回合肥。

曹操听说皖城丢了，大怒，立即下令出兵夺回皖城。

但是，现在出兵东南却不是好时候，因为这时已经是农历的七月，马上就要进入江淮的秋雨季节，连阴雨经常一下十多天，行军打仗最怕这个。根据前方传来的报告，雨已经下起来了，道路泥泞，行军困难，将士们普遍不愿意去。但曹操意志很坚定，不要说下雨，下刀子也不行！

曹操为什么这样固执？一方面，皖城确实很重要，孙权如果长期占据了皖城，等于把战线推向了江北，合肥方向再无战略缓冲；另一方面，上次在濡须口打了败仗，如果让孙权再胜一阵，那就更没面子了。所以曹操这一回铁了心，非夺皖城不可，谁劝都不行，他专门发布了一道教令："现在不再接受进谏，都别问要去哪里，有进谏的一定处死。"

贾逵时任丞相府主簿，他长期在扬州刺史部任职，非常熟悉那里的情况，他反对此时用兵，看到这道命令，更觉得有问题，就对其他三位主簿说："现在确实不宜出兵，但教令如此，不能不谏啊！"看来丞相府里有多位办公室主任，大概根据工作内容各管一摊。这几个人挺不错，看到问题也不回避，他们同意贾逵的看法，由贾逵起草了进谏稿，三个人把名字一一署上，呈给丞相。

曹操看了大怒，把贾逵等人抓了起来，问是谁出的主意，贾逵说是自己，之后径直前往监狱。狱吏一看是贾主任，就不给他上刑具，贾逵催促狱吏赶紧给自己戴上。后来曹操的怒气消了些，把贾逵等人放了，但出兵的决定不改。参军傅幹也向曹操进谏："治理天下有两种途径，文治和武治。明公用武已十平其九，现在没有遵从王命的只有吴与蜀，吴有长江之险，蜀有崇山之阻，难以威服，应该采取德治。我认为现在应该按甲寝兵，息军养士，分土定封，论功行赏，以此稳固内外之心，然后兴学校，教导百姓崇尚节义。以明公的神武，再修以文德，那么普天之下就没有不服从的了。现在举十万之兵于长江之滨，如果敌人负险深藏，就不能立刻取胜，就会挫伤自己的锐气，敌人也不能心服。总之，明公应该多想想虞舜休兵养息之义，全威养德，以道制胜。"

曹操仍然不听，只是也没再难为傅幹。

7月，曹操命曹植留守邺县，自己亲率大军前往合肥。这本是一场重要的军事行动，但史书上却找不到关于这一仗的任何记载，到这一年10月曹操又出现在了邺县，当时天下着大雨，道路不好，行军速度不会很快，一个单趟就得走一个多月，也就是说双方在合肥前线基本上没交过手，皖城此后仍在孙权手中，孙权任命吕蒙担任庐江郡太守。

费了这么大的劲，下了好大的决心，竟然不了了之，这不是曹操的风格。是曹操最后收回了成命，没有发兵吗？

也不是，这一次曹军的主力确实出动了，就在这次行军的路上，曹操的心腹智囊荀攸得了重病，不治而逝，享年58岁。在曹操先后几位“谋主”里，荀彧后来专司朝廷事务，郭嘉病死，现在荀攸又不在了，曹操损失很大。在荀攸生病期间，曹操派随军的曹丕前去探视，曹丕独拜于荀攸的床下。

荀攸死后，曹操很伤心，一说到荀攸就忍不住流泪，他曾对人说：“我和公达交往二十多年，在他身上没有一丝一毫可以指责的地方。”曹操对荀攸的评价非常高，他还说过：“对于正确的意见，公达总是坚持进谏，不达目的不停止；对于错误的意见，总是坚持反对，不达目的也不停止。”荀攸参与许多重大机密的筹划，但他为人严谨，对机密大事一向守口如瓶，就连最亲近的人也不知道他出过哪些计谋。荀攸姑姑的儿子辛韬曾向他打听平定冀州的事，荀攸说：“关于这件事，我只知道辛毗替袁谭来乞降，曹公亲自率兵前往平定，其他的，我哪里知道？”辛韬再也不敢向他打听军国大事了。荀攸与钟繇关系最好，荀攸向曹操前后提出过重大决策建议12条，只有钟繇知道，钟繇想把这些整理出来传之后人，但这项工作直到钟繇去世仍未完成，所以荀攸的智慧和谋略世人知道得很少。

那么，既然出动了为什么又草草收场？

这与益州的形势有关，刘备就在此时攻进了成都，这让曹操和孙权都很吃惊，他们吃惊的不是刘备能够攻下成都，而是事情进展得这么快。刘备到益州三年了，之前一直和刘璋呈对攻状态，诸葛亮领兵才进益州三四个月，益州竟然就被刘备拿下了！

曹操和孙权都很着急，人家那边高歌猛进，咱们还在这边打个什么劲？

曹操迅速调整部署，立即转换战场，发起了汉中战役。

为了保证汉中战役的胜利，曹操决定尽可能集中起兵力到西线，东南战场上的人马保持到最少水平，其中留下守合肥的只有7000人。曹操把张辽、乐进、李典三人留在了合肥，同时薛悌为各军护军，临行前秘密把薛悌找来交给他一封信函，告诉他等到孙权来进攻的时候再打开看。

10月，曹操回到了邺县，在此没做太多停留，又率主力向关中进发。12月，曹操率主力到达黄河上的渡口孟津。次年也就是建安二十年（215）3月，曹操率主力到达长安。

曹操这么着急，一般人很难理解，所以有不少人上书反对，担任黄门侍郎的刘廙在上书中说："自明公起兵已来，三十多年攻无不破，强敌无不顺服。如今孙权恃险于吴，刘备不服于蜀，但论他们的势力和影响，未必比袁绍更强大，孙权、刘备未臣服，不是我们的智慧、武力不如以前了，而是形势有了新变化。周文王当年伐崇国，打了三十天都没打下，之后勤修德政，崇国表示臣服。秦国还是诸侯的时候，征战无不取胜，但称帝之后，几个人登高一呼社稷就完了，这是用武力于外，对内不能体恤民众造成的。我担心吴、蜀的力量虽然比不上六国，但当世却不乏陈胜、吴广那样的人才，这一点不得不考虑呀。于今之计，不如据四方之险，选择要害处把守，这样明公就可以高枕无忧，专心考虑如何治国，广种农桑，推行节约，不出十年，定会国富民强。"

要是孔融那样的人这么说，曹操一定会把他叫过来问问是啥意思，这么说抱着什么动机，但曹操知道刘廙对自己一向忠诚，他也尊重刘廙。同时，刘廙的想法有一定代表性，但这些想法曹操并不赞成，曹操认为这样的想法不合时宜，以教化征服敌人只能是纸上谈兵。于是曹操以公开信的形式答复刘廙，不仅阐述了此次用兵的重要性，在信的末尾还写道："不仅君王应当理解臣下，臣下也应当了解君王，现在让我遵行周文王的仁德，恐怕并不符合实际。"

七十九、稀里糊涂的胜利

整个关中地区已在曹军占领中，曹操到达长安，在此略作休整，随即进军汉中。

由关中到汉中必须越过秦岭，最便捷的通道是穿越其中的几条栈道，著名的栈道有三条，自东向西分别是子午道、傥骆道、褒斜道。这些道路穿行于大山之间，虽然路途最近，但崎岖难行，又容易遭遇伏击，在准备仓促的情况下曹操决定放弃。那就只有一条路了，就是绕行大散关。大散关是关中四关之一，位于今陕西省宝鸡市南面的大散岭上，是由陕西进入四川的要道，号称“川陕咽喉”，当年刘邦“明修栈道，暗度陈仓”就是走的这里，现在曹军进攻的方向刚好相反。

建安二十年（215）4月，曹操率军抵达大散关，到了一看，路也很难走，曹操写了一首《秋胡行》，记录行军的艰辛。不仅行军艰难，还遇到了氐人发起的叛乱。曹魏新置的雍州刺史部辖下有不少氐人，曹操率军南下汉中时氐王窦茂突然起兵反叛，他们聚集一万多人，占据汉中以西的武都郡一带峙险不服，曹军如果继续南下，氐王就如同顶在背后的一把刀，这不是小事。

曹军不得不停下进军的步伐先解决氐人问题，他派张郃、朱灵率所部在雍州刺史张既的配合下攻打氐王，窦茂退守河池，即今甘肃省徽县一带。曹操下令猛攻，于这一年5月将河池攻破，曹操下令屠城。

屠城虽广受诟病，但也的确对敌人造成了强力威慑，有一个记载说当时韩遂所部还在雍州刺史部境内活动，韩遂的部下麹演、蒋石等人把他斩杀，把首级呈给曹操，如果这条记载准确，韩遂死时就已经70多岁了，起兵至今超过了30年。

还有一个叫刘雄鸣的，是关中人，李傕、郭汜作乱长安时隐入秦岭山中，很多人依附他，形成一股强大的势力，慑于曹军的威严刘雄鸣主动前来拜见，曹操很高兴，对他说："我刚进关，就梦到一个神人，该不会就是你吧？"曹操任命刘雄鸣为将军，让他召集部众随同大军行动。刘雄鸣其实就是秦岭山中的土匪，这些人自由惯了，并不喜欢被招安，刘雄鸣在部下的鼓动下再次反叛，多达数千人，占据要道，曹操派夏侯渊前往讨伐，刘雄鸣率叛军余部逃往汉中。

汉中的西邻是雍州刺史部武都郡，郡太守名叫苏则，字文师，关中人，举过孝廉、茂才，才能品行都不错，曹操在行军路上召见了他，对他的工作很满意，让他带人担任大部队的向导。

这些事一耽搁，就到了夏天，麦子成熟了。张既、苏则等组织民众就地收获小麦，加上从关中调来的粮食，军粮供应就不成问题了。这时大家才明白，原来丞相这么急于进军汉中，时间都是算好的，如果晚来一两个月，收麦子就赶不上了。

有粮食还要保证运输，雍州刺史部地广人少，曹操命长安特别市市长（京兆尹）郑浑、河东郡太守杜畿等人征调运输队来前线负责运输，杜畿迅速征调了5000人亲自带往汉中前线，虽然跋山涉水、远离家乡，但大家士气很高，没有一个人逃亡，大家都互相勉励："人都有一死，宁死也不能辜负杜太守！"

7月，曹军主力进抵阳平关。

阳平关位于今陕西省勉县境内，是汉中的西大门，它北面是秦岭，南临汉水和巴山，处于陈仓故道和金牛道交会处，这两条古道一条是关中南下汉中的必经之路，一条是汉中入川的必经之路，阳平关处于其结合部。

之前曹操曾向当地人询问阳平关一带的地形，有人告诉他阳平关的地势一点都不险要，关前的南北两山相距很远，不容易守住。到了阳平关曹操一看完全不是那么回事，不由得感叹道："别人转述的，未必都是真实情况啊！"

听说曹操亲率大军到达阳平关，张鲁自知不是对手，准备投降，但是遭到其弟张卫的反对。张鲁于是派张卫以及杨昂等人率兵数万，在阳平关前横着筑石城十多里，拦住曹军的进攻。

曹军大约有10万人，张鲁军大约3万人，但在这样的地理条件下，人多并不是最有利的因素，由于地势险要，易守难攻，曹军死伤惨重，曹操感叹道："打了30年的仗，还没有这样受制于人的，怎么办？"

曹操竟然想到了撤兵，但是奇迹发生了。当时曹操撤退的命令已下，夏侯惇、许褚所部接到命令连夜撤退，夜里看不清路，结果误入敌人兵营，敌人不知究竟，还以为曹军攻营得手，居然四散败走。侍中辛毗、刘晔等人随军行动，他们告诉夏侯惇、许褚说已经占领了敌人的要塞，夏侯惇、许褚不相信，亲自来察看，果然是真的，立即报告曹操。

还有一个记载，说当时不知从哪里窜出来数千只麋鹿冲入张卫大营，张卫军营夜惊，曹操手下的高祚等部离此不远，高祚吹响鼓角，召集其他友军，张卫大惧，以为这都是曹军预谋好的攻营战术，于是投降。阳平关就这样稀里糊涂地被攻下了，曹操一看，那就不撤了。

南郑无险可守，张鲁还想投降，但他手下的功曹阎圃认为投降可以，但不要这么轻易就降，他的理由是："现在就这么投降了，必然没有什么分量；不如先投奔杜濩、朴胡，然后看情况再说，到那时再投降功劳也大些。"

张鲁真是个善于倾听部下意见的好领导，对阎圃的建议他也接纳了，于是带领一部分人南入巴中。巴中地区属益州刺史部，益州目前虽然被刘备占领，但各地正处在新旧交接中，像巴中这些地方目前还比较乱，在当地势力比较大的是杜濩、朴胡这些部族首领。

临走前有人建议搞一些破坏，把仓库等设施烧毁，张鲁不同意："本来打算归顺朝廷，现在离开是暂避锋芒，没有恶意，仓库里的东西都归朝廷所有。"张鲁让人在府库上一一贴上封条，之后才走。曹操到了南郑，对张鲁的做法很高兴，他得知张鲁有归降的本意，就派人到巴中地区寻找张鲁，劝他投降。

9月，巴中地区的部族首领朴胡、杜濩率部出降，曹操下令分巴郡为巴西郡和巴东郡，任命朴胡为巴东郡太守，杜濩为巴西郡太守，都封为列侯。11月，张鲁率家属从大巴山出来投降，曹操以天子的名义拜张鲁为镇南将军，封阆中侯，食邑一万户，封张鲁的五个儿子以及阎圃等人为列侯。

马超逃往益州时没来得及带上妻子董氏以及儿子马秋，现在董氏和马秋都到了曹操手上，曹操把董氏赐给阎圃为妻，把马秋交给张鲁处理，张鲁亲手把马秋杀了。张鲁此举并不仅仅因为痛恨马超，而是借此向曹操表示忠心，说明他与马超已成不共戴天的仇人，让曹操放心。

马超的部将庞德也在张鲁处，现在也投降了曹操，曹操早就听说庞德作战勇猛，任命他为立义将军，封关门亭侯，食邑300户，庞德从此忠心耿耿地追随曹操，至死不渝。

五年前与马超一同在关中叛乱的程银、侯选等人各率1000多家在汉中，他们也出来投降，曹操既往不咎，仍然恢复了他们的职务。还有那个刘雄鸣，汉中平定后没有办法只好再次投降，曹操看到刘雄鸣，上去一把拽住他的胡子："老家伙，这回又抓到你了！"说归说，曹操并没有为难他，恢复了他的职务，只不过汉中不能让他再待了，说不定哪一天他还作乱，曹操下令把他和部下迁到冀州刺史部渤海郡。

曹操对张鲁等人封赏都很重，原因不在于阎圃说的那样，而是曹操考虑到张鲁祖孙三代在汉中统治时间很长，又有一套“五斗米教”相辅助，在汉中影响很大，只有尊崇张鲁，才能得到汉中的人心，巩固汉中的统治，为进图益州做长远规划。

从行政区划上说，汉中郡属益州刺史部，应该是刘备的地盘。刘备进入成都时黄权曾提出建议：“如果失去汉中，则巴郡不可保，等于失去了益州的一条臂膀。”

这时张鲁出逃巴中，刘备于是任命黄权为护军，督率就近的各军前往巴中迎接张鲁，可是晚了一步，张鲁投降了曹操。黄权就率军攻击曹操新任命的太守朴胡、杜濩等人，曹操命张郃率部赶往支援。

这时刘备刚占领成都不久，益州并不稳固，无法倾全力去与曹操争锋，只能派张飞去支援黄权。张郃与张飞战于巴中，双方相拒50多天，最终张飞打退了张郃的进攻，张郃撤回南郑。巴郡、巴东郡和巴西郡习惯上称“三巴”，属益州刺史部，这时大部分也都被刘备所控制，刘备任命张飞为巴西郡太守，让他在那里据守。

荀攸死后，在曹操身边出谋划策的主要是刘晔，曹操又选拔了司马懿等人参与筹划，司马懿此次以主簿的身份第一次随军，他向曹操提出建议：“刘备以骗术取得益州，蜀人未必肯服，此时他们与孙权为荆州的事相争于江陵，这是一个机会。如今攻克汉中，益州震动，进兵攻之，益州必然瓦解。圣人说过，做事不违背天命，但也不能失去时机呀。”

司马懿的建议并非没有道理，刘备得到益州后，孙权趁机索要借出去的南郡等地，孙刘联盟出现了裂痕，这倒是一个机会。刘晔也建议，攻克汉中后益州震动，正是一举攻占益州的最好时机，如果失去这个机会，必然给今后留下难题。

但是曹操迟疑不决，他想起了当年在赤壁的遭遇，见好就收是有道理的，汉中之得有很大的偶然性，如果不是天佑曹魏，说不定此次也是无功而返，这次行动的目标是汉中，既然目标已经实现就应该退兵了。曹操没有接受司马懿和刘晔的建议，他说了一句很有名的话：“人最怕的是不知足，既然得到了汉中，就不要再想益州了！”

这就是“得陇望蜀”典故的由来，但不久后，有从益州那边投降过来的人报告说，听到曹军攻占了汉中，蜀中大为震动，刘备虽然连杀了不少人都不能让局面安定。曹操有些后悔，问刘晔现在进兵益州是否可行，刘晔认为时机已过，现在那里的局面必然初步安定，不能再进攻了。

不过，从张郃和张飞在巴中地区交战的情况看，曹军如果即刻南下在局面上也未必占优势，先不说汉中初定，人心不稳，单就战争准备、熟悉道路等方面，也不是仓促就能完成的，曹操没有采纳司马懿和刘晔的建议，应该说是明智的。

曹操任命夏侯渊为都护将军，率领张郃、徐晃所部留守汉中，派丞相府长史杜袭以驸马都尉的身份负责汉中的政务。

汉中郡之前已被刘焉改为汉宁郡，曹操下令恢复汉中郡，将汉中郡的安阳、西城等县分出来设置西城郡，将锡县、上庸县等分出来设置上庸郡，分别设置了郡太守、都尉。

之后，曹操率主力撤出汉中。

三国全史

/下卷/

南门太守 著

中国出版集团 现代出版社

目录

上篇　老骥伏枥

中篇　鞠躬尽瘁

下篇　分久必合

上篇 老骥伏枥

一、张辽的逍遥津

曹操率主力深入汉中，孙权也没有浪费这次好机会，他迅速在东线出击，试图一举夺取合肥。合肥是曹操东线战场的支撑点，拿下合肥就等于占领了整个扬州。

建安二十年（215）8月，就在曹操攻破南郑的同时，孙权调集10万人马，由自己率领进攻合肥。此战孙权志在必得，所以几乎带来了吴军的全部精锐，吕蒙、甘宁、蒋钦、凌统、陈武、徐盛、贺齐、潘璋等。最能打的都来了。

曹操西征汉中前留下张辽、李典、乐进守合肥，但给他们留下的人马并不多，只有7000人，合肥看来凶多吉少。担任驻合肥各军护军的薛悌谨遵曹操的指示，一直没有打开曹操临走前留下的那个密函，现在孙权率10万人马杀来，时机到了。

薛悌请来张辽、乐进、李典诸将，当众人面打开了那封密函。

大家都以为丞相留下了什么秘密武器，期望值挺高，谁知打开密函以后，只看到上面写了几句话："如果孙权来了，让张辽和李典二位将军出战，乐进将军留守，薛参谋长不得参战。"

就是这些啊？大家有些失望。

而且似乎也有问题，现在明显寡不敌众，只能死守以待援军，主动出击会正中敌人的下怀，在实力如此悬殊的情况下能否取胜实在没有多大希望。但张辽认为曹丞相的指示是正确的，他说："曹公远征在外，如果我们坐等待援，敌人必然会击破我们。所以曹公命令我们趁敌人没有集齐之时发起攻击，挫伤他们的锐气，以安定军心，然后才能守住。"

对张辽的看法大家还有些犹豫，包括乐进、李典在内，众人一时都还下不了决心，张辽生气道："成败之机，在此一战。诸君如果还要怀疑，我张辽愿意单独一战！"李典深受触动，他跟张辽平时有矛盾，此时也慨然道："这是国家大事，我不能以私心而忘记公义，请让我跟随你前进！"

张辽连夜招募敢死队，共选了800人，给他们杀牛飨食，饱餐一顿，到了天亮，张辽亲自披甲持戟，率领这800勇士杀入敌营。对曹军这一手吴军没有任何思想准备，10万对7000，胜负几乎没有悬念，脑子只要还正常，就会选择死守待援，能多撑一天就多一分生的希望，主动发起挑战无异于自杀。

哪知曹军不仅杀了出来，而且士气还很高昂，张辽一边杀，一边大呼自己的名字，他们连杀数十名敌兵，其中还包括两员将领，他们冲锋的速度极快，转眼就杀到孙权的指挥部。孙权几乎来不及反应，跟前有一个土堆，可能是一处坟堆，孙权顾不了那么多，抱着一把长戟就上了土堆。

张辽站在土堆下，高喊让孙权下来一战，孙权不敢动，这时孙吴的众将杀了过来，将张辽围住。张辽率身边数十人又往外面杀，刚杀出重围，听见后面有人求救："将军，您要抛弃我们吗？"张辽回头一看，见是自己带来的人有被孙吴的士兵围住不能脱身的，张辽于是又往回杀，敌兵人马披靡，没人敢挡，张辽顺利将被围的士兵解救出来。

这一战从早晨一直打到中午，张辽就用这800人在孙权大营里连冲带杀，孙吴军队居然无奈，看着他们杀进杀出，孙吴士气大损。孙吴军队又攻了十多天，被士气高昂的曹军挡在城下无法得手，孙权决定撤兵。

吴军接到命令陆续撤退，孙权和吕蒙、甘宁、凌统、蒋钦、陈武、潘璋等将领留在后面督阵。合肥城外有条淝水，淝水上有一个渡口叫逍遥津，孙权等人正在逍遥津以北等待过河，被远眺敌情的张辽恰好发现。

张辽再次率兵突然杀出，目标直指孙权。这一击实在太突然了，孙权等人毫无防备，吕蒙和甘宁拼死保护孙权，凌统指挥身边的人架着孙权就走，凌统把孙权转移到安全地带，返过来再与曹军交战，身边的人一个个战死，他也多处受伤，估计孙权已经脱险，这才撤离战场。

吕蒙、甘宁、蒋钦等人死战张辽以掩护孙权，甘宁勇猛异常，不停地引弓射敌，负责鼓吹的士兵大概也伤亡得差不多了，甘宁发现自己一方的军乐队突然没了声响，还厉声询问，壮气毅然。凌统这时也过来，掩护孙权撤退后重新杀回，他跟甘宁配合默契，抵挡住了曹军的猛攻。

对江东来说此战打得很惨烈，偏将军陈武力战而死，宋谦、徐盛、甘宁等人负伤。徐盛受伤后长矛都弄丢了，贺齐过来救了徐盛一命，捡回徐盛的长矛。

陈武自孙策时代便追随左右，孙权让他督五校，负责保卫孙权的安全，他力战而死，算是尽到了职守。对陈武的死孙权很伤心，后来亲自参加了陈武的安葬仪式。陈武有个爱妾，孙权下令让她给陈武殉葬，陈武的儿子陈修日后也成长为孙吴的高级将领。

陈武战死，徐盛等人受伤，他们手下不少士卒纷纷后退，潘璋赶到，斩杀了两名后退者，才稳住了阵脚。

张辽遇到一个紫色胡须的吴将，上身长、下身短，在马上很善射，张辽问孙吴的降卒这个人是谁，降卒回答是孙权，张辽懊悔不已，赶紧跟乐进急追。

孙权骑马到了逍遥津渡口上的一座桥，这座桥年久失修，桥面已坏，有一丈多宽的地方没有桥板，此时只有他的亲近监谷利在身边，谷利让孙权握住马鞍稳住身体，他在后面挥鞭以助马势，马使劲腾越，最后跳过了断桥。谷利立下大功，后来被封为都亭侯。

孙权侥幸逃过淝水，遇上贺齐率3000人前来接应，孙权才得以脱险。贺齐把孙权迎入大船，摆上酒宴为孙权压惊，席间贺齐落下眼泪，他对孙权说："人主的安危是大事，今天我们几乎酿成大祸。群臣震怖，像没有天没有地了一样，我将把今天这件事作为终身之诫！"孙权也走下座席，过去替贺齐擦干眼泪。

甘宁等人随后突围而回，其中凌统受伤最重，到淝水边时，桥已被曹军破坏，凌统穿着甲胄潜水渡河，到了孙权的大船上，孙权见了又惊又喜，把凌统留在自己的船上。孙权亲自为凌统换了衣服，拿出珍藏的卓氏良药为凌统疗伤，凌统才得以不死。

逍遥津一役，曹军以7000余人打退孙吴10万人的进攻，两次陷孙权于危难，打得吴军损兵折将，创造了战场神话。张辽经过此战名气更大，自那时起张辽的名字便与逍遥津联系在了一起。

此战也是孙权一生中最大的一次失败，人多势众，猛将如云，却被打得难以招架，士气大伤。后人评论此战的胜利，一方面归功于张辽等人作战勇敢，面对强敌敢于主动出击，以不足十分之一的力量，打得敌人节节退败。另一方面对于曹操知人善任也给予高度评价。

曹操在留下的封函里仿佛已经预知了一年后发生的情况，对于如何用兵给出了清楚的指示，他知道张辽、乐进、李典等人互相不服气，平时都不买对方的账，所以把拒敌方案暂时秘而不宣，他相信关键时候张辽等人能以大局为重，且互相激励，一定能出奇制胜。之所以让张辽担任主攻，让乐进守城，是因为曹操了解他们的性格，张辽作战勇猛，有狠劲；乐进打起仗来比较冷静，适合守城。

除这两方面原因外，还有一个重要原因被忽视了，孙吴军队中正流行瘟疫，削弱了战斗力，并迫使人马后退。根据史书记载，当时碰上了瘟疫，军队大部分撤出了发病区。瘟疫的威力在赤壁之战中表现得很突出，吴军此次在合肥失利，也与瘟疫有关。

逍遥津旧址在今安徽省合肥市老城区的逍遥津公园内，园内还有张辽墓。张辽祖籍并州刺史部雁门郡，跟关羽是同乡，因而关系很好。张辽于七年后去世于江都，死后要么就地葬于江都，要么葬于家乡，不大可能葬在合肥，这个墓应该是后人为纪念他而修的衣冠冢吧。

二、益阳城外单刀会

孙权在合肥吃了大亏，心里有些烦，再看到刘备取了益州，就更不平衡了，孙权再次向刘备提出归还荆州的事。

按照“借多少还多少”的原则，所谓荆州其实只有半个南郡而已，虽然地盘不太大，但这半个南郡是刘备在荆州的精华部分，江陵、公安都在其内，如果把这些地方还给孙权，刘备等于退出了荆州。

对付这个大舅哥，刘备已经相当得心应手，他很正经地回复：“先别急，等我取得了凉州，然后必将荆州归还。”这简直是在欺负孙权的智商，凉州在曹操手里，你什么时候能抢过来？即使抢来了凉州，你又该说关中了，干吗费这么大的劲，直接说等你生擒了曹操再把荆州相与算了。孙权觉得自己一再被刘备耍弄，大怒道：“刘备这个狡猾的家伙，敢跟我玩阴的？”

其实这才真正是没有道理，群雄相争，除了拼武力，剩下的可不就是玩阴的吗，有什么好惊讶的呢？但孙权不管，觉得这一次不能再不了了之，此时曹操的主力正在西线战场，他这边暂时没有压力，于是决定对刘备还以颜色。

孙权迅速组织起一支西进兵团，目标直指刘备在荆州的地盘，你不还，我就抢。这支人马有两万，主将是新任庐江郡太守吕蒙。不久前老将军程普去世了，孙权在荆州用兵，按说主将应该首推荆州地区的总负责人鲁肃，但孙权知道鲁肃一向主张与刘备联盟，担心他在关键时刻下不了决心，所以派来吕蒙。孙权对刘备有软硬两手，是软是硬根据需要来定，所以鲁肃、吕蒙他也都需要，什么时间派谁上场可以灵活掌握。

吕蒙一向主张对刘备强硬，在江东新一代将领中他成长很快，前不久他还只是个县长，当上郡太守没有几天。孙权重新夺回庐江郡后，郡里局势不稳，多次发生叛乱，孙权派人去剿，无法取胜，把吕蒙派去，几下就平息了。吕蒙很有头脑，只杀了带头叛乱的人，其他人不予追究，孙权很满意，夸赞吕蒙说："一百只鸷鸟都比不上一只大雕啊！"

其实说起来，发现吕蒙并向孙权竭力推荐的还是鲁肃。鲁肃当初到陆口上任，吕蒙以偏将军的身份兼任寻阳县令，鲁肃路过吕蒙的防区，按说鲁肃是荆州方面的负责人，实际地位高于吕蒙，但论军职鲁肃刚刚由奋武校尉提拔为偏将军，资历没有吕蒙老，所以吕蒙没有主动来拜见。

鲁肃倒没跟他一般见识，反而主动拜见了吕蒙，他之前对吕蒙并不是特别了解，加上吕蒙摆谱，所以只打算做个礼节性拜访，对吕蒙并不在意。两个人饮酒之间，吕蒙突然问："您接受重任，与关羽为邻，将采取什么战略以备不虞之需？"鲁肃没有多想，或者没打算跟吕蒙聊这个，顺口说："到时候再看吧。"

吕蒙显然不满意这样的回答，他说："现如今跟刘备虽然名为一家，但关羽实乃熊虎之人，哪能不预先制定好应对的策略？"吕蒙于是向鲁肃提出了五项应急预案，鲁肃听罢吃惊不小，再也不敢轻视吕蒙，他激动得越过座席跳到吕蒙那边，拍着吕蒙的背说："子明，我还不知道自己的才略原来比你差得这么多！"鲁肃主动要求拜见吕蒙的母亲，这是一个很高的礼节，意思是除公务之外双方还建立了深厚的私交，鲁肃和吕蒙自此成为挚友。

现在，吕蒙突然率兵渡过湘水，来到零陵、长沙、桂阳三郡。

刘备的主力都调往益州了，关羽防卫的重点在荆州的北部，江南各郡兵力较为薄弱，吕蒙轻松得手，长沙、桂阳两郡投降，只有零陵郡太守郝普坚守不降。

刘备接到报告，既吃惊又愤怒，立即由成都赶到了公安。孙权也不相让，马上由建业来到了陆口。刘备命关羽率兵来救零陵郡，关羽率军到达益阳，距零陵郡不远了，但就在这时，传来了郝普投降的消息。

原来，吕蒙知道郝普有个好朋友叫邓玄，就把他找来，对他说："郝普这个人很讲忠义，但是对现在的局势可能有点不清楚。刘备在汉中被夏侯渊所困，关羽在南郡，他们都没有余力救援这里。我考虑不出几天，城必被攻破，城破之后落个身死的下场有什么益处？先生可以去见郝普，向他陈述利害。"邓玄进城向郝普游说，郝普感到刘备、关羽的主力离此都很远，再守只能做无谓的牺牲，于是出城投降。郝普后来听说刘备已到公安，关羽已距此不远，十分后悔和惭愧，恨不得找个地缝钻进去。

吕蒙留下孙河守零陵郡，之后率主力赶赴益阳，与关羽会战。

益阳即今湖南省益阳市，当时是长沙郡所属的一个县，位于江南这几个郡的中心位置，如今成为孙刘两家角力的主战场。关羽带来的人马有三万，吕蒙兵力不足，鲁肃、甘宁等人赶到这里增援。

益阳城外十里有一条急流浅滩，关羽有5000精兵在此驻扎，甘宁获得情报这支人马将在夜里发动进攻，甘宁决定先下手，只是他这次来得匆忙，只带来300人，甘宁对鲁肃说："请再给我500人，我去对付他，保证他不敢渡河！"

甘宁为什么要向鲁肃借人呢？这是江东特有的兵制造成的，江东的兵制一般是世袭领兵制，将领和士兵都是固定的。将领死后，也是由其子袭领其生前军队；没有儿子的，兄弟袭领；没有兄弟的，在部属里选一个，具有很强的稳定性。甘宁有自己的人马，但没能都带来，现在去执行任务，只能从别的将领那里临时借人。

鲁肃立即选拔1000名精兵交给甘宁，甘宁连夜出发，关羽听说后果然不敢渡河，而是在河边筑起了营寨，这个地方后来就叫关羽濑。

双方剑拔弩张，这一仗眼看不可避免。

有一个人忧心如焚，这就是鲁肃，作为孙刘联盟的开创者之一，他一生都坚定地支持联盟的存在，直到现在仍然没有放弃和平解决分歧的希望。鲁肃想面见关羽，当面陈述利害，甘宁等众将都认为太危险，劝他不要去，鲁肃认为即使有危险也得去："今日之事已到了关键时刻，刘备明显理亏，在是非未定之时，关羽也不敢轻举妄动吧！"

鲁肃邀请关羽见面，双方约定兵马都停在百步之外，只有鲁肃和关羽两人单刀上前相见。关羽是一流的猛将，但鲁肃也不是文弱书生，之前说过鲁肃生得体貌魁奇，精通击剑骑射，有一次敌人的骑兵追击他，他厉声呵斥敌人，把盾牌立在地上，远远地弯弓怒射，每一箭都把盾牌射穿了，敌人被吓退。

关羽首先陈述了自己一方在当年赤壁之战中的功劳："乌林之役时刘将军亲临前线，寝不脱甲，勠力破曹，最后岂能只落得个徒劳，而无一块土地安身，足下是来收回土地的吗？"但这一不小心说到鲁肃的强项上，鲁肃反驳道："不对吧，开始我与刘将军相会于长坂坡，刘将军的人马不过千把人，走投无路，士气低落，还打算逃往远方。我们主上有感于刘将军无处安身，给了他土地和百姓，让他渡过难关。可刘将军隐藏自己的野心，违背道义和准则，破坏双方联盟。如今刘将军既已得到益州，却还想全部占有荆州，这是普通百姓都不会做的不义之事，更何况像刘将军这样的英雄呢？我听说祸患起自贪婪和背信弃义，关将军如今身负重任，难道不能辨别是非吗？反而要凭借弱旅与我们抗争，你们能不失败吗？"

鲁肃对那一段事更了解，有很多内情关羽恐怕都没他清楚，看见关羽的锐气被挫，鲁肃指责说：“我们把土地借给你们，当初是因为你们败军远来，无所依托。现在已经得了益州，却没有奉还之意，只求三个郡，又不接受。”话还没说完，关羽身后有一人高声喊道：“土地这个东西，谁有德谁占有，何人能永远拥有！”鲁肃又去厉声呵斥这个人，声色严厉。关羽自知理亏，操起刀，对身后说话的那个人道：“这是国家大事，不要随便议论！”关羽瞪了此人一眼，直到这个人离开。

最后，关羽与鲁肃当场达成和解协议，双方以湘水为界，湘水以东归孙吴，湘水以西归刘备，一场危机以和平手段化解。

这场纷争就此和平解决了，从结果看，孙权取得了胜利，过去刘备实际控制着荆州在长江以南的地区，现在以湘水为界，几乎分出一半给了孙吴。当然，这么重大的决策不可能由鲁肃和关羽在“单刀会”上就能确定，双方当时达成的只可能是个草案，还需要进一步协商，由孙权和刘备亲自拍板。

关羽来之前刘备大概已经给他交过底，刘备现在心里比孙权急，因为曹操在汉中得手，益州更加危险，不得不向孙权让步。“单刀会”后刘备赶紧返回了成都，准备对汉中作战事宜，孙权怕他再耍赖，就派诸葛瑾到成都商谈湘水分界的具体安排。在成都，诸葛瑾见到了离别 20 年的弟弟诸葛亮，但他们只谈公务，不谈私事，私下也没有见面。

在诸葛瑾回访后双方达成正式协议，以湘水为界将荆州一分为二，湘水以东的长沙郡、江夏郡、桂阳郡归孙权，湘水以西的南郡、零陵郡、武陵郡归刘备。当初孙权让出的地盘仅是半个南郡而已，如今却拿回来差不多三个郡。

三、“白地将军”夏侯渊

刘备在荆州做出重大让步，这个损失要从别的地方找回来。

对刘备来说，最近几年格外顺利，一切都是在按照诸葛亮在隆中设计的规划实施的，在这份规划里诸葛亮提出两路出击北方的设想，一路是荆州，一路是益州，只有这样才能取得成功，刘备对此越来越深信不疑。

要从益州进攻北方，汉中就是关键所在，现在曹操提前下手取了汉中，这是一个麻烦，所以汉中必须夺过来。除了诸葛亮，法正也建议夺取汉中，他进行了详细的分析：“曹操一举收服张鲁，占有汉中，没有借此势头进图巴、蜀，只是留下夏侯渊、张郃屯守，自己率军北还，这并不是他战略目光短浅，也不是他力量有所不及，必然是他的内部出现了问题。现在看，以夏侯渊、张郃的才略还无法胜任帅才，如果率大军前往征讨，必能攻克。攻克汉中后，在那里发展农业，积蓄粮谷，然后寻找机会，上可以彻底打败敌人，重振汉室；中可以蚕食曹魏的雍州、凉州，广泛开拓境土；下可以固守于要害，与敌人展开持久战。这正是机不可失，时不再来呀！”

这段时间诸葛亮的主要精力都放在协调内部事务上，又承担着左将军府的日常工作，具体用兵方略方面法正反倒考虑得比较多。

法正认为汉中不仅要取，而且要快，现在正是出兵汉中的好机会。刘备虽然也认同这个意见，但出兵汉中毕竟是件大事，赤壁之战后他与曹操尽量避免直接冲突，因而获得了难得的发展机遇，如果出兵汉中的话，就要直接跟曹操过招，胜算有多少，刘备心里没底。

但法正说得对，机不可失，时不再来，有情报显示曹操那边的确被一些内部的“忧偪”缠身，分不出更多精力来，这正是用兵的好时机。

建安二十三（218）春天，经过准备，刘备正式出兵汉中。

刘备命诸葛亮留守成都，负责后勤供应和补充兵员，自己率主力北上。刘备把大军分成东、西两路：东路由自己率领，包括法正、赵云、黄忠、魏延等部，由成都北上直取汉中；西路由张飞率领，包括吴兰、雷铜等部，向西攻击汉中的侧翼，目标是曹军在汉中以西的重镇下辩。

下辩在今甘肃省成县一带，是汉中郡的西邻，属曹魏雍州刺史部的武都郡，那一带有羌人聚居，考虑到马超在羌人中有很大影响力，刘备让马超随张飞行动。负责镇守汉中的夏侯渊得到消息后，赶紧向远在邺城的曹操报告，曹操派曹洪、曹休率一支人马增援。刘备的西路军抢先占领了下辩，曹洪、曹休率军赶到，把他们围了起来。

在“诸夏侯曹”里曹洪的资历比较老，早在官渡之战前他就已经是厉锋将军了，后升任都护将军，相当于兵团司令。曹休是曹家的下一代，之前长期在虎豹骑任职，资历差得多，此次才被曹操提拔为骑都尉，同时担任曹洪的参军。曹操对这个侄子很信任，对他说：“你名义上是参军，实际上是统帅。”

这是要越级指挥了，是兵家大忌，怎么看这话都不像曹操说的。但分析一下也许是真的，曹操此时已经开始着手培养曹氏下一代，曹丕、曹植、曹彰、曹休、曹真等人大约都 20 岁，曹氏的基业要绵延常青还得靠他们。反观曹洪，近 20 年来基本没有太大作为，史书提到他都是说他如何富贵、如何有钱，现在的曹洪已经不是之前那个能打能拼的曹子廉了。

目前曹仁坐镇襄阳，夏侯渊就在汉中，夏侯惇身体不好，在东南战场的居巢坐镇，也抽不出身来，只有曹洪可以挂这个帅。曹操让曹洪当主将，实际却以曹休为主，并且有意把这件事透露了出去，曹洪得知后，干脆把指挥权交给了曹休。为保险起见，曹操派老成持重的辛毗前去辅助，临行前专门找辛毗谈了一次话，对他说：“过去汉高祖刘邦贪财好色，所以张良、陈平匡正他的过失，现在你跟曹休的担子也不轻啊！”

对曹休来说，终于等来了露脸的机会，这一次得好好表现。曹洪、曹休把吴兰围在了下辩，刘备派张飞屯驻于固山，扬言要断曹军的后路，如何应对，大家有争论，有人认为应进攻固山，以防止大军的后路被切断，曹休反对：“敌人如果真想断我方后路，肯定会悄悄进行，现在这么大张旗鼓地要断我们的后路，中间肯定有文章。我们应该别管这个，趁他们人马没有集齐之际抓紧攻打吴兰，吴兰一破，张飞肯定会撤兵。”

曹洪全听曹休的，下令全军猛攻下辩。

还真让曹休料对了，张飞屯兵固山的目的确实是想让曹军分兵，以解吴兰之围，曹军猛攻下辩，吴兰、雷铜被打败，部将任夔被杀，吴兰、雷铜逃出下辩后被氐人部落首领抓住也给杀了，将首级送到了曹营。

以上是汉中之战前发生的武都之战，刘备所部大败。

为庆祝胜利，曹洪命令大摆酒宴，席间还让歌伎穿着暴露的衣服蹋鼓而舞，众将嘻嘻哈哈，很不严肃。

曹操一向治军很严，曹军中怎么会有歌伎呢？曹洪这个人不仅贪财，而且好色，家里养有歌伎，仗着资格老没人敢管，外出打仗也带上，曹操也知道这些，所以才会给辛毗交代任务时专门提到了贪财好色的刘邦。

辛毗应该也在座，但他大概想了想没敢吱声。不过还是有人看不下去，这就是武都郡太守杨阜，本地的父母官，杨阜当众斥责道："男女之别是国家的大节，怎么能在大庭广众之中暴露女人的身体？即使夏桀、商纣之乱，也不过于此！"杨太守一点都不给面子，一甩袍子，走了。曹洪倒也知趣，赶紧把歌伎们撤下，又让人把杨阜请回来。

虽然是个小插曲，却说明了一个大问题，曹军初创时的那种能吃苦、敢拼命的精神正在悄悄散去，随着事业越做越大，大部分人都升了官，不少将领还封了侯，有了食邑，享乐之风正在曹军将士中蔓延，这极大地削弱了曹军的战斗力，近年来曹军战绩不佳，这恐怕是一个重要原因。

初战不利，却没能动摇刘备夺取汉中的信心。

刘备率主力很快到达阳平关前，随行的有法正、黄忠、赵云、魏延等，张飞、马超随后也赶来会合，曹操只好决定亲自率军来支援。

建安二十三年（218）7月，曹操率军从邺县出发。前方已经十分吃紧了，但曹操似乎并没有那么紧张，路过弘农郡时，听说献帝刘协的哥哥、弘农王刘辩死后埋在这里，他还想到坟前吊唁，弘农郡本地人、担任黄门侍郎的董遇进谏道："根据《春秋》大义，即位不满一年就死去的国君还不能称为君，弘农王在位时间很短，又被暴臣董卓挟持，最后降位为藩王，不应该拜谒。"

曹操认为说得有理，才作罢。

9月，曹操率大军到了长安，路上走了两个月，太慢了。这时从合肥方面传来消息，右将军乐进因病去世，曹操听后十分难过。乐进从曹操己吾起兵时就跟随他，算是曹家军的创始人之一。这个小个子从曹操身边的帐下吏干起，最终成长为曹军的高级将领，他作战勇敢，有谋略，是一个难得的素质全面的大将。曹操下令追赠乐进谥号为威侯，爵位由其子乐綝继承，乐綝后来官至扬州刺史。

曹操又在长安停留了一段时间，大概有两三个月时间，原因不详，但对前方的战局却产生了重要影响。

阳平关外，刘备率部多次发起进攻。

在夏侯渊的指挥下，曹军展开阻击，依托有利地势打退了敌人的进攻。但到了次年的正月，刘备所部终于有了收获，前锋越过了阳平关。

汉中的核心地带是一块由汉水河谷扩展开的盆地，四周都是高山，重要的城镇几乎都在汉水两岸。阳平关是这块盆地的西大门，它坐落于汉水之上，从阳平关沿着汉中往前，可以到达汉中郡的中心城市南郑，但在到达那里之前还会遇到一处屏障，就是定军山。

定军山位于汉水之南，今陕西省勉县城南十多里处，属大巴山脉，与汉中盆地周边的深山大川相比，它海拔并不是很高，主脉是由十二座东西绵延的山峰组成，总长二十多里，其最高处海拔不过800多米，由此再往东，就是平川了。也就是说，定军山虽然是一道屏障，但却并不是特别险要，刘备率军攻到这里，曹军就危险了。

夏侯渊急忙来抢，双方展开激战。

刘备发动夜袭，烧了曹军营垒的鹿角，这时候夏侯渊驻守在西边的营寨，张郃驻守东边的营寨，刘备集中力量攻击张郃，张郃有点顶不住了，夏侯渊把自己这边的守军分出一半增援张郃，可这样一来就出大事了。

夏侯渊是亲自率兵来增援张郃的，法正看到后，觉得机不可失，建议刘备猛攻，不惜一切代价直取夏侯渊。刘备命黄忠担任主攻，咬住夏侯渊的增援部队不放，一阵猛打猛冲，曹军大败，征西将军、博昌侯夏侯渊居然战死沙场，一同战死的还有曹操任命的益州刺史赵颙。

定军山之战，一代名将夏侯渊丧命，但也成就了另一位名将黄忠的大名，同时也让刘备的军师法正名扬天下。曹操后来听说了定军山之战的全过程后就记住了法正的名字，曹操认为刘备没有这两下子，一定是有高手在旁边辅助。看来在曹操的心目中刘备还是那个在走投无路时投靠在他的门下，又多次被他打得落荒而逃的人，但那是老眼光了，刘备显然已今非昔比，他已经从寄人篱下、看人眼色的流浪者，迅速成长为足以与自己并驾齐驱的猛角色。

曹操以前告诫夏侯渊说“做大将的也有示弱的时候，不能一味恃强斗狠。为将者应该以勇为本，以智取胜，有勇无谋只不过是一介匹夫罢了”，夏侯渊战死印证了曹操的话。对这场战斗，曹操后来专门颁布了一篇军令，其中说：

“敌人烧毁了曹军的鹿角，但这些鹿角离大营有 15 里，夏侯渊居然独自带着 400 名士兵去修补鹿角，敌人在山上看到了，于是从山谷中杀出，夏侯渊亲自参加战斗，最后战死。”

曹操认为夏侯渊在此战中犯了指挥上的错误，像夏侯渊这样担负整个战场指挥重任的大将不应该亲自参与战斗，更何况是修补鹿角这样的小事。在这篇军令里，曹操甚至说出了重话，称夏侯渊本来不擅长带兵，军中呼之为“白地将军”。

古时把那些没有种植开垦的土地叫作白地，也把像沙漠一类不能长植物的土地叫作白地，拿这个作为夏侯渊的外号，是说他作为大将连最基本的作战常识都没有。但回顾夏侯渊一生的战绩，也打过很多胜仗，这个评价未免太偏颇，这说明曹操对定军山一战特别耿耿于怀，夏侯渊虽然战死，曹操仍不能原谅他。

夏侯渊与曹操关系密切，他的妻子是曹操的“内妹”，也就是曹操妻子的妹妹，这个妻子不大可能是卞氏，有可能是曹操之前的妻子丁氏或刘氏。夏侯渊有 7 个儿子，依次是夏侯衡、夏侯霸、夏侯称、夏侯威、夏侯荣、夏侯惠、夏侯和，其中长子夏侯衡娶了曹操的侄女，这兄弟几个在今后曹魏政坛上仍然是活跃人物。

四、老对手的最后较量

夏侯渊是曹军西线战场的总指挥，相当于元帅级的人物，他猝然战死，曹军上下无不震怖。

惶恐之下，大家都不知道该怎么办。原丞相府长史杜袭此时在汉中任督军，曾在曹丕五官中郎将府担任过门下贼曹的郭淮此时在夏侯渊军中当司马，他们二人收敛散卒，号令全军说："张郃将军是国之名将，刘备也有所忌惮。现在事情很紧急，非张将军不能主持大事。"

杜袭和郭淮共推张郃为临时统帅，张郃重新调整了部署，安好营寨，大家才稍稍安定下来。刘备指挥人马渡过汉水来攻营，大家都认为此时敌众我寡，士气也不如对手，不如在汉水边修筑工事抵挡，不让敌人渡河。郭淮不同意这种看法，他认为："这是向敌人示弱的做法，无法挫败敌人。不如在离汉水远一点的地方列阵，诱使敌兵渡河，等他们渡过一半时再突然发起攻击，刘备必然可破。"

张郃采纳郭淮的建议，远远地列阵于汉水北侧，刘备看到果然生疑，不敢渡河。在张郃的主持下曹军暂时稳住了阵脚，避免全线溃败。他们坚守在汉水北岸，等待援军的到来。

曹操意识到汉中已危在旦夕，立即从长安出发赶往汉中。为节省时间，这次他改走褒斜道，这是他第二次走这条路，上次由汉中返回长安时曹操走的就是这里，可能是他想亲自体会一下这著名通道的实际情况，曹操得出的结论是"南郑为天狱"，褒斜道是"五百里石穴耳"，说明这条道路在当时狭窄、深险并且路程漫长。

建安二十四年（219）3月，曹操终于出了褒斜道，到达汉中。

老对手来了，刘备采取先不与其争锋的对策，新获定军山大捷，刘备信心十足，对左右说："曹操虽然亲自前来，必然会无功而返，我一定能拿下汉中！"在阳平关以东、南郑以西的汉水谷地，双方展开了对攻。

一次，曹军的运粮队从北山下经过，队伍很长，黄忠认为可以袭击一下，把粮食劫过来。汉中是个不大的地方，突然间云集了双方这么多军队，军粮供应将会是个大问题，如果能把对方的军粮劫过来，那对敌人将是双重打击。

刘备派牙门将军赵云跟随黄忠一块劫粮，黄忠先出发，赵云在后，但到了约定时间黄忠仍然未归，赵云率几十名骑兵出了营寨，去接应黄忠。赵云刚一出来就遇到曹军主力，双方展开激战，赵云身边只有几十个人，且战且退，奋力杀出重围。这时赵云发现部将张著负伤被围，赵云又折返回去，杀入重围把张著救了出来，之后杀回自己的营寨。

赵云的营寨已被曹操手下沔阳县长张翼带人占领，张翼闭门拒守，赵云杀了进去，将营寨重新占领，之后把营门打开，偃旗息鼓。曹军到后，看到这种情况怀疑营内有伏兵，不敢攻营，于是撤退。赵云不干，雷鼓震天，用弓弩射击曹军，曹军惊骇不已，自相践踏，还有不少坠入汉水中淹死。这可以称为赵云版的"空营计"，第二天刘备亲自到赵云营中视察，看到前一天的战场，不禁赞叹说"子龙一身都是胆啊"，当天刘备下令在营中摆酒庆贺，一直喝到晚上，刘备军中称赵云为"虎威将军"。

还有一次，双方交战，形势对刘备不利，应该赶紧撤退，可刘备不肯，没有人敢劝。看到矢如雨下，法正急了，一下子挡在刘备身前，刘备喊道："孝直避箭！"法正不避，对刘备说："主公您都在亲自用身体挡箭矢，何况小人我呢？"刘备才冷静下来，下令撤退。

刘备屯兵于栖于山上，派养子刘封下来挑战。曹操大怒，骂道："一个卖鞋子的小儿，居然用养子抗拒你家主人！待唤我家黄须儿来收拾你！"黄须儿就是曹彰，曹操从邺县出发前，派曹彰领兵征服代郡乌桓，当时代郡的乌桓人造反，曹操让曹彰以北中郎将的身份代理骁骑将军，领兵镇压叛乱，现在代郡建边的事已经完结了，曹操还真的让人去唤曹彰来汉中前线，曹彰接到命令后昼夜西行往这里赶来。

双方相持了一个多月，刘备看到无法立即取胜，干脆来了个拒险死守，跟曹操拼消耗。

曹军连失重地，只能在南郑等据点坚守，时间长了后勤供应果然成了问题，由于吃不饱饭，曹军士兵有不少逃跑开小差，还有些投降到敌人那里，让曹操很苦恼。蜀汉后来有一个挺有名的将领叫王平，多次随诸葛亮北伐，他原来是曹军的将领，就是在这个时候投降刘备的。王平字子均，巴西郡宕渠县人，当时巴中部族首领杜濩、朴胡等人投降了曹操，到洛阳拜谒，王平跟着他们一块去的，被曹操提拔为校尉。曹操此次再征汉中，王平随军，但是又投降了刘备，被刘备提拔为裨将军。

眼看短时间内无法取胜，曹操萌生了放弃汉中的打算。一天，有人请示当夜的口令，曹操说了一个“鸡肋”，大家不知道是什么意思，随征的丞相府主簿杨修听到后就开始收拾行李（便自严装），大家很惊讶，问他何故，杨修说：“鸡肋这个东西，扔了怪可惜，吃吧又没什么味道，这就好像是现在的汉中，我因此知道魏王想撤军了。”

杨修的理解是正确的，曹操实在不想把主力部队长期集中在汉中这个大山中的小盆地里，合肥一线的孙权，襄阳一线的关羽，还有北方的公孙氏和乌桓人，哪一个都不让他省心。近一两年来，各地又频频发生叛乱活动，曹操已经有了心力交瘁之感，于是曹操下令从汉中全线撤退。

建安二十四年（219）5月，曹军正式撤往关中，汉中再次易手，这块战略要地在曹操手里前后才不到三年。

曹操和刘备几乎打了一辈子仗，在以往的交锋中总是曹操占上风，汉中之战是他们直接面对面的最后一次交手，这一次刘备却赢了，而且赢得很彻底，不仅拿下了汉中郡，其东边的房陵郡、西城郡和上庸郡三个郡也都收入刘备的囊中。

刘备占领汉中后要派人取这三郡，法正推荐了孟达，刘备于是任命孟达为宜都郡太守，让他率部从秭归出发，进攻房陵郡。孟达是个能干的人，一鼓作气拿下了房陵郡，顺便把郡太守蒯祺杀了。蒯祺，是诸葛亮的姐夫。

刘备派养子刘封从汉中出发，沿汉水南下与孟达会合，刘备特别明确，刘封到了房陵后可以领导孟达。这项决定看来很有问题，因为刘封此时的军职不过是副军中郎将，孟达作为郡太守无论年龄、地位还是功劳都远高于刘封，所以孟达对刘封很不服气，为日后矛盾爆发埋下了伏笔。

有的史书认为，刘备担心对孟达难以控制，才派刘封与他会合，刘备一定会把此去的真正意图告诉刘封，所以刘封才一直不把孟达当回事。

刘封指挥孟达继续攻打上庸郡，上庸郡太守申耽投降，为笼络申耽，刘备拜他为征北将军，这一军职甚至超过了马超，同时还让他兼任上庸郡太守，拜申耽的弟弟申仪为建信将军，兼任西城郡太守。

曹操辛苦经营的汉中、房陵、上庸、西城一线全部落入刘备手中。

汉中之战是曹操、刘备这两个老对手直接指挥的最后一战，汉中大捷成为刘备一生事业的顶点。

此战后，刘备的个人声望达到了空前高度。不仅声望，一下子得到了汉中等四郡，使刘备的势力版图也空前扩张，论地盘和实力刘备已丝毫不逊色于孙权了。至此，说“天下三分”才实至名归。

汉中之战发生在建安二十四年（219），早在三年前曹操就进行了一次重大的政治改革，自称魏王。围绕着这场政治改革有许多复杂的过程，出于条理性的考虑，将其放在后面集中叙述。现在，刘备手下很多人认为曹操可以称魏王，刘备也应该称王，与曹操平起平坐。

按照汉朝的政治制度，天子只有一个，姓刘。下面是“王”，虽然可以有很多，但也必须姓刘。本朝奠基之初，高祖刘邦领着大家杀白马盟誓，异姓不得称王，否则天下人可共诛之。曹操有实力直接称帝，但他没有那么做，只是把高祖定下的规矩改了，当上了“异姓王”。

汉朝的“王”都有封地，称“王国”，在行政规划上一般等同于郡，所以汉朝在州的下面是郡或者国，称“郡国”。曹操称魏王后，也相应地设立了一个“魏国”，只是范围比一般的刘氏王国大得多，包括十个郡，比普通的州都大。

刘备的手里现在大概有三十多个“郡国”，虽然比不上曹操，但比孙权多。而且，曹操姓曹，刘备却姓刘，刘备一向打着“兴复汉室”的旗号，所以他要称王反弹小得多。

刘备综合了各种考虑后，决定称王。曹操从汉中撤走两个月后，即建安二十四年（219）7月，刘备在汉中称汉中王。这项新职务不同于之前的益州牧，既不能表奏，也不能遥拜，刘备使用的方法是“劝进”。在汉中，刘备手下120名重要官员联名向远在许县的汉献帝刘协上了一份奏表，报告汉献帝大家一致推举刘备为汉中王，仍兼任大司马。之后刘备下令在汉中郡沔阳县做坛，该地属今陕西省勉县。

坛成，陈兵列阵，举办了称王仪式，刘备手下重要人物大部分都在汉中，共同见证了这一重要时刻。

仪式上，宣读了准备送呈汉献帝的表奏，之后刘备登坛，拜受汉中王玺绶，戴上王冠。随后，刘备又以汉中王的身份再向汉献帝上了一份奏表，在后面这篇表文里，刘备重申了群下奏表中的内容，强调了自己忧国效忠的想法。两篇奏表都派人送往许县，一同送去的还有当年曹操以汉献帝名义拜刘备为左将军、宜亭侯的印绶。

刘备称王后，立穆夫人为王后，立刘禅为王太子。

穆夫人即吴氏，刘焉的前儿媳、吴懿的妹妹。穆夫人与刘备成婚时间虽不长，却很快为刘备生下了一个儿子，取名刘永。刘备深知立嗣问题异常重大，稍有不慎就有灭国之灾，前车之鉴已多不可数，所以直接明确了长子刘禅的接班人地位。

刘禅这时 12 岁，他的母亲甘氏已去世多年。刘备任命董允为太子舍人，负责辅导和辅佐刘禅，这个官职虽然品秩不高，但地位重要。

刘备还可以任命"汉中国"的文武百官，包括三公九卿以及侍中、尚书令等。曹操称魏王后没设三公，只设了一个相国，相当于王国的丞相。刘备既没有恢复三公，也没有设置丞相或相国，而是设立了一个太傅，这是一个荣誉性职务，刘备任命的是许靖，论名望和资历也只有他能胜任此职了。

下面的九卿，能考证的只有太常卿赖恭、光禄勋卿黄柱和少府卿王谋，除王谋外他们的事迹都很少，应该跟许靖类似，都是一些有名望却不掌实权的人。

侍中与九卿品秩相同，都属于"部长级"，担任此职务能考证的只有廖立。尚书令品秩虽低于九卿和侍中，但权力很大，相当于"汉中国"的秘书长，刘备任命了法正。

刘备以汉中王的身份任命关羽为前将军，张飞为右将军，马超为左将军，黄忠为后将军。前、后、左、右所谓四方将军在军中地位很高，仅次于大将军、车骑将军、骠骑将军和卫将军，高于四征、四镇将军，相当于大军区司令。

在酝酿这项人事安排时诸葛亮曾有不同意见，他对刘备说："黄忠的名望一向不如关羽、马超，现在和他们同列，马超、张飞在跟前还好办，目睹了黄忠的功绩，尚可以理解；而关羽不在跟前，他听说了，恐怕不会高兴，是不是再慎重考虑一下？"刘备一向尊重诸葛亮的建议，但这次他坚持自己的看法，他对诸葛亮说："关羽那边，我自会去做他的工作。"

完成称王仪式，刘备将率主力回成都。

汉中虽是一个郡，但在众人心目中此时跟荆州的重要性不相上下，所以必须挑选一个与关羽旗鼓相当的人镇守这里。众人议论较多的人选是张飞，就连张飞自己都这么认为。但当刘备把留守汉中的正式人选公布后所有人都大吃一惊，刘备选的人不是张飞，也不是黄忠或赵云，他选的是魏延，这个任命太出人意料，军中上下一片惊讶。

魏延此前是牙门将军，虽然升得够快的了，但在军中的地位并不算太高。

刘备下令提拔魏延为镇远将军，兼任汉中郡太守，负责汉中一带的军政事务。

曹操用人一向讲究程序，越级提拔是孙权常干的事，现在刘备也出人意料地干了一回。对于刘备做出这个重要决定的深意，历来也备受猜测，有人认为这表明刘备的防范心理很重，提拔新人，是在培养和强化绝对听从于自己的势力。

但也许没有这么复杂，刘备善识人，他了解每个部下的优点和缺点，张飞虽然资历老、威望高，对自己的忠诚更没有问题，但现在要的不是将而是帅，有的人永远是将才而非帅才，同样都很勇敢，同样能打硬仗，张飞或许显得头脑有些简单，而魏延就灵活得多。

刘备也知道提拔魏延有的人心里肯定不服，所以有意力挺。行前，刘备特意召集群下大会，故意当着大家的面问魏延："如今委你重任，你有什么打算？"魏延很有信心，他气壮山河地回答："如果曹操倾天下之兵而来，我替大王挡住他；如果曹操只派一般将领带 10 万人马前来，我替大王吞了他！"

魏延的回答让刘备很满意，立即表示赞许，众人也被魏延的豪言壮语所折服。

五、最后的“保皇派”

形成于赤壁之战的孙刘联盟，战后虽然也经历了一些波折，但总体来说联盟没有破裂，并在双方需要的时候得到了加强，曹操在三方势力中虽然最强大，但也经常被打败。

汉中失手、扬州受攻、襄阳一线也不断受到挤压，在三大战场上近年来曹操都乏善可陈。有人说曹操老了，这或许是一个原因，但比这个还重要的原因，发生在曹氏阵营的内部。

这是一个政治问题，对于搞政治并不拿手的曹操来说，一遇到此类问题总要失分，某种程度上拖了军事的后腿。当年董昭提出恢复九州制的建议时，立即招来了反对，反对最激烈的竟然是荀彧，另一位是孔融，他们明知董昭的背后是曹操，也毫不留情地予以抨击，让这件事只得作罢。

虽然已经过去很多年，但曹操的心里一直耿耿于怀，后来他杀了孔融，算是出了口气，但想推进的政治改革却毫无进展。一直到了建安十七年（212），曹操率军西征，取得潼关大捷，赤壁之战的阴霾一扫而空，曹操又想起了这件事。

为表彰曹操讨伐马超和关中诸将的业绩，献帝刘协在许县下诏赐给曹操三项特权——赞拜不名、入朝不趋、剑履上殿，它们的具体内容之前已做过介绍，都是一些形式主义的东西。但曹操要的不是这个，他更看中实际。不久，献帝又下诏，割河内郡的荡阴、朝歌、林虑三个县，东郡的卫国、顿丘、东武阳、发干四个县，钜鹿郡的瘿陶、曲周、南和三县，广平国的任城县，赵郡的襄国、邯郸、易阳三个县，以上共十四个县，都归划魏郡管辖。

魏郡属冀州刺史部，邺县就在该郡，它原来辖有十五个县，已经是大郡了，现在又从附近几个郡国划出十四个县归魏郡，让魏郡成了一个超级郡。熟悉政治的人都知道，这绝不是一次普通的行政区划改革，后面必然有文章。果然，这一年10月又是董昭提出建议，恢复古代五等爵制。

所谓五等爵，指的是公、侯、伯、子、男这五种爵位，其中公爵最高，男爵最低。五等爵制盛行于奴隶社会时代，最大的特点是世袭，有爵位的人就是贵族，世世代代都可享受特权。董昭提出恢复五等爵制，等于推翻高祖刘邦定下的“白马盟誓”，这是一件政治生活中的大事，让人想起了王莽。

西汉末年，王莽当上了“一人之下，万人之上”的大司马，他也想在政治上有所突破，面对爵位上的限制，王莽提出的也是恢复古制，当上了所谓的“安汉公”，继而废除了刘氏皇帝，自己当了皇帝。

所以，在许多人看来，所谓恢复古制只是一个幌子，篡汉自立才是实质，这与董昭早年提出的恢复九州制还有所不同，所以相当敏感。除此之外，董昭还提出恢复另一套制度——九锡制，更让人把曹操与王莽联系在了一起。“锡”通“赐”，所谓“九锡”就是指天子赏赐给臣下的九种物品。根据《周礼》的解释，这些物品包括：车马，含金车大辂和兵车戎辂，分别由八匹黑马驾驶；衣服，含衮冕之服以及配套的赤舄鞋；乐县（“读 xuán，同‘悬’，乐县：王者之乐”），是一些定音、校音的乐器；朱户，红漆的大门；纳陛，登殿时特凿的陛级，使登升者不露身，犹如走在贵宾通道；虎贲，天子专用的卫士，通常赏赐300人；弓矢，含天子专用的彤弓矢100副、玄弓矢1000副，可讨伐不义；斧钺，用以诛伐有罪之人；秬鬯，一种祭礼上用的香酒，以黑黍和郁金草酿成。

这些东西都是天子的御用之物，拥有它不仅是一种荣誉，更是一种特别授权，可以征讨叛逆，也可以诛杀不法之人，等于先斩后奏。

董昭提出恢复五等爵制、九锡制，加上他以前提出过的恢复九州制，这些重大改革主张都是以复古为旗号，至于复的是商周的古还是王莽的古，不同的人或许会有不同的解读。而且，董昭提出这些想法前似乎并没有向曹操汇报过，因为曹操知道后曾表示了反对：“恢复五等爵制是大事，只有圣人才能完成，不是人臣可以办到的，这让我如何面对？”

董昭坚持自己的想法，他劝曹操不要为眼前的所谓名节所拖累，应该放眼长远，尤其要为儿孙考虑，在政治上不能过于因循守旧，要根据形势的发展有所革新和突破。史书没有记载曹操听完这番话后的反应，但董昭下面继续为这件事奔走，说明曹操被说服了，或者默许了董昭的做法。

但有人坚决反对，这个人是荀彧。

董昭密访荀彧，想争取支持，却遭到了荀彧的反对。荀彧认为曹操兴义兵的目的是匡扶朝政，怀持的是一颗对汉朝的忠贞之心，故而董昭等人的提议不合适。荀彧的观点很快被曹操知道，曹操相当不高兴。董昭还想做荀彧的工作，他给荀彧写了一封信，信中说："过去周公、吕望在世，正当姬氏强盛，有周文王、周武王开创的大业，辅助幼小的成王，功勋与曹公现在差不多，他们仍然接受了很高的爵位，赐土开疆。到田单在世时，率领强大齐国的军队，为报仇进攻燕国，攻下了七十座城，迎立齐襄王，齐襄王加赏田单，东边有掖邑的封地，西边有菑上的良田。前世对待功臣，都是如此厚赏。现在曹公面对海内倾覆，汉室宗庙焚灭，他亲自披坚执锐，四处征伐，栉风沐雨，已经有三十年，他扫灭群凶，为百姓除害，使汉室复存，刘氏得以被天下人所奉祀。前面提到的那些人，与曹公相比就像高山与土丘，无法相提并论。可如今曹公只是与诸位将军同列，封侯也只能给一县的封邑，这难道是天下之所望吗？"

董昭说的也是实情，以曹操的地位和身份，在爵位上只能跟张辽、于禁这些人相等，这是制度设计上的缺陷，应该改一改。但荀彧就是不松口，仍然坚持己见。荀彧当然知道董昭代表的是曹操，也知道他的意见很快就会被曹操得知，但为了心中的信念，他不肯做出一点儿让步。

不过，现在的形势已经变了。之前反对九州制时，荀彧的意见还能得到曹操的重视。而现在，一方面曹操的耐心被消耗得差不多了；另一方面曹操对时局的把控能力也与之前不太一样，当初他对汝颍士人的依赖度还很高，荀彧是汝颍士人的代表，曹操因而有所顾忌，而现在他不打算再那么做了。

就在董昭提出恢复五等爵制的同时，即建安十七年（212）10月，曹操亲自指挥大军远征孙权，这件事之前已经说过。需要补充的是，当参战的部队先后于谯县集结时，曹操专门请献帝派尚书令荀彧代表朝廷到谯县来慰问。

天子派大臣到前线劳军是惯例，但由主持朝廷日常工作的荀彧亲自前来，是以前没有过的。包括荀彧本人在内，许多人都注意到了这个细节，感觉将有什么事发生。果然，曹操随后就以献帝的名义发布诏令改任荀彧为光禄大夫，不再担任尚书令一职，以侍中、光禄大夫的名义持节继续留在军中，并担任曹操的军事顾问（参丞相军事）。

这一任命非同小可，光禄大夫的品秩是"比二千石"，品秩二千石可以看作正部长级，"比二千石"略低于二千石，可以视为副部长级。荀彧担任了十多年的尚书令一职，品秩只有一千石，算是个司局级，看来他升官了，可尚书台是朝廷的秘书局和机要局，实际权力要大得多，远远超过了一般部长，尤其在当前的局势下，尚书令处理朝廷日常工作，是曹操在许县的代言人。

在一部分士人的心目中荀彧就是他们的领袖，当个部长都屈才，就连曹操都认为荀彧的地位应该更高，一度曾经想让他担任三公之一的太尉，被荀彧本人拒绝了。现在，再笨的人都明白荀彧的尚书令变成了光禄大夫绝不是升官，而意味着他失宠了，曹操让荀彧参丞相府军事，又把荀彧变成了自己直接的下级。

荀彧郁闷至极，病了。

曹操率大军推进到长江边上的濡须口一带，随军行动的荀彧因病留在了寿春，在这里他的健康状况迅速恶化，最终病逝于寿春，这一年他正好50岁。

有的史书说荀彧的死因主要是有病，而心情郁闷也是原因之一，也有史书说荀彧是自杀，说曹操这时馈赠给荀彧一些吃的东西，荀彧打开后发现里面是空的，荀彧感到这是曹操在暗示自己什么，于是喝毒药自杀了。还有史书记载，荀彧临死前曾把与自己有关保存的重要文件都烧了，因而他曾经提出过的许多奇策密谋都不为人知。

正值壮年的荀彧在没有任何征兆的情况下死于军中，又是在恢复五等爵制争论的关键时刻，不能不引起朝野内外和民间的广泛猜测。

当时社会上什么传闻都有，其中有一种认为曹操逼荀彧杀伏皇后，荀彧不干，于是自杀。这种议论由寿春逃到江东的人告诉了孙权，孙权深信不疑，他以告示的形式广泛宣传。消息又传到了刘备那里，刘备知道后痛惜不已：“曹操这个老东西如果不死，天下就没有安宁的时候了！”

荀彧死了，搬走了面前最大的政治障碍，曹操可以放心地推行他的政治改革了。

曹操立即着手这些改革，第一步就是恢复了酝酿已久的九州制，主要内容是：撤销幽州刺史部和并州刺史部的建制，将其所辖郡国并入冀州刺史部；撤销司隶校尉部、凉州刺史部，将其所辖郡国并入刚刚成立的雍州刺史部；撤销交州刺史部，将其所辖郡国分别并入荆州刺史部和益州刺史部。

东汉原有十三个州刺史部，本次行政区划调整后只剩下兖州、豫州、青州、徐州、荆州、扬州、冀州、益州、雍州九个州刺史部，与“禹贡九州”相比差别只在益州刺史部一地，“禹贡九州”没有益州而有梁州，而这两个州指的是一个地方。按照新的行政区划，目前曹操控制区的范围包括冀州、兖州、豫州、青州的全部，以及雍州、徐州的大部，荆州、扬州的一小部，孙权拥有扬州的大部以及荆州的一小部，刘备拥有荆州的一部分，刘璋拥有益州，另外现属于冀州刺史部的辽东一带有公孙氏的割据势力，而原交州刺史部的大部分地区也处于割据状态。

完成这项工作，紧接着是爵位制改革。

建安十八年（213）5月，献帝派御史中丞郗虑持节前来邺县，拜曹操为魏公，这是继王莽的安汉公之后两汉又一次有了“公”这一爵位。根据献帝的诏书，魏公曹操的食邑范围不仅包括已拥有29个县的魏郡，还包括魏郡周边的其他九个郡国，即河东郡、河内郡、魏郡、赵国、中山国、常山国、钜鹿国、安平国、甘陵国和平原国，幽州和并州撤销后，它们都隶属于冀州刺史部。

这十个郡其实就是国中之国，姑且称之为“魏公国”。

郗虑一行带来了献帝为册封曹操而发布的长篇诏令，这篇诏令文辞华美，相传为供职于尚书台的陈留郡中牟县人潘勖所作，他是有名的碑颂高手。

诏令叙述了曹操的所有功绩，颁布了建立“魏公国”的命令，同时明确曹操以魏公的身份仍兼任丞相和冀州牧，又加九锡，具体内容与王莽的九锡大致相同，只是稍有区别。

恢复九州制、五等爵制，又加九锡，这一连串的政治举措密集推出，令人震撼，但由于前期做了大量铺垫工作，大家已经有了充分的思想准备，加上荀彧已死，所以这一次并没有听到什么反对之声。

但曹操本人却表示辞让，他接到献帝的诏书后说：“接受九锡，建立国家，这是周公这样的伟人才能完成的，汉初七个异姓王都跟汉高祖在当老百姓的时候就共同起事，建立王业，功劳巨大，我怎么有资格跟他们相比？”

当然这只是客气客气，费了那么大的劲，又是改行政区划，又是四处做工作，哪有不接受的道理？

见曹操一味辞让，大家就搞了个劝进活动。这种活动虽然是自发的，但所有重要官员都参与其中，史书上记载着其中一份劝进者的名单，这份名单里有30来人，包括中军师陵树亭侯荀攸、前军师东武亭侯钟繇、左军师凉茂、右军师毛玠、平虏将军华乡侯刘勳、建武将军清苑亭侯刘若、伏波将军高安侯夏侯惇、扬武将军都亭侯王忠、奋威将军乐乡侯刘展、建忠将军昌乡亭侯鲜于辅、奋武将军安国亭侯程昱、太中大夫都乡侯贾诩、军师祭酒千秋亭侯董昭、都亭侯薛洪、南乡亭侯董蒙，关内侯王粲、傅巽，祭酒王选、袁涣、王朗、张承、任藩、杜袭，中护军国明亭侯曹洪、中领军万岁亭侯韩浩、行骁骑将军安平亭侯曹仁、领护军将军王图，以及长史万潜、谢奂、袁霸等。

这样的名单虽然冗长枯燥，但它更真实，尤其所提及的每个人的职务也更准确，可以作为对其他史料的补充。在上面这份名单上有刘若、刘展、董蒙、王图、袁霸这些人，他们在历史上的名气并不大，但能跻身于劝进者的行列，当年一定不是等闲之辈吧。

经过一番劝进，曹操终于接受了魏公和九锡，但他表示“魏公国”的范围只接受魏郡，不接受其他九个郡，众人于是再次劝进，言辞更加恳切：“这次要建立魏国，朝廷先把想法向群臣征求过意见，之后才发的诏书。您违抗朝廷的诏令，长时间不肯接受，现在接受了又辞去多的，只接受少的，这样做仍然让朝廷的诏令无法施行。从前齐鲁受封拥有整个东海，有400万户赋税。基业广大才容易建立功勋，如今魏国虽然有十个郡，但仍然比当年的鲁国小，从户数看更是连一半都比不上。圣上看到秦朝因为没有辅佐拱卫而招致灭亡，所以才把这个重任托付给您，希望您接受圣上的诏命，不要再拒绝！”

经过一番辞让和劝进，曹操最后接受了诏命，曹操上书拜谢受封，这篇文章也保存在史书里，虽然文字工整，文笔不错，但一看就是秘书们的代笔，跟《让县自明本志令》完全不是一回事。

建安十八年（213）7月，曹操在邺县修建魏公国的社稷、宗庙。

9月，在铜雀台的边上修筑了金虎台。11月，根据献帝的诏书并参考汉朝初年的制度，“魏公国”内设置了尚书、侍中、六卿等官职，曹操任命荀攸为“魏公国”的尚书令，凉茂为其尚书仆射，毛玠、崔琰、常林、徐奕、何夔为尚书，王粲、杜袭、卫觊、和洽为侍中，他们大都从丞相府转任而来，都是实干型人才，初步搭建起“魏公国”的管理架构。

次年正月，曹操按照旧时制度在“魏公国”耕种籍田。所谓籍田，就是在春耕之前天子率诸侯亲自耕田，有祈求丰收之意。其具体的仪式是，当天一大早，以太牢之礼祭祀先农神，之后来到国都南面专门辟出来的千亩田地里，天子亲自执犁，来回耕作三次。

3月，献帝下诏明确魏公的地位在所有刘姓诸侯王之上，改授金质印玺、红色绶带，授予远游冠，献帝派左中郎将杨宣、亭侯裴茂专程送来这些东西。

这一年，“铜雀三台”中的最后一座竣工，取名“冰井台”，上面不仅有米窖和盐窖，还修了数口冰井，从台上垂直伸向地下，利用井内的低温储藏冰块和煤炭（石墨），让台上的人即使在天气较热的时候也能喝上冰镇的饮料，吃上冰镇的瓜果。

六、曹操的女儿当皇后

建安十九年（214）还发生了一件大事，就是伏皇后事件。

早在荀彧去世前伏皇后事件已经暴露，但曹操一直引而不发。一直到建安十九年（214）的11月，各项政治改革完成后，曹操才把这件事公布出来。

献帝刘协的正妻伏皇后多年前写的一封信被公布，在这封信里伏皇后以激烈的语言表达了对曹操的不满，并请自己的父亲、时任屯骑校尉的伏完设法除掉曹操。绝大多数人对此事并不知情，这封信一公布就在政坛上激起了巨大波澜，十多年前董承事件让人记忆犹新，而伏皇后的地位和影响远大于董承的女儿董贵人。

伏皇后名叫伏寿，今年35岁，比天子大一岁，她是豫州刺史部琅邪郡东武县人。东武县即今山东省诸城市，本地的伏氏是汉代著名的经学世家，名门望族，历代多有显官达宦。伏寿的父亲伏完是前大司徒伏湛的八世孙，世袭不其侯的爵位，后来娶了桓帝刘志的女儿阳安公主刘华为妻，是桓帝的女婿。

早在初平元年（190）伏寿就被选进皇宫，开始是贵人，兴平二年（195）被立为皇后，那一年她才16岁。她陪伴献帝度过了在长安那段最痛苦难熬的时光，又在东归途中吃尽了苦头。

有一次，献帝东归的队伍被李傕的军队追击，身边的人四处逃散，只有伏皇后等少数几个人，他们被逼到一条河边，献帝受到惊吓不敢过河，伏皇后背着献帝蹚水过河，才到了河对岸。过了河又碰到乱兵，这帮人举刀就要乱砍，关键时刻伏皇后趴到献帝身上大喊："这是万岁陛下！"正是伏皇后的勇敢才让献帝免于一死，献帝的脚却受了伤，伏皇后把衣服撕了为他擦血、包扎伤口。所以伏皇后和献帝算是一对患难夫妻，他们历经了兵乱、饥荒和逃亡，到了许县才慢慢稳定下来。

伏皇后的父亲伏完开始被拜为辅国将军，享受三公的待遇，但与董贵人的父亲董承相比，他手中并没有什么实权，因而也避免了董承的下场。伏完对自己的处境很清楚，于是主动提出辞去军职，被改任为中散大夫，后来又改任屯骑校尉，这是北军五营之一的指挥官，原来也是一个举足轻重的角色，但此时许县的防卫工作都由曹操派来的嫡系部队掌管，伏完的这个职务也只能是挂名。

伏皇后可能目睹了董承事件，尤其是董贵人在怀有身孕的情况下仍然被杀，使她深受刺激，恐惧、愤懑之下她给父亲写了那封密信。

建安十四年（209）伏完去世了，他世袭的不其侯爵位由儿子伏典继承。按说伏完一死这件事也就带到坟墓里去了，只要伏皇后自己不说，也就不会有人知道。

但是，建安十九年（214）11 月曹操却神秘地拿出了伏皇后写的那封信，把这桩旧事端了出来。之前说过，这件事曾把荀彧牵涉了进去，曹操之所以能得到这封信，与伏完的妻弟樊普告密有关。樊普其人不详，伏完的妻子是桓帝的女儿，那樊普有可能是桓帝另一个女婿。

曹操翻出这件旧案，目的是打击献帝，他强迫献帝下诏废除皇后，献帝不得已，只得违心下诏："皇后伏寿出身卑贱，登显尊之位身处后宫，既没有贤良美德，又没有美好才华，却私下里怀有妒忌之想，包藏祸心，不能承天命，奉祖宗。"曹操命令御史大夫郗虑拿着皇帝的信物以及诏书到后宫向伏寿宣布决定，收缴伏寿的印绶，强行将她迁出中宫，移到别的宫室居住。

荀彧被免去朝廷的尚书令一职后继任者是华歆，郗虑去抓伏皇后，华歆是副手，他带兵直接进入宫中搜捕，献帝把伏皇后藏在夹壁墙中，但被华歆发现，华歆命人把墙砸开，把伏皇后弄了出来。献帝正跟郗虑坐着说话，伏皇后披头散发、光着脚被人拉了过来，她拽着献帝的手说："就不能想办法让我不死吗？"献帝也悲愤难当，他对妻子说："我都不知道自己能活到什么时候。"献帝转过头来对郗虑说："郗公，天下难道有这样的事吗？"

伏皇后被关进宫廷里的监狱，最后幽禁至死。伏皇后与献帝所生的两个皇子也都被鸩杀，受此株连，伏氏一族男性中有 100 多人被杀，女性中有 19 人被流放到幽州刺史部涿郡。

一向比较能容人的曹操在处理董贵人、伏皇后事件上表现得十分严厉，这是他对此类事件的一贯态度所决定的，十多年前处理董承事件中他也是如此果断，甚至更为残酷，就连怀有身孕的董贵人也没有放过。

在曹操看来，可以接受战场上的降将，可以原谅背叛过自己的人，但不能容忍有人在身边搞阴谋。通过伏皇后事件曹操再次向世人表达了他在政治上的诉求，那就是凡涉及政治问题、政权问题他都不会有半点让步，无论是天子还是皇后，凡在政治上向他发起挑战的，都将受到无情打击。

还有一种解读，认为曹操此举是为自己的女儿当皇后扫清障碍。一年前，即建安十八年（213）的7月曹操有三个女儿同时被聘为贵人，她们的名字分别是曹宪、曹节和曹华。曹操有25个儿子，如果按照男女出生比例大致相当的算法，他的女儿也为数不少，但留下名字的只有这三个，其他知道名号的还有清河公主、金乡公主、安阳公主、高城公主等少数几个，其中清河公主是曹操的长女，嫁给了夏侯惇之子夏侯楙，安阳公主嫁给了荀彧之子荀恽，金乡公主嫁给了曹操自己的养子何晏。

在这三个女儿中，除曹宪年龄较长外，曹节和曹华年龄还小，暂时留在家中。第二年春天，献帝派太常卿王邑、宗正卿刘艾持节前往魏公国迎接其余二女入宫。仪式相当隆重，王邑、刘艾带着五位副手，以及黄门侍郎、掖庭丞、中常侍各二人，携带了“束帛驷马”等聘礼前来“魏公国”迎接，在魏公宗庙前授给两位贵人印绶，随后两位贵人到邺县城内的延秋门拜别父亲曹操，并在此登车。曹操派魏公国的郎中令、少府、博士、御府乘、黄厩令以及丞相府的有关人员侍送贵人。两位贵人到达许县附近的洧仓，暂时在此下榻。献帝派人迎接入宫，御史大夫郗虑及以下全体高级官员在宫中集会，招待魏公国使者在殿中饮宴。

到伏皇后事件发生前许县宫里刚刚有曹操三个女儿当贵人，所以伏皇后被废不由得不让人产生联想，这是不是一场策划好的阴谋？关于这样的说法在当时一定会议论纷纷。

对于这些议论，曹操干脆用行动直接给予了还击。

伏皇后被废的第二年，即建安二十年（215）的正月，曹操让献帝下诏册立曹节为新皇后。曹节是曹操进宫的三个女儿中年龄排在中间的一个，有史书说曹操的爷爷曹腾的父亲叫曹节，对此很多人表示怀疑，因为曹操的这个女儿也叫曹节，曹操总不可能会给女儿起个与她曾祖父相同的名字吧？所以有人解释，曹腾的父亲名叫曹萌，繁体字的“节”与“萌”很相近，造成了传抄的错误。

董承事件后曹操对献帝的后宫一直不放心，三十多岁的献帝也不是个肯于安分的人，如果再出一个董承那样的人，不知道会弄出什么事来。现在不管怎么说，女儿成了皇后，曹操对天子的控制更进了一步，他再也不用担心后宫里有人搞阴谋诡计了。

七、还有件大事没解决

但是，还有一件大事没有解决。

这就是继承人问题，晋爵为魏公，地位还在刘氏宗王之上，按说应该明确继承人了，但曹操似乎还没有这方面的意思。这一年曹丕 27 岁，曹植 22 岁，作为曹操在世最年长的儿子，情况对曹丕来说有些不妙。

就在这一年，曹植由平原侯被改封为临菑侯，平原指的不是平原国，而是平原国下面的平原县，即今山东省平原县，曹植改封后爵位仍然是县侯，但临菑是古代齐国国都，是目前青州刺史部的重镇，不是平原县所可以比的。这次改封只涉及曹植一人，背后有没有其他更深的用意，让大家不由得要进行一番猜测。

曹植的平原侯是建安十六年（211）受封的，这一年献帝从曹操辞让的三万户食邑中拿出了 15000 户分别转封给曹操的三个儿子，每人食邑 5000 户。这是曹操的儿子们第一次受封爵位，这三个儿子分别是曹植、曹据和曹豹，其中曹植为平原侯，曹据为范阳侯，曹豹为饶阳侯。这里面，没有曹丕。

曹操一共有 25 个儿子，其中卞氏生的有四个，建安十六年（211）曹丕 25 岁，年龄最大；其次是曹彰，年龄不详，介于 21 岁到 24 岁之间；曹植 20 岁，排第三；还有一个名叫曹熊，死得比较早。

曹丕并不是曹操的长子，之前说过曹操的长子名叫曹昂，是刘氏所生，在征讨张绣时战死于南阳郡。曹操之前最喜欢的儿子是曹冲，是环氏所生，他因病死于赤壁之战那年。

除了以上这六个儿子，曹操其他 19 个儿子分别是：刘氏所生的曹铄，环氏所生的曹据、曹宇，杜氏所生的曹林、曹衮，秦氏所生的曹玹、曹峻，尹氏所生的曹矩，王氏所生的曹干，孙氏所生的曹上、曹彪、曹勤，李氏所生的曹乘、曹整、曹京，周氏所生的曹均，宋氏所生的曹徽，赵氏所生的曹茂，刘氏所生的曹棘，他们的年龄大都不详。最后的这个刘氏，不是曹昂的母亲，是另一个刘氏。

此外，曹操至少还有两位养子，一个是何晏，一个是秦朗。

曹熊、曹铄、曹上、曹勤、曹乘、曹京等几个儿子早殇，比较活跃的儿子除曹丕、曹彰、曹植外还有曹据、曹宇、曹林、曹玹等几个。曹操对他们都很重视，尤其是他们早期的教育，抓得很紧。据史书的记载，曹丕八岁时就能写文章，博览经传典籍及诸子百家，而且体育方面也很突出，善于骑射，尤其喜欢击剑运动。

曹丕自己在文章中也写过，他五岁时父亲就教他射箭，学习了一年就掌握了射箭的基本要领，六岁开始学骑术，八岁的时候就能自己骑马了，以后曹操征战，他常常跟随。从中可以看出曹操对儿子们的教育不仅重学问，而且重体能和军事素质，希望他们日后都能成为文武全才。

到许县后，生活逐渐安定下来，加上四方才学之士会集而来，曹操有条件给儿子们提供最好的教育条件，除了曹氏兄弟外，夏侯渊、夏侯惇的儿子们也跟他们一块学习和生活，他们之中，夏侯楙和夏侯尚最为突出。

夏侯楙是夏侯惇的儿子，曹操大女儿清河公主的丈夫，清河公主跟曹昂都是刘氏所生，年龄不详，很可能比曹丕、曹植都要大，所以夏侯楙应该是曹丕和曹植的姐夫。夏侯尚是夏侯渊的侄子，曹丕对他很欣赏，跟他关系也最好，以后也对他十分信任和倚重。

曹冲的去世对曹操是个重大打击，曹冲天资聪慧，曹操对他表现出毫不掩饰的偏爱。曹操的正妻丁氏没有孩子，后来因为感情不和又被曹操休了，丁氏之后进入曹家的是刘氏，所生的儿子曹昂是曹操的长子，本来早有希望成为继承人，却战死于沙场。刘氏还有一个儿子叫曹铄，未成年就死了，后来刘氏也死了。

丁氏被休、刘氏去世后，卞氏成为曹操事实上的“正室”，如果要选继承人，应该从她的几个儿子里选，作为她的长子，曹丕无疑最有资格和希望。但曹操一直没有明确曹丕的继承人地位，一种可能是曹操觉得自己儿子众多，可以再观察一下，看看有没有像曹冲那样更出色的；另一种可能是曹操不大喜欢曹丕。

曹操真的不喜欢曹丕吗？理由又是什么呢？

这个问题不好回答，成为一个谜，有很多猜测，但都无法形成定论。不过，在立嗣的问题上前面已有袁绍、刘表留下的惨痛教训，曹操仍然表现出迟疑和不决，除了说明他对曹丕还不是很满意，也没有更多的解释了。

曹冲之后，曹操也试图在其他儿子中找出最满意的，比如曹衮。曹衮是杜氏所生，这个杜氏就是吕布部下秦宜禄的妻子，秦朗的母亲。曹衮从小喜欢学习，十来岁就能写出好文章，特别知道用功，一学习起来就忘了吃饭睡觉，跟前的人常怕把他累病了，得不断提醒、制止，但曹衮就是喜欢学习，谁都劝不住。兄弟们在一起玩时他也常常走神，因为脑子里还想着刚刚看过的典籍。

爱学习、用功的孩子家长都喜欢，所以对曹衮刻意地有所观察，不过后来他发现这个孩子生性胆小怕事，身边的工作人员有感于他的良好品行，联名写了封表扬信，曹衮听了害怕得不得了，把工作人员责备了半天。曹衮的性格可能与他的出身有关，他是个听话懂事的好孩子，但干不了大事。曹衮"同母异父"的哥哥秦朗深受曹操的喜爱，但因为是养子，也不大可能被立为继承人。

曹操的另一位养子何晏倒是很突出，日后成为大哲学家、玄学的开创者之一。何晏还是个美少年，从小喜欢学问，并通晓一些兵法，曹操非常喜欢他，曾经想让他改姓曹，但何晏坚决不干。

有人揣测过，曹操让何晏改姓是动了传位于他的念头。但这种可能性极小，因为从血缘关系上说何晏是何进的孙子，喜欢归喜欢，但曹操绝不可能把费了几十年劲开创的事业再交给前外戚。

所以，在立嗣之路上对曹丕构成威胁的只有两个人：一个是曹彰，另一个是曹植，他们都是同母同父的兄弟。

曹彰是一员猛将，军事才能在诸兄弟中最突出，但作为曹氏霸业的继承人他也有明显不足之处，那就是他有武略却没有文韬，他是一员猛将，当此天下未定之时，他也不乏有成长为卫青、霍去病那样的一代名将的机会，但让他统领四方，驾驭全局，能力就差了不少。

相比较而言曹植的素质要全面得多，对曹丕最有竞争力，这个比曹丕小五岁的弟弟从小就表现出文学方面的天赋，十多岁时，就能背诵诗论以及辞赋数十万言，擅长写文章。曹操看到他写的文章，觉得不太像出自这个年龄的孩子之笔，曾经问过他："你这是请人代写的吧？"曹植回答："我能出言为论，下笔成章，父亲可以当面考我，就知道不是请人代写的了。"

铜雀台刚落成时举办现场征文比赛，曹植一篇《铜雀台赋》让人击节称叹，也让曹操大为惊异。但选继承人毕竟不是评文学奖，曹植有没有治国安邦的才干，曹操也需要观察。曹植性情随和，为人坦率，没有架子，坐的车子、穿的衣服都不讲究，每次遇到曹操提出问题，他反应很快，都能立即答对，让曹操对他很喜欢。

而曹丕最大的长处是情商高，最突出的表现是他能跟很多人处理好关系，在他的身边总活跃着大大小小不同的圈子。

作为一名出色的诗人和文学理论家，曹丕与“建安七子”等邺下文人们关系处得都很好，不仅有工作关系，而且私交也相当不错。应玚去世得较早，曹丕既感伤应玚之死，也担忧应玚的妻儿今后的生活，他写了《寡妇》《送应氏》等诗，还命王粲等人同题唱和。有情有义，关怀体贴，是个好领导。

曹丕与王粲的关系更亲密，王粲有个特殊爱好，喜欢听驴叫。王粲死后曹丕亲自前往墓前祭拜，为了怀念王粲，曹丕让大家都学驴叫。这份情谊，不到一定份上做不出来。

在同辈的“诸夏侯曹”兄弟里，与曹丕关系密切的人有不少，除了上面提到的夏侯楙、夏侯尚外，还有曹真、曹休、夏侯威等人。曹真由于特殊的出身，曹操对他一直比较怜爱，把他其实也当成了养子看，让他从小跟曹丕一块生活和学习，二人结下了深厚友情。曹休是曹操的子侄辈，长大后也加入虎豹骑，作战英勇，屡立战功，在曹操生前他凭借战功已经升任中领军，这是一个很重要的军职，他跟曹丕的关系也相当好。夏侯威是夏侯渊的儿子，一身侠气，自己不是文人但喜欢读书人，他发现了泰山郡人羊祜，觉得羊祜博学多才，善于谈论，于是做主将他二哥夏侯霸的一个女儿嫁给羊祜为妻，后来羊祜成为一代名将，夏侯威跟曹丕的关系也很好。

总之曹丕特别善于跟人打交道，群众基础很不错。

不过，要论起与曹丕关系亲密的程度，上面这些人都还不够，曹丕身边还有几个人，他们才真正与曹丕无话不谈，他们后来被称为“太子四友”。

所谓“太子四友”，指的是曹丕被立为太子前后特别信赖倚重的四个人，分别是司马懿、陈群、吴质和朱铄。

司马懿出身于河内郡温县司马氏家族，他的父亲司马防是曹操在洛阳时代的老领导，他们一家也是英才辈出，他的大哥司马朗、三弟司马孚都在曹操手下任职。按照史书的说法，司马懿开始到曹操身边工作还有点不太情愿，但他绝对不是一个淡泊名利的人，他有很深的城府和很强的上进心，他也绝顶聪明，当时军权被曹氏、夏侯氏所掌握，世家大族在政权格局里只能充当配角，司马懿敏锐地观察到这一点，觉得要想真正进入权力核心必须忍耐，做长远打算。司马懿后来主动靠近曹丕，忠心耿耿地帮曹丕出谋划策，受到曹丕重视。

陈群跟司马懿的出身差不多，也出身于一个大家族，不过陈群的身份有点特殊，他当过刘备的下属，刘备战败后作为俘虏被曹操发掘和任用，他担任过基层行政官员，也担任过人事、司法、监察方面的工作，有相当的才干。

在曹操生前司马懿和陈群还不是核心层成员，也没有兵权，但他们看准了曹丕日后必能继承大位，所以倾心攀附，深得曹丕的信任，为日后飞黄腾达铺好了路。

吴质追随曹操的时间相当早，大概在曹操担任兖州牧时期就投身曹营，只是他的地位一直不高，一方面他的出身并非像司马懿、陈群那样的名门大族；另一方面是他的脾气不好，人品又差，前途较为渺茫。吴质比曹丕大了整整十岁，他是一个喜欢结交权势的人，经过努力他终于引起了曹丕的重视，被引以为智囊，曹丕遇到难事不知道如何办，经常找他出主意。

“太子四友”中只有朱铄的情况所知最少，他是曹操老家沛国人，长得比较瘦，性子比较急，跟曹丕等人关系很好，在曹操征袁谭占领南皮后有名的“南皮之游”里就有他。

拉帮结派，这是组织生活中的大忌，现在如此，过去也一样。

曹丕跟司马懿等人并没有太多工作上的隶属关系，平时形影不离，谈的不可能都是工作，他们之间的交往也不可能瞒得住曹操，这或许也犯了曹操的忌，迟迟不立嗣，大概这是一个重要原因。曹丕跟曹家、夏侯家兄弟们怎么来往曹操都不会反对，但对于他结交司马懿、陈群这些人，曹操心有顾忌，这得从曹操与世家大族之间的关系说起。

东汉是世家大族进一步崛起的时代，朝政和各地政权都被若干世家大族所掌控，刘表之所以能在荆州立足，刘焉之所以能在益州站住脚，以及孙氏在江东之所以能快速打开局面，背后都是当地豪族们在撑腰。某种程度上，刘表也罢，刘焉、孙权也罢，都是豪族势力的代言人。

曹操非常明白这一点，所以在他开创基业的过程中始终注意与豪门士族的合作，这一点在他倚重荀彧上最能看得出来，与其说他欣赏荀彧的个人才能，不如说他更需要通过荀彧与以颍川郡荀氏、陈氏、钟氏等为代表的整个士族集团建立良好的合作关系。

然而曹操自身不是士族，他出身于宦官家庭，从自己算起富贵也不过才三代，以他为中心的核心利益集团成员，如曹洪、曹仁以及夏侯氏兄弟等人，也都不是士族，但他们现在掌握着最大的权力。

由此就出现了一对矛盾，过去常把它归纳为士族和庶族的矛盾，也就是老牌的大地主阶层与新的暴发户之间的矛盾，不管这样分有没有道理，但至少这种矛盾是存在的。曹操依靠士族阶层，但又提防和抑制他们，比如，占领冀州后就颁布了抑制士族豪强进一步兼并的法令，他与荀彧之间越来越深的矛盾，表面上看是某些政治理念的不同，深层次的问题仍然是两种不同阶层之间的矛盾。

在建安十六年（211）受封的诸子中没有曹丕，到这一年的晚些时候，环氏所生的曹宇、秦氏所生的曹玹、杜氏所生的曹林也被封了侯爵，其中曹宇被封为都乡侯，曹林被封为饶阳侯，曹玹被封为西乡侯，都乡和西乡不是乡而是县，这几个都是县侯，其中都乡县在常山郡，饶阳县在涿郡，西乡县在汉中郡。受封的食邑不详，如果跟曹植他们一样，那也都应该是5000户。

至此，曹丕已有六个兄弟被封侯，而他还没有。

如果只从这个情况来看，似乎意味着曹丕已经失宠了。但就在此时，曹丕又突然被任命为五官中郎将，让情况变得扑朔迷离起来。五官中郎将本不是一个显要的职位，它属九卿之一的光禄勋卿，品秩是比二千石，较真正的二千石要低，可以视为“副部级”。汉代的中郎将比较多，带兵的中郎将一般来说比偏将、裨将还低，但比都尉高，相当于准将。但中郎将也并非都带兵，五官中郎将就是不带兵的中郎将，他带的是郎官。

汉代的郎官是指宫内的低层级办事人员，通常担任天子的护卫陪从、在宫内官署值班等任务，宫里的郎官大都归光禄勋卿管理，分为五官郎、左中郎、右中郎，也称为“三署郎”。东汉规定50岁以上的郎官属五官中郎将管理，五官中郎将下还有五官中郎、五官侍郎、五官郎中等，品秩从三百石到六百石不等。所以，一般情况下五官中郎将就是光禄勋卿属下的老干部管理处处长，管理一大群年龄50岁以上的办事员。

曹丕担任这个通常由老同志担任的职务只是个名义而已，他不用到许县朝廷上班，下面也没有五六十岁甚至年龄更高的老干部们让他管，他干的活与这项职务原来的职责完全不挨边。曹丕担任的这个职务权力很重，天子在他的任命诏书上给做了两项特别说明：允许他组建办事机构，同时明确他是副丞相。

汉代允许官员组建办事机构叫“开府”，这个府一般称为“幕府”，一旦有资格开府，就能自行聘用属吏，但这项特权通常只有三公、大将军这样的高级官员才享有，其他人也要享受这个特权，就叫“开府仪同三司”。到汉末，开府的条件逐渐放宽，李傕、郭汜、樊稠等人身为各种名号的将军，也有开府的特权。

五官中郎将这种“副部级”官员也开府，曹丕肯定开了先河，尤其把五官中郎将定位为副丞相，更是前无古人。与丞相同为三公之一的御史大夫一度被认为是副丞相，协助丞相处理有关事务，权限很大。把五官中郎将作为副丞相完全没有先例可循，而且双方品秩上的差距巨大，但这并没有出乎大家的意料，因为担任五官中郎将的是曹丕。

此举似乎可以解读为曹操在继承权确立方面的一种暗示，但曹丕还没有来得及高兴，紧接着曹操又颁布了另一项命令。

曹操在让曹丕设置自己官署的同时，也允许其他被封侯的儿子都设置官署，为此他还颁布了《高选诸子掾属令》，这项命令如今只保存有“遂以邢颙为平原侯家丞，侯家吏，宜得渊深法度如邢颙辈”一句话，是选邢颙为曹植家丞的，其中可以看出曹操对给儿子们选属吏十分重视，要求的标准很严。

设置官署也等于“开府”，以前五官中郎将没有这个特权，诸侯也没有，曹操让几个儿子都“开府”，不是想替儿子揽权，明眼人一看就知道这是锻炼他们的才干，同时对他们进行考查。

曹丕的心，不由得又悬了起来。

八、兄弟间的公平竞争

在“魏公国”建立的同时，曹操又让儿子们大量“开府”，曹魏的阵营还从来没有出现过这么多的办事机构。

曹丕设置的官署称为五官中郎将府，曹植等人设置的官署称为某某侯府，他们不可能替代现有的行政机构，但也不会是只挂牌子不干事的地方，曹操应该分别交付给他们一定的职责，只是具体情况已不得而知。

综合各种史料，先后在五官中郎将府任职的有凉茂、邴原、苏林、徐幹、卢毓、刘廙、郭淮等人，先后在平原侯府任职的有上面提到的邢颙以及刘桢、应玚、毌丘俭、司马孚等人，其他侯府的情况不详。

曹操不仅让儿子们“开府”，而且选调的多是品才兼优之士，真正做到了“高选”，看来这次“开府”确实用意深远，就连一般人恐怕都能看出来他意在锻炼和选拔接班人。曹丕的儿子曹叡日后当了皇帝，在回忆爷爷曹操为叔父们设官署、选才任能之事时说：“自太祖受命创业以来，他深刻地感受到治乱之源，明察存亡之机，所以初封诸侯时，训诫大家要恭敬、谨慎，并安排天下正直之士辅佐他们，常常拿马援的遗诫提醒大家，严格限制诸侯与宾客们的交往，如果犯了错误与一般人同样处罚。这难道是不重骨肉之情吗？只是不想让子弟们犯过失呀。”

一下子新增了那么多机构，意味着也增加了很多职位，这吸引了各路人才，许多人都向往着到曹公子的府里任职，曹丕兄弟们的府第前一时间热闹起来。

其实人才是最稀缺的资源，况且那段时间魏国正在初创之中，也需要大量人才，曹操一再发布“求才令”，但仍然满足不了对人才的需求，尤其是那种各方面都比较突出的优秀人才，更是大家争抢的对象。对人才的明争暗抢主要发生在五官中郎将府和平原侯府之间，也就是曹丕、曹植兄弟之间，尤其对有一定影响力的那些人，曹丕和曹植都想把他们拉到自己身边来。对人才来说，这一段真是黄金时期，求才若渴的领导，到处挖人的说客，足可以让自己待价而沽，当然前提是必须有真才实学。

在人才争夺战中，二人互有胜负。

司马懿的三弟司马孚本来被先派到平原侯府担任文学掾，但是司马孚觉得曹植年轻气盛、不把别人放在眼里，多次向他提出劝谏，曹植不听，司马孚一气之下转到曹丕那里。

这件事确实是真的，但过程有问题。关于曹植“负才陵物”的记载似乎只有这一处，在其他史料中曹植倒是一个为人通脱、不拘小节的人，应该没这么差劲，况且因为对领导不满意就想换单位，放到现在可能不是件太大的事，而在那时是绝对很难办到的，背后必须有强有力的支持才能成功。史书之所以这么说，只是给晋朝奠基者司马懿的弟弟司马孚的跳槽行为找个借口而已。

事实上，司马孚不安心在平原侯府工作应该与曹丕方面挖墙脚有关，司马孚的二哥司马懿虽然没有进入五官中郎将府任职，但他此时已经是曹丕绝对的心腹，司马孚的行为应该受司马懿的影响。同样的情况还发生在应玚身上，他开始在平原侯府供职，后来转到五官中郎将府。

但曹丕也不是想要谁就能得到谁，他也有不如意的时候。

曹丕听说书法家邯郸淳很有名气，想把他延揽到自己门下，但曹植也想得到邯郸淳，二人互不相让，最后惊动了曹操，曹操出面协调，让邯郸淳到曹植那里工作。曹丕对荀彧一向很恭敬，但荀彧的儿子荀恽却看不上曹丕，反而与曹植关系很好，惹得曹丕很不高兴。荀恽代表了相当一部分人的看法，这些人要么真的不喜欢曹丕而喜欢曹植，要么对他们兄弟二人无所谓喜欢与不喜欢，只不过更看好曹植的前途，于是站在了曹植的一边，也算是一种政治上的投机。

在这部分人里，最典型的是丁仪、丁廙和杨修。

丁仪和丁廙是兄弟俩，他们出身于沛国谯县的丁氏家族，不仅跟曹操是地道的老乡，而且两家素有渊源。曹操的母亲姓丁，第一任妻子也姓丁，都是这个家族的成员，丁氏家族出过丁宫、丁冲这些人，丁冲就是丁仪和丁廙的父亲。

曹操跟丁冲年轻时就很要好，后来丁冲在朝廷任职，献帝东迁过程中丁冲一路相随，回到洛阳后丁冲给曹操写信，让他前来迎驾，丁冲是迎接献帝迁都许县的功臣之一。

后来曹操任命丁冲为司隶校尉，对他很重用，但丁冲有个爱好，特别喜欢喝酒，一见美酒就控制不住，结果酒醉烂肠而死。曹操念及旧情，对丁仪、丁廙很照顾。

曹操早就听说丁仪很有才，但一直没见过，不知道丁仪长得怎么样，他想把大女儿清河公主嫁给丁仪，就此征求曹丕的意见。曹丕却不喜欢丁仪，原因或许是丁仪已经跟曹植走得太近，也许有其他原因，总之不想促进这件事，他对曹操说："女人很在意男人的相貌，丁仪眼睛不好，我怕姐姐不会喜欢他，不如选伏波将军之子夏侯楙。"曹操听了曹丕的意见把清河公主嫁给了夏侯楙，后来曹操让丁仪在自己身边当丞相掾，与丁仪交谈后对他的才能很欣赏，曹操有些遗憾地说："丁仪真是个人才啊！即使双目失明也应该把女儿嫁给他，更何况只是一只眼睛有问题，都是我儿子误了事。"

丁仪没当上曹操的女婿，一定对曹丕很有意见，所以更加跟曹植亲近起来。丁仪的弟弟丁廙也很有才学，同样得到曹操的欣赏，他们兄弟俩成为能在曹操面前说上话的人，一有机会就夸赞曹植，成为曹植的铁杆粉丝。

杨修的情况与二丁不尽相同，曹丕没得罪过他，反而想方设法跟他结交，但他始终坚定不移地站在曹植一边。

杨修字德祖，前太尉杨彪的儿子。华山脚下的弘家郡杨氏是汉末著名的政治世家，从杨震到杨秉、杨赐、杨彪，几代人一直活跃在政坛。杨修也很有才干，被选调进丞相府任职，他处理各类事务得体周到，曹操十分满意。

杨修出身名门，又有才气，所以名气很大，自曹丕以下都争着与他交好，包括一向什么都看不惯的孔融和一向恃才傲物的祢衡都给杨修面子，但在曹丕和曹植之间，杨修却不假掩饰地喜欢曹植，曹植也相当尊崇杨修。

连曹操都很欣赏丁仪、丁廙和杨修，说明他们真的有才干，不是光会忽悠人、动动嘴皮子，有他们帮忙，曹植的势头慢慢盖过了曹丕，曹丕对此很忧心。

一次，曹丕想找吴质商议对策，吴质因与曹丕走得太近为曹操所忌，此时已被打发到朝歌县当县长去了，根据制度在外地任职的官员不经批准不得随意离开，曹丕召吴质来只能偷偷行动，具体办法是把吴质装在一个竹筐里，用车运进五官中郎将府。

但这件事让杨修知道了，可见杨修这帮人不仅是智囊，而且还搞情报工作，有自己的特务组织，杨修得到这个情报后就报告给了曹操，但是他没有料到曹丕也会搞情报，知道杨修在曹操面前把他黑了，但曹丕还不够老辣，一下子被吓住了。

曹丕问吴质怎么办，吴质说："这有什么呀，明天还用车装上竹筐，里面塞些绵帛来迷惑他，如果查验，与杨修说的不符，他必然获罪。”曹丕照办，第二天果然有人检查，但没有发现什么异常。经过这件事，曹操对杨修有了怀疑。

杨修没有在平原侯府任职，他的正式职务是丞相府主簿，几乎天天在曹操身边工作，对曹操的行动及所思所想都一清二楚。他揣摩曹操的心思，事先准备了几十条曹操有可能提出的问题以及如何回答交给曹植，有点像准备好的答记者问，等曹操的问题刚一提出，曹植那边就有对策了，不仅反应迅捷，而且回答得恰到好处。这让曹操惊奇不已，后来追查下来，发现原因出在杨修那里。

还有一次，曹操派曹丕和曹植从邺县不同的城门出城，但事先告诉守门人员不予放行，以此观察曹丕和曹植有何反应。杨修知道曹操的用意，悄悄告诉曹植：“如果有人不让你出城，你就把他杀了，因为你执行的是王命。”曹植照做了，而曹丕被人阻挡后就老老实实回来了。

曹操某次带兵出征，曹丕、曹植兄弟及众人送行，曹植说了不少歌功颂德的话，辞藻华美，很有感染力，吸引了大家的注意，曹丕口才不如弟弟好，有点郁闷，吴质看出来了，悄悄对曹丕说：“不用渲染自己，只要装出悲伤的样子就行。”曹丕依计而行，大家一看，原来还是曹丕做事得体，曹植有点太矫情。

上面这几件事有的可能是真的，有的可能出自后人的附会和演义。曹操的几次出征，要么曹丕留守、曹植随征，要么曹植留守、曹丕随征，兄弟俩都留守的似乎没有，而吴质大部分时间都被曹操发落到外地任职，能随时出现在曹丕身边的机会也并不多。但是，这些故事反映出来的情况却是真实的，曹丕和曹植之间的明争暗斗逐渐升级，他们身边各有一帮人暗中相助，非要较量出个结果来。

无数血的事实告诉他们，最后的胜利者只有一个，作为失败者往往连一条活路都没有，所以这场斗争一旦拉开就无法让它停止，直到决出胜负的那一刻。

九、分裂成两大阵营

建安十九年（214）曹操远征孙权时有个细节，那就是在留守邺县的人选上曹操做出了一项令人意外的安排：曹植负责留守，曹丕随征。

这打破了以往的惯例，更容易让人展开联想。曹植此时 23 岁，曹操在这个年龄刚好担任顿县令，临行前曹操专门告诫曹植："我当年担任顿丘县令，年龄也是 23 岁。现在回想那时的所作所为，至今没有什么值得后悔的。现在你也 23 岁了，希望你自勉！"

对曹丕来说这次随征一定心事重重，之前他就感觉到了一些对自己不利的信号，现在这个信号更加明显了。曹操的确在犹豫，他不那么喜欢曹丕，否则就不会纠结了。至于原因，除了性格还有曹丕密切交往的那些人，让曹操心里都感到不踏实。自开启政治革新的进程以来，曹操觉得始终有一股无形的力量正慢慢浮出水面，反对他的人，其实曾经也拥护过他，由于政治立场的不同，双方很难妥协和调和，荀彧的死或许是一个标志性事件，但曹操知道事情还没有完。

世家大族曾是本朝政坛版图的中坚力量，近几十年来虽然备受宦官和外戚的挤压和迫害，但对汉室的忠诚一直矢志不改，而曹操严格说来并没有出身在这个集体中，头上反而贴着宦官后人的标签，世家大族肯与曹操合作，拥护他、支持他，缘于曹操坚决与宦官阵营划清界限的种种努力，缘于世家大族们想借助曹操的力量实现复兴汉室的期待，但这一路且行且走，双方发现各自的心里其实都有着落差，眼看献帝的年龄一天天增长，而曹操并无还政的任何表示，一部分士族出身的人心中的不满便与日俱增。

曹操当然洞悉这一切，只是不能挑开明说而已。他最担心的是儿子们也卷进这场纷争中，那将是曹氏试图建立万世基业的噩梦，现在曹丕跟司马懿、陈群这样的人过从甚密，让曹操不由得不警惕。

至于曹植，虽然不够城府，但率直、才思敏捷的特点又让曹操觉得很像自己。不过，废长立幼是一个大忌，对嫡长子世袭制是一种挑战，后果如何曹操也有些吃不准。

这段时间，曹操为立王太子的事一直纠结着。

曹操就此事私下里征询了很多人的意见，想听听大家对这个问题的看法，但结果仍然分歧严重。丁仪、丁廙兄弟俩这段时间很受曹操的重用，丁仪多次在曹操面前称赞曹植有奇才，当他看出来曹操也有立曹植为太子的意思后，不断给曹植出谋划策。

丁廙也在曹操的面前使劲捧曹植：“临菑侯天性仁孝，为人坦荡，而且聪明过人，将来一定能成为杰出人物。他还博学渊识，文章绝伦，当今天下的贤才君子，不问少长，都愿意跟随他甚至为他而死，这实在是天佑我大魏，所以才赐给大魏这么好的接班人！”

经他们兄弟俩一唱一和，曹操也有些心动，他问丁廙：“我确实很喜欢曹植，这个不用你来说。我想立他为嗣，你看怎么样？”丁廙自然毫不掩饰地支持曹植，甚至表明自己愿意以死来保荐曹植，丁氏兄弟的话对曹操产生了很大影响。

除丁氏兄弟，力挺曹植的还有杨俊、邯郸淳、孔桂等人。

杨俊是边让的学生，跟司马懿等河内郡名士关系密切，他担任丞相掾，在外地当过郡太守，职务不算太高，但素来以善于品识人物著称，他曾经在奴仆之中提携了王象这样的人才。曹操为选嗣问题秘密征求大家的意见时，也问到了杨俊。杨俊虽然分别讲了曹丕和曹植的优点，没有明确说谁是继承人，但称赞曹植更多。

书法家邯郸淳也支持曹植，他初次见到曹植就惊呼他为“天人”，成为曹植的忠实粉丝。邯郸淳多次在曹操面前夸奖曹植，消息传到曹丕那里，让曹丕很不高兴。

在曹魏阵营里孔桂似乎不是一个重要人物，但他一度是曹操身边的红人，说话很有分量。孔桂字叔林，凉州人，原是关中军阀杨秋的手下，杨秋投降后孔桂有机会多次来邺县公干，曹操见到孔桂，觉得他是个人才，就把他留了下来，给了一个骑都尉的头衔，让他平时随侍在自己左右。

孔桂确实有些才能，不然曹操也不会欣赏他，但他最大的专长还在于会逢迎拍马，他善于观察曹操的意图，专门挑曹操高兴的时候委婉地陈述自己的建议，很多事情被曹操采纳了，让众人对孔桂刮目相看。曹操是一个头脑比较清醒的领导，孔桂能把曹操奉承好，确实有些手段，他之所以受到曹操的宠信，除了有些本事、会察颜观色外，还与他的业余爱好有关，他通晓围棋，又踢得一脚好球，而曹操是著名的围棋高手，工作之余孔桂可以陪曹操下下棋，这种“密切联系领导”的方式是常人不具备的。

曹操对孔桂很满意，多次给他赏赐，由于孔桂在曹操面前说话“好使”，很多人都争相巴结，也送给他不少财物，孔桂虽客居邺县，但日子过得很滋润，生活十分奢侈。曹丕对孔桂很重视，想方设法接近他，但孔桂感到曹植的胜算更大，所以把宝押在了曹植一边，平时跟曹植走得很近，对曹丕有所怠慢。

支持曹丕的，主要有桓阶、毛玠、邢颙、卫臻等人。

担任过丞相掾、赵郡太守的桓阶劝曹操不要打破长幼顺序，应该立曹丕为太子，桓阶不仅秘密劝谏，还多次公开发表自己的意见。一些支持曹丕的人被丁氏兄弟视为眼中钉，多次在曹操面前说他们的坏话，全赖桓阶竭力劝解周旋才得以保全。

长期在曹操身边负责人事工作、魏国建立后担任尚书仆射的毛玠也劝曹操立曹丕，看到曹植受宠，毛玠密谏曹操说：“袁绍因为没有处理好儿子的事，以至于国破家亡，废立这样的大事，还是要慎之又慎。”毛玠是迎天子、屯田等重大决策的始倡者，他的话在曹操心中一向很有分量。毛玠一向为人正直，清正廉洁，曹操曾把他比喻为自己身边的周昌。

邢颙本来担任平原侯府的属官，但他处处以礼法严格约束曹植，又得理不饶人，于是跟曹植发生了矛盾。后来邢颙转到丞相府工作，参丞相军事。曹操就立嗣问题征求邢颙的意见时，邢颙说：“废长立幼是前世所忌讳的事，希望您能慎重处理。”

卫臻是曹操老战友卫兹的儿子，卫兹为支持曹操早年的事业而牺牲，后来曹操每次路过陈留郡都会派使者前去祭扫他的陵墓。夏侯惇当陈留郡太守时举荐卫臻担任本郡的计吏。一次，夏侯惇命卫臻带夫人出席宴会，卫臻认为这与礼法不合，拒绝了，夏侯惇大怒，一气之下把卫臻抓了起来，但马上又后悔了，赶紧把他放了。

东郡发生了朱越谋反事件，朱越供认卫臻参与其中，后来证明是假的，曹操为此专门下令明示卫臻的忠诚。后来曹操征卫臻为参军，又追念其父的功勋，赐封卫臻为关内侯，转任户曹掾。丁仪跑过去做卫臻的工作，要他支持曹植，被卫臻严词拒绝。

崔琰也反对立曹植，说起来曹植还是崔琰的侄女婿，崔琰长期代曹操主持冀州的工作，魏国建立后担任尚书，曹操用密函向大家询问该立曹丕还是立曹植，崔琰则用公开信的形式回答说："按照《春秋》之义，立子应该以长，五官中郎将仁孝聪明，应该继承正统，我愿以死坚持这样的看法！"

除了上面这些人的支持，曹丕还有两个秘密外援，这是曹植不具备的。曹操有很多妻妾，他比较宠爱的除卞氏外还有曹幹的母亲王氏，王氏暗中帮曹丕说了不少好话。曹丕有一个妾姓郭，比较有谋略，曹丕争太子时她帮忙出了不少主意，这个郭氏后来继甄宓之后成为曹丕的皇后，史称文德皇后。

以上这些事都见之于正史，完全可以想见还有很多没有写到正史里来。这场斗争从一开始就把很多人牵扯进来，从双方的形势判断可以说势均力敌，如果仔细分析，曹丕一方略微占些上风。

看到下面的意见这么不统一，曹操有点拿不定主意了，他最后问到了一向足智多谋的贾诩。曹操屏退左右问贾诩的看法，贾诩却不作声，曹操急了："我有事问你呢，你不说话是什么意思呀？"贾诩装着在沉思，半天才说："属下刚好想起一些事，所以没有立即回答。"曹操问他想到了什么，贾诩回答："想到了袁绍父子和刘表父子。"

曹操一下子明白了贾诩的意思。

十、铜雀台上目睹叛乱

曹操当上魏公以后，享受“赞拜不名”“九锡”这些殊荣，女儿又当上了皇后，大家觉得再往前一步就要改朝换代了。但大多数人都不相信曹操真的会当皇帝，因为那样将违背《让县自明本志令》里做出的承诺。

不过，到了建安二十一年（216）4月，曹操又向前迈出了一步，晋爵为魏王，史书在记载这件事时用了一句“曹操自进号魏王”的话，有些耐人寻味。

曹操晋爵为魏王，程序肯定与晋爵魏公一样都是由献帝下诏，而不会是自封的。这样说不是揣测，献帝确实下过一份这样的诏书，这份诏书照例篇幅不短，前面的大部分内容都是废话，只有最后几句颇为重要：“现在晋您的爵位为魏王，特派御史大夫、宗正刘艾奉上册玺、玄土、白茅，以及金虎符第一至第五、竹使符第一至第十前来请您就王位，同时请您以丞相的身份继续兼任冀州牧。”

献帝派到邺县的使者是御史大夫和宗正卿刘艾，刘艾也是刘氏宗亲，由他来当使者增加了这项册封的合法性，刘艾带来的不仅有诏书，还有两份重要礼物，即金虎符和竹使符。

调动军队历来都是一件大事，必须有皇帝颁发的信物，否则就是谋反。汉代用于调兵的信物大致有虎符、节、羽檄、诏书等，其中最郑重的是虎符，有铜质的也有金质的，从诏书中得知，这次送来的金虎符是金质的，一共有五枚。

竹使符与虎符作用大约类似，不同的是它是竹质的，根据应劭的记载，其形似箭，每枚长五寸，上面用篆书写有“一、二、三、四、五”等字样，它在使用上与虎符有何区别以及如何使用由于史料欠缺，已经不得而知。推测起来，也许跟调兵的规模有关，小规模的调兵用竹使符，较大规模的调兵用虎符吧。

竹使符没有出土过，但陕西省凤翔县曾出土过金虎符，这让我们能直观地了解这件神秘东西的面貌。它体型很小，高仅 2 厘米多，长不到 5 厘米，呈卧虎状，中间一分为二,一半在天子手里，一半在带兵的将领手里，使用时要看这两件东西能否完全合上。

献帝颁发这两件东西给曹操，是因为曹操作为魏王在名义上也拥有调兵的权力，即魏国拥有独立的军事权，这一点又在刘氏诸侯王之上，汉武帝刘彻之后，刘氏藩国已经不再掌兵了。当然，现在就连汉室朝廷其实也不掌握任何军队，曹操每次调兵也不大可能先到许县申请虎符，那样既不现实也耽误事，献帝颁发金虎符和竹使符给曹操也只是一种象征意义。

献帝的诏书传达出来另一个信息是，曹操担任魏王以后，原来担任的丞相、冀州牧两个职务不变，这样曹操身边就有三套班子同时运行：魏王府、丞相府和冀州的州政府。三套班子都很重要，现在曹操身边不缺少职位，只缺人才。

魏王府是由魏公府直接转化而来的，但魏王府升格之后，内设机构不断增加，人员也大量增加，成为曹操掌握权力最重要的部门。

曹操受封为魏公时开始设置尚书、侍中和六卿，可能因为是公国，所以没有像汉室朝廷那样设置九卿而只设了六卿。这是哪六卿目前已无法确知，清人赵一清认为与汉室相比，这六卿里没有廷尉卿、宗正卿、少府卿，有太常卿、光禄勋卿、卫尉、太仆卿、大鸿胪卿、大司农卿，都相当于魏公国政府的部长。

但从史书记载看，魏公国曾出现了郎中令、中尉、大理等九卿中没有的部长级官职，说明魏公国建国时进行过一次机构改革，没有完全因袭汉室制度，王修、王朗、袁涣、国渊、钟繇等人分别担任过魏公国部长级官员。

以上这些人加上在魏公国尚书台供职的荀攸、凉茂、毛玠、崔琰、杜袭、和洽、王粲等人，组成了强大的工作班子，这说明曹操没有把魏公国的内设机构当成摆设，它担负着重要的职能。

魏公国升格为魏王国后，把六卿增加为九卿，并任命钟繇为相国，类似于丞相，魏王国下设的办事机构进一步加强。此时魏王国的范围至少有北方的十个郡，仅行政管理的任务就很繁重，而从魏王国下设机构的人员配备看，曹操不仅让他们管理魏王国，还把整个曹操控制区都纳入管理范围中。

如此一来，它与丞相府的职能便出现了交叉。从大批原丞相府人员已转入魏王府任职的情况看，此时丞相府的规模在不断缩小，但与军事有关的部门没有削弱反而在加强。

魏王府和丞相府逐渐明确了自己的职能范围，魏王府偏重于行政管理，包括王室事务，而丞相府重点负责军事，包括军队将领的选拔任用、军队调动、军事后勤以及战略谋划、战役参谋等。

至于冀州的州政府主要定位于管理冀州的事务，幽州、并州撤销后，冀州的管辖范围增加了一倍以上，人口和实力都居九州之首，管理这么大的一个州，想必人员也有所加强。

这段时间行政区划大调整、魏公府和魏王府设立，都需要大量人才，曹魏阵营出现了人才大流动现象，人才不够用是一个很重要的问题，这也是曹操多次发布求才令广集人才的背景之一。

再次晋爵，也产生了政治上的震荡。

一些原来相信曹操在《让县自明本志令》中表白的人也有怀疑，在拥护和同情汉室的人看来，曹操的作为分明是步步紧逼，汉室已经退无可退。曹操称魏王后，这种猜疑、不安和担忧的心理更加强烈，少数有极端想法的人不甘于被动承受，他们试图铤而走险，联络那些因为其他原因对曹操不满的人向曹操发难。建安二十一年（216），即曹操登上王位的当年就发生了一次叛乱事件，叛乱的主角名叫严才。

关于严才的情况知之甚少，他担任什么样的职务？联络了哪些人？他有多大的把握取胜？这些都不得而知。只知道他当时在邺县突然起事，率领徒属数十人攻击位于邺县城内的魏王宫门。

徒属，门徒和部下，说明严才既教有学生还担任着某种职务，但仅以区区数十人的力量就直接攻击魏王宫门无异于自杀，没有某种坚定的政治信念不可能做出这样的事。

严才的行为可能就是为了表明一种政治态度，为了操守死而无憾，正是一部分儒学之士的最高追求，而还有那么多的人追随他，说明他们的政治信念并非没有影从者。

严才突然发难，直取魏王宫，也不能说完全不具有威胁性。事件发生时曹操本人正在铜雀台上，他居高临下地看到了整个过程，曹操发现有一些人迅速赶过来与叛乱分子展开了搏斗，虽然离得太远看不清楚，但曹操对身边的人说那一定是王修。长期担任司金中郎将的王修此时任郎中令，他最先得到消息，来不及调动人马，就率领正在官署值班的属下们步行赶到宫门，保卫王宫的安全。郎中令是秦朝官名，汉代改为光禄勋卿，魏国建立后又改回郎中令，宫室的安全保卫是其主要职责之一。

这场叛乱很快平息了，事后检讨功过得失，担任魏国相国的钟繇认为虽然王修有功，但其行为于制度不符："过去京城一旦发生变故，九卿应各居其府不得出来。"

在没有任何预警的情况下发生叛乱，外面的情况不明，闭门不出首先是一项制度要求，到处乱哄哄的，弄不清谁跟谁，你跑出来究竟给谁帮忙？而无论以后谁得手，你都容易引起猜疑，所以闭门不出也是自保的做法。

钟繇是王修的上级，他的话也不完全是责难，更多的是一种提醒，对此王修回答说："食其禄怎能避其难？待在府里不出虽然符合制度，却不符合共赴国难的大义！"这叛乱的平息，王修立了大功，刚刚落成的铜雀台在安全防卫方面的功能也凸显出来，随着铜雀三台的相继完工，邺县大规模城市建设也暂告一段落，现在呈现在世人面前的是一个较几年前更新也更壮观的大都市。

邺县城内被一条东西走向的大街分成两个部分，宫室和官署都集中在北边，王宫的大殿叫文昌殿，是魏国举行重大活动、典礼的地方，而魏王曹操处理日常公务多是在其右侧不远处的听政殿，听政殿门外是一条长长的甬道，其上列置有听政门、升贤门、宣明门、显阳门、司马门等。

听政殿门前分布着尚书台以及丞相府下的各个机构，属于机要部门，再向外，一直到东西大街的北侧，分布着魏王府下的部分九卿等办事机构。铜雀台在邺县城西北角上，与其对应的城东地区是一个叫"戚里"的地方，这是贵族集中居住区，九卿中的郎中令府、大理寺、太仆寺、中尉寺分别在戚里南北两边，如果在这些部门办公在戚里居住，那是相当方便的。

与千里之外的许县冷清场面相比，邺县处处呈现出生机勃勃的景象。曹操成为魏王后，乌桓单于普富卢率领其下的各位侯王，南匈奴单于呼厨泉率领其下的各名王，先后来到邺县朝贺，魏王曹操以礼相待，最后把呼厨泉留下来长住邺县，让他手下的右贤王去卑回国主持工作。

十一、立嗣的风向标

曹操晋爵为魏王，也经历了一次“劝进”过程，很多人都抓住这个机会，上表对曹操竭力赞美。有个名叫杨训的人，可能因为职级较低没有出现在史书记载的劝进者名单中，但他也像许多人一样上过劝进表，写的大概有点过，有人讥笑他肉麻。

杨训其人不详，只知道他是钜鹿郡人，虽然才能一般，但品行不错，崔琰主持冀州政府工作期间把他作为人才向曹操推荐，曹操对杨训进行了礼辟。

外面议论的人多了，引起了崔琰的注意，虽然他已不在冀州刺史府任职而改任魏国的尚书，但杨训是他举荐的，如果这个人有问题，他也要受牵连。为此，他专门找来杨训写的奏表看了看，发现并不像大家说的那么严重。崔琰于是给杨训写了封信，信中有一句“省表，事佳耳！时乎时乎，会当有变时”的话，这句话说得很含糊，可以做不同解读，这一下给崔琰招来了杀身之祸。

从字面上看，“省表”的意思是“看过了所上的表”，“事佳耳”的意思是“这是个好事呀”，“时乎时乎”的意思是“时势啊时势”。关键是最后一句“会当有变时”，字面理解是“应当有变化的时候”。史书认为，崔琰的本意是说讥讽杨训的人没有看到时势的变化有点吹毛求疵，“时乎时乎”以及“会当有变时”可以理解为要与时俱进。

但崔琰这几句话说得也太简约了，尤其是“会当有变时”给人感觉他盼着变天。有人拿着崔琰的这封信向曹操报告，曹操果然对“会当有变时”很敏感，认为崔琰用意险恶。

曹操盛怒之下罚崔琰做苦工，这是一种刑罚，却不必关在监狱里，有点像罚做义工的意思。过了几天曹操派人前去探视，看看崔琰是什么反应，回来报告说崔琰在家里仍然每天待客，门庭若市，还看到他待客的时候用手卷着胡须，怒目而视，好像愤愤不平的样子。

曹操更生气了，下令将崔琰赐死。

还有一种记载，认为崔琰不是被赐死而是自杀。

杨训这位老兄果然是个书呆子，一点政治敏锐性都没有，崔琰写给他的信让他顺手就当垃圾扔了，结果被什么人得到，拿它当废纸用来包裹笼盖。

有个跟崔琰有矛盾的人，恰巧在路上看到外面有崔琰信的笼盖，于是跟踪上去，得到了崔琰的信，并报告了曹操。曹操认为崔琰这是心存不满，于是将崔琰下狱，下令剃光他的头发和胡须，罚他到建筑工地做苦工。

前面那个举报崔琰的人后来又向曹操报告，说崔琰仍然心存不满，曹操大怒，想杀崔琰。崔琰是冀州名士，曹操不想公开杀他，就派人到狱中转达自己的意思，希望崔琰自己了断，可是崔琰并没有领会。过了几天，曹操得知崔琰还活着，怒道："崔琰，一定让我动刀子吗？"曹操命令狱吏将这句话带给崔琰，崔琰说："我真笨，不知道曹公原来是这个意思啊！"崔琰于是在狱中自杀。

在曹魏政坛上崔琰绝不是一般人物，他的死是当时一个重要事件。作为本地名士，又是大学者郑玄的学生，崔琰很有影响，袁绍父子当年对他都礼遇有加，曹操得冀州后对崔琰加以重用，在曹魏的政治阵营里，冀州本土派显得并不重要，与其他州人才辈出相比，出身于冀州的只有崔琰、邢颙、崔林等少数几个人而已。

曹操因为一件小事就将崔琰杀了，并不是他对崔琰个人有什么成见；相反，长期以来曹操对崔琰的才干和人品都相当欣赏，在很多方面都对他很倚重。崔琰很熟悉冀州事务，曹操让他担任冀州别驾，曹操以后外出征伐，留下曹丕守邺县，都让崔琰辅佐曹丕。史书上说崔琰"清忠高亮""高格最优"，说明他是一个正直敢言的人，他曾经厉色劝谏过曹操，也当面批评过曹丕，但曹操对他的欣赏一直不改。

一次，匈奴使者来拜见曹操，曹操这个人长得不好看，个子矮，长相没有威仪，而崔琰身材高大，浓眉重目，还有四尺长的胡须，很有气质，曹操就让崔琰假扮自己，而自己捉刀立于一旁。会见完毕，曹操派人问匈奴使者，让他谈谈对魏王的印象，使者回答："魏王风度不一般，但旁边捉刀的那个人更有英雄气！"曹操听说后，赶紧派人追杀了这个匈奴使者，这就是"捉刀"这个典故的来历。这件事记载在史书里，虽然类似于民间故事一类，真实性不强，但可以得知崔琰生得的确仪表堂堂，很有威仪。魏国建立初期曹操委派崔琰负责人事工作，他在这个岗位上工作了十多年，很多官吏都是经他之手选拔的，由于他清廉忠正，朝廷因而提高了声望，大家都称赞他的公平。

曹操怎么会听信一件捕风捉影的事就杀掉这样一位重臣呢？更何况他还是曹植的姨父，论起来两家还有亲戚关系。事情的确很蹊跷，但如果考察一下此前不久刚刚发生过的另一件事，也许就能找出问题的答案。

就在曹操晋爵魏王的前后，有一天曹操登上铜雀台远眺，看见曹植的崔氏穿得很华丽，而曹操一向要求身边的人勤俭节约，看到崔氏这样曹操很生气，就因为这个把她赐死了。

发现有人不遵守自己的指示，无论作为魏王还是作为家长，都可以把她叫过来批评一顿，直接把她杀了，这确实有点不可思议。崔氏就是崔琰的侄女，她的死已经是个信号了，崔琰现在也被曹操杀了，这个信号更被放大，他们都不是因为个人原因被杀的，他们都与曹植有关。曹操已经决定立曹丕为太子，现在做的都是围绕着这件事进行。

崔琰虽然支持曹丕，但他犯了一个忌讳，不该把自己的意见公开。当崔琰以露板的形式表明自己的政治立场时，曹操的反应很有意思，一边说崔琰公正坦荡，一边又表示叹息，这其中便暗含了某种深意。崔琰把自己的政治立场公开，不仅让曹操感到尴尬，而且让曹操想到他不是真心，而是作秀。如果崔琰支持曹植，曹操也许不会多想，这是人之常情，他支持曹丕，并且把这个告诉给所有人，曹操认为他心里有想法。

所以，曹操认为崔琰从内心里是支持曹植的，以崔琰的政治影响力，日后如果曹丕被选为接班人，这必然是一个负面因素，因此需要提前除掉。

既然是冤案，就有人出来抱不平，毛玠就是其中一位。

毛玠也长期在曹操手下从事人事工作，由于工作关系，他跟崔琰来往比较多，史书对他的评价是“雅量公正，在官清格”，跟崔琰的评价差不多，都是清廉正直之人，所以互相敬重。毛玠见崔琰莫名其妙地被杀，心中不悦。有人到曹操跟前打毛玠的小报告，说毛玠外出看见被判了刑、妻子儿女被罚为官奴的人，借题发挥说“让天不下雨的就是这些事”，含沙射影给崔琰鸣不平。

曹操得报大怒，把毛玠关进监狱。

毛玠下狱不是因为他支持曹植，相反前面说过他支持的是曹丕，曹操处罚他是因为他对崔琰的事不满，曹操自己也知道崔琰事件很难服众，所以要采取高压，毛玠就这样稀里糊涂地被曹操当成反面教材抓了起来。后来，在桓阶、和洽等人营救下，曹操才免毛玠一死，但不再用他，毛玠后来死于家中。

在此前后，“建安七子”之一的刘桢也因一件小事被判刑。

刘桢很有才华，深得曹氏兄弟的喜爱，他之前在平原侯府任职，后转到五官中郎将府，但在内心倾向上更靠近曹植。一次，曹丕请客，酒席宴前把妻子甄氏叫出来与大家相见，按照礼法，这时候大家应该低下头，不能正视甄氏，可唯独刘桢“平视”，曹操知道后把刘桢下狱判刑，刑期满后重新安排工作。

当曹操内心里确定了继承人后马上就着手进行布局，崔琰以及曹植的妻子崔氏成为曹氏兄弟夺嫡斗争的第一批牺牲品，毛玠、刘桢等人也跟着受到了牵连。

这些事一件接一件发生，打破了政坛的平静，所有人都能看出来，立嗣的风向标已经偏移了。

十二、几家欢乐几家愁

做了一定的准备工作，曹操决定公开继承人的人选。

建安二十二年（217）10月，曹操发布《立太子令》，明确以五官中郎将曹丕为魏国太子，正式确定为继承人，这篇令文只保留了几句话，像是说给曹植等兄弟的："当初你们都被封为侯爵，唯独子桓没有受封，而被任命为五官中郎将，这其实就暗示着他要被立为太子啊！"

这么说当然很牵强，谁都知道近年来魏国的夺嫡之争一直存在，根源正是曹操自己没有拿定主意，如果他早有打算的话，也就不存在这场争斗了。况且曹操自己为此事还遍访群下，对他的犹豫不决大家早已心知肚明，曹操这么说只是给自己打个圆场罢了。

曹丕听到这个消息自然欣喜异常，直到现在他仍然没有取胜的把握，不久前他还把著名相士高元吕叫过来给自己相面，算算能否如愿当上太子。高元吕是与朱建平齐名的相士，他认为曹丕的命相贵不可言，言下之意当太子不是问题。

高元吕顺便也给曹丕算了算寿数，认为曹丕四十岁时命里有一道坎，这与朱建平的看法惊人的一致。不过曹丕此时正沉浸在极度的兴奋中，对于高元吕后面的话并没有在意。后来的事大家都知道了，曹丕正是四十岁那年死的。

现在曹丕心里充满了喜悦，他听到这个消息的时候刚好丞相长史辛毗在场，曹丕激动得抱住了辛毗，兴奋地说："辛先生，你知道不知道我好高兴啊！"有人把这个好消息迅速报告给了曹丕的母亲卞氏，并且向她讨赏钱，卞氏听后平静地说："魏王只不过因为曹丕年龄最长而把他立为继承人，我只要没教子无方就万幸了，怎么还能大发赏钱呢？"有人把这件事告诉了曹操，曹操相当满意，他对卞氏的评价是"怒不变容，喜不失节"。在两个儿子争夺继承权的斗争中卞氏没有发表自己的看法，因为不管谁最终胜利，都将意味着另一个人的失败，也意味着残酷的清算活动即将开始，作为母亲她的心里又能好受到哪里去？

有个细节值得注意，那就是曹丕被册立为魏王太子时卞氏仍没有被册封为王后，也许她不是曹操的正妻，也许她的出身不好，曹操虽然对她十分宠信，但一直没有明确她正室的身份。

有人欢乐，就有人哀愁。

曹植听到这个消息，无异于五雷轰顶，他知道自己失去的不仅仅是继承权，一旦父亲不在人世，他的这位哥哥登了基，他以及支持他的人都将面临灾难。

夺嫡之争历来残酷，原因就在于这场竞争中不管有多少选手参与，最后的赢家只有一个，其他统统是输家，而且输得会很惨很惨。这是一场政治赌博，要么不参与，一旦参与就只能赢、不能输，输了的人没有任何退路，只能任由对手宰割，好一点儿的还给留条生路，差一点儿的想苟且都难。

争夺的道路多艰辛，复仇的欲望就有多强烈，这是人性和权争使然，超越了亲情和友情。曹操大概也意识到了这个问题，他选择曹丕，但并不想看到儿子们之间出现骨肉相残的事，为了安慰失败者，他为曹植增加了食邑 5000 户，连同之前的 5000 户，共一万户。但曹植却从此一蹶不振，让曹操感到很失望，不久发生了“司马门事件”，让曹操更加生气。

一天，有人报告说曹植在天子及魏王专用的驰道上纵车飞奔，又私自打开了一般人禁止通行的司马门。这不是小事，可以上升为大逆不道，曹操下令处死了负责王室及诸侯出行的公车令，并且对曹植等几个封了侯的儿子们严加管教，对曹植的宠爱日渐衰退。为了这件事，曹操竟然发布过两道公开命令，一道命令里有“自从临菑侯曹植私自出行，开司马门到金门，让我对此儿另眼相看了”这样的狠话；而另一篇命令里的话更狠：“诸侯长史及帐下吏，知道我外出为什么把儿子们带在身边吗？自从子建私开司马门以后，我都不敢再相信他们了。我担心我刚刚离开，他们就私自外出，因此只好把他们都带在身边。”

不仅让曹植彻底失去了信任，而且也连累了其他兄弟。然而，这件事的来龙去脉不详，曹植在什么情况下奔行于驰道又私开司马门的，缺少相关正面记载。只有一部史书从侧面提到一些，说曹植之所以干这样的荒唐事是因为那天他喝醉了，跟他在一起的还有杨修，他们不仅私自从司马门奔出，而且一边还在车上说着曹彰的坏话，所以曹操才如此生气。

曹植固然很率真，做事情喜欢洒脱、不拘小节，但事情的轻重还是能够把握住的，他之所以犯这样的低级错误，只能说没有被立为继承人这件事对他的刺激确实太大了，也说明曹植已经破罐子破摔了。印象中曹操还没有因为什么事跟一个人如此较劲，抓住别人的过错不依不饶，可能这件事出在自己曾经宠爱的儿子身上，又发生在刚刚确定了继承人的敏感时刻，曹操因而更在意吧。

曹植还好办，他失去的只是未来的王位，有父亲的看护，尤其有母亲卞氏在，他还是安全的，而对那些竭力拥护过他的人来说，情况相当不妙了。

曹丕缺少父亲那样的开阔心胸，对过去反对自己的人他都记在了心里，并找机会报复，暂时收拾不了弟弟，收拾几个他身边的马仔还是绰绰有余的，更何况这也是巩固未来执政地位的需要，父亲自然会睁一只眼闭一只眼。

最早遭到报复的是丁仪，曹丕想收拾他，就让他当右刺奸掾，这种工作很容易出差错，然后找个理由就可以治他的罪，而曹丕的意思是丁仪最好自己识相自裁，但丁仪还想活下去。丁仪跟夏侯尚关系不错，夏侯尚跟曹丕关系密切，丁仪找到夏侯尚，给他叩头求他救自己，夏侯尚到曹丕那里求情，恳切地流泪不止，但曹丕不能原谅丁仪，后来还是找了借口把他杀了。丁仪的弟弟丁廙也同样死于曹丕之手，丁氏兄弟家中男子全部被杀。

杨修害怕曹丕报复，马上跟曹植疏远了关系，转而向曹丕靠近。杨修有一把由著名铸剑师王髦所铸造的宝剑，他把这把剑献给了曹丕，曹丕非常喜欢，经常佩带。在身边的这些人里曹植一直把杨修当真朋友看，跟他的关系最亲近，失宠后曹植仍像以前那样跟杨修来往，这让杨修倍感惊恐，但他也不能完全拒绝曹植。

曹丕没有对杨修动手，但杨修后来还是被曹操找了个罪名给杀了，时间并不是一般认为的曹操自汉中撤军时，而是建安二十四年（219），当时曹操已不久于人世，他考虑生前要为曹丕接班扫除最后的一些障碍，杨修很有才学，又是袁术和袁绍的外甥，所以不得不杀他。曹丕称帝后有一次从洛阳宫殿里出来，刚好佩带着杨修送给他的那把剑，于是又想起了杨修，他听杨修说过这把剑的造剑师名叫王髦，就特意派人去寻找，居然找到了，曹丕亲自召见王髦，赏赐了不少东西。

荀恽、孔桂、杨俊、邯郸淳等人因为“站错了队”，也受到牵连，有的也被曹丕找个借口杀了，有的仕途或多或少受到了影响。荀恽不仅不拥戴曹丕，而且最看不惯夏侯尚，曹丕很恨他，只不过荀恽死得比较早，加上他是荀彧的儿子，曹丕倒没怎么难为他。孔桂就没那么幸运了，由于他公开支持曹植，曹丕把他盯上了。曹操死后，孔桂任驸马都尉，这时候有人举报孔桂接受西域那边什么人的贿赂，答应帮人家跑官，曹丕下令彻查，后来把他杀了。杨俊后来到南阳郡当太守，曹丕称帝后的第三年到南阳郡视察，说当地市场不繁荣，就用这个借口把杨俊抓了起来，司马懿、王象、荀纬等人为他求情，杨俊叩头流血，曹丕都不答应。杨俊知道这是曹丕报复他，为了不连累家人，他在狱中自杀。大书法家邯郸淳因为支持曹植被曹丕所忌恨，尽管他很有才华，曾经得到过曹操的推崇，但曹丕一直不用他，让他到太学当教授，他倒落得清闲，活到94岁才死。

反观曹丕一党的吴质、陈群、司马懿、桓阶以及贾诩、卫臻等人，曹丕称帝后无不受到重用，吴质、陈群、司马懿逐渐掌握兵权，成为权倾一时的人物，贾诩、卫臻等位至三公，享受殊荣，两相对比，简直天上地下。还有更多没有载入史籍的人和事，因为牵扯进这场斗争而受到影响，有的因为支持曹丕而升官发财，有的因为支持曹植而饱受株连，曹魏的政局因此而动荡不安。

魏宫夺嫡对曹魏政权产生了很大的杀伤力，面对不断崛起的孙权、刘备等人，曹魏却花如此大的精力和代价搞内耗，从而放慢了对外扩张的节奏。在生命中的最后几年，曹操多次领兵出征，但收获甚微，仅有的战绩也是靠运气和敌人的失误得来的，与建安初年纵横天下、所向披靡、战无不胜的情况完全不同，究其原因，内部不稳定是最重要的一方面。

曹操是个很精明的人，加上袁绍、刘表现成的教训摆在那边，本来不应该在继承人的问题上犯糊涂，但偏偏就出了问题。某种意义上，这场斗争是由他引起的，如果一开始他的态度就旗帜鲜明，下面即使有人想兴风作浪，也形成不了气候。

曹操的另一个失误是在判断继承人的标准上，他喜欢曹植很大程度上缘于曹植的文采，以及反应敏捷，但选曹魏的接班人不是选作协主席，其标准应该更加全面，以曹植当时及以后的性格、才能和作为判断，他未必能成为曹魏帝国称职的领袖。

假如曹操从一开始就指定曹丕为接班人，曹植以及拥戴曹植的人也就没了想法，没有内部争斗，可以专心对外，无论对曹魏，对曹丕还是曹植，这都是最好的结果。可惜历史就是无论你是否愿意，该发生的都发生了。经过这几年的折腾，曹魏帝国形成了严重的内伤，只不过现在还不是那么明显罢了。

十三、最后一个“鸽派”

再回到群雄逐鹿的主战场，先说东线。

东线的情况还要回过头来从建安二十年（215）的那场合肥战役说起，孙权在该战中吃了大亏，为恢复实力和士气，战略上不得不采取守势。次年10月曹操亲自率兵来到合肥，此行不仅把夫人卞氏和长子曹丕都带上了，还带上了曹丕12岁的长子曹叡和女儿东乡公主，当时曹丕太子的身份还未确立，这个举动耐人寻味。

到合肥后，曹操听取了张辽等人关于逍遥津之战的汇报，又专程赴逍遥津进行了实地察看，在此发出了叹息。之后给张辽所部增加人马，让他移屯居巢。居巢是曹操决定开辟的一处新基地，它位于今安徽省桐城市南，这里在濡须口的上游，距濡须口不到200里，距皖城也近在咫尺，有了这个基地，曹军在长江防线争夺中一定程度上改变了被动局面。

建安二十二年（217）正月，曹操到达居巢，但他的想法是先不急于攻打濡须口，而是夺回皖城，之后采取稳扎稳打的办法彻底拔掉濡须口这颗钉子。然而不巧的是此时发生了瘟疫，这场瘟疫来势凶猛，波及范围包括整个北方以及长江流域，重创了曹军。

曹植在一篇文章中记述了这场瘟疫的有关情况，其中写道：“建安二十二年瘟疫流行，家家都有失去亲人之痛，有的全家死光，有的整族灭绝。有人认为瘟疫是鬼神在兴风作浪，但是罹患此难的，多是穿粗布衣服、吃草食的人家的孩子，而身居高庭大院，整天锦衣肉食之家，死的却比较少。这是自然阴阳二气失调而发生的瘟疫，哪里是什么鬼神，愚昧的人插起桃符来驱鬼，真的可笑。”

曹丕在给吴质的一封信里透露，徐幹、陈琳、应玚、刘桢都死于这场瘟疫，

“建安七子”中的另一位重要人物王粲也死于这次行军途中，推测起来也与这场瘟疫有关，“建安七子”几乎同时死去了五人，这场大瘟疫也给文学事业造成了无法弥补的损失。曹操新任命的兖州刺史、司马懿的大哥司马朗亲自到军中慰问得病的士卒，问医送药，结果自己不幸染病，不治身亡。

因为有上次赤壁之战的教训，曹操深知军中流行疾病会对部队的战斗力造成很大伤害，所以不敢掉以轻心，有了撤兵的想法。

孙权其实也不想打，曹操老这么折腾，他也烦了，这些年来他主要的精力都放在了合肥、濡须口方向，但实际上收获甚微。吕蒙多次提醒他，就目前形势看关羽的威胁远远大于曹操，应该早有防范，不能把注意力只放在合肥方向。

经过一番思考，孙权突然做出了一个令人意想不到的决定，他派都尉徐详去曹操那里求和。因为荆州的事孙权跟刘备闹了一场，后来得了三个郡的地盘，算是跟刘备重修了旧好，现在又向曹操求和，孙权的战略调整未免幅度太大。

此举也十分冒险，不仅会让刘备恼怒，而且曹操是否接受尚未可知，如果曹操不接受，自己一方士气势必受损。但孙权这么做是经过计算的，此时曹操刚占据了汉中，孙权知道刘备对此一直耿耿于怀，汉中这个地方，戴在益州的头上是顶钢盔，攥在曹操的手上就是把刺刀，刘备不想让人弄一把刺刀顶着后背睡觉，说什么也得把汉中抢到自己手中。

孙权得到情报，不久前刘备派张飞、马超攻占了汉中西面的武都郡治所下辩，这是全面攻击汉中的信号，孙权确信曹操听到这个消息后一定会如坐针毡，如果此时求和，曹操就有了撤退的台阶。果然曹操已无心在合肥恋战，接住孙权递过来的梯子，下令回师。此次南征与上次一样又是虎头蛇尾，不是孙权本事大，而是刘备帮了忙。对孙权来说，能不打就不打，不付出任何实质性代价，一句软话就把曹操哄得心情愉快地走了。

都说吕布最善变、刘备最务实，但从这件事上可以看出孙权其实比刘备还务实，孙权善于调整自己的姿态，在关键时刻往往干出许多出人意料的事来，所以有人总结说，曹操擅长玩军事，刘备擅长玩政治，孙权擅长玩外交。

曹操留下夏侯惇督各部共 26 个军屯扎在居巢一带，按一个军一万人左右计算，在此区域驻扎的部队达 20 多万人，这些部队由夏侯惇任总指挥，曹仁、张辽等协助。留下这么多精兵强将大概是为避免出现上次撤离时只留下 7000 人守合肥的惊险。

接下来刘备与曹操争夺汉中，让孙权大大地喘了口气，但不幸的事也随之发生，鲁肃病逝了，年仅 46 岁，这让孙权悲伤不已。鲁肃为人方正，内外节俭，治军整顿禁令必行，善谈论，属文辞，思度弘远，有过人之明，大家都认为周瑜死后江东人物鲁肃是魁首，他主持荆州事务以来竭力维持与刘备的同盟关系，基本保证了江东的西边相安无事，他的去世是孙权一大损失。孙权亲临鲁肃的葬礼，远在成都的诸葛亮也派人前来吊唁。

鲁肃临终前没有向孙权推荐继任者，这时候最合适的人当数吕蒙，但不知何故孙权起初确定接替鲁肃的是一个叫严畯的人。严畯字曼才，徐州刺史部彭城人，喜欢学习，精于诗、书、礼，文章写得好，避乱江东，和诸葛瑾、步骘这些一块来江东避难的北方人士关系很好。他的性格质直纯厚，是个老实人，被张昭推荐给孙权，先后在孙权手下担任骑都尉、从事中郎。听说孙权交给自己这么大一副担子，严畯傻眼了，他知道自己的能力和特长，根本带不了兵。

众人向严畯道喜，严畯急忙说："在下不过一介书生，根本不懂军事，没有这两下子勉强去，必然会后悔。"严畯说得很真诚，甚至流下了眼泪。但孙权的意志也很坚决，非选严畯不可，看到严畯竭力推辞，孙权想试试他，就让他骑马，也不知道严畯假装的还是真不会骑，一上马就掉了下来，孙权这才收回成命。严畯后来一直在孙权身边担任文职，孙权称帝后当过孙吴朝廷的秘书长。

孙权这才下令由吕蒙接任鲁肃的汉昌郡太守一职，屯驻于陆口，除吕蒙原来所部人马外，还有鲁肃这些年积攒下来的一万多人。鲁肃是孙刘联盟的坚定支持者，无论多么困难鲁肃都在维系着联盟不破裂，但吕蒙的想法截然相反。

如果鲁肃是"鸽派"，吕蒙就是"鹰派"，关于当前的战略问题吕蒙曾进行过思考，向孙权陈述过自己的见解："可以让征虏将军孙皎守南郡，潘璋守白帝城，蒋钦率一万人沿长江作为机动，我率兵占据襄阳，这样一来我们既不必忧虑于曹操，也不必看关羽的脸色了。刘备、关羽虚伪狡诈，反复无常，绝不能信任他们。现在关羽之所以没有进攻孙吴，只是因为陛下的英明，我们这些将领们还在，如果不在我们强壮时谋取荆州，一旦我们死了，还有成功的可能吗？"

孙权认为吕蒙说得很对，但提出是不是可以先取徐州再取荆州，吕蒙认为不妥："现在曹操远在河北，被内部事务所牵制，暂时无力东顾，徐州的守兵虽然不足虑，可以一鼓作气拿下，但那一带地势开阔，交通方便，适合于骑兵作战，我们拿下徐州，曹操没几天就会杀来，还得派重兵去守。不如先取关羽，占据整个长江防线，到那时我们进退就自如了。"

孙权觉得有道理，下定了先向西边用兵的决心，主动向曹操求和就是这个战略的第一步。但是，吕蒙到了陆口后却不露声色，反而跟关羽亲热。

十四、关羽的骄傲

替刘备坐镇在荆州的还是关羽。

关羽最近心里有点儿不大痛快，大哥在汉中称了王，本来是件高兴的事，关羽随后被拜为前将军，成为武将之首，更值得庆贺。之前关羽只是个普通的将军，而马超是征西将军，比他的地位高，关羽心里特别不痛快，为此发过牢骚，现在自己的地位超过了马超，关羽还生什么气呢？

关羽这次生气不是因为马超，而是黄忠。正如诸葛亮预料的那样，当关羽听说就连黄忠都担任了后将军时，立刻就火了。刘备回到成都后心里也一直惦记着诸葛亮说过的话，觉得关羽那边确实需要安抚，所以专门派益州前部司马费诗前往公安授给关羽前将军的印绶，这个费诗向来以能言善辩著称，日后成为三国著名的外交家。

费诗到了公安，关羽还在气头上，不肯受拜："我不愿意跟一介老兵站在一起！"一般人大概也就傻眼了，但费诗很沉着，对关羽说："建立王业需要各种人才，不只要某一种。当年萧何、曹参跟刘邦从小相熟，而陈平、韩信是投降过来的人，但后来他们的地位韩信最高，没有听说萧何、曹参为此发过牢骚。如今汉中王因为一时之功对黄忠将军给予厚遇，但他在汉中王心里真正的分量怎么能与君侯您相比呢？汉中王和君侯您早已结为一体，福祸同享，我认为君侯您不必计较官号的高低和爵禄的多少。在下只不过一介使臣，衔命之人，君侯您如果不肯受拜，我也就回去交差了，不过我替君侯着想，担心您会后悔呀！"

这番话充分展露出一名外交家的风采，面对关羽的无理要横，费诗没有害怕，没有为讨好关羽而乱拍马屁，但也没有跟关羽叫板，而是通过不软不硬的一番话让关羽自己去掂量。由于话说得在理，关羽也不是听不明白话的人，所以赶紧受拜。

关羽确实有点小骄傲，因为他是有理由的，他不仅跟刘备关系铁，自己也真有两下子，现在坐镇荆州，事业正如火如荼。尽管后世对关羽充满了争论，但他仍然是汉末三国时代一流的猛将，抛开民间传说、演义附会不说，历史上的关羽也深受包括敌方阵营在内的同时代人的高度评价，郭嘉、程昱曾说他是“万人敌”，周瑜说他是“熊虎之将”，刘晔说他“勇冠三军”，这些评价表明关羽作为武将是相当杰出的。

刘备、诸葛亮等人先后进入益州，把荆州的军政事务都交给了关羽，在守土拓疆方面关羽还算称职，无论是对付曹魏还是对付孙权、周瑜、鲁肃，关羽的态度都很强硬，处处维护刘备集团的利益。

送走费诗，时间来到了建安二十四年（219）的八月。

农历八月是江南的雨季，这一年江汉一带又下起了大雨。这场雨不仅连下了很多天，而且雨量充足，致使汉水暴涨。关羽接到情报，曹军的重要据点都被水淹了。在荆州方向曹军的主要据点有两个，一个是襄阳，一个是樊城，它们都在汉水边上，汉水发了大水，水势很猛，这两座城池以及曹军的军营都泡在了水中。

曹军在荆州的总指挥是征南将军曹仁，下辖于禁、徐晃等部，曹仁让徐晃守宛县，作为第二道防线；命令左将军于禁率立义将军庞德等屯兵樊城外，与樊城成掎角之势；曹仁自己守樊城。庞德就是之前提到的马超的部将，马超投奔成都，没有来得及带上庞德，庞德归降了曹操，被曹操派到樊城归于禁指挥。

由于庞德跟马超有特殊情谊，曹军中有人对他的忠诚表示怀疑，但庞德做人光明磊落，他对人说：“我既受国恩，只有报效一死，就在今年之内我将誓杀关羽，如果我不杀他，就是他杀我！”后来庞德真与关羽面对面厮杀了一次，并且一箭射中关羽的面颊。庞德常骑一匹白马，关羽军中呼他为白马将军。这不是关羽坐镇荆州期间第一次负伤，关羽在荆州期间还曾被流矢射中左臂，后来虽然伤愈了，但一遇阴雨天骨头就疼，医生对他说：“箭头有毒，已经浸入骨头，只能把左臂割开，刮骨去毒，才能治根。”

关羽听罢当即伸出左臂让医生割，医生一边动手术，关羽一边跟人喝酒吃肉，那边血流不止，这边谈笑自若，眉头都不皱一下。传说给关羽动手术的这个医生是华佗，其实华佗已被曹操杀害十多年了，给关羽做手术的人肯定不是他。

现在突然下起的大雨引起了关羽的沉思，他觉得这是一个好机会，于是突然率军北上，出击曹军占领的要地樊城。这是一次重大的军事行动，无论成与败，它都将打破孙权、刘备和曹操三家的势力布局。

荆州上空战云密布，就连远离战场的人都看得很清楚。

曹操任命的扬州刺史温恢跟兖州刺史裴潜曾在一起聊起当前的形势，温恢不无忧虑地说："这里虽然有敌人，但不足为虑，曹仁将军守襄阳、樊城，势单力薄，关羽骁勇狡猾，恐怕南面会有变故哇！"接下来发生的事完全如温恢所料，关羽突然率兵北上。

行前，关羽命令南郡太守糜芳守江陵，将军傅士仁守公安，其他主力随他一同北上，其中包括一支在江陵训练了很久的水军，这也是此战获胜关键。

这一仗对关羽来说天时、地利、人和俱备，所以打得有点过于顺手，对手没料到，自己没敢想，远在益州的刘备、诸葛亮也都没想到。关羽一路北上，绕过襄阳，把主攻目标锁定在樊城。樊城外面有曹军的大营，负责守卫的是于禁和庞德，他们手里共"七军"，也就是七个军，以每军正常编制一万人左右计算，兵力总共有七八万人，由于汉水大涨，他们受淹情况严重。

北方将士对于发洪水没有太多概念，面对突如其来的情况也毫无准备，不知道怎么办。于禁等人仓皇避到高处，这时却发现有人乘着大船向他们袭来。来的正是关羽，他有水军而曹军没有，所以这个仗简直没法打，于禁等人只能坐以待毙。最后，无奈之下于禁向关羽投降。

但是立义将军庞德却坚持不降，他站在一个土堤上，披甲持弓，向敌人不断放箭，箭无虚发，从早晨一直战斗到中午，箭用尽了，就短兵相搏，越战越勇。曹军投降的人越来越多，庞德下面的将领董衡、董超也要投降，被庞德杀了，庞德对身边的人说："我听说良将不应该惧怕死，烈士也不会毁节偷生，今天就是我的死期！"

然而水势越来越高，庞德身边最后只剩下两三个人，他们找到一条小船，打算乘船回樊城找曹仁，但水势很猛，船一下子翻了，庞德手里的弓也丢了，他扒着船在水中，最后被俘虏。庞德被带到关羽面前，关羽下意识地摸了摸自己的脸颊。

关羽见庞德立而不跪，对他说："你哥哥在汉中，我想拜你为将，为什么还不投降？"庞德大骂关羽："小子，我不知道什么叫投降！魏王带甲百万，威震天下，刘备只不过一个庸才罢了，怎能与魏王匹敌？我宁做朝廷的鬼，也不做贼人的将！"关羽无奈，下令把庞德杀了。

曹操听说了此事，很感慨，流着泪说："我和于禁相识30年，为什么临危受难之时，反而不如庞德呢？"曹操下令封庞德的两个儿子为列侯，关羽杀了庞德，从此庞、关两家也结下了仇，后来庞德之子庞会随钟会平蜀，庞会找到关羽的后人，把他们全杀了，给父亲报仇。

樊城外面的主力已经全军覆没，还在樊城内坚守的曹仁岌岌可危。关羽猛烈攻城，城里到处是水，房屋大量崩坏，大家都很害怕。有人向曹仁建议趁关羽还没把樊城全部围住，乘小船趁夜逃走。此时也在樊城的汝南郡太守满宠认为不可。满宠是曹操挑选的第一任许县县令，有很强的行政才干，被曹操提拔为汝南郡太守，此时来到樊城，可能是亲自督运军粮来的。

满宠提出了自己的看法："洪水来得快，走得也快。现在关羽派人已经打到了颍川郡郏县，许县以南人心惶惶，但关羽还不敢轻举妄动，原因是我们在他的后面。如果我们现在逃走，关羽就将向北面大举进攻了，希望将军认真考虑。"

曹仁一听有道理，的确不能撤退。于是让人找来一匹白马，效仿当年刘邦白马盟誓，把白马杀了，也领着大家宣誓，决心同心固守。此时樊城内仅有数千人，城里没有被水淹的地方很少，关羽率部乘船而来，把樊城围了好几重，城内与城外断绝消息，情况已经到了最危险的地步。

驻守在襄阳的曹军是吕常部，关羽派人把襄阳也围了起来。襄阳和樊城成为大水浸泡下的两座孤城，周边的驻军和官民纷纷投降了关羽，包括曹操任命的荆州刺史胡修、南阳郡太守傅方等高级官员。

许县以南的梁县、郏县、陆浑县等地变民纷纷起事，他们杀害曹魏任命的地方官员，接受关羽任命的职务和印绶，与关羽遥相呼应，关羽的个人声望达到顶峰。

十五、两场谋反事件

荆州突变，曹操此时在哪里呢？

关羽率军北上是在建安二十四年（219）8月，这一年的5月曹操还在汉中，不久撤到了长安。7月，曹操发布了一道命令，册拜卞夫人为魏王王后，按说这件事早就应该做了，但此时征战在外，发布这样的命令又给人以仓促之感，像是在安排后事似的。10月，曹操到了洛阳。

曹操为什么没有回邺县呢？当然与南面的军情有关，还有另外一个重要原因，就在上个月邺县发生了一次重大的谋反事件，与上一次严才谋反不同，这次规模更大、涉及的人更多，钟繇、张绣、王粲、刘廙、繁钦、杨俊等曹操身边的这些重要人物要么因此事被免官、降级，要么有亲属受到牵连。前线打了大败仗，大本营又极不稳定，曹操只得暂驻洛阳。

这次谋反事件的主角是一个叫魏讽的人。

魏讽字子京，是曹操老家豫州刺史部沛国人，很有口才，具备煽动众人的能力，在邺县很有名气。邺县不是一般的地方，那里什么能人都有，能在社交场所频频亮相并获得追捧，必然是精英中的精英，魏讽就属于这样的人。担任魏国相国的钟繇也受其蒙蔽，举荐了他，魏讽居然当上钟繇手下负责人事工作的西曹掾，魏讽利用职务便利，与邺县一批上层人士子弟拉上了关系，其中包括张绣的儿子张泉，王粲的两个儿子，刘廙的弟弟刘伟以及曹操的老乡、曹魏后期的风云人物但在这时还是一名小青年的文钦等人。

也有人看出魏讽有问题，王昶、傅巽、刘晔都对朋友或家人说过魏讽肯定会造反，刘廙也劝诫弟弟刘伟，说魏讽这个人不修德行，整天编织关系网，为人华而不实，喜欢沽名钓誉，必将扰乱社会，让刘伟小心些，不要再跟魏讽来往，但是刘伟听不进去。

要么魏讽的魅力太大，蛊惑能力太强，要么这些高干子弟缺少人生历练，又喜欢出风头，交朋友，稀里糊涂地卷了进去。他们之中的大多数人都不会有谋反的动机，有的人事后虽然被追究甚至被杀，但多是因为与魏讽来往太密切招致的。

魏讽的主要支持者是长乐卫尉陈祎，他手里有兵权。卫尉负责宫室的守卫工作，长乐卫尉负责长乐宫的安全保卫，邺县没有长乐宫，长乐宫通常指太后的寝宫，然而无论汉室还是魏国，此时都没有太后或王太后，陈祎的这个长乐卫尉不知所司何职，不过他手里应该掌握一定兵权，所以魏讽把他作为重点拉拢对象。

陈祎的其他事迹不详，魏讽跟他约好准备起事，恰在这时曹操率大军西征刘备未归，曹丕留守邺县，正好是个机会。但临举事前陈祎产生了恐惧，将谋反的事向曹丕告发，曹丕当机立断实施抓捕行动，魏讽下狱后被诛，经过对案件的审理，又有一批人被捕，包括上面提到的那几位高干子弟。

曹丕不等曹操回来先把魏讽诛杀，还杀了包括王粲两个儿子在内的其他一些人，大概有数十人之多，曹操听到魏讽事件的报告时还在汉中，这时王粲已经故去，曹操听到王粲两个儿子受株连被杀，叹息道："如果我在，不会让仲宣绝了后！"

这一案件波及不少人，魏国相国钟繇被免职，在家中反省，当然这只是暂时的，曹操对钟繇的信任没有改变，不久之后钟繇还会出来担任要职。直接负责邺县安全工作的中尉杨俊被降级，通过对这一事件的反思，曹操认为魏讽等人之所以敢生叛乱之心，是因为要害部门工作不力，不能做到防患于未然，负责魏国人事工作的尚书桓阶向曹操推荐徐奕接替杨俊。

张绣死后被追封为定侯，由儿子张泉继承，食邑 2000 户，张泉被杀后这一封爵取消。多年前曹操的长子曹昂就死于张绣之手，有人认为曹丕这么利索地杀了张泉，收回封爵，是为大哥报仇。刘廙受到弟弟刘伟的株连也下了狱，本来要连坐处死，但是刘廙之前曾劝刘伟不要与魏讽来往，再加上刘廙的好朋友陈群竭力向曹操求情，曹操下令免刘廙死刑，并且恢复原来的职务。

文钦被关在监狱里，先挨了几百板子，吃尽了苦头，但判决下来仍然是死刑，曹操听到后，考虑到他的父亲文稷曾经立下战功，就饶了文钦一命。文钦后来成长为一员猛将，曹魏后期担任过前将军、扬州刺史，他对曹魏感情很深，对司马氏专权十分不满，他与毌丘俭联兵讨伐司马师，兵败之后逃到吴国，被吴国封为镇北大将军，但由于他跟诸葛亮的侄子、当时在吴国掌握兵权的诸葛诞意见不合，为后者所杀，不过那是40多年后的事了。

魏讽事件想必引起了曹操痛切的反思，这些年轻的高干子弟居然站到了自己的对立面，想想这真可怕，而近年来频频发生的谋反事件，让曹操更感到心惊肉跳。

去年许县也发生了一起谋反事件，参加谋反的有太医令吉本、少府耿纪、司直韦晃、关中人金祎以及吉本的两个儿子吉邈、吉穆等人，这场谋反规模也很大。太医令隶属于少府卿，负责皇宫内的医疗保健工作，是司局级干部，吉本情况不详。少府卿是太医令的顶头上司，九卿之一，正部长级，负责宫内事务，相当于清代的内务府，耿纪原来在丞相府当过丞相掾，得到曹操的赏识，提拔他担任了侍中、少府卿。

司直这个官名不常见，但却相当了得，他也是部长级（比二千石）高官，最初是汉武帝时期设置的，辅佐丞相检举百官的不法行为，算是纪检工作，后来撤销，建安八年（203）又重新设置，职责是督察、检举朝中的百官（督中都官）。

金祎父子职务不详，但他们不是普通平民，他们出身于关中的京兆尹金氏家族，这个家族出过跟袁绍一家有亲戚关系的金日磾等名臣。金祎与曹操的心腹近臣王必关系很好，王必此时担任丞相府的秘书长（丞相长史），但不在邺县供职，而是受曹操派遣领兵负责许县的守卫工作，是掌握许县局势的关键人物。

这几个人之所以结合在一起，是因为“睹汉祚将移，谓可季兴，乃喟然发愤”，也就是想乱中夺权。他们的具体计划是：利用金祎与王必的私人关系，想办法借机控制王必，或者把王必杀了，之后挟持天子占领许县，然后引当时坐镇荆州的关羽为后援，伺机成事。

金祎先派人设法潜入王必的军营做内应，因为平时关系不错，王必并无防备。夜里，吉邈等纠集了门人、家童共1000多人突然火烧王必的营门，金祎的人在里面做内应，事发突然，王必仓促应战，结果被射伤了肩膀。王必不知道是谁挑起的叛乱，带伤逃了出来，因为平时与金祎关系最好，竟然投奔到金祎处。

搞笑的是，金祎不知道来的是王必，还以为是吉邈等人回来了，黑暗中对王必喊道：“王长史是不是死啦？咱们的大事看来要成了！”王必一听吓坏了，赶紧改投他处，王必后来在负责颍川郡屯田工作的中郎将严匡的帮助下，将叛乱平息。但是王必伤势很重，十多天后不治身亡。参与此次叛乱的耿纪、韦晃等人全部被抓，曹操下令全部就地处死。

临刑之前，耿纪喊着曹操的名字叫道："曹操，只恨我做事不周，被这帮小子给误了事！"韦晃一边跺脚一边抽自己的脸，表示心有不甘。

有一部史书记载说，曹操听到王必的死讯大怒，王必的地位不是很高，但却是曹操绝对的心腹，他很早就跟随曹操，类似于家臣的角色，曹操命令在许县的汉室百官全部到邺县来接受审查，让当晚参与救火的站在左边，没有救火的站在右边。大家还以为凡参加救火的人不会有罪，于是大部分人都往左边挤。哪知曹操的思路刚好相反，他认为半夜没有跑出来参加救火是正常反应，跑出来的人恐怕都是想参加叛乱的，于是把站在左边的人都杀了。

上面这条记载很有名，也最能反映曹操的奸诈和残忍，但细想一下却不大可能，尽管在汉室名义下的百官此时已所剩无几，但他们在社会上的影响力仍然不能低估，曹操如此轻率地说杀就杀，实在不大可能，借着审理这桩案件深挖幕后指使，将案件扩大化以借机清除那些平时有不满情绪的人，倒是有可能。

十六、湘关抢米风波

在荆州方向，由于徐晃的出色表现，关羽在樊城未能得手，但关羽也没有率主力回公安，而是重整兵马寻机再动，襄阳和樊城的危机并未解除。

同样密切关注这边局势的还有孙权和吕蒙，关羽突然动手打破了荆州地区的力量均衡，这同样也考验着孙权。三方博弈，互为对手，对孙权来说，曹操是敌人，刘备何尝不是？

看到关羽北上其后方空虚，吕蒙向孙权提出建议："关羽的主力部队都在樊城前线，但后方也留了不少人马，主要是担心我们从他背后发起攻击。我一直有病，现在以治病为由回建业，关羽听到就会放心地把人马调往襄阳前线。我们找准机会，突然发动进攻，如此南郡可以拿下，关羽可以生擒！"

这的确是够狠的一招，如果放在平时断然不能这么做，倒不是顾及所谓联盟，而是没有取胜的把握，现在关羽倾巢而出，正是天赐良机，这样的机会总是可遇不可求的。

孙权立即批准了吕蒙的计划，不过让吕蒙先不露声色，设法稳住关羽，一方面为军事部署赢得时间；另一方面可以突然动手，让关羽更加措手不及。孙权还演了一出戏，主动派人去见关羽，请求助战，关羽听了挺高兴，看来孙权还是挺识时务的。

关羽允许孙吴联合作战，这样孙权就可以堂而皇之地派出人马进入关羽的防区。孙权密令这些"联合作战部队"进军速度不要太快，先一路游山玩水，饱览一下荆州的大好河山再说。不久，关羽在樊城俘虏了于禁等人，气势如日中天，看到孙吴的人马行进得这么慢，很生气，把孙权派来的联络官叫过来一通训话："你们这帮畜生敢这么对我？等我拿下樊城，看我怎么灭了你们！"

这正是孙权所要的，他就是要激怒关羽，不冷静的人才更容易犯错误。孙权继续演戏，亲笔写了封信给关羽表示赔罪，同时答应关羽自己将亲自率兵前往助战。

应该说，关羽对孙权的警惕还是有的，如果说他坚定地认为孙权不会在背后给自己来一刀，那也低估了关羽的智商，后来之所以上了当，不是因为自己笨，而是对手太狡猾。

关羽听说孙权要亲自来，心里肯定会一怔，不过很快另一个消息传来又让他放了心。关羽接到报告，说孙吴在荆州方面的主将吕蒙病了，而且病得挺重，孙权已命吕蒙回建业养病。这个消息是孙权以公开命令的方式发布的，好像故意要让人知道似的，不过吕蒙回去养病是真的，关羽有自己的情报网，吕蒙一行的行踪又不保密，他们一路上的情况很快传到了关羽的耳朵里。

这个讨厌的人终于走了，关羽放心了。

吕蒙的身体确实不太好，但这次高调回建业养病也是刻意为之，目的就是麻痹关羽。回建业要路过芜湖，守卫这里的是陆逊，他目前的军职只是个定威校尉，就像当年鲁肃路过寻阳与吕蒙长谈一样，吕蒙与陆逊在芜湖也做了一番长谈，发现这个小自己 5 岁的年轻将领才堪大用。陆逊不知道孙权和吕蒙正在策划一场大行动，他对吕蒙说："关羽大军压境，您怎么此时离开，难道不担心吗？"因为涉及最高军事机密，吕蒙没打算告诉陆逊，只说："你说得有道理，但是我确实病得很厉害。"陆逊认为这恰好是一个良机："关羽此时正在气盛之时，一心北进，对我们没有防备。又听说您病了，更没了戒备心。如果现在出其不意，必将一战可擒。您见到主公时，应该提出这样的建议。"

吕蒙还不想把话挑明，对陆逊说："关羽一向勇猛，而且势力越来越大，气势正盛，不是那么好对付的。"陆逊是孙策的女婿、孙权的侄女婿，之前虽然在平息山越的战斗中显示出一定的军事才干，但由于资历较浅，还没有进入孙吴一流战将的行列，但这一次谈话反而让吕蒙对他刮目相看了。

英雄所见略同，孙权的女婿、时任奋威校尉的全琮与陆逊有同样的看法，他向孙权秘密建议抓住机会突袭关羽，孙权恐怕泄密，对全琮的建议不作答复。

吕蒙回到了建业，他暂时不能回荆州，那边需要有人临时负责，孙权问他谁合适，吕蒙推荐了陆逊，理由是："陆逊虽然很有能力但名气并不大，不会引起关羽的注意。陆逊如果前去接任，让他对外隐藏锋芒，对内则加紧备战，一定可以成功。"

孙权同意，连升陆逊两级，拜他为偏将军、右部督，代替吕蒙任荆州方面的总指挥，由芜湖进驻到陆口。吕蒙推荐陆逊，一方面是芜湖谈话让他看到陆逊不凡的见解；另一方面吕蒙还有更深的想法，陆逊是孙权的侄女婿，因为这层关系孙权必然对陆逊完全放心，推荐陆逊便没有任何顾虑。

陆逊走马上任，孙权一定会把秘密筹划的事情写信告诉他，陆逊了解到这些，下面该怎么做就不用人教了。陆逊一到陆口，第一件事就是给关羽写了封信，信中说："我不过是一介书生，为人粗疏迟钝，没有能力担负现在的重任，幸而与将军这样德高望重的人为邻。现在愿意把心里的真实想法都说出来，不一定对，提供给您作为参考。承蒙将军关注，并望多加指教。"

陆逊对关羽一通狠夸，把自己打扮成关羽的一个粉丝，尽显谦卑之情，话里还有些隐晦之意，关羽兴许会品出这个小伙子有意向自己效忠以求有个好前程的意思。关羽恐怕并不了解陆逊，因为陆逊的知名度太低，在关羽看来孙吴自周瑜、鲁肃以后就数吕蒙还有两下子，其他人都不是他的对手，对于这个小自己 20 多岁的陆逊关羽自然没有放在眼里，现在关羽完全放下心来。

关羽上当了，徐晃增援后樊城战事遇挫，兵力不足，关羽下令把留驻在南郡、公安等地的人马调一部分到前线。陆逊密报孙权，认为时机差不多了，可以动手。孙权虽然下了决心，但撕毁联盟的事毕竟不光彩，容易为天下人诟病，翻脸前最好有个好借口，恰在此时发生了湘关抢米事件，借口来了。

湘关，湘水上的一个关口。

之前孙刘两家以湘水为界重新划分了江南各郡的势力范围，湘水以西归刘备，湘水以东归孙权。湘水成了双方的界河，为了便于贸易和人员往来，在湘水上设了不少关口。

关羽在前线用兵多日，时间长了后勤供应就成了大问题，不仅手下的将士要吃饭，而且于禁等好几万俘虏也得给吃的，关羽命令后方人员想尽一切办法筹措军粮。

关羽一向待属下严厉，任务完不成就要挨收拾，后方的官员很害怕，为了筹措军粮也都想尽了办法，有人甚至私自渡过湘江分界线，跑到孙吴的地盘上抢米。如果孙刘两家关系很好，这件事原本也不值一提，顶多处理几个带头的人就行了，但孙权正为怎样同关羽翻脸发愁，这样的好机会哪能放过？

孙权立即下令组成西进兵团，直取关羽的后方。该兵团的左右部大督的人选孙权原来打算用孙皎和吕蒙。孙皎是孙权的堂弟，已经是征虏将军了，军职比吕蒙高，但吕蒙对这个安排有不同意见："如果主公认为征虏将军行就用他，认为我行就用我。当初周瑜、程普分任左右部督，虽决断权在周瑜，但程普自恃资格老，又都是都督，因此不团结，差点坏了国家大事，这是前车之鉴哪。”

看来吕蒙挺有个性，领导派自家人当一把手图的是个放心，吕蒙非要推荐自己，换成别人肯定会有想法，但孙权就欣赏吕蒙这样的性格，他马上改任吕蒙为唯一的总指挥，让孙皎负责后勤保障。

十七、关羽命丧临沮

马上就要动手了，要不要提前告诉曹操？孙权很犹豫。

孙权对曹操当然不能完全信任，告诉曹操意味着风险。但自居巢讲和以来孙权跟曹操的关系一下子拉近了，现在对付的是共同的敌人，这么大的军事行动应该知会曹操一下，至少打起来不至于误伤。

所以孙权还是给曹操写了一封信，通报了他将要讨伐关羽的计划，但同时请求曹操不要泄露这个机密，以免关羽有所准备。对曹操来说这真是天大的喜讯，徐晃虽暂解樊城之围，但关羽仍然势力强大，襄阳、樊城总体上还是在被围攻的状态，此时如果孙权在关羽背后捅一刀，正面之围可立解，下面只需坐观两个对手去互殴就行了。

然而，对孙权信中提出的保密请求曹操却拿不定主意，他征询众人的意见，大家都觉得孙权如果从背后动手是一件大好事，为了保证孙权顺利得手应该替孙权保密。董昭不同意这么做，他认为："用兵在于谋变，以追求最大利益为目标。可以许诺孙权替他保密，但不妨把这个情报透露出去，有意让关羽知道。关羽如果退兵自卫，樊城之围可解，之后让孙权、关羽二贼相斗，我们可收渔利。如果秘而不露，只能让孙权获利，这并不是上策。而且，处在敌人包围圈中的我军将士不知道外面有救兵，粮食又很困难，士气肯定有问题，还是应该把消息透露出去。关羽这个人一向自负，虽然听到后方有变，但他自恃江陵、公安城池稳固，也不会马上退兵。"

曹操认为董昭的分析有理，命令徐晃把孙权的信抄了若干份，故意射落到关羽营里，同时也射到樊城内。樊城的守军看到信顿时士气百倍，而关羽看到信后犹豫不决。信吧，又怕是曹操使的计；不相信吧，又怕是真的。

关羽一犹豫，耽误了撤退的时机。

建安二十四年（219）10月底，吕蒙率孙吴西进兵团悄悄抵达柴桑以西的寻阳，在此组织精兵和船只，把士兵藏在船舱里，让人穿着普通的衣服，扮作商人的模样划船，昼夜不停地逆流而上。

这里的白衣并非全部是白色的衣服，如果江上突然出现很多穿白色衣服的人划船，那也是一件挺显眼的事，不符合秘密行军的原则。所谓白衣，就是着便装的普通百姓，其中也包括商人。长江沿岸有关羽布置的不少哨兵（屯候），吕蒙把他们全都抓了起来，所以关羽还不知道背后发生的情况。关羽留在后方负责军政事务的是南郡太守糜芳和将军傅士仁，糜芳守江陵，傅士仁守公安。关羽向来心高气傲，一直瞧不起这两个人。此次出兵，糜芳、傅士仁还负责后勤保障，中间难免有供应不及时的地方，关羽很生气，威胁说回来后要收拾他们。

关羽做事素来不讲情面，糜芳和傅士仁知道他说到就会做到，因此感到忧心忡忡，吕蒙了解到其中情况，决定不强攻，而是派人去劝降。吕蒙派的这个人是江东名士虞翻，他之前担任都尉，但脾气不好，说话直，跟大家处不好关系，多次犯颜谏争孙权，让孙权下不了台，前一阵孙权下令把他关在丹阳郡的泾县思过，吕蒙很欣赏虞翻的才能，他知道虞翻懂医术，就向孙权请求把虞翻放出来给自己看病，后来又让他一同来到荆州前线。

公安城外，吕蒙给傅士仁写了封信陈说利害，派虞翻送去。虞翻口才一向很好，当年曾说服王朗和华歆投降，这一次傅士仁也被他说降了。虞翻建议把傅士仁一块带往江陵，糜芳看到傅士仁投降了，也开城出降，关羽眼里牢不可破的两座坚城就这样被虞翻的一张嘴皮子给说破了。

吕蒙不费劲就到了南郡，江陵、公安是关羽的后方基地，将士们的家属多在此地，吕蒙进入江陵，释放了囚禁在此的于禁等人，俘虏了关羽及其将士家属，但不为难他们，给予抚慰，吕蒙下令不得骚扰百姓，不得随便拿别人的东西。

吕蒙有个手下是他的同乡，擅拿了老百姓家一顶斗笠用来盖铠甲，吕蒙认为铠甲虽然是公家的东西，但也触犯了刚颁布的命令，为严肃军纪，吕蒙流着泪将其斩首。于是军中震动，江陵城出现了道不拾遗的景象。吕蒙派左右不停地慰问抚恤地方长者，询问他们有什么需求，对于生病的百姓及时送医送药，对饥寒中的人及时发给食物，关羽存在江陵的钱财宝物，吕蒙都下令贴上封条，等候孙权来处理。

吕蒙这些措施收到很好的效果，他迅速控制了南郡的局势。

关羽听说南郡丢了，如五雷轰顶，立即下令撤军，曹仁想追击，赵俨不同意：“孙权利用关羽出兵的机会发难抄了他的后路，但关羽必然回击，孙权担心的是我们趁他与关羽互斗而从中取利，所以才谦卑地表示顺从效忠。如果我们攻击过急，孙权说不定就把对付关羽的手段改为对付我们。关羽如今撤回，我们应该留着他，让他与孙权互斗。”曹仁认为有理，下令不追击。而关羽撤退的消息传到摩陂，曹操也特别担心曹仁等人追击，赶紧加急传令，内容跟赵俨说的完全一样。

关羽为救后方的将士家眷，连派多名使者来见吕蒙。吕蒙又大玩心理战，他厚待来使，让他们在城里到处走动，挨家问候，有的家人还写信让使者带回去。这些使者回去，把城里情况给大家一说，众将士知道家人无恙，江陵城的情况比平时还好，一个个都没有再打下去的斗志了。

这时孙权亲自赶到了江陵，他任命吕蒙为南郡太守，封孱陵侯，赐钱一亿，黄金500斤。刘备任命的宜都郡太守樊友望风而逃，郡中官吏及少数民族部落首领都向陆逊投降，陆逊部将李异、谢旌等率3000人马分守要塞，切断与益州方向的联络。

但是在秭归遇到了麻烦，当地大族文布、邓凯等人联合夷兵数千人声称仍效忠蜀汉，陆逊命谢旌前往讨伐，文布、邓凯不敌逃走，陆逊派人前往招降，二人率众投降。在不长的时间里，陆逊指挥所部斩获和招降蜀军达数万人，成功地占领荆州西部地区，当然这个数字并非全是士卒，还包括蜀汉任命的各级官吏，这一系列行动显示出陆逊杰出的军事指挥才能。

孙权派多路人马阻截关羽，虽然战事进展得很顺利，但能不能抓住或者杀了关羽才是关键，关羽虽然谋略不足，但此人治军有一套，敢做敢干，如果让他有了喘息之机，今后荆州仍然不稳。

孙权知道虞翻精通占卜，就把他叫来，让他占一卦，看看能不能抓住关羽。虞翻卜了卦，结果是“兑下坎上”，合在一起就是《周易》里的节卦，到第五爻的时候又变成临卦，虞翻解卦说，不出两天关羽必然被捉。

关羽败退至麦城，此地在今湖北省当阳市境内，当年的长坂坡之战就发生在附近，孙权派人劝说关羽投降，关羽表示愿意投降。当时著名术士吴范正好在孙权身边，他也精通占卜，孙权就让他赶紧占一卦，看看关羽是不是真降，吴范占了一卦，认为关羽有诈。孙权于是命令提前做好准备，继续安排人对关羽进行堵截。

关羽果然是诈降，他命人在城头遍插旗帜，又弄了不少草人迷惑敌人，之后逃出麦城。消息传来，孙权问吴范怎么办，吴范说关羽肯定逃不了，并且说明天中午前必可擒住关羽。孙权马上让人搬来个沙漏在那里看时间，验证吴范说得准不准。

次日，已近中午，还没有消息。

孙权急了，催问吴范，吴范说："现在还没有到正午。"过了一会儿，风吹帷帐，吴范拍着手说："关羽抓住了！"话音刚落，外面有人高呼万岁，消息传来，关羽被抓住了。

建安二十四年（219）12月，潘璋部下一个叫马忠的司马在章乡活捉了关羽以及他的儿子关平、部将赵累等人。

人抓住了，如何处置挺棘手。杀了关羽，那就进一步激化了与刘备的矛盾，这个疙瘩也就再也解不开了。但不杀关羽又如何安置他呢？孙权想了想，居然有了一个天真的想法。

孙权打算把关羽招降，用他对付刘备和曹操，但是左右都劝："狼子不可养，以后必为害。曹操当初不杀他，结果自取大患，以至于都到了要迁都的地步，现在怎能不杀他？"

孙权于是下令将关羽父子斩杀于南郡境内一个叫临沮的地方，此地在今湖北省远安县。关羽当初兴兵北伐时曾经做过一个梦，梦到有猪啃食自己的脚，醒来后觉得这个梦很不吉利，关羽对儿子关平说他有点力不从前了，恐怕不能活着回来了，结果梦果真应验了。

孙权用侯爵的礼仪就地安葬了关羽，同时把关羽的首级送到曹操那里。孙权的用意很明显，想把祸事往曹操身上引，刘备要报仇也拉上曹操一块扛。曹操当然明白，下令用沉香木雕刻了关羽的身躯，跟首级一起以王侯之礼厚葬于洛阳城南，此处即是现在著名的洛阳关林，后来也就有了关羽头定洛阳、身困当阳的说法。

孙权占领公安时，在这里还见到了被刘备从益州赶出来的刘璋，孙权觉得刘璋仍有利用价值，把他迁到秭归，在那里设立自己控制下的益州"流亡州政府"，刘璋任益州牧。后来刘璋死了，孙权改任刘璋之子刘阐为益州刺史，成为对付刘备的一张牌。

关羽死了，刘备在荆州的势力全部被赶了出去。曹操仍旧占据了北方，孙权的势力得到了增强，刘备被削弱，三方互有消涨，但鼎立之势未变，在这一系列的变化中孙权无疑是最大的受益者。

只是，刘备会甘心吗？

十八、非常之人，随风而去

建安二十四年（219）底，孙权用突然袭击的办法杀了关羽，夺取了荆州，听到关羽死讯时，曹操身在摩陂。“陂”指的是大型的池塘，也就是水库。摩陂位于今河南省郏县东南，大体位置在许县与南阳郡之间，曹操在此建立了临时指挥部，指挥襄阳、樊城战役。

建安二十四年（219）12月，徐晃率部回师宛县，之后又前往摩陂向曹操汇报此战情况，曹操亲自迎出7里，又置酒大会为徐晃庆功，席间曹操亲自为徐晃举杯劝酒。曹操自己老了，像徐晃这样能征善战的猛将也慢慢老了。

不久，由居巢赶来增援的张辽所部也赶到，此时荆州战事已经基本结束，曹操命张辽率部也赶到摩陂，张辽快到时曹操乘辇出营迎接。

还有一部分参加荆州会战的人马陆续赶到，摩陂一下子成了曹操的大军营，曹操不停地出来到各营慰问，有很多新加入曹营的将士还从来没有见过魏王，在曹操慰问的时候都争着一睹他的风采，只有徐晃所部军营整齐，将士原地不动，曹操赞叹道：“徐将军有周亚夫的风范哪！”

那些跟随曹操南征北战多年的将士，此时再见到魏王时，发现他突然老了，行动已经开始迟缓，目光也不像先前那么犀利有神，经过连续不断的打击和日夜操劳，他们的魏王已经彻底成了个老头子。

过了年曹操就66岁了，在那个时代这已属于高龄。经过几次征战和叛乱，曹操在南阳郡和南郡北部原来的势力范围已经变得满目疮痍，民生凋敝，很难在短时期内恢复生机，曹操想把这一带的老百姓以及在汉水两岸屯田的军士迁到内地去。

司马懿认为这样做不妥：“荆楚地区向来局势不稳，关羽刚刚战败，那些想作恶的人正在观望，如果把那些一般的百姓全迁走，既伤了百姓的心，也使这一地区的局势更难收拾，原来逃走现在想回来的人也不敢回来了。”

曹操认为有理，停止了迁移计划，逃到外地的人陆续回来了不少。

杀了关羽，解了襄阳、樊城之围，“首功”应该是孙权，曹操上表献帝拜孙权为骠骑将军，假节，兼任荆州牧，封南昌侯。之前孙权的军职是车骑将军，虽然也相当于全国武装部队副总司令，但地位略低于骠骑将军。至于荆州牧，孙权自己曾表奏给了刘备，曹操现在以朝廷的名义正式明确为孙权，承认了孙权对荆州的占有。

孙权对此很满意，这一年荆州遭遇严重疫情，孙权下令免除荆州的租税，假节的授权里有没有这项不得而知，算是孙权行使了一次特权吧。为了答谢朝廷和曹操，孙权派校尉梁寓带着贡品前往许县。梁寓的事迹不详，只知道他字孔儒，是吴郡人，孙权派梁寓进贡，除了答谢还有观察北方形势的目的。

孙权同时下令释放之前在皖城之战中俘获的朱光、董和等人。梁寓还捎来了孙权写给曹操的一封信，信中孙权直接向曹操称臣，认为这是上天的意思。孙权虽然得了荆州，但自知也惹了大祸，为了应对可以预见刘备发起的报复行动，他在曹操面前不得不把姿态再放低些。

曹操把孙权的信给大家看，笑着说：“这小子是想让我坐到火炉上烤哇！”但是侍中陈群、尚书桓阶等许多人都认为曹操应该接受：“汉祚已终，也不是今天才开始的。殿下功德巍巍，天下瞩望，所以孙权都自愿称臣。此天人之应，异气齐声，殿下应该正大位，还有什么可犹豫的呀？”夏侯惇等人也表达了类似的看法：“天下人都知道汉室寿命已尽，异代方起。自古以来，能除民害为百姓所归的，即是天下的主人。殿下从戎 30 多年，功德著于黎庶，为天下所归，应天顺民，不要再犹豫了！”

可曹操意志却很坚定，他对大家说：“如果上天真有此意，我也只愿当周文王。”曹操一生多次提到周文王，看来他对周文王的功业及品德很景仰。周文王名叫姬昌，是商代贵族，他遵从先人之法，继承祖先的业绩，礼贤下士，日益强盛。当时殷纣王执政，残虐无道，他害怕姬昌，把他囚禁起来，但是姬昌设法重获自由，之后励精图治，发展自己的力量，为讨伐商纣王做准备。后来姬昌死了，他的儿子姬发继位，也就是周武王，最后完成了父亲周文王讨伐商纣的遗愿。

曹操明确地告诉大家，他在世时不想称帝，如果曹氏有代替刘氏承祚天下的那一天，也是在他儿孙辈手里完成。曹操不愿意称帝，不是他觉得自己没这个实力，也不是他没有过这样的想法，而是他觉得自己确实老了。他想把那件事留给子孙去做，这是他的真心话。

曹操在摩陂度过了他生命中最后一个新年，随后下令回师邺城，他没有在许县停留，可能还是不愿意见到献帝吧，不过他绕道去了洛阳。

建安二十五年（220）正月，魏王曹操一行抵达洛阳。

几个月前，曹操从汉中率大军回来时也在洛阳做过停留，他在这座城市生活过多年，20 岁走上仕途也是从洛阳开始。多么美好的岁月呀，虽然只是一个小小的洛阳北部尉，却让那时的生命如此充满激情，也充满期望。

眼下洛阳已残破不堪，经过战争的洗礼，尤其是经历了董卓纵火的摧残，洛阳几乎成为废墟，包括曹家旧宅在内的大部分建筑都成为一堆堆瓦砾，但曹操对这里仍然充满了感情，曹操命令有关部门对原洛阳北部尉官署进行了复原，并特别强调修得比原来还要气派，这再一次证明曹操确实老了，只有老人才更留恋和回味自己的过去。

这一次由摩陂来到洛阳，曹操打算在此住一段时间，他下令在洛阳修建宫殿，宫殿的名字都起好了，叫建始殿，但是在施工过程中却接连发生了不祥之事，为修建始殿，工匠砍伐濯龙祠里的树木，但是奇怪的事发生了，树被刀砍之后却流出了鲜血。还有一个记载，说曹操命令工程负责人苏越把一棵梨树迁走，在挖树根的时候树也流出了鲜血。苏越把情况报告给曹操，曹操亲自前去察看，果然见到树根出血，心里很厌恶，认为这是不吉之兆。

曹操一下子病倒了，他知道自己已来日无多。

去年曹操曾发布过《遗令》，对自己陵寝的位置进行了详细交代，他要求把他葬在邺县城西西门豹祠西边的高岗上，地方确定后曹丕等人就开始修建陵墓，这就是曹魏的高陵。

病重期间曹操又发布了一份遗嘱，这篇文献正史没有提及，它保存在陆逊的孙子、晋朝著名文人陆机所写的一篇文章里，大致如下："半夜里我觉得稍微有点不舒服，天明时喝粥出了点儿汗，服用了当归汤。我在军中坚持依法办事，这是对的，至于因为一时之怒而造成大的过失，这些不应当学。天下还没有完全安定，古代的葬仪不必完全遵守。我有头痛的毛病，很早就开始戴头巾，我死后，丧服跟平时穿的一样就行，这个别忘了。文武百官来吊孝的话，只要哭 15 声就行。葬礼完毕即脱去丧服。驻守在各地的将士都不要离开驻地，各级官员要认真履行职责。入殓时不必再换衣服，不要用金玉宝器来陪葬。"

《遗令》对后事交代得很具体，还说道："把我葬在邺城西边的高岗上，与西门豹祠紧邻，我身边的婢妾、歌伎等，都让她们住在铜雀台上，好好对待她们。在台上安放一张6尺长的床，挂上帷幔，一早一晚供上祭物，每个月的初一、十五，从早到晚向着帷幔歌舞。你们要经常登上铜雀台，远望我西面的陵园。我留下的香料可以分给各位夫人，不要用香料来祭祀。宫人们如果无事可做，可以学着纺织丝带、做些鞋子卖。我一生为官所得的各种绶带都存放在库房里，我留下来的衣物可存放在另外一个库房，不行的话你们兄弟就分掉吧。”

这篇遗嘱不太完整，中间可能佚失了不少内容，从语气上看它是写给曹丕兄弟们的，中间既有自己人生经验的总结，也有如何安排后事的具体交代，有些地方说得很细，有点婆婆妈妈，让人跟雄霸天下的曹操无法联系起来。

人之将死，其言也哀、也善、也真，后世对曹操颇有争议，但对他之前发布的《让县自明本志令》以及这篇临终遗嘱，都不约而同地给予了高度评价，认为这是一个男人真性情的流露，是曹操本色的体现，这篇遗嘱也为后世留下了一个“分香卖履”的典故。

建安二十五年（220）正月二十三日，魏王曹操驾崩，享年六十六岁。

曹操出生于汉桓帝永寿元年（155），20岁出仕，30岁时赶上黄巾起义，在镇压黄巾军的过程中一步步走上历史舞台。35岁时，曹操起兵反抗董卓，经过10年奋战，成为雄踞一方的诸侯。42岁时曹操迎汉献帝于许县，46岁时在官渡之战中打败袁绍。48岁时，曹操远征乌桓取胜，基本统一了北方，但是第二年即遭遇赤壁之败。

曹操42岁时担任汉朝司空，54岁时担任汉朝的丞相，59岁时晋爵为魏公，62岁时晋爵为魏王。曹操一生大部分时间都在南征北战中度过，较之西汉初年的刘邦和东汉初年的刘秀，曹操可能都会有生不逢时之叹。刘邦只用六年就取得了天下，刘秀用的时间更是不到四年，而曹操打了30多年的仗，直到临终前还在四处征战。

无论什么样的英雄首先是一个普通人，他们也有血有肉，有喜怒哀乐，有自己的个性和脾气。从性格上来说，曹操实际上是个有点内向的人，但有的时候又表现得十分外向，他是一个性格极为复杂的人，这可能与他特殊的出身有关。

曹操出身于宦官家庭，他的祖父曹腾是个大宦官，这个家庭给他带来了财富和权势，但也让他从小遭受别人的议论和歧视，曹操走向社会后竭力摆脱这个家庭带来的负面影响，他倾心结交士人，努力与宦官集团划清界限，消除那些不利影响。另一方面，曹操的母亲去世得很早，他出身于一个单亲家庭，这一点有些像诸葛亮，这对曹操的心理成长也有一定程度的影响。

曹操的独特经历使他的性格呈现出多面性和复杂性，他很要强，希望得到社会的认可，于是拼命地表现自己，他在《让县自明本志令》里坦露过自己早年的心路历程，那时候他的人生目标还不是很大，开始想当个称职的郡太守就行了，后来的志愿是死的时候能当上征西将军，这应该是真实的，不是成功后的曹操故意作态。曹操越是渴望别人理解、关注和认可，心里越是敏感和多疑，这给他造成了很大的心理压力。

平时曹操对待下属既宽和又严厉，他很有威严，很多下属都怕他，对最亲近的下属，曹操也很少跟他们称兄道弟，他们之间的"君臣"关系十分明显，下属们对他表现出来更多的是崇敬。但曹操严肃的时候很严肃，活泼起来也很活泼，他不喜欢穿官服和正装，喜欢穿便装，平时在身上带个小香囊，里面装着手巾等随身细物，史书上说他还亲自设计了一种叫"帢帽"的帽子，目的是节俭且穿戴方便。曹操跟熟悉的人在一起时往往很随意，喜欢开玩笑，说到高兴之处，就欢悦大笑，有时头都埋在了杯盘里，菜肴的汤汁沾满巾帻，有的史书说他不够稳重、没有威仪，但反过来，也可以说他没有架子、平易近人。

曹操的个人爱好很丰富，他的诗文属于当时的最高水平，他一生四处征战，事务繁忙，但只要一有时间他就登高赋诗，他写的诗经常被谱成歌曲演唱，这是因为曹操本人也很懂音律，可以和当时最优秀的音乐家桓谭、蔡邕相提并论。他还是一个围棋高手，可以与当时最著名的棋手山子道、王九真、郭凯等一决高下，他擅长骑射，能亲自射杀天上的鸟，也能亲自捕杀猛兽。曹操还在城市建筑规划和器具设计方面有突出才能，经常亲自制定宫室、器械的"法则"。

总之，曹操是一个精力充沛、个人能力突出、性格丰富的人，是一个有文治武功，也充满个人魅力的人，他是那个时代造就的，他用自己丰富的人生也辉映了那个时代。

陈寿评价曹操的一生说，汉末天下大乱，群雄并起，袁绍虎视于四州，强大到无人可敌。曹操依靠智慧和计谋，以武力统一全国。他采用申不害和商鞅的法制、权术，吸取韩信、白起的奇思妙计，设置官职，任用人才，让他们发挥自己的才干。同时能克制自己的感情，冷静思考问题，不计较别人的过错。陈寿认为，曹操之所以能总揽朝政大权，完成建国大业，完全在于他的见识和谋略是那个时代第一流的，他是一个非同寻常的人，是超世的英才。司马光对曹操的评价是，曹操最能知人善用，能洞察人的内心。他发掘提拔那些有才能的人，无论他们出身如何卑微。他善于用兵，与敌人对阵，有时看似安闲，然而一旦时机成熟，立即发起霹雳攻击。对于建立功勋的人，他赏赐起来不吝千金，没有功劳的分毫不与。他执法严厉，只要犯罪绝不轻饶，即使痛哭流涕求情，也绝不宽赦。他性情节俭，不好奢华。

司马光认为，正是由于曹操有以上这些优点，所以他才能芟灭群雄，几乎统一了中国。

曹操驾崩于洛阳时，王后卞氏以及太子曹丕都不在身边，他们和曹植都在邺县，曹彰在长安。经过各方面商议之后，大家共推谏议大夫贾逵主持丧事。

曹操驾崩的消息对各方面震动都很大，有人认为应该秘不发丧，贾逵认为不可，而是立即公开发丧，并让大家前来瞻吊魏王遗容，之后命令大家各返岗位不得擅动。只有青州军不听指挥，他们擅自击鼓离去，有人认为应该命令他们不得妄动，如果不从就派兵征讨。贾逵知道这支最早改编自黄巾军的队伍一向军纪最差，独立性最强，除魏王之外，只有于禁能镇住局面，现在魏王驾崩，于禁身陷孙权，没有人能管得住他们。

贾逵认为对青州军应该安抚，他写了一篇很长的檄文，告诫青州军自我约束，同时命人继续给青州军发放给养，局势才稳定下来，青州军的骚动给大家提了醒，有人建议把各地的郡太守、县长都撤换成沛国或者谯县的人。这是个愚蠢的建议，魏郡太守徐宣当即严厉驳斥："如今大家同舟共济，每一个人都怀有忠义之心，如果全用沛谯人士，将会让那些忠臣心寒！"

这条提议最终没有实行，没几天鄢陵侯曹彰从长安赶到洛阳，他一到就向贾逵询问魏王的印信放在什么地方，贾逵一脸严肃地说："魏国有指定的继承人，魏王的印信不是你该问的。"曹彰之所以这么问是有原因的，因为曹操临死之前曾急召曹彰来，但曹彰未到曹操已经驾崩，曹彰认为父亲肯定有什么大事交代给自己，所以很关心父亲印信的去向。

有一个记载说，曹彰认为父亲想交代给自己的是有关继承权的大事，后来他见到曹植时说："先王召我，是想立你为接班人。"曹植对这类问题早已如惊弓之鸟，赶忙说："不可不可，兄长没见袁氏兄弟吗？"如果这个记载是真的，说明曹植还算清醒，袁氏兄弟的教训倒在其次，关键是他的哥哥曹丕在这一两年里已经基本完成了对异己势力的清除。曹植明白，纵使父亲临死前把他本人找到跟前，亲手把印信交到他的手上，这个班他也接不了。

在贾逵等人主持下，魏王的灵柩运回邺县。

曹操驾崩的消息传到邺县，曹丕及文武官员无比悲痛。

曹丕号哭不止，无心过问任何事，担任太子中庶子的司马孚劝道："大王刚刚去世，正有许多国家大事需要料理，不能效法普通百姓们的孝行。”曹丕这才止了哭泣。

臣属们也聚到一起放声痛哭，正常的办公秩序完全被打乱，司马孚呵斥大家：“大王去世，天下震动，你们应该赶紧拜见太子，安定人心，难道只会在一块哭？”大家才停下，赶紧忙正事。

司马孚是司马懿的弟弟，他们的大哥司马朗已经去世。在司马孚等人主持下，在魏王灵柩没有到达邺县前已经开始筹备丧事，对于太子何时继位，大家有了争论。

有人认为太子继位应该先有天子的诏书，尚书陈矫认为：“大王在外面驾崩，现在人心惶惶，太子应该立刻即位，以安天下之心。”陈矫更直言不讳地说，曹彰就在魏王的灵柩前，随时可能有变。曹丕于是决定提前即位，只用了一天时间就做完了各项准备，第二天早上宣布了由王后卞氏发布的诏令，命太子曹丕继承王位，大赦天下。没过几天献帝的诏书也来了，御史大夫华歆亲自送来丞相和魏王的印信，诏令新魏王仍兼任冀州牧，尊王后卞氏为王太后。

为了向新魏王表达祝愿，献帝下令改元为延康，使用了 25 年的建安年号结束，公元 220 年现在便有了两个年号，正月是建安二十五年，正月以后是延康元年。

延康元年（220）2 月 1 日发生了日食，是上天哀悼已故魏王的离世，还是魏国新政权的不祥之兆？在这个多事之秋，相信每个人都有着不同的解读。

十九、曹丕的开局

建安二十五年（220）正月，66岁的魏王曹操驾崩。

一个时代结束了，但也意味着另一个时代的开始，开启这个新时代的人，就是万众瞩目下的新魏王曹丕。曹丕继位后办的第一件大事当然是为父亲安葬，曹操生前指定的陵寝高陵已基本竣工，就在邺县附近。古代讲究叶落归根，曹操为什么不安葬在故乡沛国谯县呢？

在古代，普通百姓确实讲究死后埋骨家乡，不过对帝王来说这个观念比较淡，因为国就是家，故乡的概念已经泛化了，所以他们都把陵寝建在都城的附近而不是故乡，比如刘邦没有葬在沛县、朱元璋没有葬在凤阳、顺治入关后也没有葬在关外，他们的陵寝都在当时的首都近郊。

曹操虽然不是皇帝，但已经是魏王，邺县是魏王国的国都，按照惯例也应该葬在国都附近。谯县有曹氏宗墓，至今仍在，规模很大，里面葬着曹操的爷爷曹腾、父亲曹嵩等人，曹操如果葬回老家的祖坟，无论地位如何尊贵也都处于卑微的位置，这就是帝王们不能葬在自家祖坟的原因。另外还有一个现实的考虑，谯县归沛国，虽然归豫州刺史部，但距离扬州刺史部的合肥较近，接近孙吴，安全问题也不得不考虑。

曹操的葬礼由曹丕亲自主办，这是一次公开活动，并不像有人认为的那样是偷偷摸摸进行的，曹丕撰写了《武帝哀策文》，从中可以看出下葬的情景："在正式下葬之前进行了卜筮，宽阔的墓道通向墓室。墓室里如漫漫长夜，又如幽幽深宫，没有光明，没有尽头，多么令人悲伤啊！参加丧仪的人们已整齐站好，天、地、水三官也排列整齐，前面是高高举起的旗帜，中间还有人手执长戈。从现在起，先王将离开宫廷，到达被安葬的山岗。"

曹植也参加了葬礼，他写的是《诔文》，相当于悼词，有600多字，也记录了当时的一些情况："将要入葬时，穿的还是平时的衣服，印信没有带到身上，只带了印章上的丝带。陪葬用品也没有什么华美的，最值钱的只是素色的陶器。灵柩到达西陵，墓门慢慢打开，群臣送迎，我王就这样安葬了。在幽暗的墓室里，没有日月星辰之光，墓门落下来了，至尊的魏王将永远生活在里面。"

从曹丕和曹植两位亲历者的记述看，曹操的安葬活动不仅公开，而且十分盛大，曹丕和曹植当然知道父亲被安葬的确切位置，他们也都亲自到墓室里察看过，所谓"曹操疑冢"的传言其实并不存在，但高陵距经常变换河道的漳河较近，受河水改道的影响，后来高陵的准确位置找不到了，才留下了至今未解的历史之谜。

办完丧事曹丕还有很多事要办，最为紧要的是调整"领导班子"。

曹丕下令任命太中大夫贾诩为魏国太尉，御史大夫华歆为魏国相国，大理王朗为魏国御史大夫。这样的组合有点乱，但基本上相当于"三公"。华歆、王朗一向被认为是大名士，与田畴、邴原那样的名士相比，他们的政治热情更高，在一系列重要事件中他们都"经受住了考验"，对曹魏的忠诚可以放心。至于贾诩，虽然有过往的恩恩怨怨，但他是个聪明人，居高位却从不介入任何政治纷争，以腿疾为由平时也很少外出，也是可以让人放心的人。更为重要的是，在曹丕被册立为太子的过程中，贾诩曾出过大力。

荀彧、崔琰、荀攸以及郭嘉等人已离开人世，目前资格比较老的还有程昱，这次他没有步入魏国"三公"的行列，与早年在兖州期间他曾以人肉干充当军粮有关，这被认为触动了人伦的底线，受到舆论的诟病。以程昱的资历和贡献，按理说应超过上面这几个人，却只能担任卫尉这样低一级的职务。至于陈群、司马懿、吴质等人，虽然他们与曹丕关系更为亲密，是曹丕身边的核心智囊，但他们的资历还浅，需要进一步培养。

军权是曹丕所更看重的，军队里最重要的几个职务全部由"诸夏侯曹"担任，其中夏侯惇担任大将军，曹仁为车骑将军，在他们之下，曹洪担任卫将军，曹真担任镇西将军，曹休担任镇南将军。此外还有一个骠骑将军，介于大将军和车骑将军之间，曹操生前已给了孙权。

与贾诩等人的职务不同，夏侯惇等人的军职都不是魏国的，作为刘汉朝廷下的属国，魏国没有设这些高级军职，所以这些军职只能由献帝发布。这些军职里最重要的当属大将军，论资历应该是曹洪，但曹丕不喜欢他，给了夏侯惇。

曹丕不仅不喜欢曹洪，甚至想杀他，这件事可以说一说。

曹丕刚被册立为太子时，手下的人一下子多了，平时想给大家发点儿福利，手头上就有些紧，曹操管得很严，曹丕只得另想别的办法。曹洪很富有，有一次曹丕开口向这位叔叔借几百匹绢，但曹洪却不给。曹丕是个记仇的人，这件事就记在了心里。所以曹洪只当上了挂虚衔的卫将军，后来还遇到了更大的麻烦，有一年曹洪的门客犯法，曹洪因为连带责任被抓入狱，曹丕抓住机会竟然要判曹洪死刑。大家觉得曹洪有点儿冤，但曹丕意志很坚决，群臣吓得不敢说话。

曹丕下令处死曹洪时曹真刚好在场，曹真和曹洪关系也不好，但毕竟是老前辈，曹真有些顾虑："您今天要杀曹洪，他肯定会认为是我陷害的。"曹丕说："我自然会处理好，你不必多虑。"眼看曹洪命将不保，卞太后急了，找到曹丕一顿怒斥："没有曹子廉，咱们能有今天吗？"虽然被母亲骂了，曹丕仍然不动摇，还是想杀了曹洪。

这时曹丕的皇后是郭氏，曹丕对她很宠爱，从来言听计从，卞太后把郭氏找来，吓唬她："曹洪今天要是死了，我明天就让皇帝废了你这个皇后！"郭氏害怕了，多次为曹洪求情，以至于流泪，这样曹洪才保住一命，改为免官削爵。

安排好人事，曹丕对内又一连推出了多项重要举措。

第一项，减轻赋税。延康元年（220）2月，即曹丕继位魏王的当月，即下令："关口、津道是用来通商旅的，池塘、苑囿是用来抵御灾荒的，设置禁规、加重税收都不是便民的办法，现在要清除有关禁令，减轻关津税收，税率一律定为十税一。"经过连年战乱，经济受到极大破坏，为支持战争各地又加重了税赋，适当地降低税率、减轻百姓负担不仅能赢得民心，而且有利于经济的恢复发展。

第二项，赏赐百官。还是在这个月，曹丕下令对诸侯王将相以下百官进行赏赐，最多的有1万斛粮食、1000匹帛，还有大量金银，按品秩不同人人有份。这也是赢得人心的一项举措，这项措施惠及各级公务人员，大家刚刚升了官，现在又拿奖金，自然皆大欢喜。之所以实物赏赐为主而不是通行的五铢钱，是因为现在物价飞涨，发东西比发钱更实惠。

第三项，抚恤已故老臣的家属。那些故去的老臣，名气大一些、生前地位较高的人还好说，像荀彧等人他们的子弟都得到了很好的照顾，但不是所有人都能照顾到，那些名气和影响小一些的老臣，家属子弟难免照顾不到。曹丕下令表彰已故老臣们的功绩，如尚书仆射毛玠，奉常王修、凉茂，郎中令袁涣，少府谢奂、万潜，中尉徐奕、国渊等，曹丕下令表彰他们忠直在朝、履蹈仁义，征召他们的子弟担任公职。

第四项，禁止宦官担任重要职务。20多年前一群大宦官被消灭了，宦官干政的痼疾被清除，但那次消灭的是宦官篡权而不是宦官制度本身，有帝王就有内宫，有内宫就少不了宦官，从汉室到魏宫，其实一直都有宦官的存在。为避免宦官重新崛起，曹丕下令宦官担任的最高职务不得超过诸署令，诸署指的是后宫里负责服务的太官、御府、尚方、中藏府等机构，诸署令是他们的负责人，这些部门的日常工作只是打扫打扫卫生、保管保管东西、负责饮食起居这些事，不涉及政务和军务。

为把这项政策传之后世子孙永远铭记，曹丕命人把它刻在金属板上，藏在保管重要档案图册的石室里。

以上这些措施受到上上下下的一致欢迎，鼓舞了曹魏军民的士气，曹丕的威望也树立了起来。

外部的情况也不错，好事接踵而至。听说曹丕继位魏王，濊貊、扶余单于、焉耆、于阗王等少数民族部落当即遣使奉献，又过了几个月，叛乱的鲜卑部族首领、关中地区冯翊一带的山贼郑甘、王照，以及卢水地区的胡人首领等也纷纷率众投降。

曹丕很高兴，拿着这些降书给大家看："前面有人建议我讨伐鲜卑，我没听，鲜卑不战而降；又有人建议我在今年秋天讨伐卢水的胡人，我也没听，胡人现在也投降了。当年魏武侯一谋应验，有自得之色，李悝因此讥笑他。我今天说这个并不是自以为得意，而是说坐在这里等他们归降，功劳远远大于动刀动兵啊！"

说不得意，其实很得意，曹丕下令对投降的山贼和部族首领皆封为列侯。随即发生了孟达来降事件，曹丕更得意了。万国来朝，众叛归降，不仅解决了实际问题，而且预示着好兆头。

这样的开局，顺利得超乎想象。

二十、对孙权还要敲打

得到汉中却失去了荆州，对刘备来说得不偿失。

关羽死了、刘封因不救援而被杀了，孟达、糜芳、傅士仁等人投降，刘备手下的重要干部损失很大，尤其是追随自己近30年的兄弟关羽就这样没了，刘备悲从中来，恨从中来，忧从中来……

但伤心的事还没完，“汉中国”尚书令法正、后将军黄忠也在这个时候先后去世。黄忠是汉中之战的头号功臣，他的死让刘备刚刚拜封的“四方将军”顿时少了一半，而法正的死给刘备的打击更大，甚至不亚于关羽。

庞统死后刘备视法正为谋主，言听计从，信赖有加，汉中之役充分展示了法正的奇谋，但天妒英才，法正居然这么早就死了。法正是如何死的史书记载不详，应该是健康方面出了问题。不过有一件事对法正可能会造成一定打击，那就是孟达的投降。大家都知道他和孟达之间的特殊关系，而孟达赴任也是他力荐的结果，现在出了这么大的事，法正心里肯定在难过之外还有许多愧疚。

法正死后刘备得重新为自己选一个秘书长，最后他选的是刘巴，尽管他不太喜欢这个人，但刘巴在解决益州金融危机中的出色表现让刘备见识了他治政理财方面的才干，打仗靠猛将，过日子就得靠这样会理家的能人，所以刘备还是选择了他。

刘巴平时清廉节俭，不贪财，又因为自己在刘备阵营里没有根基，担心受到猜疑，所以说话做事都很谨慎，喜欢清静，平时没有私交，和大家在一起不是公事不说。有能力，又不多事，这是老板最喜欢的职业经理人。诸葛亮对刘巴一向很欣赏，刘备任命刘巴做尚书令想必也有诸葛亮大力举荐的原因，有刘巴这个助手，诸葛亮肩上的担子轻了不少。

曹操驾崩的消息传到成都，作为争斗了半辈子的老对手，曹操的死让近段时间一直压抑着的刘备终于能喘口气了。但是，毕竟老对手也是老朋友，刘备想到还是应该有所表示。

刘备派人带上自己的书信和丧礼前去吊唁，有一种记载是，刘备派的这个人叫韩冉，职务是刘备手下的一名掾，但是他却未能完成使命。韩冉走到荆州，进入曹魏控制的地盘就被曹魏的荆州刺史扣了下来，刺史请示曹丕如何处置，曹丕回复很干脆，不要来了，也别让他回去，杀了。

两国交兵不斩来使，何况是来吊丧的？曹丕不仅不厚道，简直不地道。而且，曹丕此举明显缺乏政治远见，荆州出现变局后三方正处在微妙时刻，孙权得了便宜却惴惴不安，刘备咬牙切齿势在复仇，在战略上对曹魏来说正是最有利的时机，聪明的做法是继续激化孙刘两家的矛盾，他们来示好一律欢迎，让双方都觉得自己是他们的朋友，这样他们之间打起来的可能性更大了。

刘备派特使前来吊唁，分明是在试探新魏王的态度，现在把特使杀了，于情于理于战略利益都不符，如果真是这样的，曹丕的政治智商就差得太远了。

但还有另外一种记载，不仅更详细，而且与前面的内容不同。根据这个记载，韩冉的职务是军谋掾，相当于参谋处长，刘备送去的丧礼里有益州的特产蜀锦。韩冉领命后没有走荆州，走的是上庸这条路线，到上庸，他借口有病，就不走了，住在了上庸。

需要注意的是，上庸此时已经是曹魏的地盘了，不过负责人还是孟达，想必韩冉也认识，后来韩冉在孟达派人保护下到了洛阳，呈上了刘备的信和礼物。曹丕接见了韩冉，并对刘备派人来吊唁表示感谢。韩冉回去复命，并带来了曹丕的回信。

两种完全不同的记载，对比一下，后一种或许更靠谱。大国政治，不是以头抢地的庸夫之怒，曹丕没有大略至少也有“中略”，不会干那种傻事。

孙权称臣、刘备示好，这个局面实在难得。

过去孙、刘联合起来打自己，局面大约是平手，现在他们两个即将打起来，无论谁胜谁负结果都一样，那就是他们都将进一步被削弱，以后他们即使再联合起来，也将不是对手。

在此情况下，出于战略上的考虑对孙权和刘备的进攻都应该放缓，应该接受他们的示好，让他们马上就放心地开打，到时候再添把柴、加点火，让他们打得更凶一些。可是曹丕并不打算这么做，也许开局太顺利让他有些飘飘然，在他的战略里，既不想合纵也不想连横，他想来个硬碰硬，把刘备、孙权一块收拾了。曹丕继魏王位后不久发布过一份亲笔手令，里面写道：“以此而推论，西南万里之域，刘备和孙权有谁会死守呢。”

延康元年（220）6月，曹丕下令调集军队，在郸县城东举行阅兵仪式，魏王国公卿大臣全部参加，魏王曹丕坐着华盖车检阅部队，一切都按照战场环境鸣金击鼓操行。

当月，曹丕即下令南征孙权。

这个决定十分奇怪，孙权已经臣服，又刚刚在荆州打了一场大仗，正担心刘备找他拼命，并无北侵曹魏的任何理由和迹象，现在讨伐孙权，似乎不合情理。曹丕的逻辑也许是，刘备要打孙权，他索性一块上手，双管齐下，两路夹击，也许孙权就过不了这一关。孙权灭亡，回头再收拾刘备不迟。

大军还未出发，霍性上疏劝谏，认为此时不可用兵，他提出现在这种情况下应柔道自守，外不与人争，对内修好自己，时机成熟时自然抗威虎卧、功业可成。霍性其人不详，只知道他是关中人，此时站出来反对用兵，或许跟他的职责所在有关。霍性担任的职务是度支中郎将，“度支”指的是财赋的统计和支配，这个职务是管财政税收的，在曹魏是大司农的属官。不久前曹丕接连推出多项措施，惠及百姓及百官，却苦了搞经济工作的官员，降税免赋，财政收入大减，又大发奖金，魏国的国库恐怕已经吃不消了，而这时大举兴兵，经济压力可想而知，所以霍性反对。

但曹丕不那么想，我去打孙权，你跳出来阻挠，什么意思？难道你是孙权派来的卧底？不管是不是，曹丕盛怒之下命情报部门把霍性抓起来审查，后来竟然把霍性杀了。

杀谏臣历来是帝王忌讳的事，所谓“国将兴必赏谏臣，国将亡必杀谏臣”，霍性的意见可以采纳，也可以不采纳，但只是因为提意见而被杀，刚继位的曹丕将给文武官员和天下百姓一个什么观感呢？大概想到了这些，曹丕后悔了，下令释放霍性，但晚了一步，霍性已经被杀。

为了消除此事件的负面影响，曹丕马上发布了一道命令：“过去轩辕设明台议政，放勋设衢室用于征问，这都是广泛征求意见的具体措施。今后百官以及各有关部门都要按照职守极尽规谏之责，无论将领率阵军法还是朝士明达制度、牧守申理政事、缙绅统考六艺，所有意见我都将认真审察考虑。”

轩辕是黄帝，他设有明台；放勋是尧帝，他设有衢室。除此之外还有舜帝设立的旌旗、大禹在城中建鼓、商汤设刑庭，这些都是听取意见、广为纳谏的举措。

延康元年（220）7月，曹丕率大军路过老家谯县。

自先王曹操以来似乎已形成习惯，那就是每次南征江东都要路过谯县，并在此停留一下，之前曹丕也曾随南征的大军在谯县住过一段时间，他还在谯县的一所旧居里种过几株甘蔗。不过，这一次对他来说有所不同，这是他第一次以魏王的身份重返故乡。

曹丕下令宴请六军将士及父老百姓，这场规模盛大的宴会在谯县城东举行，宴会上还有乐队演奏以及百戏表演。

喝得一高兴，曹丕还下了道命令："先王都喜爱所生之地，因为礼不忘其本。谯县是霸王之邦，帝王从此而出，现在免除谯县两年的租税。"谯县百姓大悦，地方三老以及官民代表一齐为曹丕上寿，宴会一直到晚上才结束。

次日，曹丕又亲自到谯县城外的曹氏宗族墓祭祀。

曹丕的此次故乡之行在后世却受到了非议，有史学家指出，子女应为父母守三年丧，上自天子、下自平民都应遵守。曹丕既然遵守汉朝的制度，就应该接受汉朝的礼仪，父亲刚死几个月，没有哀痛却设宴享乐，是值得批评的。

其实，即使没有所谓的"三年之丧"，曹丕此次故乡之行也有些过于张扬，国家财政困难之际大吃大喝就不说了，免除谯县两年租税的做法也显得太随意，看来刚接班对国家真实的财政状况还不是完全了解，一句话就随便免除哪个地方的租税，以后的日子恐怕不好过了。

放下这个不说，再说此次军事行动。

孙权听说曹丕来了，相当紧张，他正忙着对付刘备，万万不能开辟新的战场。孙权这时候大概认真反思了一下，他发现自己也许犯了一个致命的错误。

曹操在时他是派过梁寓去表示自己的臣服，曹操还以朝廷的名义升他为骠骑将军，又让他兼任了荆州牧，他以为与北方的关系暂时没问题了，但是他错了，因为那时老曹当家，现在主事的是小曹。

孙权大概才突然发现，自从小曹上位后他还没有过什么表示，人家能不给你脸色吗？孙权不敢再怠慢，马上派人带着东西向曹丕奉献，这一次派的是谁、送去哪些东西史书未作记载。曹丕其实并不想真打，他确实是给孙权一个下马威，既然孙权服软，曹丕满意了，下令撤军。

这时，才就任大将军几个月的夏侯惇病逝了，对曹丕来说这是一大损失，曹丕以献帝的名义谥其为忠侯，由他的儿子夏侯充继嗣。曹丕与夏侯惇的几个儿子关系都很好，想让他们都有爵位（欲使子孙毕侯），于是从夏侯惇的食邑中分出1000户赐给其他子孙，夏侯惇的七个儿子和两个孙子都成为关内侯，夏侯惇的弟弟夏侯廉及其子夏侯楙也被封为列侯。

夏侯惇生前以大将军的身份镇守寿春，是曹魏东线战场的统帅，他死后曹丕派曹休去接替，曹丕亲自为曹休送行，与他执手而别。

不久，曹休升任征东将军，兼任扬州刺史，进封安阳乡侯。

二十一、谁是那个“涂高”

延康元年（220）3月，沛国谯县有人发现了“黄龙”。

龙并不存在，是人们出于对自然的敬畏、对神力的崇拜而创造出的能呼风唤雨又法力无边的神异生物，而所谓“黄龙”，除了有这些寓意之外还有特殊的含义。传说当年鲧治水失败后死不瞑目，尸身三年不腐。尧担心鲧的尸身会异变，于是派勇士用锋利的吴刀把鲧的尸身剖开，但没料到鲧的怨气酝积在腹中，化成一条黄色的龙，后来又变形为人，这就是鲧的儿子禹。

史书里如果记载的哪里发现了龙，一般只有目击报告，从来没有捕获过。通常情况下这种目击会让地方官员吓得要命，因为人间的龙已经有一位了，就住在皇宫里，当今天子，你这里又出现一条龙，是要来抢天下的吗？

但谯县发现黄龙的事却被逐级报了上来，大家觉得这不是坏事而是好事。开始这件事倒没有引起曹丕的注意，过了几天有个人来求见，才把这件事重新提起。

这个人名叫殷登，事迹不详，只知道他是魏郡人。殷登求见，是来报告一件事，四十五年前，即汉灵帝熹平五年（176），谯县也发现过“黄龙”，时任光禄大夫的桥玄问太史令单飏这是什么征兆，单飏说这个地方以后会有王者出现，五十年之内此地还会有“黄龙”再现。殷登说，桥玄和单飏说这些话时他正好在场，心里默默记下了这件事，现在不到五十年“黄龙”果然再现于谯县，这是天命即将应验，他认为事关重大，不能不报告。

这件事的当事人只剩下了殷登，他说有别人也不好反驳，但搁在曹操，听到这些没有凭据的话肯定会置之不理，如果再折腾就会让有关部门对当事人来个诫勉谈话什么的。可曹丕一听说就来了兴趣，不仅亲自召见了殷登，而且对他进行了夸奖，称殷登为笃老，说他对占卜之术很有研究，能深谙天命之道，最后还赏赐他 300 斛粮食。

这件事传了出去在社会上引起了强烈反响，聪明人看到了其中的暗示，投机分子则看到了巨大的商机。

4 月 12 日，饶安县上报，该地发现了白色的野鸡。野鸡多为赤铜色或深绿色，白色野鸡非常罕见。从现代生物学的观点来看，白色的野鸡称白羽山鸡，是久负盛名的珍禽，只分布于喜马拉雅山和中国西部一些地方，在人很难接近、多山的地区繁衍。由于比较罕见，所以古代以白雉为祥瑞，古人认为在位的帝王很有德行，受到四方爱戴，白雉就会出现，周公摄政六年制礼作乐、天下和平，越裳曾献白雉以贺。

这次估计光说不行，饶安县那边可能还真的捉住了白雉，所以曹丕特别高兴，下令赏赐，免除饶安县全县的一年田租，又赐给白雉发现地的 100 户人家牛肉和酒，让大家痛饮三天。你好这口，自然就会有人源源不断地端到你面前，一时间各地类似的报告纷至沓来。

这些所谓“祥瑞”事件大量涌现后，该权威人士出面了。

太史丞许芝递来一份 2000 多字的长篇上书，从“理论”上对这些现象进行了总结。许芝的这份上书读起来虽然枯燥，但却下了十足的功夫，单就查阅典籍史料这一点来说，没有深厚的学术背景和吃苦的精神也是难以做到的。

许芝从《易传》中找出“圣人受命而王，黄龙以戊己日见”“初六，履霜，阴始凝也”“圣人以德亲比天下，仁恩洽普，厥应麒麟以戊己日至，厥应圣人受命”“圣人清净行中正，贤人福至民从命，厥应麒麟来”这几句话，正好解释了当时报告上来的黄龙、大虫、麒麟、蝗虫等异象，说明这些都是上天所降新帝王将要产生的强烈征兆。

上面这些原文当然不是许芝临时捏造的，之所以看起来与现实如此吻合，是因为《易传》不是《易经》，它是为《易经》作的注释解读，这类书在当时多如牛毛，要找出几句刚好“对题”的话也不难，只是得做大量资料查阅工作，现在有计算机可以搜“关键词”，轻松就能搞定，在当时完全靠人力，想必许芝那段时间除了吃饭睡觉就一直泡在古书堆里了。

当然，有人会说虽然天将易世，为什么一定是曹魏呢？

许芝进一步从“理论”上对此进行了阐释，通过查阅古籍，他又找出几句话，分别是“汉以魏，魏以征”“代赤者魏公子”“汉以许昌失天下”，这几句话无疑更有分量了，直接点了题。当然，如前所述在当时浩如烟海的谶纬书籍中，这些话只是文字上的巧合，通过断章取义拿来一用罢了。

然而，这些还无法形成“定论”，因为现在几乎所有的人都知道“代汉者，当涂高”这句神秘预言，当年袁术称帝就用它来作为依据，由于它的影响力太大，要取代刘汉，不能绕过它。

这句话的出处一般公认的是《春秋谶》，这部书早已失传，这是一部什么样的书？作者是谁、成书于何时？这些都已经不得而知了，不过单从书名就可以判断出这部书的性质：它属于“谶书”这一类，是用来为《春秋》作谶的，应该成书于谶纬这类书兴盛的秦至汉初。

这句神秘预言第一次被正史提及是汉武帝时期。一次，汉武帝刘彻临行黄河和汾河，兴致一起，命人在船上设宴，君臣一边赏河景一边开怀痛饮，汉武帝上过太学，被称为“文化程度”最高的皇帝之一，他现场作了一首《秋风辞》。

辞成，当场奏唱，大家听了挺高兴，说领导你写得真好、真棒，一片赞美之声。这时汉武帝突然话题一转，对大家说：“汉有六七之厄，法应再受命，宗室子孙谁当应此者？六七四十二代汉者，当涂高也。”意思是别看咱们现在挺乐呵，可我们汉朝也有“六七之厄”，到四十二代的时候江山就不在了，那时候“代汉者，当涂高”。

看来汉武帝已经知道了那句神秘预言，把它与“六七之厄”相提并论，一般对这类负面信息帝王身边人都尽可能予以屏蔽，不让领导听到、看到而烦心，汉武帝熟知这句预言，这说明它在当时已经相当流行了。见领导不高兴，群臣纷纷进言相劝，汉武帝也觉得这话跟眼下的风景不太协调，于是说自己喝多了。

汉武帝没法知道究竟是谁最终代的汉朝，但这句神秘预言差一点提前破产。西汉末年王莽建立了所谓新朝，走的是禅让的路子，他也上过太学，文化程度很高，同时是谶纬学的爱好者，为了代汉他也搞了一堆谶纬做依据，但奇怪的是却没有提到这句话，也许是他研究了半天自己跟这句话都扯不上关系吧。

如果王莽成功，新朝得以延续，“代汉者，当涂高”就会成为一句过气的预言或一个笑话被大家遗忘，但王莽失败了，汉朝宗室刘秀建立的新朝廷仍称汉朝，王莽的新朝不被世人承认，汉朝仍然继续，这反而为“代汉者，当涂高”这句预言的反向注脚，大家对它更加坚信了。

王莽派到蜀地当太守的公孙述是个大野心家，他也对谶纬学深信不疑，他翻了不少谶纬书，找到了“废昌帝，立公孙”“帝轩辕受命，公孙氏握”等几句话，还认为自己的手相与众不同，有龙兴之瑞，所以动了做皇帝的念头。公孙述很搞笑，他觉得自己找到的这些依据虽然“铁证如山”，但更希望大家都支持他，所以多次给刘秀这边写信，希望说服众人拥立他为皇帝。

对于公孙述发起的这些“谶纬战”刘秀很反感，决定予以回击。刘秀给公孙述写了封回信，说你说的那些不对，“废昌帝，立公孙”指的是人家汉宣帝，至于你说的手相问题，据我所知王莽的手相更好，他为何失败？你说的不行，我给你说一个，“代汉者，当涂高”听说过没？这说的是有资格取代汉室的是个姓“当涂”、个子很高的人，你小子长得那矬样，个儿高吗？

不过既然是“文战”，刘秀还挺客气，在信封上写着“公孙皇帝”，但公孙述拒不答复，他索性直接称帝，后被东汉朝廷消灭。

董卓死后，有个女巫找到董卓的旧部李傕，对他说“涂高”就是他，这个女巫的理解是，“当涂”是在路上，在路上又特别高的自然是阙了，“阙”与“傕”同音，“当涂高”指的就是李傕。不过李傕还算聪明，他知道自己有几斤几两，听听也就拉倒了。

还有当年的下邳人阙宣也是这么理解的，他觉得既然天命所归，索性大干一场搏个富贵，初平四年（193）阙宣在徐州聚众数千人自称天子，要给刘汉王朝争天下，后这个“皇帝”被陶谦杀了。

至于袁术，已经说过了。

好在谶纬学也是许芝的强项，他在这篇上书中提出了新的解释。许芝首先从朝廷档案里翻出一份上书，是前白马县令李云所上，里面有一句“许昌气见于当涂高，当涂高者当昌于许”，在没有前后文的情况下看这句话有点儿不知所云，但又似乎暗示许县与“涂高”有关。

李云上这份书是在桓帝时，距今已经好几十年了，当时朝廷还没有迁都到许县，许县只是个普普通通的县城，谁也看不出它会成为天下政治的中心。说未来的帝王将昌盛于许县，许县有献帝，但说的肯定不是他，那么只有曹魏了，是曹魏帮助献帝在许县立的足。

接着许芝对“涂高”的字意进行了解释，他认为宫殿祠庙前面通常都建有两个高大的台子，台上有楼观，在两台之间留有空阙的地方，所以这种建筑称“双阙”，它们都很高大，而“魏”字的意思就是高大，《周礼》有“乃县治象之法于象魏”，《淮南子》有“魏阙之高”，可见道路两边高大的东西就是魏。

对“当涂高”的解释有过很多种版本，大家一般认为许芝的解释水平最高，至此许芝完成了这份艰难的考证，结语是曹魏将取代汉室。

二十二、给想做的事找理由

这时，左中郎将李伏也上书说了一件事。

左中郎将的品秩为比二千石，在军中的职衔低于将军、偏将，并非重要角色。李伏事迹不详，只知道他曾在汉中供过职，李伏说的事也与汉中有关。据李伏说，当年在汉中他认识了凉州人姜合，当时他客居汉中，此人精通谶纬之学，在关西一带很有声望，有一次姜合对李伏说：“你将来一定要拜魏公，因为未来能安定天下的是魏公子曹丕曹子桓，这是神灵的嘱命，顺应天时，也与谶言相符。”

李伏把这些话告诉了张鲁，张鲁又把姜合叫来，向他询问这些话的出处，姜合说出自孔子留下的神秘预言书《玉版》，该书专讲帝王的兴衰更替，可以预知百代之多，张鲁听完深信不疑。

张鲁虽然沉湎于道术，但从来不敢有易世自代的想法，原因与此有很大关系。刘备进入益州后张鲁与部下讨论未来出路，一部分人认为应该追随刘备，张鲁生气道：“宁愿做魏公的奴隶，也不做刘备的宾客！”李伏说，张鲁说这番话是他亲耳所闻，据他观察张鲁说的时候言辞恳切，完全发自内心，说明他对姜合的话完全信服。汉中内附后姜合到了邺县居住，可惜已经病故。李伏说他曾把姜合的预言跟一些亲近的人多次讲过，只是时机未到，怕不合时宜，所以没有公开，现在看到祥瑞频现，日月已至，上天有命，故而讲了出来。

曹丕下令把李伏的上书予以公布，赞扬说：“德行浅薄的人怎能体会得这么深、这么细致，也达不到这种程度。只是说的这些我不敢当啊，所有这一切都是先王的神明所致，并非凡人所能达到的啊！”

舆论声势已经造了起来，“理论工作”也准备好了。

延康元年（220）10月，魏王曹丕来到曲蠡，此地在许县东南。一边说不敢当，一边又奖赏、表彰那些上符瑞和上书的人，曹丕的态度看似矛盾，但一点儿都不矛盾，处在这场风潮的旋涡中，献帝如果连这都看不明白，那就白活了。

看到曹丕都亲自逼上门来了，献帝知道最后的时刻到了。献帝在许县召集群臣公卿讨论，认为众望已归曹魏，愿意以禅位的方式把皇位让给曹丕。献帝身边已经没有荀彧、孔融那样的汉臣，听说他愿意让位，不少人估计顿感轻松，作为这个傀儡朝廷的官员，他们一直过着两边不讨好的日子，现在终于要结束了。

看到也没人反对，献帝只好下诏：“我在位已经32年了，正遇天下动荡之时，幸赖祖宗之灵才危而复存。然而我仰瞻天文、俯察民心，无不看到刘氏的气数已尽，天命将归于曹氏。前魏王已经树起了神武之绩，现魏王又光曜明德以应天下期待，这是历数的昭显和明证，应该相信。大道的运行天下为公，要选贤予能的人，唐尧没有传位给他的亲生儿子因而名播无穷，我对此十分羡慕，现追继尧典，禅位给魏王。”

献帝来到高庙，祭祀之后派御史大夫张音持节，奉皇帝的玉玺前往曲蠡，要求禅位。但曹丕表示推辞，认为自己是个薄德的人，难以承继大位。献帝再次派人前来提出请求，曹丕再次推辞。

前后去了三次，被曹丕推辞了三次。

曹丕如此低调和谦卑，主要想看看外面如何议论以及群臣的反应。群臣这时纷纷上书，劝说曹丕接受献帝的禅让。但是，上了一次，就被曹丕推让一次。这些上书通常有几个或十几个大臣联名所上，中心思想只有一个，就是劝曹丕接受禅让，但写法上又不能雷同，所以大家都绞尽了脑汁，使用了最华美的辞藻，篇幅一般都比较长，引经据典、言辞一个比一个恳切。对于这些枯燥的文章曹丕却看得很认真，很仔细，每一道上书都亲自回复。

在一份回复里曹丕说，初听禅让之事，我的心感到了颤抖，手也发抖，连笔都拿不动。在另一份回复里曹丕说，现在百姓箪瓢屡空，面有菜色，连粗布的衣服也穿不完整，他们如此受难，都是我德行薄、能力差所致，哪里还敢再称帝？曹丕甚至还说过一些狠话：“三军可夺帅，匹夫不可夺志，我的志向已定，是大家无法夺去的。”

无论“民意”如何强大曹丕就是不答应，劝进表累计递进去了19次，被曹丕驳回了19次。

大家急了，看戏的不累演的人累啊，再好看的戏也得谢幕，真要把演的人累死不成？有人找足智多谋的贾诩出主意，贾诩建议由献帝下令筑一座受禅台，准备好相应典仪，到时候逼魏王就范。

大家认为这个办法好，献帝也同意。受禅台选在离许县不远的一个名叫繁阳的小镇，选这里也许与它的名字有关，繁阳寓意着兴旺，此地位于今河南省许昌市西南，为漯河市临颍县的繁城镇。受禅台很快建成，台高3层，每层27级，总高3丈多，虽算不上高大巍峨，但在一马平川的许县近郊也是很显眼的建筑了。

延康元年（220）10月28日，受禅仪式在受禅台举行。

这一次曹丕没有再拒绝，汉献帝刘协、魏王曹丕以及文武公卿400多人齐集繁阳镇，另外还有匈奴、单于、东夷、西戎、南蛮、北狄等各国的使节以及十多万将士，大家在这里共同见证一个历史时刻的到来。

仪式上，曹丕登台拜谢汉献帝，之后接受臣民及使节的朝贺。之后祭天地、五岳、四渎，改国号为魏，更年号为黄初，曹丕成为新的皇帝，他死后谥号文帝，为便于阅读，本书下面直接称之为魏文帝。

绵延400余年的大汉王朝终于结束了，它不仅在中间被分为两段，而且在最后的数十年里陷入分崩离析，皇帝长期成为傀儡，政权成为摆设，这一次改朝易代确实是“天命所归”。

魏文帝下诏改繁阳镇为繁昌县，并刻石立碑来纪念这场禅让的盛事。碑石共刻了两块，一块是“公卿将军上尊号奏碑”，一块是“受禅表碑”。“受禅表碑”碑文22行，每行49字，“公卿将军上尊号奏碑”正面22行，背面10行，每行也是49字。两碑记述了汉献帝刘协禅位于魏文帝曹丕的经过，歌颂了禅让的千古美德，颂扬了曹丕齐光日月、材兼三级，有尧舜之姿、伯禹之劳、殷汤之略、周武之明，特别强调了曹丕是在公卿将士们多次请求之下，经过回思千虑、一再推让才接受禅让的。

这两块碑石十分有名，据唐代刘禹锡考证，该碑由王朗撰文、梁鹄书写、钟繇刻字。王朗时任御史大夫，他撰写的碑文文采非凡、气势磅礴，增一字显多，去一字则损，是蔡邕之后名气最大的碑铭高手。梁鹄的书法连曹操都爱不释手，他的字凝重遒劲、气度雍容。钟繇不仅是书法家和曹魏重臣，也是刻碑名家。以上三位顶尖高手联袂出场，使这两块石碑被认为文表绝、书法绝、镌刻绝，称“三绝碑”。

更为难得的是，经历1800多年的风风雨雨“三绝碑”仍得以保存，它们如今存放于河南省临颍县繁城镇的汉献帝庙内。

公元220年有了建安、延康、黄初三个年号。

这一年的11月就应该是黄初元年了，魏文帝下诏追尊祖父曹嵩为太皇帝，追尊父亲曹操为武皇帝，尊母亲为皇太后，同时以洛阳为正式国都，于12月初，当月即驾临洛阳宫。

黄初元年（220）11月1日，魏文帝曹丕下诏分河内郡山阳县1万户奉邑给汉献帝刘协，封他为山阳公，刘协的四个儿子被封为列侯。汉室所有的诸侯王一律降为崇德侯，宗室原被封为列侯的一律降为关中侯。魏文帝规定山阳公在封地内可以使用汉朝的正朔，也就是不必采用黄初的年号以及相应的历法，所以建安作为年号并没有完全消失，刘协在山阳又用了十四年。

除此之外山阳公还享受其他特权，比如上书言事可以不称“臣”，可以在封地内用天子的礼仪郊祭天地，京城举行重大祭祀仪式时可以分到祭肉，这个意思是指今后仍可以参加曹魏朝廷举行的重大祭祀活动。

曹操的次女曹节当了汉献帝七年的皇后，此次被降为山阳公夫人，与曹宪、曹华两个姐妹一同随刘协去了山阳县。临行前，曹丕派人去要皇后的玉玺，曹节很生气，不给。前后去了多次，曹节最后把来人唤进亲自斥责，又把玉玺扔在地上，流着泪说：“老天不会保佑你的！”

山阳公刘协死于魏青龙二年（234），时年54岁，这一年诸葛亮去世，也是54岁。山阳公夫人曹节又过了二十七年才去世，她的另外两个姐妹情况不详。

刘协去世后仍以汉朝天子的礼仪安葬，陵墓称禅陵，位于今河南省修武县方庄镇古汉村，距云台山风景区不远。东汉皇帝的陵墓都在洛阳附近，只有刘协的陵墓孤零零地位于豫北。河南省许昌市张潘乡有一座愍陵，也称汉献帝陵，其实是衣冠冢，刘协在许昌前后待了二十五年，这是本地人为纪念他而修建的。

中篇

鞠躬尽瘁

二十三、一代新人换旧人

曹丕原来的身份是魏王兼汉廷的丞相，禅让之后许县的汉朝廷、邺县的魏王府和丞相府都不存在了，所有人员统一归入新朝廷。曹丕不打算再为新朝廷设置丞相，放眼曹魏内部似乎也没有能担此重任的人选，更为重要的是，设不设丞相体现着君权的强弱，曹丕要做强势君王，不需要给自己的下面再培养出权臣。

丞相不设，三公还是要设的，后汉的三公是太尉、司徒和司空，曹丕沿袭了旧制。在人选上，曹丕第一个想到的是杨彪，弘农郡杨氏是前朝最著名的政治世家之一，杨彪的父亲是汉灵帝的老师杨赐，父子二人在士人中均深得厚望。

曹丕派人去请，却被杨彪一口回绝了。儿子杨修被杀后杨彪仍心有余悸，不再过问任何政治，他对来人说："我也当过汉室的三公，愧疚的是没有建立尺寸之功，如果再当魏朝的三公，对国家来说并不是什么可称道的事。"曹丕深感遗憾，改拜杨彪为光禄大夫，品秩二千石，相当于部长级，属于荣誉性质，又赐给杨彪延年杖、冯几，特许他上朝时穿单衣、戴皮弁帽，站位仅次于三公，又在杨府门前设行马，置吏卒警卫以示优崇。

清心寡欲、不问世事的杨彪最后以 84 岁的高寿而终，死后归葬于家乡弘农郡的杨氏宗族墓。杨彪的曾祖杨震被称为"四知先生""关西孔子"，那句"天知、地知、你知、我知"的话就出自他，杨氏宗族墓目前仍保存着杨震、杨彪等家族成员墓七座，具体位置在今陕西省潼关市吊桥镇，黄河在潼关拐了个弯儿，杨氏宗族墓就在拐弯处的黄河边上，由于"四知先生"的事迹，这里被建成了一处廉政教育基地。

杨彪不愿意干，下面就是钟繇、程昱、华歆、王朗、贾诩等几个人，他们的名望和资历都差不多。钟繇、程昱追随曹操的时间最长，他们屡建奇功，是能武又能文的重臣；华歆、王朗在社会上声望颇高，也是先帝手下的名臣；贾诩智慧过人，是为数不多的几个深为曹操所佩服的人，在曹丕立太子过程中发挥过重要作用。

经过权衡曹丕最后选贾诩为太尉、华歆为司徒、王朗为司空，钟繇、程昱虽然是曹魏的“嫡系”，但都因为各自原因而落选。

程昱的落选还是当年的“人脯”事件，他曾把人肉干当成军粮，在儒家看来只有禽兽才吃人肉，程昱因此备受诟病，之前已多次与三公之位无缘，新朝廷要展示新形象，尽管程昱在别的方面无可挑剔，曹丕还是不敢用他。曹丕让程昱担任九卿之一的卫尉，相当于京城警备司令，负责洛阳的保卫工作。程昱活到了 80 岁，死后追赠为车骑将军。

钟繇的落选是因为不久前发生的魏讽谋反事件，魏讽是他的下级，钟繇因渎职而被处分，免去了职务，曹丕继魏王后刚刚复起钟繇为魏国大理寺卿，马上就出任三公不太合适。曹丕继续发挥钟繇的特长，任命他为九卿之一的廷尉，相当于司法部部长。钟繇这位书法家活到了 79 岁，死后被追赠为太傅。

曹丕对三公的人选很满意，有一次罢朝后看着他们的背影高兴地对左右说：“你们看看这三位，都是一代最杰出的人物啊，以后估计再也难以超越他们了！”三公以下是九卿，已有程昱、钟繇两位，剩下的由董昭、和洽、邢贞等人充任，他们也都是老臣，追随曹操多年，立过各种功劳。

从曹丕的新班底来看似乎用的都是“老人”，其实并非如此。

这是因为，三公九卿并不是曹丕人事布局的重点，真正的权力核心在尚书台。汉武帝刘彻创设尚书台的目的是分丞相、九卿的权，这个机构相当于朝廷的秘书局，不仅负责处理中央各衙署之间、中央与各州郡之间的公文往来，还参与各种重大决策的制定，是真正的权力核心。曹丕基本沿用了汉朝尚书台的设置，长官为尚书令，副长官为尚书仆射，下设若干名尚书。

曹丕选的尚书令是桓阶，尚书仆射是陈群和邢颙，另选司马懿、陈矫、卫觊、崔林、杜畿五人为尚书，这才是新朝廷真正的班底。

相比于司马懿、陈群，桓阶这个名字有些陌生，之前对他也介绍过一些。他是荆州刺史部人，经历颇为传奇，早年他曾在孙坚手下干过，得到过孙坚的赏识。孙坚死后他冒险发丧，又被刘表欣赏，刘表想把妻妹嫁给他，被桓阶拒绝。官渡之战时桓阶策动荆州的江南几个郡反叛，牵制了刘表，此举被曹操视为官渡决胜的关键之一，曹操南下荆州后即把桓阶找来延至麾下，十分信任。

曹丕重用桓阶的原因之前其实已经提到，在夺嫡之争中桓阶坚定地站在曹丕一边，与其他人不同的是，他不仅表态支持曹丕，而且不顾猜忌，多次主动地向曹操密谏，认为曹丕德优龄长、宜为储副，每次态度都十分坚决恳切，曹丕对他深为感激。

与桓阶一样，邢颙也是著名的“太子党”，他最早其实在曹植的平原侯府任职，但他看不惯曹植，与曹植性情不合，后调离平原侯府，看到曹操有“废长立幼”的打算，邢颙也多次劝谏。

陈群和司马懿更不用说了，是曹丕的“死党”，让他们一个担任尚书仆射、一个担任尚书，主要考虑到他们的名望、资历还较浅，需要一个培养的过程。陈矫、卫觊、崔林、杜畿等人则是有名的实干家，他们都在地方上任郡太守多年，很有业绩，了解下面的情况。

曹丕为自己打造的这个核心班底，是由绝对信任的人和实干家组成，是一个有实力、信得过的班子。

桓阶身体不好，第二年便去世了，陈群和司马懿于是各升一级，一个担任尚书令，一个担任尚书仆射。又过了一年，邢颙改任司隶校尉，司马懿成为朝廷秘书局的尚书左仆射，杜畿升尚书右仆射。

至此，曹丕在政务方面的左右手分别到位，陈群和司马懿这两个政坛新星冉冉升起。

在军事上，与魏王时期相比也有一些新变化。

夏侯惇死后，他所担任的大将军一职空缺，按说应该由现任军职最高的曹仁补上，但曹丕没有表示。曹仁仍任车骑将军；曹洪任卫将军，不过只是挂个名。

前、后、左、右将军分别任命了张辽、张郃、徐晃、朱灵，他们四人随便拉出来一个都是响当当的一代名将，为曹魏大业连年征战，肝脑涂地，屡建殊功。典韦、许褚战死了，不然轮不到朱灵，还有一位本应是四方将军中的第一位，但兵败降敌，关羽被杀后又被“接管”到了孙吴，这就是于禁。

上面都属“论资排辈”，再往下就是“诸夏侯曹”第二代年轻将领的天下了，曹真、曹休以及夏侯渊的儿子夏侯霸、夏侯威，侄子夏侯尚，夏侯惇的儿子夏侯楙等纷纷脱颖而出，迅速走向前台，逐渐从父辈们手中接过兵权。

曹真担任镇西将军，坐镇关中一带，他成为曹魏西线战场的总指挥；曹休开始担任领军将军，是禁军的统领，不久晋升为镇南将军，成为曹魏中线战场的总指挥；夏侯尚开始担任中领军将军，也是禁军的首领之一，很快就晋升为征南将军，成为进步最快的一个。夏侯楙后来担任了安西将军，夏侯霸、夏侯威担任了右将军，在曹丕的提携下他们都迅速成长起来。

文有陈群、司马懿，武有“诸夏侯曹”第二代，这就是魏文帝曹丕总体的人事布局。

对曹植、曹彰等这些兄弟，曹丕的政策是分散遣送到各地，理由是他们都有各自的封地，现在应该到那里去。为了加强对这些兄弟的控制，曹丕还专门给每个人派去一名特派员，负责监督封国的情况，发现问题可以直接向曹丕报告。

自从曹丕被确立为太子，曹植就承认了失败，别人上劝进表，他也上了一份，曹丕让他们就国（当随例），他乖乖去了平原国。曹丕派去监督曹植的人名叫灌均，此人为迎合曹丕，上表密奏说曹植酒后行为不端，还劫持威胁朝廷特派员，有关部门随即上报请求治曹植的罪，曹丕本想给予严惩，后在太后的干预下仅作贬爵为安乡侯的处罚。

为防止被天下人议论，曹丕还特意下诏说：“曹植是我一母同胞的兄弟，我对天下都无所不容，何况曹植呢？骨肉之亲哪里舍得杀害？所以予以改封。”

在野史里记载了一件事，说曹丕称帝后对曹植仍心怀忌恨，有一次命曹植在七步之内写出一首诗，如做不出来就将行大法处死，但曹植不等其话音落下便应声而出：“煮豆持作羹，漉菽以为汁。萁在釜下燃，豆在釜中泣。本自同根生，相煎何太急？”这首诗又被小说家演化为只有四句的《七步诗》，知名度很高。但曹丕称帝后他们兄弟二人见面次数极为有限，曹丕拿作诗这种小把戏为难诗才横溢的弟弟，于情于理于客观情况都不大可能。被贬后曹植很快又被改封为鄄城侯、鄄城王，一直过着心惊胆战的日子，遇事无不小心谨慎。

有一次曹植奉诏入京，快走到洛阳时突然内心里感到了无名的惊惧，就丢下随行人员骑马微行入京，他偷偷地去见了大姐清河长公主，想让她带着自己到哥哥面前请罪。

曹植不见了，关吏不敢怠慢马上报告，曹丕派人沿着来京的路线搜寻，没有找到。太后听说后认为曹植自杀了，在曹丕面前痛哭。过了一阵曹植散着头发、光着脚并且自行背负刑具来了，太后才转悲为喜。曹植后来又被改封为雍丘王、东阿王，不仅有人监管，而且封地也变来变去，日子很不好过。

曹植的哥哥曹彰也没好到哪里，曹操在时封他为鄢陵侯，曹丕称帝后晋升他为公爵。曹彰本以为自己与其他兄弟不同，他带过兵，对国家有用，所以应该另有安排，但诏书下来他也跟兄弟们一样就国。曹彰很不高兴。鄢陵这个地方也不好，属经济落后地区，曹彰想改为中牟，这里不仅经济发达而且离洛阳不远，曹丕答应了，封他为中牟王，但不久就改封为任城王。曹植奉诏入京的那一次曹彰大概也来了，但他却莫名其妙地暴死在洛阳。

有野史说，曹丕邀曹彰在卞太后那里下棋，一边下一边吃枣，曹丕把毒药弄在枣蒂中，自己只吃没毒的，曹彰不知道结果中毒。卞太后拿水想救他，曹丕早已密令左右把瓶罐都毁了，卞太后急得只能光着脚跑到井边想去取水，可水还是没打上来，过了一会儿曹彰就死了。

这个记载也不足信，曹彰是不是曹丕杀的先不论，即使是，曹丕杀个人也不必费这么大的事，更不会当着母亲的面，这个记载与《七步诗》一样都属于杜撰。

不过，曹丕称帝后曹彰、曹植以及其他几位宗室的处境确实很不好，遣散出京、一再迁封，内部又有人监视，过的日子连普通人都不如。

二十四、孙权自有对策

汉朝皇帝没了，对孙权和刘备来说这当然是一件大事。

从名义上讲，孙权和刘备都是汉朝皇帝的臣子，孙权是骠骑将军、荆州牧，这是汉朝任命的；刘备是汉中王、益州牧，虽然没有得到过汉朝的正式任命，却也是既定事实。对他们二人来说，无论程序是否合法他们以及手下众多文武的官职都是基于有个汉朝才存在的，汉朝突然间没有了，意味着这些官职也自行失效。

当然，这只是个名义问题，还好办。

不好办的是如何对新朝廷表态，荆州之战后刘备和孙权都忙着积极应战，一个要报仇，一个要保卫胜利成果，都很忙，也都很紧张，但此刻他们也必须停下手中的事，先应对一下眼前。

对此，二人的态度完全不同，孙权表示拥护，刘备坚决反对。

先说孙权，他汲取了曹丕继魏王时没及时表态和祝贺的教训，一听说曹丕称了帝，不敢怠慢，马上遣使称臣，态度极为诚恳谦卑，为表忠心，孙权还下令把于禁送回北方。

最近一段时间发生的大事太多，人们几乎把于禁忘了，他还活着。于禁投降后被关羽送到了江陵，吴军攻克江陵后于禁又被孙权控制，孙权没有把于禁当成俘虏看，对他倒不错，还亲自和他相见，但也没有放他回去。曹丕称帝前孙权为向他示好，曾释放了朱光、董和等人，他们是在魏吴交战中被俘的，那次也没有放于禁，也许孙权觉得于禁更重要，可以派上更大的用场。于禁除了没有人身自由其他方面都还挺好，吃的喝的都挺优厚，孙权还时常邀他一同外出。

有一次孙权和于禁骑马并行，被虞翻看到了，虞翻拦住于禁大骂："你不过是个投降过来的俘虏，怎么敢跟我家主人并排骑马？”不光骂，虞翻挥鞭还要打，如果不是被孙权呵斥住，一代名将于禁就得挨江东名士虞翻的一顿鞭子。还有一次孙权在楼船上宴饮群臣，邀于禁出席，席间有人奏乐，乐声勾起于禁的思乡之情，不由得流下泪来，这一幕又让虞翻看到了，虞翻当场教训于禁说：“哭什么？你以为装可怜就能免除一死吗？”

虞翻这个人智商一流，但情商明显不足，属于又愣又硬的书呆子一类，两次向一名阶下囚发难，不是他生性争强斗狠、以强欺弱，也不是他跟于禁有什么个人恩怨，而是他内心里儒家的节义思想太深，看见于禁这样的人就来气。但孙权对外一直把于禁当客人，侮辱于禁就是不给孙权面子，所以孙权对虞翻的做法很不满，后来虞翻被孙权远放交州，与此有很大关系。

孙权不仅释放了于禁，还释放了被关羽俘虏的徐州刺史浩周、于禁手下的司马东里衮，孙权请他们给曹丕带上一封信，信中孙权的态度十分恭敬，表明自己世受魏国恩宠，情深义厚，名分也很明确，他发誓对魏国永远一心一意，请求曹丕保护和关照自己。

于禁回到洛阳，曹丕接见了他，此时于禁已经须发皓白、面容憔悴，见到曹丕，于禁很羞愧，不停地流涕叩首，曹丕倒没责怪他什么，反而以荀林父、孟明视的事安慰他，还任命他为安远将军。

荀林父是春秋中期晋国将军，曾率军与楚军交战，大败，回来后晋景公依然重用他，三年后他又率兵出征，打了大胜仗；孟明视是春秋时期秦国将军，在攻打郑国回军时被晋军俘虏，不久被释放回国，秦穆公仍然信任他，让他继续带兵，后来他率军击败了晋军。曹丕以他们二人为例，说明打了败仗被俘虏不算什么，在任命于禁为安远将军的诏令中，曹丕特别强调：“樊城之败，主要原因是遭到了水灾，汉水暴涨，不是作战不利造成的，所以恢复于禁等人的职务。”

如果于禁的结局真是这样的，曹丕的胸怀就让人钦佩，让人看到了又一个曹操。但曹丕的胸怀其实与父亲差得远，他一边安慰、厚待于禁，一边却在背后搞起了小动作。曹丕下诏让于禁出使江东，行前特意安排他到邺县敬谒高陵，于禁去了，在一间屋子里却发现挂着几幅画，画的是樊城之战的经过，包括关羽大胜、庞德壮烈殉国、于禁乞降等内容，于禁看完大愧。

不久，于禁忧病而死，曹丕赐谥号为厉侯。“厉”在谥法上有暴慢无亲、杀戮无辜之意，属于“丑谥”，可见人死了还在计较。后世有学者评论说，于禁率数万人败不能死，可以把他杀了，也可以从此不用他，但用这种办法羞辱他，并不是为君之道。

随于禁一块回来的浩周和东里衮情况要好得多，他们在孙权那边待过，曹丕想听听他们的意见。曹丕最想了解孙权的真实想法，他向曹魏称臣，是不是出于真心。

浩周认为孙权的态度是诚恳的，他一定会臣服于魏国，东里衮认为不一定，二人争论起来，浩周愿意用全家百余口人的性命替孙权担保，说孙权不仅态度真诚，而且还会把儿子送来当人质。

在给曹丕的信里孙权没有提出送质子一事，这件事也许是他让浩周口头传达的，曹丕最后相信了浩周，相信孙权的诚意。曹操晚年最重要的谋士刘晔时任侍中，他劝曹丕不要接受孙权称臣，他认为当前正是亡吴的大好机会，应和刘备共同讨伐孙权，吴亡之后蜀也就难以单独存在，天下可以很快一统。

对刘晔的建议，曹丕有些狐疑："人家主动称臣你却讨伐他，这会让天下那些想来投奔的人丧失信任，他们必然会产生恐惧，不能这么做。何不先接受孙权投降，之后一块去伐刘备呢？"曹丕的看法其实不对，在群雄争霸初期，如果说杀一降者寒了想归顺人的心那还说得通，曹操当年不杀张绣、不杀刘备都是这样道理，但时势变化，格局已定，现在已经没有多少还在择主的英雄了，反之应该抓住每一次机遇，不让它白白错过。

刘晔也不同意曹丕的看法，他认为："蜀地远，吴地近，刘备如果听说讨伐他，一定会回军，我们也没有办法。现在刘备必欲灭吴，如果听说我们也伐吴，他会高兴地前来。"但曹丕已经深受浩周的影响，认定孙权称臣是真心的，所以决定接受，并打算封孙权为吴王，听到这个消息，刘晔又竭力劝阻："即使不得已接受孙权称臣，可以增加将军的名号，封他个十万户侯都行，但不能封王。王位离天子只差一个台阶，穿的、坐的以及礼制容易混乱。如果只是侯爵，江南士民不会生出君臣之义。现在给他这么尊崇的名号，让他在吴国拥有君臣之礼，这等于为虎添翼。"

刘晔的见解很深刻、也很务实，很多老百姓并不太懂什么是帝什么是王，孙权堂而皇之地穿着跟皇帝差不多的衣服、用着差不多的仪仗，大家就认为他是合法的皇帝，将来打退了蜀兵，你想去消灭他，他就会告诉下面的臣民说魏朝无故伐他，目的是灭亡他们的国家，俘他们的子女当童隶仆妾，这样吴人就会相信他的话，必然更加上下同心，再攻打他们难度就大得多了。

事后证明，刘晔预料得很对，不过曹丕仍然没有接受。

黄初二年（221）8月，魏文帝曹丕册命孙权为吴王。

孙权当然不甘心称臣，他的策略先虚与委蛇，因为眼前有刘备方面的压力，对曹魏只能先应付着，能拖一天是一天，至于送质子什么的，即使他亲口对浩周说过，那也是顺口一说。

当初孙权刚听到曹丕称帝的消息时曾问过群下："曹丕以盛年即位，我恐怕比不上他，大家认为如何？"孙权的意思是曹丕比他年轻，活得比他长，国运自然也长。对于突然冒出这样的话，大家一时不知如何作答，只有孙权骠骑将军府的西曹掾阚泽说："主公不必担心，因为用不了十年曹丕就没了。"

这真是语出惊人，不过孙权看阚泽并不像开玩笑，说得一本正经，就好奇地问他是怎么推算出来的，阚泽回答："通过猜字得出的，不、十加在一块就是'丕'字，所以知道。"阚处长要么是在讲笑话，目的是缓解一下当时尴尬的气氛，要么他就是朱建平那样的高人，因为真让他言中了，没到十年，仅七年后曹丕就死了。

孙权其实只比曹丕大五岁，发出那番感慨似乎有些矫情，但他的确很关心孙氏基业的未来，当年曹操率数十万大军压境都没能动摇过他的意志，现在怎么会甘心做一名曹魏的臣子？

这段时间孙权又做出了一项重大战略调整，他把大本营从建业搬到了荆州，具体地点在江夏郡的鄂县，孙权将其改名为武昌，这是准备与刘备展开决战的一项准备。这个武昌并非现在武汉三镇的武昌，而是今湖北省鄂州市，也在长江边上，位于武汉的下游，两地相距120公里，约合汉代350里。

黄初二年（221）11月，魏文帝曹丕派邢贞来武昌，宣达册封孙权为吴王的诏命。

邢贞的职务是太常卿，九卿之一，他带来的册书挺长，上面除了一大堆空话、套话外至少还有四项重要内容：

一是不仅册封孙权为吴王，而且随玺绶和册书还授予孙权调兵用的金虎符第一至第五、左竹使符第一至第十，这是对照当年曹魏被封魏王的待遇而做的，军权由天子掌握，但既然人家实际上也拥有军队，那就干脆务实些，转授一部分军权，否则孙权今后用兵皆属非法，令双方尴尬；

二是撤销孙权骠骑将军一职升任大将军，夏侯惇空出的这个职务终于派上了用场，虽然是名义上的，但毕竟这是全国武装部队的总司令，这个名义够大够体面；

三是命孙权继续持节督交州，同时仍兼任荆州牧，这是给他划定势力范围，进一步承认孙权对荆州刺史部的占领，交州刺史部在荆州刺史部以南，魏朝的势力暂时难以达到，就由孙权来代管，有意思的是孙权的主要势力范围在扬州刺史部，而无论曹操还是曹丕，从来没有承认孙权是扬州牧或扬州刺史，曹魏那边一直都有自己任命的扬州刺史；

四是给孙权加九锡，具体内容前面已经讲过，这个待遇曹操享受过，那是汉朝的，魏朝的九赐孙权是第一个享受的，拥有这些特权，与真皇帝确实只有“ 阶之差”了。

总之，曹丕给足了面子，希望打动孙权、感动孙权，希望孙权真的俯首称臣，从而魏、吴联成一体，共同对付刘备。可是，对曹丕的盛情厚意孙吴的文武们并不领情，有人认为不应该接受曹魏的封王，大将军也不算什么，孙权应该自称九州伯。

孙权明白大家的心意，干脆在小范围内把话挑明：“你们说的这个九州伯，听都没听说过，还是算了。当年沛公也曾被项羽拜为汉王，只不过是一些权宜之计，既然这样还计较什么多与少呢？”

但大家还是气不顺，邢贞到了武昌，孙权亲自到都亭迎候，邢贞露出骄色，在孙权身边排队迎接的张昭、徐盛等人感到愤怒，徐盛回过头跟队列中的其他人说：“我徐盛不能和大家挺身而出占领许县、洛阳，吞并巴蜀，却让我们的君王跟邢贞这样的人盟会，这不是我们的耻辱吗！”徐盛当场涕泗横流，一下子惊动了邢贞，悄悄跟随行的人说：“江东文武志气如此，肯定不会久居人下！”

邢贞进了门，不知是故意还是无意，没有立即下车，张昭走过去对邢贞说：“有礼仪才有法制，你妄自尊大，难道欺负江东人少力弱没有方寸之刃吗？”邢贞听罢赶紧下车。

与邢贞一同来武昌的还有浩周，孙权单独请浩周喝酒，浩周对孙权说：“我们陛下不相信您把儿子送去当侍卫，我以全家百余口人的性命为您作的担保。”孙权听后很感动，流涕沾巾，浩周字孔异，孙权对他说：“浩孔异，先生以举家百保我，我还有什么话说？”临别时，孙权又与浩周指天为誓，一定送儿子过去。

孙权的长子名叫孙登，已经长大，把他送到洛阳，名义上由曹丕给个天子侍卫的官职，实际上就是人质。但送与不送，这个之前在江东已多次争论过，这次孙权压根儿没打算那么做。孙权后来给浩周写信，以孙登还未成家为由相拖延，并假称想与夏侯氏攀亲，请浩周做媒人，如果可以，就派孙劭陪孙登前往，交上聘礼，成不成都看浩周了。在另一封信中，孙权说他将派张昭陪孙登一块来，时间最迟不过当年的12月。但一直到双方彻底翻脸孙权也没把儿子送来，曹丕虽然没有要浩周全家的命，可终生不再重用他。

二十五、刘备也当了皇帝

孙权向曹魏称臣，换来吴王的封号，但刘备却不能这么做。

这与刘备的政治信念是否比孙权更坚定无关，也与他跟汉室、跟汉献帝的感情是否更深无关，而是刘备所面临的政治现实决定的。多年来刘备一直告诉拥戴他的官民，曹操是汉室的敌人，他是汉室的维护者，他的一切努力都是要推翻曹操这个权臣，复兴汉室的大业。

由于长期的宣扬，刘备作为汉室忠臣的形象已深入人心，形成为一种观念，对刘备阵营来说这种观念根深蒂固，它帮助刘备更好地凝聚了人心，但也无形中成了一个政治包袱，如果此时突然从曹魏的坚定反对者转向为拥护者，众人的思想一定会产生混乱。这是刘备不得不考虑的问题，孙权为什么不存在这个顾虑呢？因为孙权的政治策略一向更务实，他也拥戴过汉室，不过更多是口头话，他不在意，大家也不在意。

此外，刘备还面临着比孙权更复杂的现实问题，汉中之战他抢了人家曹魏的地盘，杀了曹氏的至亲夏侯渊，现在即使想跟人家讲和称臣，人家恐怕也不会接受。

仇还没报，刘备先面临着一个政治上的危局。

诸葛亮等人提出了破解危局的办法，那就是刘备也称帝，不过不是像曹丕那样宣告建立一个新王朝，而是把刘氏创建的汉朝大旗在益州重新树起来，刘协下去了，刘备接着干。这的确是一着妙棋，既可以解决当前面临的政治问题，对曹丕的称帝行动予以回击，又避免了内部思想的分裂。

然而刘备却有顾虑，不同意这么干。刘备顾虑什么呢？他没有说，估计有两个方面：一是刘协毕竟还在世，在自己的封地内还可以行汉朝的正朔，直接把汉朝“搬”到益州来，在程序上没有先例；二是失去荆州让他实力大损，当前的首要任务是找孙权复仇，抢回荆州，现在称帝未免仓促。

诸葛亮对刘备进行了劝说：“过去吴汉、耿弇等人劝光武帝刘秀即帝位，光武帝辞让，前后多达四次，耿纯最后进言：‘天下英雄仰慕期盼着您登上帝位，大家跟着荣华富贵。如果您不答应，大家就各自寻找新主人，不跟您了。’光武帝深感耿纯之言，终于答应。现在曹氏篡汉，天下无主，大王您是刘氏苗裔，理应代汉而起，现在即帝位正合时宜。众人跟随您这么久，吃了这么多苦，想法跟耿纯其实是一样的。”

诸葛亮借耿纯之口向刘备说了一个道理：称不称帝不是你个人的事，而是大家的事，如果执意不肯就伤了大家的心。在共同的事业中，领导和下属其实是一个命运的共同体，大家休戚与共、荣辱共担，有成就一同分享，有困难共同克服。领导的一切都会对下属产生巨大的影响，所以在做出事关个人进退的决定时，假如有选择的可能，一定要想想这件事对下属们会带来什么后果。

一席话让刘备也幡然醒悟，同意称帝。

汉献帝退位的消息传到益州后，关于刘备要不要称帝成为一个话题，益州上下都在议论，出乎意料的是，舆论并非完全一致。

大多数人认为刘备应该称帝，他们中的一部分人还向刘备上言劝进，带头的有张裔、黄权、杨洪、何宗、杜琼等人，他们也找到一些支持刘备称帝的神秘预言和所谓瑞兆，用以论证刘备称帝的合法性和合理性。他们在河图、洛书等谶纬著作中查找，找到了“赤三日德昌，九世会备，合为帝际”“天度帝道备称皇，以统握契，百成不败”“九侯七杰争命民炊骸，道路籍籍履人头，谁使主者玄且来”“帝三建九会备”等几句话，里面有“备”“玄”等字样，用以兆示刘备。又说益州著名术士周群生前曾说过在西南发现数道黄气，直立而起好几丈高，出现过不止一年，还伴有景云祥风。建安二十二年（217）还出现过一种像旗子一样的风，从西向东刮过，河图、洛书都说必有天子出于其地。还有星象、五行，如此种种，无不预示刘备称帝与谶纬和瑞兆都相合，是天命所归。

但是，也有一些不同意见。

益州前部司马费诗上言，认为曹操父子逼迫汉主退位，当务之急应当聚集力量、讨伐叛逆，现在大敌在前，而先自立为帝，恐怕会招致大家的猜疑。费诗有几句话还相当激烈，他说：“过去刘邦、项羽等人相约，先破秦者为王。后来刘邦攻破咸阳，俘获子婴，仍然谦让不为王。现在您还没有迈出去讨伐敌人，却在此谋求自立，愚臣认为不可取！”

作为益州本地出身的官员，刘备和诸葛亮对费诗还是相当器重的，先任命他为牂牁郡太守，又调他回益州府任前部司马，前不久还派他前往荆州宣布对关羽的任命，没想到在称帝这个问题上他却持强烈反对的态度。紧接着汉中王尚书令刘巴也反对称帝，他认为现在这么做时机不成熟，应当缓一缓再说，刘巴还拉上刘备的主簿雍茂一起去劝谏。

费诗、刘巴可能并没什么别的政治动机，但他们不是战略家，只看到其一没看到其二，知小处却不识大体，不知道刘备现在称帝绝不是满足个人野心那么简单，而是争霸大业的迫切需要。他们代表了一小部分人的想法，这些人虽不多，但不容小视。

刘备好不容易下了称帝的决心，又被这些人闹得心烦，为防止反对称帝的人一哄而上，一向待下属还算温和的刘备使出了狠招，找了个借口把雍茂杀了。刘巴吓坏了，不再多言，费诗被贬到永昌郡任从事。

反对的声音被压下去了，上书劝进的越来越多，单独或联合上书的多达800余人。舆论基本一致了，最后由诸葛亮、许靖、麋竺以及太常卿赖恭、光禄勋卿黄柱、少府卿王谋等重臣做了总结性上书，劝刘备顺应民意。

这份劝进表与之前张裔等人上的那份差异不大，也是从谶纬、祥瑞的角度阐述刘备称帝的合理性，里面还记录了一件事，说关羽包围襄阳、樊城时，有张嘉、王休两个襄阳人献上了一方玉玺，这方玉玺原来是沉在汉水里的，虽伏于渊泉但灵光照天，“汉”是高祖皇帝所定的国号，刘邦和刘备都兴于汉中，天子的玉玺又出于汉水之末的襄阳，这说明高祖刘邦建立的大汉基业将由刘备在汉水下游继承，刘备继大汉天子之位是瑞命符应的天命，并非人力所能造就的。

魏文帝黄初二年（221）4月，刘备在武担山称帝。

武担山位于成都西北，相传武都郡有个男子不知何故突然变身为女人，长得很漂亮，蜀王娶她为妻，由于不服水土，又思念家乡，没多久就死了，蜀王很悲伤，命士卒涉长途去武都郡担土，把此女葬于成都附近，高十丈，称为武担。

仪式上先杀黑色公牛祭祀，宣读了由刘巴起草的祭天文诰，宣布承续汉祚，受皇帝玺绶，建年号章武，大赦天下。虽然新朝廷一直自称是刘汉王朝的延续，所以刘备不称登基而称继位，但历史上还是把它与刘邦建立的汉朝予以区分，称它为蜀汉。

刘备册命新夫人吴氏为皇后，册命刘禅为皇太子。刘禅此时14岁，为了加强对他的教育，刘备选派了强大的辅导班子，任命董允、费祎、霍弋为太子舍人，任命来敏为太子家令，任命尹默为太子仆。霍弋是霍峻之子，霍峻已经去世，刘备念霍峻当初守葭萌功不可没，命其还葬成都，刘备亲率群僚吊祭，并留宿于墓上。

刘备还命太子刘禅纳张飞的长女为妻，册命为太子妃。刘备纳吴氏后又有了刘永、刘理两个儿子，刘备册封刘永为鲁王，刘理为梁王。

之后着手安排新朝廷的人事，刘备下诏延续汉献帝朝的做法实行丞相制，任命诸葛亮为丞相，任命册文说："我遇到了家族不幸，在此情况下继承了大业，我兢兢业业，不敢有半点懒惰，一心想的是让百姓过上安定的生活，担心的是做不到这些。啊，丞相诸葛亮要充分理解朕的这份心意，帮助朕弥补缺失，以重新发扬大汉王朝的光辉，使之照亮天下，希望你自勉！"这一年刘备刚好60岁，诸葛亮刚好40岁。

随后任命许靖为司徒，曹操设丞相时已废三公，司徒早已不存在了，但刘备觉得之前已任命许靖为汉中王下的太傅，此时不宜再降为九卿一级，于是改任其为三公之一的司徒。许靖此时70多岁了，基本管不了什么事了，每天只和一帮仰慕他的人高谈阔论。但他的名气很大，尤其在曹魏那边还有一帮老朋友，时不时写信过来问长问短，留他任司徒，用的是他这面招牌。

九卿基本保留了汉中王时期的设置，太常卿赖恭、光禄勋卿黄柱、少府卿王谋，此外只增加了个大鸿胪卿，任命的是何宗。作为益州地方出身的官员，何宗之前担任刘备的从事祭酒，相当于顾问组组长，在此次劝进中又表现积极，受到刘备的肯定，九卿中的其他几个仍然空缺。

与九卿品秩相当的侍中一职，汉中王时有廖立，此次保留，又增加了一个马良。马良此前一直担任左将军掾，是刘备左将军府下面的一个处长，诸葛亮署左将军府事，马良是其主要助手。马良与诸葛亮情投意切，其工作作风踏实，做事勤奋，为人正直，深得刘备和诸葛亮的信任，所以提拔他为侍中。再往下任命宗玮为太中大夫。太中大夫掌议论，类似于谏议大夫，但地位稍低，宗玮其人不详。议郎任命了四位，分别是许慈、孟光、刘豹、向举。刘巴仍然留任尚书令，刘备任命诸葛亮为丞相时有一个附带说明，即"录尚书事、假节"。录尚书事就是兼管尚书台的事务，丞相虽然权力很大，但如果没有这项任命，等于尚书台的事管不了，权力大打折扣。

尚书台也是蜀汉朝廷的核心部门，除刘巴外，此在尚书台供职的各位尚书情况不太清楚，能明确考证的只有杨仪一人。之前说过，出身于荆州"七大家族"的杨仪跟诸葛亮关系密切，但杨仪开始没有随刘备来益州，他先在曹操任命的荆州刺史傅群手下当主簿，后投奔了关羽，被关羽任命为荆州功曹，关羽经常派人到成都向刘备汇报工作，有一次派的是杨仪，刘备跟杨仪谈话中发现他对军国大事、政治得失都很有见地，十分高兴，就把他留在了身边。

但杨仪这个人的性格有问题，才虽高却不合群，容易跟别人闹矛盾，不管是上司还是同僚，动不动就发生冲突，到尚书台供职后跟顶头上司刘巴关系不和，影响安定团结，被刘备改任为弘农郡太守。弘农郡在中原地区，是曹魏的地盘，这个任命相当于给个空头衔在家休息，杨仪被打入冷宫。

尚书台里有个人比刘巴、杨仪的地位都低，但比他们更牛，这个人就是蒋琬，开始担任的职务是尚书郎。如果尚书令是秘书长或秘书局局长，尚书就相当于处长，而尚书郎只是科长。蒋琬是诸葛亮在临烝时期发现的人才，来益州后被任命为广都县长，因为不太勤政，被到下面视察工作的刘备碰上了，免了官，现被起用。杨仪与蒋琬在尚书台共事的这个经历造成了多年后的一段纷争，诸葛亮去世蒋琬成为指定的接班人，资历曾经高于蒋琬的杨仪倍感失落，多出怨言，以至于闹得你死我活。

以上是蜀汉朝廷的文官体系，武将方面也有较大变动。

刘备为左将军时，马超以平西将军的身份居武将之首；汉中称王后，武将之首是前将军关羽。现在关羽不在了，刘备下诏拜马超为骠骑将军，拜张飞为车骑将军，他们都相当于全国武装部队副总司令，但骠骑将军地位高于车骑将军，马超在名义上又回到武将之首的位置。张飞同时兼任司隶校尉，晋爵为西乡侯；马超兼任凉州牧，晋爵为斄乡侯。

张飞、马超以下，升魏延为镇北将军，之前魏延刚被破格提拔为镇远将军，是杂号将军，相当于军长，现在的身份相当于蜀汉北部军区司令，可以统率包括汉中在内的益州北部地区的蜀军，同时仍然兼任汉中郡太守。

升吴壹为护军讨逆将军，兼任关中都督，吴壹的这个护军统领的是中央禁卫军，他之所以得到刘备的信任是因为他的妹妹嫁给了刘备，目前的身份是皇后。都督是刘备在官职设置上的另一项借用，刘备虽然立国，但仅辖益州，未免局促，除了让张飞、马超等人遥领各州外，还设都督一职，级别上相当于州牧或州刺史。只是关中也在曹魏占领区，目前也只能算挂名。

再往下的高级将领包括辅汉将军李严、翊军将军赵云、安汉将军糜竺、昭德将军简雍、秉忠将军孙乾、安远将军邓方等。

李严担任犍为郡太守，很有治政才能。建安二十三年（218）刘备率主力赴汉中，犍为郡盗贼马秦、高胜等人起兵，召集队伍数万人，占领资中县。李严不待上面发兵，率本郡5000人马前往讨伐，斩杀马秦、高胜。后来，相邻的越嶲郡少数民族部落首领高定率军围攻新道县，李严前往解围，高定被击败后逃走。李严的才干深得刘备器重，所以他在刘璋旧部中脱颖而出，此次拜他为辅汉将军，仍兼任犍为郡太守。

糜竺、简雍、孙乾等人是跟随刘备多年的老部下，他们资历很老，但能力并不突出，虽然都名为将军，但只是挂个名，享受待遇，不亲自领兵。新任命的安远将军邓方是南郡人，以荆州从事的身份随刘备入蜀，后被任命为犍为属国都尉、朱提郡太守，他的主要职责是守卫南部大片广阔区域，这里地广人稀，分布着许多少数民族部落，蜀汉的统治相对薄弱。邓方到任后以少御多，指挥果断，夷汉皆服。

唯一让人费解的安排是赵云，他虽然比不了张飞，但资历和业绩应在魏延之上，此次仍然留任翊军将军，让人不解。

二十六、刘备只想报仇

刘备当了皇帝，但心里却完全高兴不起来。

刘备现在只想做一件事，那就是复仇，关羽被杀已经一年多了，这个仇还没报，他怎么会感到高兴？孙权把大本营迁到武昌，看样子想赖在荆州不走了，这让刘备更加愤怒。孙权在入驻武昌时发布了一道命令，让刘备心中的怒火燃烧得更旺了：

孙权在这道命令中说："存不忘亡，安必虑危，这是古人的教诲。从前隽不疑是汉朝的名臣，在太平年代也刀剑不离身，可见君子对于武备不能停止。现在咱们大家处于险境，和豺狼一样的敌人在打交道，怎能轻易地疏忽而不考虑突然发生的变故？近来听说众将都崇尚谦虚节俭，出入不带随从卫兵，这不是防患于未然的举动。保护好自己，才能安慰君王、父母，这与遭遇危险不测哪个结果更坏、哪个结果更好呢？大家应好好引以为戒，谨慎小心，务必从大局出发，以不辜负我的一片心意。"

谁是豺狼？没有点名，但显然指的不是曹魏。

刘备一刻都不想再等下去了，马上东征，夺回荆州，教训孙权！

然而此意一出立即引起了争论，有人支持，也有不少人表示反对。刘备决心已下，任何反对意见一概不听。反对的人不是不同意向孙权报仇，而是认为时机不对，与孙权现在展开一场死战在战略上并不明智，比如赵云就认为当前最大的敌人是曹魏而不是孙权，应该先灭曹魏，到那时孙吴不用打自会臣服。

赵云提出，当前应该北征中原而不是东征孙权："当前应当进图关中，占据黄河、渭河的上游，从那里征讨曹魏，关东义士必将响应。千万不能把曹魏搁置起来去伐吴，一旦与孙吴交兵，不能马上见分晓啊。"

刘备称帝后赵云的地位没有提高，这事放在关羽身上肯定气得骂娘，然后撂挑子不干了，但赵云没有，仍然尽心尽责，他虽然是一员武将，但在关键问题上多次表达自己的观点，是一位有独立见解、遇事冷静的高级将领。赵云提出应该先北征中原，这个建议未必高明，但这应该只是赵云的一个策略，目的是阻止刘备当前的东征，有些话赵云大概没有明说，那就是能不能打败孙权夺回荆州呢？这恐怕是没把握的事，但这也不能明说，所以他的话很委婉。

对赵云的建议，刘备不接受。

偏将军黄权也反对此时伐吴："吴人战斗力很强，现在伐吴是顺流而下，进攻容易撤退很难，请派我为先驱，先尝试进攻，陛下随后接应。"黄权认为孙吴现在实力更强大了，能不能战胜他们确实很难说，所谓顺流逆流也是个委婉的说法，真正的困难还是两个阵营总体实力的对比，在没有把握的情况下倾举国之力远征无异于一场赌博，与其把宝一次全押出去，不如先尝试一下再说。

汉中之战黄权也出过大力，有人甚至认为他的功劳比法正还大，他现在是刘备器重的将领之一，刘备一直在刻意栽培他，但他的意见刘备也不接受。

除了赵云、黄权，劝谏的人还有不少，刘备有点儿烦了。益州从事祭酒秦宓也来劝谏，他素以博学著称，又精通占卜谶纬，据他看来此时伐吴并不吉利。刘备正在烦心，听了他的话更烦心，一气之下就抓他当了个典型，下令把秦宓关进了监狱。至此，反对伐吴的声音才被压下去。

作为丞相的诸葛亮似乎没有劝阻刘备，这有两种可能：一是诸葛亮是赞成伐吴的；二是诸葛亮虽然反对，但碍于一些顾虑没法说。分析一下后一种可能性更大，因为这次伐吴失败后诸葛亮说过一段耐人寻味的话："法正如果还活着的话，就能制止主上伐吴的行动，即使制止不了，也不会败得如此彻底啊！"

诸葛亮是孙刘联盟的缔造者和坚定维护者，对于伐吴他应该是反对的，但反对伐吴就是反对给关羽报仇，这让诸葛亮感到为难。这还是其次，更为重要的是，刘备阵营里有一大批荆襄人士，荆州丢失后他们失去了在那里的祖业，家人、亲戚现在都生活在那里，刘备要复仇，他们要"打回老家去"，这让诸葛亮更为难。

但丞相的基本职责是匡正君王的得失，明知是一个大坑而不去谏止，不也失职了吗？也许诸葛亮认为这场仗未必会输吧，即使不能完全战胜孙权、夺回荆州，至少也可以取得部分战果，也就是他说的"必不倾危"的意思，至于后面的结局，恐怕也完全出乎诸葛亮的预料。

至于刘备，他并不是那种刚愎自用的君王，在伐吴这件事上他为何如此坚决以至于近乎偏执呢？想起来恐怕原因也是两个：一是过于悲愤；二是有点儿自信。

孙权反目、关羽被杀、荆州全失，刘备认为这场大败不是败于战场和实力，而是败于阴谋和背叛，这样的恨会让人欲罢不能。孙权得手后的一系列举动更被刘备认为是成心挑衅，刘备不能咽下这口气。何况荆州是未来攻取北方、统一天下的基石，如果不能把荆州夺回来，他只能退缩在益州一地，战略上失去了主动，这是刘备不愿看到的。

那么，现在讨伐孙权是否真的有胜算呢？刘备的看法或许与赵云、黄权不同，他大概认为曹操都不是他的对手，孙权更不在话下。占领益州和汉中后刘备的军事实力确实增长很快，虽然荆州丢了，但整体力量应该高于孙权。孙权在荆州立足未稳，自己在荆州毕竟经营了多年，只要自己率大军一到，那些暂时投降了孙权的各郡县必然响应支持，民心应该还在自己这一边。太愤怒和太高兴时都不要轻易做决定，因为这时最不冷静。

这一仗孙权早有心理准备，但他的想法还是最好别打。不久前孙权做出一项人事调整，任命诸葛瑾为绥南将军，代替吕蒙兼任南郡太守驻扎在公安，负责西面第一线的军政事务。

对诸葛瑾来说，弟弟当了蜀汉丞相，他却没沾上什么光，反而落下不少猜疑。诸葛瑾刚到南郡就有人向孙权告密，说诸葛瑾有问题，这些风言风语传到了陆逊那里，陆逊有点儿着急，他向孙权写了份报告，力保诸葛瑾没问题，并且请求采取某种方式给予辟谣。

接到陆逊的报告，孙权回复道："子瑜与我共事已经很多年了，恩如骨肉，我对他了解很深，他这个人没有道义的事不做，不仁义的话从不讲。我和子瑜可谓神交，不是几句话就能离间得了的。"孙权把前面的那些告状信封好，让人送给诸葛瑾，并且亲笔给诸葛瑾写信安慰。后来接到陆逊的信，孙权也把陆逊的来信一并转给诸葛瑾，让他知道陆逊的心意。在三国群雄中，孙权的过人之处是识人，无论对周瑜、鲁肃还是吕蒙、陆逊，都做到了知人善任，也做到了用人不疑，跟着这样的领导打江山，心里更踏实。

吴、蜀未来如果真的交战，南郡就是前线，孙权让诸葛瑾到这里来不仅出于一种信任，而且还有特殊用意，想通过他向刘备传达讲和的意愿。在孙权的授意下，诸葛瑾给刘备写了一封信，信中说："如果您认为吴王夺取荆州又危害到关羽，因而怨深祸大，不愿意求和，这只能说是在意了小的方面，却未留意大的方向啊！我想替陛下您着想，陛下如果能压抑愤怒暂且听我一句话，那么计谋可立即决定，不必再反复向群臣咨询。陛下试想，您与关羽亲还是与先帝亲？荆州大还是天下大？哪个大哪个小，哪个轻哪个重，谁应当在先，谁应当在后？弄清这些，什么事不就易如反掌了吗？”

诸葛瑾所说的先帝是指刚刚被废的汉献帝刘协，当时吴蜀两地纷纷流传，说他已为曹丕所害，诸葛瑾知道刘备立国打的是刘汉王朝的旗号，所以不仅称刘备为陛下，还称刘协为先帝。关羽亲还是先帝亲？荆州大还是天下大？是啊，这是多么简单的道理，不用多想，刘备应该知道答案。但是刘备的态度异常坚决，不理诸葛瑾的来信。如此一来诸葛亮就更不好公开反对伐吴了，否则就跟哥哥一个腔调，这是诸葛亮所忌讳的。

蜀汉章武元年（221）7月，刘备整合人马，正式出兵伐吴。

大军分为两路：一路由刘备亲自率领，有4万人马，从成都出发东进，任命吴班、冯习为左右领军，相当于前敌正副总指挥，任命张南为前锋，偏将军黄权以及赵融、廖淳、傅肜、杜路、刘宁、陈式等分别统领各部；一路由车骑将军张飞率领，有1万人马，从巴西郡的阆中南下，两支人马相会于江州，即今重庆市。

两路大军共5万人，这是史书的记载，不过根据整个作战过程看，东征大军的人数比这个多，应该接近10万人，大概是江州等地的驻军以及从其他地区抽调的部队陆续参战的结果。吴班是“国舅”吴壹的族弟，也深得刘备的信任，冯习是南郡人，追随刘备由荆州来的益州，当初的地位与魏延差不多，现在进步也很快。赵融等人都是带兵的将领，但事迹不多，在后世的名气也不大。

看着上面的阵容，不禁让人想起关羽、黄忠这些名将，由于他们纷纷凋零，让蜀汉的将星也不再像以往那么闪耀了。马超仍然在世，但他的身体可能不太好，因而没有出现在东征的队伍里，一年后马超就去世了。

赵云也不在东征之列，有人认为这进一步说明刘备对赵云不信任，尤其此次东征赵云又提了反对意见，刘备有意疏远他；另一种看法认为，蜀汉能独当一面的大将目前看只有张飞、赵云、魏延几个人，张飞随征，魏延守汉中，益州也要有大将留守，所以赵云没有参加东征。相比较而言后一种看法更靠谱，因为刘备随后命赵云留守江州，这个任务也很重要。

此次随刘备出征的还有蜀汉的尚书令刘巴、侍中马良、太常卿赖恭、光禄勋卿黄柱、少府卿王谋、大鸿胪卿何宗、太中大夫宗玮、从事祭酒程畿、从事王甫等人。

刘备信心满满，但还是有点儿不放心。

大军出发前刘备还让人算了一卦，蜀郡当时有个奇人叫李意其，这个人很神，大家都不知道他到底年龄有多大，传言他已经活了几生几世，而这个李意其也故弄玄虚，说自己是汉文帝时候的人，汉文帝是西汉第二位皇帝，距汉末已有400年，这位李兄还真敢吹。刘备听说他很神，是一位大师，就把他请来，对他尊敬礼遇，让他算一算此次讨伐孙吴的结果。李大师果然神秘，不说话，而是要来纸笔，画了几十张兵马军器仪仗之类的东西，画完一一撕了，又画了一个大人，挖了个坑埋于地下。

弄完这些，李大师仍不说话，在众人目瞪口呆之际扬长而去。刘备不解何意，但心里有点儿不舒服，一种不祥之感向他涌来。

刘备正要出发，突然接到报告，说阆中方面有人来紧急报告情况，刘备大吃一惊，顺口说了句："啊，难道是张飞不在啦？"让刘备猜中了，确实是张飞的死讯。原来，张飞接到刘备的命令，立即整顿所部人马准备开赴江州与刘备会合，但是临出发前发生了叛乱，手下部将张达、范彊把张飞杀了，持其首级逃到了孙权那里。

关羽善待士卒，看不起读书人，张飞和他相反，尊敬读书人却不爱惜士卒，刘备曾就此提醒张飞："你待手下过于严厉，对下面的人整天责罚鞭打，又让他们在你左右，弄不好就会出事。"

张飞听了仍不能改，这次意外可能与此有关。但这件事在时间上这么巧，不由得不令人怀疑背后是否还有别的内幕，如果有的话，一定是孙权方面派人秘密策反的结果，当然这仅是推测，没有任何史料依据。刘备下诏追谥张飞为桓侯，这是刘备称帝以来首位被赐予谥号的大臣。张飞的长子张苞死得早，由次子张绍承嗣张飞的爵位。刘备同时下诏将张飞原来兼任的司隶校尉一职改由诸葛亮兼任，之所以在这么紧张的气氛下还不忘下达这项诏令，是因为司隶校尉不仅是一州之长，还肩负着对百官监察纠举的职责，不能空置。

大战在即先损大将，在悲痛之余刘备心中的不祥之感更浓重了，但复仇的心又多了几分急切。

二十七、孙权摆下六道防线

大军未动，痛失张飞，刘备仍执意东征。

消息传到武昌，孙权知道这一仗是非打不可了，立即做出部署，迎击蜀军。孙权任命镇西将军、右护军陆逊为大都督，假节，统一指挥集结于荆州各地的朱然、潘璋、宋谦、韩当、徐盛、诸葛瑾、步骘、鲜于丹、孙桓等部人马，上述各部人马总数约为 5 万人。

陆逊时年 38 岁，比诸葛亮小两岁，经过上次荆州战役的考验，陆逊的军事才能已炉火纯青，就任总指挥后他立即做出部署，将前沿各部人马分布于各处战略要点，摆下六道防线：

一、由振威将军潘璋负责守固陵郡，这个郡是孙权私设的，包括巫、秭归、兴、信陵、沙渠五个县，与益州接壤，是荆州的西大门，构成第一道防线，潘璋兼任固陵郡太守，统一指挥本郡防务，郡内几处重要据点也都分兵把守，其中陆逊守巫县，李异守巴山，刘阿守兴山。

二、由固陵郡沿长江而下是战略要地夷陵，这里由陆逊本人防守，陆逊命宋谦督水军驻守于枝江，命安东中郎将孙桓守夷道，与夷陵互为外援，形成阻击敌人的第二道防线。

三、由夷陵沿长江再往下是江陵，也就是南郡郡治，由虎威将军朱然防守在这里，朱然自己坐镇于江陵，偏将军韩当兼任永昌郡太守，辅助朱然，成为夷陵的后援，可以看作是第三道防线。

四、由江陵沿长江往下就是刘备、关羽之前在荆州的大本营公安，由绥南将军诸葛瑾负责防守，诸葛瑾这时还兼任着南郡太守，协助他守公安的是周瑜的次子、兴业都尉周胤，在公安附近还有建忠中郎将骆统率领的 3000 人马守在房陵，归诸葛瑾指挥，构成第四道防线。

五、为防备蜀军由长江北岸发起迂回进攻，命建威将军徐盛驻守当阳，徐盛同时还兼任庐江郡太守。

六、为防备蜀军由长江南岸偷袭，任命鲜于丹为武陵郡都尉，守备在武陵郡，又命平武将军步骘率万人屯驻在长沙郡，以防不测。

孙吴的人马不多，但布防的层次清晰，各部人马任务明确，以数道防线来扼守住几处战略要地，十分周密。

吴军已摆好阵势，只等刘备大军前来。

刘备率大军过了江州，出了三峡，首站来到了三峡东口的白帝城，刘备在此建立总指挥部，命前锋张南以及吴班、冯习等部继续进军。

两军首战发生在巫县、秭归一带，吴班、冯习在此击破吴军的陆逊、刘异、李阿所部，分别占领了这些地方。这时已经到了曹魏黄初三年即章武二年（222）正月，刘备把总指挥部迁至秭归。

在秭归，刘备遇到了曾做过关羽主簿的廖化，刘备十分高兴。关羽担任前将军后任命廖化为主簿，关羽兵败，廖化被吴军俘虏，后来他装死逃了出来。廖化一心回到益州，带着母亲昼夜兼程西行，走到秭归遇上了刘备。刘备肯定详细询问了关羽临死前的情况，廖化一一向刘备进行了汇报。廖化对荆州的事务很熟，刘备任命他为宜都郡太守，随军行动。

刘备担心曹魏趁自己与孙权交战之际从江北发起突袭，于是升任偏将军黄权为镇北将军，让他督率江北各路人马以防魏军。在江南方面刘备有了意外收获，武陵郡的五溪蛮主动前来归顺。所谓五溪蛮，是指分布于沅水上游若干少数民族的总称，因他们主要居住于雄溪、樠溪、辰溪、酉溪、武溪五条溪流间而得名，其部落首领称君长。刘备治理荆州期间，曾在这一带设置黔安郡，对当地百姓有恩泽，各君长听说老领导刘备回来了，都遣使到军中请命，愿意充当攻打吴军的前锋。刘备大为高兴，命令侍中马良前往武陵郡招纳五溪蛮，分别授予各君长以官职，各部落都很满意。

刘备原来或许想伐吴是场恶战，没想到开局如此顺利。

刘备命令吴班和冯习继续向夷陵进军，如果攻下此城，就叩开了荆州的大门，彻底打败吴军的胜算就至少有一半了。

2月，在秭归稍作停歇后刘备命吴班、陈式所部开始向夷陵发起攻击，陆逊闭城不出，双方陷入对峙。刘备命吴班以数千人平地立营，在夷陵城外发起挑战。吴将看到吴班人马不多，纷纷建议出击，陆逊认为刘备此举必然有诈，不能盲目出击，只能再观察一下。

陆逊向大家解释了他的看法："刘备举军东下，锐气正盛，且居高守险，难以立即攻破，即使发起进攻可以把他们打退，也难以全歼，而稍有不利，则损我大局。现在应告诫将士，静观其变。此地如果是平原旷野，静观恐怕会遭受敌人突然袭击，而蜀军一直缘山行军，兵力难以展开，我们可以抓住这个弱点慢慢将其拖垮。"陆逊的意思是打持久战，不要幻想一战退敌，但这些话并没有说服大家，众人都认为陆逊胆小惧战，心里愤愤不平。

这确实是刘备的一个计策，眼见陆逊闭城不出，刘备很着急，故意让吴班示弱于吴军，引诱吴军出城交战，他已在山谷间埋伏了重兵，准备打吴军的伏击。见陆逊不上当，刘备下令把埋伏于山谷间的8000人马撤出，消息传到城内，众将对陆逊开始信服。

夷陵历来都是军事重镇，是吴军的第二道防线，这里城坚池深，城内物资储备充足，不是一朝一夕可攻下的。刘备改变思路，命张南率一部人马攻打夷陵附近的另一处战略要地夷道。

防守夷道的是安东中郎将孙桓，他是孙权的侄子。孙桓的父亲叫孙河，是孙坚的族子，早年追随孙坚四方征讨，深得信赖。张南率部将夷道围住，孙桓不支，向陆逊求救。陆逊不同意支援夷道，众将急了："孙桓可不是一般的人，眼见他被围困，怎能不救？"陆逊不理会，他认为："孙桓平时深得将士之心，夷道城内粮食充足，没什么可担忧的，等我运用计谋，夷道之围不救自解。"

陆逊虽然是总指挥，但手下这些将领多是孙策时代的旧将，有的是公室宗亲，有的是江东大族，他们依仗资历或者地位，向来骄傲自大，不大听话。对于陆逊一再避战，众将领的不满情绪日增，有时也会当面表现出来。有一次，陆逊火了："刘备天下知名，曹操都有所忌惮，现在就在我们的对面，他是很强大的。诸君并受国恩，担当重任，应当和睦同力，共剪此敌。我虽是一介书生，但受命于主上，之所以让诸君屈居而听命于我，是因为主上觉得大小事件我能把握分寸，又能忍辱负重，大家各自都有承担的任务，希望不要推阻！"说到这里，陆逊一按佩剑，厉声道："军令就在那里摆着，请别冒犯！"

陆逊强压了大家的不满，但这苦了孙桓，听说陆逊不发兵来救，孙桓十分怨愤。其实这又是刘备的一招，想通过进攻夷道逼迫陆逊出战，之所以选择夷道，也是看中了孙桓的身份，刘备以为夷道是陆逊的必救之地，哪知陆逊不吃这一套，他铁了心不出战，来了个油盐不进，刘备无奈。

转眼间到了六月，蜀军是冬天里出发的，现在到了夏天。

围困夷陵已有几个月时间了，仍然看不到破城的希望。在这种相持不下的情况下，刘备再次调整部署，命各路蜀军分头占据附近的要地，就地扎营，你打持久战，我也奉陪。自秭归沿长江而下，蜀军各部人马先后扎下了50多处营盘，连绵不绝，有数百里，最东端抵达了猇亭。

猇亭目前是湖北省宜昌市所辖的一个区，在其周围分布着葛洲坝、三峡等重要水利枢纽。在三国时代这里还是一个小地方，位于长江岸边，地势险要，悬崖峭壁，江水湍急，暗礁丛生。相传有一位将军驻防此地，见这里是兵家必争之地，就命工匠修了一座亭子以示纪念。亭子竣工，将军来视察，见亭上楹栏上刻一动物的图案，形似虎却类犬，将军大怒，责问工匠此为何物，工匠吓坏了，急中生智说此乃老虎猎食时的姿态，名为猇，将军由怒转喜，命工匠刻“猇亭”二字于亭上，这就是猇亭名字的由来，留传至今。

有人甚至说这位将军就是张飞，他曾任宜都郡太守，驻扎过此地。但这只是传说，史书中没有记载。“猇”是虎的吼声，也引申为猛虎，以此作地名的还不少，山东省就有古猇县。亭是县以下的行政机构，相当于乡，猇亭应该是南郡所辖的夷陵县或夷道县的一个乡。

二十八、再烧一把大火

吴蜀这边大动干戈，曹魏那边也在紧张地注视着。

刘备东征前，曹丕曾召集谋臣讨论刘备会不会给关羽报仇，大多数人认为蜀国是个小国，名将只有关羽，关羽死后蜀国上下陷入忧惧，无力惹起战端。侍中刘晔不同意这个看法，他认为：“蜀虽小国，但刘备这个人生性威武自强，势必兴师动众以显示他的力量。况且刘备和关羽，于公是君臣，于私形同于兄弟。关羽死了不能为他兴军报仇，在情分上始终是说不过去。”

刘备率军东征后，刘晔又提出一个颇为大胆的建议：“孙吴以江、汉为天险，向来无内臣之心。陛下虽然功德盖天，但像孙权这样的人也无法让他感动改变。孙权因难求臣，不能相信他。孙权现在内外交困，所以才派使者前来，可见其情况之窘迫。现在正是时候，可以突然向他发起袭击。一日纵敌，数世之患，不可不察！”

刘晔分析了形势，认为天下虽然三分，然而曹魏独占其八，吴蜀各保其一，他们现在还相互攻伐，正是天欲亡之。刘晔建议趁着孙吴将重兵集结于夷陵一线的时机，渡江攻击孙吴的后方，孙吴外有蜀汉的进攻，内有我方的袭击，快则十天、慢则一个月必然灭亡。刘晔认为孙吴如果灭亡，蜀汉就孤单了，刘备即使趁机也侵占了孙吴的一些地盘，但他们必然不能长久，何况即便孙吴被一分为二，蜀汉得到的也是其外围，我们得到的才是核心。

这一招绝对够狠，从孙权本人到他手下的精兵强将此刻都在大气不敢喘地盯着蜀汉，后方十分空虚，如果曹魏从合肥方向突然出击，孙吴的长江天险就很容易攻破，三足鼎立的局面可能提前结束。

但曹丕却认为这个方案不可行：“人家称臣愿降，而我们要讨伐他，这会让那些也想来投降的人失去信任，这个实在不可，我们为何不接受孙吴的投降，而去袭击蜀国的后方呢？”曹丕的思路大概是，既然合纵连横，联合孙吴一块收拾蜀汉，效果不是一样吗？

刘晔不同意，他认为不一样：“蜀汉远而孙吴近，如果听说我们兴兵讨伐，他自然会回军，我们的目的难以达到。现在刘备已经愤怒，听说我们也去攻打孙吴，知道孙吴必亡，一定会更加积极攻击而与我们争夺孙吴的地盘，不会改变原来的打算，这是必然的。”刘晔看得很清楚，你打刘备仓促间是打不着的，因为益州北有秦岭、汉中，东有长江上的重重关隘，你要打他就会缩回去，你毫无办法。而孙权却是现成的一盘菜，如果下决心，他必定玩完。曹丕还是没有接受这个建议，但也没有按照他说的借机攻打蜀汉，如果他这时出兵汉中，或者由上庸三郡向蜀汉的三巴地区攻击，结果也很难说。

曹丕没有接受刘晔的建议，是因为他缺少战略眼光吗？倒也不一定，曹丕比其父差点劲，但绝不是庸才，更不是蠢材，他之所以没有采取断然措施在吴蜀争斗中搅一下局，是因为他才登基，没有绝对把握的事不能做，现在作壁上观不失为一步稳棋。

后来听说刘备拉起数百里连营与吴军对峙，曹丕评论说：“刘备看来太不懂军事，岂有营寨连绵700余里而可拒敌的？‘苞原隰险阻而为军者为敌所擒’，刘备犯了兵家大忌，孙吴的捷报不日可至！”曹丕在这里引用了一句现在已失传的古代兵法，其大意是在杂草丛生、地势平坦、潮湿低洼、艰险阻塞等处安营的军队，一定会被敌人打败擒获。就在曹丕说完这些话后的几天，蜀军果然失败了。

这一年的六月是闰月，在相持数月后陆逊决定发起战略反攻。

陆逊向孙权报告了情况，准备立即行动，众将有些不理解：“要进攻也应该在当初，现在蜀军已深入近600里，双方相持七八个月了，各处要地都被他们占领固守，发起攻击必无法得利。”

对大家的这个疑惑，陆逊解释道：“刘备是狡猾的敌人，他经历过的事情很多，刚开始集结，他用心专一，此时不能进攻。现在他已经在这里很久了，不能取胜，士气受挫，又没有新的计策，夹击此敌，正是现在！”

陆逊命令攻击蜀军其中的一营，但是未能取胜。众将更不满了，抱怨道：“这是让士卒白白送死啊！”换成别的主帅此时该崩溃了，但陆逊的内心很强大，也很有信心，他对众将说：“我已经找到破敌的办法了！”陆逊命令再次发起攻击，这回每个士卒手里拿一束干茅草，用火攻的办法对付蜀军，结果收到了奇效。农历闰六月正是夏末，长江中游一带气候干燥，有时还会刮起大风，这些都利于火攻。蜀军夹山筑营，地势狭促，一旦起火，施救困难，各地兵营同时燃起大火。

算起来这已是十几年来长江沿岸燃起的第二把著名的大火了，就兵法而言，不必非得创新，那些好使的招数，照搬照学就行。吴军趁势发起全面反击，蜀军被连破 40 多座营寨，蜀将张南、冯习及助战的胡王沙摩柯等战死，杜路、刘宁等被迫投降。

战局突转直下，让刘备惊呆了。

刘备仓皇逃出兵营，退入马鞍山，赶紧在那里部署兵力自卫。现在全国叫马鞍山的有 20 多处，此马鞍山不在安徽省，而在湖北省宜昌西南。吴军除陆逊督本部猛攻外，韩当、朱然、诸葛瑾等也同时督率所部进击，蜀军士气瓦解。有的史书记载蜀军死者数万，还有的史书记载说蜀军被杀的超过 8 万，后面这个说法有点夸张了，但无论如何蜀军损失惨重，几乎大败于一夜之间。

刘备毕竟经历过大风大浪，他知道如果待陆逊指挥大军合围上来，自己将被困于马鞍山无法脱身，于是连夜突围。这次突围狼狈异常，山路崎岖，骑马很危险，刘备是被驿人抬着闯出重围的，为了逃命，驿人们焚烧了身边像铙、铠甲这样的东西，才阻住了敌人的追击。刘备发兵夷陵，沿路设置许多驿站，从夷陵直到白帝城一路都有，刘备成功突围，最后依赖的是这些驿站里的人。铙是一种乐器，驿人们烧的可能是它的木柄。有记载说驿人烧铙铠之处名叫石门，在秭归县以西。

刘备的亲随几乎打光了，“仅得身免”不算夸张。刘备一路狼狈而逃，一口气跑了几百里，沿途看到的全是惨象，蜀军的舟船军械、水军步军的物资损失殆尽，尸体漂流在江面上，有的地方堵起来很高。刘备是打了一辈子仗的老兵，但此情此景仍然让他惊骇悲愤，大呼道：“我居然被陆逊打败羞辱，难道这是天意吗？”

刘备一行仓皇逃到上夔道时发现情况不妙，前面的道路已被吴军截断。挡在刘备逃亡路上的吴军将领，正是曾被蜀军围困于夷道的 25 岁小将孙桓，刘备听说是他，更愤愤然，他曾在京口见过孙桓，孙桓是孙权的侄子，刘备是孙权的妹夫，孙桓见了刘备还得喊一声表姑父呢。那时孙桓还是个青春期没结束的少年，现在居然挡住姑父不让走，刘备愤恚道：“我在京口，孙桓还是小儿，没想到他今天也会逼迫我至此啊！”

后来刘备一行放弃大路，从山里面翻越险隘才得通过。

刘备退到了三峡的东口，也就是白帝城。

还未等喘息，各路战报陆续传来，除已知的张南、吴班、冯习等人战死外，蜀军主要战将几乎无一幸免。傅彤为掩护刘备撤退而负责殿后，他们作战十分勇敢，傅彤身边的士卒一个个倒下，最后只剩下他一个，但傅彤依然斗志不减。吴军劝他投降，傅彤骂道："吴狗，我大汉将军哪有投降的？"骂完继续交战，最后战死。

刚刚接替秦宓任从事祭酒的程畿乘船溯流而退，吴兵快要追到了，大家一看形势不妙，纷纷说："敌人马上就来了，快弃大船乘小舟逃命吧！"程畿不肯，对大家说："我在军中，从来不习惯在敌人面前逃命！"结果他也战死了。

刘备虽然到了白帝城，但这里蜀军并不多，依然危险重重，大家都劝刘备快走，但是刘备很固执，不想走了。损失巨大，惨不忍睹，悲伤难忍，死就死在这里吧！

幸好这时有两支蜀军人马迅速靠近白帝城，众人才稍稍安心。一支人马是牙门将向宠率领的队伍，当时蜀军各营几乎全部损失，只有向宠的军营得以保全。另一支人马是从益州方向赶来的，巴西郡太守阎芝听说前线吃紧，紧急征兵，加上本郡原有人马，凑齐了5000人，命汉昌县长马忠率领赶到白帝城护驾。

马忠字德信，巴西本郡人，少为郡吏，后被举为孝廉，任汉昌县长。刘备和马忠谈话，对他大为赞赏，对身边的尚书令刘巴说，马忠是与黄权不相上下的人才。

除刘备亲自率领的这一路，江北和江南还各有一支人马，他们怎么样了呢？

先说江北的一路，它们由镇北将军黄权率领，由于他没跟刘备的主力部队一起行动，而是在江北负责警戒曹魏方向，所以有了生还的可能。但是黄权却没有那么好的运气，由于夷陵方向兵败突然，黄权毫无准备，想跑都来不及了。

在陆逊指挥各路人马围攻刘备的同时，黄权被吴将陆逊率部围困，由于道路隔绝，黄权所部成为孤军，最后不得已投降了曹魏，被曹丕拜为镇南将军，出入陪乘，给予很高礼遇。就像对待孟达那样，曹丕也很喜欢黄权，亲自在洛阳召见他。

曹丕曾对黄权说："将军舍逆效顺，是效仿陈平、韩信吗？"黄权回答说："臣受刘主殊遇，降吴不能，还蜀无路，所以才来归命。败军之将只求免死，何来效仿古人啊？"这时候从蜀地传来消息，说黄权投降后，其妻子儿女均被诛杀，黄权不信，所以不发丧。曹丕亲自过问此事，专门下诏要黄权发丧，黄权向曹丕请求道："我和刘主公以及诸葛亮推诚以待，互相信任，他们二人知道我的心志，这件事还有很多疑问，请观察一下再说。”后来如黄权所料，刘备并没有为难他的家属，当时确实有人建议把黄权的妻子儿女抓起来，刘备不同意：“是我辜负了黄权，黄权没有辜负我。”刘备大概想起了黄权当初劝他的话，后悔自己太轻敌了。

再说江南的这一路，马良奉刘备之命纠合武陵郡的五蛮溪等少数民族部落，本意是想助攻孙吴，结果陆逊在夷陵动手的同时，驻防长沙郡的吴将步骘也突然出击。

马良不敌，被杀。

二十九、英雄托孤白帝城

今天乘船游览三峡，在最西边的瞿塘峡口的北侧有一座小山，此山被称为白帝山，山上有城，称白帝城。

三峡水库没蓄水前，白帝山看起来比现在高大得多。白帝城原名子阳城，王莽篡位后派公孙述任蜀郡太守，王莽后来失败了，公孙述在益州割据。据说，公孙述有一次骑马来到瞿塘峡口，见此地形势险要，便扩修城垒，屯兵严防，他听说山上的城里有口白鹤井，井中常有白色雾气冒出，宛如白龙，深信谶纬之术的公孙述认为这是他登基成龙的征兆，于是宣布当了皇帝，自称白帝，就建都于子阳城，改名为白帝城。

现在刘备退至白帝山上的白帝城，吴将李异、刘阿等率部跟踪而至，前锋已达白帝城外的南山。刘备在白帝城给陆逊写了封信，信中说："听说曹魏大军已经进逼江陵，而我也要重新东进，将军认为有没有这样的可能呢？"陆逊接到刘备的来信，知道他的用意，回复道："贵军刚刚大败，元气大伤，现在请求和好是为自己考虑，哪还能再勉强用兵？如果还有其他打算，定会全军覆没，一个都跑不了。"

这时孙权也亲自赶到了夷陵前线，见到陆逊，孙权了解到在战事的关键时刻有人不大听指挥，问陆逊："当初怎么没有听你报告过这些事？"陆逊回答："我受主上器重，担任了超过我才能的职务。各位将领要么是朝廷的亲信，要么是有功之臣，都是国家的栋梁，我才能虽然低劣，也知道古时有蔺相如、寇恂等人相互谦让、以国家大事为重的道理。"

孙权十分高兴，加拜陆逊为辅国将军，兼任荆州牧，改封为江陵侯。吴将徐盛、潘璋、宋谦等纷纷向孙权建议，认为一鼓作气猛攻白帝城，定可将刘备活捉。孙权就此征询陆逊的意见，陆逊认为刘备已败，当务之急是防备曹魏背后突袭，主力应迅速回防，不宜再追击刘备，朱然、骆统等人支持陆逊的意见。

而正在此时，留守在江州的翊军将军赵云星夜驰援，率大部人马赶到了白帝城，刘备不担心了。孙权见状，命李异、刘阿等从白帝城外撤回，将前锋驻扎于秭归。为了继续对蜀汉保持主动出击的态势，孙权请出一个人来，让他住在秭归，专门对付刘备，此人就是前益州牧刘璋。

刘备夺取益州，以振威将军的名义迁刘璋于公安，让关羽对其进行监视。关羽被杀，刘璋就到了孙权手里，孙权于是重新表奏刘璋为益州牧，让他移住于秭归，与在白帝城的刘备对峙。这一招实际效果有限，但可以充分地恶心人，因为刘璋的存在可以时刻对刘备进行提醒和鞭挞，告诉他你满嘴的仁义其实是假的。

孙权希望刘备赶紧走人，彻底退回成都，但刘备不理。白帝城是鱼复县的治所，鱼复这个名字有点别扭，有点像“鱼腹”。刘备下诏，改鱼复县为永安县，并在白帝城建行宫，打算在此长驻下去。

刘备兵败夷陵的消息传到成都，诸葛亮在震惊之余感到了从未有过的危机正在悄悄降临。

客观地说，诸葛亮并不认为此次出兵孙吴一定会遭到失败，所以他没有坚决地阻拦。大军行动后，他协助太子留守后方，昼夜不停地组织后援工作，给前方提供保障。战争的胜负有必然也有意外，此次夷陵交锋的结果，恐怕意外的成分更多一些，至少败得如此迅疾，是谁也没有料到的。大批蜀将战死沙场，让诸葛亮更加痛心不已，他知道这使刚刚立国不久的蜀汉元气大伤。

在殉难的将领中最让诸葛亮痛心的是马良，他是诸葛亮引为知己的朋友，他们二人经常在一起论事，可以知无不言，情同手足。因为这层原因，诸葛亮看到马良的弟弟马谡时便觉得格外的亲切，而马谡的才干也让诸葛亮感到满意。

不幸的消息还没有结束，就在章武二年（223）一年里蜀国又接连损失了三位重量级人物：一个是司徒许靖，一个是骠骑将军马超，一个是尚书令刘巴。

许靖去世时已 70 多岁，在那时算是高寿了。马超去世时仅 47 岁，可谓英年早逝，自关羽开始，张飞、黄忠、马超在短短几年里先后离开了人世，看来蜀汉武运实在不佳。刘备不在成都，他们的后事都是由诸葛亮主持料理的。

刘巴一直随刘备出征，应该死在永安，他的死对诸葛亮打击不小，诸葛亮一直器重看好刘巴，把他作为自己的左右手。刘巴的去世还带来一个现实问题，由谁来接任尚书令一职。已身为丞相的诸葛亮此时兼管尚书台的事务，如果从诸葛亮自己的角度来考虑，这个人选最好是他熟悉的，以便于配合，其能力必须十分突出，又善于协调各方面的关系，还得有相当的资历才行。

在当时符合这些条件的也许有几个，如果马良不死，当然是最合适不过了，而要让诸葛亮去挑选，推测起来他属意的人可能会是张裔、杨洪或者杨仪，但这是个极为重要的职位，人选的确定只能取决于刘备本人。

这段时间，益州天天都笼罩在悲伤的气氛中。

那些失去亲人的家庭，上自将军，下至普通百姓，无不充满哀伤。让诸葛亮感到欣慰的是，尽管遭受到一连串打击，刘备仍然不失其英雄的本色，用自己的实际行动稳定着蜀汉的大局，对刘备坚持长驻永安的做法，诸葛亮深表赞同和敬佩。

这是因为，夷陵大败的消息传到益州，除了悲伤，还造成了极大的惶恐和震动，而这时刘备仍然在前线，说明蜀国虽然打了败仗，但并未伤及根本，成为安定众人不安情绪的象征。此时如果刘备仓促回到了成都，那谣言定然无法止住，益州南方一带的郡县本来就充满了动荡，叛乱时常发生，到那时还指不定会怎么样呢。

为了让身在白帝城的刘备安心，诸葛亮派从事中郎将射援前往白帝城，汇报益州的情况，射援是汉末名将皇甫嵩的女婿。诸葛亮让射援向刘备汇报时别忘报告一下太子的情况，刘备远征，太子刘禅监国，诸葛亮不仅尽心辅助，而且关心太子的教育和成长，诸葛亮亲自为太子挑选阅读书籍，重点是《申子》《韩非子》《管子》和《六韬》等著作。为了强化太子对这些经典著作的学习，诸葛亮在百忙之中把它们亲自抄了一遍给太子。仅《韩非子》一书就有十多万字，诸葛亮日理万机，却能完整地抄一遍，可见他对这些著作的重视，也体现出他希望刘禅尽早成材的殷切之情。

诸葛亮让射援向刘备汇报，说太子的智慧和度量成长得很快，超乎了期望。刘备听到这些汇报，心情大为好转。

这时孙权突然做出了一件令人震惊的事，他派出使者来到白帝城向刘备请和。这的确匪夷所思，作为战胜者，孙权此时正兵强马壮，士气也正旺，而刘备是败军之将，手下能打的武将死的死、降的降，哪有力量实施反击，在这种情况下孙权怎会“甚惧”，又怎会主动求和呢？几个月前还杀得人家尸横遍野，对方的眼里现在没有别的什么，都是仇恨，可能谈和吗？但孙权就是孙权，他认为不仅完全可行，而且势在必行。

在对外事务方面孙权常有惊人之举，比如为了对付曹操他主动联合比自己弱小得多的刘备，比如为了抢夺荆州他突然放弃孙刘联盟转而与曹魏结盟，再比如他突然向曹魏称臣，这些需要的不仅是勇气，更是对局势和时机的精准把握，而每一次他都收到了奇效。

孙权认为虽然跟刘备结下了深仇大恨，但对于自己的求和刘备还得接受，这是因为从感情上说刘备当然不愿意也不能接受，但如果理智起来刘备一定会觉得接受比不接受更为有利。

孙权派来的人是太中大夫郑泉，对于此次出使史书上还有另外的说法，据说在郑泉出使之前是刘备先给孙权写的信，信中深刻反省了自己的错误，要求复好，刘备在信中还对自己称汉中王之事进行了解释。这个说法似乎也得到了其他史料记载的印证，有一部史书曾记载说刘备当初在汉中称王时曾写信给孙权，请孙权给予承认和支持，但孙权没有回信，刘备现在再次写信谈及此事，目的是想赢得孙权的支持。

但孙权没有把刘备的信拿给大家看，只是口头上说了说，并说现在汉帝已经不存在，刘备称王可以接受。不过，刘备现在早已不是汉中王，而是蜀汉的皇帝，在孙吴面临敌军全面压境的情况下，说他主动写信要求复和可能性似乎不大，刘备来信一事，也有可能是孙权捏造出来的，毕竟与蜀汉复和一下子还让很多人转不过来弯儿，需要有个台阶。

不过这些都不影响郑泉顺利出使并在白帝城见到刘备，刘备在白帝城接见了郑泉，见面后不提双方如何复和，而先提旧事。刘备问郑泉："吴王当初为何不给我回信，是不是认为我不配称汉中王？"对此问题想必郑特使已早有准备，他不慌不忙地回答："曹操父子侵凌汉室，最终夺取了大位。殿下既然身为宗室，有维城之责，没有率先在海内兴兵讨伐乱子，反而自己称王，有违天下舆论，所以我们吴王才没有回复。"话虽不中听，却击中了刘备的要害，要面子的人容易脸红，刘备居然被郑泉问得满脸愧容。

郑泉出使还是很成功的，刘备经过反思，认同了孙权关于吴蜀复和的看法，派太中大夫宗玮回访。完成了这件重要任务的郑泉，其他事迹史书再无记载，只是说临死前曾对好友说："我死了一定要葬在制陶窑场的旁边，希望百岁之后能化成泥土，最好被做成酒壶，那就让我心满意足了！"

孙权为什么在此时求和呢？原因是他跟曹丕闹翻了。孙权向曹丕称臣后，曹丕多次让他把儿子送到洛阳当人质，孙权不愿意，一直拖着不办，等打败了刘备，曹丕又派人来催，孙权干脆不理，曹丕大怒，认为自己上当了。一气之下曹丕决定讨伐孙权，刘晔知道后赶紧来劝，认为现在时机已过，孙吴刚刚获得大胜，上下一心，无法仓促之间将其制服，但曹丕不信。

曹魏黄初三年（222）9月，曹丕派征东大将军曹休出洞口、大将军曹仁出濡须口、上军大将军曹真包围南郡，三路大军齐发，孙权的压力巨大。孙权一面组织力量反击，一面向刘备求和，希望刘备不要乘人之危，从背后再给自己一刀。

别说一刀，就是捅他三刀五刀都不解刘备心中的恶气，但是刘备无奈，因为他现在实在没那个力气了。

这年冬天，刘备病倒了。

刘备已经62岁了，在那个时候这个年龄已属“烈士暮年”。一生戎马，几起几伏，备受磨砺，晚年遭受一生中最大的挫折，对刘备的打击实在太大了。刘备是忧思成疾的，看样子短时间内成都更回不去了。随着病情的加重刘备有了不好的预感。过了年，到了章武三年（223）的2月，刘备派人去成都，请诸葛亮来永安一趟。

接到刘备的命令，诸葛亮即刻动身，不敢有半点耽误。但是，有一件事让他放心不下，最近一段时间汉嘉郡太守黄元表现得很异常，有情报显示此人可能会发生叛乱。

但白帝城那边更为紧要，诸葛亮只好把此事交代给了益州治中从事杨洪。杨洪在诸葛亮的推荐下已继法正之后担任了蜀郡太守，他出色的行政才干得到诸葛亮的赏识，所以又把他调任为益州治中从事，协助自己处理益州的日常事务。

诸葛亮刚走，黄元那边果然扯起了反叛的大旗。黄元认为诸葛亮一向不看中自己，现在刘备有病，万一刘备不在了，诸葛亮势必掌握大权，到那时会对自己不利，于是举郡造反。汉嘉郡是刘备划出蜀郡和蜀郡属国的汉嘉、徙、严道、旄牛等县新设的一个郡，位于成都的南面，距成都很近。黄元纵兵向北攻击，放火焚烧临邛城，此地在成都的西南方，距成都不足百里，情况十分危急。

杨洪立即启奏太子刘禅，之前诸葛亮在成都南北郊建有两座兵营，储备了一定人马，所以平叛有了基础。得到刘禅的同意，杨洪便按照诸葛亮临行前的嘱咐，派将军陈曶、郑绰等出兵讨伐黄元，使成都的局势很快得到了控制。

大家认为黄元如果无法攻取成都，一定会由越巂郡到南中去，杨洪认为黄元这个人生性凶暴，在南中并无恩信，他不敢去。黄元现在可能会乘水东下，到永安面见皇上，求得免死，如果不行，也能投奔孙吴求得活命。杨洪于是请太子敕命陈曶、郑绰率兵驻扎于南安峡口，等黄元到来。果然，如杨洪所言，在此将黄元擒获，送至成都，太子下令将其处斩。

诸葛亮到达白帝城，看到刘备病得很严重。

刘备开始是得了痢疾，后来越来越严重，引发了其他疾病，一世英雄现在竟然已经到了油尽灯枯的地步。大概是因为没有见到诸葛亮，他不放心，所以一直顽强地坚持着。

刘备见到诸葛亮，向他安排后事："你的才能比曹丕高出十倍，必能安邦定国，可以成就大事。如果嗣子值得辅佐，你就辅佐他；如果他不是那块料，你可以自取。"诸葛亮闻言涕泣不已，立即向刘备表明心迹："我一定竭尽全力，忠心辅佐，至死不变！"刘备于是宣布诏令，托孤于诸葛亮，以李严为副。不久前刘备还发布过一道诏令，任命李严接替刘巴为朝廷尚书令。

太子远在成都，刘备给太子颁布了一份遗诏，在这份遗诏里刘备首先说了自己的病情，说明生老病死是人之常情，让他们兄弟不要悲伤。接着说射援来后，报告了刘禅的情况，他十分高兴。刘备还说，你父亲德行浅薄，不要效仿他，平时要多读一些书，诏令中除了提到诸葛亮为刘禅手抄过的四部书外，还增加了《汉书》《礼记》和《商君书》三部，刘备要求刘禅多读。

在这份不太长的遗诏里，刘备留下了一句名言："勿以恶小而为之，勿以善小而不为。惟贤惟德，能服于人。"

办完这些事，刘备稍觉安心，本来他已命若游丝，现在精神却有所好转。刘备临终前与诸葛亮还有过一些谈论，其中一次谈到了马谡，刘备知道诸葛亮与马谡、马良兄弟二人感情很好，但他对马谡不放心。

刘备对诸葛亮说："马谡这个人说得多，实际才能达不到，不能委以重用，你要明察！"但是，刘备的病情已无力回天，精神好转只是回光返照，刘备终于走到了他人生的尽头。

刘备在弥留之际把鲁王刘永叫到床前，对他说："我死之后，你们兄弟要把丞相当作父亲一样看待，你们和丞相只是共事而已。"鲁王刘永和梁王刘理此时都在永安宫，刘备只叫来刘永而没有叫刘理，可能是刘理年纪太小。老来得子舐犊之情更重，想到自己将不久于人世，刘备心里一定十分难过，江山社稷、复兴汉室的大业固然重要，但亲情恐怕更是他割舍不下的东西。

刘备给太子刘禅颁布了另外一份诏令，让他今后要好好地和丞相诸葛亮一块共事，要待诸葛亮像父亲一样。刘备在留给儿子们的遗言中，一再强调他们以后跟诸葛亮的关系是共事、从事，这在帝王的遗嘱中是少见的。刘备之所以这么说，是基于他对儿子们的了解，知道靠他们的才能不足以延续蜀汉的基业，同时刘备更了解诸葛亮，深知他的才能和人品，说这样的话正是对诸葛亮的无限信任。安排完这些事，刘备终于闭上了眼睛。

这一天，是蜀汉章武三年（223）4月24日。

三十、曹丕兴师问罪

取得夷陵之战胜利后孙权没有突破白帝城一线乘胜追击，固然有蜀汉方面誓死不退的决心和相关准备，更重要的是从战略层面考虑的，孙权与刘备连续打了两场大战，但他心里其实很纠结。

天下已经形成了三足鼎立的局面，但这“三足”并不均衡，是一强两弱的格局，要维持战略上的均势，“两弱”只能联合起来对付“一强”，现在“两弱”反而互斗，战略均势将很快被打破。失去均势也就没有了“三足”，如何“鼎立”？

孙权不傻，当然明白这个道理，所以本可以一鼓作气拿下白帝城甚至活捉刘备，孙权却主动撤退了，并立即着手修复与刘备的关系，但曹魏那边还得应付着，双方的关系最好继续模糊下去。

战后，孙权马上向曹丕上表报告夷陵之战的经过，在这份上表中孙权报告了斩获敌军首级、所得土地的情况，呈上了缴获的印绶，同时报告了此战中将士立功情况，希望对有功人员给予奖赏加爵。孙权的要求其实不过分，刘备是曹魏的敌人，刘备称帝更是对曹魏政权的挑战，打刘备是维护曹魏朝廷的权威，不要你出军饷，得胜后至少给些奖赏吧。

孙权已经被封为吴王，加了九锡，官位、爵位、待遇都没法再增加了，曹丕下诏给予书面褒奖，并派特使前往武昌进行慰问，随行带来了赠送给孙权的鼲子裘、明光铠、骓马等物。

鼲子是一种灰色的老鼠，毛皮柔软，可以拼制成皮衣，在汉代与貂、豽合称三大名裘；明光铠是一种铜铠，胸前和背后的板状护胸打磨光滑当反光，用以威慑和干扰对手，这种铠具流行于唐代，但在东汉就有了，考古曾发现过一具，护板上铭有“见日之光，天下大明”的字样，从曹植的一篇文章中得知曹操曾赐给他一具明光铠，曹植就国后主动上交了；骓马是天子御驾专用马匹，天子的御驾由六匹马拉乘，位于车辕两侧的两匹称为服马，紧挨着服马的两匹称为骖马，骖马之外的两匹称为骓马。

曹丕还送给孙权一份礼物：他自己写的《典论》。

《典论》是一部有关政治、文化的著作，是我国现存最早的文艺批评专著，曹丕写于当太子时期，据说因为当时曹植的文采广受赞扬，曹丕为了超过弟弟发奋而作此书，全书由多篇组成，现仅存《自叙》《论文》两篇较完整，另有《论方术》的一部分内容。曹丕对这部著作很满意，特别在白色帛绢上亲笔抄了一份送给孙权。根据吴质的一篇文章记载，曹丕还用纸另写了一份送给张昭。

曹丕希望孙权继续对刘备扩大战果，诏书中说：“从前吴汉先烧了荆门山，然后发兵夷陵，因而没有使子阳有逃生之地；来歙偷袭略阳，光武帝很高兴，因为他知道隗嚣没有施展图谋的地方了。如今征讨蜀军和上面的情况很相似，将军要努力谋划，务求全胜！”东汉初年，汉光武帝刘秀命彭岑、吴汉等人讨伐割据蜀地称帝的公孙述，作战中朝廷军队攻破荆门进入江关，在夷陵烧敌兵战船，取得大胜。隗嚣是当时另一个割据军阀，刘秀命来歙、祭遵讨伐他，在略阳取得大胜。曹丕引这些典故，是想说克敌务求全胜，不能半途而废。

礼物收下，诏书接了，至于要不要“宜将胜勇追穷寇”，孙权有自己的主意。

孙权最担心的其实是另一件事，质子。

其他都好说，可以拖也可以敷衍，但这件事没法再糊弄下去了，孙权知道曹丕很在意这件事，尤其自己现在打了胜仗，实力进一步扩大，曹丕就更在意了。果然，曹丕很快又派人来说这件事，这次派来的是侍中辛毗和尚书令桓阶两位重量级人物，他们奉命前来与孙权盟誓，并要求孙权送质子去洛阳。孙权对他们热情接待，但对质子，这次干脆拒绝。曹丕不干了，曹魏的大臣们更不干了，有人对封孙权为吴王一事本来就有意见，现在更认为孙权的行为是对曹魏朝廷的一种羞辱，华歆、王朗、钟繇等三公联名上奏，历数孙权的罪状，要求讨伐。

曹魏黄初三年（222）9月，也就是夷陵之战结束仅仅一个月后，曹丕调集了三路大军向孙吴发起了全面进攻：

第一路在东线战场，主攻目标是洞口，该地位于今安徽省和县境内，也在长江的边上，在濡须口沿江而下200里左右的地方。这里距建业更近，是孙吴新建的一处水军基地，进攻这里对孙吴后方的威胁更大，这一路魏军由曹休指挥，他已由镇南将军升任征东大将军，所部包括前将军张辽、镇东将军臧霸等。

第二路也在东线战场，主攻目标是濡须口，由曹仁指挥，孙权的大将军一职已被解除，曹丕任命曹仁升任此职，曹仁率领的这一路与曹休等人互相配合，趁孙权主力多在荆州一线之机攻击孙权的大后方。

第三路在中线战场，主攻目标是荆州的南郡，由曹真率领，不久前曹真的军职也被提升，由镇西将军升至上军大将军，这一路包括征南大将军夏侯尚、左将军张郃、右将军徐晃等。曹休的征东大将军、曹真的上军大将军、夏侯尚的征南大将军都是之前没有的，它们虽然低于大将军，但高于四征将军、四方将军。

11 月，曹丕亲自抵达南阳郡的郡治宛县，在此指挥各路进攻。

从曹丕的军事部署看，他也想通过此战进一步锻炼新人，曹真、曹休、夏侯尚短短两年里军职不断升迁，地位迅速超过了张辽、张郃、徐晃等老将，接班的意味明显，如果此战大获全胜，这几位新人在军内的地位更稳固了。

曹魏举国来攻，孙权深感紧张，他赶紧做出相应部署以应对，由他和陆逊居中指挥，针对三路魏军也分出三路人马相对：

对付曹休的一路，命建威将军吕范指挥五个军（督五军）的兵力相抗，该部中有相当的水军，孙权命他们在洞口一带迎敌；对付曹仁的这一路由裨将军朱桓指挥，一直镇守着濡须口的周泰已经去世，孙权任命朱桓为濡须督，率领在濡须口基地的各支人马迎击曹仁；对付曹真的这一路由诸葛瑾指挥，夷陵之战结束后孙权升任诸葛瑾为左将军，升任潘璋为平北将军，孙权命诸葛瑾率潘璋以及将军杨粲等部去救南郡。

三十一、孙权的军事神话

部署做出了，但孙权仍然希望最好别打。

夷陵之战刚刚结束，孙吴的人马尚未完全归位，将疲兵劳，战斗力不高。面对曹仁、张辽、徐晃这样的名将，朱桓、吕范能不能顶住进攻实在没把握，加上自己一方战线拉得实在太长，洞口、濡须口任何一个地方被突破都是大麻烦，魏军一旦过了江，大后方就不保了。而且最近一段时间山越各部趁这边打仗的时机再次蠢蠢欲动，对孙吴来说内部这个头痛的问题依然不能小视，稍有不慎就会带来致命的打击。

所以能不打最好不打，实在要打最好晚点儿。

孙权想再次施展外交上的灵活手段以化解危局，他以极其谦卑的口气向曹丕上书，要求给自己一个改过自新的机会。孙权还说，如果曹丕不肯原谅他的过错，他愿意奉还土地人民，然后前往交州居住，以保终年。这是孙权说过最软的一次话，简直是在乞命了。

对曹丕来说打也并非上策，如果能不战而屈人之兵，依然是“上之上者也”。不过被孙权耍弄过多次，曹丕也学聪明了，没有轻易相信孙权的话。

曹丕给孙权回了封信，信中提到浩周的事和三公上书的事，这些都是实情，孙权无法再辩解什么了，所有的问题又绕回到那个问题上：送不送儿子当人质。孙权知道，除了一战已经没有退路了，于是下令弃用曹魏的年号，改建年号黄武。

孙权不是皇帝，作为曹魏所封的吴王应该行曹魏的正朔，他自创年号并无法理依据，但他不管，以此表示与曹魏彻底分裂。222 年就有了三个年号：曹魏黄初三年、蜀汉章武二年、孙吴黄武元年。

曹丕大怒，立即命令三路大军同时发起进攻。这一仗打得十分激烈，是近年来魏、吴交战规模最大的一次，论实力孙吴明显处于下风，又在上一场大战结束仅一个月时间开打，胜负似乎已成定局。

但结果却让人吃惊，孙吴继大胜蜀汉后又胜了曹魏。

先说最东边洞口的这一路。

曹休督率张辽等各路大军，加上州郡兵，参加洞口之战的魏军多达 20 多个军，也就是 20 多万人，而吕范指挥的吴军推测起来能凑齐 5 万都不容易，四比一，吴军处于劣势。

而且，这一路魏军中还有让吴军官兵深为忌惮的名将张辽。张辽本年 53 岁，年龄不算大，但身体状况很不好。曹丕对张辽极为尊重，赐舆车给张辽的母亲，张辽在合肥驻守，曹丕破例派兵马护送其家人到驻军地团聚，事先专门告示沿途各地，命地方及驻军官员出迎，张辽家人每过之处军士将吏都列队迎候，看到此景的人无不认为这是莫大的荣耀。

去年张辽赴洛阳朝拜，曹丕在建始殿接见了张辽，专门向他询问当年在逍遥津大败吴军的情况，听了张辽的述说后曹丕对左右的人叹息道："张将军就是古代的召虎啊！"召虎是东周时期的大将，又称召公，与方叔、尹吉甫、秦仲等齐名，有平淮夷之功，曹丕故此比喻。曹丕下令在洛阳为张辽建造屋舍，为张辽的母亲专门修建了堂室，当年跟随张辽在逍遥津一役中临时应募的敢死队成员，活着的一律加虎贲头衔。

后来曹丕命张辽屯兵在雍丘，张辽在驻地病倒了，曹丕听到后专门派侍中刘晔带着太医前往慰问视疾。按照汉朝的礼制，三公生病了皇帝也只派黄门问病，魏、晋时又降为黄门郎。张辽不是三公，曹丕派部长级的侍中去慰问，又派虎贲传送病况，是十分破格的尊崇。雍丘在今河南省开封市附近，为了及时了解张辽的病情，曹丕专门派虎贲士往来传达病况，由于曹丕催得急，派出去的虎贲士很多，以至在今天洛阳到开封这一段路上他们常常可以碰到。

张辽久未痊愈，曹丕便命人把他接到自己的行营，曹丕亲自探望，握着张辽的手加以慰问，又赐给张辽御衣，还每天派宫里的人送来御膳，令张辽深为感动。病情稍有好转张辽就返回了驻地，此次三路出击，曹丕命张辽随曹休一起行动，张辽于是赶到长江边上的海陵驻防。孙权听说张辽来了，专门敕书给洞口方面的诸将："张辽虽然有病，但其仍锐不可当，大家一定要谨慎啊！"

吴军的洞口基地在江北，魏军杀到后并无太多悬念，将其占领。

这时已经到了 11 月，是深冬季节，江面上刮起了大风，被打败的吴军乘船渡江，但由于风太大，战船的缆绳多被吹断，失去依靠的船在江面上乱漂，有的刮到岸边被魏军捕获，有的被刮翻沉没。吴军纷纷落水，一些没有被吹翻的大船成为众人求生的希望，在水中挣扎的人拼命呼号，一些人想办法想攀上大船，船上的人担心船被弄翻，于是用戈矛击打水里的人，不让他们上来，只有将军吾粲和黄渊下令让水里的人上自己的船上来。有人劝吾粲人太多船容易沉没，吾粲说："船沉了大不了一块死，他们已走投无路，怎么能弃之不管？"

吕范指挥余部撤往江南的徐陵，曹休命臧霸准备500条快船，载上万名敢死队员，强行渡江，围攻徐陵。吕范指挥全琮、徐盛等部守卫徐陵，烧毁魏军的攻城车，把魏军打退，在追击中全琮将魏将卢尹枭首，魏军才退到江北。

有史书记载，此战魏军斩敌4万，俘获各类船只1万艘，这有些夸张，因为吕范能指挥的全部人马大概也只有这个数，4万人要么加上了为吴军担任后勤供应的百姓，要么是魏军夸大战功。不过吴军损失惨重是事实，孙权的四弟孙匡此时是一名定武中郎将，也参加了洞口之战，战斗中他违抗吕范的命令让人放火，不慎烧了柴草，致使吴军军需匮乏，吕范命人将孙匡羁押，送回吴郡。孙权听说后很生气，不准备让孙匡及其族人再姓孙，给他改姓丁，并终身禁锢。

洞口这一路魏军大胜，不过面对天堑长江他们也不敢轻易逾越，只是进一步肃清了江北的吴军。

再说中间的濡须口这一路。

曹仁率数万人马来攻濡须口，他采取声东击西的办法，扬言要进攻濡须口以东的要地羡溪，吴军总指挥朱桓不知有诈，分兵去救。

这时朱桓突然接到情报，说曹仁亲率魏军主力出现在濡须口附近，距此不过70里。朱桓赶紧派人去追增援羡溪的部队，但已来不及了，朱桓手下此时仅有5000人，大家非常害怕。朱桓是吴郡人，但跟祖籍丹阳郡的朱治、朱然并非一族，他的功绩虽然没有朱然突出，但在将星云集的孙吴孙权能让他独当一面，说明他是有两下子的。

危急关头，朱桓给大家鼓气："两军交锋，胜负在将，不在人马多寡。魏军远道而来，千里跋涉，士卒疲惫，曹仁也算不上什么名将。我们占据高城，南临大江，北背山陵，以逸待劳，这是百战百胜的局面，即使曹丕亲自来尚不足惧，何况曹仁？"朱桓下令偃旗息鼓，示弱于敌，诱使曹仁主动出击。

曹仁命其子曹泰进攻濡须城，命将军常雕率诸葛虔、王双乘油船攻击长江上一个叫中洲的小岛，自己率一万多人驻扎在濡须口以西的橐皋，做曹泰总后援。中洲是吴军的基地，吴军将士的家眷都在这个小岛上，曹仁下令向这里发起进攻，认为吴军必救，可以分散吴军的力量，更为顺利地夺下濡须城。

朱桓派一部分人去保卫中洲，自己坐镇濡须城，他率部烧毁了曹泰的军营，曹泰退军。中洲保卫战也进展得很顺利，常雕被枭首，王双被俘获，魏军被消灭 1000 多人，朱桓派人把王双送往武昌。

这一路曹军大败，吴军大胜。

最后说西边南郡的这一路。

这一路打的时间最长，吴军负责守南郡郡治江陵的是孙权少年时代的同学朱然，曹真率夏侯尚、张郃等部依仗人多，扎起多处营垒对江陵实施围城。

孙权派孙盛率万人在一处江洲上立围坞，作为朱然的外援，但张郃随后来攻，孙盛不敌，退走，江洲被魏军占领，江陵城与外界隔绝。孙权又分别派潘璋、杨粲等率部增援，但魏军实在强大，围不能解。此时，江陵城内情况十分严峻，由于缺少吃的，不少士卒出现身体浮肿，一下子减员了 5000 人。曹真起土山，凿地道，立楼橹，把攻城的方法都使上，势将江陵攻破。江陵若丢失，孙吴的西线江防将不存在，夷陵、秭归等地不攻自破，江陵以下的公安、陆口等也暴露在敌人的刀锋之下。

对孙权来说，如果那样的话，荆州的局势将恢复到赤壁之战前的状况。孙权已把大本营由建业迁至武昌，江陵如易手，还得灰头土脸地迁回建业。

要守住江陵，攻破敌军在江洲中的营垒十分重要，此处有夏侯尚率领的 3 万人马，为便于跟陆上交通，夏侯尚在此架起了浮桥。诸葛瑾、杨粲又来解围，但无法击破敌人。潘璋想出一个办法，他带人马到上游 50 里处，在此大量收割已干枯的芦苇，扎成许多大筏，想顺江放筏，点燃芦苇，去烧浮桥。

潘璋的火攻计还没有开始，江洲上的魏军突然撤得一干二净了。原来，就夏侯尚在搭建浮桥屯兵江洲一事，曹操时代的著名谋士、时任大鸿胪卿的董昭向曹丕进言，认为浮桥很危险，现在江水较浅，马上是春天，春水一旦上涨，浮桥将难保，浮桥一断，数万魏军的性命堪忧。曹丕接受建议，下令夏侯尚撤出江洲，魏军严密封锁消息，所以全部安全撤回，十天之后，江水果然大涨。

江陵前后围了六个多月，由于朱然率部顽强守城，魏军无法得手，加上江洲撤军后江陵可以恢复与外界的联系，曹丕于是下令放弃围城。

对曹丕来说这一仗真的有些出乎意料。

魏军在实力、气势上都明显占有上风，但三路大军一胜两败，吴军反而在总体上取得了胜利。

打仗不仅靠人数，还要靠天时、地利、人和，吴军在天时上或许不占优势，但他们拥有地利与人和，长江始终是吴军克敌制胜的法宝，吴军依托长江，熟悉水性以及长江沿岸的地理，在这里打仗他们不吃亏。与魏军不同的是，吴军将士深知打败了没有退路，所以个个拼死相搏。

在最近不到三年时间里孙权接连创造了军事上的神话，先是击败了威震华夏的关羽夺取荆州，继而力克刘备的大军，这次又战胜了强大的曹魏，这三场战役打下来，孙权的威望升到了顶点。

对曹魏来说噩耗还没有终结，此战之后不久，曹魏的大将军曹仁和前将军张辽先后去世了。

曹仁时年 56 岁，年龄也不算太大，他突然去世可能与打了败仗有关，临终前曹丕升他为大司马，这是一个荣誉性职务。曹仁死后，曹丕赐给他谥号忠侯，他有三个儿子，分别是曹泰、曹楷、曹范，其中长子曹泰较为突出，日后曾任曹魏的镇东将军。洞口之战后张辽的病情加重，后来病逝于江都，曹丕为之流涕，赐他谥号为刚侯，由其子张虎承嗣。曹仁葬于何处不详，洛阳曾出土唐人所刻曹仁墓志，似乎葬在了洛阳。张辽祖籍在河套地区的雁门郡，死后葬于何处不详，今安徽省合肥市市区内的逍遥津公园里有其衣冠冢一座。

三十二、吴蜀间的使者往来

对孙权来说这个难关过得有点儿悬，虽然胜利了，也惊出了一身冷汗，现在与曹魏算是彻底翻脸了，对外战略必须重新做出调整。

孙权现在彻底明白了，他与曹魏之间不可能建立起盟友的关系，即使他愿意妥协，也只能成为曹魏的藩属，必须送上质子以维持眼前的和平，一旦曹魏解决了蜀汉，就会转过身来解决自己，所以质子换来的所谓的和平也只是舔刃之欢。

这让孙权更加坚定了心中的想法，那就是与蜀汉联起手来共同对付曹魏，再来次“孙刘合作”，所以当刘备的死讯传来部下纷纷劝他称帝时，他没有答应。孙权不愿意称帝，对手下人说：“汉室湮没，我们不能前去相救，又怎能忍心与之相争呢？”大家没有放弃，也弄出许多所谓天命符瑞再次劝进，孙权仍没有答应，对众人说：“过去因为刘备称雄于西边，所以我命陆逊率兵防备他。而北边的曹魏有可能帮助我，我担心其挟天子以令天下，如果不接受封拜，就会促使他们对我下手，到时候西边、北边的敌人一齐来，两处受敌，所以我努力克制，接受封王。我俯首称臣的本意，诸君可能还不理解，所以今天向你们来解释解释。”

这应该是孙权的心里话，他承认当皇帝是好事，对自己好、对大家伙也好，但火候还没到。作为一个高明的政治家，从来不会把名义和形式看得太重，做一件事更要着眼于利弊得失，不划算的事即使再风光也不要去做，在这方面曹操给大家做出过表率。

孙权立派信都尉冯熙去成都吊丧，进一步观察刘备死后蜀汉国内的情况。冯熙字子柔，豫州刺史部颍川郡人，东汉初年“云台二十八将”之一冯异的后人。冯熙赶到成都，当时正值蜀汉国丧、新帝刘禅登基，丞相诸葛亮十分繁忙，无暇与他深入交谈，冯熙完成了一次礼节性的出访后回到了孙吴。

孙权拒绝称帝还有一个现实考虑，虽然跟曹魏大打出手，但孙权还是不想彻底断绝与曹魏的来往，冯熙回来后孙权任命他为中大夫，此职原是九卿之一光禄勋的属官，孙权当然不能直接去任命曹魏朝廷的官员，但他是吴王，可以像曹操当年那样在自己的封国内比照朝廷设置百官。

孙权派冯熙出使曹魏，在打退曹魏的三路大军进攻后双方的这种往来又持续了两年以后才断绝，只是冯熙这趟出使惹得曹丕很不痛快。

冯熙去蜀汉的事曹丕也知道了，见了冯熙劈头就问："吴王如果打算重修旧好，应当在江关布下重兵，进军巴蜀，听说他反倒遣使与蜀汉通好，是不是有什么变故？"对此冯熙已有准备，他回答道："我听说出使蜀汉那边也只是通个音信，而且是为了观察那边的虚实，并非与之有什么密谋。"

曹丕转移话题，问冯熙道："听说吴国连年旱灾，人力物力损失严重，以冯大夫的精明，能看出吴国国力如何？"曹丕此问挑衅意味明显，你们要跟蜀汉有什么小动作，先看看你有多少家当，小心我收拾你，冯熙不慌不忙地回答："吴王聪明而有气度，善于用人，赋政施役都咨询臣下的意见，亲贤爱士，臣下皆感恩怀德，一片忠心。吴国带甲百万，谷帛如山，稻田沃野，民无饥岁，即所谓金城汤池、强富之国。说到国力，据臣下观察，应该与曹魏不差上下。"

不卑不亢，曹丕听了相当不悦，不过也不得不承认冯熙是个人才，有把他留下的想法。曹丕听说冯熙是颍川郡人，跟陈群是老乡，就派陈群私下联络冯熙，许以高官厚禄，但冯熙不为所动。曹丕只得放冯熙回去，但走到摩陂又传命令让他返回洛阳，冯熙知道有变，担心回去后受辱，于是引刀自杀，幸为驾车的人发现，没死成。

冯熙一直被曹丕借故扣留在曹魏，到死都没有回去，孙权听说后流泪不已，称他为当世苏武。

孙吴黄武二年（223）11月，刘禅在成都继位有半年了，诸葛亮派中郎将邓芝带着礼物来武昌回访，随行还带着200匹马、1000匹蜀锦以及其他蜀地土特产等礼物。

邓芝的先祖邓禹也是"云台二十八将"之一，不过诸葛亮派他行回访倒不完全看的是这一点。邓芝曾任郫县令、广汉郡太守，很有才干和政绩，新帝继位后被诸葛亮调到蜀汉尚书台任尚书，是诸葛亮处理日常政务的重要助手之一。

邓芝看到孙刘联盟的重要性，他主动向诸葛亮建议："现在主上年幼，又是刚刚登基，应当派遣使者到孙吴，重新缔结双方的友好。”邓芝认为重新与孙权修复关系不仅意义重大，而且难度很高，所以特意强调要派一位“大使”，也就是重量级使者，诸葛亮对他的建议很赞同：“这件事我也想了好久了，只是一直不知道派谁最合适，今天才有了最佳人选。”邓芝问这个人是谁，诸葛亮指着他说：“这个‘大使’就是你呀！”

邓芝于是被改任为中郎将出使孙吴，但这时孙权与曹魏的联系还没有中断，虽然与蜀汉恢复了来往，但双方的关系如何重新定位还没有想好，所以没有及时接见邓芝。孙权的犹豫可能还来自另一个方面，他不太清楚刘备死后蜀汉国力到底如何，孙权还需要判断，在当时很多人眼里，刘备不在了，蜀汉内外交困，撑不了多长时间，值不值得再与其联盟，孙权在犹豫。

邓芝看出孙权的心思，主动给孙权写了封信，信中说：“我此次来吴国面见大王，为的不单单是蜀国。”邓芝言外之意，现在蜀汉需要孙吴，孙吴又何尝不需要蜀汉？孙权看到这句话，脑子里一定会想起十五年前曹操大兵压境，诸葛亮跑来找他说的那一席话，于是召见邓芝。

孙权倒也实在，开门见山地说：“我也想跟蜀汉和好，但是担心蜀主年幼软弱，加上蜀汉国小力薄，在曹魏的攻击下尚无法自保，所以为此而犹豫。”针对这个问题，邓芝回答道：“吴国和蜀国加起来占有四个州的土地，大王您是一代豪杰，诸葛亮是一时的英才。蜀汉有重重天险，吴国有三江之阻，如果把两家的长处结合起来，互为唇齿，进可以兼并天下，退可以鼎足而立，这是很清楚的道理。大王如果委身于曹魏，今后曹魏上可以命大王您入朝朝拜，下可以命大王您输送人质，如果不从，就会奉辞伐叛，到那时如果蜀国再顺流而下，那江南可就不是大王的了。”

一番话看似波澜不惊，在孙权听来却如惊雷过耳，以至于半天答不上话来。邓芝这段话厉害在什么地方呢？他向孙权揭示了这样一个道理：向曹魏称臣不可行，连权宜之计都不是，一旦称臣，你就得任人摆布，现在还只是让你送人质，如果你送了，马上让你亲自到洛阳朝拜，你去不去？敢不去，就会以违命讨伐你，你吃亏还说不出来，这哪是聪明人的做法，这是吃了亏还说不出来的愚蠢。

邓芝的话还绵里藏针，你眼下跟曹魏打了几仗，看似敌人没有得手，你以为是长江天险或者孙吴将士勇猛吗？那是蜀国没有落井下石。千万别以为今后可以高枕无忧，不说曹魏今后加大打击力度，就是蜀国哪天趁曹魏打你的时候插上一手，你还行吗？邓芝的话把孙权打回了原形，原来孙刘联盟是如此的重要！

孙权沉默半天，对邓芝说：“你说得很对。”孙权于是决定彻底打消与曹魏缓和的幻想，重新与蜀汉联合。孙权随即安排人回访蜀汉，进一步商谈双方联合的细节。邓芝完成了任务，准备回去复命，孙权让他带回不少吴国的特产给后主以回报厚意。

第二年夏天，孙权派辅义中郎将张温又回访成都，行前孙权专门找张温谈话：“本来不想让你出远门，只是诸葛孔明不知道我们与曹魏交往的真正用意，所以委屈你走一趟。如果山越人的威胁消除了，我们将与蜀汉联盟，跟曹丕大干一场。此行就是这个原则，具体说什么你见机行事就行。”

张温出身于江东大族，也是一个有分量的人物，他回答：“诸葛亮一向深谋远虑，他一定会理解您委曲求全之意，见到他后，观察他的态度就会知道他是怎么想的。”对孙吴特使的回访诸葛亮十分重视，安排沿途盛情接待，这让张温十分感动。这次出使圆满成功，张温向后主、诸葛亮等蜀汉高层当面解释了孙吴委身于曹魏的苦衷，双方协商，将继续派使者商谈合作的细节问题。

随后双方使者来往频繁，蜀汉方面派邓芝再次出使过孙吴，还先后派了丁宏、阴化、费祎等人出使，随着吴蜀之间使者往来的频繁，双方在边境地区的交往也不断增多，在对蜀国事务方面，孙权很重视陆逊的意见。

陆逊当时以辅国将军的身份兼任孙吴的荆州牧，驻扎在江陵，孙权每次有给后主刘禅以及诸葛亮的信，都先送到江陵让陆逊看，让陆逊把握轻重，如有不妥，就地修改后再送出。为行事方便，孙权刻了一枚自己的印放在陆逊处，陆逊改完公文、书信重新盖印就行，不必再送往武昌，显示出孙权对陆逊的无比信任。

三十三、茫茫大江隔南北

吴蜀复合，解除了西面的担忧，可以让孙权腾出手来全力对付曹魏，就在打退曹魏三路进攻的当年5月，孙权还主动用兵于蕲春，活捉了曹魏的守将晋宗。

晋宗原是孙吴在戏口的守将，孙权派他和王直守戏口。戏口所在何处不详，似乎在蕲春附近。孙权发动皖城战役时曾将蕲春收复，所以派王直、晋宗在戏口以守备蕲春，但晋宗反叛，杀死王直后投降曹魏。

早在建安十三年（208）曹操南下荆州时，曾分荆州刺史部的江夏郡、扬州刺史部的庐江郡各一部设置了蕲春郡，下辖蕲春、邾县、寻阳等三县，郡治在蕲春县。晋宗投降后，被任命为蕲春郡太守，经常出来袭扰吴军（数为寇害），孙吴在寻阳上下的这段江防受到很大威胁，荆州与江东之间的联系也不再安全，这让孙权感到很恼怒（以为耻忿），誓要将其捉拿问罪。

这时大战刚刚结束，又值最热的时候，晋宗等人以为吴军不会行动，他的儿子还在孙吴控制下的安乐，晋宗还试图袭击安乐夺回儿子。孙权命贺齐督几部人马突袭蕲春，趁晋宗思想麻痹之机打他个措手不及，这次突袭战很成功，把晋宗生俘。

这件事让曹丕感到了耻辱，处处都在曹魏下风的孙吴居然主动进攻，而且不断得手，这是曹丕不能接受的，后来又不断传出吴蜀复合的事，曹丕深恨不已，对孙权也彻底失望，他先后两次御驾亲征讨伐孙吴。

第一次发生在曹魏黄初五年（224）的7月，曹丕由洛阳东巡至许昌，决定动员全国武装力量再次伐吴。

决定刚一做出，侍中辛毗便谏阻道：“现在上上下下稍稍安定，此时用兵，毫无裨益。先帝调集精兵南征，每次到达长江都停下脚步。如今人马还是那么多，没有任何增加，让他们再次伐吴，不是一件容易的事。为今之计，应该让人民休养生息，开垦田亩，十年之后可以一举平定，不需要二次出兵。”

曹丕听了很不舒服，认为辛毗是在挖苦他本事不行，不高兴地说：“按你的说法，这事就留给子孙了？”辛毗是出了名的倔老头，皇上给了脸色，他反倒更硬气起来：“从前，周文王把殷纣王留给了周武王，只因为他知道时机尚未成熟！”曹丕干脆不理，留朝廷尚书仆射司马懿镇守许昌，自己亲率大军南下伐吴。8月，曹丕登上御舟，顺蔡河、颍水进入淮河，一路抵达寿春，之后继续南下，于9月到达广陵郡。

广陵郡属徐州刺史部，在长江下游北岸，隔江与丹阳郡、吴郡相望，看来曹丕总结了之前历次伐吴的经验教训，认为江陵、濡须、洞口都不好弄，不如直捣黄龙，进攻长江下游，如果能在此突破长江防线，可以一举拿下建业和吴郡，端了孙权的老巢。这还真是一着狠棋，听说魏文帝亲自率大军南下广陵，江东一片恐慌。

孙吴的安东将军徐盛提出在建业附近临时筑起围墙，再稀稀拉拉建一些房屋，围墙上设一些假箭楼，又在长江中摆一些船只。大家认为这个方案没有实际意义，但徐盛不听，仍然做了。《晋纪》记载，徐盛所筑疑城从石头城到江乘，给车子安上木桩，外面包上苇席，又加上五彩的装饰，一个晚上就建了起来。

曹丕到了长江边上，看到江对岸的情景不禁愕然，敌人的防守工事稀稀疏疏的有几百里，而这时长江又在涨水，曹丕望江而叹：“人家已经有准备了，没法下手了，魏国即使有步兵骑兵成千上万，也用不上啊！”

魏军撤了，孙权松了口气，不过他还不放心。孙权让术士赵达算一算此事，赵达占卜一番对孙权说：“曹丕真撤了，即使如此孙吴到庚子年也会衰败。”孙权问他：“具体说，还有多少年？”赵达回答：“还有58年。”孙权一听放心了：“我只担心眼前的危险，考虑不了那么长远，那都是子孙的事。”

曹丕第二次御驾亲征伐吴是在黄初六年（225）的3月。

这一次辛毗还没说啥，又有一个人跳出来反对，这个人是宫正鲍勋，他反对出兵的理由是：“王师屡次远征未能有所攻克，我认为主要原因是吴、蜀唇齿相依，又有山水凭阻，难以攻拔。前年龙舟荡覆，受隔在长江南岸，圣上遇险，大臣们吓得不轻，如果圣上有测，宗庙将倾覆，这当引为百世之戒。现在又劳兵袭远，日费千金，给国家造成巨大虚耗，只能让敌人展示他们的威风，臣以为不可！”

曹魏改前朝御史中丞为宫正，曹操担任汉丞相期间，御史中丞曾被视为三公之一，是监察官的首领，地位显赫。鲍勋出任该职并非出于曹丕对他的器重，原因有两个：一来他是曹操已故挚友和早年重要支持者鲍信的儿子；二来出于陈群、司马懿等人的力荐，曹丕给他们的面子。

但曹丕一向不喜欢鲍勋，因为他说话比较直，比如上面这段话，鲍勋比辛毗说得还直接，意思是根本打不过人家，干吗还要去逞能？换个人曹丕就得直接下令拉出去剁了，但这位是“烈士后代”，曹丕仅作降职处罚，鲍勋被降为治书执法，“正部级”成了“副部级”。

5月，曹丕率大军抵达老家谯县，在此进行休整准备。8月，大军自谯县出发南下，针对上一次望江兴叹，此次伐吴曹丕带来了很多水军，他们从涡水进入淮水。10月，大军抵达广陵故城，即今江苏省扬州市，后世有人写诗“京口瓜洲一水间”，京口即镇江，瓜洲属扬州，出广陵故城，可隔江眺望孙吴昔日的大本营京口，曹丕再一次调整攻击重点，还是想无论如何在长江上撕出一道口子来。

魏军云集于此的总兵力有十几万，人数绝对占优，江北岸魏军的旌旗招摇数百里，大有吞没长江之志。但是魏军对这里的水文、气象情况均不熟悉，结果吃了大亏。农历的10月长江下游也天寒地冻，这一年江水还结上了冰，曹魏准备了好久的水军竟然无法进入长江！

见此情形，曹丕再一次发出了感叹：“天哪，注定要分隔成南北吗？”曹丕只得再次下令撤军，但这一回吴军不想让他轻易就走。

孙吴的扬威将军孙韶派部属高寿率500人敢死队渡江，在曹丕的归途上突然发起袭击，直取曹丕的御营，曹丕大惊，在众人护驾下仓皇逃命，高寿等人夺得曹丕的御车，魏军不明敌情，一片大乱。魏军来时有数千艘战船，气势挺足，但一乱起来人多船多就成了包袱，众多船只拥挤在狭小的水道之中无法前进。有人向曹丕建议，干脆留下那些走不了的船只和军队在此开荒种地，蒋济反对，认为这里太容易受到敌人的攻击，不宜屯田。

曹丕弃船先走，把排了几百里的船队留给蒋济处理，蒋济指挥人连挖了数道运河才把这些船弄进淮河。

三十四、曹丕发起舆论战

再把目光转向益州，说说蜀汉。

刘备在白帝城驾崩前对他的丧事也做了专门交代，刘备要求凡事要以国事为重，因为一举一动都会影响大局，所以丧事一律从简，丧期不能超过三天，三天之后一切都要恢复常态，各郡国的太守、国相、都尉以及县令也照此执行。刘备之所以强调丧期，是因为古制有服丧三年的说法，后来虽然服不了三年的丧，但对丧事也会看得极重，程序烦琐，时间拖得很长，影响到正常的生产和生活。曹操临终前留下遗诏，要求葬礼结束便脱去丧服，丧期缩得更短。

被刘备生前任命为尚书令的李严也赶到了永安，之后李严出任中都护，留镇永安，诸葛亮奉刘备的灵柩返回成都。

李严的这个官职很重要，中都护相当于总护军，护军一职设于汉光武帝时，与直接带兵的将军不同，他们的职责是对将军进行监督，职权也很大。李严作为蜀汉各级护军的总统领，这项重要的人事安排可能是两位托孤大臣碰面后商定的，也可能和尚书令一样都是刘备生前的安排。

章武三年（223）5 月，诸葛亮一行回到成都。

成都正处在动荡不安之中，不久前发生的黄元叛乱事件一度攻击到了离成都仅百余里的地方，人心扰攘、谣言纷纷，在此情况下诸葛亮认为太子必须马上登基，以稳定局面。

拜见完太子后，诸葛亮以托孤大臣的身份立刻安排登基典礼。就在本月，刘禅在成都继皇帝位，后世习惯将刘备称为先主，而将刘禅称为后主。后主下诏，大赦，改年号为建兴，三个月后先帝刘备被安葬于惠陵。

后主登基后封诸葛亮为武乡侯，此前诸葛亮并无爵位，这次受封的武乡侯有人认为是乡侯，但其实在诸葛亮故乡琅邪国有一个武乡县，古人封爵习惯以在其家乡地或附近选择食邑，符合这种情况，所以这个爵位是个县侯，后世称诸葛亮为武侯。

后主刘禅下诏，命诸葛亮仍任丞相，同时兼任益州牧、司隶校尉，另一位托孤大臣李严被封为都乡侯，和诸葛亮一样都假节，仍担任中都护，驻扎在永安，同时兼任九卿之一的光禄勋卿。赵云升任为征南将军，兼任中护军，掌管中央禁军，此前禁军一直由吴太后的哥哥吴壹掌握，同时封赵云为永昌亭侯。向宠担任中部督，协助赵云典宿卫兵，被封为都亭侯。镇北将军魏延职务未变，只是封爵位为都亭侯。

封固陵郡太守刘琰为都乡侯，升任九卿之一的卫尉，班位仅次于李严。刘琰在后世名气并不大，他是刘备担任豫州刺史时就开始追随的老人，有他这样资历的人已经不多了，因为和刘备同姓，经刘备亲自考证还是同宗，所以格外亲待。在平息黄元叛乱中杨洪立下大功，被赐爵为关内侯，任命他为忠节将军，鉴于他的才干，为加强蜀郡的管理，重新让他兼任蜀郡太守。

职务有变动的还有：向朗升任步兵校尉，尹默、杜琼被拜为谏议大夫，杜琼后来还担任大鸿胪卿、太常卿，来敏担任虎贲中郎将。

以上是蜀汉主要人事变动情况，此轮人事调整涉及的人员并不多，诸葛亮的想法可能是先保持政治上的稳定，因为先帝驾崩之后蜀汉内外的环境一点都不容乐观，当务之急还是处理好这些麻烦事，人事安排尽量往后放一放。

对蜀汉来说，当时最大的麻烦来自益州南部几个郡的叛乱。

益州南部是一片广阔的区域，其中的牂牁郡、益州郡、越嶲郡和永昌郡又称南中，这四个郡范围很大，大体相当于今云南、贵州两省以及四川省西南的一部分，这里远离成都，遍布高山大河，杂居着各少数民族部落，统治相对薄弱。

刘备在时曾派邓方前往南中，任命他为安远将军，力图巩固那里的统治基础。邓方很有本事，他以少御多，震慑有方，确保了南中一带没有发生大的祸乱。

章武二年（222）邓方去世，刘备问时任益州别驾的李恢谁可以接任邓方，李恢自告奋勇，毛遂自荐，刘备嘉许，派他接任邓方。当时，夷陵之战已经开打，刘备无力增兵南中，全靠李恢维持。李恢也很有本事，虽然兵力单薄，境内也发生了几次小规模的叛乱，但都被他平定了。

刘备兵败驾崩的消息传来，南中沸腾，平时就有二心的人纷纷跃跃欲试。先是越嶲郡叟人头领高定元起兵反叛，杀了蜀汉任命的郡将焦璜，举郡称王。

紧接着，益州郡有人闹事，杀了太守正昂，公然反叛。

诸葛亮接到报告后十分忧虑，现在大规模用兵南中条件并不成熟，因为南中问题由来已久，而且问题十分复杂，如果不做好准备仓促用兵，要么失利，要么虽有小胜却不能解决根本问题。

司金中郎将张裔对益州本地事务很熟悉，遇到棘手的事情诸葛亮常征询他的意见，对益州郡的叛乱张裔也认为应该安抚，诸葛亮便上报后主同意，任命张裔为益州郡太守，去南中稳定局势。

正昂被杀后，益州郡的大姓雍闿在当地很有势力和威望，益州郡的事务都由他在周旋，张裔到达后，不知道雍闿其实已暗中投靠了孙吴，还找他协助自己。雍闿把张裔抓了起来，送到孙吴，公开叛蜀。

雍闿一伙编造谣言说，朝廷向南中征要贡品，其中有乌黑的狗 300 只，连胸前的毛都得是黑的；蟒蛇的脑汁 3 斗；长 3 丈以上的斫木 3000 根。纯黑色的狗还能办好，蟒蛇的脑袋一向很小，3 斗脑汁得多少条蛇？斫木很少有能长到 2 丈高的，3 丈的木头极罕见，要 3000 根哪里弄去？

这些谣言水平并不高，但很有煽动性，南中到处人心惶惶。就在这焦头烂额之际，又发生了越嶲郡太守朱褒举郡响应雍闿的事件。记载，益州从事常房按规定到下面检查工作，常房早就听说朱褒将有异志，就把朱褒的主簿抓起来审问，后来把他杀了。朱褒大怒，攻杀常房，诬其谋反。

诸葛亮当然知道谁是谁非，但常房做事也太鲁莽，不看现在是什么时候，激起了朱褒的反叛。为了安抚朱褒，诸葛亮不惜下令诛杀常房之子，并把他四个弟弟流放到越嶲郡。

有史学家对诸葛亮的做法很有意见，他认为常房是冤枉的，诸葛亮应有所觉察，哪里有妄杀无辜来安抚奸人的道理？但发议论是容易的，而面对现实需要的是更周全的考虑，但鉴于当时的局势，诸葛亮需要隐忍。

诸葛亮知道李严长期担任犍为郡太守，了解南中的情况，在当地也有一定威望，就请他给雍闿写信，希望雍闿回头是岸。李严前后给雍闿写了六封信，晓之以利害，雍闿只回复了一封信，信中说："听说天上没有两个太阳，地上没有两个君王，现在可好，称帝的就有三家，所以我们这些远在偏僻之地的人心里充满了惶惑，也不知道该怎么办。"

话里充满了挑衅和傲慢，眼看整个南中都将丧失，幸好还有人顽强抵抗和坚守。雍闿等人进攻永昌郡时，太守吕凯和郡丞王伉坚决抵抗，雍闿无法得手。吕凯字季平，永昌郡本地人。永昌郡住着一批姓吕的人，他们是吕不韦的后代，当年秦始皇杀吕不韦，徙其子弟宗族到蜀汉，后汉武帝在西南夷置郡县，又把这些吕氏后人迁居于此，当地甚至还有一个不韦县。

吕凯和王伉发动本地士民坚决抵抗雍闿一伙的进攻，把他们拒之境外。雍闿多次写信给吕凯劝降，被吕凯严词拒绝。吕凯在本郡颇有威恩，大家同心协力，雍闿竟然无法踏入永昌郡一步。

吕凯独保永昌，让诸葛亮松了口气，只要吕凯能坚持一年半载，就能为他赢得富裕的时间，只有做好了充分准备，才能发起南中之战。

后主登基，南中叛乱，外部也不安宁。

刘备驾崩的消息传到曹魏那边，有人认为自关羽死在荆州以来，张飞、马超、许靖、黄忠、刘备等人先后离开人间，蜀汉的柱石一根接一根地倒下了，见过大风大浪的人物只剩下了诸葛亮一人，他能否独自撑起这座大厦，令人怀疑。

于是有人给曹丕出了个主意，鉴于蜀汉目前的状况应该劝说他们效仿孙吴称臣，曹丕同意，让手下的大臣们给蜀汉丞相诸葛亮写信，劝诸葛亮等人去掉不该有的帝号，接受曹魏的封赏。写信的人很多，有曹魏的司徒华歆、司空王朗、尚书令陈群、太史令许芝、谒者仆射诸葛璋等。华歆、王朗不仅是曹魏的重臣，而且是天下名士，很有影响力；许芝是太史令，既然拿天命说事，自然少不了他；诸葛璋的职务不高，也让他出面给诸葛亮写信，推测起来，他很可能是诸葛亮的本家。

给诸葛亮写信的人里还有陈群，除身居要职外，他给诸葛亮写信还有一段渊源，早年刘备担任豫州刺史曾辟陈群为别驾，二人有过共事的经历。

这些劝降信像雪片一样飞来，让诸葛亮陷入了沉思，他对天下大势早有成熟的看法，也做出了清晰的规划，多年来他一直为之而奋斗，眼前虽然遇到了一些挫折，但对他这样志向远大且坚定的人来说，这些都算不了什么，他不会改变心中的理想和蜀汉既定的国策，更何况兴复汉室也是先帝临终前的殷殷嘱托。

但对手发起了舆论战，如果不应战就会失分，诸葛亮决定予以正面回应，以此向外界特别是曹魏表明立场，这个立场既是他自己的，也代表了蜀汉。

诸葛亮没有给他们一一回信，而是在深思熟虑之后写了一篇名为《正义》的文章，这篇文章写得很精彩，从回顾历史入手，举了项羽、王莽和刘秀的例子与当今的局势做对照，从正、反两面说明暂时实力大小不足以决定未来，坚守正义的蜀汉一定能取得最后的胜利。

 这篇文章既是对曹魏劝降者的一个公开回复，同时也统一了蜀汉内部的思想。先帝驾崩，朝野上下动荡不安，益州政坛本身就很复杂，各种不同出身和背景的人怀着不同的想法，有的希望蜀汉政权继续发展壮大，有的则信心不足、对是否能渡过难关怀有疑虑，有的人甚至蠢蠢欲动，只要能保住自己的利益，谁来主持大局对他们来说无所谓。面对如此复杂的形势，只有先把内部思想统一起来，才能做到行动上的统一。

诸葛亮用这篇文章向内外郑重表明，蜀汉绝不可能投降，先主所制定和追求的兴复汉室、统一大卜的目标不会放弃，而且只要上下团结一心，一定能取得最后的胜利。

劝降不成功，曹丕又有了一个想法。

对付蜀汉曹丕手里还有一张牌，那就是蜀汉降将黄权，曹丕把他找来，要他出任益州刺史，专门对付蜀汉。

刘备的死讯传到洛阳，群臣都来向曹丕致贺，但黄权却没有来，曹丕知道黄权的心意，但有意吓唬吓唬他。曹丕派人诏黄权进见，黄权还没有到，曹丕一次次派人去催，给人感觉很着急，黄权的侍从下人闻讯无不震悚，认为曹丕发怒了，一定会出大事，但黄权镇定自若。

曹丕只是恶搞，他很欣赏黄权的才能和为人，他现在设了一个益州刺史，治所设在南郡曹魏的控制区，利用黄权的影响力分化瓦解蜀汉，黄权虽然不情愿，但也只能听命。

这样，荆州境内就有了两个“益州政府”，一个是孙权控制下的益州牧刘璋；一个是曹丕控制下的益州刺史黄权。由于他们在益州都有一定的影响力，所以不能小看他们的作用，荆州本来还有不少人忠于蜀汉，有人还设法发动武装叛乱以策应蜀汉，但都没有成功，与这两个“政府”的作用密不可分。

刘璋不久去世了，孙、刘之间关系也不断缓和，但孙权仍不放弃这种做法，他任命刘璋的次子刘阐为益州刺史，让他到交州与益州交界处组成“政府”。

黄权虽然接受了曹丕的任命，但内心里一直没有把蜀汉当作敌人，后来魏明帝继位，对黄权的政治态度并不放心，曾当面问黄权：“现在天下三分，应该以哪个为正统？”黄权不愿违心，回答说：“应该以天文为正统。”

遇到不想回答的问题总会说“今天天气真好啊”，黄权的回答类似于此，魏明帝大概对这个回答并不满意，让黄权做具体解释，哪知黄权说得还有鼻子有眼：“前面出现了‘荧惑守心’的天象，结果文皇帝驾崩，而吴、蜀二主都平安无事，这就是它的验证。”回答得很巧妙，虽然表示了屈服，但仍从正面避开了谁是正统的话题。司马懿也很器重黄权，曾经问黄权蜀国像他这样的人才有多少。

司马懿在给诸葛亮的一封信里说："黄权是个爽快人，经常从座位上起身赞叹着谈论您，这种谈论总不离口。"黄权后来在曹魏病逝，去世前的官位是车骑将军，虽是一个虚职，但也显示出曹丕父子二人对他的重视。黄权死时身边有儿子黄邕相陪，他的另一个儿子黄崇一直在蜀汉为官，蜀汉灭亡时随诸葛亮的儿子诸葛瞻战死于绵竹。

三十五、魏文帝治国

魏文帝曹丕在雄才大略方面的确远逊其父，他接手的虽是一个相当不错的摊子，开局也不错，但后来这几脚越踢越不怎么样了，在对孙吴方面反而让对方占了上风。

天下已成三分，一大两小，但大也有大的难处。仗打得实在太久了，官渡之战那时候出生的人，到黄初年间都早已娶妻生子了，战争对一切都产生了严重的破坏力，人口锐减，经济状况更是一塌糊涂，小户人家消耗不起，大户人家过起日子更难，曹魏占的地盘大，包袱也更重。

早在称帝后的第二年，曹丕下令改许县为许昌，立长安、谯县、许昌、邺县、洛阳为五都。对一个国家来说，同时有两个首都尚且诸多不便，五个首都同时存在，这在古今中外都是罕见的。有人认为曹魏真正的首都是洛阳，其他四个地方类似于"陪都"。的确，曹丕称帝后多次临幸谯县、许昌等地，但都是短暂居住或停留，大部分时间其实还在洛阳。

那么，洛阳之外设行宫即可，为什么特别明确"五都"呢？这在另一项诏令里或许可以找到答案。曹丕在明确"五都"的同时，还在另外五个地方立下了石表，分别是：西边的宜阳，北边的太行，东北边的阳平，南面的鲁阳，东面的郯县。这五个地方如果连接起来，刚好在曹魏的控制区里构成了一个核心区。

宜阳在弘农郡，位于洛阳以西今豫陕交界一带；太行即今太行山，古人认为此山居天下之中，秦汉时常以此山为地理坐标，有山南、山北、山东、山西之说；阳平不是汉中的阳平关，而是不久前刚刚设立的阳平郡，曹丕大概觉得邺县所在的魏郡太大了，就把该郡的东部分出设为阳平郡，治所在馆陶，即今河北省馆陶县，把西部分出设为广平郡，治所在曲梁，即今河北省邯郸市的东北；鲁阳是南阳郡的鲁阳县，袁术在南阳时长期以此为大本营；郯县在徐州刺史部，当年在此发生过著名的郯城保卫战。

曹丕下诏，该核心区称为“中都之地”，是朝廷建设和防卫的重点地区，核心区以外的人如果想内迁给予鼓励，各郡县都不得阻拦，该项政策为期五年，五年期满后又有增加。

这是一项收缩战略，原因是各地人口都在锐减，人力资源已经出现了严重短缺，摊子铺得太大不如集中起来。不过按照这个战略，宛县、襄阳、合肥等战略要点都不在核心区域内，曹魏的攻势有向守势转化的趋向。

洛阳是曹丕建设的重点，曹丕调新成立的阳平郡太守司马芝为河南尹，专门负责洛阳重建工作。

司马芝字子华，他也是河内郡温县人，但不在“司马八达”之列，跟司马懿虽同族，论起来却比司马懿长一辈。在曹魏官场上司马芝的资历也比司马懿老得多，他早年曾携母亲避难荆州，曹操平定荆州后发现他是个人才，就让他当了县令，他为人正直、难于碰硬、不畏强势，曹操在世时就担任了魏国大理正，负责司法方面的工作。

司马芝就任首都地区的行政长官，继续发扬他爱民、务实、耿直、廉洁的作风，抑制豪强、扶持贫弱，地方治理有一定起色。司马芝还不徇私情，他娶的是名臣董昭的侄女，宫里有人想找司马芝办事，听说他不好说话就托董昭帮忙，但董昭也不敢向司马芝开口。

然而，重建洛阳的困难远比想象的要大，最大的问题是人口，当时洛阳周边十室九空，堂堂曹魏的京城不能建在“无人区”吧？曹丕决定从冀州富庶之地先迁 10 万户到洛阳周围地区。

之前鼓励大家向核心区迁移，前提是自愿，强制迁移的政策一般很少使用，离乡背井、前途充满未知，即使白给首都户口也没有什么吸引力，政策颁布后果然没多少人愿意来。

曹丕下令强制执行，各有关部门都认为不可，因为这样容易引起民变。曹丕不听，仍然强令推行，侍中辛毗觉得此事很严重，跑过来劝谏。曹丕知道他的来意，故意拉个脸，想让他张不开嘴。

辛毗不管，问曹丕：“只说陛下要大批迁移人口，不知道是怎么考虑的？”曹丕反问道：“先生认为此事不妥吗？”辛毗说：“确实不妥。”曹丕不想跟这个老官僚纠缠：“这个嘛，我不想跟你说。”辛毗不干：“陛下如果认为臣无能，可以把这件事交给有关部门，让大家都来议议。臣所言非私事，是为社稷考虑，怎能迁怒于我？”

曹丕说不过他，站起来就走。想溜？那不行，辛毗跟着就过去了，一把拽住了曹丕的衣服，曹丕气乐了：“佐治，你把我抓得也太紧了吧？”佐治是辛毗的字，辛毗说：“怕你跑了，强制迁移人口有失民心，望陛下收回成命！”争来争去，最后君臣各让一步，迁10万户改为5万户。

除了人口政策，在货币政策方面也有重大举措，曹丕称帝不久即下诏在曹魏统治区内实行实物货币制。

之前说过，汉代通行的货币五铢钱曾被董卓废除，其后天下大乱，分裂割据，货币体系也难以统一，刘备到成都后马上发行了“直百五铢”这样的“大面额”货币，一枚铜钱相当于原来的100枚五铢钱，孙权更有甚之，后来发行了“大泉当千”“大泉五千”，一枚铜钱相当于1000枚和5000枚五铢钱。

曹魏没有参与这场“货币战争”，曹丕称帝之初曾下令恢复五铢钱，但后来发现国家的经济、金融想回到汉末大乱前的水平实在太困难，尤其蜀、吴两国竞相推出“大钱”，以五铢钱为基础的金融体系越来越难以支撑，于是又废除了五铢钱，用谷和帛两种生活必需物资作为临时货币。

实物货币是货币发展的倒退，选用谷和帛作货币还有明显的弊端，有不法商人把谷子浸上水增加重量，把绢帛里的丝抽出一些让它更薄，通过这种手段牟取暴利，朝廷发现后虽立即严厉打击，但仍无法禁绝。

曹丕大部分时间还是在洛阳处理朝政，在他称帝前洛阳的名字其实不叫洛阳，而叫雒阳，是他下令改回来的。

刘秀建立的东汉王朝定都洛阳，在五行中汉属火德，忌水，所以刘秀把“洛”字去“水”而加“佳”，改称雒阳。曹魏定五德，认为自己是土德，尚黄色，在水与土的关系上，水有土的依托才能流动，土因为有水才会更加柔和，所以曹丕又把“雒阳”改回为“洛阳”。

曹丕称帝当年即开始营造洛阳宫，汉代的洛阳南、北二宫破坏殆尽，恢复重建是一项特别浩大的工程，这项工作只能慢慢来，曹丕平时居住在北宫，汉朝南宫的崇德殿早已废弃，曹丕就在父亲生前修建的建始殿里接见群臣，人们所熟知的曹魏太极、昭阳诸殿，都是后来魏明帝修的。

建始殿除了处理军国大事还有一项重要职能，就是在此祭祀已故的武皇帝。天子与百姓家祀不同，天子祭祀先祖在郊庙，普通百姓无庙，祭祀就在家里。像曹丕这样的情况，父亲生前不是天子，自己是天子，祭祀父亲也用天子的礼仪，曹丕在建始殿祭祀父亲，实属无奈。

被恢复的还有推举孝廉的制度，这是汉代实行的一项最重要的选官制度，由于战乱这项制度也变得支离破碎，曹魏承汉制，仍实行这项制度，曹丕诏令人口满 10 万的郡国每年都可以推举 1 名孝廉，对于特别优秀的人才也可不限制于名额。

除了孝廉，曹丕还很重视各地上计吏的选拔，特别下诏："现在的上计吏、孝廉，等于是古代各地方向朝廷进献的人才，一个只有 10 户人家的小城也会有忠贞诚实的人，如果限定年龄来选拔他们，年老如吕尚、年幼如周太子晋这样的人才都没有出头之日，所以特令各郡国推荐人才时不要受年龄大小的限制，儒生只要精通经学、办事人员只要熟悉文书法令都可以试用。"

曹丕还下诏继续尊崇孔子，下令在鲁郡重修孔子旧庙，设 100 户士家负责守卫，在孔庙附近还修建了许多屋舍供学者使用，朝廷封孔子的第 21 世孙孔羡为宗圣侯，食邑 100 户。

汉末以来时局动荡，朝廷倾危，许多礼制要么有名无实，要么连最基本的名都没有了，曹丕称帝后实行的一系列恢复礼法的措施，使朝廷秩序重新规范起来，这些制度大多是对前代制度的继承或照搬，包括之前讲到的官位设置，都大体与汉代相仿。

也有重大创新的地方，九品中正制就是其中最重要的一项，这项制度主要由陈群提出的，主要内容是设立中正官品评人物，用以完善以察举为核心的选官制度。察举制选官靠推举，推荐权很容易被人为把控，即使须参考乡间舆论，但这些又容易被门阀士族所操纵，最后被推荐上来的未必是品行才学最好的人了。

为克服这些弊端陈群提出了设置中正官的方案，所谓中正官，指的是掌管某一地区人物品评的负责人，也就是各地的推荐人，州设大中正官，郡国设小中正官，其人选一般由司徒举荐的现任中央官员兼任，他们直接向朝廷负责，旁人不得干预，为便于开展工作，他们手下还设有名为"访问"的助手。

也就是说中正官都是兼任的，而且在中央办公，担任哪一个州郡的中正官，一般由他们原籍所在地来决定。中正官的主要职责是品评人物，也就是向上面推荐人，推荐的对象是同籍士人，包括散居在其他州郡的本地人，推荐的程序主要有三步：第一步是查家世，确定候选人后，中正官首先要看他们的"户口本"，看看他们父、祖甚至再往上几辈人都是做什么的，有没有仕宦情况或封爵；第二步是看品行，审查一下这个人孝不孝、贤不贤，大家的评论怎么样；

第三步是定品级，这是九品中正制最有创意的地方，也是它具备可操作性的原因，把人考查完了还要打分，通过量化进行比较，得的分不是百分制，而是上上、上中、上下、中上、中中、中下、下上、下中、下下九个等级，称为九品。

完成了这几步，中正官把评议结果上报司徒府进行复核，司徒府通过后转到尚书台，由尚书台负责人事工作的吏部尚书用来作为选官用官的依据。中正官报来的评议情况称“乡品”，“乡品”高者不仅当官的概率更大，而且更受人尊敬，称“起家官”；“乡品”差的也不是完全不能当官，但往往被视为“浊官”，被人看不起，日后升迁也慢。

这种品评也是动态的，一般三年重评一次，所以一个人的评价定品可能会升也可能会降，被品评者如果认为定品不公，也可以提出申诉，查证为中正官违法的，朝廷会追究中正官的责任。这项制度很厉害，不仅在于它确定了家世、品德、才能并重的选人用人标准，更在于它把“后备干部”的推荐权由州郡长官收归到了中央，而且还让各州郡无话可说，加强了朝廷的集权。

但这种方式也存在弊端，无论过去的州郡长官还是现在的中正官，手握大权总有寻租的可能，一开始评议人物还坚持家世、品德、才能三者并重，后来慢慢就有了私心，私相授受、互相推荐现象逐渐多了起来，担任中正官的通常都是世家大族，推荐的范围也就在世家大族的小圈子里，家世成为推荐的最重要标准，品才越来越被忽视，形成了“上品无寒门，下品无士族”的局面，魏晋门阀制度较前朝更为强化，与这项制度的推行有很大关系。

三十六、喜欢打猎的皇帝

治国理政之余，曹丕还是一位爱玩的皇帝。

与汉灵帝刘宏整天瞎折腾不同，曹丕最大的业务爱好是打猎，他当太子时就喜欢这件事，五官中郎将府任职的栈潜曾劝谏过他，曹丕不听，一有空就去，当了皇帝后约束少了，曹丕更是经常出去打猎。

打猎这件事，好处是可以锻炼身体，练练骑马、射箭，缺点是浪费时间，这不像打高尔夫，有半天空闲就能玩一次，打猎得去猎场，得安排布置，一趟下来少则几天，多则十几天，朝廷每天都有无数大事小事需要皇帝拍板，你跑去打猎了，一时还联系不上，肯定耽误事。

打猎还有一个坏处，那就是危险。骑马、射箭类似军事演习，万一马受惊或者道路崎岖险峻，容易酿成事故，那时候山林间凶猛的野兽也比较多，像老虎这类动物在各地都有，突然来个近距离接触，就麻烦了。即使遇不着老虎，埋伏个刺客什么的也很危险，孙策不就是这么死的吗？

孙策喜欢打猎，孙权也喜欢，也遇到过危险。据史书记载，有一次孙权骑马射猎，突然蹿出一只老虎，都扑住了孙权的马鞍。虽然最后有惊无险，但张昭知道了立即变色进谏："将军何必这样做？为人君的要善于驾驶英雄豪杰，任用贤良，而不是在原野上驱驰，去跟猛兽比试勇力，一旦发生不测，岂不被天下人耻笑？"

说得很严厉，张昭是老官僚，孙权赶紧赔不是："是我年少虑事不周，愧对先生厚望。"但孙权依然不改，继续出去打猎，他还让人发明了一种射虎车，这种车设有方孔，没有车盖，一个人驾驭，坐在车中射虎。这当然很危险，有离群的野兽常往车上扑，孙权就用手与它们搏击，以此为乐。

曹丕比孙权还要放得开，不仅自己打猎，还把百官都叫上。

皇帝看到大家平时都挺辛苦，安排个活动让百官放松放松，这是多好的事？可是皇帝喜欢的大家不一定都喜欢，皇帝在享受，百官却在受罪。

有一次曹丕带着大家去打猎，射中一只野鸡，高兴地说："射了一只野鸡，好高兴啊！"担任侍中的辛毗不失时机地给领导上了一次眼药："陛下觉得高兴，可我们觉得好辛苦！"曹丕一听很不爽，当场不便发作，但以后再出来就很少再带辛毗了。

不带辛毗，有他人也会上眼药，鲍勋那时也担任侍中，他直接上疏劝谏："我听说五帝三皇莫不明本立教，以孝治天下。陛下仁圣恻隐，有同古烈。臣希望陛下能继踪前代，令万世可则，而不是修驰骋之事，整天忙于射猎！臣冒死以闻，请陛下明察。"对于鲍勋这个"烈士后代"曹丕有些反感，看到鲍勋的奏折曹丕大怒，当场把奏折撕了。

不让干我偏偏干，曹丕不仅照旧射猎，还专门把鲍勋叫上。有一次中途休息，曹丕故意问鲍勋："射猎之乐，与八音之乐哪一个更乐？"侍中刘晔一向会来事，马上抢答："射猎比八音之乐更好。"鲍勋实在看不惯，反驳道："此言差矣！音乐上通神明，下和人理，隆治致化，万邦咸仪，所以移风易俗莫善于乐。游猎在原野中暴露帝王的车盖，损伤生息化育的至高原理，迎风冒雨，有违天地自然的规律。过去鲁隐公到棠地观看捕鱼，《春秋》讽刺了他，陛下虽然把游猎当作急务，但却是臣下所不希望的。"

鲍勋还当场批评刘晔："刘晔佞谀不忠，陛下只是一句玩笑话，刘晔立即附和，就像当年梁丘据取媚于遄台，请有关部门治其罪以清皇庙！"曹丕实在忍不住了，猎不打了，直接回去，回来就把鲍勋降了职。

辛毗和鲍勋都担任侍中一职，"侍中"的意思是"侍卫于中"，"中"即"省"，也就是宫中。侍中的本意为侍卫于皇帝近前，其职责与尚书相近，但品秩比尚书高得多。侍中最早也是九卿之一的少府卿下的属官，后直接由皇帝指派，虽是散职却因为随时能接近皇帝而显贵。侍中有专职的，也有兼职的，兼职即为加官，文武大臣有"加侍中"一职的，说明可以随时入禁中受事。本朝侍中品秩二千石，与九卿相同。以后侍中地位更高，魏晋以后侍中一职经常成为事实上的宰相，直到元朝以后废止。

也就是说，辛毗也罢、鲍勋也罢，给皇帝提建议是没错的，因为这是他们的分内职责。皇帝不高兴，要么出来不再带上，要么把人家从身边调走，这是很不妥的。

曹丕不管那么多，他是个任性的人，这么多人出来反对丝毫没影响他的射猎之兴。一次，曹丕又出去打猎，玩得晚了半夜才回宫，这件事让司徒王朗知道了，老头子也加入讨伐阵营里，上疏劝谏："帝王的居所外面有守卫，里面设禁门，每次出行沿途必须先安排人马保卫才能出发，身边做警卫工作才能登台阶，打开旗子才能登车，清扫好道路才能引导御驾，布置好住处才能下车休息，所有这一切，都为的是显示帝王的尊贵，要求帝王的行动务必小心谨慎，并以此作为制度永垂千古。听说最近御驾亲出捕虎，日出而行，天黑才回来，这违反了帝王出入的常规，不是帝王戒慎的做法。"

王朗的名头比辛毗、鲍勋大得多，又是三公，这份上疏曹丕不敢撕，不仅不敢还得亲笔做出批示，曹丕为自己射猎找了个说辞："看了您上的表，知道您说的意思。有些事您可能不太清楚，之所以射猎是因为方今天下还不太平，孙、刘二寇未定，四处还有征伐，射猎嘛，其实是军事演习。至于夜里回来太晚存在安全隐患问题，还真没考虑那么细致，幸亏您提醒，我已命令有关部门今后务必注意。"

人家建议你"戒慎"，是个委婉的说法，意思是别再去打猎了，你还真客气，表示再出去时一定会注意，不知道王朗看到这个批示时做何感想。

曹丕挺郁闷，这么大一点儿事没完没了了，这时长水校尉戴陵也上疏劝谏射猎，曹丕干脆抓个典型，杀鸡儆猴，直接下令把戴陵处死。大家赶紧救人，苦劝死劝，戴陵总算保住一条命，减死罪一等。

曹丕是个记仇的人，谁惹了他，一定会报复。

鲍勋早年得罪过曹丕，后来又一再劝谏，多次当众让曹丕下不了台，曹丕有了除掉鲍勋的想法。之前鲍勋规劝过曹丕不要伐吴，曹丕把他降为治书执法，也就是军法官。曹丕那次征江东无果而返，从江淮回军时经过陈留郡，鲍勋作为军法官随征。

陈留太守孙邕前来拜见曹丕，他大概跟鲍勋也熟，所以拜见完之后顺道探望鲍勋。当时营垒还没建成，只树立了营标，孙邕是地方官员，大概不太了解军营里的规定，他走了侧路而没走大路，被鲍勋手下军营令史刘曜发现并检举他违反军令，鲍勋认为壕堑营垒还没建成，不必过于认真，于是调解了这件事情而没有举报。

后来，刘曜犯了罪，鲍勋上奏要把他废黜遣派，刘曜为自保，也为了报复鲍勋，就秘密上表揭发鲍勋私下解脱孙邕一事。这本不是什么大事，即使违反了规定，批评教育一下就行了，但因为涉及鲍勋，曹丕觉得终于抓住了此人的把柄，于是下诏把鲍勋逮捕，交廷尉严审。

廷尉进行了审查，认为依据法令应判鲍勋有期徒刑五年，并处剃发戴枷的刑罚。按照规定，廷尉对鲍勋这一级官员的审判结果需经三公会签后才能上报御前，三公把廷尉的报告直接驳回，认为刑罚太重，依照律条只需要交2斤金子作为罚金即可。

廷尉重新递交报告，曹丕大怒："鲍勋这个人根本没有活命的资格了，你们竟敢宽纵他！再有人敢包庇就一块抓起来审问，让你们十鼠同穴、一网打尽！"钟繇、华歆、陈群等重臣以及廷尉高柔等人一同表奏，认为鲍勋的父亲鲍信在太祖时有功劳，请求赦免鲍勋，曹丕不许。

鲍勋被杀影响很大，他的父亲鲍信跟曹操是生死之交，在曹操最困难的时候举全部家财给予支持，后来又为曹操的事业死在了战场上，这样的人曹丕说杀就杀，理由又不服众，难免让人议论。

三十七、文人开始带兵

曹丕的性格基因看来太不像他的父亲了，隐忍、执着、待人宽容是曹操能够乱世里称雄的原因，而偏执、自负、有仇必报是曹丕性格的总特点。

在用人上曹操不拘一格、唯才是举，有海纳百川的气度，而曹丕多以自己的好恶划分阵营，无意识中把人分成了“自己人”和“不是自己人”两大类，“自己人”怎么都可以，不惜打破常规给予重用，“不是自己人”就想办法打压甚至迫害，失去了帝王的法度。

敢恨，是曹丕的性格；敢爱，也是他的个性。

曹休、曹真、夏侯尚、夏侯楙自不必说，对“太子四友”这些人，以及过去在夺嫡之争中支持过自己的人，曹丕也都一律给予关照和无条件信任。曹丕称帝不久即下诏任命“太子四友”之一的吴质以振威将军的身份“都督河北诸军事”，后面是一项新职务，意思是指挥、节制河北地区的一切军事力量。河北，指的是黄河以北，从行政区划上说包括冀州刺史部的大部以及青州刺史部、幽州刺史部的全部。

这项职务权力很大，把整个曹魏北部地区的军权都交给了吴质，而在此之前吴质担任过的职务，可以查证的只是一名县令（朝歌长）和某将军府里的长史，曹操在世时似乎对此人也并不感冒。

也就是两三年的时间，一名从未带过兵、打过仗的县令被直接提拔为将军，这当然是一种“敢爱”的表现。“都督诸州军事”的制度也从此定型，曹仁、曹真、曹休以及张辽等人外出领兵一般都加以“都督某州诸军事”的名号，有的加以“持节”的授权。有这种名号和授权的将军权力更大，不仅可以调兵，而且可以惩治辖区内某一级别的官员，类似后世的钦差大臣。

曹魏习惯上分成了四大战区：北部战区一般为“都督河北诸军事”，主要职责是防御北部少数民族部落，辖区面积不小，但一直没打过大仗，重要性稍差；西部战区一般为“都督雍、凉二州诸军事”或“都督陇右诸军事”，主要职责是防御蜀汉，通常由征西大将军或镇西将军兼任；中部战区一般为“都督荆州诸军事”或“都督荆、豫二州诸军事”，主要职责是兼防蜀汉和孙吴，通常由征南大将军兼任；东部战区一般为“都督扬州诸军事”或“都督青州、扬州诸军事”，主要职责也是防御孙吴，通常由征东大将军或镇东大将军兼任。

吴质一跃成为曹魏政坛和军界的新星，但奇怪的是《三国志》却没有他的传记，主要原因是此人脾气很差，在生前即受到颇多议论。

黄初五年（224）吴质回洛阳朝觐，曹丕发现没有多少人搭理吴质，吴质显得有点孤独，曹丕专门下诏命上将军及特进以下高官都到吴质家里做客，想帮吴质结结人缘。

宴会上，客人喝得怎么样不知道，主人先喝高了。吴质这个人，酒一喝多就把持不住，曹真这时候担任着中军大将军一职，长得有点胖，同为“太子四友”的朱铄时任中领军，长得很瘦，吴质便拿他们二位寻开心，令伶人在宴席上表演“戏说肥瘦”的段子，不想玩笑开过了头，曹真脸上挂不住，与吴质当场闹翻，要责罚伶人，甚至不惜刀兵相见。

看热闹的人都不怕事儿大，曹洪、王忠等人想看吴质的笑话，在一旁瞎起哄，故意逗火，曹真愈加恚怒，拔刀瞋目，大骂于座：“这个伶人要是放跑了，我要拿你开斩！”曹真是什么分量的人大家都知道，但吴质不示弱：“曹子丹，你只不过是屠案上的肉，吴质吞你不用摇喉，咀嚼你也不用摇牙，何敢恃势而骄？”

眼看无法收场，朱铄从座席上起身来劝：“陛下要我们陪你作乐，你怎么这样？”有人劝架，顺着台阶下就得了，但吴质又回头骂朱铄：“朱铄，你还是小心别把座席弄坏了！”朱铄也是个急性子，被吴质呵斥，气得拔剑朝地上砍，其他想上来劝架的只好坐了回去。

吴质就是这样的臭脾气，结果把自己弄成了政坛上的孤鸟。

不仅吴质当了“河北战区司令”，到了黄初六年（225）的春天曹丕又突然做出了两项重要人事任命：以陈群为镇军大将军，录行尚书事，随车驾董督众军；以司马懿为抚军大将军，留守许昌，督后台文书。

吴质、陈群、司马懿，加上担任中领军的朱铄，“太子四友”全部有了军职，这些都打破了曹魏政坛的潜规则。自曹操创业开始曹魏阵营一直以来遵循着严格的文臣、武将两条路径，文臣从不带兵，而武将中虽有个别人短时间内兼任过太守一类的行政官员，但极少有向三公、九卿方向发展的先例。

文人就是文人，武人就是武人，这是两个不同的集团。在曹魏的阵营里，有人概括出这两个集团分别各有一个核心，文人的核心是汝颍集团，武人的核心是谯沛集团。曹魏的主要文臣中荀彧、荀攸、郭嘉、钟繇、杜袭、辛毗以及后起之秀陈群等人都是颍川郡或汝南郡人，这里自古多奇士，世家大族辈出，故称汝颍集团。而谯沛集团，是因为曹氏父子乃沛国谯县人，沛谯集团其实就是“诸夏侯曹”集团。

文臣中最优秀者，如荀彧、郭嘉、荀攸和崔琰等，一生从未担任过军职，这既是因各人特长而造就的不同分工，也暗含着某种权力格局的制衡，有人负责决策，有人负责执行。决策的人不管执行，执行的人不考虑决策。

由“武人”而入“文人”者有一个特例，那就是程昱，他本来是一员武将，后来成为曹魏阵营的核心谋士，程昱的成功转型是仅有的一例，而且是由“武”入“文”，而非由“文”入“武”。兵权是曹魏最核心的权力，三公可以让，九卿可以给，但兵权轻易不会给你。曹魏掌兵者不超过三种情况：一是如“诸夏侯曹”，或宗族或姻亲；二是如张辽、张郃、徐晃等人，是职业军人，为打仗而生，为打仗而死，绝对效忠于曹氏父子；三是臧霸、张燕、张绣那样曾经的地方实力派，被曹魏接收后暂时带兵，最终兵权也被稀释或整合。

陈群、司马懿等“太子四友”不属于以上任何一种情况，他们出身士族，走的是荀彧或崔琰的道路。尽管他们已身处权力核心，深得皇帝的倚重和依赖，但他们从未奢望过染指兵权，现在兵权却自己来了。

在给陈群、司马懿的任命诏书里，明确他们的军职分别是镇军大将军和抚军大将军，指挥的主要是“中央军”。

曹魏军制虽然延续了秦汉以来南军、北军的体制，但因为随时都在作战，四面都是战场，又加上曹魏实行特殊的五都制，除洛阳为常设首都外，邺县、谯县、许昌和长安是陪都，所以军制自然与和平年代的南军、北军有所不同。

曹魏的嫡系部队可以分为地方主力军团和中央军团两大部分，中央军团除中领军、中护军这些禁卫军外，还有一部分守卫其他几个都城。中领军、中护军简称“中军”，天子到哪里他们就守备于哪里，其他的中央军被编为镇军、抚军等兵团，由镇军大将军、抚军大将军指挥。

与一般杂号将军不同，陈群、司马懿的军职里还有一个“大”字，这是曹丕称帝以后的新发明，如果没有这个“大”字，这些将军就是普通的将军，相当于军长，加了一个“大”字，地位一下子抬升了很多，至少可以与四征、四安、四镇将军相当，从品秩上说略低于三公但高于二千石的九卿。

陈群和司马懿之前的身份仅是品秩千石左右的尚书令、尚书仆射，掌握了军权，品秩也骤然提升。同时，他们仍然负责尚书台，陈群以镇军大将军的身份“录行尚书事”，即兼任朝廷的秘书长，司马懿没有明确是否仍兼任尚书仆射这个副秘书长，但命他“督后台文书”，说明他仍然兼职于尚书台。

文帝命他们掌兵，也可以看作是给尚书台加上了兵权，尚书台也可涉兵事，但直接带兵，这个恐怕连尚书台的缔造者汉武帝也没有这么做过。

任命诏书专门讲到了陈群和司马懿的分工：“过去轩辕黄帝建四面之号，周武王称‘予有乱臣十人’，先贤们之所以能治国理民，都是多任用贤人的缘故。现在内有公卿镇守京城，外有州牧掌管四方，遇到有军情需要出征，军中应该有柱石一般的贤帅，辎重所在之处也应该有重臣镇守，那么御驾出征就可以周行天下，而没有什么可顾虑的了。现在，任命尚书令、颍乡侯陈群为镇军大将军，尚书仆射、西乡侯司马懿为抚军大将军，如果我亲征讨伐南方的敌人，就留抚军大将军守许昌，督后方诸军，处理后台文书诸事；由镇军大将军随车驾，董督众军，代理朝廷秘书长。他们都给予假节、鼓吹，并调拨给中军骑兵600人。”

对陈群和司马懿来说，手里有没有兵权其实有本质区别，曹操生前杀掉或逼死的重量级人士，从孔融、荀彧到崔琰、杨修、娄圭、毛玠等，都有一个共同特点：他们都是文人。而武将之中，将军以上的从未被杀过一个，也就是说，在曹魏阵营里最危险的是文人，而最安全的是武人。

这符合权力的逻辑和游戏规则，文人靠一张嘴，没有实力做支撑，杀也罢，用也罢，全凭君王的心情。而每个武人的背后都是一支队伍，君王即使不满，也会投鼠忌器，用别的方法解决权力问题。

像张绣那样手上有曹家血债的人，还有像臧霸那样的土匪，曹氏父子只得一忍再忍，找机会一点点把兵权收回来；而像荀彧、崔琰那样忠心耿耿、为曹魏做出过重大贡献的人，一句话就能要命。

这不是君王冷酷，这是权力规则。文人的智慧是君王所需要的，但那是软实力。手握兵权，才是硬实力，但兵权又是那样遥不可及，所以诏令下达之初司马懿、陈群尚不敢欣然接受，他们上书辞让。

曹丕下诏，打消他们的顾虑：“我要处理的事情很多，以夜继昼，想休息都不得空，做出这样的安排并不是增加你们的荣耀，是让你们为我分忧啊！”

二人这才接受，上任后他们又接到了曹丕的诏书：“我常常因为后方的事感到担忧，所以把重任交给你们。曹参虽有战功，但论封行赏时萧何最重，让我没有西顾之忧，不知道行不行？”

在曹丕眼里善于理政的萧何更重要，他想让陈群、司马懿做好的萧何。这种无以复加的信赖还不断继续着，后来曹丕专门给司马懿下过一份诏书：“我在东方，抚军大将军全权处理西方的事务；我在西方，抚军大将军全权处理东方的事务。”

君子一言、驷马难追，更何况皇帝的诏书？这份诏书可以理解为一份授权书，有了这项授权，司马懿俨然成了“曹丕第二”，尚书台里的司马懿成为曹魏帝国仅次于皇帝的人。虽然最后面的这份诏书只出现在《晋书》里，不排除是为了粉饰司马懿而虚构的，但陈群和司马懿迅速跻身曹魏军界并掌握军事大权却是不争的事实，这极大地改变了曹魏的权力结构。

三十八、孙权的人事改革

曹丕称帝一晃好几年过去了，对外他三次兴兵伐吴，其中两次御驾亲征，都无果而终；对内大兴制度重建与改革，又有后宫争宠，挺忙。

这一时期孙权的主要精力都在应对曹魏的进攻上，利用刘备死后吴蜀关系出现的转机，重新修复与蜀汉的关系，以此对抗曹魏。与此同时孙权在内部也推行了一次重要的改革，不过半途而废了。

这场改革常被人忽视，因为孙权并没有大张旗鼓地进行，他的改革动机十分隐秘，一直到最后都没有公开示人，这场颇有些神秘的改革与一个小人物有关。这个人名叫暨艳，正史里没有暨艳的传记，他在孙吴的地位并不高，关于他的事迹更多地记录在宋朝人编撰的一部历代名人录里，“暨”这个姓氏很少见，这部书认为在暨姓的历代名人中暨艳算是一位。

暨艳字子休，扬州刺史部吴郡人，个性耿直、刚正不阿，喜欢以儒家的伦理道德为依据臧否人物。吴郡也是孙氏的故里，但孙氏出身寒微，而吴郡向来以出世家大族著称，所谓顾、张、朱、陆“江东四大家族”，其实应该是“吴郡四大家族”，因为他们的祖籍都在吴郡。

暨艳出身于吴郡，对他来说既幸运又不幸。

由于同乡的关系暨艳受到了张温的器重，这个张温就是曾出使蜀汉的那个人，他出身于“吴郡四大家族”中的张氏一族，本来名气就挺大，出使蜀汉归来他的名气更大了。孙权被封为吴王后吴国也设立了尚书台，张温曾在尚书台任职，具体职务是选曹尚书，这个职位品秩不高，只有六百石，与县长、县令差不多，但它掌管官员选拔和考核，相当于吴国的人事部长。

在张温的引荐下暨艳也进入了尚书台，后来张温调离，暨艳竟然接替他担任了选曹尚书这个重要职务，暨艳大概是个很有责任心的人，或者说很有心机，他上任后就开始琢磨孙吴在人事工作方面有没有不足之处。

经过一番调研，暨艳发现不仅有问题，而且问题很大。

暨艳发现，在孙吴的人事布局中世家大族的影响力过大。

这里说的世家大族有两个含义：一是指像“吴郡四大家族”那样的名门望族，他们兴旺于江东大多已若干代人，势力和影响都很大；二是指跟追随孙氏父子的豪门名将，孙吴实行世袭领兵制，子承父业，名将渐成豪门。

孙坚和孙策在世时不太重视江东的名门望族，孙策曾奉袁术之命攻打庐江郡太守陆康，导致陆康被杀，“吴郡四大家族”世代联姻，一荣俱荣、一损俱损，这件事让孙氏与吴郡的世家大族彻底对立。孙权接班后着力弥补这种裂痕，所以任用了顾雍、张温、朱据等“吴郡四大家族”成员，还把自己的侄女也就是孙策的女儿嫁给了陆逊，经过这些努力，孙权与江东大族之间的关系得到了缓和。

在豪门名将方面，孙氏父子依靠他们打天下，所以对他们一向尊崇。孙权是个重情谊的人，忘过记恩，对豪门名将的子弟也都广加延用，每每给予高官重位，一些子弟能力平平，靠着父辈的影响而青云直上。

这两股势力实际上把持了孙吴有限的官员职位，堵塞了有能力但没有背景的寒门子弟晋身之阶，汉末两晋门阀制度盛行，孙吴人事方面存在的这些问题只是门阀制度的一个缩影，这是政治体制使然，要打破它还需要相当长的时间。

但暨艳不想等，也许他本人就出自寒门，进入仕途完全靠的是运气，所以对寒门子弟的境遇感同身受，他现在既然主持人事工作，所以理所当然地认为应该大力推进人事制度改革，为此他大刀阔斧地干了起来，改革的重点是郎官的选拔与考核。

郎官是朝廷中下级官员的骨干，汉时最多达5000人，分议郎、中郎、侍郎、郎中四等，由五官将署、左中郎将署、右中郎将署三个部门统管，故也称为三署郎，他们以在天子身边守卫门户、出充车骑为主责，除议郎外均须执戟宿卫殿门，轮流当值。郎官品秩不高，但在天子身边工作，号称天子门生，经常有出任地方长吏的机会，被人视为出仕的重要途径。又因为朝廷各要害部门的往来流转实际上由他们把持，为办事方便，人们不得不贿以行货，史书称这些郎官为“山郎”。

暨艳认为，孙吴上下庸庸碌碌的郎官比比皆是，大多不符合任职要求，在选曹郎徐彪等人的支持下暨艳开始了大规模的官员考核，根据考核结果重新确定郎官人选。暨艳、徐彪等人制定的考核标准十分严格，让被考核者压力很大，考核结果出来，只有 10% 的人合格能继续留在原位，其余均不合格。对不合格者一律给予降职，有的被连降好几级。还有一部分人，在考核中被发现有问题，暨艳、徐彪把他们全部贬为军吏，很多人遭到了这种处分，以至于朝廷设置了专门的营府来管理他们。

整顿官场风气、严格官员的选拔当然是正确的，但暨艳等人发起的这场人事改革力度未免过大，而且从矛头所指来看，显然是针对世家大族的，所以这场改革绝不是一名六百石的官员所能决定的。

有人认为张温是暨艳等人的后台，这其实不可能，张温不是尚书令，虽然他有一定影响力，但种种迹象显示孙权对张温相当不满意。出使蜀汉归来张温多次称颂赞美蜀汉，引起孙权的猜忌，张温出身吴郡大族，在社会上名声很大，有一帮铁杆粉丝，孙权认为这样的人只会惹祸，难以为自己所用。

张温不仅不是孙权的心腹，而且已招致孙权的不满，孙权一直在找机会收拾他，所以这场力度空前的改革不可能由张温在“背后指导”，况且，出身于“吴郡四大家族”的张温也没有理由把改革的矛头对准自己的阵营。

推测起来暨艳、徐彪等人的后台只能是孙权本人，孙权这么做，应该缘于一种矛盾心理。孙权虽然重用世族子弟，但他也知道什么人能用，什么人不能用，他肯定不希望朝堂上下充斥着碌碌庸人，来一场改革，肃清朝堂，整顿吏治，这正是孙权所需要的。

但孙权是一个重情义的人，让他直接出面与世族们交锋，他拉不下这个脸，这些人大都随他们父子兄弟征战多年，一辈接一辈出生入死，用血汗换来了今日的荣耀，把他们的子弟扫地出门，孙权张不开这个嘴。在江山社稷和人情面前孙权最终还是选择了前者，所以他暗中支持暨艳等人搞改革，希望自己不出面也能达到目的，大家要埋怨只能怨暨艳等人。

但接下来发生的事让孙权很吃惊，随着大批官员被贬斥，世族们开始反击，他们争相指责暨艳、徐彪等人主持考核没有出于公心，只讲私人感情。任何一场有实质内容的改革都会触及一些人的利益，而改革的过程中因为改革者自身的不足也会出现一些问题，根据史书的记载，暨艳等人在对官员考核中，揭发了一些人的隐私和短处，以炫耀自己的弹劾之功，陆逊的弟弟陆瑁曾给暨艳写信让他不要这么做，但暨艳不听。

对暨艳改革的反击之声一浪高过一浪，其中充满了埋怨和愤慨，一些很有杀伤力的传言也在滋长，远远超出了暨艳、徐彪等人的掌控能力，连后台老板孙权也大吃一惊。

为安抚众人孙权赶紧出面止损，下令对暨艳、徐彪进行审查。

孙吴黄武三年（224年）暨艳、徐彪二人在狱中自杀，至今这都是一桩历史悬案，真实情况扑朔迷离。暨艳、徐彪也许因激起众怒而恐惧，所以在绝望中自杀，也许另有隐情。如果孙权真是暨艳等人的幕后指使，在民怨已起的情况下他们被罢官、审查显然不能解决全部问题，在审查中如果暨艳等人交代了一切，说了一些不该说的话，那孙权就太尴尬了，所以他们必须死。

暨艳、徐彪死后孙权可以放手追查，并将事件引向对自己有利的方向。在审查中发现张温和暨艳、徐彪有过许多书信往来，孙权下令有关部门把张温抓了起来。

接下来由审查暨艳、徐彪就变成了审查张温，经过"周密调查"，孙权给张温定了罪，决定撤销其一切职务，遣回本郡充当杂役。孙权给张温定的罪有四项：一是举荐暨艳；二是在都督豫章三郡期间不听调遣；三是误信殷礼；四是在人事问题上谋取私利。

第一项罪名已经说了，第二项罪名是说张温出使蜀汉归来，孙权曾派他到豫章、庐陵、鄱阳三郡围剿逃入山中的残兵、奴客，为此孙权从身边拨出5000人马给张温。后来曹丕南征，形势吃紧，孙权命令把这5000人马调回，但张温已经把他们派到深山里，无法调回来。孙权认为幸亏曹丕主动撤兵，否则张温就误了大事。

第三项罪名中说的殷礼，在张温出使蜀汉时曾以郎中的身份随同出使，受到包括诸葛亮在内蜀汉人士的广泛好评，殷礼回来后理应续任郎中，但在张温引荐下他升任了代理户曹尚书，孙权认为这么重大的事张温一个人就包办了。

第四项罪名也有人证，在审查中发现张温私下对人封官许愿，他对一个叫贾原的人说，要举荐他当御史，又告诉一个叫蒋康的人说，让他接替贾原的职务，孙权认为张温的所作所为都是在为自己谋私利。

孙权在给张温定罪的命令里说张温所犯下的罪行本应处死示众，他不忍心那么做才从轻发落。本来是审查暨艳、徐彪，结果让孙权轻易转移了话题，世家大族们的反击打在了棉花上，又白白搭上自己一伙的张温。

骆统等人上书为张温申辩，尽管骆统是孙权的侄女婿，孙权一向对他的意见很重视，但对于他为张温的申辩，孙权不予采纳。张温于是被撤职遣送回吴郡，于六年后病故，他的弟弟张祇、张白也很有才能，名气都不小，也受张温的牵连而废黜。

三十九、兵分三路金沙江

曹魏和孙吴那边都挺忙，这种局面对蜀汉来说无疑是有利的。

作为先帝驾崩前指定的托孤大臣，诸葛亮承担起治国理政的大任，后主继位后他就在成都建立了丞相府，以此治理蜀汉。

关于诸葛亮开府的时间史书强调是在刘禅继位后，刘备驾崩前诸葛亮已经当了整整两年的蜀汉丞相，怎么现在才开府呢？难道刘备在世时诸葛亮没有自己的丞相府吗？

按照汉代制度三公以上均可开府，地位低于三公的官员经过特别批准也可开府，一般会加“仪比三司”这样的话，丞相开府当然没问题，曹操生前掌控大权靠的主要是他的丞相府。但是可以开不等于一定开，开府与不开府取决于需要，刘备在世时蜀汉一切大事都由刘备亲自决策，诸葛亮只是执行者，所以开不开府关系并不大。而且，刘备是在仓促间称帝的，称帝后又马上伐吴，有些事恐怕还顾不上来。

刘备东征期间诸葛亮留守后方，如果没有开府的话，他如何处理后方的日常事务呢？

刘备任命诸葛亮为丞相时还给了他一个“兼职”——录尚书事，也就是负责处理朝廷日常事务，张飞死后又让他兼任了司隶校尉，这两项职务应该才是诸葛亮最重要的工作。刘备东征期间有太子监国，朝政方面诸葛亮要随时向太子汇报，司隶校尉作为行政官虽然没有实际意义，但它还有监察百官的职责，刘备不在期间诸葛亮可以凭此监察蜀汉百官。

所以当时倒也没有必要组建一个丞相府，或者说即使有一个丞相府，也只是为诸葛亮履行职责服务的一个小的工作班子，绝不是蜀汉政权的核心。现在情况不同了，诸葛亮要组建一个完整的、规模庞大的丞相府，这个丞相府将成为蜀汉的权力中心。

处理完这些事，又经过一年多时间的准备，诸葛亮决定着手解决那件紧迫的事，向南中用兵。

对蜀汉来说当时最大的敌人不是曹魏，更不是孙吴，而是南中。南中之乱已经持续相当长的时间了，且有越来越严重的趋势，如果不果断出手，局面将更无法收拾。按照曹丕制定的战略，孙吴是当前曹魏的主攻目标，这为蜀汉创造了一个难得的"战略机遇期"，如果不趁此机会解决南中问题，将来无论曹魏打来还是孙吴发起了进攻，就再也没有能力去平乱了。

后主建兴三年（225）春天，诸葛亮提出了南征的想法，并决定亲自率兵前往。丞相府长史王连当时患了重病，听说丞相要亲征，他认为有些不妥。

王连抱病来见诸葛亮，向他建议道："南中是不毛之地，疫疠之乡，不应当由丞相亲自讨伐，作这样的冒险之举。"王连不反对南征，反对的是诸葛亮亲征，诸葛亮目前是蜀汉的主心骨，如果长期不在成都的话，蜀汉能不能保持安定存在变数，所以不宜亲往。王连的话还有一层意思，那就是南中的情况很复杂，打胜了还好说，如果打败了或者虽未败却无功而返，诸葛亮的个人威望都将受到极大的挫伤。

对诸葛亮来说这当然是一个巨大的挑战和风险，尽管他在政治、外交上的才干已有目共睹，但在军事方面的能力还不为人所知，当初他曾指挥过三路大军入蜀，然而那还算不上一次真正意义上的大规模战役。现在诸葛亮在蜀汉的地位无人能比，如果只站在个人的角度看，他似乎并没有必要冒险去指挥一场战役来提高自己的声望。

诸葛亮可以派一名将领去征讨南中，比如赵云就是合适的人选，当年他率兵平复荆州的江南各郡，成绩很不错。但是，南中之战事关重大，必须倾蜀汉的全力去打赢这一仗，自己去无疑取胜的把握更大，所以不能因为避免让自己冒险而让整个国家去冒险。

诸葛亮感谢王连的好意，但仍决定亲自南征。大军出发前王连病故了，对诸葛亮来说这是一大损失。此次南征他要离开成都一段时间，后方不仅要保持安定，还要向前方提供强有力的保障和支持，丞相府长史这个角色很重要，诸葛亮选拔了任步兵校尉的向朗接替王连。

在诸葛亮身边的几位重要助手中，论资历和能力似乎张裔、杨洪、蒋琬都比向朗更合适。向朗早年师从司马徽，跟诸葛亮有同窗之谊，但诸葛亮选他来当丞相府的长史看中的倒不是这个，张裔等人固然更合适，但他们现在都另有重任。

张裔以俘虏的身份在孙吴待了一段时间，回来后被任命为丞相府参军，这是一个闲差，诸葛亮却没让他闲着，而让他管理丞相府的日常事务，同时兼管益州人事工作。张裔现在身兼军政两端，既了解诸葛亮的想法，又熟悉益州本地情况，起着别人无法替代的作用，此时不宜调动。

诸葛亮开府治事后又把杨洪调回蜀郡当太守，这个职务极为重要，掌管着成都的安危，地方一旦出现什么情况还得靠杨洪来稳定局面，也不宜变动。蒋琬的能力深为诸葛亮所欣赏，但不久前他的职务又有了新变动，诸葛亮把他从尚书台调到丞相府，由尚书郎升任丞相东曹掾，负责人事工作，此时也不宜再动。

诸葛亮着意培养的人还有杨仪、费祎、董允、马谡、邓芝等几位，在这几个人里杨仪似乎比向朗更合适一些，但他被刘备亲自贬降过，现在挂着一个弘农郡太守的空衔，孙权对杨仪也有过负面评价，这些影响到诸葛亮对他的安排，诸葛亮让杨仪以丞相府参军的身份随自己一起行动。

后主建兴三年（225）春天，刘禅诏准诸葛亮率众南征。

刘禅赐给诸葛亮金鈇钺一具，曲盖一副，前后羽葆鼓吹各一部，虎贲60人，这些都属皇帝专用。曲盖、羽葆属于出行的车辆仪帐，虎贲是皇家警卫，而金鈇钺不仅好看，而且象征皇帝的授权，比假节、持节级别更高，持此如皇帝本人亲临，可以任意诛杀大臣而不用必事先请示。

蜀汉的文武百官一直把诸葛亮送到成都郊外，大家回去了，还有一个人没走，他一直跟着诸葛亮前行。此人显然有话要说，但他特别能沉住气，走了数十里一直没吭声。

最后是诸葛亮倒忍不住了，对此人说："咱们在一块共事多年，希望你能多提些良谋妙策。"见丞相催问，此人才慢慢说道："南中依仗险远，长期以来不服我朝，即使现在把它攻破，后面还会继续反叛。将来明公如果倾国家之力去对付强贼曹魏，他们知道我们后方空虚，叛乱会来得更快。如果把他们全部杀了以绝后患，那又不符合仁义，而且这也不是仓促间可以做到的事。用兵之道，攻心为上、攻城为下，心战为上、兵战为下，希望明公能让他们心服！"

天下之事莫神于兵，莫巧于战，所以《孙子兵法》说"攻心为上，攻城为下"。心战胜于力战，但也难于力战，力战胜于一时，心战胜于长久。南中地处边陲，地域广大，长期以来都是南中各族的天下，在战场上打败他们或许容易，但要把这里牢牢守住就十分困难。此次南征如果一味用武，难免会杀戮过重，与南中各族的积怨不仅解不了，而且会越积越深，到那时即使军事上取得了成功，也难以保证南中的长治久安。所以，对此人提出的“心战”构想，诸葛亮十分赞成。

提出这个建议的人是丞相府参军马谡，作为马良的弟弟，马谡一直深得诸葛亮的器重，诸葛亮认为他很有才干，对问题有独到见解，所以丞相府组建后就把他调到了身边，平时遇到问题就征询他的意见。诸葛亮与马谡经常在一起交谈，有时从白天一直谈到深夜。

马谡此次没有随征，但他一直在思考南中之战，他看到了此战的关键点，所以想向丞相禀明，或许因为还没有考虑成熟，因而没有马上说出来。他的建议启发了诸葛亮，诸葛亮在行军路上起草颁布了一份军令，作为此次南征的指导文件，这份《南中教》的命令只保留下来一句话：“用兵之道，攻心为上，攻城为下；心战为上，兵战为下。”前半句出自《孙子兵法》，后半句是马谡建议的原话。“心战”的提出进一步发展了《孙子兵法》的“攻心”思想，也正好契合了眼前的这一仗。

后主建兴三年（225）夏天，诸葛亮率军来到泸水。

泸水即今天的金沙江，在它与岷江汇合处有一个地方叫僰道，即今四川省宜宾市，蜀汉大军进驻僰道附近，再往前就是叛军控制的南中了。提到诸葛亮征南中一般会想到孟获，以为孟获就是诸葛亮此次南征的唯一对手，其实当时的叛军有很多，孟获甚至算不上最重要的一支。

南中是个非常大的地理概念，包括今云南、贵州两省的全部以及四川省的西南部、广西壮族自治区的一小部，秦时蜀地只设了益州郡，汉初增设了犍为郡，汉武帝又分设了牂牁郡、越嶲郡、益州郡、朱提郡，汉明帝时增设了永昌郡。

当时这几个郡都有叛军，较为集中的地区有三路：

第一路是所谓的“夷王”高定元，他据守在越嶲郡，郡治邛都，即今四川省西昌市，他的这个“夷王”是自封的，但他的实力也最大，越嶲郡在南中的西北部，北与蜀郡相接，对成都的威胁最大。

第二路是汉昌郡太守雍闿，他的这个太守是孙权任命的，但汉昌郡有吕凯等人死守，他未能进入汉昌郡，而是占据着益州郡，该郡位于南中的中部，郡治在滇池，即今云南省晋宁县，与雍闿合盟的还有益州郡的夷人首领孟获。

第三路是原牂牁郡太守朱褒，他是刘备任命的郡太守，但也参与了叛乱，牂牁郡在南中的东部，今贵州省省会贵阳即在该郡，当时的郡治是且兰，在贵州省黄平县一带，这里是朱褒的大本营。

总的来说，叛军从西到东可以分为越巂郡、益州郡、牂牁郡这三路，主要有高定元、雍闿、孟获、朱褒四支人马，总兵力实在难以统计，他们占据要塞，依托原始山林，易守难攻。

在南中未叛乱前刘备设有庲降都督一职对其进行管理，蜀汉的都督一职权力很大，是刘备称帝后设立的新职务。益州刺史部作为东汉 13 个州之一，最早时下面设 12 个郡国。蜀汉立国前后随着机构的不断调整，郡国的数目大为增加，最多时达到了 27 个。在这种情况下，除益州刺史部外蜀汉还先后设置了庲降都督、江州都督、汉中都督等镇守边境的行政机构，从级别上说与益州相同，下面分别管辖着数目不等的郡国。汉中都督管辖汉中郡以及后来设置的武都郡，江州都督是李严镇守永安后设置的，下面管辖着巴郡以及后来设置的黔安郡、涪陵郡等；庲降都督下面所管理的郡较多，南中地区各郡都在它管辖范围内。

第一任庲降都督邓方已经去世了，李恢是第二任庲降都督，由刘备亲自任命，刘备还命他兼任交州刺史，当然只是遥领，此时交州已成为孙吴的地盘，李恢平时驻扎在平夷县，即今贵州省毕节市，他也被叛军围困，这段时间一直艰难地在南中一带坚持着，直到诸葛亮率大军到来。

诸葛亮对此次南征做了大量的准备工作，根据史书记载，整个南征大军有 10 万人左右，除去其他地方的守备军，这已经是蜀汉能临时征调的全部机动部队了。

针对叛军的分布情况，诸葛亮在僰道附近也把大军分为三路：第一路由丞相府门下督马忠率领向西进军，直取牂牁郡的且兰，讨伐朱褒，是为东路军；第二路由庲降都督李恢率领由朱提郡向南直取益州郡，讨伐雍闿、孟获，诸葛亮任命原犍为郡太守王士为益州郡太守，协助李恢行动，是为中路军；第三路由安上沿泸水南下讨伐越巂郡的高定元，这一路叛军实力最强，所以诸葛亮亲自率领，同时任命一个叫龚禄的人为越巂郡太守一同行动，是为西路军。

四十、“七擒七纵”的真相

泸水分兵后，诸葛亮率一路大军向西南方进发，他的对手是盘踞在越巂郡的高定元。

越巂郡的范围相当于今四川省的西南部，除这里外高定元的势力还延伸到永昌郡，该郡的范围相当于今云南省的大部分地区和缅甸的一小部，郡治不韦即今云南省保山市。这一带山川阻隔，道路交通是一个严重问题，与成都平原的来往长期以来依赖于一条古道，这条道名叫旄牛道，早在秦汉之前就已开通，秦时在邛崃山设有邛筰关，由此往西翻过飞越岭，下大渡河，渡河向西，过雪门坎，进入大雪山西边的旄牛，此地在今四川省汉源一带。旄牛道是当年通往西南最重要的商路，商品主要有布帛、铁器和土特产等。

也就是说，过去要从成都到越巂郡只能走旄牛道，而这条道又翻山过河、十分难行。现在，即使这条路也没法走了，因为高定元占据越巂郡以后把旄牛道毁坏，大军要前行，必须另辟他途。

诸葛亮选择了水路，先由僰道沿泸水南下，过安上，再往前到达泸水上的一条支流卑水，也就是今天的美姑河。到这里后诸葛亮没有急于进兵，而是在这里集结休整。

高定元听说诸葛亮亲自前来，十分紧张，他控制的地盘很大，但这也成了他的包袱，为了集中兵力，他把人马从永昌郡全部撤至越巂郡，分兵把守在旄牛、定筰、卑水等几处要地，修建了许多防御营垒。旄牛的位置在越巂郡的北部，这里并没有蜀汉大军，高定元为何在此布下重兵防守？因为他并不清楚诸葛亮的军事部署，旄牛是他的北大门，他必须防守。

盐井是高定元的命根子，它们分布于越巂郡各处，高定元四处设营垒，也与保卫这些盐井有关，所以他不断地集结人马，做好防止敌人进攻的准备，这正中了诸葛亮的下怀，因为夷人善野战，却不善于守城，像高定元这个弄法，形同寻死。

正确的做法是放弃各战略要地，分散到大山之中，蜀汉军队可以占领越嶲、永昌两郡，但其主力不敢在此停留太久，主力一撤，再出来作战。所以，诸葛亮不担心敌人聚集在一块，担心的是敌人过于分散。大概高定元被下面的人捧为所谓的夷王，心理比较膨胀，敌进我退的事觉得没面子，还想恃险固守搏上一把吧。

看到敌兵的部署，诸葛亮决定在卑水按兵不动，敌人完成集结后，来个一锅端。蜀军不动，高定元沉不住气了。他的本意是拼死一战，是胜是败赌上一把，现在人家不理你，就好比好斗的拳手上了拳台，又喊又叫又蹦，但对手始终没出现，自己的体力和士气先耗掉了不少。

高定元自忖不是诸葛亮的对手，于是派人向他东面的雍闿、孟获求援，但雍闿待在益州郡日子也不好过，蜀汉的中路大军已向他逼近，眼看也是朝不保夕，高定元曾经给过他不少帮助，他平时一向尊重甚至服从高定元，但现在这个局面，让他犹豫不决起来。

不见雍闿的援军，高定元十分生气，逐渐与雍闿生隙。诸葛亮得知这一情况后，马上派随同李恢行动的益州郡太守王士前往雍闿处，对雍闿进行策反。

王士的策反工作有了积极进展，但这时高定元也察觉了雍闿将要生变，于是派部曲袭杀雍闿，同时遇害的还有王士。

还有一种说法，雍闿增援了高定元，他从益州郡发兵想去越嶲郡，但诸葛亮已派兵沿泸水一线进行布防，雍闿未能通过，只得退回益州郡，结果又被蜀军打败，逃到了高定元那里，高定元的手下对雍闿很不满，认为他没尽力，结果把他杀了。

不管怎么说，雍闿一死，高定元失去了一个重要的外援，如果是高定元主动突袭的益州郡，那他的兵力势必也有所分散，诸葛亮认为发起攻击的时机到了。

诸葛亮下令由卑水进兵，直取高定元的老巢邛都。此战没有悬念，一方是装备优良、准备充分、纪律严明的正规军；一方是由各少数部族拼凑起来的不大听从调令的乌合之众，蜀军很快占领了邛都，俘获了高定元的妻子儿女，高定元仅以身免。

此战结束后诸葛亮向后主呈报了一份战报，在这份报告里诸葛亮觉得高定元已经道穷计尽，他应该俯首投降求得一条生路，但是高定元仍不知死活，又纠合起2000余人，杀人结盟，准备死战到底，结果高定元被斩。至此西路军圆满完成了任务，收复了越嶲、永昌二郡。

再说东边，马忠率军进攻牂牁郡也挺顺利，很快击杀了朱褒，占领了牂牁郡。

诸葛亮就让马忠在牂牁郡当太守，招纳叛降，抚恤民众，恢复那里的秩序。马忠为人宽济有度量，喜怒不形于色，处事果断，恩威并立，牂牁郡一带的少数部族既害怕他又尊重他。马忠担任牂牁郡太守五年后才调离，他在南中地区树立了较高的威望。马忠死后南中少数部族首领自行前去吊丧，流涕尽哀，并给他在南中地区立庙。

西边和东边进展都很顺利，只有中间的一路有些麻烦。

王士策反失败，雍闿被杀，孟获成为益州郡少数部族的首领。孟获现在的名气很大，但在当时，知道的人却不多，对孟获其人正史记载也很少，《三国志》从来没提过他，只有其他一些史书简单地提到过他，说他在南中很有威望，夷人汉人对他都很敬重，推测起来他应该出自益州郡的大姓，在当地很有势力，所以雍闿要与他合作。

两汉治南中，郡守多由上面派遣，所谓铁打的衙门流水的兵，这些人来到这里，并没有扎根的打算，干个三年五载就回去，诸事全托付仰仗本地大姓。

除此之外还有一个重要原因是语言，上面来的人不通当地语言，也只能由大姓们从中沟通，所以大姓们在南中势力很大。当朝廷强势时，对南中掌控力量强，大姓们也都比较顺从，一旦朝廷力量衰弱，这些大姓便趁机而起，左右地方，雍闿、孟获、朱褒都是这样的人。

孟获的号召力看来很强，他接手后，叛军的势力不降反升，中路军总指挥李恢的兵力有限，一度被孟获的叛军包围在今天的滇池附近，与诸葛亮失去了联系。

此时叛军数倍于李恢，为了打破困局，李恢骗叛军说："粮食吃完了，打算退回去，我离开乡里已有很长时间，现在才回来，不想再去为朝廷效力了，想回来与你们共同对付朝廷，这都是真心话。"李恢是本地人，他的老家在建宁郡，也属南中地区。李恢这封信其实是诈降信，表示愿意投降叛军。叛军相信了，放松了围城，李恢趁势出击，摆脱了包围，之后集结力量，接连打了几个胜仗，控制区南到盘江，东到牂牁郡，使三路大军连成为一片。

高定元死了，雍闿死了，朱褒死了，南中叛乱的几个重要首领都死了，只用了不到三个月时间。胜利来得比预想得快，诸葛亮决定抓住机会，向最后的叛军发起总攻。

建兴三年（225）5月诸葛亮率部由邛都等地出发，越过人烟稀少的山区，在一个叫三疑的地方渡过泸水，经过青岭，进入益州郡，与中路军李恢部会合，对孟获展开围歼，这就是诸葛亮《出师表》中“五月渡泸”的由来。

这是一次极为艰苦的行军，一来泸水两岸山势陡峭，崎岖难行，蜀军经过处多是无人区；二来是季节，农历五月天气很热了，在亚热带丛林里行军，可不是一件好差事，泸水一带一年四季气温都偏高，即使是冬天，爬山路的人都会热得脱掉衣服浑身流汗。

更为可怕的是泸水一带还多瘴气，闻到这种有毒气体，严重时人就会死，根据史书的记载，不幸染上瘴气的，十个人之中有四五个人得死。热带和亚热带原始森林中，植物腐烂或无人处理的动物尸体在气温过高的情况下会产生毒气，被称为瘴气，两广地区瘴气最盛，其中广西又被称为瘴乡。根据有关描述，瘴气一般有两种形态，一种有形，一种无形。有形状如云霞，或如浓雾。无形的如腥风四射，有时则异香袭人。还有一种，初时见丛林灌木之中灿灿泛金光，忽然从半空坠落，小的如弹丸，大的如车轮，非虹非霞，五色遍野，香气逼人。

人闻到这种气味立刻就会有不良反应，严重时会立即发作，直至夺人性命。山里居民对付瘴气也积累了一定的经验，比如晓起行路，行前饱食，或者饮几杯酒，以抵抗瘴气。夏天再热，挥汗如雨，也别解开衣衫取凉，夜里睡觉要密闭门户，以防瘴气入侵。

有一个传说，诸葛亮率大军过泸水时遇到瘴气，这种瘴气正在此时最盛，当地人建议需要拿人头祭祀才能免瘴气之困，过去都是杀一些蛮人俘虏活祭，诸葛亮不肯，命人用面粉和面裹上肉馅做成人头状代替人头祭祀，这种东西后来便流传了下来，由于它代替的是蛮人的头，所以称蛮头，最后演变成了现在的馒头。这个传说在史书上没有记录，是否真实不知道，但流传这样的故事本身反映出诸葛亮南征是在遭遇瘴气等极艰苦条件下作战的。

诸葛亮指挥各路大军将孟获所部围困于南盘江上游一带，将孟获擒获，诸葛亮没有杀他，请他参观军营，参观结束后诸葛亮问孟获：“这样的军队怎么样？”孟获倒也实在，回答道：“前面不知道你们的虚实，所以失败。今蒙赐观营阵，也不过如此，如要再战定可轻易取胜！”诸葛亮笑了笑，把孟获放了，让他再战，共计七次释放又抓住七次，最后诸葛亮又把孟获抓住，再放他，孟获不走了，孟获说：“明公有天威，南人不再反叛了！”

这就是“七擒七纵”典故的由来，诸葛亮按照心战为上的作战方针，为了让孟获等南人心服口服，不惜一再释放被俘的孟获，直到他不愿意再打了为止。

诸葛亮当时把战略重点放在北方，担心南中容易叛乱，所以想到敌人如果有不轨的想法就让他们都使出来，于是赦免孟获，让他聚集人马再战，就这样总共七次俘虏又七次赦免，孟获等人最终心服，参与叛乱的夷、汉各族都愿意真心归顺。由于《三国志》没有记录这件事，也从来没有提到过“孟获”这个名字，所以也有人认为所谓“七纵七擒”是杜撰的，有人甚至认为连“孟获”这个人都不存在。

有古代学者认为，军事行动岂能是儿戏，当时诸葛亮也没有那么从容的时间去做这样的游戏，他此时考虑的应该是尽早定南中，好准备下面的北伐。与南中相比，北伐才是诸葛亮更关心的大业，诸葛亮不会只是为了让夷人心服就在此无限期地耽误时日。

但也有学者认为这件事是真实的，清代有一部地方史不仅确信“七纵七擒”的真实性，而且通过实地考察最后归纳出七擒孟获的地点：一擒于白崖，二擒于豪猪洞，三擒于佛光塞，四擒于治渠山，五擒于爱甸，六擒于怒江边，七擒于蟠蛇谷。有关诸葛亮七擒孟获的故事在云南、广西一带广为流传，有很多传说属于后人的附会，但这么多传说故事的出现也反映出事件本身不会子虚乌有。

当然，把孟获这样的部族首领放七次再抓七次，的确有儿戏的嫌疑，不仅动机方面不好理解，某种程度上也存在操作上的复杂性。放一次、纠合人马、进行准备、发起进攻、交战、被抓、再被放，这一套流程下来最快也得个把月吧？实际上，一个月能完成一回那已是相当快了，不可能今天被释放，明天就领几十个人原路杀回，除非孟获有意恶搞，或者精神已经失常，否则一捉一放的时间不会太短。

如果按照清代这部地方史的考证，每次捉与放的地点也不一样，而且跨度相当大，看起来有眼花缭乱之感，不说认真组织实施战役，就是去这几个地方徒步旅游一遍，没有一年半载也不好完成。

所以真实的情况或许是，当年诸葛亮的确释放过孟获，孟获也的确再次打上门来，只是诸葛亮把他本人抓了又放的未必真有七次，所谓“七擒”，大概每次擒住的不一定都是孟获，而是把他手下的其他头目也都算进去了。

平定南中后，诸葛亮重新调整了南中的行政区划。

南中地区之前主要由四个郡构成，即益州郡、越嶲郡、牂牁郡和永昌郡，这几个郡地盘都很大，一个郡相当于内地数郡，不便于管理，也容易造成郡太守权力过大。根据新的调整方案，改益州郡为建宁郡，分建宁郡、牂牁郡的一部新设兴古郡，又分建宁郡、越嶲郡、永昌郡的一部新设云南郡，同时把朱提郡也纳入南中行政管辖范围。这样，南中的四个郡就变成了七个郡。

随着郡数目的增加，县的数目也大为增加，能考证出来的，有朱提郡新设的南昌县，越嶲郡新设的安上、马湖县，建宁郡新设的修云、新定、存邑、冷邱县，永昌郡新设的永寿、雍乡、南涪县，牂牁郡新设的广谈县，兴古郡新设的汉兴县，至少新增加了 12 个县。郡县数目的增加，使行政管理进一步细化，统治基础进一步增强。

南中七郡仍由庲降都督进行管理，行政上与益州同一级别。原庲降都督李恢在此次平叛中表现出色，加上他又是南中本地人，更容易为南中夷汉两族所接受，所以由他继续担任庲降都督一职，把都督治所移至建宁郡味县，即今云南省曲靖，其正好处在南中七郡的中央，便于同各郡联络。

李恢除担任庲降都督外，还兼任建宁郡太守，并仍遥领交州刺史。云南郡太守由吕凯担任，在南中平叛之前吕凯已担任太守，一直坚持在南中，为此次平叛的胜利做出了重要贡献。牂牁郡太守已任命了马忠，他率所部是此次南中平叛三路大军之一，出色地完成了预定任务，诸葛亮干脆把他从丞相府调过来，留在南中，协助李恢做好南中的治理。永昌郡太守任命的是王伉，他原是吕凯的下属，协助吕凯坚守南中，也建立了功勋。越嶲郡太守之前任命的是龚禄，已经战死，加上朱提郡、兴古郡，这三个郡的太守是谁无法考证，推测起来诸葛亮任用的可能是当地汉人大姓或夷人首领。

建兴三年（225）12 月诸葛亮率大军回到了成都，算起来整个南征用时不到一年，诸葛亮果断决策、正确指挥，以霹雳手段迅速解决了南中问题，尤其是推行了和抚的治理政策，保持了南中总体上的长期稳定，一直到诸葛亮去世，南中地区再也不敢反叛。

四十一、曹丕的遗憾

曹丕34岁继位，正是干事业的年龄。上天对他似乎也很眷顾，一切安排得都很好，只等他大展雄图了。

本来，他完全有条件成为汉武帝那样开创盛世的帝王，或者成为汉光武帝那样拨乱反正的名君，但几年过去了似乎并没有太大的起色，两个主要对手的实力不仅没有削弱，反而又更强大了，孙吴的长江防线始终无法逾越，蜀汉在诸葛亮的治理下也重新焕发出生机，这让曹丕有点儿烦。心情郁闷，人就容易胡思乱想，早在黄初三年（222）冬天，曹丕突然下了一份诏书，给自己指定了寿陵。

曹丕选的寿陵在首阳山的东边，首阳山位于洛阳以北，为邙山的最高处，该山因“日出之初，光必先及”而得名，北枕邙山、南望伊水和洛水，山前是一片开阔的平地，是墓葬的风水宝地，伯夷、叔齐当年耻食周粟隐居在此山采薇而食，死后也葬于此。

这一年曹丕才36岁，这么早就指定寿陵似有不祥之意。不仅如此，曹丕还另下了一份诏书，对自己的后事进行了详细安排，这份诏书仿照曹操当年的做法称为《终制》，曹丕回顾了历史上关于厚葬和薄葬的往事，认为现在保存比较好的帝王陵墓都是因为薄葬的缘故，所以下令自己死后要实行薄葬。

现在就安排后事，在大多数人看来肯定是太早了，这里面也许另有隐情，至于是什么也许只有曹丕本人最清楚，虽然著名术士朱建平以前预测过他会活到80岁，但曹丕也许并没有这个信心，一场夺嫡之争惊心动魄，中间几经反复，险些前功尽弃，让曹丕一次次感受到了大喜与大悲，凡是有过这样经历的人无不养成了多疑的性格，看什么都像阴谋诡计，看谁都不像好人，曹丕其实心很累。心累，活得就累，太累的人容易折寿，这大概是曹丕不为人知的事吧。

但是，寿陵都定下来了，就连棺材怎么漆都交代了，却还有一件更大的事没有明确，那就是太子。曹丕先后共有九个儿子，分别是：甄妃所生的曹叡，李贵人所生的曹协，潘淑妃所生的曹蕤，朱淑媛所生的曹鉴，仇昭仪所生的曹霖，徐姬所生的曹礼，苏姬所生的曹邕，张姬所生的曹贡，宋姬所生的曹俨。其中曹协、曹贡、曹鉴、曹俨先后早逝，目前有五个儿子在世。

曹叡是曹丕的嫡长子，小时候就很聪明，曹操生前最喜欢这个孙子，经常把他带在自己的身边，朝中有宴会曹操也常把曹叡唤来，让他坐在近臣们之中，曹操曾高兴地对曹叡说："从我到你，一共有三代人了！"曹叡特别好学，尤其专心于法理规章，用现在的话说就是特别喜欢行政管理专业，这样的身世和天赋，无疑是接班的最佳人选，但曹丕对曹叡却很忌讳，原因是不喜欢他的母亲。

曹叡的生母是甄宓，本来深受曹丕宠爱，但曹丕是个移情很快的人，当太子后慢慢地宠爱现在的郭皇后等妃嫔，甄宓受到冷落，最后竟然被曹丕下令处死了，有的史书说她是受郭皇后谗害而死的，因为这个原因，曹丕当上皇帝后没有立曹叡为太子。

在剩下的四个儿子中曹丕最喜欢的是徐姬所生的京兆王曹礼，一度有过立他为太子的想法，另外仇昭仪生的曹霖也深得曹丕喜欢，但是不是真的要立他们为太子，曹丕还拿不定主意。如果郭皇后有儿子，那曹叡也罢，曹礼、曹霖也罢都将与太子无缘了，可偏偏郭皇后没有儿子，这让曹丕很烦恼。

郭皇后登上皇后之位后倒也知道自矜持重，对永寿宫的卞太后也尽量恭顺，后宫里的各位贵人有什么过失，郭皇后还在曹丕面前替她们开脱说话，慢慢地得到了大家的好评，跟卞太后的关系处得也不错。郭皇后无子，曹叡的生母已故，曹丕就让曹叡认郭皇后为养母。曹叡生于建安九年（204），生母死时已经16岁了，很多事情瞒不过他，对于母亲的死曹叡心里常怅然不平。

但曹叡深知自己的处境，所以对郭皇后竭力事奉，一早一晚都要去郭皇后那里问安，这让郭皇后很满意。曹丕的心里还是有立曹叡为太子的想法，主要是废长立幼这样的事把大家弄怕了，前车之鉴太多，让曹丕不敢做出那样的决定，曹丕自己能接班也与长幼之序没有打乱有关。史书还提到一件事，说是它最后坚定了曹丕立曹叡为太子的决心。

根据史书的记载，有一次曹叡随父亲去射猎，看见了一只母鹿，曹丕将其射杀，这时又见一只小鹿，曹丕让曹叡射杀它。曹叡不忍动手，对父亲说："陛下已经射杀了它的母亲，我不忍心再杀他的儿子。"曹叡边说边哭，曹丕深为触动，于是放下了弓箭。这件事让曹丕重新打量了曹叡，觉得这个儿子才能更突出，于是坚定了自己的想法。

黄初七年（226年）正月，曹丕决定到许昌巡视。

镇守许昌的是抚军大将军司马懿，他把曹丕接进城里，在入城的时候发生了一件奇怪的事，一向坚固的许昌城南门竟然无故崩塌了，曹丕想到了几年前父亲在洛阳也遇到过同样的事，他觉得这是极为严重的事件，是一个凶兆，心里不安，决定不进城了。正值壮年的曹丕竟然因此有了心事，并且突然感到身体有些不舒服了，于是回到了洛阳，从此一病不起。

4月，曹丕接到报告说征南大将军夏侯尚病逝了，这让他十分悲痛，他与夏侯尚最为要好，情同手足。5月，曹丕正式下诏册立曹叡为太子。5月16日，曹丕把曹真、陈群、司马懿叫到病床前，又把曹叡叫来，指着曹叡对大家说："众位，请看清我的这个儿子，我死后由他继位，望众爱卿尽心辅佐！"

曹丕又对曹叡说："有人如果在你面前对他们挑拨离间，一定不要轻易相信！"完了，还专门对后宫的事做了交代，命令后宫妃嫔中淑媛、昭仪以下的都遣送回家。就在这一天，魏文帝曹丕驾崩，享年40岁。

曹丕没有父亲的雄才大略，在位不到七年，也没有什么大的建树，但倒不是个无能之辈，他从小受到父亲的刻意培养，很小就能吟诗、骑马，又到军中锻炼，善剑术，也算是文武双全的人才。曹丕缺乏建树与他的性格有很大关系，他生性偏狭，容易情绪化，爱憎过于分明，报恩报怨一目了然，没有其父的胸怀和气魄。

一个更重要原因是，他死得实在太早了，按照他父亲的天命，他至少还能再干20多年，如果是那样，后面的历史该如何书写就不好预料了。

但曹丕还是走了，走的时候一定带着深深的遗憾。曹丕走了，也扔下了一大堆未竟的事业和未了的心愿，他这一走，曹魏的事业该何去何从呢？

曹丕驾崩的地方是嘉福殿，下葬之前灵柩临时停放在崇华殿。

嘉福殿里的那一幕其实就是托孤，曹真、陈群和司马懿是曹丕临终前指定的托孤大臣。托孤，可以托给一个人，也可以同时托给几个人，或者像刘备那样给两个人托孤，但有正副之分。其实形式不重要，因为各有利弊。托付给一人容易形成权臣，造成主弱臣强；同时托给几个人又不容易形成核心，削弱了权力，也容易引发托孤大臣间的内斗。曹丕把曹叡现场托付给了三位重臣，但一般认为此次受托的大臣还有一位，那就是曹休，他当时身在扬州，一时间赶不来。

黄初七年（226 年）5 月，曹叡在洛阳继皇帝位，时年 23 岁。曹叡即后世所称魏明帝，为方便起见以下直接以魏明帝相称。新皇帝下诏，本年仍用黄初的年号，次年改年号为太和。

曹叡被立为太子其实还不到一个月时间，朝臣们对他居然并不熟悉，史书上说他一向深居宫中，不问政治，只专心读书，也不交结朝臣。朝臣们都想一睹新天子的风采，但曹叡仿佛仍沉浸在丧父的巨大悲痛中，一连几天都不召见大家。过了一阵，曹叡单独召见侍中刘晔，谈论了整整一天，知道消息的文武百官都在外面等着，因为大家都想知道新天子是什么样的人。刘晔从宫里出来，众人纷纷前来询问，刘晔对大家说："当今天子可与秦始皇、汉武帝相比，只是气场稍微弱一些。"

曹叡是个有天赋的人，见解、才能都没有问题，在个人经历方面与汉武帝还真的有些相仿，只是汉武帝一直有生母陪伴而曹叡没有。长年读书思考让这个年轻人具备了丰富的学识，但在危如累卵的深宫中，他又不得不谨小慎微地事奉在父亲和养母跟前，让他做事更加严谨和沉稳，懂得如何忍耐，但也因此少了君王那种舍我其谁的霸气和自信。

按理说新帝继位后要马上着手新的人事布局，但曹叡丝毫没有这方面的动作。改元之后是大赦，这都是旧例，同时还下诏尊皇太后为太皇太后，尊皇后为太后。

这些，也都没有什么可说的。

紧接着曹叡提出尊生母甄宓为文昭皇后，甄宓葬于邺县，曹叡特派司空王朗持节奉册前去致祭，用的是太牢之礼，又另外修建了专门用于祭祀的神庙。

有一部史书记载，甄宓死后曹丕先让李夫人带过曹叡一段时间，李夫人后来偷偷告诉曹叡，他的母亲是被诬陷致死的，下葬时没有大敛，披散着头发盖着脸，曹叡听了十分悲伤。还有一部史书说，甄宓下葬时不仅披发遮脸，而且嘴里还被人填满了谷糠，状况非常凄惨。曹叡知道这些后心里很难平静，继位后多次向郭太后询问母亲的死状，郭太后被逼无奈，对他说："那些都是先帝的诏令，你为什么要来责问我？你作为人子，怎能向死去的父亲追仇？又怎么能为前母而枉杀后母呢？"

但是，曹叡的心结仍然难解。

四十二、孟达的靠山倒了

到这一年的 8 月，曹叡继位已经三个月了，曹魏这边内政外交仍然没有太多动作，而孙吴那边却忍不住了，孙权想乘人之危，对曹魏发起突然袭击。

孙权御驾亲征，主攻的目标是曹魏荆州刺史部的江夏郡。曹叡这才召集朝臣商议对策，大家都建议应该发兵去救援，曹叡认为没有这个必要："孙吴熟悉的是水战，如今敢下船改为陆战，是寄希望于出奇制胜罢了。只需命江夏郡太守文聘固守就行，兵法上说攻守势倍，孙权不敢久战。"

后将军文聘兼任江夏郡太守，他也是名将了，曹叡相信有他在不必专门派兵增援。皇帝的表态就是决定，大家不好再说什么，只能看结果了。结果竟如曹叡所料，孙权虽然来势汹汹，但曹魏这边没费多大力气就把他挡了回去，甚至连文聘都没出动。

曹魏御史台的治书侍御史荀禹当时正在南方一带视察，刚好碰上孙吴大军来攻。治书侍御史是管监察的，品秩六百石，经常赴各地巡察。荀禹其人不详，但他不是颍川郡荀氏本家，这位荀官员作为文官却很有胆略，强敌突然压境他一点也不惊慌，既没逃跑，也没有盲目拼命，他立即发动附近各县军民上千人，趁夜举火造势，吴军以为魏军早有防备，偷袭无法成功，随后撤回，大家这才发现，新天子的见解果然不凡。

一直到了年底，众人期待已久也议论已久的人事任命颁布了。

根据魏明帝的诏令，朝廷新设了太傅、大司马二职，分别由钟繇、曹休升任，他们的地位均高于三公。钟繇空出的太尉一职由华歆担任，华歆空出的司徒一职由王朗担任，王朗空出的司空一职由陈群升任，陈群同时还负责尚书台的日常工作（录尚书事）。魏明帝还诏令升任曹真为大将军，升任司马懿为骠骑大将军。

诏书下达，华歆辞让太尉一职，愿意让给他的好朋友名士管宁。早年管宁与华歆、邴原并称“一龙”，天下大乱后管宁到了辽东，从此滞留在那里，曹操曾慕名征召他，被公孙度有意阻拦，曹丕登基后华歆就推荐过管宁，管宁因此回到内地，被授予太中大夫的荣誉职务，平时居住在家乡青州刺史部北海郡。

魏明帝不许华歆辞让，同时另任命管宁为九卿之一的光禄勋，命青州地方官员派车去接，管宁自称是草莽之人，上书辞让。管宁是汉末三国隐士的代表，他是真正的隐士，自从回到中原后平时就坐在一只木榻上很少外出活动，这种习惯保持了50多年，当时大家喜欢席地而坐，坐在木榻上就要屈膝，如果腿上盖着被褥，膝盖就会把被褥顶起，史书说管宁盖腿的被褥与膝盖接触的地方都磨穿了。魏明帝以后又多次征召过管宁，管宁都没有应征，魏明帝每年8月都会赐给管宁牛和酒。

后将军文聘恰在此时病故了，魏明帝想起了曹洪，任命他为后将军。曹洪被曹丕削籍贬为庶人后有不少议论，大家都觉得曹洪是曹魏的功臣，没有犯下大错却受到这么严重的惩处有些不公平。

在上述人事布局中，对司马懿的安排引人注目，他担任骠骑大将军一职在军中仅次于曹真的大将军，一个基本上没打过仗的文职官员一跃成为大将军，反超张郃、徐晃等名将之上。

司马懿担任抚军大将军后常镇守在许昌，手下有一支人马，但数量不多，有的史书提到仅5000人，远远算不上“手握兵权”。现在的情况不同了，不仅在军中地位崇高，而且魏明帝还把中线战场的指挥权交给了他（加督荆、豫二州诸军事），这个战场一向由征南大将军夏侯尚负责，他在曹丕驾崩前刚刚故去。

曹真一向负责西线战场，即关中方向；曹休一向负责东线战场，即合肥方向，司马懿接替夏侯尚成为中线战场的总指挥，从此移驻于南阳郡的宛县，包括襄阳在内的重要据点都在他的管辖之内。

与曹真、曹休并驾齐驱，这是司马懿受命托孤的最大收获。

曹丕的死，让一个人顿觉不安。

这个人，就是曹魏的建武将军兼新城郡太守孟达。孟达投降曹魏后看起来顺风顺水，被任命为将军和郡太守，还加了散骑常侍的头衔，既是军中高级将领和地方大员，又有皇帝身边近臣的身份，同时还被封为阳亭侯。

新城郡是原房陵、上庸、西城三郡合并而成的，包括今陕东南、鄂西北的大部分地区及相邻的渝、豫两地各一部，人口算不上多，地盘却很大，而且处于长安、汉中、襄阳、公安等战略要地的衔接处，是魏蜀吴三家此消彼长的关键点，地位其实相当重要。

如要把合肥看作曹魏的东南核心，新城就是曹魏西南的核心，曹丕把这里都交给了孟达。曹丕是个爱恨分明的人，恨谁一会恨得要死，一旦被他盯上就算完了，但他要是喜欢一个人也会喜欢得要命，给予无条件的信任，找机会就提拔，孟达是曹丕喜欢的人。

曹丕对孟达的喜欢受到了大家的忌妒，陈群、司马懿就看不上孟达，他们曾向曹丕进言，认为孟达并不可靠，这倒不能全归为陈群、司马懿心眼小，想想也是，孟达跟刘璋又叛刘璋，跟刘备又叛刘备，短短不过几年已经换了三个东家。职场里把爱跳槽的人称为“跳蚤”，不管你本事再大、学历再高，一翻简历，你平均一两年就换一家公司，那对你的第一印象就会大打折扣，大概在陈群和司马懿的眼里孟达就是一只“跳蚤”。

但曹丕不这么看，他认为孟达很有本事。当他听到有很多质疑孟达的声音时，曹丕坚定地说：“我敢担保孟达没有问题！”皇帝亲自为一个人担保，谁还能再说什么？曹丕担心这些议论会让孟达不安，还专门给孟达写过一封信让他不要介意，信中说：“过去伊尹离开商朝归顺周朝，百里奚离开虞国来到秦国，乐毅有感于皮囊装尸之故从燕国脱身到了赵国，还有汉朝的王遵，他也很理解得失进退的选择，知道成功和失败的道理。上面这些人都留于丹青、史册。你姿容、才貌出众，才气、度量超群，也一定能在史册上留下美名！现在你愿意像鱼一样在水中自由地生活，我感到欣慰快乐，我常向西边眺望，思念之情如同对老朋友那样，提起笔来给你写信，欢悦之情也随之而来。之前虞卿到了赵国很快就得到了相位，陈平归顺汉朝一见面就与皇帝同乘一车，我和你的感情超过了这些。现在我让人给你送去御用的马匹，以表明我对你的敬重和喜欢！”

曹丕是写文章的高手，但把信写到这种程度，也不能说他只是矫情，他真的很欣赏孟达，认为他是不可多得的人才。曹丕对孟达的评价是“将帅之才”，还说他是“卿相之器”，上面的信中他提到了虞卿，是战国时的一名游说之士，受到赵孝成王的器重，一到赵国就被授予上卿之位，佩相印，曹丕似乎暗示孟达，他在曹魏还会有更大的发展。

既然孟达这么有才能，刘备和诸葛亮怎么就没有发现从而更加重用呢？其实，孟达的才干很多只是表面的，他这个很有气场，尤其有辩才，刘晔干脆评价他只不过是凭借一些小聪明、爱玩心计罢了，这样的评价或许有些苛刻，但大体没错。

孟达属于情商远远高于智商的那路人，他不过是一名降将而已，之前也没有太大的名气，却轻松搞定了老板，不仅如此他还很会拉关系，在很短时间里就有了两个“铁哥们儿”，而且都不是一般人。

一个是桓阶，曹魏朝廷的首任尚书令，曾是陈群、司马懿的顶头上司；另一个是夏侯尚，曹丕的“发小”，曹魏的征南大将军，新城郡就在他的辖区里，是孟达自己的顶头上司。孟达跟他们二人非亲非故，也没有同乡之谊，他是怎么拉上关系的不得而知，但对情商特别高的人来说这也不是什么难事。总之，孟达来到曹魏后一开始地位是稳固的，上面有曹丕撑腰，下面得到了桓阶、夏侯尚两位重臣的帮衬。

但天有不测风云，孟达很快遇到了烦心事，先是桓阶因病去世，老对头陈群接替桓阶成为朝廷新的尚书令，紧接着夏侯尚也病逝了，孟达顿感靠山失去了一半。

这时，蜀汉江州都督李严手下有个叫王冲的人投降了曹魏。

王冲是益州刺史部广汉郡人，李严的老部下，职务是牙门将军，也算是蜀汉的高级将领。江州都督区与益州刺史部相当，守着蜀汉的东大门。李严平时不喜欢王冲，王冲因心里紧张就投降了曹魏。

江州紧邻新城郡，所以王冲先来到了孟达这里，因为都是蜀汉旧人，孟达与他有过一次交谈。在这次谈话中，王冲对孟达说他投降曹魏后诸葛亮感到特别愤恨，一定要诛杀孟达的妻子儿女，最后因为先主不听，所以没那么做。可孟达根本不信，他对王冲说诸葛亮很了解他投降曹魏的前因后果，决不会像王冲说的那样。

这也就是一次普通的叙旧，说的人说完了，大概也就忘了，但听者有意，他们谈话时刚好有个人在场，此人名叫李鸿，担任何职不详，不过能参与孟达的私密谈话，应该也有一定地位吧。李鸿从头到尾听完了二人的谈话，尤其注意观察了提到诸葛亮时孟达的表情，他发现孟达对诸葛亮仍然很敬重。

凑巧的是，李鸿不久投降了蜀汉，时间是诸葛亮从南中回师的前夕。诸葛亮听说后，命人把李鸿送来，就在回师的路上接见了他，地点是朱提郡的汉阳县，时间是蜀汉建兴三年（225）的年底。李鸿向诸葛亮讲述了他了解的曹魏那边的情况，顺便也讲了孟达与王冲之间的这次谈话，诸葛亮对此非常感兴趣，问了很多细节，王冲告诉诸葛亮：“可以看出孟达至今仍然非常敬慕您，只是他觉得再也回不到蜀汉了。”

这是一个重要情况，让诸葛亮陷入了深思，当时蒋琬和费诗也在场，诸葛亮对他们二人说："回到成都后，得给子度写封信。"子度是孟达的字，尽管他杀了诸葛亮的大姐夫、曹魏的房陵郡太守蒯祺，于公于私诸葛亮都应该很恨这个人，但从诸葛亮的口气看，提起孟达仍然很亲切。

费诗看不上孟达这样的人，对诸葛亮说："孟达是个小人，先前侍奉刘璋就不忠诚，后来又背叛先主，这样反复无常的小人，还值得给他写信吗？"诸葛亮听了只是沉默，没有再说话。

回到成都，诸葛亮先向后主汇报了此次南征的详细经过，又对有功人员进行奖赏，忙完这些就过年了。

次年年初，诸葛亮真的给孟达写了封信，信中写道："去年南征，年底才返回，在汉阳县正好遇到了李鸿，从他那里知道了你的一些情况，你的感叹表明你仍心存大志，说明你不是只图虚名，只知道背主叛国的那种人。孟君，过去都是因为刘封侵犯了你，损伤了先主的待士之义。另外，王冲编造谎言，而你却能明了我的心迹，不被王冲的谎言所惑，我重温你说过的那些话，想起往日的友谊，不禁依依东望，所以给你写了这封信。"

诸葛亮在信中表明，当年孟达之所以反叛完全是受刘封欺凌的结果，现在刘封被杀了，先帝也不在了，所以别有什么顾虑，还是回来吧！信送去之后，诸葛亮又派人去永安，向李严说明情况，请李严也给孟达写信相劝。李严和孟达都是刘璋时期的旧人，二人交往更深，也更能相互了解。

李严按照诸葛亮的要求给孟达写了信，信中说道："我和孔明都受托孤之重，深感责任重大，常常思念有良才相助。"信写得言真意切，意思也只有一个，劝孟达回归。诸葛亮和李严的信秘密送到新城郡，孟达接信后深思良久，虽然他没有立即有什么表示，但心里已经有些动摇了。

到这一年的5月，突然传来了曹丕驾崩的消息，孟达知道他的靠山算是全倒了。不仅如此，司马懿以骠骑大将军的身份接替夏侯尚成为曹魏中线战场的总指挥，魏明帝明确司马懿"都荆豫二州诸军事"，成了自己的直接领导。

看来，这一回不反也得反了。

四十三、诸葛亮上表出师

平定南中极大地增加了诸葛亮的个人威望，那些曾经怀疑过他的人也不得不佩服诸葛亮的才能，不仅有文韬，而且有武略。诸葛亮也一直牢记先帝临终前的嘱托，南征归来后不敢停歇，立即着手加强军事准备，等待时机发动更大规模的军事行动。

在诸葛亮早年为刘备制定的战略规划中，时机是非常重要的，对于如何北伐曹魏，隆中对策共讲了三个要点：一是率益州方面的主力由汉中出关中；二是率荆州方面主力北上直捣宛县、洛阳；三是等待曹魏内部出现问题。诸葛亮认为，相对弱小的蜀汉要想战胜曹魏必须同时满足以上三个条件，只有这样霸业才能成就、汉室才能复兴。本来形势一片大好，三个条件逐渐成熟，但荆州丢失后情况又发生了变化，有一个重要的条件已经难以实现了。

但这并不意味着统一大业不能成功，只是成功的难度更大了，而时机的作用也格外重要了，所谓“天下有变”，可以是曹魏统治区内发生了大规模叛乱，也可以是曹魏发生了宫廷政变，到那时就可趁乱出击，事半功倍。

现在曹丕死了，一个毫无政治经验的新人上位，是不是一次时机呢？这也许还算不上“天下有变”，但已经是难得的机遇了，诸葛亮决心抓住。南中之战消耗了蜀汉一定的军力，本应再多等一阵，好好恢复一下国力，但诸葛亮觉得不能坐等，必须抓紧北伐的进程，所以曹丕死后只过了半年左右他就决定行动了。

蜀汉建兴五年（227）3月，诸葛亮上表请求出兵伐魏。

这份奏表就是著名的《出师表》，也称《前出师表》，在这份奏表里，诸葛亮首先阐述了北伐的动机和意义，他提出北伐是先帝的遗志，是先帝未竟的事业，作为继承者和后来者必须坚决完成，蜀汉上下，无论文臣武将大家也有这个决心和意志。接着诸葛亮针对后主年轻、主政经验可能不足提出了一些劝谏，对自己率军离开成都后的一些具体事项进行了必要的安排，诸葛亮特意谈到了“宫中”和“府中”，这是一个敏感问题，涉及“皇权”和“相权”，诸葛亮没有回避，作为托孤大臣他没有因为别人的议论而缩手缩脚、遮遮掩掩，而是正面提出了如何处理好二者的关系。

作为自己离开成都后的重要安排，诸葛亮特别向后主推荐了几个人，包括政务方面的郭攸之、费祎、董允，军务方面的向宠，诸葛亮告诉后主遇到问题可以多向他们征询意见。诸葛亮请后主要亲贤远佞，他说郭攸之、费祎以及尚书陈震、长史张裔、参军蒋琬等人都坚贞可靠，是可以信赖的人。最后诸葛亮还表明了自己的心迹，说自己誓将先主遗志完成到底。出师北伐不是平定南中那么简单，无疑将要冒着极大的风险，诸葛亮不顾这些坚持劳师远征，没有强大的精神力量为支撑是无法办到的。

诸葛亮的精神力量来自对先帝遗志的继承，为完成刘备临终前的嘱托，诸葛亮不计个人得失，不辞辛劳、一往无前，作为托孤大臣他深知自己肩上的重担，除了立志北伐、完成兴复汉室的大业外他还不避闲言，用了大量篇幅对后主进行劝谏，晓之以理、动之以情，没有矫饰、没有虚伪，忠心可鉴。

虽然只是一篇公文，篇幅也不到 700 字，但里面的内容却很丰富，写得深沉、诚挚、亲切而流畅，既是一篇不可多得的优秀文章，也是诸葛亮政治理想和政治理念的集中表达，深为后世所推崇。在有限的篇幅里诸葛亮先后十三次提到“先帝”，七次提到“陛下”，“报先帝”“忠陛下”贯穿全文，处处不忘先帝“遗德”“遗诏”，处处为后主着想，期望他成就先帝未竟的大业，没有华丽的辞藻，没有深奥的典故，所言既不失臣子的身份，也切合长辈的口吻，平实中见忠贞，平淡中见真情。

孙策死时把年仅 18 岁的孙权当面托付给张昭，张昭相当于孙吴的“托孤大臣”；刘备死时把刘禅托付给诸葛亮，刘禅那一年也 17 岁了。论接班时的年龄，刘禅与孙权差不多，但结果就差得太远了。

孙权接班后迅速控制了局面，不仅外部把事业越搞越大，在内部也很快站住了脚，大权独揽、说一不二，张昭“托孤大臣”的作用反倒被淡化了，甚至有被孙权排挤出核心权力之外的趋向。刘禅接班后却成了人们心目中的“傀儡皇帝”，成为诸葛亮的影子，诸葛亮掌握了蜀汉军政大权，丞相府远重于皇宫，“府中”的实际影响力远高于“宫中”。

有人说张昭比诸葛亮老实，人家让他辅佐他就老老实实去辅佐，没有别的想法；有人说诸葛亮的野心比张昭大，他利用刘禅的软弱和无能不断培植自己的势力，逐渐把刘禅架空了。

有这些看法很大程度上不了解当时的具体情况，在当时情况下，弱国蜀汉需要的是一位强势领导人，只有在强人的带领下才能自保和发展，这一点与孙策死时的情况也相同，不同的是刘禅不是强人也无法很快培养成强人而孙权可以，所以两次托孤才有不同的结果。

诸葛亮用权、集权是事实，但用权不等于篡权、夺权，集权也不等于霸权，权力本身无所谓正当与否，关键要看用权力来做什么。

如果诸葛亮的着眼点只是权力本身，他就不会拿权力来冒险，征南中也就用不着亲自去，更不必着急北伐，他甚至在接到曹魏的“劝降”后可以考虑跟他们谈谈条件，像孙权受领曹魏吴王那样去领一顶“蜀王”的王冠，既避免劳师远征的艰辛，又不必担心失败带给个人的风险。诸葛亮没有这么做，因为他集权的目的是完成先帝的遗愿。

无论征南中还是北伐，都需要倾尽蜀汉全部国力才行，必须上下一心，思想上、行动上保持高度一致，必须形成一个强有力的权力核心，在权力结构上不可能既强化丞相府又保证皇宫的传统权力，那样势必导致两个核心的出现。

所以“宫中”“府中”必须成为一体，尤其在诸葛亮离开成都后，也必须保证这种格局的稳定，这是北伐成功的最大前提。

蜀汉建兴五年（227）3月，诸葛亮率蜀军主力到达汉中。

这是诸葛亮第一次来到秦岭与巴山之间的这块平原，这里曾是汉高祖刘邦发迹的地方，是汉朝的“龙兴之地”，蜀汉以“汉”为国号，这里也是蜀汉的圣地。当时汉中虽然称为汉中都督区，但武都郡此时还在曹魏控制之下，都督区所辖主要是汉中一郡，魏延以镇北将军、汉中都督兼汉中郡太守的身份在此已驻守了七年。

这些年来，蜀汉的战事主要集中在东线和南线，北线倒相安无事，这也得益于魏延驻守有功。当年魏延向刘备夸下海口，敌人大军如果来攻汉中，他不仅“能拒”而且“能吞”，实际上他也做到了，他的做法就是在汉中盆地外围大量修筑坚固的军事堡垒，派遣重兵分别把守，把敌人拒之门外。

这些堡垒称为“围”，汉中被群山所环绕，缺点是没有战略纵深，敌人来攻时无法做大范围的穿插和机动，但优点是利于修筑工事以防御，本地又多土木石料，修筑这些堡垒也不太费事。

魏延镇守汉中以来修建了大量的“围”，重要的至少有三处。一是阳平关，这是汉中西边的门户，自古以来都是叩开汉中大门的锁钥，曹操和刘备取汉中都经过此处，张鲁在时阳平关已有相当规模，但经过几场大战，关隘遭到破坏，魏延对阳平关进行了重新修筑和加固。

另一处是黄金戍，此地在汉中盆地的最东边，与阳平关左右对称，是汉中东边的门户，控制着汉水上的黄金峡。汉中向东就是孟达驻守的新城郡，此时是曹魏的控制区，守住黄金峡可防魏军溯汉水逆攻汉中。

还有一处是兴势围，依兴势山而筑，位于黄金戍以西，既可作为黄金戍的第二道防线，又可控制秦岭三大栈道之一的傥骆道，防备敌军突然从栈道中杀出偷袭，此处要塞最早为魏延所修，后来果然在防备魏军出击傥骆道中发挥了重要作用，在此曾发生过著名的兴势之战。

除了这些大的堡垒，遍布汉中盆地四周还有许多较小的“围”，利用这些“围”所构筑的防守体系，魏延实现了他当初的承诺。

魏延当时驻守在南郑，即今陕西省南郑县，这里是汉中的中心。

诸葛亮到达汉中后却没有入驻南郑，而是将主力屯扎在阳平关、石马山一带，让大军在此集结休整。

推测起来，诸葛亮带到汉中来的有十万人左右，这是战斗部队，除了他们还得调动大批人员负责军粮等物资的供应运输。汉中与成都之间隔着巴山，道路崎岖难行，运输更是个大问题，为此次北伐诸葛亮组建了庞大的运输队伍，除了征调百姓参与外，还要求官员子弟带头参加，其中就包括诸葛亮的养子诸葛乔。

此次北伐前，诸葛亮再派费祎出访孙吴，除增进双方友好之外不排除协商双方联合军事行动的可能。诸葛亮进驻汉中后，孙权又继续派兵袭扰曹魏南线、东线两个战场，孙权手下的将领周鲂在一次行动中还生擒了曹魏的将领彭绮，这些都让曹魏不能抽调出太多的兵马到西线战场来，孙权的行动确实支援了诸葛亮北伐。

诸葛亮下一步的进攻目标虽然是关中，但位于侧翼的凉州地位显然很重要，所以诸葛亮在汉中做出了一项重要人事安排，任命魏延为凉州刺史，同时兼任丞相司马。丞相府司马相当于丞相府里的长史，它们都类似于秘书长，只是一个掌武、一个掌文。表面上看这是一个奇怪的任命，因为魏延已官至镇北将军，品秩介于三公与九卿之间，是大军区司令，相当于上将军衔，而丞相司马的品秩只有千石，又是属吏，算是个大校吧。上将干了大校的活，所以有人认为诸葛亮把魏延降级了。

其实这是误解，司马一职虽然品秩不高但职责很重要，负责协调丞相府里与军事有关的所有事务，也可以说是丞相府内所有武职的总牵头人，是诸葛亮在军事方面的第一助手，诸葛亮觉得这个岗位只有魏延担任最合适，这是对魏延的器重和信任。

而且也不存在贬降问题，因为任命魏延为丞相司马后并没有免除他镇北将军职务的记载，兼任凉州刺史后也没有免除他原任的汉中郡太守一职，魏延的丞相司马、凉州刺史都是兼职（领丞相司马、凉州刺史）。

四十四、文人造反，三年不成

诸葛亮在汉中没有马上兴兵，他在等孟达。

孟达控制的新城郡即今陕南的安康、商洛大部分地区及鄂西北一带，位置十分重要，不仅是汉中的右翼，而且紧连着曹魏中线战场的宛县和襄阳，如果汉中郡与新城郡能连成一片，诸葛亮进攻曹魏的路线无疑多了新的选项。

诸葛亮对孟达寄予了很大希望，从他们之间书信往来的情况看，孟达也确实动了回归之心，李严在给孟达的信中说“思得良伴”，意思是不仅希望他回来，而且还会继续委以重任。但是孟达那边却一直没有动静，这让诸葛亮很着急。

孟达在等什么呢？难道他又动摇了吗？其实未必是动摇，接连失去了几座靠山，孟达重回蜀汉的决心还是挺大的，但他是文官出身，优点是心思缜密、虑事周全，缺点是失于果断。叛魏降蜀这样的大事，孟达总想做得万无一失，所以他总在思谋和筹划，而没有马上行动。

在此之前，孟达至少有三次回归蜀汉的好机会：第一次是在曹丕驾崩时，曹魏上下一片混乱，重臣们都去了洛阳，新城郡所在的中线战场在夏侯尚死后实际负责人还没到位，这是最佳的机会；第二次是孙吴发动江夏战役时，曹魏中线战场的焦点转向荆州的东边，司马懿还在洛阳处理新帝继位的事，这个机会也不错；最后一次是在司马懿刚到宛县时，情况还需要一定时间熟悉，诸葛瑾又奉孙权之命北攻襄阳，司马懿的注意力被牵制到了那里。

但这几次机会都让孟达浪费了，孟达想得实在太多了，他想把每一步都走得稳稳当当。同时，对于蜀汉那边的态度孟达也不敢完全放心，李严信中的一些话孟达看了又看，觉得理解了对方的意思，但又不能确认，他为此给诸葛亮写了信，想进一步求证。

诸葛亮给孟达回信，信中说：“李严的性格你知道，他处理事情干净利索，就像流水一样，进退人物决不犹豫含糊。”诸葛亮的意思是，李严给你信中说的那些话都没问题，都算数，只等你赶紧回来。但是，这似乎仍然没有打消孟达的疑虑，孟达还在犹豫着。从他们双方写的信看，似乎都有些绕弯子，话说得都那么含含糊糊，这件事要换成吕布、张邈、袁术那样的人，直接说清楚你要什么条件、我能给什么条件就行了，但文人就是文人，正印证了那句话：“文人造反，三年不成。”

这段时间，孟达一直保持着与蜀汉方面的书信联络，有一次孟达还随信送给诸葛亮一顶纶帽，一副玉玦。纶帽是丝绸做的帽子，表明他对诸葛亮的敬仰；玉表示坚贞，“玦”与“决”谐音，暗示自己决心已下。

从新城郡内部的情况看，孟达犹豫不决或许是有原因的。

新城郡是曹魏合并原房陵、上庸、西城三郡设立的，但曹魏后来又设了一个魏兴郡，让地方实力派人物申仪当太守，此人先后依附于刘表、刘备和曹魏，由于在当地很有实力，所以并不把孟达放在眼里，但孟达的地位比他高，又假节，申仪得听从孟达的调遣。

申仪总想找机会把孟达扳倒或赶走，结果机会来了。

孟达和蜀汉秘信往来频繁，纸里包不住火，时间一长就被申仪察觉了，申仪向朝廷告发，一开始魏明帝曹叡竟然不太相信。曹叡把这件事交给已经到宛县上任的司马懿处理，司马懿派参军梁几到新城郡访查情况，经过秘密调查，申仪的举报被证实。司马懿本来就不喜欢孟达，于是向魏明帝建议征召孟达入朝，如果没有事，自然肯来；如果有事，一定不敢来。孟达当然不敢去，这才决定立即起兵。

但是，时机已经完全不对了。

申仪是怎么察觉到孟达要反叛的呢？仅凭揣测显然是说服不了朝廷的，得有证据。

有一个说法也记载在史书中，申仪的证据来自一个叫郭模的人。根据这个记载，孟达迟迟不动手让诸葛亮有些着急，为尽早促成孟达反正，诸葛亮就派郭模去诈降曹魏，郭模路过申仪的防区，故意把孟达反叛的事泄露给了申仪。

按照这个说法孟达是被诸葛亮出卖的，即便不是阴谋至少也算是“阳谋”，对此司马懿似乎比孟达看得更清楚。这时候司马懿大概还没有准备好，为避免孟达马上反叛，司马懿专门给孟达写了一封信，信中写道：“将军当初背离刘备，以身托付我曹魏，朝廷委将军以封疆重任，让将军图谋伐蜀之事，这一切，都像日月一样让大家可以看到。蜀人无不切齿于将军，诸葛亮想让咱们自相残杀，只苦于没有办法。郭模说的那些话，都不是小事，诸葛亮怎会轻易地告诉他并让他泄露出去呢？想想其中的道理，就应该明白了。”司马懿告诉孟达，诸葛亮策反你另有企图，你得想清楚了。

按照司马懿的逻辑，包括诸葛亮在内蜀汉大多数人心底里是比较厌恶孟达的，诸葛亮的战略意图其实是利用孟达和新城郡最大限度地牵制魏军中线战场的主力，让他们无法支援西线战场，如果孟达反叛成功，顶多为蜀汉增加了一些地盘而已。曹魏那边完全可以不理，伺机再予夺回，对诸葛亮来说最佳的局面是：孟达反叛，曹魏派大军镇压，孟达被消灭，曹魏付出代价的同时也受到最大牵制。要达到这个目标，既要策动孟达真的反叛，同时又要巧妙地将孟达造反的消息传递给曹魏那边，所以才有了郭模诈降。

根据这部史书的记载，司马懿识破了诸葛亮的阴谋，并且用一封信稳住了孟达。

不管是阴谋还是阳谋，摆在孟达面前已经没有其他选择了。

如果轻信司马懿那些话，那就太幼稚了，但奇怪的是，都已经大祸临头了孟达仍然很乐观，他认为现在反叛依然有十足的把握。在孟达看来，司马懿远在宛县，东距新城郡1200多里，这是汉代的里，合今约420公里，没有高速公路，也没有公路，甚至没有像样的路，其间还有山路阻隔，著名的山峰包括今天的风景名胜武当山，要走完这一段路，需要相当长时间。

当时的行军速度一天约60里，这还算是比较快的，即使昼夜兼程至多也就100里，曹操赤壁之战前追击刘备，率虎豹骑创造了一昼夜300百里的惊人速度，但那是虎豹骑，精锐中的精锐。

要执行一个战役仅靠轻骑兵、特种兵是不行的，各兵种、包括后勤辎重在内都要跟进，这就是大兵团的集体行动，边走边修路架桥，速度更快不了。按照孟达的计算，由宛县到新城郡的这1200里，最快没有半个月魏军无法到达。

而且孟达熟悉魏军调兵的体制，魏军要展开这么大的行动，必须得身在洛阳的明帝批准方可进行，由宛县到洛阳又是800里，一来一回至少半个月。也就是说，曹魏那边即使接到了自己反叛的消息，人马要杀到新城郡至少得一个月。孟达已向蜀汉那边求援，一个月时间那边的援军怎么说都到了，一旦援军到达，孟达觉得自己也就算安全了。

可惜孟达把时间算错了，他根本不了解司马懿的办事风格。

司马懿在宛县接到申仪的密报后立即向洛阳报告，报告归报告，司马懿不指望朝廷马上有什么指示下来，不是他不相信朝廷，而是他认为时间来不及。司马懿决定不待明帝诏书到达，立即起兵到新城郡平叛。手下众将都认为，没有明帝的诏令就出兵不妥，建议还是等等再说。

众将当然知道“兵贵神速”的道理，但大家更担心谁来负责任，打赢好说，成功的案例谁来总结都是好案例，可一旦失手，就得追究责任，就得有人背黑锅，该请示的没请示、该汇报的没汇报，这就是黑锅，是大忌。

可要都这么想那就别干事了，四平八稳，没有风险，不会犯错，这样的官当然好当，但决干不成大事。但司马懿刚到荆州，还要慢慢树立威望，所以耐心向大家解释道：“现在的形势已刻不容缓，必须趁孟达犹豫不定之机将其一举消灭，如果等蜀汉援军赶到，再夺下新城郡就难了！”

司马懿紧急调动驻宛县附近的军队，倍道兼行，直奔新城郡。1200 里的路程他们只用了 8 天。孟达当时在上庸城，接到报告，已经晚了，司马懿率大军已杀至城外。上庸城三面阻水，孟达命人在城外修筑了很多木栅以自固。司马懿指挥魏军渡水，破其栅，直至城下，从四面向上庸城发起猛攻。说起来孟达也不是饭桶，真拼了命也是好样的，司马懿猛攻了半个月，未攻破上庸城。到第 16 天，孟达的外甥邓贤、部将李辅等开门投降。司马懿率军进城，抓到孟达，将其斩首，将首级呈报京师。

此战共俘获 1 万余人，取得大捷。

新城大捷是司马懿第一次独立指挥大规模作战，打得很漂亮，从战役决策、筹划到实施都堪称完美。此战不仅消灭了孟达的势力，还顺便解决了在这一地区盘桓了数十年的申氏家族。

魏兴郡太守申仪一向尾大不掉，由于在地方上势力太大，所以表面顺从，内心里不太听从召唤。他认为这里天高皇帝远，所以多有不法，甚至私自授官，这样的人只要有机会就一定得根除。

司马懿表面沉静，像是个文人，其实是个有霹雳手段的人，他认为既然来了一趟，干脆新旧问题一齐清算。消灭孟达后，荆州各地郡守都奉礼来贺，唯独不见申仪来，司马懿让人专程去提醒他，申仪想了半天，还是来了。申仪一到，司马懿立即下令把他抓了起来，质问他伪造朝廷命令私自授官的情况，之后把他押解到洛阳。

在消灭孟达之战中申仪出了不少力，为配合司马懿的行动，他断绝了蜀汉与新城郡之间的道路，让蜀汉援军无法及时到达，但这并没有帮助他免罪。

申耽、申仪兄弟二人是新城郡一带的实力人物，他们是随孟达一起投降曹魏的，申耽当时被曹丕以一个怀集将军的名号调离了新城郡，曹丕命他迁居南阳郡，相当于一名人质，这也是申仪不敢轻易造反的原因之一。不过申氏兄弟在新城郡毕竟根深叶茂，为了控制住这一地区，申仪被押到洛阳后没有治罪，而是给他了一个楼船将军的名义，让他住在洛阳，后来申耽、申仪兄弟都死在了异乡。

孟达的首级送到洛阳，魏明帝下令在洛阳的交通要道上焚烧示众。为了彻底肃清孟达以及申氏兄弟在新城郡一带的残存势力，司马懿挑选了当地 7000 户人家迁往幽州刺史部。

孟达失败引起了连锁反应，蜀将姚静、郑他等率部属 7000 多人随后降魏，这二人担任何军职、驻军何处不详，估计驻地与新城郡相临，在魏军的威压下无法自保，才选择了投降。

魏明帝下诏对司马懿给予嘉奖，司马懿回军后专程到洛阳向魏明帝汇报此战经过，魏明帝除听取了他的汇报外，还就一些军政大事向他垂询意见，其中问到蜀汉和孙吴两个对手，应该先征讨哪一个。就此，司马懿回答说："吴人以为我们不习水战，所以敢在东关驻军。要攻敌，必扼其喉而捣其心，夏口、东关是吴人的心喉。不如以陆军进攻皖城方向，引孙权主力东下，然后以水军向夏口，乘虚而击，如神兵从天而坠，必然能大胜。"

魏明帝听了，十分赞同，命司马懿仍回宛县坐镇，指挥中线战场。

四十五、魏延的子午谷计划

司马懿为魏明帝提出的作战方案涉及东线和中线两大战场，东关在东线，夏口在中线，所以他提出这样的建议并不算越权。

在曹魏三大战场中，司马懿是中线战场的总指挥，东线战场的总指挥是曹休，而西线战场一向由曹真负责，只是曹休此时并不在长安，他已被任命为大将军，留在洛阳协助魏明帝处理军务，在长安坐镇的是曹魏安西将军、都督雍凉诸军事夏侯楙。

夏侯楙是夏侯惇的儿子，他的妻子是曹操的清河公主，清河公主是曹操的大女儿，与曹操的长子曹昂都是刘夫人所生，从年龄上看她比曹丕可能还要大，所以夏侯楙应该是曹丕的姐夫，曹叡得叫姑父。

曹丕跟夏侯楙从小一起长大，二人关系很好，曹丕继位时就任命夏侯楙为安西将军，但夏侯楙没什么军事才干，对养生却很有研究，而且他比较好色，身边养了很多伎妾，清河公主因此与他感情不和。

草包误大事，但这是父皇生前的安排，又是自己的长辈，所以魏明帝一直没有变动夏侯楙的职务，这无疑成了曹魏阵营比较薄弱的一环。魏延看到了这种情况，向诸葛亮提出了一个大胆的作战方案："曹魏在长安的守将是夏侯楙，是曹家的女婿，此人怯而无谋。现在给我 5000 精兵，再派 5000 人专门负责运粮食，由褒中出发，沿秦岭向东，走子午道北行，不用十天就可以到达长安。夏侯楙听说我突然杀到，必然乘船而逃。夏侯楙一走，长安只剩下御史、京兆尹这些官员，长安附近有横门邸阁的粮仓，加上百姓手中的散粮，足可以供人马食用，曹魏关外人马聚合好杀到长安，最少得 20 天，而丞相您率领大军从斜谷出来，绝对能赶到，这样就可以一举拿下咸阳以西的地盘！"

魏延的这个作战方案，就是历史上有名的“子午谷计划”。

子午谷就是子午道，是汉中与汉中之间的三条著名栈道之一。这三条栈道中最东边的就是子午道，与长安直线距离较近，出北面的午口即是关中平原，长安就在眼前，但此道最险；西边还有一条叫褒斜道，出南面的斜口之后是郿县，即董卓当年筑郿坞之处，此道路途较远，但路况相对较好。子午道和褒斜道之间还有一条傥骆道，因南口称傥、北口称骆而得名，此道几乎荒废，无法通行。

魏延的计划是由子午道和褒斜道同时出击，先在褒斜道佯攻，吸引和迷惑对手，然后把主攻方向放在子午道，出其不意拿下长安，之后两路大军会合，占领关中。

但是，这个作战计划被诸葛亮否决了。

诸葛亮认为这个计划太冒险，成功的可能性并不大，拿上万蜀军将士的生命作赌注，他不能干。魏延的“子午谷计划”因此没有机会实施，不仅魏延本人觉得遗憾，以至于以后仍对此念念不忘，而且后世也有不少人认为魏延的这个计划是可行的，诸葛亮过于保守了。

持这种观点的人认为，魏延久居汉中，对当地情况十分了解，在蜀、魏军力不对等的状况下，弱小的一方应出奇制胜，魏延的计划正可以达到这样的目的。

但客观地说这个计划确实过于冒险，要取得成功，关键是出其不意，但上万人、十多天的军事行动不让敌人察觉是不可能的，曹魏一定会在沿途派出很多侦察兵，一旦知晓蜀军动向，一方面会在山中依托险要地势进行袭扰和阻击；另一方面会调集重兵把守午口，使蜀军不得入关中。

即使费尽千难万险、做出重大牺牲后杀到长安城下，面对这个千年古都，能否立即得手希望也很渺茫。所以魏延的“子午谷计划”不是出奇制胜，而是纯粹的军事冒险。

《孙子兵法》说：“凡战者，以正合，以奇胜。”也就是说常规战法为“正”，出其不意为“奇”，二者必须结合起来，脱离常规战法的基础，一味出奇则未必制胜。以5000能战之兵去攻长安，虽是奇兵，但缺少常规战法作为基础就成为孤军。

夏侯楙虽然不是名将，但也不会看到区区几千人就弃城而逃，一旦夏侯楙不逃，魏延的计划就输掉了一大半。在冷兵器时代，兵家怕的不是野战，不是守城，而是攻城，即使一座孤城，久攻不下的战例也不胜枚举，魏延想率5000人攻进长安，可行性几乎没有。

诸葛亮决定不走栈道，而是出兵陇右，由左翼向曹魏发起进攻。

具体部署是：由镇东将军赵云、中监军邓芝率一路人马兵出褒斜道，作战略佯攻，吸引魏军的主力，诸葛亮自己率大军由汉中向西攻击，占领战略要地祁山，进而攻占曹魏控制下的陇右地区。

随诸葛亮进攻陇右的蜀将有刘琰、吴壹、王平、张翼、马岱、刘琰、马忠、廖化等人，参谋人员有杨仪、爨习、马谡、向朗等。这些人大部分都介绍过，只有张翼、马岱还比较陌生。张翼字伯恭，之前当过蜀汉梓潼郡太守，马岱是蜀汉已故骠骑将军马超的从弟，随马超征战，后一同归附蜀汉。

还有一个刘琰，之所以把它排在吴壹等人之前，是因为他的资历、地位都比众人高，他在刘备当豫州刺史时就追随左右了，后主继位后升任后将军，在名义上仅次于前将军李严。刘琰生性风流、善谈论，好车服饮食，被人视为奢靡，缺乏实际才能，同时他脾气不好，虽居高位却经常跟人闹意见，其中跟魏延尤其关系不和。

大军随后行动，赵云、邓芝率一部分人马进入褒斜道，大造声势，给人以杀入关中、直取长安的感觉，而诸葛亮率蜀军主力悄悄开往此战的首攻目标祁山。

祁山位于今甘肃省礼县以东，是汉水上游一条连绵 50 余里的小山脉，它西起北岈、东至卤城，汉水从其南面流过。此山虽小，却风景优美，每一座山峰都很秀美、挺拔，诸峰相对。之所以把首战的目标定在这里，是因为祁山有独特的地理位置。祁山往西北可通南安、陇西二郡，东北通天水郡，往南以及西南方向可通达汉中郡以及汉中通往益州的咽喉阴平，祁山因为扼蜀陇咽喉，控攻守要冲而成为兵家必争之地。

也就是说，无论从益州还是汉中，要去陇右必须过祁山，而占领了祁山，也就打开了通往曹魏凉州地区的道路。凉州是曹魏的西部屏障，由于历史原因，曹魏在这里的控制相对薄弱，攻取的难度最小。如果能占领凉州，就可以居高临下，向东直取雍州，诸葛亮认为这是攻取曹魏比较保险的做法。

凉州虽地广人稀，但它的陇右地区人口相对集中，河水丰沛，灌溉便利，自古便是粮食的重要产区，蜀汉国力有限，得到陇右可以增强国力，在与曹魏的对抗中可以增加胜算。陇右和凉州还盛产好马，对于以步兵为主的蜀军来说，这更是宝贵资源。

到达祁山后，诸葛亮给后主上了一道奏表，其中介绍了他所看到的祁山的一些情况：“祁山距离沮县 500 里，有 1 万户居民，站在山顶远望，可以看出这个地方确实很富有。”根据这份奏表可知，祁山之中有一座城堡，里面有上万户居民，这在当时绝对是大数目了，尤其是在偏僻的凉州。

四十六、陇右争夺战

诸葛亮西取祁山，是出其不意的一笔。

祁山属曹魏雍州刺史部的天水郡，在汉中的西北方向，两地直线距离 200 公里，汉中与长安的距离与此大体相当。由汉中去祁山必须经过武都郡，该郡传统上属凉州刺史部管辖，后属曹魏的雍州刺史部，郡治下辩在今甘肃省成县西北，当年刘备取汉中时曾派张飞、马超等在此与曹洪、曹休有过交战，蜀军在那次作战中失利，退出了下辩。

诸葛亮由武都郡顺利进军祁山，说明该郡要么大部分地区已成蜀汉地盘，要么曹魏在此力量薄弱，所以位于今甘南地区的军事重镇下辩未能迟滞诸葛亮大军的行动。

对突然到来的蜀汉大军，曹魏陇右地区的官员和少量驻军竟然毫无防备，纷纷投降。史书上说投降蜀汉的包括南安郡、天水郡和安定郡。常说陇右，其实它不是一个行政概念，古人以东为左、以西为右，所以江东又称江左，而陇右即指陇山以西。陇山主要指的是今甘宁分界的六盘山，汉末三国时的陇右地区主要包括曹魏治下的陇西、南安、天水等郡。

南安郡在天水郡的西面，天水郡告急，南安郡肯定也不保，但安定郡也响应了蜀军，问题就严重了。

安定郡在天水郡的东北方向，今宁夏回族自治区固原市和甘肃省平凉市都在该郡范围内，这里不仅与天水郡相隔较远，而且两郡并不相邻，中间还有一个广魏郡。如果史书记载属实，那么曹魏雍州刺史部西部地区几乎都“沦陷”了。

雍州刺史部西边还有一个凉州刺史部，目前设有金城、武威、张掖、西平、敦煌五个郡，这几个郡一下子就与关中失去了联络，蜀军如果彻底占领了陇右地区，下一步攻取凉州刺史部就易如反掌了。所以诸葛亮兵出祁山这一招其实很厉害，如果一切顺利，那么就以最小的代价拿下了曹魏一个半州的地盘。

离祁山最近的县城是其东北方向的天水郡西县，属今甘肃省礼县，蜀军占领祁山后又攻下该县，诸葛亮把总指挥部设在了这里。

雍州惊变，震惊了曹魏朝野上下。

在此之前，为应对诸葛亮的进攻魏明帝已经做出了人事调整，把夏侯楙调回洛阳任尚书，把大将军曹真派回长安坐镇。曹真刚到长安就接到情报，说蜀军在褒斜道有大动作，似乎要从这条栈道攻击关中。还有情报说，蜀军将第一个攻击点确定为郿县。

曹真不敢怠慢，立即集合人马进驻郿县，在此展开堵截。但这个时候突然传出陇右告急的消息，而且情况变化之迅速让人根本来不及反应，关中地区也受到了波及，人心惶惶。曹真有些慌了，远在洛阳的曹叡也坐不住了。魏明帝紧急召集大家商议对策，朝臣们一时竟拿不出什么好办法来，魏明帝只得自己给大家打气道："诸葛亮只会以山势为依托，今天他这是自投罗网，正合兵法上说的'致人之术'，肯定能击破他！"

"致人之术"是什么？不太清楚。曹叡估计也只是这么一说，为的是不让大家失去信心。为进一步安抚人心，魏明帝决定御驾西征。有人反对这么做，钟繇的儿子钟毓时任皇帝高级侍从（散骑侍郎），上疏谏道："最好的办法应该是在朝堂上战胜敌人，国君不离宫殿却能在千里之外赢得胜利。陛下应当坐镇京师，以为各个方向的威势源泉。陛下亲率大军西征，对壮大前线军威固然有很大作用，但因此消耗的资源钱财也会更大。而且在炎热的暑期用兵应当慎重，现在还没到您万尊之躯出动的时候。"

此时应该是曹魏太和二年即蜀汉建兴六年（228）的正月，"暑期用兵"的说法似乎与实情不合，也许钟毓是出于大规模军事行动时间上有一定提前的考虑吧。钟毓的建议未被采纳，魏明帝仍决定亲征长安，他下令迅速组建一支5万人的先头部队，由右将军张郃率领支援西线战场。

此时张郃驻军于荆州刺史部，按理归骠骑大将军司马懿节制，但他曾长期协助夏侯渊驻守汉中，对西线战场的情况更熟悉，所以派他去。

魏军主力要赶赴陇右还需要时间，在此之前只能依靠雍、凉二州的官员和少量驻军与蜀军周旋了。

曹魏此时的雍州刺史是郭淮，之前介绍过，他是并州刺史部太原郡人，曹丕当太子时他是曹丕的属官，后转任征西将军夏侯渊的司马，夏侯渊战死时军中大惧，郭淮等人收拢散卒，推时任荡寇将军的张郃为主将，诸营方安。曹丕继位后派郭淮到西部任职，担任镇西将军府长史，因为是嫡系所以升得很快，被提拔为雍州刺史。同时任命徐邈为凉州刺史兼任护羌校尉。

诸葛亮一方面应对徐邈等人的反击，一方面向东西两个方向扩大战果。在西面，诸葛亮派兵攻击陇西郡，遇到了顽强抵抗。曹魏的陇西郡太守游楚面对蜀汉大军毫不惧怕，召集吏民说："我素无恩德给大家，今蜀国大军已至，其他几个郡已经叛降，我看这是诸位取得富贵的好机会。我为朝廷守郡，义在必死，诸位可以拿我的人头去换富贵！"

大家听完深受感动，一致表示："愿与明府同生死，绝无二心！"游楚说："既然如此，我有一个想法。现在我们东面的两个郡已经丢了，敌人马上就来，我们在此坚守，如果朝廷的救兵到了，蜀兵必退去，到时候咱们一郡之人都坚守了大义，人人都将获得奖赏。如果救兵没来，而蜀军攻势又急，你们可以取我的人头去投降，到时候也不算晚！"

于是大家都去守城，蜀军到了，游楚派遣郡政府长史马颙出门设阵，自己站在城上对蜀将说："你们能断绝秦陇大道，让东来的援军无法到达，只需要一个月，陇西郡的百姓不攻自降，如果做不到，你们只会白费力气！"游楚命马颙鸣鼓出击，魏兵士气高昂，将蜀军打败。

在这场曹魏陇右保卫战中游楚是个立下大功的人，魏明帝后来听说了他的事迹，专门召他到洛阳相见，并任命他为驸马都尉。

再说东边，在这个方向蜀军的行动也不太顺利。

诸葛亮指挥蜀军占领天水郡时，该郡太守马遵正陪同曹魏雍州刺史郭淮一行在洛门视察工作。雍州刺史管理的地盘很大，除了关中地区的冯翊郡、京兆尹、扶风郡、北地郡，还有陇右地区的南安、天水、陇西以及广魏、安定等郡，除此之外，武都、阴平两个郡也都归雍州刺史部管辖，只是它们的大部分地区目前已被蜀汉控制。

当时郭淮接到报告说天水郡郡治冀县可能已被蜀军占领，现在无法回去，郭淮吃惊地对马遵说："看来诸葛亮来者不善！"渭水的上游流经天水郡，冀县就在渭水边，洛门在冀县的西边，今甘肃省天水市那时称上邽，是陇右地区一处军事重镇，位置在冀县沿渭河往东。郭淮判断上邽仍在魏军手中，于是决定绕过冀县，连夜回上邽，这个决定遭到了随同郭刺史视察的一名官员的反对。

这名官员对马遵说："明府应当回冀县！"马遵一听急了："我不信任你们，

你们已经通敌叛国！”双方不欢而散，马太守跑到上邽避难去了。上邽成为天水郡境内魏军集结的一处重地，诸葛亮后来派兵进击上邽，但在郭淮等人的防守下，上邽无法攻克。

劝马太守回冀县的这个人不得不说，因为他就是日后大名鼎鼎的姜维。姜维字伯约，他的老家就在冀县，他的父亲姜冏曾是天水郡功曹，羌、戎叛乱，姜冏挺身与乱军作战，不幸战死沙场，姜维因此受赐为中郎。

中郎是天子身边的属官，承担宿卫天子的任务，姜维被授予此职只是一种荣誉，他本人没有到洛阳任职。姜维平时很好学，尤其喜欢郑氏学，也就是当代大学者郑玄开创的学问，但他并不想当一名学者，他有志于功名，好结交江湖朋友，不想过普通老百姓的日子。

姜维后来担任了本郡上计掾，又被任命为州里的从事，相当于州政府的一名处长，同时他还参与本郡的军事谋划。姜维幼年丧父，母亲一手把他拉扯大，他很孝顺，母亲现在就在冀县，他无论如何不会撇下母亲不管，这是他竭力劝马太守回冀县的主要原因。

马太守走了，姜维仍不死心，他跟其他几位官员一起去追马太守，希望把太守追回来。马太守的马跑得太快，姜维他们一直追到上邽城外也没有追上。这时城门已经关闭了，姜维在外面叫门，里面的人不给开，因为他们不清楚姜维等人是否也参加了叛乱。姜维等人无奈，回到了冀县。

这时蜀军尚未来到，但城里的人已经高度紧张。有一个记载说，姜维等人又在城外叫门，但城门也没开，原因与上面一样，城里的人怀疑他们已经投降了蜀军，姜维等人走投无路，只好投奔了诸葛亮。另一个记载是，冀县城里的官民见姜维回来，把他们迎进了城，这时大家一商议，觉得根本无法自保，一致同意投降蜀军，太守等郡里的主要官员都不在，姜维是目前最重要的官员，大家于是推举他去见诸葛亮。

这次见面改变了姜维的一生，这一年他 27 岁。诸葛亮见到姜维很高兴，让他回冀县安抚那里的百姓。可姜维还没到冀县时，魏军的增援部队就赶来了，他们重新接收冀县，姜维只得回到诸葛亮那里。

诸葛亮这才有时间跟姜维好好谈谈，姜维世居陇右，对这里的情况很熟悉，诸葛亮一定有很多事情要了解。经过一番深谈，诸葛亮对这个年轻人有了很高的评价。在诸葛亮看来姜维是个不可多得的人才，诸葛亮在写给留府长史张裔以及参军蒋琬的信中说：“姜伯约此人忠于职守，勤于理事，思虑周密，这些都是他的长处，永南、季常等人都不如他，堪称凉州一带的一流人才。”

永南是李邵，曾担任诸葛亮丞相府的西曹掾；季常是马谡的大哥马良，是诸葛亮格外看中的人之一，在诸葛亮眼里他们都不如姜维。诸葛亮任命姜维担任丞相府仓曹掾，很快又提升为奉义将军，并奏请后主封姜维为当阳亭侯。

从这些安排可以看出诸葛亮对姜维不是一般的喜爱，奉义将军是军长一级的高级将领，姜维此前的职务不过是个州政府里的从事，授予一个中郎将都算是破格了，直接提拔为将军，显得很不一般的。也是27岁那年诸葛亮与刘备第一次相见，诸葛亮当时被人称为“卧龙”，虽是一介布衣却名声在外，刘备对诸葛亮十分欣赏，之后诸葛亮在赤壁大战中立下大功，又被刘备赋予重任，而诸葛亮那时担任的职务，才不过是一名中郎将。

虽然姜维来投是一大收获，但陇右战局眼看就要陷入僵持中，这让诸葛亮很着急。诸葛亮原来认为西取陇右是出其不意的一招，避免了军事上的冒险，是非常有把握的一件事，现在看来这种判断多少有些乐观了。以蜀军的实力全部平定陇右继而拿下凉州肯定不是问题，但时间却拖不起，如果陷入对峙，曹魏援军开到，那西取陇右的计划也就失败了。

四十七、街亭发生了什么

蜀军攻下了冀县，下一步将转攻上邽，拿下陇右全境眼看指日可待，这时传来曹魏右将军张郃率 5 万大军星夜驰援而来的消息。情况有些紧急，诸葛亮决定立即派出一支人马前去堵截，为陇右战役的最后胜利赢得时间。

这个任务至为重要，此去阻击只能成功、不能失败。派谁去呢？在众人的心目中至少有两位合适人选，一位是魏延，一位是吴壹。魏延自不必说，镇北将军兼凉州刺史，早就独当一面。吴壹是刘备吴皇后的哥哥，讨逆将军兼关中都督，在军中的威望也很高。

然而诸葛亮却派了另外一个人，这个人大家都知道，马谡。

马谡时任丞相府参军，是诸葛亮身边的高级军事参谋，从他的资历来看，当过县令、郡太守，但在军队里的履历只是参谋，没有独立带过兵，执行如此重要的任务，行吗？大家都在怀疑，但丞相已经做出了决定，也没人说什么。结果大家也都知道了：马谡此去一败涂地，损兵折将，更为重要的是打乱了诸葛亮陇右战役的部署，诸葛亮被迫仓促撤军。

诸葛亮用马谡守街亭，的确匪夷所思。

有人认为是马谡自己主动要求去的，他信心十足，保证守住街亭，为此还立下了军令状，诸葛亮虽然犹豫还是派他去了。但这个说法没有史料依据，只是小说演义之言。事关重大，如果诸葛亮心里真的犹豫不决，马谡说得再天花乱坠估计也没用。

派马谡去，一定是诸葛亮觉得他合适。

对马谡这个人，刘备生前有不同看法，他在临终前曾专门对诸葛亮说马谡言过其实，不能大用，希望诸葛亮好好观察他，但诸葛亮并不这么看。此前征南中时马谡提出的心战思想让诸葛亮印象深刻，所以对他很器重。诸葛亮让马谡当他的高级参谋，经常与他谈论问题，有时常常忘记吃饭睡觉，如果马谡只是纸上谈兵的赵括，估计诸葛亮不会这么重视他。

有人分析认为，从诸葛亮对马谡的态度看有刻意培养之意，马谡在诸葛亮心目中的地位现在远远超过姜维，或许在诸葛亮心中马谡就是未来军事上的接班人，为马谡创造锻炼的机会符合诸葛亮的初衷。有人进一步分析认为，马谡的哥哥马良与诸葛亮情同兄弟，在蜀汉政治格局中诸葛亮是荆襄派的代表，得到了马氏、杨氏、习氏等荆襄人士的支持，所以对他们也格外照顾，杨仪、马谡等人就是在这种背景下受到重用的。

这种观点看似有一些道理，但说服力却不强。诸葛亮重用了马谡、杨仪、蒋琬等荆襄人士，但他也重视张裔、杨洪、费祎、董允等益州本地出身或在益州长期生活的士人，作为执掌蜀汉朝政的大臣，他在用人方面一直兼容并蓄，说他因为派系斗争的需要而力排众议使用某一个人，是站不住脚的。

但这一次确实派了没有带兵经验的马谡去守街亭，又如何理解呢？这的确不好理解，也许当时有很多具体的情况，诸葛亮派马谡去必定有他的考虑，只是这些已无法得知了。

由关中来陇右必走关陇大道，汉初的西北疆界只到黄河，为打通西域商路，汉武帝派人翻越陇阪，了解沿途地理和敌情，选定了关陇大道的基本路线，为保证这条路线的畅通，汉武帝在其沿线设置郡县，每隔 5 里设一烽燧，10 里设一墩，30 里设一堡，50 里设一寨，从而使关陇大道成为一条重要的交通干道。

关陇大道的基本走向是：由长安出发，经过今甘肃省陇县，再过固关镇，翻越陇阪，到达今甘肃省张家川县境内的分水驿，沿马鹿、闫家店、弓门寨、张川、龙山一路西行，最后到达今甘肃省天水市。在这条路上有一处极佳的伏击地点，名叫街亭，具体位置在今甘肃省秦安县陇南镇，秦陇大道由此经过，两边高山，中间是一条坦途，此地名为“街亭”，意思就是它处在大道的中间，正好堵住这条魏军的必经路线。

魏军长途奔袭，来的几乎全是骑兵，为了争取时间只能走关陇大道，也只能过街亭，抢先占领该地，可以利用有利地形展开阻击。诸葛亮具体给了马谡多少人马史书没有记载，有的说是 10 万人，这也是小说演义的，诸葛亮此次西出祁山的总兵力大约也不过 10 万人，不可能都交给马谡。而且，真有 10 万机动部队可用也就不必打阻击了，直接把张郃的 5 万人马放进来围歼就行。

当时蜀军的兵马应该分布在陇右的几个郡，诸葛亮能临时调集起来的人马并不多，推测起来应该在 1 万人左右，用 1 万人去阻击 5 万人，打得好的话也勉强够用。诸葛亮命王平以副将的身份一同行动，王平现在的军职是裨将，诸葛亮把从南中夷人子弟中选调出来的无当飞军交给王平统领，参加街亭战役的应该就有这支人马，之所以做出这样的安排，也许考虑到无当飞军善使弓弩，正好是骑兵的克星。

除了王平参与街亭阻击战的还有张休、李盛、黄袭等人，他们的军职应该与王平相当或稍低。

马谡带着这支人马火速赶往街亭，幸运的是他们先到了。马谡立即观察周围的地形地势，抢占有利位置，做好伏击准备，马谡的任务是占据街亭要塞，堵住敌人，不让他们通过，把他们拖在这里一段时间就算胜利。可是马谡看完街亭的地形，决定对诸葛亮的部署进行修改，具体说就是舍弃下面的要塞上山。

街亭在山谷中，两侧的山都很高大，其中一侧被称为南山的，顶部平缓，向下三面皆陡峭，马谡决定把人马拉到南山上，待敌人前来攻打，居高临下，把敌人打败。王平是一位很有经验的将领，他一眼就看出了这项作战有致命的缺点，赶紧劝阻马谡，但马谡不听。

马谡指挥蜀军上了南山，这时张郃率领的大军也到了。

张郃是一位名将，作战经验十分丰富，他打了一辈子仗，马谡还是个小朋友的时候他已经是袁绍手下的高级将领了。张郃看到蜀军不占大道上的要塞反而上了山，立即猜出了蜀军的意图，下令不急于攻山，而是断了山上取水的道路。山上有上万名蜀军将士，还有马匹，随时需要大量水源，时间短了还能忍忍，时间一长就麻烦了。马谡这才吃惊地发现，原来水道是他的软肋，眼看不能久拖，马谡只好硬着头皮下令从山上向下面出击。

结果可想而知，蜀军大败，四散逃命，只有王平率领的一支人马，临战不慌，他们不断敲击战鼓，张郃以为有伏兵所以没敢猛追，蜀军守街亭的 1 万人马最后只剩下王平带回来的 1000 多人。

看了这个过程不免会产生许多疑问：马谡为何固执地认为上山更好？王平从哪些方面看出来上山不利，他有没有告诉马谡？马谡虽然没有带兵的经验，但应该也是位出色的参谋，否则诸葛亮不会重用他，在显而易见的事实面前，他为何仍然固执己见？蜀军毕竟也有上万人，何以败得如此迅速和彻底呢？

这又是一个困惑，就像诸葛亮为什么派马谡守街亭一样，马谡为什么把仗打成了这个样也实在让人不解，马谡除非是曹魏派来的卧底，否则他的指挥怎么看都让人匪夷所思。

而这一切又都真实地发生了，要找出合理的解释，或许只能结合街亭的地理状况来推断了。如果现在去古街亭战场做一番实地考察，就会发现此处确实十分险要，两边的山很高，魏军舍中间的大道便无法通过，尤其是他们的骑兵，不走从山谷中间便无路可走。秦陇大道行至此处，鬼斧神工地出现了一道地质断层，西边比东边高出十多米，成为一处断崖，街亭要塞就是以此为依托修成的。

也就是说，关陇大道走到这里形成了高度落差，西高东低，蜀军占领街亭这个要塞，正好可以居高临下堵住魏军，要想过必须向上攻，类似于攻城，这是冷兵器时代所有将领都头疼的事，以 1 万人守住 5 万的进攻是可能的。

但是当马谡来到街亭时他看到的或许是另一番景象，都知道街亭有处要塞，但这处要塞早已年久失修、残破不全，敌人来攻很多地方都可以轻松下手，原来固若金汤的街亭要塞现已不复存在了。

有这种可能吗？有，这与街亭两边的区域环境有关。街亭所在的天水郡一直是曹魏的控制区，街亭要塞的作用实际是防范由东面而来的敌人，对西面之敌却没有任何作用，如果陇右一带有人造反，他们会想起街亭，用它来抵挡曹魏的大军，反之则毫无意义。因此曹魏控制街亭后不会下力气整修这处工事，为防今后出现不测，刻意对其破坏都是有可能的。

对马谡和蜀军来说，这是一个极为严重的新情况。

现在修整工事时间来不及了，张郃的大军马上就到。在这种情况下，马谡想到了上山。在实战经验丰富的王平看来山上固然很好，但并不利于防守，因为山上没有水源，上万人马齐聚山顶，假如敌人不急于求战，来个困而不打，山上的人不就惨了。

假如王平提出了这样的看法马谡还会坚持吗？也许会，因为在马谡看来，张郃为什么不急于求战呢？如果他真的不战，在这里慢慢耗着，那不是更有利啦？他的任务就是拖住魏军，不管用什么办法，只要拖住他们一段时间，就算完成了任务。

所以在马谡看来，心急火燎地从东面赶来的魏军一定会发了疯地攻山，到那时他们依托居高临下的地形，只要用弓箭、连弩去招呼敌人就行了。

马谡可能认为水源也是个问题，但问题不大，他是荆州人，后来长期生活在益州，都是南方，整天发愁的是如何防水防涝，在他的脑子里还没有因为缺水而带来麻烦的经历。况且他得知，南山上面没有水却有水源，有这个还怕什么。但如此一来水道就成了蜀军的软肋，这一点岂能逃过经验丰富的张郃的眼睛，张郃一下子抓住了蜀军的要害，导致蜀军全面溃败。

水道被破坏后蜀军仍不至于立即大败，一天不喝水有点儿难过，但不致这边没水那边就会死人，马谡还有反击的机会。但他是参谋人员，有智商也有情商，却缺乏胆商，关键时刻他方寸大乱，拿不出绝地反击的办法了。

而且马谡在军中缺乏足够威望，他是参谋出身，跟大家在一起的时间也短，还没有建立起足够的亲和力和默契度，水道被断后众人对他肯定充满了指责和埋怨，马谡已经控制不了局面了。

以上多重因素叠加，注定了蜀军在街亭必败。

四十八、有没有“空城计”

京剧有一套传统剧目叫《失空斩》，由《失街亭》《空城计》和《斩马谡》三部戏组成，剧情相连，起因都是马谡丢失街亭。根据剧情，马谡失街亭让蜀军措手不及，为避免全线溃败诸葛亮不得不上演了一出《空城计》，骗过了魏军统帅司马懿，之后蜀军安全撤回汉中，诸葛亮追查街亭失利的责任，马谡被斩。以上情节与历史事实大体相合，失街亭、斩马谡都是有的，但其中一些细节并不符合史实，尤其《空城计》这一段。

街亭大败的消息肯定会让诸葛亮很震惊，他当时在哪里呢？

他在祁山附近的天水郡西县，前面说过，诸葛亮占领西县后把大本营就放在了这里。街亭在广魏郡，西县的东北方向，两处直线距离在 200 公里以上，中间山水阻隔、道路险峻，以魏军的行进速度，即使由街亭直奔这里也得好几天才能到。

而此时整个陇右地区蜀军兵力仍占上风，张郃的任务只是打前站，控制住局势，并不是寻找蜀军主力决战，所以放下陇右其他重镇直接进攻西县，这种可能性不大。

尽管如此，诸葛亮仍决定马上撤退。张郃的 5 万人马虽不足虑，但随后就会有大批魏军源源不断开来，拿下陇右继而攻占凉州的计划已经失败了。诸葛亮命令各部撤退，他自己离开西县时还随队带走了该县 1000 多户人家，把他们迁到汉中。

所以这次撤退是从容的，并不需要上演“空城计”。那么，至今妇孺皆知的《空城计》又是怎么来的呢？晋朝有一部史书，讲晋初扶风王司马骏守关中，他手下有几位中下级官员在一起议论诸葛亮的功过，大家对诸葛亮多持讥评，认为他托身蜀汉不当，力量小却想办大事。有个叫郭冲的人站出来为诸葛亮鸣不平，说了诸葛亮的五件事，把这几位官员说住了，司马骏听后十分感慨，称赞郭冲说得对。

这就是有名的“郭冲五事”，其中一件就是诸葛亮的“空城计”。按照郭冲的说法，诸葛亮有一次屯兵在外，魏延率主力东进，他只留有 1 万人马守城，这时魏军主将司马懿率 20 万大军来了，和魏延率领的主力错道而行，蜀军因此没有发现，等诸葛亮知道情况时敌人只有 60 里了。诸葛亮想派人通知魏延，但相去已远，魏延即便回军也来不及了。城中将士皆失色，诸葛亮却镇定自若，他下令军中偃旗息鼓，不准随便走出营帐，又下令大开城门，并派人洒扫街道。

司马懿知道诸葛亮一向持重，而今却摆出如此虚弱无力的样子来，怀疑诸葛亮有伏兵，于是率领人马向北上了山。第二天到了吃饭时，诸葛亮对左右的人拍手大笑道：“司马懿必然认定我装出胆怯，一定会有伏兵，所以遁山而走。”侦察兵报告确实如诸葛亮所说，司马懿后来也知道了这件事，后悔不已。

这大概是诸葛亮用“空城计”骗司马懿这件事的出处，只是郭冲说的“空城计”并非发生在西县，而是阳平关。这样就有漏洞了，因为司马懿从来没有率兵到汉中腹地阳平关与诸葛亮交过战，而一次出动 20 万人马也不可能。并且，司马骏是司马懿的儿子，郭冲作为司马骏的下属，胆敢在儿子面前非议他老子，可能性更小。

所以，晋朝这部史书所载的“郭冲五事”虽然细节逼真、过程齐全，但可靠性并不强。然而这成为小说家进一步发挥创作的素材，也就有了诸葛亮在西县用“空城计”吓退司马懿 10 万大军的故事。

司马懿现在根本不在陇右，而在千里之外的荆州。

这次陇右保卫战曹魏虽然从中线战场抽调了一些人马支援西线，但作为中线战场的总指挥司马懿本人并没有来，带队的是张郃。

张郃没来西县，司马懿更不可能来，说诸葛亮在西县摆下“空城计”，那他对付谁呢？再退一步分析，如果司马懿真的能率 10 万大军突然围住西县，诸葛亮能不能摆出空城计呢？答案也是否定的。

作为一座县城，规制有着严格的限制，城池的周长不过十来里，与现在县城的概念完全不同。可以看一下北京西南郊的宛平城，这也是个县城，大体上是古代县城的标准版，该城有四座城门，城中的主要街道其实只有两条，也就是连接四座城门的街道，站在任意一处城墙上都可以把城内的情况一览无余。

古代县城里的常住人口一般也不多，在汉末三国时，即使中原地区超过 1

万户的都算是大县了，像西县这样的边地小县，人口很难超过5000户，这还是全县的总人口，不是住在县城里的人。诸葛亮撤退时带走了西县1000多户，这大概占了西县全部人口的绝大部分。也就是说，西县的城池很小，站在城外随便一个制高点上就可以看清城里的一切，不用10万人，只需1万人马就能把它围成铁桶，即使司马懿真的来到城外，诸葛亮并没有施展“空城计”的条件。

而且，这么小的县城里也藏不了多少人，即使司马懿胆小，怕杀进去遇到埋伏，那也肯定会先围起来再说。

事实上，西出祁山的这一路蜀军撤退得还算顺利。

再说另一路蜀军，他们在赵云、邓芝率领下由褒斜道发起佯攻，在箕谷与曹真率领的大军相遇，由于寡不敌众，被魏军打败。

褒斜道是秦岭山中大体呈东北—西南走向的一条栈道，两侧有一些溪谷，箕谷是其中之一，今即伐鱼河谷道，因形如簸箕故称“箕谷”。有人考证伐鱼河本名叫伐魏河，因蜀汉经此伐魏而得名，秦人“鱼”“魏”音近，相沿日久讹传为伐鱼河，该河又古称磻溪，相传姜太公垂钓即在此河，今河上建有钓鱼台水库。

箕谷的位置靠近褒斜道南口，附近有蜀军的重要军需仓库赤岸，如果从褒斜道出击曹魏，赤岸是最近的后勤补给基地，所以赵云开始让邓芝守住赤岸，自己由箕谷北上，深入褒斜道深处。

这一段栈道有近百里，非常险峻，一端悬于崖壁之上，一端凌空，栈道之下全靠立柱支撑。登过华山的人应该有体会，站在这种凌空栈道之上，有恐高症的人一定吓得不敢动弹。

赵云本来只是佯攻，任务是吸引曹真大军的注意力，让他不得不在褒斜道的北口重兵驻防。没想到曹真主动出击，沿着褒斜道杀了进来，赵云兵力有限，不敢在秦岭山中与魏军过多纠缠，于是后退。

蜀军退、魏军追，在褒斜道里一直追到了箕谷。再往前就是汉中盆地，如果曹真追出来，汉中就保不住了。危急关头赵云下令把栈道烧了，魏军无法前进，只得退去。火烧栈道虽然保住了汉中，却使蜀汉蒙受了巨大损失，因为如果今后再想从褒斜道出击，必须先修好这条栈道。

所幸的是这一路蜀军损失并不大，诸葛亮后来问邓芝：“街亭失败后各部兵将都失散了，兵不知将，将不见兵，而箕谷退军时却能做到将不离兵、兵不离将，是什么缘故呢？”邓芝如实回答：“赵将军亲自断后掩护撤退，所有军资装备一点儿都没有丢弃，兵和将也没有分离。”同样是兵败，马谡吓傻了眼而赵云却能镇定从容，这就是老将与新手的区别，这不仅靠胆识，更是身经百战所积攒出来的经验，还有长年累月和将士们之间形成的默契与相互信赖。

赵云军中有不少富余的绢帛，诸葛亮让赵云拿出来分赐给部下，赵云对丞相说：“仗没有打好，还要什么赏赐？所有的物资请全部存入赤岸的府库中，等到冬天发给大家过冬吧！”

四十九、杀马谡的理由

第一次北伐就这样结束了，总的来说打了败仗。

诸葛亮回到汉中，还来不及休整就着手检讨此次战败的原因，追究相关人员的责任。毫无疑问，街亭惨败是此战被迫逆转的关键，马谡是战败的第一责任人。

可这时大家才发现，马谡找不到了。蜀军从街亭败下来，1万多人只剩下了1000多人，他们是在王平等将领率领下回来的，而马谡下落不明。

马谡干什么去啦？他潜逃了。街亭战败，马谡知道这个祸闯得太大了，他又悔又怕，没敢回去，逃跑了。他是怎么逃的、逃到了哪里，史书没有详细交代，只有马谡的好朋友向朗知道一些细节，向朗此时正以丞相府长史的身份在汉中供职。

打了败仗，已经犯下大错；又私下逃走，一错再错。可最终马谡还是回来了，是自己跑回来的还是被抓回的史书也没有记载，诸葛亮命令把马谡下狱审查。诸葛亮与马良、马谡兄弟感情很深，他们之间的交往可以追溯到青年时期，尤其是马良，是诸葛亮的挚交，马良称诸葛亮为“尊兄”，按当时的习惯非亲戚关系一般不这样称呼。马良为国尽忠后诸葛亮视马谡为自己的弟弟，对他的才华也十分欣赏。但感情代替不了国法军规，诸葛亮不会徇任何私情。

在狱中马谡也知道罪责深重，给诸葛亮写信说：“您一向拿我当儿子看，我也把您当作自己的父亲，愿您能体察舜杀了鲧却能起用禹的大义，使我二人平生之交不因此事而亏损，我虽死了，也无恨于黄泉！”马谡说的是一段上古往事，那时洪水滔天，舜命鲧治水，但无功，舜杀鲧于羽郊，但舜不因此废人，后来又命鲧的儿子禹去治水，禹治水功成。马谡说此话有两层意思：一是想说街亭之败虽罪不容赦，但不是自己刻意为之，就像鲧治水无功一样，都是天命使然；二是想以此向诸葛亮托付后事，希望诸葛亮能一如既往善待马氏族人。

马谡有子女，但情况不详。马良的儿子马秉在蜀汉任骑都尉，很受诸葛亮和后主的信任。

马谡该不该杀？大家对此还有不同意见。

胜败是兵家常事，打了败仗不一定就犯了死罪，关键要看打的是什么样的败仗、仗又是如何败的，除非有特别的情况、造成了十分严重的后果，一般情况下败军之将可以被降职、撤职，却很少有立即砍头的。

只凭打败仗马谡还不至于死，但这又是影响全局的街亭之败，杀他也应该。所以，杀马谡，说得通；不杀马谡，也不算枉法。但马谡不该犯下第二个大错，那就是逃亡，这一条也是大罪，不说打败仗的事，仅这一项也能定死罪，马谡离死刑又近了一步。

但仍然有人建议不要杀，蒋琬正好由成都来汉中，劝诸葛亮："当年晋楚相急，楚王杀了成得臣，可以想见晋王是多么高兴。现在天下未定，却杀才智之士，岂不可惜？"成得臣是楚国名将，他指挥楚军在城濮与晋军会战，结果楚军大败，大家都跑去向晋文公道贺，晋文公却忧心地说"楚军主帅成得臣还在，我们的灾难恐怕还没结束"。但楚王因打了败仗而斩杀了成得臣，晋文公听到后如释重负，喜不自胜，比打了胜仗还高兴。

诸葛亮明白蒋琬的意思，人才确实也难得。但诸葛亮内心里已坚定杀马谡以明军纪的想法，听完蒋琬的话他流下了眼泪，对蒋琬说："孙武之所以能决胜于天下，在于他用法严明。所以昔日杨干乱法，魏绛杀其仆人。现在天下分裂，兵争正起，如果不讲法纪，拿什么讨伐贼人呢？"诸葛亮讲的也是晋国故事，那是在晋悼公时，他的弟弟杨干犯法，大夫魏绛处斩了杨干的仆人，晋悼公认为魏绛做得好，命魏绛主持晋国军队。现在正因为大业未兴，处在用人之际，所以更要讲法纪，这样才能吸引更多的人才。

诸葛亮还是把马谡杀了。

蜀军将士听说马谡被杀，无不为之流泪，诸葛亮也亲自为他祭奠，后来待马谡的遗孤如自己的亲生孩子一样。就诸葛亮杀马谡一事后世的史学家曾提出过不同意见，晋代史学家习凿齿认为，蜀国居于偏僻之地，优秀人才本来就少，现在杀俊才，只能退收庸才，诸葛亮虽然强调了法纪，却害了人才，还能成就什么大业？但这个逻辑是讲不通的，如果是个人才就可以不受法律的约束，那这个世界会恐怖成什么样？

参加街亭战役的其他几位将领也受到了处罚，张休、李盛与马谡一同被杀，另一位将领黄袭被夺去了兵权，没有被追责的只有王平，因为他曾力谏马谡，兵败后又能组织有效撤退，减少损失，所以不仅没有受罚，而且由裨将军进位为讨逆将军，封亭侯。

赵云虽然组织撤退有功，但毕竟箕谷还是打了败仗，诸葛亮奏请后主，将赵云的镇东将军降为镇军将军，相当于由兵团司令降职为军长。

向朗知道马谡潜逃的事却没有报告，因此也受到连累，诸葛亮二话不说，把向朗一撸到底。向朗的仕途本来一直被看好，在诸葛亮着意培养的人中，向朗是最有前途的人之一，资历、地位都远在蒋琬、费祎等人之上，但此事严重影响了他的发展，虽然数年后他重新复出，但也只是在朝廷里担任了光禄勋的闲职。

马谡手下有一位姓陈的参军也因为此事受到处罚，被诸葛亮处以髡刑，即剃去头发的一种有期徒刑。此人有一个儿子，特别好学，后来拜蜀中大学者谯周为师，他就是《三国志》的作者陈寿。

有人认为，正是因为陈寿的父亲此次受罚，加上诸葛亮死后陈寿又被诸葛亮的儿子诸葛瞻所轻视，才影响到他著史的忠实性，在《三国志》里陈寿评价诸葛亮“随机应变和用兵的谋略不是他的特长，缺乏应敌之才”，又评价诸葛瞻“只善于书法，名气很大但没有实才”。这些评价都不客观，受到大家的批评。

这其实并不客观，只要认真读完陈寿为诸葛亮所作的传记，就会发现他对诸葛亮是极为推崇的，在《三国志》里陈寿对诸葛亮有大量的赞颂，并明确地说诸葛亮是治世的良才，可以与管仲、萧何相匹敌，不存在有意诋毁。诸葛亮的第一部文集也是陈寿编著的，因为他的努力诸葛亮的许多作品才得以保存下来。至于诸葛亮的将略，这是个有争议的话题，陈寿的看法至少算是一家之言吧。

该杀的杀了，该罚的罚了，诸葛亮认为对此事的追责还没有结束，有一个也要受到惩罚，这个人就是他自己。为此，诸葛亮向后主上表，主动承担责任：“我以浅薄的才能，占据着不能胜任的职位，执掌军权，督率全军，却不能按照规章，严明法纪，面临大事而不慎重，发生了马谡在街亭违抗军令的错误以及赵云在箕谷戒备不严的过失，这些都是我用人不当造成的。我清楚对下属不了解，考虑问题不周全，按照《春秋》里提出处罚主帅的原则，我应当受到处罚。请将我的官职降低三级，以惩罚这个罪过。”

这次打败仗诸葛亮的确负有责任，正如这份上疏中所说，他的责任在于用人不当，错用了马谡，造成了无可挽回的损失。

但是谁没打过败仗呢，谁又没走过麦城？曹操一生打过多少败仗？孙权也打过，刘备也打过，有胜就有败，普通将领兵败受罚，但对于大军统帅，还没怎么听说过打败仗受惩罚的，诸葛亮自己不提，不会有人去追究他的责任。

但诸葛亮一向执法严明，马谡有错，他不包庇，赵云、向朗他本可以睁一只眼闭一只眼，但也不马虎，轮到自己，更是带头执法。后主接到奏疏，按照诸葛亮的意见，下诏将他由丞相降为右将军，代行丞相职权。

五十、曹休之死

魏军在西线战场取得大捷，消息传到合肥，负责东线战场指挥的大司马曹休既感到鼓舞，也感到了压力。

曹魏东线战场主要指的是扬州，对手是孙吴。曹操在世时魏吴双方多次在这一线交战，主要的战场一是合肥，二是长江边上的濡须口，双方互有胜负。曹丕在位时，东线的主战场逐渐移向了濡须口以东的广陵郡一带，曹丕不止一次亲征广陵郡，但都无功而返，双方以长江为轴线展开了攻防，长江以北除少数地方外基本都为曹魏控制。

近年来，孙吴趁曹魏政权交替之际不断向长江以北蚕食，魏吴实际控制线已经向江北深入了很远，最北端离巢湖都不太远了，孙吴在这里建立了皖城基地，濡须口也一直在孙吴掌控之下，这些地方过去属孙吴的庐江郡，后来一度纳入新设的鄱阳郡管辖。

曹魏三大战场中数东线最被动，这让曹休的压力很大。他是大司马，是曹魏品秩最高的朝臣，如果长期被动下去会很没面子，所以他一直想找机会反击，至少把孙吴的势力全部赶到长江以南。

想什么就有什么，机会突然来了。

孙吴的鄱阳郡太守名叫周鲂，原本倒也没什么名气，曹休对他也所知甚少，这个人却突然派人秘密前来联络，表示愿意举全郡投降曹魏，让曹休又惊又喜。鄱阳郡的郡治在江南的鄱阳，即今江西省鄱阳县，他提出投降让曹休并不敢轻信，但也不想放弃这个机会，曹休于是派人秘密渡江，潜入鄱阳郡进行调查。

调查的结果，周鲂投降居然是真的。

周鲂字子鱼，少时好学，举孝廉，有一定才干，担任过县长，孙权的老家钱塘县发生了彭式等人聚众作乱事件，周鲂因为有能力，被任命为钱塘侯相，上任一个月即斩杀彭式及其党羽，周鲂被孙权提拔为丹杨郡西部都尉。这时鄱阳郡发生了彭绮叛乱，攻陷城池，聚众数万，孙权任命周鲂为鄱阳郡太守，在吴将胡综的协助下进行征讨，最后把彭绮活捉，孙权命周鲂以郡太守的身份兼任昭义校尉。

这是一个有本事也有业绩的人，正为孙权所重用，怎么会投降呢？据密探报告，就在不久前孙权派人到鄱阳郡检查工作，查出了周鲂不少问题，孙权治下一向严厉，周鲂吓坏了，自己剃光头发到郡政府门口请求宽恕。

接到这些密报曹休对周鲂的怀疑解除了，决定接受周鲂的投降，以此为契机展开东线战场反击，不仅能肃清孙吴在江北的势力，而且可以占领江南的鄱阳郡，如果一切如愿，东线战场的形势将立刻改观。

孙吴的传统势力范围在吴郡一带，现在着力经营着荆州，鄱阳郡正好处在二者中间，如果在这里站住脚，等于把孙吴拦腰斩为两截，令其首尾不得相顾。但这毕竟是一项重大决策，曹休不敢直接做主，于是向魏明帝进行了报告，同时还上报了一份详细的作战方案。

魏明帝接到报告也挺高兴，西线战场刚刚大胜，如果东线战场再胜一局，意义显然不只是锦上添花。魏明帝同意曹休的作战计划，为配合曹休的行动，魏明帝给在荆州的骠骑大将军司马懿下达密诏，要他在中线战场同时发起进攻，攻击孙吴控制下的荆州重镇江陵，另外又命令建威将军贾逵率兵攻击濡须口。

江陵、濡须口都是掩护，目的是让曹休的东线反击计划实施得更顺利。三路大军同时行动，你孙权这一回还如何应对？

设计得很好，可惜落入了对手的圈套。

魏明帝不知道的是，所谓周鲂来降不过是一个陷阱，目的就是要钓曹休这条大鱼。诸葛亮第一次北伐结束后曹休急于建功，这个心理被孙权及时捕捉到，于是给他下了一个大饵。

孙权开始设计的方案是，让周鲂秘密寻找鄱阳郡的那些被清剿过、又为曹魏那边熟知的部族首领，说服他们为孙吴效力，之后让他们去诈降曹休，但周鲂认为这个办法不够稳妥，因为这些部族首领让人信不过，所以建议由自己直接去诈降。周鲂给曹休写了一封密信，信中说他对孙吴原本忠贞不贰，无奈受到了陷害自身难保，现在已祸在眉睫，所以愿意归顺曹魏。信中故意透露，近期孙权正在秘密筹划一次对曹魏的大行动，拟派吕范、孙韶进攻淮河方向，派全琮、朱桓进攻合肥，派诸葛瑾、步骘、朱然进攻襄阳，派陆逊、潘璋征讨梅敷，孙权本人将举武昌一带的主力进攻石阳，如此一来武昌就将空虚，届时守城的兵力不足3000人。

信中说，鄱阳郡的百姓虽然愚昧，但都是一根筋，上面征发赋役没人搭理，你招呼大家造反却保准一呼百应，前鄱阳郡太守王靖就想投降曹魏，只可惜事情败露而被杀，鄱阳郡及其周边几个郡的百姓都曾举过事，他们都羡慕曹魏的老百姓，如果听说要投奔曹魏，谁不争先恐后呢？周鲂为曹休勾画了一幅更加诱人的蓝图：只要曹休派大军前来，他将去历口进行接应，大军过江后鄱阳郡及周边各郡就将闻风而动，孙权的军事部署就会被打乱，曹魏可趁武昌空虚之际将其一举夺下。

周鲂派去秘密联络的人是他的心腹董岑、邵南，为把戏演得更逼真，周鲂在信中反复说此二人跟随他多年，情谊深厚，自己待二人如儿子一般，所以请求务必做好保密工作，以免二人的家眷有杀身之祸。周鲂同时开出了此次叛降的价码：请曹魏为他的手下颁发侯印、将军印各50枚，郎将印100枚，校尉、都尉印各200枚，以激励士众。50个军长、200个师长，这个要价太离谱了，至于侯爵，曹操当年平定荆州后为奖励荆襄士人也只给了十几个而已，一口气要50个侯爵，简直疯了。

但是，看起来越不讲理就越像是真的，曹休不怕对方要价高，怕的是对方给他玩阴的，只要事情顺利，什么条件都可以先答应下来，至于将来，那还不是一切由自己说了算。周鲂把这封信送出前，专门抄写了一份给孙权秘密送去，请孙权过目、核准。

孙权批准了。

孙吴黄武七年（228）8月，距离诸葛亮第一次北伐结束约半年，曹魏东线战场迎来了一场悄悄进行的大战。

曹休正在秘密准备，而孙权和陆逊也神不知鬼不觉地来到了位于江北的皖城，和他们先后来皖城的，还有分头秘密开至的数支人马，总兵力多达6万人。

孙权在皖城成立前敌指挥部，任命陆逊为大都督，朱桓、全琮为左右督。孙权亲手将诛杀部属用的黄钺交给陆逊，命陆逊代行王事，统领包括自己禁卫部队在内的所有吴军，孙权亲自为陆逊执鞭，众将都对陆逊行参拜礼。

陆逊做出布置，将各支人马分别安排就位，形成一个包围圈，只等曹休送上门来。此时曹休还浑然不知，他也准备就绪了，按照与周鲂的约定，他先接收皖城，之后再图过江。曹休亲自率魏军主力浩浩荡荡地由合肥南下，越过双方的实际控制线继续前进，奔皖城而来。

由合肥到皖城大部分是山路，山路的北口叫夹石，南口叫石亭，中间数百里山势险峻，很容易被伏击。随同出征的琅邪郡太守孙礼提醒曹休注意，建议暂停进军，曹休认为自己兵力足够强大，吴军即便有埋伏也不足为惧。

好不容易走过了这段死亡地带，石亭皖城也就在不远处了，大功即将告成。曹休很兴奋，然而吴军的伏击战开始了。吴军 6 万精兵同时上阵，利用有利地势向魏军发起突然进攻，魏军在石亭惨败，被迫原路退回。

魏军在山路上狂奔，又经受了巨大的损失，终于到了夹石。这时有一支魏军前来接应，他们是贾逵派来的。本来贾逵的任务是攻击濡须口以策应曹休，但他感到有些不对劲，就派出一支人马向曹休方向赶来，在夹石挡住了吴军，掩护曹休撤离。

战前吴军左督朱桓认为曹休如果被打败必然沿原路返回，夹石是其必经之地，于是向孙权建议："曹休因为是皇亲才得以重用，其实算不上智勇双全的名将，料定他此战必败，之后必然逃走。他有两条路可走，一条经过夹石，一条经过挂车，这两条都是凶险的乍路，如果派 1 万人用树木石头把路堵死，定可把曹休及其人马全部俘虏。"

朱桓请求派他去执行这项任务，认为如果把曹休活捉，而他又愿意归降，吴军就可乘胜长驱，直取寿春、淮南，进而攻占许县、洛阳，朱桓认为这是千载难逢的好机会，机不可失，时不再来。孙权觉得朱桓的建议看起来也有道理，但又觉得不会那么容易，他于是向陆逊询问，陆逊一听就否决了这个计划。

现在，曹休果然败回夹石，如果此时真有一支吴军埋伏，把魏军的归路堵死，那么即使有贾逵的援军前来接应，魏军的损失也将更惨重，说不定曹休真的就回不去了。

是陆逊失算了吗？不是，陆逊是对的。这是因为，此次胜算的关键是出其不意，这是周鲂诈降的目的，所以务必要做到保密，如果魏军发现是圈套一定会随时退回，所有的努力也都前功尽弃了。按照朱桓的计划，1 万吴军必须深入数百里穿插到敌后，再隐蔽也会弄出动静，那样就因小失大了。

石亭之战吴军取得大捷，此战斩杀和生擒魏军 1 万多人，曹休大军远袭，随行带着大量车辆辎重，逃命时都顾不上，全部成为吴军的战利品。

孙权下令在皖城摆下酒宴庆贺，席间专门来到周鲂面前，对他说："你为了大义而削去头发，这才成就了孤的大事，你的功名一定记入史册！"孙权升周鲂为裨将军，赐爵关内侯。

酒席宴上，孙权提议此战的总指挥陆逊跳舞，陆逊跳时孙权上前与陆逊对舞。舞毕，孙权脱下所穿的白鼲子裘赠予陆逊，又脱下钩络带亲自给陆逊穿上。陆逊要回西陵，孙权又赠送自己的翠羽车盖给他，命陆逊假黄钺，这是一种授权，比“假节”“持节”级别更高，孙权还亲自为陆逊执鞭。这么高的荣耀对陆逊来说也是应该得到的，他成为吴军高级将领以来参与了夺取荆州之战，指挥了夷陵、石亭两大战役，全部取得大捷，对孙吴事业的贡献无人可比。

胜者喜气洋洋，败者垂头丧气。

曹休退回合肥后上表请求治罪，魏明帝下诏不予追究。但曹休是个要面子的人，又愧又气。曹休认为自己虽然姓曹却不是官二代，他今天的地位是一仗一仗打出来的，以前都是他追着别人打，很少被人修理成这样。曹休越想越难受，背上竟然长了一个疮，这种因心情郁结而长的背疮叫背疽，弄不好会要命，刘表就是得这个病死的，而这一次真的又要了曹休的命，没出一个月曹休就死了，年仅 40 来岁。

曹丕终前指定的四位托孤大臣，才两年就死了一个，而且是曹魏政坛的头号人物。魏明帝任命前将军满宠接替曹休担任东线战场的总指挥（都督扬州诸事军）。过去这类职务非曹即夏侯，司马懿算是唯一的另类，现在“诸夏侯曹”纷纷谢幕，唯有曹真硕果仅存，不用外人也不行了。

从这个意义上说，石亭之战也是曹魏国运的一个重要转折点。

五十一、王业不偏安

曹魏大败于石亭，消息传到汉中，诸葛亮认为这又是一次难得的机会，于是决定第二次北伐。

这段时间诸葛亮一直在汉中厉兵讲武，为继续北伐做着准备。从第一次北伐失败的情况看，兵力不足似乎是一个问题，有人劝诸葛亮增加兵力，诸葛亮不同意："当初我军无论在祁山还是箕谷，人数都比敌人多，不能破贼反而为贼所破，原因不在于兵少，在于我一个人。如今我想精减兵将，明罚思过，今后能灵活变通。如果不能这样，即使兵多又有什么作用？从今以后，诸位要为国尽忠谋虑，要经常指出我的不当之处，那么大事可成，贼可死，胜利指日可待！"

要增加兵力，就要加大在益州各地征兵的力度，但诸葛亮非常了解益州的实际情况，在人口总量有限的情况下，大量增兵意味着增加百姓的负担，为这次北伐，已经临时对征兵工作进行了调整，在常备军八万名员额的基础上有所增加，如果再增兵，那就超过了国力所能承受的极限。

按照诸葛亮的想法，兵不仅不能再增，还要精减兵员，在数量有限的前提下，把提高部队战斗力的突破口放在加强训练上，以此弥补自己的短板。

诸葛亮考虑到，孙吴在东线战场得手后曹魏上下必然十分紧张，将极大地牵制魏军主力，让他们不敢大量向西线战场增兵，现在再次举兵北伐正是最佳机会。

但是年初刚从陇西败回，不到一年又要北伐，势必会有一些人不理解，为了统一思想、坚定决心，诸葛亮再向后主刘禅上了一份奏表，重申北伐的意义，向后主同时也向蜀汉民众解释又要北伐的原因。

这就是《后出师表》，在这份奏表中诸葛亮首先申明了先帝的遗志，表明不北伐没有出路的道理，否定那种“王业偏安”的思想，认为不征伐曹贼先帝所创建的事业就会丢掉，与其坐着等待灭亡，不如去讨伐敌人。

在这份奏表的最后，诸葛亮还说：“我将小心谨慎地为国家奉献出我的一切，直到死为止。至于事业是成功还是失败，是顺利还是不顺利，那就不是我的智慧所能够预见的了！”

前一份奏表读起来激昂热烈，与之相比后面这一份奏表或许更重说理，因而显得气势不如之前，言语之中也多了许多悲壮。这是因为，首次北伐遇挫对诸葛亮的心理势必产生不小的影响，他更清楚地看到敌我之间力量对比上的差距，所以《后出师表》强调了困难，强调了完成先帝遗志的艰巨性，但是决心未变，理想未变，胜利的信心也未变。

仔细品读《后出师表》，看到的是一个更加真实的诸葛亮。这份奏表中多次谈到曹操一生遭遇过的失败，似乎隐约透露出诸葛亮此时面临的处境，虽然不会有人公开谈论他的过失，但第一次北伐就以失败而告终，他面临着很大的压力。诸葛亮希望大家理解失败是正常的，尤其对手那么强大。

蜀汉建兴六年（228）秋天，诸葛亮第二次北伐。

在路线选择上诸葛亮进行了调整，这一回没有再出陇西，而是兵出大散关，由此直插陈仓，该地即今陕西省宝鸡市，是关中西部的门户，也是关中通往巴蜀的枢纽。

不选择再出祁山至少有三个方面的考虑：一是蜀军在陇西新败，再去那里大家心理上多少会有些障碍；二是陇西各郡降而复叛，曹魏再次收复后亲蜀汉的势力尽被清洗，再去不会得到之前那样的欢迎；三是此次必须抓住战机，趁魏军被其他战场拖住的机会发起突然进攻，出陇西过于迟缓。

本来，秦岭山中有子午道、傥骆道、褒斜道等三条栈道通行，魏延曾建议由子午道北伐，被诸葛亮以太多冒险而否决；傥骆道年久荒废，很难行走；褒斜道倒是一个不错的选择，但几个月前赵云、邓芝经此道撤退时把栈道全烧了，目前还来不及修复。

所以诸葛亮没有太多的选择，只能走大散关。

对手也清楚这一点，曹真重新收复陇西后已经料到诸葛亮再次北伐一定会走陈仓这条路线，所以事先做出了准备，派郝昭、王生守陈仓，加紧修整守城工事。郝昭字伯道，并州刺史部太原郡人，为人雄壮，年轻时就加入军籍，多次立下战功，从部曲督一步一步升为将军，说起来也不是无名小卒。

曹操病逝前后武威郡发生了叛乱，武威郡太守毌丘兴向金城郡太守苏则求援，苏则认为叛军虽然气势很旺，但人心不齐，如乘机进攻，叛军内部必然发生分裂。郝昭当时是金城驻军将领，上面命令他原地驻防，不得西渡，郝昭根据当时的形势做出判断，支持苏太守的建议，违令救援武威郡，结果把叛军打败。

郝昭镇守河西地区十多年，当地汉人和外族都表示顺服。在魏将中郝昭的名气远不如张辽、张郃，很大一个原因是他久在河西地区服役，内地知道他的人并不多，但他绝对是一名出色的职业军人，久在军旅、经验丰富，敢打敢拼，又深得带兵之道，是打仗的一把好手。

郝昭驻防后立即准备守城器具，等待蜀军的到来。

蜀军来了，总兵力接近 10 万人，而陈仓城里的守军只有 1000 多人。

按理说城里的人应该望风而逃，因为这个仗根本不用打，也没法打。诸葛亮开始也不想打，他听说一个叫靳详的人跟郝昭是太原郡老乡，关系不错，就派他去劝降。

靳详到了陈仓城外，郝昭站在城楼上对他说："魏朝的法律先生都熟悉，我的为人先生你也都清楚。我受到的国恩很重，而家族的人口也多，你就别再说了，我只求一死。请回去转达我对诸葛亮的谢意，请他直接来攻城吧！"

说得很实在，靳详只得回来禀报诸葛亮。诸葛亮不想放弃，又让靳详去劝说，告诉郝昭实力无法匹敌，不要做无谓牺牲，郝昭这次对靳详说："前面已经都说完了，我认识先生，箭却不认识你！"

诸葛亮只得下令攻城，一场最著名的攻防战打响了。

攻城的一方占有绝对优势，势在必得；守城的一方信心十足，誓死守住，仗打得很激烈。在冷兵器时代，主要的攻城方法有三种：一是用云梯、冲车直接进攻，通过云梯往城墙上爬，用冲车撞城门；二是在城外树起高楼，高度超过城墙，站在上面朝城里射箭，使守军所依赖的城墙高度优势丧失；三是往城里挖地道，办法笨一些，但隐蔽性高。

这三招蜀军都用了，却未能奏效。守军用燃着火的箭逆射云梯，云梯着火，梯上的人都被烧死，又用绳拴上石磨砸冲车，冲车被砸折；对树在城外的敌楼，守军通过不断加固城墙的办法抵挡住进攻；对地道，守城的人也挖，他们横向挖，将攻城的地道阻截。

20 多天过去了，陈仓城仍未攻破。

一耽搁，曹魏的援军就到了。

这次来的不是曹真，仍然是左将军张郃，本来他已重新归司马懿节制，驻扎在方城，这次魏明帝又调他率部增援陈仓，之所以做出这样的安排，大概曹魏方面还没有完全看清蜀军的意图，担心陈仓是佯攻，所以曹真在长安没有轻举妄动。

张郃第二次成为“救火队队长”，他率3万人马从方城星夜往关中赶，路过洛阳时魏明帝特意在城南设宴为他洗尘，张辽、徐晃、乐进、于进等名将已先后辞世，魏明帝对张郃格外看中。

席间，魏明帝问援军到后诸葛亮会不会撤军，张郃说：“诸葛亮孤军远征，粮草困难，臣料想不等我方援军到达，诸葛亮自己就会撤退。”果然如张郃所料，诸葛亮主动撤军了。

第二次北伐就这样匆匆结束，又是一次劳而无获，唯一的胜利是在回师途中将追击的魏将王双斩杀。

陈仓一战让郝昭成名，魏明帝赐郝昭为列侯，并亲自召见。郝昭到了洛阳，魏明帝对他十分赞赏，召见时朝廷中书令孙资也在场，魏明帝知道郝昭和孙资都是太原郡人，高兴地对孙资说：“你们太原郡有郝将军这样的人才，朕还有何忧愁？”但郝昭不久就因病去世了。

史书上也记载，郝昭临终前对儿子郝凯说：“我为将，深知为将的不易，我几次挖掘别人的坟墓，用棺材板做攻战用具，知道死后厚葬对死者没有用。所以，一定在我死后下葬时用普通的仪式就行了。人啊，活着的时候有处所，死了要那些有什么用呢？把我葬在离本族的墓地远一些的地方，不管东西南北，你自己安排就行了。”

魏明帝对郝昭的死深表痛惜，悲伤之情超过对普遍大臣的礼制，为此饭量较平时减去不少。

陈仓之战，10万人用了20多天没有攻下1000多人防守的一座县城，算是一个败仗了，这成为诸葛亮军事生涯的低谷，有人非议诸葛亮的军事才能常以此为例。

有人认为陈仓之败缘于指挥失误，如清人曾国藩说：“孙权攻合肥，被张辽打败；诸葛亮攻陈仓，被郝昭打败。这都是开始势头太猛，锐气过后而衰竭。”也有人认为陈仓之败缘于攻城的不易，如元人胡三省说：“攻城很困难，守城相对容易。如果评论攻城和守城谁更优，基本上都会倾向于守城的一方，不是能守城的人的才能优于攻城的人，而是由主客位置所决定的，所以从用兵上看，攻城是最难的事。”

“守则不足，攻则有余”是《孙子兵法》里的话，道出了冷兵器时代城池攻防战的艰辛，曹操为这句话作注时也说：“我们之所以要守，是因为能力不够；之所以攻，是因为能力有余。”之前讲到过，袁绍、曹操等人都有面对孤城久攻不下的记录，有的长达数月甚至一年。陈仓虽是汉末的一个县城，但历来是军事重镇，汉灵帝中平五年（188）11月凉州人王国举兵起事，重兵包围陈仓，结果攻打了80多天未破，只得退去。

郝昭驻守陈仓后对城池进行了加固，在陈仓旧城附近新修了一座新城，这座新城建在一块台地上，后倚原麓、前横高岸，依势所筑，地险而城坚。这样的城池20多天打不下也正常，不能因此就否定诸葛亮的军事才能。

而且，对诸葛亮发起此战的意图还有另外一种理解。

从战术上看，3万增援的魏军在张郃率领下驰援陈仓，当时蜀军有10万人，似乎可以一战，但诸葛亮退得很干脆，似乎说明这里面另有隐情。

当看到诸葛亮写给哥哥诸葛瑾的一封信时，似乎找到了这个疑问的答案，这封信容易被大家忽视，因为正史都没有收录，它保存在一部地理志里，诸葛亮在这封信中说：“有一个叫绥阳的山谷，山崖险要，溪水纵横，行军困难。以前侦察兵在一带往来，都走的是险要的小道。现在我命令先头部队砍伐树木，修建道路，以便通往陈仓，足以牵制敌人，让他们不能分兵去进攻孙吴。”

从信的内容看应该写于陈仓攻城战打响前，这封信至少可以说明几点：一是在大战即将拉开帷幕的时候，诸葛亮还在与远在孙吴的哥哥通信，保持着信息上的沟通；二是此次北伐诸葛亮也做了大量准备工作，派出侦察人员前往陈仓一带做过侦察；三是信中特意讲到蜀军的行动可以起到牵制魏军的效果，让他们不能分兵攻打孙吴。

尤其是第三点，透露出蜀军此次军事行动的目的就是配合孙吴，所以大战将至的紧张时刻诸葛亮还有精力给哥哥写家书，因为这不是普通的家书，而是通过哥哥向盟军通报情况的重要信函。

刘备死后吴蜀重新交好，在军事上双方多有配合，诸葛亮第一次北伐期间孙权也出兵牵制了曹魏，这种配合应该是双方面的，既有孙吴配合蜀汉，也应该有蜀汉配合孙吴。

石亭之战发生在曹魏太和二年（228）农历八月，是秋天，诸葛亮第二次北伐也在这一年的秋天，从时间上看两次军事行动是同时酝酿的，周鲂诈降从5月就开始了，因为高度机密，事先不大可能把细节都通报给蜀汉，但可以知会蜀汉方面正在筹划一次大战役，请这边出兵攻打曹魏的西线，减轻孙吴的压力。

诸葛亮接到孙吴方面的请求后就立即行动了，在西线战场发起进攻，不仅牵制了西线战场魏军总指挥曹真，使其不敢乱动，而且调动原属荆州战场的张郃率部回援。

诸葛亮的战略是，如果进军关中顺利，不妨直捣长安；如果不顺利，也能调动魏军主力，配合盟友的行动。后来魏军增援部队赶来了，这时孙吴那边也完成了石亭大捷，诸葛亮也就没有恋战，迅速回防。

所以，对于这次“大败而归”，一向严于律己的诸葛亮没有再次做出反省或自罚。

五十二、又来了一位皇帝

石亭之战巩固了孙吴的长江防线，加上蜀汉在关中方向频频向曹魏施压，魏军在长江一线不得不进入守势。

三雄争衡天下，孙吴本来弱小，内部又有山越这个老问题，处在被挤压的状态，但孙权掌权至今，战略上一直保持了主动，没有出现重大失误，几次关键战役都取得了胜利，现在的势力已经超过了蜀汉，虽然比曹魏还有些不足，但也能始终保持长江防线不失。

石亭之战后孙权的个人威望达到了顶峰，劝他称帝的呼声高涨起来。次年即孙吴黄武八年（229）的春天，孙吴公卿百官一齐劝孙权正尊号。

新皇帝上位本来称“登基”，但曹丕称帝不称登基称“禅让”，以示帝位不是他硬夺的；刘备称帝不称登基称“继位”，以示他仍尊汉室，不是夺权而是继承了汉献帝的大位；孙权也一样，避开“登基”这个词而称作“正尊号”，因为在孙吴公卿百官看来，孙权早就是皇帝，现在只是正名而已。

如同其他皇帝登基前一定会出现各种祥瑞事件一样，此前孙吴各地纷纷报告了黄龙、凤凰等出现，预示一个新纪元就要开始了。与此同时，兴平年间在吴县一带流传过的一首童谣也在社会上重新流行起来，童谣唱道：“黄金车，班兰耳；闿昌门，出天子。”意思是：车上黄金放光，挡泥板颜色闪亮，打开西边昌门，出来一位皇上。昌门是吴县的西城门，为战国时吴王夫差所筑。这首童谣流行的时间正是孙策开拓江东的时候，现在这首童谣重新流传，说明孙权称帝的民意基础已经具备。

这一年的 4 月，在曹魏、蜀汉分别立国称帝八年之后孙权也正式在武昌城南的郊庙称帝，成为三国时代第三位皇帝。

之前孙吴是曹魏治下的吴国，已有年号黄武，孙权称帝后国号仍为吴，因为不是统一的王朝，故习惯上仍称“孙吴”，年号改为黄龙。

接着，孙权以孙吴皇帝的名义向天下诏告：“汉朝享国二十四世，经历了434年，最后行气数终，禄祚运尽，天下率土分崩，以致让孽臣曹丕窃取了神器，曹叡接着作乱。我孙权生于东南，志在平世，奉辞行罚，以安天下。群臣将相、州郡百城都认为汉氏已绝于天，皇帝位目前虚置，郊祀无主，根据上天的旨意，将这些祥瑞加于我，我畏天命，不得不从。希望上天保佑我吴国，永终天禄。

根据这篇文告的说法，自刘邦建立汉朝迄今共434年，而根据曹魏方面的看法汉朝在八年前已经不存在了，所以曹丕的登基文告里说汉朝国运是426年，双方统计上的差异反映出孙权并不承认曹魏是汉室的继承者，这八年汉朝仍然存在，只是帝位空置。

这篇文告集中抨击了曹魏篡夺汉室政权的违法行为，但对于蜀汉却只字未提。蜀汉一直认为自己是汉室的延续，孙吴下一步如何处理与蜀汉的关系，这是一个棘手的问题，不提蜀汉，就是把这个问题先搁置起来，为后面留有余地。

孙权下诏追尊父亲孙坚为武烈皇帝，母亲吴氏为武烈皇后，哥哥孙策为长沙桓王，立长子孙登为皇太子。

孙权没有马上立皇后，他的第一位夫人是谢夫人，之后又娶了袁夫人、徐夫人、步夫人，而他最宠爱的是步夫人。步夫人不仅长得漂亮，性格也好，不妒忌，得宠于孙权。步夫人没有儿子，给孙权生了两个女儿，大女儿取名叫孙鲁班，字大虎；小女儿取名叫孙鲁育，字小虎。孙权很喜欢这两个女儿，步夫人因此更加受宠。

孙权的长子孙登的母亲地位低贱，死得也早，没有留下姓氏，孙登从小由徐夫人养大，孙登视徐夫人为生母。但徐夫人后来不被孙权宠爱，被送回吴郡居住。鉴于废长立幼的教训已实在太多，孙权不敢弃孙登立其他儿子为太子，他试图让步夫人与孙登多接近，以培养“母子”二人的感情。步夫人每次送给孙登东西，孙登不敢推辞，但仅拜受而已。如果是徐夫人派人送东西来，孙登必先沐浴再去接受。

孙权为吴王时就已立孙登为王太子，当时孙登对父亲说：“本立才有道生，要立王太子，请先立后。”孙权问他：“那你说说你母亲现在在哪里？”孙登回答：“在吴郡。”孙权听罢，只能默然。

问题是孙吴的群臣也支持孙登的观点，认为应该立徐夫人为王后，孙权曾试着提过立步夫人的事，结果众人一致反对，坚持要求立徐夫人，孙权一生气，谁都不立，王后之位一直空着。

孙权称帝后又想立步夫人为皇后，但他知道如果提出此议群臣还会反对，所以干脆作罢，让皇后位子空在那里。

为了纪念称帝庆典和黄龙现身，孙权命人制作了一面黄龙大旗立在中军帐，作为指挥各军的旗帜，命老同窗胡综作《黄龙大牙赋》昭示天下。胡综是孙权的“大笔杆子”，这篇赋写得很有气势。

孙权相信天运命数，此时著名术士吴范已去世，常在孙权身边负责占卜测运的是赵达。孙权让赵达推算一下他当天子能持续多少年，赵达说：“汉高祖封王称帝共 12 年，陛下将会达到 24 年。”孙权此时 48 岁，按照赵达的推算，他至少能活到 70 岁以上，曹操活了 66 岁，刘备活了 62 岁，曹丕只活了 40 岁，如果能活到 70 岁以上那绝对是长寿了，所以孙权听了赵达的话感到很高兴，左右也都向他道贺。

在称帝大典上，孙权看到眼前的百官百感交集，他首先想到了周瑜，对大家说：“如果没有周公瑾，我称不了帝啊！”接着，还想到了鲁肃：“当年鲁肃曾向我提到过建号称帝的事，他真可称得上明了时势的人啊！”孙权的话勾起了许多人的回忆，他们回想起这些年来一道走来的披荆斩棘的岁月，为终于有了孙吴建国的这一天而感到欣慰和骄傲。

当然，也有人会在心里默默反省，比如张昭。

孙权当初为吴王时没有任命众望所归的张昭为丞相，任命了资历和名望都差得远的孙邵，孙权任命张昭为绥远将军，让他和孙绍、滕胤、郑礼等人参照周、汉两朝的做法撰定本朝礼仪。现在，按照惯例大臣们在这个大典上应当称颂帝王的功德，等张昭跪在那里举笏板要开口说话时，孙权突然道：“如果当初听了张公的话，现在该去要饭了吧？”

张昭惭愧万分，伏地流汗不止。

不久，张昭便以老病为由辞去一切职务，孙权念其是三代老臣，拜他为辅吴将军，改封为娄侯，食邑万户，朝会时的班位仅次于三公。张昭彻底离开了政坛，待在家里没事，开始读书著述，曾撰有《春秋左氏传解》和《论语注》等著作。

孙邵已经去世，孙权提拔原吴国尚书令顾雍接替他。顾雍是大学者蔡邕的学生，出身于吴郡大族，孙权对他相当器重，顾雍不喜欢饮酒，也不爱多说话，举止行为都很恰当，孙权曾感慨地对人说：“顾先生不轻易说话，一说话就会切中要害。”

孙权提升辅国将军陆逊为上大将军、左将军诸葛瑾为大将军，大将军一向被认为是全国武装部队的总司令，但孙权又发明了一个“上大将军”，那么陆逊就相当于总司令，诸葛瑾相当于副总司令。孙权把荆州地区的长江防线分为两段，由左、右都护分别任总指挥，左都护治所公安，右都护治所武昌，陆逊兼右都护，同时仍兼荆州牧，诸葛瑾兼左都护，同时兼豫州牧。豫州是曹魏的地盘，这个任命只有象征意义。

上大将军、大将军以下是骠骑将军、车骑将军，孙权分别任命了步骘和朱然，同时让步骘兼任冀州牧，让朱然兼兖州牧。再往下，全综被授予卫将军，兼任徐州牧；朱桓被授予前将军，兼任青州牧；潘璋被授予右将军，兼任襄阳郡太守；吕岱被授予镇南将军，兼任交州刺史；孙韶被授予镇北将军。

程普、黄盖、韩当、甘宁、朱治、贺齐等名将已去世，老将里还有一个吕范也深得孙权的器重，孙权曾把鲁肃比作邓禹，把吕范比作吴汉，孙权本来想让他担任大司马，该职务掌四方军事，位在三公之上，可与丞相相匹，但官印和绶带还没有发下来吕范就因病去世了。

孙吴的文官体系一向相对次要，所以丞相以下九卿的设置无法考全，只知道太常卿是由蜀汉投降过来的潘濬担任，孙权对他一向器重，为儿子孙虑娶潘濬之女，结成儿女亲家。光禄勋卿是刘繇的儿子刘基，孙权为儿子孙霸娶刘基之女，也结成儿女亲家。

与九卿地位相当的文官还有侍中，是皇帝的高级秘书兼顾问，孙权分别任命了徐详、胡综，深为孙权信赖的是仪担任尚书，他们仍然在孙权身边掌管文秘、机要。

五十三、吴蜀军事同盟

孙权称帝虽是意料之中的事，但在政治上算是一件大事，对蜀汉来说也是一道难题。

如果蜀汉跟着反对，那么与孙吴的联盟关系将再次动摇，现在要北伐曹魏又离不开孙吴的支持；如果不反对，又是一件很尴尬的事。称帝后孙权派使臣到蜀汉告知相关情况，并表示今后将继续维护孙刘联盟，同时尊吴、蜀两位皇帝。

从理论上说蜀汉是刘汉的延续，视天下为一统，讨伐曹魏正是因为“皇纲失统”，所以不能承认孙吴政权。而且，蜀汉大多数人认为和孙吴继续交往下去已没有太大作用，当初孙吴内外皆不稳定，需要蜀汉的支持才不得已结盟，现在孙吴的局势越来越稳定，孙权称帝后主动向曹魏出兵的意愿将大为降低，所以不少蜀汉人士建议应该表明立场，公开与孙吴断绝盟友关系。

孙吴和蜀汉这一对盟友的确有太多的纠结，有时团结如一人，同仇敌忾；有时又是杀红了眼的仇人，恩怨无解。关羽被杀、先帝兵败，蜀汉内部有一股仇视孙吴的力量，虽然前一阶段双方的关系有所缓和，但大家的气一直在憋着，需要找个发泄口。

孙权称帝眼看将成为不满情绪的发泄口，如果是那样将正中曹魏的下怀。看到这种情况，在汉中的诸葛亮感到很着急。人是感性的，政治和外交却必须理性，只靠蜀汉自己的力量很难完成灭魏大业，只能联合孙吴，利用吴魏之间的矛盾推动北伐事业的完成。从大局出发，孙刘联盟不仅不能断，而且还要强化。

为统一大家的思想，诸葛亮写了一篇文章阐述与孙吴断绝盟约的损害。孙权称帝问题的核心是名分，正如孔子说的“天无二日，地无二王”，但这样的理论问题一旦讨论起来就会没完没了，所以诸葛亮干脆也把其定性为僭越之举，避免大家争议不休。

但理论无法完全代替现实，从现实来看孙吴对蜀汉仍然很重要，至于孙权称帝后会不会继续积极进取、与蜀汉一道对付曹魏，诸葛亮认为是会的，大家的顾虑大可不必。

为答谢孙吴使者来访，诸葛亮决定派人回访。

此次出使意义非同寻常，使臣的人选十分重要，本来邓芝是合适人选，他与孙权不仅多次见过面，而且私交很好，孙权对他很认可。但邓芝此时在汉中前线，任扬威将军一职，作为赵云的副手带领一支人马，赵云刚刚去世，邓芝离不开。

费祎也是人选之一，此次北伐他以侍中的身份改任丞相府参军，在军前效力，作为诸葛亮着力培养的“后备干部”，最近诸葛亮准备改任他为中护军，回到成都协助张裔、蒋琬的工作。最后诸葛亮决定由朝廷尚书令陈震出使孙吴，为了表示此行的隆重，诸葛亮奏请后主升陈震为九卿之一的卫尉。尚书令品秩只有六百石，卫尉品秩二千石，“级别”高得多。

出访前陈震专程到汉中当面听取诸葛亮的指示，诸葛亮向陈震交代了此次孙吴之行应坚持的原则和注意事项，诸葛亮还专门给大哥诸葛瑾写了封信让陈震带上，信中说：“孝起这个人，为人忠诚质朴，经过时间的磨炼而更加坚定，让他奉命敬贺吴主称帝，沟通吴蜀双方的关系，使双方保持友好往来，和睦相处，对联盟有可贵之处。”孝起，是陈震的字。

陈震率使团进入吴国边界，诸葛瑾以孙吴大将军的身份驻扎在公安，陈震一行路过公安时，一定会将诸葛亮的信转呈，诸葛瑾也会对他们的行程给予关照。

过去蜀汉多次派人出使孙吴，但这一次不同，因为对方也有了正式的国号和皇帝，现在是两国之间的交往，都说外交无小事，如何确定双方的称呼和交往中的礼仪，都需要谨慎对待。

陈震为此专门给沿途的吴国守将写信，表明此行的意图，并称蜀汉为西国，称孙吴为东国，称孙权为东尊，这些外交辞令都是反复斟酌的结果，既合乎外交礼仪，又不让自己一方尴尬，可谓用心良苦。

陈震一行顺利抵达武昌，对于他们的到来，孙权给予了热情欢迎，在此之前，蜀汉方面对自己称帝是否承认，孙权心里也没有底，蜀汉使团的到来，让孙权心里的一块石头落了地。陈震首先以蜀汉特使的身份祝贺孙权登基，接着根据行前诸葛丞相交代的原则与孙吴就下一步的合作进行商谈，双方谈论的焦点不是名分问题，而是一旦灭掉曹魏领土该如何划分。

这看起来虽然不现实，但又是当下最务实的事。双方以东汉原有的13个州为标准，把曹魏占领的豫、青、徐、幽、兖、冀、并、凉州以及司隶校尉部一分为二：豫州、青州、徐州、幽州归孙吴，兖州、冀州、并州、凉州归蜀汉，司隶校尉部以函谷关为界，西边归蜀汉，东边归孙吴。

不知当时双方具体是怎么谈的，可能也只是站在地图前挥手一划拉就定了，否则不会把并州、冀州给蜀汉而把它北面的幽州给了孙吴，真那样的话幽州就成了孙吴的一块“飞地”了。

没认真，说明没必要认真，这一点双方都心知肚明。即使曹魏将来真的被灭了，双方能不能按照这份协约去分领土呢？很难说。说不定到那时又会再提枹鼓、重开战事。

但现在只谈政治和外交，将来的事将来再说吧。谈判进展得很顺利，孙权挺高兴，他觉得还应该再搞一个隆重仪式重新誓盟，纪念双方的合作，顺便造一造势，于是下令筑起誓坛，之后亲自登坛，与蜀汉特使陈震歃血盟誓。

誓文还是由胡综撰写，写得辞气慷慨，气势十足。根据誓约，吴蜀双方正式建立起军事同盟关系，之前双方虽然视对方为盟友，也有过军事上的配合，但以书面形式并立誓约确定军事同盟还是首次，双方规定当一方受到别国攻击时另一方有义务出兵相助。

在誓约中孙吴称自己为吴国，称蜀汉为汉国，这是对现实的尊重。誓约中还有一段文字对蜀汉丞相诸葛亮进行了赞扬，这在两国外交中是少见的，这反映出孙权对诸葛亮一贯力主孙吴联盟的感激。

为落实誓约，孙权决定把国都由武昌迁回建业，表明自己无意在西面与蜀汉相争的诚意。此前孙权任命步骘遥领冀州牧、朱然遥领兖州牧，根据双方关于领土的划分，孙权下令解除步骘和朱然的这两项兼职。

蜀汉也迅速回应，把鲁王刘永的封号改为甘陵王，把梁王刘理的封号改为安平王，原因是鲁、梁二地属于未来孙吴的地盘。

孙吴黄龙元年（229）9月，孙权正式迁都建业。

建业本来就是孙吴的大本营，屋舍、衙署一应俱全，孙权下令各机构回迁后一律利用原有设施办公，不再增加新的建设项目。

孙权走后，武昌这边留太子孙登驻守，上大将军陆逊、大将军诸葛瑾、尚书是仪等留下辅佐。陆逊本来兼任着荆州牧，孙权又下令把原属扬州刺史部的豫章等三个郡也交由他掌管（并掌荆州及豫章三郡事）。

陆逊生性耿直，看不惯的地方就说，孙权的儿子建昌侯孙虑喜欢斗鸭，在厅堂里做了一个斗鸭栏，颇为精巧，陆逊看到后批评说："你应当勤览经典，不断充实自己，干吗玩这个？"孙虑一听，赶紧把它毁了。

孙权的侄子孙松是射声校尉，在所有子侄里孙权最喜欢他，但孙松根本不是带兵的料，队伍让他带得松松垮垮，陆逊根据军法撤了他的职并判处髡刑，该刑罚是剃光头发并罚做苦役五年。

当时曹魏江夏郡太守逯式经常率兵骚扰，陆逊听说逯式与魏将文休不和，于是想出一条计策除掉逯式。文休，是赤壁之战前从刘表那里投降曹魏的老将文聘之子。

陆逊给逯式写了封信，信中写道："看到你的来信，感觉你诚恳之至，知道你与文休嫌隙已久，势不两存，你想来归附，以密信相报，你现在暗中先做好准备，具体接应日期到时候再通知你。"陆逊故意让魏军士卒得到这封信，士卒得信后呈报给了逯式，逯式惶惧，就以送妻子儿女为借口回了洛阳。大家听说这件事，认为他有通敌的嫌疑，不敢和他交往，逯式最后竟然被免官。

有陆逊辅佐，荆州的事孙权可以放心，唯一让孙权觉得不安的是太子的性格。在孙权看来这儿子一点儿都不像自己，毫无霸气，遇事也不果敢、坚强，生性内向和敏感。

孙登出去打猎，一定会吩咐手下人走大路，远避农田，不能践踏庄稼，要休息时也总选择空地。有一次，孙登骑马外出，忽然有一颗弹丸飞过，左右立即搜寻，发现有一个人刚好手持弹弓，身上还有弹丸，大家认为刚才那一粒弹丸必然是这个人射的。此人喊冤，左右要打他，孙登制止了，他让人去寻找刚才那粒弹丸，竟然找到了，跟这个人身上带的弹丸进行了比对，发现并不一样，孙登下令将其释放。

还有一次，孙登有个镶着金马的水盂丢了，抓住了偷盗的人，原来是自己身边的工作人员，孙登不忍处罚他，把他叫来责备了一番，遣送回家，还专门告诉左右不要把这件事张扬出去。

一个善良的人，一个谦虚、谨慎富有同情心的人，很容易赢得百姓的好感和身边人的感恩爱戴，但却不一定是个好国君。

孙登此时 20 岁，他有些像魏明帝曹叡，都出身在豪门，一个生母不受宠、一个生母卑贱，从小习惯看别人的眉高眼低，性格上不敢张扬，显得谦卑甚至怯懦。孙权想改变孙登，所以给他挑选了有名望的老师授业，同时在群臣中选拔一些才能出众的子弟陪他读书，诸葛瑾的长子诸葛恪、张昭的次子张休、顾雍的孙子顾谭和陈武的庶子陈表等人入选，他们被称为孙吴的"太子四友"。

孙权让孙登重点学习汉朝历史，熟悉当代的事情，张昭在这方面很有研究，孙权就让张休先从张昭那里学习，之后由张休转授给孙登。孙登成为皇太子后建立了太子府，上面这几个人都在太子府里有了正式职务，其中诸葛恪担任太子左辅，张休担任太子右弼，顾谭担任太子辅正，陈表担任翼正都尉，加上太子府里的谢景、范慎、刁玄、羊衜等人，一时间太子府人才济济，他们成为孙吴政坛的新生代。

五十四、魏吴的秘密战

孙权称帝的消息传到曹魏，反响却不强烈。

孙吴和曹魏早已翻脸，孙权称帝一点儿都不让人吃惊，从魏明帝到群臣，没有人太多议论这件事，也没有人建议因孙权僭越而去讨伐他，洛阳对孙权当上皇帝这件事的反应不是平静，而是平淡。

魏明帝曹叡这段时间在忙什么呢？曹叡现在有些心烦，也是关于儿子的事。魏明帝出生于赤壁之战的前两年，现在已经23岁，即使在民间，也早已有几个孩子了，三年前他的第一个儿子出生，取名曹冏，宝贝得要命，赶紧封了个清河王，但不知什么原因，当年这个儿子就早殇了。

去年他又有了一个儿子，取名曹穆，封为繁阳王，千呵护万呵护，但今年又死了。终魏明帝一生都没有养活成一个儿子，最后还是养子继的位。这让曹叡很烦心，看来不能怪后宫，只能怪自己的遗传基因不好。

按说曹家的遗传基因不应该有问题，曹操一生有过25个儿子，很出色的就有好几个，曹丕的儿子没有那么多，但也有10个，而且没有早殇的，偏偏到了魏明帝就出了问题。

所以也有风言风语传出来，说他根本就不是曹家的后人。史书没有记载曹叡的具体生年，只说他死于青龙三年（239）正月，说完这句话按惯例就结束了，但史书上还有一句话，说曹叡死时享年36岁。

细心地品一下这几个字，会发现很有问题，因为按照时间往前推，曹叡就应该出生于建安九年（204），而这一年的8月曹军才攻克邺县，即使曹丕一见到曹叡的母亲甄宓就迎娶了她，她也来不及当年生下曹叡。

有人认为这是史书的笔误，曹叡死时应该是35岁；也有人认为“三十六”

和“三十五”笔画上有明显区别，不可能在编书和出版的过程中不小心被抄错，史书里专门写上曹叡的年龄是故意的，是想说曹叡的生父另有其人，不是曹丕。

不是曹丕，那是谁？

甄宓在嫁给曹丕前是有夫之妇，她的丈夫是袁绍的儿子袁熙，曹叡如果不是曹丕的儿子，那就应该是袁熙的了。如果真是这样的话，这个玩笑就开大了，曹操的孙子成了袁绍的孙子！有人相信这是真的，他们认为史书在此使用了曲笔，不敢明说曹叡的身世，只好委婉曲折地表达，理由是曹丕生前迟迟不立曹叡为嗣，直到最后才立曹叡，而甄宓又是被曹丕突然赐死的，凡此种种都说明里面有不可告人的内幕。

其实这不大可能，曹叡是不是自己曹家的后代，别人搞不清，曹丕肯定清楚，即使曹丕当年出于对甄宓的痴情而故意忽略了此事，曹操也不会装糊涂，曹操生前对自己的这个长孙很喜爱，走到哪里都带上，曹叡 15 岁时就跟他的叔父们一起被封了侯，是曹操孙子中封侯最早的，这些迹象表明曹叡不可能是袁氏后代。

但谣言、绯闻这些东西之所以流行，就是因为不会给当事人以解释的机会，曹叡特殊的身份和神秘的少年生活难免会成为被八卦的重点，虽然没有人敢在曹叡面前直接挑战他血统的纯正性，但风言风语总是一种困扰。

这时候自己的两个儿子相继早殇，曹叡的心情低落到了极点。曹叡觉得有些事还是提前说清楚好，于是在孙权称帝的这一年 7 月颁布了一份诏书。诏书很长，中心意思不是说君王没有儿子该由谁来继位，而是讲继了位的人应该明白作为后人的大义，绝不能随便建立尊号以扰乱大统。

什么意思呢？就是假如曹叡到最后都没有亲生儿子，根据古制将在侄子里选一个作为继承人，曹叡的侄子有一大把，人倒不愁找，曹叡告诫他们，继位可以，但你得明白是以过继的身份继的位，要尽继子的义务，到那时不能为生父、生母建尊号。曹叡命人把这份诏书刻在竹简上，藏在宗庙里，记录在国家的法令里，总之要确保不得推翻，谁要违背，立即诛杀。

除了这件事，曹叡还有一个烦心事，有人在拉帮结派，搞小团伙。

干这事的不是那些老臣、重臣，而是一帮年轻人，是曹魏政坛的新生代，他们这些人职位都不太高，但都有显赫的背景，或者说是清一色的“官二代”。他们平时在一起交游唱和，不仅沽名钓誉，而且以各种各样的名号互相标榜，相当无视朝廷。

散骑常侍夏侯玄、尚书诸葛诞、邓飏等人互相吹捧，把夏侯玄、田畴等四人称为“四聪”，诸葛诞等八人称为“八达”，刘熙、孙密、卫烈三人虽不及他们，但其父官职显赫，被称为“三豫”。

“四聪”“八达”“三豫”共有十五个人，史书没有把他们的名字全都列出来，一般认为他们包括以下这些人：何晏、夏侯玄、诸葛诞、邓飏、荀粲、李胜、丁谧、毕轨、孙密、卫烈、钟会、司马师等。

何晏是曹操的干儿子，也是女婿；夏侯玄是夏侯尚之子，夏侯尚是夏侯渊的侄子，跟司马懿是儿女亲家；邓飏是东汉名臣邓禹的后人，荀粲是荀彧的小儿子，丁谧是曹操故友丁斐的儿子；李胜的父亲是名士李丰，毕轨的父亲是魏臣毕子礼；孙密的父亲是孙资，刘熙的父亲是刘放，他们是魏明帝跟前的大红人；卫烈是名臣卫臻之子，钟会是名臣钟繇之子，司马师是司马懿之子；诸葛诞是诸葛丰的后人，算起来是诸葛亮的本家，有人说他是诸葛亮的族弟，但史书没有明确记载，他虽然没有诸葛亮、诸葛瑾的名气和成就大，但也是一位风云人物。

这些人都是“高干子弟”，又喜欢结交，整天搞在一起，引起了曹叡的警觉。曹叡少时长年独处深宫，加上他有口吃的毛病，所以性格比较内向，不喜欢那些夸夸其谈的人。更重要的是，对于互相吹捧、拉帮结派、左右舆论这些事他从内心里深恶痛绝。

但是这些人都有很深的背景，盘根错节，互相勾连，已成势力。

经过一段时间的观察和调查，曹叡暗中掌握了这些人的主要情况，这时老臣董昭上书，痛斥这些人的不端，魏明帝借势下诏，将其中华而不实的人予以罢官，把他们全部撤销职务，不再任用，这就是著名的“浮华案”。

该案所涉及的人一时都淡出了历史舞台，但这是暂时的，他们后来还将重新活跃起来。

因为这些烦心事，曹叡没有像父亲那样在军事上积极进取，更多的是以守为主，但也不是完全消极，他曾对孙吴发起过一次秘密战，并险些成功。

这场秘密战，更确切地说是间谍战。就在孙权称帝后不久，曹叡突然秘密召见了一个人，跟他有一次神秘的谈话，之后这个人就从曹魏消失了。

这个人的名字叫隐蕃，史书里没有他的传记，连他字什么都不清楚，只知道他的祖籍在青州刺史部。孙吴黄龙二年（230）他突然出现在了江东，表示要投降归顺。

当时隐蕃只有 22 岁，也没有多少知名度，一开始并没有引起孙权的注意。隐蕃给孙权上书，并且到了孙权的手上，正是这份上书改变了隐蕃的命运。

隐蕃在这份上书中写道：“在下听说纣王无道，所以微子出逃；汉高祖宽明，所以陈平来投。在下今年 22 岁，舍弃了在魏国的荣华富贵来投，归命于有道的君王，多亏上天的庇佑才能安全到达。但在下到吴国已经很多天了，您却把我和一般的投降者一样，没有特别对待我，使得在下有许多好的言论和计策没办法告诉您。我在家中一日三叹，害怕自己这辈子就这样度过。”

孙权很在意自己的形象，他想当汉高祖，不想被视为殷纣王，所以就破例召见了隐蕃。在这次召见中孙权问了隐蕃一些问题，隐蕃都对答如流，说起当今时务更是滔滔不绝，很有见地，也很有条理，让孙权刮目相看。

召见中，孙权少年时代的同窗、江东大笔杆子胡综也在，隐蕃退下后，孙权问胡综对隐蕃的看法，胡综认为此人有点像东方朔，又有点像祢衡，但才华不如他们，言下之意没有真才实学。

孙权问胡综隐蕃适合担任什么职务，胡综建议不能安排他到地方上治理百姓，先给他在京城安排一个小职务试试。鉴于隐蕃谈论中涉及刑狱方面的东西比较多，孙权就任命他当廷尉监。廷尉是九卿之一，负责刑狱和司法，相当于司法部长，廷尉监是廷尉的属官，品秩六百石，与县令相当，隐蕃的这个职务类似于司法部下面的一名处长。

职务虽不是很高，但隐蕃的活动能量很大，很快就在江东积攒了不少人气，左将军朱据以及隐蕃的顶头上司廷尉郝普都称赞他，认为他有王佐之才，还争着巴结他，隐蕃家门口常车马云集，宾客盈堂。

尤其是郝普，经常为隐蕃鸣不平，认为当个处长太屈才了。这个郝普，就是原来在刘备手下担任零陵郡太守的那位，吕蒙当年越湘江、取三郡，郝普投降，孙权相当信任他，让他当了廷尉。

也有人觉得其中有问题，太常卿潘濬的儿子潘翥争相交好隐蕃，给他送粮送钱，潘濬知道后生气，写信责骂了潘翥，让他把送给隐蕃的礼物要回来，并自行受杖一百，大家都觉得藩濬实在不讲人情，有些过了，但事后才发现潘濬多么有先见之明。

隐蕃确实是曹叡派来的卧底，他到孙吴来肩负着重大使命。在行前的那次秘密谈话中，曹叡让他到孙吴后想办法当上孙吴的廷尉，掌握大臣们的情况之后控告他们。本来隐蕃仕途一片看好，离廷尉也越来越近，但后面发生的一件事打乱了他的计划。

上次诈降曹休让孙权尝到了甜头，他又想给曹魏再使一招反间计，这一次让中郎将孙布去诈降，诱使魏军进攻。这是一个重大机密，隐蕃得到了情报，眼看事态紧急，来不及通知曹魏，隐蕃于是冒险仓促起事，试图打乱孙吴的部署，后因消息走漏，隐蕃出逃。

隐蕃被捉，遭到严刑拷打，孙权要他供出同党，隐蕃倒是条汉子，闭口不说。孙权亲自审问，对隐蕃说："身体是自己的，为何替别人受罪呢？"隐蕃说："孙君，大丈夫干这样的大事怎会没同伴？但我可以殉难，却不能牵连别人。"隐蕃最后缄口而死。

这是一个相当诡异的间谍案，隐蕃看来确实是三国时代的一个经天纬地的大才，他的才学能骗过众人、打动孙权，还能让曹叡坚信只要把他派到敌人那里就一定能混个廷尉当，这样的才干恐怕不亚于卧龙、凤雏，祢衡肯定比不了，东方朔估计也难以办到。

孙权非要审出结果，这样来看此案的内幕可能要复杂得多，隐蕃也许不是一个人在战斗，他还有不少同伙，只是随着隐蕃一死这些也都永远成为秘密了。即使如此这个案子也连累了不少人，其中郝普受到的责难最多，作为隐蕃的直接上级，又是力挺隐蕃的人，郝普承受了巨大压力，孙权当面对郝普说："你之前到处称赞隐蕃，又埋怨朝廷屈才，这才让隐蕃反叛，这都是你造成的！"

郝普和隐蕃一样都是降人，仅仅受到责备还罢了，如果受到怀疑就跳进长江也洗不清了，郝普于是自杀。左将军朱据被软禁，但他是孙权的女婿，孙权最后原谅了他。

这件事让孙权吃了一个亏，孙权也在"秘密战线"上回了一招。

孙权听说曹丕驾崩后曹魏的振威将军吴质受到猜疑和排挤，觉得可以做做文章，于是让胡综伪造了几封吴质的请降信，故意让这些信在社会上流传出来。

吴质不是小人物，与司马懿、陈群同为曹丕的"太子四友"，曹丕当上皇帝后改革军制，在全国设立几大军区，负责人称为"都督某某诸军事"，第一个被派出去的就是吴质，职务是都督河北诸军事，相当于是曹魏北方军区司令员。

但吴质怙威肆行，性格有问题，跟谁都合不来，在曹魏政坛是一只有名的孤鸟，曹丕死后吴质失去依托，又跟北方的几个州刺史、郡太守关系不好，心情一直很郁闷，多次向曹叡提出辞职。

胡综一共伪造了三封信，其中一封信伪称是吴质的同乡黄定潜逃送来的，另一封信诈称吴质已做好内应准备，除了所部人马可作接应外，吴质还准备了3000多匹马，只等孙权派兵北上，大功即可告成。

这都是假的，也经不起调查，但把这样的消息主动散播出去，就会形成舆论战，弄得人心惶惶。不知道是不是舆论战起了作用，魏明帝很快便下诏把吴质召回，解除了他的兵权，改任侍中。

石亭之战后，魏吴之间的主战场不知不觉转向了舆论战、间谍战，因为在西线战场被蜀汉牵制，曹魏暂时无力组织起对孙吴的大规模进攻。

五十五、秦岭山中的大雨

就在孙权称帝的这一年，诸葛亮在汉中又有一次大的军事行动，这一年的春天诸葛亮再次兴兵北伐。

距陈仓之战还不到三个月，诸葛亮又主动发起攻击，不禁让对手吃了一惊，这从侧面再次证明了，第二次北伐在陈仓遇阻算不上一次意外，更不是一场惨败。此次北伐没有再攻陈仓，也没有出兵陇右，而是重新规划了路线，出击曹魏控制下的武都郡和阴平郡。

武都郡是汉中郡的西邻，诸葛亮第一次北伐时曾率领大军从这里经过，阴平郡在武威郡的西边，这两个郡属于魏、蜀拉锯地带，双方经常在此展开争夺，第一次北伐失利后，这两个郡大部分地方被曹魏实际掌握，但它们又与长安相距遥远，孤悬于外。

摊开地图，汉中郡、武都郡、阴平郡由东向西一字排开，祁山和陇右大约在汉中郡的左上方，所以从方位上看攻取武都、阴平二郡不算“北伐”，应该称“西征”。

前两次北伐无功，蜀汉上下被失败的阴影所笼罩，急需要来一场胜利，把相对易攻取的这两个郡拿回来，也是对士气的一次鼓舞，这大概是诸葛亮急于发动第三次北伐的原因。即使如此诸葛亮也不敢有丝毫怠慢，而是进行了周密部署，他派将军陈式率兵去取武都、阴平二郡，陈式参加过猇亭之战，在刘备时期就是蜀军的高级将领。

陈式只是诸葛亮派出的诱饵，目的是吸引魏军的主力。身在长安的曹真在陈仓胜利的喜悦中过了一个快乐的新年，天气刚刚转暖，他根本没料到诸葛亮还会出击，加上魏军主力分散，武都、阴平偏远，所以被打了个措手不及。

曹真命雍州刺史郭淮组织就近的魏军前去救援，郭淮领命，带领人马朝陈式迎来，这正是诸葛亮想看到的。诸葛亮立即亲自率领主力包抄过去，攻击建威。建威即今甘肃省成县，距曹魏的陇右重镇上邽仅数十里。幸亏郭淮发现得早，赶紧撤退，否则就将被蜀军包围歼灭。打退了来增援的魏军，武都、阴平二郡没费多大力气就占领了，这两个郡被纳入蜀汉的版图。

第三次北伐规模不大，历时也不长，但收获很大。

武都、阴平二郡的面积都不小于汉中郡，此战使蜀汉北部边防区扩大了三倍，并把北部防线连成为一体，为以后再出祁山、攻击陇右打通了道路。尤其是收复了阴平，从而控制了著名的阴平道北面的入口，对于防止魏军利用这条古道偷袭蜀汉意义十分重大。

诸葛亮在武都等地稍作停留，按照征服南中的成功经验，对当地的氐族、羌族等少数民族部落首领进行了一番安抚，之后率兵回到汉中。胜利的消息传到成都，后主立即下诏对诸葛亮予以嘉奖："街亭之败，原因都在马谡，但您却勇于承担责任，自贬职务，寡人不愿违背您的意愿，所以顺从了您的意见。年前出师，斩杀了敌将王双，今年再出征，又赶跑了郭淮，招降了一批氐、羌部族，收复武都、阴平二郡，以神威震服了凶暴的敌人，建立了显赫的功勋。如今天下仍战乱不宁，最大的敌人仍然未除，您承担着讨伐敌人的大任，是国家的支柱，却长期贬抑自己，这不利于发扬宏大的伟业。所以，现在恢复您丞相的职务，您务必不要推辞！"

以右将军的身份行使丞相职权毕竟有许多不便，对于后主恢复自己丞相职务的诏书诸葛亮也没有再推辞。

回到汉中后，诸葛亮继续加紧了汉中的建设。

汉中的首府是南郑，诸葛亮率大军来到汉中，考虑到人马太多，大本营一直没有进驻南郑，而是安扎在阳平关附近一个叫石马的地方。为了今后长期在汉中驻军，诸葛亮利用这段相对空闲的时间，命人修筑了两座新城，巩固汉中的防卫。

一座新城在沔阳县即今陕西省勉县附近，称汉城；一座新城在城固县即今陕西省城固县附近，称乐城。这两座新城的位置，一个在南郑的东边，一个在南郑的西边，加强了汉中的防务。

诸葛亮把大本营也迁往南山之下，这里位于沔阳县城之南，是一处通往巴中的平原地带，地势开阔。诸葛亮抓紧这段相对平静的时间，发展汉中的生产，依托新城的修建，扩大屯耕面积，积蓄粮食，加强训练，为再次北伐做准备。

在治军、选将方面，诸葛亮更是花了不少心思。诸葛亮素来以治政、治军严厉著称，他认为只有纪律严明才能提高战斗力，他主张平时严格训练，战时才能保持严明的纪律。他亲自抓作战训练，有些地方管得还很细，他曾发布过一道命令："听到擂五通鼓的号令，应举黄、白两块幡合成的旗子，摆设三面对敌的圆阵。"

在选将用人方面诸葛亮也倾注了大量心血，他写了不少这方面的文章，内容包括好将领应有什么样的素质、有什么样的气度，应具备什么样的机变权谋，如何振奋士气、提高军队战斗力，如何肃军容、扬军威，如何发挥幕僚的作用，什么是将领的软肋，什么是不合格的将领等。

第三次北伐进攻武都郡的第一天，为砍敌人的鹿角，竟然一口气用坏了1000把斧子，幸好敌人已经跑了，否则再有敌人来就没有斧子可用了。这让诸葛亮很纳闷，不知道为什么斧子这么不经用。

回到汉中，诸葛亮又让人制作了几百把斧子，用了100天还没有坏，这才知道先前主管制作刀斧的官员不负责任，应当拘捕治罪。通过这件事，诸葛亮告诫大家："这不是小事，如果再拿那种质量不合格的斧子与敌人交战，就会破坏整个军事行动！"

武都、阴平二郡丢失后，曹真有些气不过。

曹真已接替了曹休的职务成为大司马，仍驻守长安，负责西线战场，曹真的大将军一职由司马懿升任，仍然驻守宛县，负责中线战场。

在所有"诸夏侯曹"中曹真目前是硕果仅存的一个了，是曹魏名副其实的中流砥柱，但也很孤独。诸葛亮第三次北伐后，曹真专程赶到洛阳，向魏明帝提出了一个主动出击的计划。

曹真认为，蜀军连年侵略边地，总防守也不是办法，应该发起进攻，数路共进，可以取得大胜，其具体计划是：由他率主力由褒斜道进攻，作为主攻方向，再派数路魏军从其他方向进攻，让蜀军无法兼顾，最后在汉中腹地会合，一战至少可收复汉中。

魏明帝一时拿不定主意，把曹真的计划交给司空陈群看，陈群反对，理由是："武皇帝过去经阳平关攻张鲁，收割了敌人占领地区大量的豆子、麦子作为军粮，然而敌人还没有打败，粮食就吃光了。如今到敌人那里抢不到粮食，而且褒斜道地势险峻，进退困难，运送粮食又容易被敌人抄了后路，如果留下太多的兵力保护运输通道，又会分散兵力，这些都不得不深思熟虑啊！"

陈群当过镇军大将军，但本质上是个文臣，站在军事的角度看他的见解只能说一般，按照他的说法汉中永远都无法收复了，困难始终摆在那里，总得想出个解决的办法。但作为政治家，他的见解又或许是对的，同时面对蜀汉、孙吴两个对手，要不要主动出击、什么情况下主动出击的确应当谨慎。

魏明帝其实也不愿意主动出兵，他赞同陈群的意见。但曹真很执着，把作战方案修改了一下，又重新上报，新方案的主攻路线由褒斜道改为子午道，其他不变。

魏明帝又把曹真的方案给陈群看，陈群仍然反对，并列举了不宜出兵的具体理由，重点谈到了军费开支问题。魏明帝再次把陈群的反对意见批转给曹真，他没有直接否决曹真的计划，但倾向性已很明显，他并不是很积极，但曹真不这么看，他觉得皇上没有否决他的计划等于是批准了，把陈群的意见转来只是让他参阅。

曹魏太和二年（230）秋天，曹真精心策划的汉中之战开始了。这已经是曹魏第三次征汉中了，前两次都是曹操亲自带的队，这一次曹真志在必得，共集合了约 20 万大军，分三路大军同时出击：第一路由他亲自率领，由长安以南入子午道，出子午谷后直取汉中的南郑；第二路由张郃率领，由郿县入褒斜道，经斜谷出汉中，向南郑方向会合，张郃现在已升任车骑将军一职，是魏军的第三号人物，目前也在西线战场，归曹真调度；第三路由大将军司马懿率领，由新城郡沿汉水溯流而上，水陆并进，向南郑挺进。司马懿在荆州时曾打算训练一支水军进攻孙吴，现在先用到了这里。

消息传到汉中，大家都有些紧张。

诸葛亮马上派人通知吴帝孙权，告知曹魏的大军已向汉中方向集结，中线战场兵力空虚，请孙权在中线、东线两个战场上同时采取行动，趁机抢占曹魏的地盘，至少拖住曹军主力，让他们不敢轻易向西线增兵。

诸葛亮把汉中地区的蜀中主力集结起来，除分守南郑、汉城、乐城等要地外，重点布兵于赤阪，此地位于子午道南出口附近，一旦曹真的大军从子午道杀出，这里必将有一场恶战。鉴于汉中兵力不足，诸葛亮请前将军李严速从江州抽调 2 万人马北上，由李严亲自率领来汉中增援。

这时，诸葛亮却遇上了意外的麻烦。

危急关头李严本应火速增兵前来，但他却给诸葛亮回了封信，信中故意透露司马懿在秘密拉拢他，李严就此说到了开府的事。开府就是组建自己的工作机构，没有开府，你的官再大，也是给人家跑腿的；开了府，你就成了掌柜的，目前蜀汉只有诸葛亮一人开府，李严觉得他也是托孤大臣，曹魏的托孤大臣司马懿能开府，自己也应该效仿。

接到李严的信，诸葛亮一定很生气，但为了确保他赶紧增兵汉中，诸葛亮不得已奏请后主，升李严为骠骑将军，并升其子李丰为江州都督，接替李严的位置，仍旧镇守江州。

这样，李严才带着临时抽调的人马前往汉中。

先不说曹真是如何进攻的，先说说孙权。

接到诸葛亮的请求孙权立即行动，让江北地区的吴军向外放出话来，要攻打合肥。曹魏东线战场的总指挥目前是征东将军满宠，听到消息不敢怠慢，立即征调兖州、豫州各地兵马向合肥方向集中，以备吴军来攻。但吴军只是做做样子，没有真打，大家以为这是吴蜀之间玩的老把戏，那边开打，这边虚晃一枪目的是牵制，孙权顶多是出工不出力。

魏明帝下诏，让满宠把临时征调来的人马退回去。但满宠认为孙吴的真实打算未必只是虚晃这一枪，他们撤退也许是一种心理战，一定会趁这边没有防备之时，杀一个回马枪。满宠上表，要求暂不退兵，魏明帝诏准。

果然让满宠料对了，这一次孙权的打算不仅是帮帮场子，而且要抓住时机真干一回，他先声夺人，之后又示弱而退，都是心理战，目的是让合肥的守军放松戒备，然后集合大军突然攻击合肥。由于满宠早有准备，合肥兵力充足，吴军无法得手，只得退回，但如此一来，魏军在东线受到了牵制，诸葛亮协同孙吴行动的目的也达到了。

曹魏中线战场总指挥大将军司马懿接到魏明帝的诏书，让他配合曹真攻打汉中。司马懿远没有曹真那么积极，此战获胜出名的是曹真，他的威望定然进一步增加，与自己拉开差距；如果此战失利，损失的是曹魏基业，自己也白忙一场。

尤其是溯汉水而上的作战路线，司马懿肯定更有意见，他有理由怀疑这是一帮参谋对着地图拍着脑袋拟订的方案，汉水汹急，一路穿山越岭，虽有部分河段可通航，但顺流而下与逆流而上完全是两回事，自古征汉中，都是自北向南，或者出大散关，像这样由东南方向往西北攻的很少，走水路逆流而上根本就没听说过。

但司马懿仍得执行诏令，他由宛县赶到新城郡，由那里出发，组织人马水陆并进，溯汉水向汉中方向攻击，但他们的进展没法太快，因为这一带很多地方都没有路，他们一边走还得一边开路。

秦岭中间的两条栈道里，曹真和张郃分别指挥大军进攻。这时是农历的八月，秦岭山中出人意料地下起了大雨，一口气下了30多天。山中本来道路就难行，现在到处是水，不停地有滑坡、泥石流，没法休息，冷得要死，吃不好，睡不了，简直如同进入人间地狱，有人建议撤军，曹真急了，不许。

在洛阳，太尉华歆也上疏建议撤军："陛下的圣德堪比成康，即便有吴蜀二贼，也不过苟延残喘。用兵，不得已而用之，愿陛下以治理国家为第一要事，然后再考虑征伐。千里运粮，越险深入，劳而无功。我听说今年征战已严重影响到生产，为国者以民为基，民以衣食为本，如果天下百姓没有饥寒之患，他们也就没有离土之心，吴蜀二贼，可坐而平定。"

魏明帝还想等等看，就回复华歆道："先生考虑得很深，我感到欣慰。但是，贼人凭借山川之险，武皇帝、文皇帝在世时，也多次未能平定，我何德何能，可以指望不费力就把他们消灭？先试探一下，如果天时未到，再说撤兵不迟。"

又过了几天，雨还在下，少府卿杨阜上疏说："现在吴蜀未平，上天频频降下凶兆，大军刚出发，大雨就下个不停。目前大军已困在山中多日，粮草转运都靠肩挑背扛，十分费力，《左传》说'见可而进，知难而退，军之善政也'，应该赶紧退兵。"

王朗的儿子、散骑常侍王肃也上疏说："古说'千里馈粮，士有饥色，樵苏后爨，师不宿饱'，这说的还是平途行军的事，何况现在深入险境，凿路而前，劳力必百倍。加之现在大雨，山路湿滑，行军速度很慢，粮草又难以保证，这些都是兵家所忌。"

看到大家一致反对，魏明帝知道不能再坚持了，下诏让包括曹真在内的各路魏军撤回。

魏军撤退，诸葛亮命魏延和吴壹分别率人马攻击曹魏控制的陇右，魏延和吴壹越过武都郡，向西攻入曹魏南安郡境内，曹魏后将军费曜、雍州刺史郭淮率兵来迎，魏延和吴壹打败了他们，取得了胜利，蜀军随后退回。这是第三北伐获胜后紧接着的又一次胜利，诸葛亮把魏延在丞相府里的职务由丞相司马提升为丞相前军师，并上报后主，将魏延的爵位由亭侯晋为南郑县侯；上报后主擢升吴壹为左将军，由亭侯晋爵为高阳乡侯，魏延留下的丞相司马一职提拔费祎来担任。

有人把阻击曹真这一仗，以及魏延、吴壹主动出击陇右也看成单独的两次北伐，其实这两仗属于同一场战役，这场战役是曹魏一方主动发起，不能算严格意义上的北伐。

五十六、诸葛亮的新对手

曹魏太和二年（230），曹魏大司马曹真策划的伐蜀之战以失败而告终，这让曹真跌了个大跟头，因为这一仗是在他力排众议下打的。

曹真病了，情况跟石亭战败后的曹休有些类似，这容易让他联想起袁绍和袁术，他们都自认为高人一头，风云际会，时势造就英雄，他们也都干出了一番事业，然而一旦遭受打击却一蹶不振。在乱世争雄必须有一个强大的内心，在这方面他们远不如曹操、刘备这些创业者，回顾曹操、刘备等人的一生，吃过无数苦，多次身处绝境，打过许多败仗，但都以乐观的心态挺了过来。

曹真一病不起，魏明帝赶紧命他回洛阳养病。曹真回到洛阳后病情不断加重，魏明帝亲自到府邸探望。不久曹真去世，魏明帝谥其为元侯，爵位由长子曹爽继承，曹羲、曹训、曹则、曹彦、曹皑等其余几个儿子也全都封为列侯。

曹真的去世是个标志性事件，作为“诸夏侯曹”第二代的核心人物之一，他的离世标志着这个把持了曹魏30多年军权的集团已逐渐淡出，虽然此时“诸夏侯曹”中的第一代人物曹洪仍健在，担任着属于荣誉性职务的骠骑将军，虽然“诸夏侯曹”的后人中还有多人在军中任职，但他们已经没有太大影响了，目前掌握曹魏军权的是司马懿、张郃、满宠、蒋济等一批异姓将领。

在曹魏三大战场中，西线无疑是重中之重，魏明帝决定把坐镇中线战场的司马懿调到那里以接替曹真。魏明帝给司马懿发去了诏书，其中写道：“现在西线战场出现了问题，非你去不行啊！”

话说得虽然很殷切，但这也许并不是魏明帝内心的真实想法，曹休死后魏明帝心里感到了一丝孤单，对曹休、曹真两位叔父他是完全放心的，对司马懿，他有些吃不准。之前魏明帝之所以同意曹真伐蜀，也是基于对曹真的进一步扶持，希望以此打压司马懿，但事不凑巧，一场大雨扰乱了好事。

现在，魏明帝不得不依靠司马懿，他下诏升司马懿为大将军，同时升张郃为车骑将军，车骑将军在班次上略低于曹洪担任的骠骑将军，但此时在魏军里是事实上的二号人物，让军界排名前两位的将领同时集结在一个战场，显示出这是一项非同寻常的安排。

曹魏太和二年（231）诸葛亮决定再次由汉中北伐，这已经是他指挥的第四次北伐。

诸葛亮做了精心的准备，其中一项重大调整是，他命令此前一直驻守在江州的李严率2万人马来汉中，之后让他以中都护的身份留守汉中，处理丞相府行营的各项事宜，重点保证前线的军粮供应。诸葛亮还派人联络孙权，请他同时向曹魏发起攻击。每次北伐前诸葛亮都会通知孙权，这已经形成了惯例，而孙权也都尽可能给予配合，因为对他们来说这同样是一次进攻的好机会。

这一回孙权又使出了诈降计，他安排中郎将孙布向曹魏扬州刺史王凌诈降。不久前周鲂诈降，曹休被打得大败，王凌觉得孙权再笨也不会把刚使完的招数拿出来又用吧，所以竟然相信了。

王凌是汉末名臣王允的侄子，出身于著名的太原王氏家族，年轻时曾在曹操手下任职，曹丕在位时对他很器重，让他当兖州刺史，又兼建武将军，是曹魏政坛的新生力量。在石亭之战中曹休率领的魏军失利，王凌指挥所部拼死突围才使曹休得以安全撤退，后任扬州刺史。

王凌有些心高气傲，把顶头上司征东将军兼西线战场总指挥（都督扬州诸军事）满宠也不放在眼里，二人关系较差，王凌不断让人写告状信，想把满宠赶走。对孙布投降这件事满宠觉得可疑，王凌认为这是满宠怕他建功，于是越过满宠直接向魏明帝报告了情况。王凌和孙布进行了一段时间的接触和试探，最后王凌彻底相信孙布投降是真的。

但满宠仍然认为这里面有阴谋，就以王凌的名义给孙布写了封信，说自己这边兵力不够，让他再等等，到时机成熟时再行动。这时，魏明帝突然下诏让满宠回洛阳商量事情，满宠一走，王凌就加紧了与孙布“里应外合”的准备，想在东线战场创造出一个奇迹来，这场戏无论怎么演，都牵动了曹魏东线战场的注意力。

而在中线战场的荆州方向，自从司马懿离开后还没有明确新的接替人选。这样一来，形势对蜀汉就十分有利，在曹魏三大战场中，西线战场的总指挥刚刚上任，中线战场的总指挥还没有明确的继任者，东线战场的总指挥临时被召回，暂时负责的人又被孙权的反间计所吸引，在历次北伐中，没有比这更好的机会了。

对第四次北伐，诸葛亮选择的路线是陇右，汉中西边的武都、阴平二郡已被蜀军掌握，所以蜀军轻易就攻至祁山堡，将其包围，魏军守祁山堡的将领是贾栩和魏平，他们赶紧上报雍州刺史郭淮，请求支援。

司马懿已经到了长安，他以大将军、都督雍梁二州诸军事的身份召集车骑将军张郃、后将军费曜、征蜀护军戴陵、雍州刺史郭淮等重要将领开会，研究对策。

张郃认为陇右固然重要，但更重要的还是关中，应分兵驻扎在汉中的雍县、郿县等要地以防不测，司马懿不同意这个看法，他认为："如果前面的人马能挡住敌人，将军这么说有理；如果挡不住，把人马分成前后两部，这就如当年项羽把人马一分为三，反被黥布所打败一样。"汉高祖十一年（前196）楚将黥布叛逃，项羽出兵阻截，把楚军分成三部，他的想法是，如果一部被打败，另外两部可以增援，但结果却不是这样的，黥布击败其中一部后其他两部便迅速瓦解了，这说明分散兵力容易被对手各个击破。

但张郃的意见也并非没有道理，现在的主战场看起来是陇右，但如果蜀军在那边只是佯攻，而将主力暗藏在秦岭山中，待魏军主力西进后，蜀军主力迅速从秦岭里的各条栈道杀出直击关中，那形势就严峻了。

张郃久在西部，与蜀军打过很多交道，著名的街亭之战就是他指挥的，他的建议自然有一定道理，但司马懿仍坚持自己的看法。这其实是一种赌博，赌的是诸葛亮没有从秦岭栈道用兵的计划。

司马懿随后率魏军主力前进到隃麋，此地在今陕西省千阳县境内，之后命费曜、戴陵率4000人马前往天水郡境内的要地上邽，自己率其余主力赶往祁山，以解祁山堡之围。

那么，诸葛亮有没有在秦岭山中留一支奇兵呢？没有。不是他智谋不足或不敢冒险，而是蜀军无此实力。

经过前三次北伐，蜀军损耗很大，在综合实力方面蜀汉本来就远逊于曹魏，也不如孙吴，由于总人口有限，蜀汉的常备军人数一般只有10万人左右，即使临时加大征兵的强度，总兵力也不会超过15万人，分出三分之一守全国各处，能集中在汉中的顶多10万人。这10万人马其实也无法同时全部调用，因为士兵有轮休制，一般情况下五分之四在军，五分之一轮休，"在岗"的士兵总数只有 8 万人上下了。

如果有充足的兵力，诸葛亮当然可以分兵两处，根据对手的反应相机确定主攻方向，但现在却不能，要么把主力拉到陇右，要么兵出秦岭栈道，二者不可兼得，而将希望寄托在秦岭山中的那几条栈道，这一直都不是诸葛亮看好的方案。

此前诸葛亮和司马懿从未有过直接交锋，听说曹魏新任的这位大将军亲自来了，诸葛亮立即调整部署，命王平率部屯扎在祁山附近的南围，继续攻击祁山堡，自己率蜀军主力去迎战魏军。但诸葛亮没有直奔司马懿本人而来，而是向上邽发起了攻击，由于双方兵力相差悬殊，郭淮、费曜被打败，蜀军占领了上邽，司马懿随即率主力赶来，在上邽以东扎营。

蜀军求战，魏军却避战不出，这是司马懿的策略，他认为蜀军的弱项一是人数不占优势，二是后勤保障不足，所以经不起耗，司马懿命令魏军凭借各自险要地势加强防守。雍州总体上还是曹魏的地盘，陇右与关中的交通还算通畅，蜀军难以获得补给而对魏军来说则不是大问题，司马懿耗得起。

在求战不能的情况下，诸葛亮决定撤退。

蜀军后退，魏军就往前移，始终保持一段距离，仍不进攻。就这样，蜀军一直退到祁山跟前，魏军索性进到尚未被蜀军攻克的祁山堡，司马懿命令军士在山上抓紧修筑工事，摆出一副凭借高山深谷长期据守的姿态。

对大多数魏军将领来说，过去跟着曹真和张郃时还从来没有这么窝囊过，敌人在面前不停地叫阵，自己却龟缩在营垒里不敢出来，多让人丧气！

贾栩、魏平等将领多次请战，司马懿一律拒绝，他们实在想不通，觉得堂堂大魏的军队还不至于这么胆怯吧，他们对司马懿说："您畏惧蜀军就像见到老虎，就不怕天下人耻笑吗？"敢直接叫板顶头上司，如果这不是一时的激愤之语，那只能说明司马懿在这里还无法服众。的确，这里的大部分将领对司马懿还都比较陌生，之前有人可能会认为曹真的接班人应该是张郃，司马懿这个不速之客横插一道，怎能让人服气？

司马懿不怕天下人耻笑，因为只有笑到最后才是王道，他认真研究过蜀军的战法，知道其优劣所在，在当前情况下守而不战无疑是正确的选择，但这些道理要让每个人都懂也是一件难事。又过了几天，魏军将领都来请战，司马懿知道再不打就要出问题了。

5 月 10 日司马懿下令出击，他让张郃率一支人马进攻南围的蜀将王平所部，自己率主力进攻诸葛亮。魏军放弃有利地势发起主动进攻，这是诸葛亮求之不得的事，他立即指挥蜀军全面应战，结果魏军大败，被蜀军斩杀 3000 人，蜀军同时缴获玄铁打造的铠甲 5000 副，弓弩 3100 张。

张郃在南围方面的进攻也受阻，别看蜀军攻坚不行，防守却是一流的，尤其是他们的弓弩很厉害，对付骑兵相当有效，再凌厉的攻势也穿不透如蝗的箭雨，南围攻击无果。事实证明一退再退的蜀军不是纸老虎，它的爪子和牙齿都锋利得很，对付它只能小心翼翼，这一仗让那些对司马懿不服的人暂时消停了下来。

双方继续对峙，对蜀军来说越来越不利。

此时已到了夏秋之交，开始下起了连阴雨，蜀军本来就很脆弱的运输线终于出了问题，李严派参军狐忠、督军成藩突然来到前线，向诸葛亮报告说，由于阴雨连绵粮食实在无法供应，李严报告了后主，后主诏令诸葛亮回师。

诸葛亮让李严留守在汉中，让他负责丞相府里的事，遇到问题李严应该先向自己汇报，是否撤兵应该由自己来定，李严不打招呼直接向后主做了汇报，这让诸葛亮十分不快。现在双方对垒，拼的是意志和决心，蜀军有困难，魏军也一样，这就要看谁能坚持到最后了，轻易撤军，那前面的所有付出岂不是白费了？如果要撤，干吗还要等到现在呢？

但现在诸葛亮没有别的选择，粮草供应不上，的确难以再支撑下去，更重要的是，一向不太管事的后主居然下诏让他回师，他只能服从。

于是诸葛亮下令撤退，这一回不是佯退而是全面撤退，在祁山堡的司马懿也看到了这种情况，下令追击，张郃对此又表示反对："兵法说，围城一定要给个出口，撤退的敌人不要追击。"然而司马懿仍然坚持追击，并且点名张郃率队。

张郃不理解，也很无奈，但他是军人，懂得服从，于是领兵去追。张郃率部沿着蜀军主力撤退的方向一路追下去，一直追到了木门道这个地方，这是一条古道，东西两面雄山壁立千仞，中间一线空谷，宛若门户，当地百姓称其为峡门，具体位置在今甘肃省天水市秦州区西南 40 公里的木门村附近。

这样的地势是打伏击最理想之处，诸葛亮果然在此设下了伏兵，魏军到时，埋伏在峡谷两侧的弓弩手万箭齐发，魏军将士纷纷落马。有的史书说，一支冷箭射中了张郃的右膝。还有的史书说，射中的是张郃的髀骨，总之张郃中了箭。还有一部史书记载得更详细，说张郃一路追到木门道，突然发现路边有一棵大树被削了皮，上面题写着"张郃死此树下"几个字，张郃正迟疑间，蜀军埋伏在两侧的数千张强弩便一齐向魏军射来，张郃死于乱箭。

细节上尽管略有些出入，但结果却是一样的：魏军大败，损失惨重，堂堂的曹魏车骑将军也被射死了。

这一仗让魏军充分领教了蜀军弓弩手的厉害，这是一支在当时最为强悍的弓弩兵，他们手中持有一种特制的武器——诸葛连弩，这是诸葛亮革新兵器的一项发明。

对张郃的死历来有不少人认为是司马懿的阴谋，张郃的地位仅次于司马懿，在军中素有威望，在一些问题上又多与司马懿存在分歧，被司马懿视为眼中钉，所以故意逼死了张郃。但这只能是猜测，蜀军败退，司马懿下令去追，这是没有问题的，至于张郃战死，那只能说是个意外，或者是他自己不小心，司马懿又有什么责任呢？如果真是借刀杀人，也只能说司马懿做得实在太高明了，高明得让谁都挑不出理来。

张郃的死让魏明帝最伤心，听到这个消息时他正与司空陈群谈事，魏明帝悲伤地对陈群说："蜀国未平，张将军却死了，你说该怎么办啊？"魏明帝的心情陈群也许最能体会，但他也只能应道："张将军确实是一代良将，是国家的依靠啊！"魏明帝下诏谥张郃为壮侯，爵位由其长子张雄继承，其余五个儿子中有四人被封为列侯，一人被封为关内侯。

五十七、是不是政治斗争

诸葛亮率军回到了汉中，而孙权那边的诈降计划也因为满宠等人的高度戒备而未能成功，此次北伐除射杀张郃外没有什么实质进展。

回到汉中后，诸葛亮最急切想弄清楚的是后方究竟出了什么问题，后主得到了怎样的报告才给前方下诏回师，而解开这一切疑惑的关键就是李严，但让诸葛亮大吃一惊的是，李严走了。

在诸葛亮回到汉中之前，李严已请病假去了沮漳，后来又去了江阳。沮漳应指沮水和漳水，但它们不在蜀汉，而在孙吴的控制区，所以有人怀疑史书上的这个地名是笔误，应该是哪里已经不太清楚了。江阳在蜀汉，它指的是新设立的江阳郡，在成都的东南方向，但李严不是江阳郡人，也从未在那里任过职，他的祖籍是荆州刺史部南阳郡，在犍为郡当过太守，所以有人认为江阳也是笔误，应该是江州才对，李严长期驻守江州，前不久离开江州后，他的儿子李丰任江州督，仍负责江州的防务，所以回江州的可能性最大。

李严如果真的回到了江州，那问题就相当严重了，大概他已意识到自己有一场政治危机即将到来，回江州是要与诸葛亮彻底翻脸的前奏，他可以携江州自重，与诸葛亮公开叫板，甚至可以投降曹魏。但到后来，李严在参军狐忠等人的反复劝说下还是回到了汉中，大概他认为无论公开撕破脸还是投降敌人，都没有太大的把握吧。

让诸葛亮不解的是，李严回到汉中后对之前的事情不仅没有做出合理解释，反而对撤军一事表示了惊讶，他说："军粮很丰富，您为什么要撤呀？"

这当然是糊弄不过去的，诸葛亮让人马上回去成都，调阅了李严这段时间里上给后主的所有奏章，诸葛亮惊讶地发现，在李严给后主的奏章里竟然有这样的话："现在让大军撤退是假的，目的是引诱敌人一战"。李严采取了两边欺骗的办法，一边告诉诸葛亮，后主让他撤军；一边告诉后主是诸葛亮要求撤军的，撤军是一种战略战术。李严之所以这么做，是因为他办事不力，加上又遇到了连阴雨，他负责筹办的军粮出了问题，为掩饰过失才想出这样一个不太高明的办法。

诸葛亮把李严写给自己的信以及给后主所上的奏章都拿出来，摆在李严的面前，前后矛盾之处无法抵赖，李严只得认错，连连叩头谢罪。

事情弄清楚了，但怎么处置却让诸葛亮犯了难。

如果就事而论，李严这次绝对犯下了大错，他不仅误事而且欺瞒后主，致使第四次北伐前功尽弃，这样论起来杀了他都不为过。但李严跟自己一样，都是先主生前亲自指定的托孤重臣，如果处理得太重，势必给人一种权力斗争的印象。

诸葛亮平时很注意和李严处好关系，尽量给予包容甚至忍让，第一次北伐时诸葛亮就想抽调李严所属人马来汉中，但李严却不理会，反而写信劝诸葛亮加九锡，又提出设立巴州，由他当巴州刺史，最后调兵的事也不了了之。

曹真进犯汉中时，汉中的兵力实在有限，诸葛亮再次请李严增兵，但李严又提出了新条件，说他走后必须让儿子李丰任江州督，诸葛亮无奈，只得上表后主，擢升李严为骠骑将军，并同意由李丰负责江州的事务，这样李严才肯来。诸葛亮也听到一些议论，说李严平时情绪挺大，常发牢骚，觉得自己同是托孤大臣却没有得到相应的实权，心里很不满，常因此影响工作。

考虑再三，诸葛亮决定这一次不再忍让，于是向后主郑重上表，回顾了近年来李严的种种不端行为，并说李严来到汉中后，自己把各种事务都交给了他，群臣都怪他对李严太宠爱了，而自己之所以那么做，是因为北伐大业正在进行，很多事情还没有头绪，与其批评李严的短处，不如发挥他的长处和优点，但李严不能理解，竟然犯下了这种不能宽恕的错误。

在这份弹劾表里，诸葛亮最后说："如果这件事不去解决，将会造成更严重的后果。这也怪我平时不够敏感，不能及时发现问题。不再多说了，多说更增加了罪责！"值得注意的是，这份弹劾表并非诸葛亮一人所上，后面还有20多位蜀汉大臣共同联署，包括车骑将军刘琰、征西大将军兼凉州刺史魏延、前将军袁綝、左将军兼荆州刺史吴壹、右将军高翔、后将军吴班、丞相长史兼绥军将军杨仪、扬武将军邓芝、征南将军刘巴、中护军兼偏将军费祎、偏将军许允、笃信中郎将丁咸、偏将军刘敏、征南将军姜维、讨虏将军上官雝、昭武中郎将胡济、建义将军阎晏、偏将军爨习、裨将军杜义、武略中郎将杜祺、绥戎都尉盛勃、武略中郎将樊岐等，从这份名单里，大致可以看到当时蜀汉的主要权力结构。

结果李严被后主解除了所担任的一切职务，夺去俸禄，收回节传、印绶、符策，削去都乡侯的爵位，以一个老百姓的身份到梓潼郡居住。

李严的儿子李丰不合适继续留任，但诸葛亮没搞株连九族那一套，而是让李丰以中郎将的身份到丞相府任参军，诸葛亮担心李丰有心理负担，还专门给他写信劝慰，信中写道："我和你父亲同心协力辅佐汉室，不仅世人知晓，也是神明所知的事。所以，我推荐你父亲到汉中任职，委托你在东部要地镇守，也是不想让那些议论是非的人有话柄。我只想实心实意感动于人，始终保持其中的友情，谁又能想到中途会出变故呢？"

李丰后来到了成都的丞相府，蒋琬是丞相府留守的长史，诸葛亮还鼓励李丰与蒋琬精诚合作，李丰也不负诸葛亮的一片真诚，跟蒋琬合作得很好，后来被提拔为朱提郡太守。

但毕竟是一位托孤大臣弹劾另一位托孤大臣，所以历来也有人认为李严案有"内幕"，是诸葛亮争权或为第四次北伐失利找借口而制造出的冤案，但这种看法只能算一种揣度，缺乏事实依据。

事实上，诸葛亮在这件事的处理上既坚持了原则又充满人情味，李严本人虽被罢免，心里却不恨诸葛亮，后来诸葛亮死了，李严听到消息十分悲痛，认为从此以后不可能有人还能理解他。后世有史学家就此发出过感慨，认为水很平所以人们拿它作为标尺，镜子里的人很丑但人看了不会发怒，水和镜子之所以能穷物尽态而人们却无怨，因为它们是无私的。水和镜子因为无私，所以能避免别人的诽谤，大人君子心怀好善之心，有宽恕之德，法行于不可不用，刑加于犯罪之人，赐给爵位不因为关系好，诛杀犯罪不因为自己被触犯，天下哪有不服的？

在蜀汉建兴九年（231）第四次北伐之后，有两年的时间诸葛亮一直没有大规模用兵，他在做着各种准备，其中一个重要的工作就是修复秦岭山中的栈道，并在里面修建粮仓。

到建兴十一年（233），斜谷的粮仓里已经储备下大量粮食，之前被烧毁的褒斜道栈道也基本修复完成了。次年 2 月，天气转暖，秦岭山中的积雪融化，诸葛亮决定进行第五次北伐。

与每次北伐一样，这一次诸葛亮也给孙权写了信，约定共同行动，信里写道："汉室遭遇不幸，朝廷的法纪被废弛，从曹操篡逆开始，已蔓延到了今天，我们双方都有剿灭曹贼的想法，但是一直到现在还没有达成目标。我承蒙昭烈皇帝的重托，不敢不尽忠竭虑。现在大军已集结于祁山一带，敌人即将被消灭于渭水之滨。恳切盼望您按照同盟的约定，命令将领北征，一同平定中原，共扶汉室。书不尽言，万望明鉴。"

从信里透露的意思看，此次北伐的路线似乎还要西出祁山，这与在秦岭山中正在做的大量准备工作不符，其实这只是个笼统的说法，或者为了保密的需要故意放出的烟幕弹。

孙权接到来信后立即进行了部署，蜀汉经过这么长时间的沉寂再举北伐，孙权知道这次的力度肯定会超过以往，所以他也想抓住这个机会，在东线和中线两个战场同时给曹魏制造出强大的压力，因而此次的配合行动也超过了以往。

吴军主力悉数全出，分三路向曹魏发起进攻：一路由孙权亲自率领，总兵力达 10 万人，由皖城等地出发，出巢湖，攻击合肥；一路由上大将军陆逊、大将军诸葛瑾率领，由江夏郡出发攻击曹魏南部重镇襄阳；一路由镇北将军孙韶、奋威将军张承率领攻入淮水，目标是曹魏的六陵、淮阴。

魏明帝接到报告，感到事态很严重，他命负责东线战场的征东将军满宠、负责中线战场的荆州刺史毌丘俭等加强守备，同时抽调其他州郡的兵马前去支援。

五十八、巨星陨落五丈原

蜀汉建兴十二年（234）2月初，发生了太白侵荧惑的天象。

太白是金星，也被视为天神；荧惑是火星，也被视为战神。金星追赶上火星，是少有的天象。身在洛阳的魏明帝让人占卜，报告说今年将有一场大战。

蜀军就是在这时发动的第五次北伐，之前的四次北伐，两次西出祁山，一次出武都、阴平，一次出大散关，用兵的重点基本都在西边，以夺取陇右为目标，这个战略有一定的正确性，但也有明显的缺点，那就是魏军如果一味采取避战的办法拖着不打，你也没有太好的办法。所以诸葛亮改变了策略，这次北伐兵出秦岭山中的褒斜道，以最快的速度把主力拉到关中，寻找魏军主力，让其不得不决战。

但这个想法也被司马懿想到了，第四次北伐结束时有些谋士和将领认为等到第二年麦子成熟时诸葛亮还会再次来攻陇右，司马懿不同意这个判断，他认为：“诸葛亮两次出祁山，一次攻陈仓，都遭遇挫折而撤军。即使后面再出兵，他也不会攻城，而会谋求野战，而且地点是陇东而不是陇西。诸葛亮每次都恨其粮食太少，这次退兵，必然会积蓄粮食，我料定他不到粮食成熟，收足三季，不会再出兵。”

事实完全如司马懿所料，包括蜀军进攻的时间和路线，当然这也可能是史家故意美饰司马懿。不过，司马懿坐镇长安以来也没闲着，为了防备蜀军的进攻他也做了不少工作，比如奏请魏明帝同意，从冀州等地迁徙了大量人口补充关中和陇右，又整修了关中的成国渠，修筑长了晋陂，大力发展关中地区的农业，不断积蓄力量。

诸葛亮命征西大将军魏延为前部，其余各部随后，蜀军总兵力仍然在10万人左右。对54岁的诸葛亮来说，这一次北伐也几乎穷尽了他个人的全部力量，他甚至有了一些不好的预感，所以在行前上表后主，破天荒地交代了一些后事："如果臣出现了不幸，国家大事请托付给蒋琬。"诸葛亮曾对后主表示过，他将为蜀汉的大业战斗到最后一息，也许他对自己越来越差的身体状况感到了担忧，所以才有这样不同寻常的举动。

西线战场的紧急军情也立即传到了洛阳，面对三大战场同时受敌，魏明帝感到了空前的压力，他深知西线战场尽管形势最紧张，但有司马懿在那里可以完全放心，倒是孙权本人来攻的东线战场让他放心不下。满宠向魏明帝提出了一个大胆的作战计划，想放弃合肥，让敌人纵兵来攻，待魏军增援部队赶到时向其发起总攻，这个计划过于大胆，一旦失手后果很可怕，魏明帝没有批准。

魏明帝决定亲征合肥，大军未到前派出一支人马急行合肥，命他们多带旌旗，四处擂鼓，故意制造声势。尽管剩下的兵马已经不富裕了，魏明帝仍抽出2万人，由骁骑将军秦朗率领增援关中，归司马懿调度。

秦朗字元明，小名阿苏，他的父亲是吕布手下的将领秦宜禄，之前说过，秦宜禄死后，曹操见他的妻子杜氏长得很漂亮，就收为妾，秦朗于是随母亲来到曹家，与何晏一样成为曹操的继子，算起来是魏明帝的叔父。

魏明帝曹叡幼时藏于深宫，因为母亲失宠又被杀，所以从小尝尽人生冷暖，性格上与其祖其父很不相同，反倒与这个过继给曹家的叔父很能谈得来。秦朗本是一个公子哥，没什么实际才能，也不像何晏那样成为一个大学者，但魏明帝仍然给他以宠信，每次呼他都叫他"阿苏"。

魏明帝改任秦朗为征蜀护军，所部受司马懿节制。秦朗还带来了魏明帝的谕示，魏明帝认为蜀军属于远途作战，他们必然希望速战速决，所以让司马懿不要急于求战，坚守营垒，以挫其锋，如果敌人不得进，停留太久粮食就会吃完，必然会撤退，等他撤退的时候追击，是全胜之道。

司马懿听了很高兴，因为这也正是他对付蜀军的一贯思想，他也认为拖是最好的办法，上次在祁山他已经试过蜀军的战斗力，他发现这支部队人数虽然处下风，骑兵的比重也不多，但训练相当有素，野战经验十分丰富，能攻能守，交起手来一定会吃大亏。

司马懿完全不担心拖不过蜀军，诸葛亮虽然在汉中进行了大量准备，但这两年他在关中也没闲着，经过长时间的备战，尤其是大修水利工程，已积蓄下足够吃的粮食，即使不从关内调粮，也足够了。

这时，诸葛亮已率领蜀汉大军出了褒斜道进入关中，在褒斜道的北谷口扎下大营，魏延率一部人马在十多里外另扎下一座营垒。

此地属曹魏雍州刺史部扶风郡的郿县，马超、法正、孟达都是扶风郡人。诸葛亮没有指挥人马去攻打郿县的县城，因为当年董卓被封为郿侯，在此修筑了著名的郿坞，城池异常高大，里面可以储存无数的粮食，想必不会比陈仓更好打。

蜀军扎营的地方是渭河的南原，此处虽然也属关中平原，却是其最东端，平原并不开阔，中间是渭河，南面是突起的秦岭，北边是北原台地，南北可以相望。

司马懿率郭淮、胡遵、周当等部随后也赶到了，他们在渭河的北岸扎下营垒，与蜀军隔河对峙。雍州刺史郭淮认为诸葛亮必然会去争夺北原，应当先占据，但其他人都不同意他的看法，认为诸葛亮攻击的重点是郿县县城，之后是长安，所以防御的重点应该放到东面。

郭淮仍坚持自己的看法，他认为："如果诸葛亮渡过渭河占有北原，就会在北山地区连成一片，从而断绝关中与陇中的通道，使汉夷各族震动，使我方处于不利的地位。"司马懿认为郭淮的话有道理，就命他率所部进屯北原。郭淮立即率军赶到北原，并马上开挖壕堑，没等挖好，蜀军的一支人马就赶到了，由于有先到之利，郭淮指挥魏军将蜀军击退。

诸葛亮确实看到了北原的重要性，无奈被郭淮抢先了一步，于是他改变策略，让一部分蜀军向西面佯动，继续做出大举西进的姿态，而其实想夺取的，是战略要地阳遂。

阳遂这个地名已失考，"遂"通"燧"，可能是魏军设在渭河沿线的一处重要营垒，位置应在蜀汉大营的东面。魏将普遍认为，诸葛亮攻击的目标是西围，这个地名也无考，之前诸葛亮第四次出祁山，曾分兵王平让他占据南围，它们意思也许不是固定的地名，是以方位划分的营垒名称，相当于魏军的西大营。

郭淮又不同意这种判断，他的理由是蜀军突然制造声势说要向西面攻击，这有些不合常理，可能是佯动，敌人的目标不在西面而是东面，具体说就是阳遂。郭淮的建议再次得到司马懿的支持，于是命郭淮和胡遵率兵赶赴阳遂。蜀兵果然来攻，由于魏军早有准备，攻击无法得手，退去。

初战看起来并不顺利，诸葛亮决定既不往西，也不往东，干脆就地屯兵，他看好了一个屯兵的好地方，就是渭河南岸的五丈原。

"原"通"塬"，是西北黄土高原地区因流水冲刷而形成的一种地貌，一般呈台状，四周陡峭，顶上平坦，这种地势适合于扎营，因为四面不是深沟就是峭壁，利于防守。不过在这样的地方扎营，必须解决好水源问题，一旦断水，后果不堪设想。

五丈原就是一块高出周边的台地，当时属郿县以东的武功县，如今属陕西省宝鸡市岐山县，现在它的具体位置在岐山县城以南 20 公里处，背倚秦岭大山，面前是渭河。诸葛亮之所以选择这里扎营，不仅因为其南北皆有阻隔，利于防守，而且这个地方东西也有深沟，是天然形成的壕堑。当地人传说，当年秦二世胡亥某年的秋初西巡，在此看到一股旋风刮起五丈高，形成奇观，挥笔写下“五丈秋风原”，此地因而得名。

在渭河北岸的司马懿完全可以用目视的方法看着蜀军主力上了五丈原，那一刻他似乎松了一口气，他对部下说：“诸葛亮如果真的厉害就会出武功，沿着南山向东攻击，如果上了五丈原，那就没什么可忧虑的了！”

蜀军主力退守五丈原，司马懿决定将魏军主力趁势推进至渭水南岸，这让众将有些吃惊。按照大家的看法，既然拖着不打更为有利，那么待在渭水北岸岂不更好？渭水可以作为屏障，如果蜀军来攻，正好沿渭水展开阻击；如果蜀军不来攻，那就这么耗下去。

司马懿解释了攻击渭水南岸的理由：“这一带的百姓都在渭水南岸聚居，这是非争不可的。”

原来，渭水行进到这一段，不是从南原与北原正中间走过的，而是偏向北原，让渭水南岸一带拥有了大片耕田，人们也习惯于在南岸居住，从陈仓至郿县几乎都如此，如果不过河，让蜀军放手去一一占领这些地区，那蜀军的粮食就会得到大量补充。

三国时的陈仓，往东是郿县、武功。五丈原背倚大山，俯瞰脚下、虎视左右，确实不易进攻，其视野之内的确有大片的农田。

也许这就是诸葛亮据守五丈原的真实用意，他仍然坚持“稳扎稳打”的策略，以五丈原为战略支点，不急于向东攻击，而是先占领陈仓到武功这一线的大片地区，好与魏军长期相持。

司马懿看到了这一点，所以坚持让魏军主力渡过渭水。渡河后，魏军在五丈原附近扎下营垒，司马懿命部将周当率一部人马驻扎在阳遂附近，本意是想把这作为诱饵，待蜀军来攻时从后面包抄，但蜀军没有任何行动。

渭水在此有一条支流叫武功水，诸葛亮命步兵监孟琰驻扎在武功水以东，司马懿派人进攻孟琰，诸葛亮命人在武功水上搭建竹制浮桥，过河射杀魏军。

魏军一时无法得逞，诸葛亮干脆在五丈原附近搞起了分兵屯田，做长驻的打算。蜀汉的屯田兵和渭水岸边的百姓杂居在一起，大家相处得很好，百姓乐于接受，蜀军也军纪严明，后世对此评价很高。

诸葛亮用尽了各种办法引司马懿来战，但渡过渭水后的魏军始终避而不战。诸葛亮多次派人到司马懿那里下战书，还送给司马懿一些女人的服饰以激怒司马懿，司马懿把衣服收下，既不生气也不出战。

魏军将领却没有这么好的脾气，纷纷请战。开始还好办，时间一长司马懿也有了压力，他于是郑重其事地给魏明帝写了一封请战书，言之激昂，请求出战，为表示郑重，司马懿特意让手下的主要将领们一一署上名。魏明帝当然明白司马懿的用意，知道司马懿快扛不住了，到他这里搬救兵来了，于是派卫尉辛毗为特使前往军前，名为慰问，其实是阻止众将的请战行为。

辛毗是曹魏老臣，被称为骨鲠之臣，事曹氏父子三代，以耿直著称，一旦认定的事就会坚持，谁的面子都不给，曹叡命辛毗兼任司马懿的大将军军师，持节，前往关中前线。蜀军又来挑战，司马懿顶不住压力，表示要出营迎战，辛毗拿出魏明帝赐给的节，立于营前，魏军不能出。

姜维回来把这件事告诉了诸葛亮，忧虑地说："辛毗一来，魏军不会再出来交战了。"司马懿的把戏瞒不过诸葛亮，他对姜维说："司马懿本来就不想出战，之所以再三向上面请战，是做给下面的人看的。为将的，率大军在外，君命有所不受，如果他有办法对付我们，用得着向千里之外请战吗？"

这段相持的时间长达几个月，在此期间双方也有一些往来。

司马懿每次视察军阵都相当隆重，必然穿戴全副武装，他没见过诸葛亮，不知道诸葛亮平时穿什么，就派人出去看，有人报告说诸葛亮坐着一个简单的小车，头戴葛巾，手里拿着羽毛扇指挥三军，蜀军随他的号令整齐进退，司马懿听完，感叹道："诸葛先生真有名士风采啊！"

有一次，司马懿会见诸葛亮派来的使者，不问军中大事，只问诸葛亮的日常生活，问得很详细。在两国交战期间主帅的一切都是军事机密，包括健康情况、生活规律、个人嗜好等，从这些蛛丝马迹中可以推测出对方很多有用的信息来，从这一点看司马懿挺贼。蜀国的使者显然警惕性不高，对司马懿有问必答："诸葛丞相日夜操劳，睡觉很少，军中二十杖以上的处罚他都亲自过问，饭量也小，每天不过数升。"蜀汉使者走后，司马懿对大家说："诸葛亮的身体状况很差，坚持不了太久。"

诸葛亮的身体状况确实很糟糕。

长年的操劳，正可以用“积劳成疾”来形容，加上战事胶着，劳力之外更劳心，诸葛亮真的病倒了。转眼到了秋天，秋风起，天气凉，秋风萧瑟，又容易让人感伤，诸葛亮的病情竟然严重起来。消息传到成都，后主刘禅大为惊愕，赶紧派朝廷尚书仆射李福星夜赶往五丈原，一方面探视丞相的病情；另一方面还有大事相问。李福赶到五丈原时，看到诸葛亮的病情已经很重了。

李福在病床前向丞相询问对国事方面的交代，听完后就急忙回成都复命。走了几天，李福突然想起来还有重要的事没有问，于是又返回来重新面见丞相，诸葛亮已知道了他的来意，对李福说：“我知道你的意思，想说的很多，再说一天也说不完，你想的问的，公琰合适。”公琰是蒋琬的字，李福道：“前几天确实忘了问您这件事，就是您百年之后谁可以接替大任，所以又回来。我还想再问您，蒋琬之后，谁可以接任？”诸葛亮回答：“文伟可以。”文伟，是费祎的字。李福又问费祎之后谁合适，诸葛亮不再回答。

诸葛亮给丞相长史杨仪等人留下遗命，自己死后葬于汉中的定军山下，借助山势做坟，墓冢大小够容纳棺材就行了，殓葬时穿平时的衣服就行，不用陪葬的器物。

蜀汉建兴十二年（234）8月，诸葛亮病逝于五丈原，终年54岁。后世传说他出生于4月14月，卒于8月28日，但史书对此没有明确记载。有史书记载，诸葛亮病逝的那一天有星赤而芒角，自东北向西南流射，落于蜀军大营。

历史不应以成败论英雄，诸葛亮不惧艰难挑战、矢志不渝的精神受到后世的肯定，他公而忘私的品质也受到高度赞扬。在人们看来，诸葛亮具备治国治军的突出才能，又有济世爱民、谦虚谨慎、廉洁奉公的品格，为后世树立了榜样。

回顾诸葛亮的一生，他的忠贞、济世、敬业、至公、廉洁、谦虚等都为帝王、将相以及普通百姓所称颂，已然成为帝王心目中理想的人臣、人臣治国理政的榜样和普通人平时学习的楷模。

下篇

分久必合

五十九、悲情魏文长

五丈原上的这一夜，可谓漫长。

大敌当前，孤军悬外，主帅突然病逝，这个打击实在太大了，敌人如果得知这个消息一定会趁机发起攻击，所以丞相去世的事在蜀军中只有极少数几个人知道。

此时论职务魏延最高，他是蜀汉的征西大将军，比征西将军还要高，论品秩更在九卿之上，地位远远高于丞相长史杨仪、丞相司马费祎。打个比方说，如果魏延的军衔是上将，杨仪、费祎连大校都算不上。但丞相去世时魏延却不在身边，也没有在第一时间得到消息，所有的事都是杨仪、费祎等人处理的，知道消息的至少还有姜维、王平、马岱等几个将领。姜维这几年军职升得很快，魏延就任征西大将军后，姜维接任了他的征西将军一职，相当于魏延的副手，而王平当时还只是讨寇将军，马岱与王平的职务相当，或者更低一些。

诸葛亮临终前对杨仪、费祎、姜维等人交代了后事，让他们秘密撤军，同时对撤军的计划也进行了安排，让魏延负责断后，姜维次之，还特意强调，如果魏延不执行命令，大军可直接出发。之所以做出这种奇怪的决定，大概是考虑到蜀汉内部的团结问题。魏延跟杨仪之间关系很差，二人平时一见面就争论不休，势如水火，有一次魏延甚至举刀要杀杨仪，杨仪痛哭不已，费祎则尽可能居中调解，看见他们实在争执不下，干脆就坐在他们中间，两头做工作。

诸葛亮把撤军的事托付给了杨仪，实际上由他来统筹负责，这样就不得不考虑魏延的态度了，所以才做那样的安排，诸葛亮去世后，杨仪心里没底，就让费祎到魏延那里试探态度。

那么，魏延此时在哪里呢？

魏延应该在五丈原下的军营里，他是作为蜀军先头部队率先开进关中的，驻军五丈原后，魏延可能仍率一部人马在附近扎营，具体位置应该就在五丈原脚下。

史书有个记载，说刚来到关中时魏延有一天晚上做了个梦，梦见自己头上长出了角，军中有个叫赵直的人善于占梦，魏延就把梦中情景告诉他，问问吉凶，赵直向魏延说："这是吉兆，你看麒麟，长着角但从来没用它，这是敌人不战而破的预兆啊。"说得魏延挺高兴，但赵直没说真话，他下来秘密告诉朋友说："角这个字，上面是刀，下面是用，头上用刀，看来是凶兆啊！"

当然，所有这些占星占梦都是附会之说，如果真有此事也纯属巧合。现在费祎来到魏延营中，通报了丞相病故的消息，这让魏延大吃一惊，当他听说现在的事都由杨仪来安排时，心里更厌恶了，他没有直接说反对杨仪，而是提出反对撤军："丞相虽然死了，我还在。丞相府的官员护送还葬，我来率领众军击破敌人，怎么能因为一个人的死废掉天下大事呢？再说我魏延是什么人，应当接受杨仪的指挥，做一个断后将军吗？"

魏延说得其实有道理，我堂堂一个上将难道要听一个大校的指挥？论资历、论威望杨仪都差了十万八千里，为什么杨仪说撤就得撤？魏延的态度虽不让费祎感到意外，但也让他感到了忧虑，魏延把费祎留了下来，要跟他一起重新制订作战计划，计划完成后魏延又逼着费祎和自己共同签署，并向下面的将领们宣布。

费祎现在只想脱身，就哄魏延说："我现在就去向杨长史解释，杨长史是个文官，过去很少参与军事，他一定不会违背您的命令。"在要阴谋诡计方面魏延显然不行，他相信了费祎的话，放他走了。费祎一出营门就赶紧打马飞驰而去，让魏延感到有些不对劲，想去追赶已来不及。

魏延派人打听五丈原上的情况，报告说杨仪等人正按丞相生前的部署进行撤军，魏延知道自己真的被费祎耍了，于是勃然大怒。你们不是要撤军吗？那我就先撤了。魏延也不向杨仪等人通报，抢在大队人马之前撤了军，这是完全可能的，因为褒斜道的谷口在五丈原右侧，五丈原上的人马如果撤退，也得先从原上下来。

魏延做得更绝，自己通过后命人一把火把栈道烧了，等杨仪、费祎、姜维等人率其他各部蜀军撤到这里时只得在秦岭山中重新开辟道路。

如果魏军这时得到消息趁机发起猛攻，困在秦岭中的蜀军必受重创，但蜀军的保密工作似乎做得不错，等司马懿明白是怎么回事时已经有些晚了。

首先发现蜀军有异样的不是魏军，而是五丈原附近的百姓，他们看到大批蜀军离开军营撤走就报告了司马懿，司马懿这才下令追击，蜀军已有准备，负责断后的姜维突然率部反过头来，挥舞旗帜、鸣响战鼓，做出进攻的架势。

这让司马懿有些吃不准了，担心是诸葛亮的诡计，诸葛亮求战不能，会不会故意卖个破绽等我们进招呢？司马懿产生了狐疑，于是又下令退回大营，所以后来百姓中流传死的诸葛亮也能吓跑活的司马懿，这个谚语在当时就流传开了，甚至司马懿本人也听说了，他倒不生气，自我解嘲说："我可预料到他活着的事，没办法预料到他已经死了呀！"

蜀军撤走后整整一天过去了，看到五丈原上确实没有了动静，斜谷口方面也没有重兵埋伏的迹象，司马懿才命魏军向五丈原前进，上去后发现是一座空营，司马懿亲自过去察看，特意看了看蜀军留下来的营垒以及诸葛亮生前生活的地方，不禁叹道："真是一个天下奇才啊！"

在蜀军营寨内还发现来不及带走或销毁的文书档案，还有大量粮食，直到这时魏军内部仍然有人认为撤退没准是诸葛亮的计谋，魏明帝派来的特使辛毗尤其坚持这种看法，看来诸葛亮确实给对手造成了很大的心理阴影。

司马懿认为不是，他分析说："军事家所看中的是军事文书、兵马粮草，现在这些都不要了，哪里有人肯把五脏拿出来以求生的道理？"司马懿下令追击，他们同样要在秦岭山中边开路边前行，关中生长着很多蒺藜，司马懿命2000人穿着软木平底的木屐背着蒺藜在前面开道，路不好的地方就把蒺藜铺上，人马再前行。就这样，魏军一口气追到了赤岸。

赤岸的位置在褒口附近，褒斜道的北口叫斜口，南口叫褒口，也就是说，再往前追就到汉中平原了，这时魏明帝派人送来了诏书，要司马懿撤军。

有人认为史书的这个记载不符合常理，这么好的机会，为何不趁势拿下汉中？但仔细想想，魏明帝的这个决定或许更为明智，汉中是蜀汉多年经营的重镇，不是那么容易一口就能吞下的，魏军至少在汉中打过两次大败仗了，每一次都影响深远。蜀军是主动撤退的，在没有做好充分准备的情况下贸然攻入汉中平原，是福是祸还真不好说，不如见好就收吧。

还有一个重要原因，就是最近以来东北的形势突然吃紧，辽东的公孙渊势力不断坐大，魏明帝派人清剿却吃了败仗，如果汉中失利或被拖住，公孙渊那边又趁机向南扩张，局面就严重了。

当然撤军也符合司马懿的想法，他已经成为魏军的头号人物，放眼军中已没有任何人能向他发起挑战，只要对手继续存在，他的作用就只会越来越重要，真要把蜀汉一举灭掉，对他个人来说未必有利。

司马懿于是下令，让追击的魏军全部撤回关中。

再回到蜀汉方面，魏延和杨仪等人分别率一支人马回到汉中，双方既已翻脸，势必战场上一决高下，杨仪命王平去战魏延。真打起来王平未必能占到便宜，但他会心理战，在战场上王平斥责魏延的手下："丞相刚刚去世，尸骨未寒，你们怎敢如此？"

当时的情况是，除魏延以外蜀汉所有重要人物都在杨仪这一边，魏延给人一种造反的印象，他的手下感到理亏，于是不战而散，最终魏延只带着几个儿子一起逃往南郑，杨仪派马岱前往追拿，马岱将魏延父子抓住，就地斩首。杨仪终于看到了魏延的首级，他一脚踏上，骂道："狗奴才，看你还能作恶不？"杨仪下令夷灭魏延的三族，看来不是一般的恨。

成都方面，先是接到丞相病逝的消息，后主和群臣深感震惊和悲痛，接着更令人震惊的消息不断传来，魏延和杨仪一天好几拨地派人来报告情况，各说各的理。后主不知道该信谁，就问侍中董允和丞相留府长史蒋琬，蒋琬、董允都为杨仪担保，对魏延表示怀疑。大家商量了一下，命蒋琬率一部禁军北上接应，蒋琬刚出发几十里，杨仪的报告就来了，说魏延已死，蒋琬便领兵回到成都。

平息这场内乱后，杨仪、费祎、姜维等人按照诸葛亮生前的遗愿，把他的遗骸安葬在汉水旁边的定军山下，后主刘禅在成都素服发丧三天，并派左中郎将杜琼为特使前往汉中宣读册命，册命说："您是文武全才，既聪明又睿智，一生忠诚，接受先帝的遗诏辅佐寡人，致力于复兴汉室，平息战乱。您统率大军，连年征战，神威显赫，压倒八方，为蜀汉建立了卓越的功劳，一生的建树可以和伊尹、周公相比。人生为何如此不幸？在统一大业即将完成之际，您患病身亡，让寡人无限悲伤，肝胆欲裂！"

后主在册命中追赠诸葛亮忠武侯的谥号，之前他的爵位是武乡侯，于是后世遵称诸葛亮为武侯。

在成都，一些在诸葛亮手下任过职的官员想立即前往汉中奔丧，但这既不符合诸葛亮的遗愿，又影响到蜀汉的正常秩序，后主发现后，立即下诏禁止。也有跑得快的，《三国志》作者陈寿的老师谯周在诸葛亮手下担任过劝学从事，他听到消息没做停顿直接就走了，等到诏书发出他已走了很远，结果只有他到了汉中。

回顾魏延事件，的确令人唏嘘，不仅一代名将以悲情落幕，也使蜀汉实力大损，实在是亲者痛、仇者快。

也有史书站在魏延的一边进行了不同记载，重要的一点是说，诸葛亮临终前其实把事托付给了魏延，让他代行丞相之职，诸葛亮临终前魏延不仅在跟前，而且诸葛亮还对他说："我死之后，你们好好守住现在的江山，千万别到这里来了。"根据这部史书的记载，魏延按照诸葛亮的遗令指挥秘密撤军，到褒口后才发丧。杨仪见魏延代理丞相指挥部队，担心被他所害，于是扬言说魏延将率众投降曹魏，并带人来攻魏延，魏延根本无心投敌，所以并不应战，结果被追上杀了。

两种记载截然不同，一个说魏延不听遗令，是造成蜀军分裂的主要责任人，失败被杀咎由自取；另一个说魏延忠实地执行了遗令，是杨仪挑起内斗，魏延死得很冤枉。

尽管前一种说法占据了主流，但也留下了许多谜团：诸葛亮为什么那么不信任魏延，宁愿把权力交给资历差得多的杨仪也不愿意交给魏延？既然不相信魏延，为何又让他身居高位、手握重兵？诸葛亮难道没有想过杨仪和魏延势必会自相残杀的一幕吗？

也许这就是诸葛亮的无奈，在二人只能选择一个的情况下，诸葛亮不得不把蜀汉的未来放在最有把握的一方，不管魏延想不想造反，等待他的注定只有悲剧。

六十、倔强的杨仪

诸葛亮突然去世，蜀汉内部所造成的剧烈震荡还没有结束。

问题仍出在杨仪身上，这是个很有才干的人，所以深得诸葛亮的赏识，凡是诸葛亮交代的事，杨仪不仅干得很好还很利索，诸葛亮十分倚重他，让他当了丞相府秘书长。

但此人是出了名的臭脾气，不仅与魏延不和，之前跟刘巴等人也闹过很深的矛盾。有能力却不会团结人，这样的人不合适负责全面工作，所以诸葛亮生前秘密指定蒋琬做接班人。

提起蒋琬，杨仪更不服气了，关羽留守荆州期间，杨仪当过关羽的功曹，后到成都在刘备的左将军府里当兵部掾，而同时期蒋琬只是广都长，还因为干得不好，差点儿被刘备砍头。刘备称汉中王，刘巴任汉中王府尚书令，杨仪是秘书局的一名尚书，蒋琬则是一名秘书郎，杨仪连顶头上司刘巴都看不上，当然不会正眼去瞧蒋琬，在杨仪心里蒋琬一直是他的下级。

但蒋琬进步得更快，而且显然更深得诸葛亮的器重，北伐开始后丞相府一分为二，汉中、成都各有一个，诸葛亮让蒋琬担任成都留府长史，让杨仪来汉中，二人虽然都是诸葛亮的秘书长，但论重要性显然杨仪比不了蒋琬。

安葬完诸葛亮，处理完魏延事件，杨仪、姜维等人率主力回到成都，汉中方面留吴壹镇守，他是刘备穆皇后的哥哥，原来的职务是左将军，现被提拔为车骑将军，姜维回到成都后改任辅汉将军，车骑将军暂时是蜀汉此时的最高军职。

按照诸葛亮的交代，蒋琬被任命为朝廷尚书令，同时兼益州刺史，又代行总都护一职。都护类似于监军，总都护相当于全国军队的总监军，大概考虑到蒋琬只是一介幕僚出身，在军中毫无建树，不宜贸然成为全军统帅，所以没有直接任命他为大将军，但后主同时授蒋琬“假节”，让总都护有了类似于大将军的职权。蒋琬集军政大权于一身了，跟诸葛亮比也只差一个丞相的名义。

杨仪回去后却被“挂”了起来，丞相不在了，丞相府也就解散了，杨仪唯一正式的职务自动解除，蒋琬给他安排了新的工作——中军师，这是一个不知所云的职务，看名号相当于中军参谋长一类的角色，但中军在哪里杨仪恐怕并不知道，他也没有下属，整天闲着。杨仪深为不满，不仅把不满之情表露无遗，而且一天到晚恨得心颤肝疼。杨仪仗着资格老，发牢骚、说怪话也从不避人，一般人都不敢应和他，只有费祎常来劝劝他。杨仪在费祎面前没少有怨言，有一天说激动了，甚至说了过头的话：“丞相去世时我如果举兵联合魏延的话，怎么会落魄到今天这般光景呢？想想真是追悔莫及！”

费祎就把这些话上报了，杨仪于是被后主废为平民，指定其迁往汉嘉郡居住。经过这个打击，按理说杨仪应该有所反省，但他更不服了，上书后主表达不满，言辞更加激切。

后主一生气，命郡里将其收捕下狱，其实也许只是吓唬吓唬他，挫挫他的性子，但杨仪一生高傲刚烈，哪能受此大辱，结果就在狱中自杀了。

在孙吴方面，孙权指挥三路人马攻击曹魏，来势凶猛，但最后也无果而终。

三路人马中，攻击合肥的这一路由孙权亲自带队，对外号称10万人，兵力最强，算起来这是孙权第四次带队来攻合肥了。曹魏负责东线战场的征东将军满宠组织人马拼死抵抗，战斗进行得很激烈，满宠组织了一支数十人的敢死队，用松枝扎成火炬，又在上面浇上麻油，在顺风口放火，烧毁了吴军的攻城器具。

乱战中，孙权的侄子孙泰被射死，他的父亲孙匡是孙权的亲弟弟。这时吴军中又流行疾病，不少士卒病倒了，孙权又听说魏明帝亲率大军来援，于是下令撤退。

孙韶率领的另一路是配合攻击合肥的，同时撤退。

三路大军中只有荆州方向还在继续，陆逊和诸葛瑾指挥吴军向襄阳一带的魏军发起进攻，期间陆逊派身边一个叫韩扁的人去给孙权报告军情，但韩扁在路上被魏军巡逻队生擒了，情报落入魏军手里。

诸葛瑾一听相当紧张，赶紧去找陆逊商量对策，见陆逊倒挺轻松，还像平时一样跟部属下棋、射戏，又催促大家继续在占领区种蔓菁、豆子。

诸葛瑾不敢随便乱说话，等其他人退去，陆逊对他说：“现在敌人肯定已知道主公那边退兵了，因而没有什么顾虑，必然会全力向我们进攻。现在的情况已经很严峻，各要害之处恐怕已被敌人占据，只有巧施计谋才能安全撤退，如果直接撤退的话，敌人知道我们露怯，必会全力相攻，到那时就是必败之势。”

陆逊和诸葛瑾密谋，由诸葛瑾率领船队做好撤退准备，陆逊亲自率一部人马在陆上集结，仍然向襄阳发起攻击。魏军听说陆逊亲自前来，紧张地收缩进城，等待对方来攻城。

利用这个间隙，陆逊和诸葛瑾指挥吴军迅速撤退了。

孙权回到建业后，听到诸葛亮去世的消息，感到很紧张。

孙权不担心魏军趁机向孙吴发起进攻，他担心的是曹魏会不会借此机会把蜀汉给灭了，孙权立即命陆逊、诸葛瑾向蜀吴边界地区的巴丘增兵，以防不测。与此同时，孙权也接到报告，蜀汉方面也在向他们控制下的白帝城等地增兵。

孙权做了两手准备，如果蜀汉能顶住曹魏的进攻，他就去救援；如果蜀汉顶不住，他就命吴军攻入蜀地，跟曹魏瓜分蜀汉。过了一阵，发现曹魏那边没有大举进攻蜀汉的打算，司马懿也退回到长安，孙权这才松了口气。

诸葛亮是孙刘联盟的缔造者和坚定维护者，他的去世对孙刘联盟无疑是个重大打击，诸葛亮的继任者蒋琬对孙刘联盟的态度如何？值不值得信任？孙权对此还没有太大把握。

在蜀汉方面，建兴十三年（235）4月后主下诏，正式擢升蒋琬为大将军，同时分管朝廷秘书局的工作（录尚书事），朝廷尚书令一职由费祎接任。处理好内部的事，蒋琬大概也考虑到孙吴方面的担忧，于是主动派右中郎将宗预去建业拜见孙权。

宗预也算是老资格了，他做过诸葛亮的丞相主簿，到了建业，孙权开门见山地问他：“东国和西国就像一家人，但听说西国增加白帝城的守军，不知是什么原因。”这个问题不好回答，宗预是这么答的：“我认为东国增加巴丘守军，西国增加白帝城的守军，都是当前事态下的自然之举，都没有什么可问的。”

孙权闻听大笑，认为他回答得很诚恳，这次出使进一步巩固了双方的联盟关系，消除了彼此的疑虑和误解，宗预在建业期间受到孙吴方面的盛情款待。

不久，孙权派侍中是仪回访，是仪长期在孙权身边掌管机要，所担任的侍中一职位同九卿，地位很高，按说派个级别低一些的官员去更合适，但他是蒋琬的姨兄，所以又是最合适的人选。

经过一段时间的往来，吴蜀之间的关系继续得到了巩固。

六十一、孙权的海上冒险

就在诸葛亮去世前后，孙权还摊上了另一件闹心事。

孙权应诸葛亮之约亲征合肥的前一年，即嘉禾二年（233）的年初，辽东的公孙渊突然派人坐着船从海上来到江东，表示要向孙权称臣。这是一件挺稀罕的事，自汉末以来公孙氏三代统治辽东，他们都听命于曹氏，曹丕称帝后直接接受曹魏的任命，与孙吴并无来往。

魏明帝继位后拜公孙渊为扬烈将军，仍兼辽东郡太守。公孙渊这个人生性不安分，早晚会闹出事来，必成曹魏的心腹大患，侍中刘晔曾一针见血地指出："公孙氏在汉朝时依附，其后世代相承，他们凭恃山海阻隔，如胡夷一样难以制约，随时会发动叛乱，如不早些诛伐，以后必成大患，到那时，如果他们已心怀二心再出兵，麻烦会更大。不如趁公孙渊新立，其内部既有反对势力也有仇人，干脆先动手，大兵压境，不必动刀动枪，只需悬出重赏、分化瓦解即可成功。"

但魏明帝没有接受刘晔的建议，仍延续之前对辽东的政策。公孙渊可能意识到自己处境不妙，所以在努力扩充势力的同时，他也积极拉拢曹魏的敌人，试图建立一个反曹魏的联盟。

曹魏的敌人其实不用费心去找，都在那里摆着，一个是蜀汉，一个是孙吴，蜀汉距离辽东太远，中间全是陆路，想去也去不了，与孙吴虽然陆路也不通，但从海路可直达，公孙渊决定先联络孙吴。

公孙渊派来的使者是校尉宿舒和郎中令孙综，他们带着厚礼，还有写给孙权的奏章，表示愿意臣服。孙权很高兴，欣然接受，为表示庆贺，孙权特意下诏大赦。孙权准备封公孙渊为燕王，加九锡，派太常卿张弥、执金吾许晏和将军贺达率领一支上万人的船队去辽东，宣布对公孙渊的任命。

孙权这边热血沸腾，但孙吴的大臣们却反应冷淡，自丞相顾雍以下，群臣几乎一致反对这么做，他们都认为公孙渊此人反复无常，信誉很差，对他不能太轻信，更不能过于厚待。群臣建议，即使接受公孙渊称臣，顶多派个低级官员和少数人马就可以了，没有必要这么隆重，但孙权仍坚持己见。

这件事成了孙吴上下争论的热点，不仅在建业，孙吴在各地的许多重要官员也都参与了讨论，他们纷纷建议孙权慎重处理辽东问题。远在交州的虞翻也听到了，虞翻之前因得罪孙权被流放到了交州，他也认为这件事不靠谱，想上书劝谏又有点儿害怕，不说又不甘心，于是写了封信，请负责交州事务的吕岱替他转呈。

赋闲在家的辅吴将军张昭也跑来劝谏，张昭认为公孙渊称臣只是权宜之计，这种事最不可靠，按照公孙渊的性格，说不定哪一天又会轻易倒向曹魏一边，到那时派去的使者都回不来，将被天下耻笑。孙权还是不听，反而想尽办法去说服张昭，张昭也更加坚持自己的观点。

谁都说服不了谁，孙权急了，手握刀柄，生气地说："吴国士人入宫拜我，出宫就拜先生，我敬先生，已经到了极限，但你多次在公开场合顶撞我，我真怕做出不愿意做的事！"张昭愣住了，望了望孙权，最后说："臣虽然知道有些话陛下不会采纳，但我仍然竭尽忠心，不敢不说，这是因为太后临终前呼老臣于床前，吩咐我辅佐陛下的那些话犹在耳边啊！"

张昭一边说一边涕泗横流，这让孙权也大受感动，把刀扔在地上，与张昭对泣，但哭归哭，孙权仍然一意孤行。

就这样，孙权派张弥、许晏等人出发了，这两位"部长级"的特使率领着一支船队由海路前往辽东，随行携带着大量赏赐给公孙渊的金银财宝和江东特产，还有册封公孙渊的诏书以及各项九锡用具，之前介绍过九锡的具体内容，又是车马、仪仗，又是衣服用具，仅这一套东西估摸着就得装好几船。

但到了辽东，果然与张昭预言的一样，公孙渊反悔了。

联络孙权的想法大概是公孙渊一时冲动下做出的，看到孙吴把场面做得这么大，又要封他为燕王，公孙渊有些害怕了，冷静下来想了想，公孙渊觉得孙吴路途遥远，无法作为依托，还是跟着曹魏更安全。结果，公孙渊把张弥、许晏等人杀了，把首级送往洛阳，上表魏明帝报告此事，当然得隐去派人联络孙权的这一段，把自己包装成拒绝孙权拉拢、坚定站在曹魏一边的形象。魏明帝接到报告后很高兴，派傅容、聂夔为使者，拜公孙渊为大司马，晋封为乐浪公，持节，仍兼任辽东郡太守。

公孙渊的这一手玩得真不错，孙权的礼物照单全收，魏明帝这边加官晋爵，如果事情就此了结，这笔买卖就赚大了。然而事情无法了结，因为孙权肯定不干。

消息传回建业，孙权如五雷轰顶，咆哮道："我活了60岁，人间的艰难困苦全都尝过，现在居然被鼠辈玩弄，要把人气死！不把这个鼠辈的头砍下来扔到海里，就没脸君临万国。即使把国家搞亡了，我也要干！"

盛怒之下，孙权决定亲自率兵讨伐公孙渊，主意打定，谁都劝不住，群臣吓傻了，不知道该怎么办，只得不停地上疏劝谏。朝廷尚书仆射薛综在上疏里写道："水火无情，十分危险，帝王不宜接受。辽东是一个蛮荒小国，如果陛下决心攻打，一定能把它征服，但辽东地方贫苦寒冷，那里的人都擅长骑马，听说大军来到，将一哄而散，到时候占了一块空地，毫无意义。"

远在武昌的上大将军陆逊听到消息也大吃一惊，立即上表劝道："陛下有神武之姿，承天受命，开创基业，破曹操于乌林，败刘备于夷陵，擒关羽于荆州。这几个人都是当世雄杰，陛下皆摧其锋。眼下正要扫荡中原，统一天下，却不能忍耐小小的气愤而发雷霆之怒。陛下乘船跨海远征，敌人定会抓住这个机会。臣听说立志行万里路的人不会中途停步，胸怀四海的人不会因细小的事危害大局。如果大事告捷，公孙渊不讨自服，何必为了辽东的人口马匹而对江东万世基业毫不珍惜呢？"

陆逊的弟弟陆瑁时任尚书台选曹尚书，上疏道："曹魏是与我们土地相接的强敌，稍有疏忽，他们就会抓住，所以现在不应该越海求马征讨公孙渊，应该把重点放在眼前，除腹心之疾。公孙渊老奸巨猾，跟曹魏没有完全决裂，他们可以唇齿相依，而我们孤立无助，短时间无法把他消灭，到那时山越趁机起事，恐怕不是万安之策啊！"

孙权怒气难消，不听不听，全不听！

大家只好接着劝，陆瑁又上疏劝道："现在元凶未灭，边境上不断传来敌情，不应当把公孙渊作为优先考虑对象。愿陛下息怒，暂时停止出兵，然后秘密策划，等条件成熟再做打算。"

最后，在众人的不懈努力下孙权终于冷静下来，取消了亲征辽东的计划。孙权是性情中人，但却不是愣头青，待怒气消散一些他也能想到，此时发兵辽东并没有多少胜算，反而会引来大祸。

六十二、还得老将出马

公孙渊真会玩，但玩过了头就要招祸。

孙权收拾不了他，不意味着就能高枕无忧了。傅容和聂夔奉命出使，又送官又送爵，本应好吃好喝好招待，但这二位也跟孙吴使者一样差点回不去。到了辽东，他们被安排在学馆里，一连几天没见公孙渊来受拜，情况十分异常。

原来，辽东郡的计吏刚好这时从洛阳回来，他了解洛阳的情况，向公孙渊报告说这些使者都勇力超群，不是一般人，其中有个叫左骏伯的人更十分了得，言下之意是，魏明帝派这些人来明为加官授爵，其实是来执行“斩首行动”的，公孙渊向来多疑，听完大怒。公孙渊派了步兵和骑兵把学馆重重包围，之后才进去受拜，完事之后又对二位使臣恶言恶语一番。傅容、聂夔受此大辱，回去后就向魏明帝告了状。

魏明帝也生气了，本来他是向着公孙渊的，多少人劝他解决公孙渊，他都没听，公孙渊却不领情。魏明帝与公孙渊不是盟友而是君臣，他派去的人哪怕职务再低也都是上差，如同他本人亲临，公孙渊羞辱使臣就是打他的脸。

魏明帝下定决心后，就命幽州刺史毌丘俭积极筹备，条件成熟后即动手解决辽东问题。毌丘俭字仲恭，祖籍司隶校尉部河东郡，曹魏原将作大匠毌丘兴的儿子，早年在曹植的平原侯府供过职，魏明帝继位后担任尚书郎，后升任为羽林监、洛阳典农校尉，很得魏明帝的赏识，是曹魏的政治新星。

毌丘俭后被提拔为荆州刺史，孙权三路大军攻魏，毌丘俭率兵直接抵抗陆逊、诸葛瑾，结果吴军败退，算是打了个大胜仗，魏明帝发现毌丘俭是个军事人才，更加委以重任，决定讨伐辽东后魏明帝把毌丘俭调往幽州，仍任刺史，但加了度辽将军的头衔，同时兼任护乌桓校尉，把北方的军政大权都一并交给了他，临事可决断（持节）。

毌丘俭立即整顿幽州一带的魏军，于曹魏青龙四年（236）率大军直扑辽东，前锋进至襄平，幽州以北各少数民族部落首领，包括右北平乌桓单于寇娄敦、辽西乌桓都督串众王护留以及当年追随袁尚逃到辽东的残部合计5000余人都纷纷来降，毌丘俭请求魏明帝封其中的各级渠帅共20多人为侯，并赏赐舆马缮彩等物。

对毌丘俭来说开局相当不错，如果此战彻底解决了辽东问题，毌丘俭无疑将在魏军中一跃而起，在宿将纷纷凋零的情况下，他将成为无可辩驳的新一代接班人。

但是，平辽东这样的大事绝非轻易可以做到，一个只有不到两年“军龄”的人，既不熟悉军务，又缺乏足够威望，控制军队的能力本就大打折扣，加上立功心切，轻军冒进，失败也就难免了。公孙渊发兵与魏军战于辽隧，魏军作战不利，这时天又下起了大雨，一连下了十几天，辽水大涨，魏军长途奔袭，轻装而来，面对洪水一筹莫展，只好撤回右北平。

既已撕破了脸，公孙渊索性自称燕王，还给自己取了个“绍汉”的年号，“绍”有恢复、继承的意思，公孙渊的用意跟刘备当年称帝差不多，打的都是延续刘汉王朝的旗帜。公孙渊在控制区内任命百官，一切均照曹魏朝廷去设置，又遣使持节，封拜北方的各族首领，煽动他们出兵袭扰曹魏。

魏明帝深感忧虑，恰在这时司徒董昭、司空陈群先后去世，三公一下子走了两个，他们都是始终追随曹魏的肝胆忠臣，魏明帝越发感伤起来。

魏明帝下诏，将次年改元为景初，希望能给曹魏带来新气象，之后擢升尚书令陈矫为司徒，尚书台左仆射卫臻为司空，又让司马懿由大将军改任为太尉。

景初元年（237），北方连遭水灾，冀州、兖州、徐州和豫州灾情最重，造成重大的人员和财产损失，魏明帝只好把主要精力用在救灾上，他不断派出侍御史巡察各处灾区，统计损失情况，开官仓赈救，辽东的事只得搁一下了。当时社会上到处传播着流言，说魏明帝继位以后大兴宫室，为了个人的享受而不惜损害经济和军事，招致上天的震怒，这才以水灾警示，有些话传到魏明帝的耳朵里，让他很郁闷。

说起魏明帝大修宫室，的确是实情，他虽然也是个励精图治的人，但在大兴土木方面有偏好，以致达到自我陶醉的程度，这一点也许与他少年时代的经历有关，受母亲的影响，他少年时代长期生活在局促的屋院内，形成了压抑的个性，一旦君临天下，自然要弥补回来。

虽然遭到过众多朝臣的反对，但魏明帝仍我行我素，不惜财力物力修建了大量宫殿，包括太极殿、式乾殿、昭阳殿、总章观、黄龙殿、寿安殿、竹殿、阊阖门等，无不高大壮观，外表雄武，内里装修豪奢。魏明帝还命人引谷水入宫，直达皇家园林芳林园，形成一个很大的人工湖，名天渊池，用挖掘天渊池的泥土堆成景阳山，从太行山、谷城山等地运来白石英、紫石英、五彩文石等进行装饰，园中遍布松竹花草、奇禽异兽。为修建宫室苑囿，魏明帝还派公卿百官和太学的学生们参加义务劳动，他自己也去干活，亲自挖土给大家做榜样。宫室建成后魏明帝经常在里面游宴泛舟，或歌或舞，或登山或畅饮，美得很。

除了洛阳城里的宫室，在郊外也修建了大量皇家园林和射猎场，高柔上过一份谏章，据他的统计，其中有一个射猎场里养着大小老虎 600 只，狼 500 只，狐狸 10000 只。1 只老虎每三天就要吃 1 只鹿，一年就是 120 只，喂食 600 只老虎得另养 72000 头鹿才行。

这些行动自然引起了群臣们的不断进谏，但魏明帝似乎铁了心，根本不听，不过他的脾气还好，至少比他父亲好，言辞再激烈的奏章，他也顶多叹口气放到一边，很少因此对大家免官降职。

到了景初二年（238）的正月，水灾过去了，魏明帝决心再度讨伐辽东。考虑到毌丘俭的资历和能力确实弱了些，魏明帝决定另派一位得力的重臣去指挥此次战役，看来看去，只有司马懿最合适。

司马懿由长安奉命回到洛阳，魏明帝问他如果讨伐辽东需要多少人马，司马懿说至少 4 万，理由是公孙渊已经公开造反，知道迟早会遭到打击，所以日夜都在做着准备，从兵法而言已无当年太祖皇帝率一支轻军直捣乌桓大本营那样出奇制胜的可能，只能靠实力，人马少了不行，但多了也不行，因为路途遥远，人马太多后勤保障困难。

魏明帝又问，如果公孙渊知道大军来讨伐，他会如何应对，司马懿为公孙渊制定了上、中、下三策："我要是公孙渊就弃城逃走，这是上计；盘踞在辽东以拒大军，这是中计；坐守襄平而困守，是下计，必然被擒。公孙渊如果能审时度势，考虑彼我实际，从而有所舍弃，这是高明的做法，但公孙渊做不到，他会想我们长途而来，地势孤远，后勤补给困难，加上此前新胜，所以会有侥幸的心理，臣料想他会先拒辽水，再守襄平，也就是自寻下策。"

经司马懿这么一分析，魏明帝信心大增，最后又问司马懿此次平定辽东需要多长时间，司马懿回答："大军此去路上需要 100 天，双方交战需要 100 天，之后回师也需要 100 天，再加上 60 天时间去休整，算下来 360 天，也就是 1

年吧。”

计算得很精确，这不是专业，是自信。

魏明帝于是命司马懿率领 4 万人马征讨辽东，出发前散骑常侍何曾提议，此次出征辽东有 4000 多里，为确保万无一失，不如派一位有能力有威望又忠诚可靠的重臣做司马太尉的副手，万一有不测的事发生，不致群龙无首。何曾也是曹魏的“官二代”，他的父亲是前太傅何夔，这番意思可做两种解读，一是这种超远距离的作战的确得有所准备，万一主帅身亡，大军远在数千里之外，很容易陷入群龙无首的境地；二是司马懿以太尉的身份手握重兵，犯了所谓“五大不在边”之忌，为了制衡，也应该派人在他身边看着，以防作乱。

魏明帝何尝没这么想过，但他知道这样一来容易招致司马懿的不满和抵触，毕竟现在征讨公孙渊才是头等大事，所以不仅没接受何曾的建议，还把他从身边调离，出任河内郡太守，算是惩戒，当然也是为了做给司马懿看的。

六十三、司马懿平定辽东

正月还没有过完，征辽大军就出发了。

魏明帝亲自送行，车驾一直送到了洛阳西明门。考虑到大军此去刚好路过司马懿的老家河内郡温县，魏明帝特意让朝廷尚书台右仆射司马孚和散骑常侍司马师代表自己把司马懿再送到温县。

司马孚是司马懿的弟弟，“司马八达”中的老三，司马师是司马懿的长子，已经30岁了，刚刚被任命为散骑常侍。对于这项细致的安排司马懿还是挺感动的，自从年轻时离开家乡到曹丞相身边任职，屈指算来已30年了。

司马懿到了温县老家，河内郡太守、本郡典农校尉率地方各级官员集体前来拜见，他们是接到天子的诏书专程前来的，带来了天子所赐谷帛牛酒。司马懿于是在附近一个叫虢公台的地方设宴招待乡邻和故旧，宴会整整持续了一天。

之后魏军主力继续北进，进入幽州刺史部境内后加快了行进的速度，经孤竹、碣石，最后抵达辽水之畔，时间是当年的6月，比预计100天的行军时间稍晚了一些。

大兵压境，尽管公孙渊没有马上逃跑，但心里还是挺紧张的，这一次来的是司马懿，公孙渊知道此人是个够狠的角色，当年以霹雳手段收拾孟达的就是他。情急之下公孙渊想到还得跟孙吴结盟，于是主动取消了伪朝廷，再次派使者去江东向孙吴称臣，乞求孙权举兵北伐以救辽东。

公孙渊派的使者叫什么名字史书没有记载，但这个使者显然胆子够大，因为只要有正常的思维都清楚，他根本见不到孙权就得被拉出去剁了，然而有个叫羊衜的人建议孙权不妨见见：“杀了他们是匹夫之怒，而非霸王之计也。不如因势利导答应公孙渊，遣奇兵秘密前往助阵，如果司马懿伐公孙渊不克，而我军远赴助战就是恩结遐夷、义盖万里；如果公孙渊与司马懿打得难解难分、首尾不得相顾，那我们就趁机夺其领土，以报昔日之仇。”

孙权是干大事的人，想了想觉得有理，于是接见了公孙渊的使者，答应出兵相助，并让他给公孙渊捎话：“我一定与弟同休戚、共存亡，即使因此死在中原我也心甘情愿！只是司马懿所向无前，也深为老弟忧虑啊！”

辽东方面，大战已经开打，公孙渊派卑衍、杨祚率步骑数万屯兵在辽隧，在那里修筑了两座围堑，一南一北，相距60多里，形成呼应，摆出决战辽水的架势。

司马懿分出一部人马做疑兵，故意制造声势，让敌人以为将重点攻击其南部围堑，结果辽东的人马上当，把主力几乎都调到了南面，而魏军则在北面悄悄渡过辽水，直趋北围堑之下，司马懿命令把舟船毁了，做破釜沉舟之势。

辽水天堑已不在，众将认为此时正可以攻击，司马懿不同意，他向众将解释了原因：“敌人营坚垒高，想在这里拖死我们，如果强行进攻，正中其下怀，这就是王邑当年不攻昆阳的原因。古人说‘敌虽高垒，不得不与我战者，攻其所必救也’，现在敌人的主力在此，那么他们的老巢必然空虚，我们现在直指襄平，则敌人必然恐惧，主动来找我们决战，必然大败之！”

魏军不管当面之敌，直奔战略要地襄平而来，此地即今辽宁省辽阳市，为辽东必保之地，公孙渊就在城里，卑衍等人果然率主力跟了过来，双方大战于首山，魏军大破卑衍，之后三战三捷，卑衍率残部退保襄平，魏军将襄平包围了起来。

这时已是农历的七月，也是辽东的雨季，大雨又开始没完没了地下了起来，毌丘俭当初也打到了这里，就是因为大雨而前功尽弃。雨越下越大，在襄平城外扎营的魏军吃尽了苦头，有人建议移营，到地势稍好的地方躲躲雨，司马懿不许，明令敢言移营者斩，都督令史张静以为太尉只是说说，没当回事，又进去劝司马懿移营，被当即斩首，全军惊愕。

既然不移营，那就加紧攻城吧，司马懿也不同意，有一个叫陈圭的司马，当年随司马懿参加过讨伐孟达的战斗，他对此十分疑惑，问司马懿：“昔日咱们攻上庸，八部并进、昼夜不息，所以能在半个月时间里拔坚城、斩孟达。如今道路更远，但来了以后攻势却更安缓，属下实在困惑不解。”

司马懿向陈圭以及众将解释说：“孟达手下人马不多，但备下的粮食够吃1年，当时我们将士四倍于孟达，而存粮不足一个月，以一月图一年怎能不速战速决？而且当时是以四击一，胜算在手，所以不计死伤也要攻城，实际上是在与存粮赛跑。如今贼众我寡，贼饥我饱，情况完成相反，不过遇到点雨水罢了，暂缓几天，攻守之势不会改变。”

说完这些，司马懿又进一步解释了他的策略：“自京师出发以来，我不担心敌人来攻，只担心他们弃城而逃。在敌人粮草殆尽之时，掠其牛马、抄其樵牧，这是故意要驱赶他们让他们逃。兵者诡道，应因事而变。趁着敌人以雨水而自恃、虽饥困却未至绝境之时，应减少攻势以安抚，为了一些小利而把敌人惊醒，并不划算。”

与此同时，辽东大雨的消息也传到了洛阳，不少人跑到魏明帝那里，认为雨水暂时无法退去，此役已无全胜的可能，建议下诏让大军还师，魏明帝不许，他认为司马懿会临危制变，一定可擒公孙渊。

幸运的是雨停了，司马懿于是指挥攻城。

魏军各种攻城方法一齐使用，挖地道、起楯橹、用钩橦，襄平城下矢石如雨，魏军将士人人争先、个个效命，攻势猛烈，昼夜不停。

说起来，攻城这种事谁都没有把握，它不以人多人少为胜负的先决条件，有时很邪门，城在眼前，可纵然十倍于敌也进不了那一尺，三国时代这样的例子比比皆是。

决定城池能否守住的最关键因素是守城者的意志和决心，对于襄平城来说尤其如此。就在这个关键时刻，老天继续眷顾着司马懿，在攻城战打得最激烈的当口，一颗白色流星拖着长长的耀眼的尾巴，从襄平城西南向东北方向划去，最后坠落在梁水方向。这本是一次正常的天文现象，但在当时人们看来这是上天发出的某种警示，襄平城里的军民都认为这是大凶之兆，因而深为震慑，士气大伤。公孙渊也害怕了，派自己的“相国”王建以及“御史大夫”柳甫出城乞降……

司马懿的回答只有两个字：“不许！”

司马懿命人把王建、柳甫斩首，公孙渊不死心，又派“侍中”卫演等人前来乞降，司马懿对卫演说：“现在有五种可能：能战就战，不能战就守，不能守就走，以上是三种，其他两种是降与死，公孙渊不肯把自己绑了亲自来求降，到底想选哪一种呢？”

公孙渊知道遇上硬茬了，他原来还幻想来一场假投降，只要能躲过眼前这一关这一劫怎么样都行，待魏军一撤，他又能在辽东东山再起，现在看来司马懿已识破了他的心思，丝毫不给自己留后路，公孙渊无奈，只得冒死突围，这正是司马懿希望的，他下令纵兵追击，追至梁水把公孙渊击杀，有的史书附会说，杀公孙渊的具体地点就是那颗白色流星坠落的地方。

六十四、曹魏第二次托孤

魏军攻入襄平城，立即展开了一场大屠杀。

司马懿下令，把公孙渊伪朝廷里任职的所有公卿百官全部诛杀，各级官员以及军队里的将领被杀的有 2000 多人，还有一部史书甚至记载，城中 15 岁以上的男子都被杀掉了，前后多达 7000 余人，杀的人实在太多，首级集中在一起堆成了一座小山，称为“京观”。

公孙渊的叔叔公孙恭仍在世，当初公孙渊把他囚禁起来，夺走了他的权位，司马懿命人把公孙恭释放。公孙渊还有个哥哥叫公孙晃，以人质的身份待在洛阳，公孙晃多次上书魏明帝说公孙渊会造反，请朝廷出兵讨伐，公孙渊败亡后魏明帝不忍将公孙晃斩于市中，下令在狱中把他杀了，廷尉高柔负责审理此案，上疏为公孙晃求情，魏明帝不允，遣使者带上金屑到狱中，命公孙晃及其妻子、儿子饮下自杀，之后赐他们棺衣殓葬。

魏明帝大概也明白公孙晃跟公孙渊不是一路人，因无罪自然不当死，但为了彻底消除公孙氏在辽东的影响，不得不斩草除根。至于公孙恭，他身体有残疾，又缺乏治国的能力，因而保住了一条命。

铲除完公孙氏的势力，辽东郡以及公孙渊原控制的附近其他各郡国重新纳入曹魏版图，仍归幽州刺史部管辖。幽州刺史毌丘俭也参加了此次战役，事后因功被晋封为安邑侯，食邑高达 3900 户，毌丘俭之后继续坐镇幽州。

春天出发，夏天赶到，秋天把仗打完，司马懿基本履行了对魏明帝所做的承诺。经过一段时间休整，已经到了冬天，东北地区的冬天异常寒冷，士兵们带来的衣服难以御寒，有人建议再给每人多发一件棉衣，在公孙渊的府库这样的东西多得是，但司马懿不同意：“这些是国家的财物，我无权处置。”

回师前，司马懿向魏明帝上表，请求让60岁以上的军人复员回家，涉及1000多人，同时为征战中死去的士兵发丧。大军回师到了蓟县，也就是今北京附近，遇到魏明帝派来的劳军使者，魏明帝下诏增加昆阳县为司马懿的封地，加上之前的舞阳县，司马懿的封地已经有两个县，当个县侯已算位极人臣，现在是两个县的县侯，那更是极为荣耀了。魏明帝让司马懿仍回长安镇守，可以直接回去，不必再绕道洛阳了。

司马懿继续率军回返，在半路上连续几天都做了一个奇怪的梦，在梦里魏明帝枕在他的膝上，让他看自己的脸，之后就醒了。司马懿不知道这是何寓意，但内心里肯定感到了不安。行进到一个叫白屋的地方，此地距洛阳大约400里，司马懿突然又接到了魏明帝的诏书，三天之中有五次之多，诏书都是魏明帝亲笔所书，这也相当罕见，内容是让他以最快的速度回洛阳，越快越好！

结合最近总在做的那个梦，司马懿预感到将有大事发生。当时最快的战马一日可行300里，司马懿仍嫌慢，他调来一种更快的交通工具——追锋车，这是一种很精巧的车子，由多匹战马拉着在驿道上奔驰，司马懿改乘它一夜之间竟然跑了400里，回到了洛阳。

司马懿被迎候的人直接带入宫里的嘉福殿，在这里见到了魏明帝，让司马懿吃惊的是，在他走之前还一切正常的魏明帝，此时竟然躺在一张病床上奄奄一息了！

魏明帝曹叡这一年只有36岁，正值人生壮年，但自从夏天开始他便病倒了，而且病得越来越重，宫中御医均束手无策。

寿春有个农妇，自称天神下凡，魏明帝也视其为神人，称其为“登女”，让她护佑帝室安康，有人得了病，这个女人就喂给他们喝一种“神水”，或者用这种水为他们洗疮，不少人真的好了，魏明帝在宫里为她营建了堂馆，对她优礼以待，等到魏明帝一病不起，大家让这个女人用“神水”为魏明帝治病，却不见效果，这个女人结果就被杀了。

魏明帝得的是什么病，史书没有记载，不管是哪种疾病，恐怕都与心理因素有关，长期的压抑与内敛让魏明帝的心理健康很成问题，他又是一个极为克制的人，但越是克制又越对健康不利。

魏明帝大概是在拼尽最后的力量等待司马懿的到来，君臣之间已经来不及再叙其他的话了，魏明帝颤抖着拉起司马懿的手，看着他，一字一句地对他说：“我留了一口气，就在等太尉到来。我有后事相托，现在还能相见，我死也没有遗憾了！”

说完，魏明帝叫来两个孩子，分别是齐王曹芳和秦王曹询，魏明帝指着 8 岁的齐王曹芳对司马懿说：“我死后，此子继大位，您要看仔细，别弄错了！”说完魏明帝又让曹芳上前，曹芳抱着司马懿的脖子，司马懿已泣不成声，颤抖着对魏明帝说：“陛下还记得先帝将陛下嘱托给老臣吗？”

当天魏明帝曹叡就驾崩了，这一天是曹魏青龙三年（239）的正月初一。

这是司马懿第二次受命托孤，按照魏明帝临终的安排，除了他，同时受命托孤的还有武卫将军曹爽。

曹爽是曹真的长子，作为曹氏的第三代，从小就生活在优越的环境中，少年时代便凭宗室的身份可随意出入宫廷，魏明帝继位后让他担任散骑侍郎，后又出任洛阳城城门校尉、武卫将军等，受到重用。

这是一个典型的“官二代”，除了侍卫在天子近前并无在州郡任职的经历，也没有任何野战之功，论年纪、论资历、论功绩都与“托孤大臣”这个身份相差悬殊，难道曹氏宗亲里再也选不出人来了吗？

司马懿也许就有这样的疑问，他长期不在洛阳，近一年来又远在辽东作战，对朝廷里的情况并不知情。他不知道的是，围绕托孤的安排，前一阵朝廷内部曾发生了一场激烈的斗争，他原本并不在托孤大臣之列，后来戏剧性地加了进来。

魏明帝最初确定的托孤大臣是燕王曹宇，他是曹操的儿子、魏明帝的叔父，他的母亲是环夫人，神童曹冲是他同父同母的兄弟。魏明帝少年时代接触的人不多，曹宇是其中之一,二人因此感情很好，魏明帝继位后加封曹宇为燕王。

魏明帝自感来日无多，想任命曹宇为大将军，让他带着领军将军夏侯献、武卫将军曹爽、屯骑校尉曹肇、骁骑将军秦朗等共同辅政，夏侯献是夏侯氏族人，曹肇是曹休之子，秦朗是曹操的继子，这个托孤阵营是清一色的“诸夏侯曹”。

但这个托孤方案最终又被放弃了，一方面是曹宇不愿意干，他性格软弱，在政治上没有野心，只想荣华富贵地过上一辈子，不愿意操心担风险；另一方面也是最关键的，是有人从中搞了破坏。

搞破坏的人是刘放和孙资，他们分别担任中书监和中书令，是中书台的一、二把手，朝廷的秘书局一向是尚书台，魏明帝想进一步抓权，就逐渐以中书台相取代，刘放、孙资这么多年来一直是魏明帝的左右手，参与军机，深得信赖，同时也招致曹肇、夏侯献这些人的忌恨。

有一天，夏侯献看到有只鸡栖身在树上，故意对曹肇说：“你看那只鸡，它们还能蹦跶到哪一天？”这几句话恰巧被刘放、孙资听到了，也许是凑巧听到的，也许是夏侯献故意说给他们二人听的，总之刘放、孙资十分紧张。恰在这时，魏明帝与他们商量燕王不愿意担任大将军一事，魏明帝问他们，燕王是谦虚呢还是真的自感没有这个能力？二人当然抓住这最后的机会，“一致认为”燕王不是谦虚，确实难当此任。

魏明帝又问他们谁更合适，二人趁机推荐了曹爽，你一言我一语，把曹爽一通猛夸，魏明帝于是诏见了曹爽，当场就把辅政的事定了下来，并且又明确司马懿共同辅政，这当然也是刘放、孙资“力荐”的结果。

刘放、孙资可能考虑到，曹爽即使辅政，但他的能力相当有限，很容易又跟夏侯献、曹肇他们搞在一起，到时候结果仍然一样，为防止曹氏和夏侯氏独揽大权，必须引入异姓重臣做牵制，而司马懿无疑是最佳人选。多年来魏明帝对刘放、孙资二人一向言听计从，几乎所有重大决策都听取他们的意见，对于司马懿共同辅政的事，经刘放和孙资左右一“分析”，他估计也深以为是。

曹肇的弟弟曹纂时任大将军司马，听到一些风声，立即向曹宇、曹肇等人通报，几个人觉得不妙，赶紧进宫，但天已经黑了，宫门关闭，刘放、孙资利用掌握的权力吩咐任何人不得入宫，曹肇不甘心，天亮了又去，还是不让进，曹肇越想越害怕，竟然主动跑到廷尉那里请罪。其实也没干啥，既没犯罪又没造反，请的什么罪？说到底是恐惧，觉得在政治斗争中失败了，只想保住命、保住富贵，曹家这些子弟，其实只有这点儿出息。

夏侯献后来费了好大的劲见到了魏明帝，再提辅政人选的事，魏明帝说已经定了，你出去吧，夏侯献流泪而出。

但后面还有波澜，魏明帝对曹爽是放心的，但对司马懿实在放心不下，病榻上传出诏令，停止先前所议，刘放、孙资听到消息后第一时间赶来见驾，力主维持原议，经过他们又一番“洗脑”，魏明帝同意了。

刘放、孙资担心再变卦，请魏明帝马上发布诏书，魏明帝当时病情已经比较重了，对他们说：“我现在疲乏已极，回头再写吧！”长期担任秘书的人，性格往往沉稳有余而勇毅不足，尤其在重大时刻到来时容易犹豫，但刘放和孙资不是一般的秘书，他们是秘书中的极品，刘放上前抓住魏明帝的手，手把手地帮着魏明帝勉强写下了诏书，二人立即出宫宣布。除宣布了正式诏书，二人还夹带了“私货”，假传魏明帝的话让燕王曹宇等人今后不得再入宫中。

六十五、大将军曹爽

曹魏景初三年（239）正月太子曹芳继位，由于曹芳去世时没有庙号，所以史书称其为少帝或齐王。少帝登基后宣布大赦天下，尊郭皇后为皇太后，称永宁宫，追封郭太后的父亲郭满为西都定侯，封郭太后的母亲杜氏为郃阳君。

魏明帝有两任皇后，分别是毛皇后和郭皇后，毛皇后一度受宠，后又失宠。郭皇后出身于河西大族，后期深得魏明帝的宠爱，有一次魏明帝去园中游玩，把妃嫔都召去饮宴，唯独不叫当时还是皇后的毛氏，郭皇后那时只是夫人，她对魏明帝说应该把皇后请来，魏明帝不仅不准，而且专门交代左右不得对毛皇后提起此事。

但毛皇后不知从什么渠道得知了这件事，很生气，第二天见到魏明帝时故意问昨天后园游玩好不好玩，魏明帝当即恼怒，追查是谁泄的密，最后杀了十几个人。魏明帝仍气不过，竟因为这件事将毛皇后赐死。

魏明帝临终托孤时，除指定曹爽、司马懿辅政外，还册立郭氏为新皇后。然而，毛皇后和郭皇后都不是少帝曹芳的母亲，魏明帝有过三个儿子，分别是清河王曹冏、繁阳王曹穆和幼子曹殷，但他们都早早地死了，后来过继了一个曹询为养子，其生母、生父均不详，但曹询后来也死了，于是又过继了曹芳。

曹芳的生母、生父也不详，大概刻意要保密，一种说法是，他可能是任城王曹楷的儿子，是曹彰的孙子、曹操的曾孙。通常来说，幼子继位，皇太后是影响朝政的重要力量，但郭太后不是少帝的生母，曹爽也不希望她在政治上有太大的影响力，所以把她迁往永宁宫。

少帝下诏给曹爽、司马懿都加侍中衔，假节钺，都以都督中外诸军、录尚书事的身份辅政。侍中的品秩只有二千石，属“部长级”，但它通常是加官，即兼职，拥有这个身份才能出入禁中。假节钺比假节更进一步，意味着得到的授权层级更高。

曹爽担任大将军，司马懿担任太尉，二人的本职都与军事有关，说起来大将军在三公之上，曹爽的地位应高于司马懿，但司马懿担任太尉之前就是大将军了，无论从哪个方面讲都是曹爽的前辈，两位辅政大臣的地位谁更高，还真不好判断。

而且少帝又下了一道诏书，让大家都无从分辨谁高谁低，根据这道诏书，曹爽和司马懿各自统兵3000人，轮流负责宫廷的禁卫工作，这大约也是魏明帝临终前的安排，因为无论曹爽还是司马懿都无法单独做出这样的决定。

说起来曹爽跟司马懿还有亲戚关系，他应该称司马懿为“表叔”：曹爽是曹真的儿子，曹真有个妹妹嫁给了夏侯渊的侄子夏侯尚，也就是德阳乡主，夏侯尚的女儿夏侯徽是司马师的妻子，虽然此时夏侯徽已经死了，但亲戚关系还在，按这个关系论下来夏侯徽就是曹爽的表妹，司马师就是曹爽的表妹夫，而司马懿是曹爽的“表叔”。

既然有亲戚关系，开始大家还是比较客气的，尤其是曹爽，在司马懿面前处处以晚辈自居，遇到什么事都不敢独自做主（父事之，不敢专行）。除辈分关系，曹爽更知道司马懿的厉害，也知道自己有几斤几两，所以他的这种低调和谦恭不是装出来的。

但时间长了这种格局逐渐无法维持，说到底还是权力在作怪。俗话说“一山不容二虎”，老虎的天性是好斗，温和谦让的是熊猫，在政治斗争中，客客气气、你谦我让只能在演戏的时候用，即使曹爽愿意一直低调下去，他周围的人也不干。

曹爽掌权后周围聚集起一帮人，主要成员有何晏、夏侯玄、邓飏、丁谧、李胜、毕轨等，他们都出身于权贵之家，是曹魏的“官二代”或“官三代”，也都有一些浮名，并且都热衷于权力。

何晏字平叔，之前已多次提到，他是曹操的养子，著名玄学家。

夏侯玄字太初，他是夏侯尚的儿子，夏侯氏的“官三代”，也是著名的学者，更是政治上的活跃分子。

邓飏字玄茂，东汉开国功臣邓禹的后人，少年时即得名于京师，先后担任过尚书郎、洛阳令、中郎等职，后任职于中书监，曾是刘放、孙资的部下。

丁谧字彦靖，出身于曹氏故乡沛国谯县著名的丁氏家族，他的父亲丁斐与曹操关系亲近，他也在尚书台供过职，曾任度支曹郎中。

李胜字公昭，他的父亲李丰也是曹魏的高官，李胜少游京师，雅有才智，与曹爽的关系最要好。

毕轨字昭先，其父毕子礼曾任典军校尉，毕轨年轻时就以才气出名，曹叡为太子时毕轨任太子属下的文学掾，算是魏明帝的旧部。魏明帝对他很喜欢，继位后不仅加官毕轨为黄门郎，还把自己的女儿嫁给了毕轨之子。

这群人打着学术、清谈的旗号，其实骨子里对功名利禄无不趋之若鹜，他们平时互相标榜，整出了“四聪”“八达”“三豫”等名号，在社会上影响很大，其实也就是你吹我捧、互抬身价，魏明帝对他们很反感，把他们视为“浮华党”，曾经给予打压。曹爽掌权后这些人重新活跃起来，聚在曹爽的周围，在政治上不断得势。

何晏提醒曹爽，重要的权力必须牢牢抓在自己手里，不能与人分享，丁谧等人也劝曹爽说司马懿野心很大，心机深不可测，同时又极得人心，不得不提早预防。

经他们反复陈说，曹爽的心也乱了，在何晏、丁谧等人的策划下，曹爽通过明升暗降的办法，奏请少帝将司马懿由太尉改任太傅，提拔对曹魏一向忠诚的满宠为太尉，用以牵制司马懿。

太傅虽然位次高于三公，但属于荣誉性职务，司马懿任太傅后，虽然保留了与曹爽一起统率军队的名义，但是重要的主持朝廷日常事务（录尚书事）一项没有了。

同样用明升暗降的办法，曹爽等人把护军将军蒋济升为领军将军，而派曹爽的弟弟曹羲出任中领军，夏侯玄出任中护军，把老臣蒋济架空了，从而控制了禁军，曹爽的另一个弟弟曹训出任武卫将军，负责管理北军五营。

还是用明升暗降的办法，曹爽等人以天子的名义加刘放为右光禄大夫，孙资为左光禄大夫，这都是荣誉性的职务，又授予他们享受三公的待遇（仪同三司），二人在中书台的职务虽然没有免除，但曹爽悄悄把权力重新移往尚书台，中书台逐渐被弱化。

之后，曹爽派何晏出任尚书台负责人事工作的尚书，原来负责此项工作的卢毓也被明升暗降，担任尚书台的副长官尚书仆射，曹爽又把邓飏、丁谧都安排进尚书台担任尚书。

毕轨原任并州刺史，曹爽改任他为司隶校尉，同时让李胜担任洛阳令，以后又提拔他为河南尹，这样一来，从宫里的禁军到城外的北军，从尚书台到首都各级行政机构全换成了曹爽一伙的人。

尤其尚书台，作为朝廷权力运行的中枢，是最要害的部门，曹爽独自分管尚书台（录尚书事）后，尚书令裴潜的父亲恰巧去世，按礼制当回家守丧三年，裴潜是曹魏老臣，忠心耿直，曹爽一伙原来觉得他有些碍事，这下子就不用担心了，裴潜走后，曹爽不着急另选尚书令，等于直接把尚书台管了起来。

在尚书台，上面有曹爽，下面有何晏、丁谧、邓飏等人，完全成了这个小团伙的天下。何晏担任吏部曹尚书，主要职责是选举，也就是选任官员，结果他所提拔的人都是跟他关系好的。丁谧为人外似疏略而内多忌，在尚书台供职期间经常假公济私、打击报复，不断有人弹驳他，弄得人见人烦，但仗着上面有人撑腰，没人动得了他。邓飏特别贪财，喜欢受贿索贿，有个叫臧艾的人为了巴结他甚至把自己父亲的一个小妾都送给他，邓飏字玄茂，京中民谣说“以官易妇邓玄茂”。

曹爽弄了这几个人上来，纯粹是成事不足，败事有余，他们或图虚名或贪实利，手握重权却不干正事，时间长了自然怨声载道，当时京城中还流传着一段顺口溜：“台中有三狗，二狗崖柴不可当，一狗凭默作疽囊。”意思是：尚书台里卧着三条狗，两条狗张着大口要咬人，指的是何晏和邓飏，意思是说他们无顾忌、没底线、为人张狂；另外一条狗更坏，是毒疮中的毒疮，这指的是丁谧。曹爽的小名叫“默”，这些狗凭借“默”的支持，没有任何功劳和本事却受到了重用，把坏事干尽干绝。

权力是毒药，不仅容易上瘾，更会把自己送上绝路，曹爽一伙试图用夺权的办法打压司马懿，不用司马懿反击，他们自己就已经把路走得越来越窄了。

可惜，曹爽一伙还没有觉察到。

随着权力的不断膨胀，曹爽这伙人越来越无法无天。

曹爽吃的、用的、穿的都跟皇帝一样，平时他尤其喜欢收藏珍贵玩物，搜刮了很多宝贝。曹爽拥有很多妻妾，甚至还私自从宫里带走了魏明帝的七八个才人做自己的妻妾，在曹爽家里有一支由将吏、师工、鼓吹、良家子女共33人组成的伎乐队，专供其享乐。曹爽听说武皇帝曹操生前的宫人们在歌舞方面水平最高，至今无人能超越，为提高自己家伎乐队的演奏水平，他还伪造诏书，先后派出了57个人去邺县“进一步深造”。

有个宦官头目（黄门）叫张当，千方百计巴结曹爽，后宫里的才人石英能歌善舞，被曹爽看上了，张当便偷偷把石英以及另外十名才人送出宫，献给了曹爽，此事尽管做得很隐蔽，但最后还是泄露了消息，知道的人无不瞠目结舌。

“独乐乐，不如众乐乐”，曹爽不仅自己享乐，还把何晏等人叫上，为此他们专门营建了一处秘密窟室，擅取太乐乐器和武库御制兵器进行布置，内部装修极其豪奢，曹爽多次与何晏一伙人在其中饮酒作乐。

在曹爽的纵容下，何晏把洛阳、野王原来属于典农校尉管理的数百顷桑田划为己有，有什么官家东西只要被何晏看上都直接往家里搬，何晏还公开向各州郡索贿，由于他手里掌握着官员升迁大权，没有人敢说半个“不”字。

看到这种情景，曹爽的弟弟曹羲十分忧虑，多次提出劝谏，但曹爽不听，曹羲还写了三篇文章陈述因过度骄淫奢侈将导致祸患的道理，言语极为恳切，曹爽看了很不高兴。

这段时间，魏、蜀、吴三国的局势曾一度平静，诸葛亮去世后蜀汉方面相对沉寂，司马懿远征辽东期间，主持蜀汉朝政的蒋琬看到了机会，他亲自前往汉中，酝酿新的北伐。

蒋琬认为诸葛亮生前多次出兵陇右和秦川，但在这个方向上道路艰险，来往不便，因而没有成功。为此，蒋琬提出了一个新的方略，那就是从汉中沿汉水东下，取曹魏的魏兴、上庸二郡，之后再取曹魏控制下的荆州。

这个方案十分大胆，却与孙吴方面的想法不谋而合。少帝正始二年（241），孙吴方面也制订了一个新的作战计划，准备兵分四路出击曹魏：以扬武将军全琮所部进攻淮南，以威北将军诸葛恪所部进攻六安，以车骑将军朱然所部进攻樊城，以大将军诸葛瑾所部进攻柤中。以往孙吴进攻曹魏，主攻方向基本在东线战场，即合肥一线，中线战场的荆州一线多是策应，新的作战计划提出两线同时出击，而荆州方向也是进攻的重点。

全琮所部首先从淮南发起了进攻，一直打到曹魏经营多年的粮食主产区芍陂，让曹魏损失惨重，在新任扬州刺史孙礼的拼死抵抗下才勉强维持住局面，紧接着孙吴的其他各路大军同时行动，魏军在各个方向上应接不暇。

幸好这个时候蒋琬病倒了，否则蜀军再由汉水东下发起进攻，那曹魏就更不好应付了。蒋琬提出新的作战方略后，在蜀汉内部却未达成一致看法，许多蜀汉官员认为水路出兵虽然容易，但万一失败了却不容易回撤，不同意沿汉水出击的方案。

这种考虑是现实的，对蜀汉而言尤其如此，当年先主刘备沿长江东下伐吴，结果兵败夷陵，仓促之间大军无法回撤，数万人战死，教训十分深刻。后主大概也是这个看法，所以派尚书令费祎、中监军姜维专程去汉中劝阻蒋琬。

费祎和姜维到汉中后说服了蒋琬，三人重新谋划，决定继续兵出凉州，请后主任命姜维为凉州刺史，从陇右出兵（出军西北），蒋琬率军后继，驻军在涪县，后主批准。

蒋琬于是从汉中进驻到涪县，结果病情不断加重，按照诸葛亮生前的遗愿，蒋琬主动把益州刺史一职让给了费祎，逐渐向费祎交权。蒋琬于三年后病逝，但因为身体的原因，加上蜀汉内部意见不统一，出击荆州的方案就此搁置。

蜀汉虽然没动，孙吴方面却来势凶猛。

曹爽等人玩权术在行，打仗实在都是外行，危险时刻只得再请司马懿出山，司马懿分析了敌情，认为孙吴四路大军中，柤中这一路最不好对付。柤中位于今湖北省南漳县一带，当时属汉人与蛮人聚居区，近处就是战略要地樊城，一旦有失，荆州方向将全面陷入被动。司马懿建议由他亲往樊城前线阻击樊城、柤中两路之敌，东线战场则由新任征东将军王凌和扬州刺史孙礼负责。

当时有人认为敌人远道来围樊城，无法立即攻下，目前受挫于坚城之下，不去理会，敌人也可自退，合肥才是关键。司马懿曾久居荆州，很了解那里的情况，尽管吴军历次进兵都以合肥为首攻目标，但这一次情况有些不同，所以坚持去樊城。

这一年 6 月，司马懿督师南征，少帝将其一直送出津阳门。

司马懿率部到达荆州后，派出轻骑前去挑战，吴军遁走，魏军追至三州口，斩获万人，少帝派中常侍前来劳军，增加食郾、临颍两个县为司马懿的封地，加上之前的封地已达四个县，有 1 万户，司马氏另有子弟 11 人被封为列侯。

在此期间孙吴大将军诸葛瑾病逝，他在军中的地位仅次于上大将军陆逊，是吴军的副总司令。这样，荆州方向的危机就基本解除了，司马懿把重点又放在了扬州方向，指挥王凌、孙礼等人趁机收复了一些近年来被孙吴占领的地方。

少帝正始四年（243）9 月，司马懿亲自来到扬州，指挥魏军收复舒城，吴军负责守城的将领是诸葛瑾的儿子诸葛恪，听说司马懿亲自来了，人马又数倍于己，于是下令焚烧积聚，主动撤走。

司马懿向朝廷建议，为防范孙吴今后大举进攻，应在扬州的广大地区兴修水利、进行屯田，这一政策曾在关中地区推行，效果非常好，既减轻了朝廷的负担又充实了地方，朝廷批准。

司马懿于是在扬州一带主持屯田，他在这方面有一定经验。除了屯田、搞建设，司马懿还注意发现人才，三国后期的一代名将邓艾就是他发现的。

六十六、兵败傥骆道

司马懿在扬州搞屯田，朝廷里的大事就由曹爽和他身边的那几个人继续把持着，这些人最关心的无疑是如何巩固权力，思来想去，他们觉得如果没有军功，仍不足以威慑群下。

军功确实是这批富家子弟的软肋，看看司马懿，跟随太祖武皇帝南征北战就不说了，其后击斩孟达、拖死诸葛亮、平定辽东、南退孙权，任何一件拿出来都让人无话可说，司马懿在魏军中威望很高，那不是吹出来的，是一仗又一仗打出来的。

要打倒司马懿就要建立比他还大的军功，众人一合计，那只有灭蜀或者灭吴了，如果能完成其中任何一项，绝对会超越司马懿，让他也无话可说。

孙吴和蜀汉相比，蜀汉相对弱一些，所以应先伐蜀汉，对这件事最上心的是邓飏，他联合李胜等人不断劝说曹爽，让他通过伐蜀建立个人威望，曹爽同意了。夏侯玄也很积极，他主动请缨参战，曹爽就以天子的名义任命夏侯玄为征西将军，负责整个西线战场（都督雍、凉诸军事）。夏侯玄毕竟是文官出身，没打过仗，对军事一窍不通，于是又拉来了叔父夏侯霸。

夏侯霸字仲叔，是夏侯渊的次子，与其他“诸夏侯曹”的子弟不同，他一直在军中任职，担任过偏将军，他的父亲被蜀将蜀军所杀，夏侯霸经常咬牙切齿，一心要报仇。他以先锋的身份参加了曹真策划的汉中之战，率前锋部队一直攻至兴势山，被蜀军围攻后夏侯霸亲自上阵厮杀，后被援军解救。

夏侯玄让曹爽任命夏侯霸为右将军、讨蜀护军，随大军行动，同时还建议把司马懿的小儿子司马昭也拉进来，担任征蜀将军。夏侯玄的姐姐夏侯徽是司马师已故的妻子，两家是亲家，曹爽、夏侯玄等人虽然竭力孤立司马懿，但与司马师、司马昭兄弟之间来往比较多，司马昭曾任洛阳典农中郎将，目前是散骑常侍，平时比较清闲，夏侯玄让他也到前线去建个功。

当然，更重要的还是堵住司马懿及其支持者的嘴，伐蜀这么大的事自然有人支持也有人反对，司马昭如果参加进来，反对的人就会少很多。

司马昭倒是挺愿意参战，曹爽、夏侯玄很高兴，司马师此时也是散骑常侍，曹爽高兴之下就给了他一个中护军的职务，让他去做些具体的事。

伐蜀大计确定后夏侯玄先到了长安进行准备，待各项准备完成后，少帝正始五年（244）正月曹爽也到了长安，他以大将军的身份亲自挂帅攻打汉中。远在寿春的司马懿听到消息立即上表劝阻，但未能奏效，曹爽执意伐蜀。

不久，各路人马集结完毕，除夏侯玄、夏侯霸和司马昭统率的各支部队外，还有前将军兼雍州刺史郭淮、后将军牛金以及将军胡遵率领的各部，其中牛金是从荆州时期就跟随司马懿的老部下，被司马懿带到西线战场，参加过五丈原会战和征辽东之战，是司马懿的嫡系。

魏军各部加在一起约 8 万人，对外称 10 万人，曹爽身边小团伙里时任洛阳令的李胜被夏侯玄任命为自己的征西将军长史，负责出谋划策，实际上相当于魏军的参谋长。负责筹划的还有邓飏，他是尚书，但他曾任曹爽的大军将长史，向来是曹爽的智囊，曹爽把他也带来了。

这场大战，实际上是曹爽挂名、夏侯玄指挥、李胜和邓飏总策划，说好听点儿他们是一帮书生，说难听点儿他们就是一群不学无术的纨绔子弟，数万魏军将士把生命交在他们手中，实在是一种悲哀。

之前多次提到，关中与汉中之间是秦岭山脉，其间有三条主要栈道相通，自东向西分别是子午道、傥骆道、褒斜道，褒斜道虽然线路最长，但也相对最好走，所以以往用兵多从此道，最近的一次就是诸葛亮的第五次北伐，来回都走此道。

也有人主张走子午道，因为这条路线的南出口离汉中的中心南郑最近，北出口离关中的中心长安最近，出了北边的子午口长安就近在咫尺，所以当年魏延曾建议诸葛亮由此道攻击关中，但这条路线崎岖难行，也最容易受到伏兵的攻击，风险很大。

中间的傥骆道很少有人提及，它开通的时间较晚，正式通行也就在东汉的末年，这条道北端是骆谷，南端是越傥水，中间有骆谷关、老君岭、八斗河、大蟒河、都督门、兴隆山、贯岭梁、白草驿等要隘，至少要穿过六七座分水岭，距秦岭的主峰太白山也最近，许多路段又窄又险，而且没有水源的路段也最长，适合游客探险却不适合大军行进。

走哪条道攻蜀？从未带过兵、也根本不熟悉秦岭情况的李参谋长提出走傥骆道，没有什么理由，就是为了与众不同。

结果，8 万魏军一头扎进了骆谷。

蜀汉方面，以车骑将军坐镇汉中的吴壹已经去世，目前担负汉中守卫重任的是镇北将军王平，蜀军在汉中的总兵力只有 2 万多人，听说数倍于己的魏军正在开来，众人都大吃一惊。王平曾是一名魏将，担任过徐晃的副手，曹操最后一次征汉中时兵败被赵云所俘，自此转投蜀汉。他虽然是一个文盲，认识的字不超过十个，但重要文书经他口授即可成文，既合章法又有条理。

王平召集众将商议对策，有人提出建议："敌兵有近 10 万之众，汉中人马不足 3 万，众寡悬殊，不可力战，应固守汉、乐二城，把敌人放进来打，只要能守住，后方涪城的援军就会开到，魏军可退。"

汉、乐二城即诸葛亮在汉中修建的汉城、乐城等两座军事重镇，城防较为完备，如果放手让敌人来攻，守上一阵倒也没有问题，但王平认为这种办法不好："汉中离涪城有上千里，万一守不住那麻烦就大了，现在应该分兵去守兴势，如果敌人也分兵进攻黄金城，我亲自率兵前往救援，到时候涪城的救兵刚好到来，这才是上策。"

但大家都不同意王平的意见，主要原因还是兵力太悬殊。关键时刻，众将中地位仅次于王平的左护军、扬威将军刘敏表态支持王平的看法，他认为汉、乐二城虽然坚固，但敌军众多，一旦有失，敌人就会像开闸的洪水一样瞬间涌入汉中，援军即使到了也无力回天。

在王平、刘敏的主持下蜀军确定了作战方案，将决战地点选在了兴势，此地为兴势山中的隘口，距阳平关不远，位于今陕西省洋县以北，魏军由傥骆道杀出取汉中，此地为必过之处。

刘敏率所部抢占兴势要隘，为迷惑敌人，刘敏让人准备了很多旗帜，在兴势山上插得漫山遍野都是，左右绵延 100 多里，给敌人摆下了迷魂阵。

这一年的 4 月，魏军主力出了傥骆道，首站来到兴势山，发起攻击，未果。魏军拼命猛攻，仍不能得手。

这也好理解，魏军将士在深山老林里钻了几十天，吃不好、睡不香，有时还没水喝，体力已严重透支，好不容易走出大山，以为光明在前，结果发现眼前并不是一马平川，而是难以攻取的要隘，再看对面，山林树丛间有没有人山人海虽不知道，但旌旗招展看得却很明白，大家心情一定相当沮丧，士气大受影响。

从曹爽到夏侯玄，再到李胜、邓飏，耍嘴皮子还可以，打仗的活从来没干过，更不要说打硬仗了，面对此情此景也束手无策，只有严令各路人马猛攻。

这下坏了，人马比对手多的优势转化成了劣势，因为后勤保障眼看就要出问题。

到人家地盘上去打仗，当然得自带干粮，从秦岭山中运粮，艰辛程度可想而知，数万大军每天都有巨大消耗，这让魏军渐感吃力。为加强运输，曹爽命人征调了大批关中百姓，让他们在山中运转粮草，人数不足，还征调了很多氐人、羌人，山中顿时热闹起来，但条件实在太艰苦，负责运输的百姓怨声载道。而在蜀汉方面，大将军费祎已亲自率领增援大军赶来，在涪城集结的人马已有数万之多，不久就将到达汉中，受这个消息的鼓舞，蜀军将士更加士气高涨。

这一天魏军正在攻城，天突然暗了下来，瞬时如同黑夜。这其实就是一次日食，但在当时大家都认为这是上天发出的不祥征兆，如果不迅速撤兵大难就会临头，于是纷纷劝曹爽撤退。

曹爽知道撤退就意味着失败，不仅出征的目的达不到，而且会极大地损伤自己的形象，甚至动摇自己的地位，所以说什么都不同意撤，他告诉众人，已从关中和洛阳搬兵，要大家加紧进攻。

有个参军名叫杨伟，还在曹爽面前据理力争，结果跟邓飏、李胜吵了起来，杨伟急了，大骂道："邓飏、李胜败国败家，应斩！"这个时候，曹爽接到了散骑常侍钟毓写来的一封信，也是劝他撤兵的。

夏侯玄这边也接到司马懿写来的信，夏侯玄在司马懿面前一向以晚辈自居，表面上对司马懿一直十分尊重，还曾向司马懿请教过治国之道，司马懿得知前线情况后也挺着急，写信给夏侯玄，是想让他带话给曹爽，信中写道："当年武皇帝再入汉中，几乎大败，这是你所知道的。兴势山地形险要，蜀人已经抢先攻占，如果不能迅速取胜就应该马上撤退，不然就有全军覆灭的危险！"

夏侯玄看了很害怕，他内心里一向佩服司马懿，对这封信他不敢隐瞒，于是也去劝曹爽。曹爽想了半天，终于下令撤退。

但曹爽等人不知道的是，费祎已率数万蜀军到了汉中，人家也是劳师远征，你想悄悄溜走，人家还觉得亏呢。

费祎亲率一支人马绕过兴势山，秘密进入山谷，在一个叫三岭的地方设伏，要在魏军撤退的路上打一场伏击。三岭其地不详，大约是傥骆道中某三处山岭的交会处，地势肯定很险要。

兴势山方面，王平、刘敏等发起反攻，他们夜袭魏军大营，让魏军的士气更加低落，不战而乱。夜战中，征蜀将军司马昭正在军帐中睡觉，突然被外面的喊声惊醒，发现敌人已攻至营帐外，司马昭干脆躺在床上一动不动，反而没惊动敌人，直到敌兵退去。

魏军实在撑不住了，败入了傥骆道，想从原路返回，行至三岭时遭遇埋伏，魏军将士经过一番苦战，最后只有少数人马突围成功，担任后勤运输的队伍以及驮运物资的牛马或死或失，损失殆尽。曹爽、夏侯玄、夏侯霸、李胜、邓飏以及司马昭等人倒是跑得快，勉强回到了长安。

此战魏军元气大伤，曹爽等人更是丢尽了面子，但他们的脸皮比较厚，回到洛阳后跟没事人一样，该干吗继续干吗，曹爽还当他的大将军，主持朝廷的日常事务，何晏、毕轨一帮人依然围着他转，夏侯玄、李胜、邓飏这几位败军之将依然过得很滋润。

兵败被讥，夏侯玄在军中名声扫地，但此人心理素质不错，之后就以征西将军的身份待在长安不走了，成了西线战场的总指挥，既无能力又无功绩，郭淮、牛金、胡遵等久经沙场的老将如何心服?

六十七、真正的演技派

打了大败仗，曹爽等人不好好反思自己，反而千方百计为自己开脱，曹爽回来后又看了看钟毓写给他的信，觉得这封信写得很晦气，一生气把钟毓的散骑常侍免了，外派他去当魏郡太守。钟毓有个弟弟叫钟会，此时约20岁，看到曹爽一伙人实在太跋扈，于是跟司马师、司马昭兄弟不断走近。

这一时期担任过三公的有高柔、卫臻和赵俨等人，他们都是曹魏的三代老臣，也都对曹爽等人弄权不满，还有一批朝臣，也看不惯曹爽一伙结党营私、胡作非为，他们平时虽不敢明言，但心里多有怨愤。很多人对曹魏都是有感情的，尤其对武皇帝和文皇帝感情很深，但近年来的政局让不少人彻底寒了心，不说民心如何，只在官员们的内心里就已逐渐在与曹魏分离了。

就在此前后，司马懿的夫人张春华病逝了，司马懿以自己生病为由不再参与政事，但一些对曹爽等人不满的官员仍经常来到太傅府，向司马懿吐露自己的心声，孙礼就是其中的一位。

孙礼当过曹爽的大将军长史，但他为人耿直、刚正不阿，曹爽不喜欢他，让他出任荆州刺史，在司马懿统一指挥下参加了不久前的荆州保卫战，因战功晋升为冀州牧。

冀州刺史部的清河郡、平原郡因为地界划分相争不下，前后争了八年，两任刺史都没能解决问题，孙礼到任后，在府库中翻出了当年刘汉朝廷分封平原王的原始地图，根据图上所载将争议地区划归平原郡，但曹爽私下里接受了请托，已答应照顾清河郡，所以用公文的形式通知冀州，地图不算数，还要再进行实地勘查，孙礼不满，上疏力争，曹爽大怒，马上指使人弹劾孙礼，捏了个罪名，把孙礼判处五年有期徒刑。

这明显不公，不少人同情孙礼，纷纷替他说话，曹爽无奈，只得从轻发落，让孙礼在家居住，不用服刑。后来匈奴王刘靖不断崛起，鲜卑人又屡屡侵扰边境，并州一带形势吃紧，急需要选派一名能干的官员担任并州刺史，选来选去，发现孙礼最合适，于是孙礼被起用。

行前，孙礼专程去拜见司马懿，见面后孙礼一直不说话，脸上始终有怒气，司马懿劝慰他说："这次能去并州已经很不错了，为什么还有怨言？是不是还在为之前冀州受到的不公？如今远别，重任在肩，国事为重，要振作精神啊！"

孙礼长久以来憋在心里的怨言一下子爆发出来："太傅您为什么这样说？我再没有什么德行，也不会把官位和往事放在心上。我忧心的是，如今国家已处于危难之中，天下动荡不安，这是我心情沉重的原因啊！"

说到动情处，孙礼竟然痛哭不止，司马懿明白孙礼的心迹，但也不好说什么，对孙礼说："别哭了，不能忍也要忍！"

有一天，何晏做了个梦，梦见数十只青蝇集在鼻子上，驱之不去，何晏不知何意，于是请著名术士管辂来解梦，管辂问清梦里的情形，对何晏说："鼻子是天中之山，高而不危，所以象征富贵。青蝇以臭恶集之，意味着位高者将被颠覆，轻豪者将要败亡，做了这样的梦不可不想想盈亏之数、盛衰之道。山在地中叫作'谦'，雷在天上叫作'壮'，愿君侯上追文王六爻之旨，下思仲尼彖象之义，然后青蝇可驱啊！"

这番话说得很直接，等于当面打脸，弄得何晏极不高兴。管辂回到馆舍，他有个舅舅正好在洛阳，就把见何晏的事说了一遍，舅舅认为他说错话了，谁知这位预言大师竟说出一句惊人的话："我是在跟一个死人说话，有什么怕的？"

何晏不仅不知道反省，野心反而越来越大，甚至有了废帝的想法。少帝曹芳一天天长大，到弱冠之年还不还政的话就会受到诟病，这成了曹爽、何晏等人最头疼的事。根据以往的"经验"，废帝另立是个好办法，在皇帝未成年前废掉他，另立一个小皇帝，就可以继续辅政，待小皇帝快要成年时再把他也废掉，又立一个小皇帝……如此周而复始，不就能长期把控政权啦？

曹爽、何晏等人秘密策划，想在条件成熟时就对外宣称天子得了重病，之后将其秘密杀掉。宫里有不少他们的人，张当就挺适合办这种事，曹爽、何晏与张当密谋，想很快就动手。

然而，杀掉天子容易，收拾之后的局面却比较困难，曹爽等人并没有足够把握，所以一直没敢实施，他们担心的是朝中一些人聚集在一起反对他们，如果对手形成合力就不好办了。在曹爽等人看来，称病在家的司马懿无疑是这股力量的核心，他目前的真实情况很重要，曹爽等人决定找机会去探探虚实。

河南尹李胜改任荆州刺史，按照规矩应该向太傅及三公辞行，曹爽等人就让李胜以此为由去司马懿府上做近距离观察。李胜到了太傅府，被让进客厅，过了好半天司马懿才在两名婢女的搀扶下进来，人瘦了，背也弯了，目光呆滞，不说话都气喘吁吁，司马懿披着件衣服，他想伸出手扶一下，结果反而把衣服弄掉到了地上。

司马懿似乎连话都说不出来了，口渴了只能用手指指嘴，婢女会意，就拿粥来让他喝，司马懿端不动碗，全靠婢女喂，结果粥洒得胸前都是。见到此状，李胜说："听说太傅只是旧风发作，不想尊体竟然如此啊！"司马懿颤巍巍地说："我老了，疾病缠身，死在旦夕，你屈尊去并州上任，并州与胡人很近，平时当妥善准备。今天一别，恐怕今后难以见面了，今以犬子司马师、司马昭两兄弟相托，请为照顾！"

李胜纠正他："我要去荆州，不是并州。"司马懿似乎没听清："君才到并州？"李胜重复说："此去荆州！"司马懿说："我年老意荒，不解君言，这次你回归本州，愿早建功勋！"李胜回来，向曹爽等人报告说司马懿虽然还活着，但已经离死不远了，人已毫无精神，完全不用顾忌，曹爽听完，一块石头像是落了地。

但这都是假象，是司马懿演的戏。自从 20 多岁来到曹操手下做事，迄今的 40 年里司马懿不仅与敌人作战，还与曹氏几代人斗争，曹家的人既用他又防他，他不得不处处小心，把自己隐藏起来。数十年明争暗斗的生活培养了司马懿强大的忍耐力，他一忍再忍，低调做人，不与强手争高下，只与对手拼耐力。

忍耐是司马懿的法宝，别人看不开的，他能看得开；别人做不到的，他能做到。通过隐忍，司马懿还巧妙地引导了人心向背，他虽然称病在家，却一样能借助民意来悄悄拉拢反曹力量，树立自己被打压、受排挤的形象，从而争取到了更多的支持。

六十八、迎来决战时刻

转眼到了曹爽辅政的第十个年头，即少帝正始十年（249）。

折腾了这么长时间，家业该败的也败了，人心该散的也散了，到了算总账的时候。就在这个冬天，人们发现西北风刮得特别猛烈，吹倒了大树，掀翻了房屋，灰尘蔽天，管辂悄悄对朋友说，这寓意着有大人物要倒霉。

新年一过，按惯例天子要去洛阳以东的高平陵拜谒。高平陵是魏明帝曹叡的陵寝，位于洛水南岸的大石山，距洛阳 90 里，合今 37 公里，位于现在河南省汝阳县境内。按照往年的做法，除少帝曹芳外，大将军曹爽以及众多的宦官、宫人、散骑常侍、宫廷秘书、羽林、虎贲、武卫营都要去，整个队伍至少数百人，包括曹爽的几个弟弟中领军曹羲、武卫将军曹训、散骑常侍曹彦等也都在随行人员之列。

有个人觉得似乎不太稳妥，劝曹爽还是留一手。这个人名叫桓范，字元则，时任大司农，他是世族出身，大概在建安末年进入曹操的丞相府，很有学问，也很有智谋，善于分析事情、能出主意，由于他的祖籍也在沛国，与“诸夏侯曹”是同乡，又由于他与蒋济素来不合，而蒋济为曹爽等人所厌，所以一来二去桓范就与曹爽等人走到了一起，是曹爽的头号智囊，曹爽经常向他咨询一些事情。

桓范大概意识到某种危机正慢慢袭来，所以劝曹爽：“你们兄弟几个总万机、典禁兵，不适合一块出城，如果有人趁你们不在关闭城门，你们怎么还能回得来？”但曹爽认为这完全是多虑，反问道：“谁敢？”

桓范的担心并不多余，真有人敢，这就是司马懿。

在家养病的司马懿一直都没有闲着，他知道曹爽是个对权力贪婪无度的人，一味忍让与退缩不是办法，迟早有一天曹爽一伙人会对他发起总清算，所以必须抓住机会抢先发起反击。

曹爽和他几个兄弟都离开洛阳，这是个绝好的机会，司马懿把大儿子司马师叫来，跟他秘密商量，大概是觉得小儿子司马昭还不够沉稳，暂时没叫他。

应该说，曹爽一伙虽然很无能，但也不是什么事都没做，经过十年的经营，朝廷上下、洛阳内外遍布了他们的心腹和死党，统统解决他们并不是容易的事，司马懿现在能依靠的主要是司马师手里掌握的一支力量。司马师秘密地养了一帮死士，人数多达3000人，他们散落在民间，现在正是派上用场的时候。死士，指敢死的勇士，有的是江湖侠客，有的是民间奇人，他们一般都重义轻利，为了报恩而向主人卖命。在耳目众多的京城，司马师能做到这一点相当不简单，这得益于他担任的中护军这个职务。

中护军不仅是禁军的统领，也负责典选武官，主要是中下级的武官，司马师上任后完善了规章制度，规范选人用人的标准，很受称道。当然，这是明面上的，有没有私心其实得看指什么，提拔个军官，马上就收钱受贿，这当然是私心，不收钱而收买人心其实也是私心，只是更高明，司马师利用中护军这个职务干了不少收买死党的事。

只有这些还不够，司马懿又利用自己的影响，秘密得到了担任三公的蒋济和高柔的支持，蒋济多年掌管禁军，威望很高，对曹爽一伙早就恨之入骨，高柔为人耿直，一向敢说敢干，曹爽一伙视之为眼中钉，还有担任太仆卿的王观，他跟司马懿有旧交，一向支持司马懿，担任朝廷尚书仆射的三弟司马孚更不用说了，有了上面这些人的支持，司马懿觉得应该有把握。

谒陵的队伍将于正月初三离开洛阳，前一天晚上司马懿才把计划告诉小儿子司马昭，说明天行动，司马昭感到既兴奋又紧张，一个晚上都没睡好。

谒陵的队伍将于早上出城，司马懿决定中午就动手，具体计划是：集中500人交给司马昭，任务是监视南宫和北宫，但不要攻打两宫，只保证不出不进就行；司马懿自己率一部分人去占领武库，那里集中存放着兵器，平时为防有人突然作乱，对兵器有严格的管理制度，巡逻、守卫时可带兵器，其他情况下要把兵器交武库保管，曹爽在城里的嫡系人马再多，把武库占了，他们中的大多数人也就没了战斗力；司马孚和司马师率一部分人攻占司马门，这里是皇城的外门，也是皇城与百官居住区联系的中枢，控制住这里，至少文武官员不会发生异动；高柔带人去曹爽的大将军营，出示皇太后的诏书，之后以代理大将军的身份临时接管军权；王观带人去武卫将军营，同样出示皇太后的诏书，之后以代理中领军的身份坐镇那里，防止禁军和北军五营反攻；如果上述安排顺利完成，意味着洛阳城已经被有效控制，司马懿与蒋济一起率兵出城，占领洛水之上的浮桥，迎击曹爽一伙人的反扑。

整个计划做得相当周密，每一步都抓住了要害。

但也有难点，比如太后的诏书。郭太后迁居永宁宫后，实际上被软禁在了那里，她愿意不愿意写这份诏书？如果愿意写，又能不能秘密地带出来？这些都是问题。

司马懿在这个问题上早有布局，他很早就注意与郭太后一家拉近关系，郭太后的叔父郭立任宣德将军，他有个儿子叫郭德，司马懿让司马师把一个女儿嫁给郭德为妻，此女短命早死，司马懿又让司马昭把一个女儿嫁给郭德为继室。冷庙反而要多烧香，没有预料到今天这一步的话，就不会做出如此精心的安排。

所以，郭太后早已暗中站在了司马懿一边，加上曹爽一伙对她的排挤和迫害，她也愿意把这伙人除掉，为此冒些风险也都情愿，有了她的全力配合，诏书自然会想办法送到司马懿手中。郭太后的支持对司马懿来说非常关键，这增加了此次行动的合法性，不至于让人诟病为谋篡。

第二天早上，谒陵的队伍出发了，很隆重、很威风。

午后，各路人马同时行动，尽管计划做得很周密，但仍然漏掉了一个重要的地方，这就是曹爽的府邸，当司马懿带人去攻占武库时，恰好要路过曹府，结果引起了一阵恐慌，曹府还有不少家兵，有人想出来进攻，又发现太傅本人也在其中，有些犹豫。

曹爽的妻子刘氏有一定见识，意识到问题不简单，把守卫曹府的守督叫来，对他说："大将军不在，请你发兵，阻止太傅等人的叛乱！"

这位守督答应一声即登上门楼，正好看到司马懿，马上拿来弓弩，注满箭，照着司马懿就准备射。关键时刻，有个手下扯了扯守督的衣服，小声说："今后的事情如何发展，不好说啊！"一句话提醒了守督，让他犹豫起来，箭没有射出，但想了想，他还是准备射，这位手下又提醒了一次，守督三次要射，三次被提醒，最后终于还是没射，司马懿顺利通过。

史书没有留下这位守督的名字，但他的那个手下名字却留下了，他叫孙谦，也许他是司马师安排在曹府的卧底，但更大的可能只是曹府的普通一兵，不过他很关心时局，知道大势所趋和人心向背，所以在关键时刻才冒死进言，他的几句提醒也许至关重要，如果司马懿此时真被射死或者被射成重伤，后面的局势会如何发展还真不好说。

之后，各路进展都很顺利。

城里乱了起来，官员们听到异动，都预感到发生了大事，也能猜出个大概，大部分人对曹爽一伙都很失望，也知道他们成不了大事，所以干脆闭门不出，静观其变。

高柔、王观分别接管了曹爽兄弟的军营，也没有遇到太大麻烦。看到局势已基本控制，司马懿拿出了早已准备好的奏疏，上奏少帝："大将军曹爽背弃顾命，败乱国典，对内僭越，对外专权；破坏祖制，尽领禁兵，群官要职皆授予身边所亲之人；殿中宿卫的旧人尽被斥出，全部用他自己的新人。同时，又与黄门张当等狼狈为奸，离间二宫，伤害骨肉。天下汹汹，人怀危惧，陛下已形同摆设，岂得久安！这并非先帝诏陛下以及臣升御床时相托之本意啊。臣虽朽迈，怎敢枉言？昔赵高专权，秦氏灭绝；吕后、霍光专断，汉祚不永。这些都应成为陛下之大鉴。太尉蒋济、尚书令司马孚等人，都认为曹爽有无君之心，他们兄弟不益于执掌禁卫，臣与他们把上述想法上奏永宁宫，皇太后敕臣如奏施行。臣已经令有关部门以及黄门令罢曹爽、曹羲、曹训的兵权，以侯爵的身份待在家中，不得在外随意逗留，如有稽留便以军法从事。臣已将兵屯洛水浮桥，以应非常之需。"

司马懿提出只解除曹爽兄弟的兵权，但不剥夺其爵位，对其他人也没有提及，这无疑是明智的。随后，司马懿和蒋济一起率兵出城，屯驻在洛水之畔，防备曹爽等人的反击。

桓范没跟曹爽一起走，看到司马氏父子发动了兵变，他想逃出去给曹爽等人报信，他的儿子以及大司农府里的官员们都劝他不要去，但他不听，跑到了洛阳的平昌门，这时城门已关闭，守城门的是他曾举荐过的一名故吏，桓范假称奉诏书出城，这名故吏就把他放走了。有人报告了司马懿和蒋济，蒋济叹息道："智囊走了！"司马懿不以为然，对蒋济说："桓范虽然是个智囊，但曹爽是平庸之人，就像劣马的眼睛只能盯着马厩里的那一点儿豆料一样，所以桓范的建议曹爽是不会听的。"

六十九、一场无情清算

曹爽等人还陪着少帝在高平陵，听到消息一下子傻了。

堂堂的大将军，此时脑子里一片空白，不知该何去何从，这时候桓范来了，他建议曹爽护送少帝的车驾去许昌，之后召集各路人马以平叛的名义讨伐司马懿，但曹爽不敢下决心。

桓范急了，赶紧去找曹羲，对他说："现在的形势很明朗，你还看不明白吗，那么多书都白读啦？像你们这样的家族，再想求贫贱都不可能了！匹夫尚且有求生的欲望，你与天子相随，如今号令于天下，谁敢不应？你麾下有一别营离此很近，洛阳典农校尉所部都在城外，他们都能听你的召唤。现在去许昌，用不了太多时间，许昌有军需仓库，还有粮库里的谷食，大司农的印章就在我身上带着，要取就取，要拿随意。"

在主见方面曹羲比曹爽强点儿，但这么大的事也拿不定主意，随行的侍中许允、尚书陈泰等人则劝曹爽早日归罪，至少能保住性命，曹爽动心了，派许允、陈泰回洛阳去见司马懿。

司马懿让许允、陈泰给曹爽捎话，保证不会伤害他的性命，荣华富贵也可以继续享受，为让曹爽放心，司马懿还派一个曹爽比较信赖的叫高阳的侍中一同前往，并让蒋济给曹爽写了封信，保证曹爽等人的安全，曹爽看到人和信，大喜。桓范还在那边做着进军的准备，命人伐木做鹿角，又征调了附近数千屯田兵前来护驾，曹爽让他把兵遣散，桓范大惊，曹爽说："我干脆去当个富家翁吧！"桓范当场哭了，骂道："曹真英雄一生，竟然生了你们这帮兄弟，简直猪都不如！你们就等着被灭族吧！"

曹爽和兄弟曹羲、曹训、曹彦等人回到了洛阳，之后被集中起来居住，地点就是曹爽的府邸，平时在家里可以自由活动，但不得出府门。

这是被软禁的节奏啊，说好的富家翁呢？曹爽等人紧张起来。过了几天，家人报告说府邸四周突然来了不少人，看起来都是乡下人打扮，足足有好几百，把府邸围住，不知何意。曹爽也很困惑，要抓人应该派当兵的来，派一群“农民工”干什么？

很快就有了答案，这群“农民工”是来干活的，他们在曹爽府邸的四个角上各修建了一座高瞭望台，站在这些瞭望台上，曹府内的一举一动都被看得清清楚楚。

曹爽等人在府里困着，不让出门，时间一久，曹爽觉得越来越烦闷，就试着出来遛遛，他平时喜欢用弹弓打鸟，于是拿着弹弓来到后园，还没打，瞭望台上的人就大声喊了起来：“故大将军往东南方来了！”曹爽受到惊吓，不敢轻易出门，兄弟们在一起商量对策，曹羲出了个主意，让曹爽给司马懿写封信，说被困日久，家里断粮了，请求给一些粮食。如果司马懿给了，说明他不打算杀人；如果司马懿不给或者置之不理，那就凶多吉少。

曹爽认为这个主意不错，就给司马懿写了封信，信中说：“贱民曹爽我现在哀惶恐怖，自感罪孽深重，甘愿受屠灭之刑。前几天派家人出去弄粮食，至今未返，现在家里已经快没有吃的了，恳请给些粮食，以继旦夕。”

不久司马懿的回信就来了，还是亲笔所写，其中写道：“真不知道府里已经缺粮，实在不好意思，已经命令下去，将拨给米 100 斛，还有肉脯、盐豉、大豆等，随后就送来。”东西很快送来了，曹爽大喜，以为司马懿不打算要他的命。

对于曹爽的同党，包括何晏、邓飏、丁谧、毕轨等人，也都要求他们住在家里，不许随便出入，他们跟曹爽一样都很恐惧，但也怀着一丝侥幸，希望能从轻发落。

但司马懿并不打算放过他们，他只是还在做准备。不久，一桩案子被揭发，清算行动开始了。这桩案子说的是宦官头目张当私自选了 11 名才人给曹爽，事情已彻底查清，人证物证俱在，廷尉将张当收监，进一步追查。张当在狱中招供，除了这件事，曹爽还有谋反的计划：“曹爽与尚书何晏、邓飏、丁谧，还有司隶校尉毕轨、荆州刺史李胜等人阴谋反逆，计划都已制订好了，时间就在今年的 3 月。”

曹爽、何晏等人确实在秘密策划废掉少帝而另立，所以张当的供词也许不是他在严刑之下瞎编的。这一下问题就严重了，已不是作风问题和道德问题了，牵涉谋反，还是团伙，少帝下诏实施抓捕。

曹爽、曹羲、曹训、曹彦、邓飏、丁谧、毕轨、李胜等人被抓了起来，里面竟然没有何晏，不仅没抓他，司马懿还给他派了个重要任务：专案组组长。

眼见大势已去，何晏为保命，所以查得很仔细也很彻底，很多事其实他都亲自参与了，所以查起来并不困难。案子很快办完，何晏呈上结案报告，建议将上述八个人全部诛杀。

司马懿看完，摇了摇头："不够，还得再查。"何晏傻了，哆哆嗦嗦地问："莫非还有我？"司马懿微微一笑："恭喜你，答对了！"

何晏于是一同被杀，加上他，这个集团的九名主要骨干都被夷灭三族，一同被杀的还有勇于揭发的张当，以及他们的智囊桓范。

夏侯玄此时还在长安，司马懿以朝廷的名义诏他回京，改任大鸿胪卿，西线战场总指挥由郭淮接替。夏侯霸一向跟郭淮不和，认夏侯玄走后自己必定凶多吉少，就劝夏侯玄跟他一起逃跑，夏侯玄不敢。

夏侯玄回到洛阳，从此被解除了兵权，在朝廷担任了个挂名的部长，但由于政变前他不在洛阳，好歹暂时保住了一条命。夏侯霸逃往了蜀汉，走的是阴平道，一路很狼狈，因为不熟悉地理环境，在山中迷了路，粮食吃尽，只得杀马步行，脚也扭伤了，实在走不动，最后躺在岩石下休息，绝望之际遇到了蜀汉那边的人，把他接到了成都。

张飞的夫人也姓夏侯，她是夏侯渊的侄女，是在战乱中被张飞抢去的，论起来就是夏侯霸的从妹，夏侯氏为张飞生了个女儿，就是后主刘禅的皇后，夏侯霸见到后主刘禅还得被喊一声表叔。刘禅还真认这门亲，不仅厚待夏侯霸，还反复向他解释："你爹，也就是我表爷爷他老人家死在乱军之中，可不是我父皇亲手杀的啊！"刘禅还把儿子叫来与表舅爷相见，指着儿子对夏侯霸说："这是夏侯氏的外甥！"

七十、姜维北伐

夏侯霸到蜀汉后被任命为车骑将军，此时大将军是费祎，姜维担任的卫将军在名义上还在夏侯霸之后。

当然这也只是名义上的，夏侯霸在蜀汉的处境还比不上当年的马超，对降将大家一向是看不起的。一次，夏侯霸想与荡寇将军张嶷交个朋友，对张嶷说："我虽然与足下素昧平生，但心里却像老朋友一样知心，希望您明白我的心迹。"

说起来夏侯霸算是张嶷的领导，但张嶷一点面子都不给："我不了解你，你也不了解我，大道理在你那里，哪里谈得上知心？现在咱们也才刚刚认识，这些话三年以后再说吧！"夏侯霸被弄得很没面子，但姜维对夏侯霸挺重视，专门跑来向他请教曹魏方面的事，姜维问夏侯霸："司马懿现已夺取了权力，他有没有对外征伐的意思？"夏侯霸回答说："司马懿现在最重要的是巩固权力，目前尚没有余力对外攻伐。不过那边有个叫钟会的人，虽然现在还年轻，但有朝一日得到重用的话，将成为蜀、吴两国的大患。"

钟会就是钟毓的弟弟、前太傅钟繇的小儿子，曹爽当政时他还只是尚书台的一名尚书郎，尚书台是曹爽的大本营，司马懿夺权后重新恢复了中书台的作用，朝廷的秘书局由尚书台和中书台共同承担，过去长期在中书台供职的刘放年老病重，不久去世了，被曹爽一伙架空的孙资被任命为中书台的中书令，20多岁的钟会则被直接提拔为中书台的中书侍郎，但钟会的长处在军事方面，日后果然大有作为。

姜维向夏侯霸打听曹魏的情况，是因为他正在准备北伐。蒋琬主政期间北伐处于停顿状态，蒋琬死后，姜维与费祎共同辅政，从职务上说以费祎为主，但费祎偏于内政，军事方面的事姜维考虑得更多。

就在司马懿发动政变的这一年秋天，在姜维指挥下蜀汉发起了一次北伐，路线还是祁山方向，主攻曹魏治下的雍州刺史部，姜维让夏侯霸一同随征。

蜀军很快越过了祁山，继续向西，攻占了麴山附近的麴城，麴山即今岷山，麴城位于今甘肃省岷县以东。姜维做出稳扎稳打的态势，下令在麴城附近修筑了两处要塞，让句安、李歆等人把守，以此为中心不断向曹魏的陇右地区扩张。

姜维就是这一带的人，对这里的情况十分了解，蜀军动作很快，扩张势头很猛，曹魏征西将军郭淮与雍州刺史陈泰商量对策，郭淮继夏侯玄之后成为曹魏西线战场的总指挥，陈泰是已故重臣陈群的儿子，几个月前还是朝廷秘书局的一名尚书，因为父亲的关系，司马懿本就对陈泰有好感，又因为陈泰劝曹爽投降而对陈泰更加亲近，掌权后立即任命陈泰为雍州刺史。

但这不是为了投桃报李，因为陈泰确实有能力，尤其在处理边疆事务方面很有经验。陈泰曾任并州刺史，同时兼任护匈奴中郎将，所辖地区及周围一带民族众多，陈泰很注意对当地各少数民族采取怀柔政策，在少数民族中威信很高。当时京城里的权贵们经常托他在边地购买奴婢，为此送来很多礼物，陈泰把礼物都挂在墙上，从不打开，他当了九年的刺史，调回京城时把所收到的礼物全部退还。

所以陈泰不是一般的“官二代”，他是个干才，面对蜀军的进攻，陈泰向郭淮建议：“麴城虽然坚固，但离蜀国的控制区太远，所有粮草供应都要长途运输，姜维只能大量征调羌人、夷人去运，他们苦于劳役，未必肯屈从。现在只要把敌人围起来，不用进攻就可兵不血刃地将其攻破。蜀军即便举兵来救，但这里山道险阻，他们想取胜并不容易。”

围而不攻、拖而不打是司马懿对付诸葛亮的制胜法宝，看来陈泰也领悟到了其中的真谛。的确，蜀军每次北伐都会为粮草接济不上而困惑，魏军以逸待劳，以己所长击敌所短，这才是用兵的正道，郭淮长期征战在西线战场，对这个道理自然也懂，于是同意了陈泰的建议。

郭淮命陈泰去指挥围攻麴城的蜀军，所部包括讨蜀护军徐质和南安郡太守邓艾等，邓艾也是司马懿重点栽培的对象，他先在司马懿的太尉府当过一段时间的太尉掾属，之后到尚书台当尚书郎，再到夏侯玄的西部战区司令部当参谋（参征西军事），经过这些锻炼后被派到下面当郡太守。

陈泰等人指挥魏军把麴城围了起来，此时姜维不在麴城，魏军把城里的运输通道和水源阻断，只围不攻，蜀将句安挑战，魏军不应，时间一长蜀军受不了，只得把有限的粮食分给兵士，每天算着日子节省着吃，没有水就化雪水去喝，姜维果然率兵来救，蜀军兵出牛头山。

陈泰率魏军与蜀汉援军相对，陈泰对众将说："兵法贵在不战而屈人之兵，现在可以断绝牛头山的归路，让姜维无法返回，可将其生擒！"

陈泰让众将坚垒不战，然后派人去见郭淮，提出由他率部南渡白水河，沿河向东，而请郭淮率军进逼洮水，两路大军齐进，目的是切断姜维的后路，郭淮认为这个作战方案可行，于是向洮水移动。

姜维察觉情况有异，只得撤退，麴城的蜀军于是投降。

这是姜维第一次主持北伐，以后他主持的北伐还有十次之多，他的主要对手就是郭淮、陈泰、邓艾这些人。

这次北伐，蜀军暴露出兵力不足的问题，以往诸葛亮每次兴兵都几乎倾尽蜀国的全部兵力而出，通常在 10 万人上下，这是因为要长途作战，对手是曹魏这样强大的敌人，总兵力至少要与对方不相上下才有取胜的可能，而姜维此次进取麴城，兵力居然只有 1 万人左右，失败也就不可避免了。

姜维与费祎共同辅政，姜维认为自己熟悉陇右的情况，又能策动西北的羌人、胡人各部族为羽翼，所以在曹魏的侧翼发起进攻将其一举夺下相当有把握，但费祎对此并不支持，当然他也不能公开反对北伐，因为这是诸葛丞相生前制定的国策，于是就在暗地里做手脚，利用职权阻挠姜维调兵，姜维能调动的人马十分有限，费祎还对姜维说："咱们这些人比丞相差远了，丞相尚且不能北定中原，何况我等？咱们不如保国治民、敬守社稷，至于统一天下的功业，干脆等待日后出现有能力的人再去做吧，不要期望着侥幸决战而一举成功，如果不然，悔之不及啊！"

面对不思进取的费祎，姜维也很无奈。但这些话费祎并不敢公开地讲，他还得做出北伐的样子，先进驻汉中，后又移驻梓潼郡的汉寿县，梓潼郡是蜀汉在北部增设的一个郡，下辖梓潼、汉寿、白水、涪城、汉德驻五个县，其中汉寿县在今四川省广元市的西南。汉中如果是蜀汉北部第一道防线，梓潼就是第二道，费祎在这里开府治事，朝中所有大事都要先征求他的意见才能施行。

蜀汉延熙十六年（253），费祎在汉寿举办岁首大会，驻汉寿的文武官员都参加了，费祎在宴会上喝得很高兴，酩酊大醉，结果竟然被一名刺客瞅准机会给杀了。

这不是一名普通的刺客，他叫郭修，是蜀汉的左将军，在军中的地位几乎与姜维相当。他是陇右人，原来是曹魏的一名中郎将，后被姜维俘虏，投降了蜀汉，大概他在陇右一带也有很大的影响力，所以被提拔为左将军。

看来蜀汉一向重视降将，马超来投，一开始被任命为平西将军，地位在关羽、张飞等人之上，后又担任车骑将军；姜维来投，年纪轻轻就被任命为奉义将军，后成为征西将军、卫将军；夏侯霸来投，被直接任命为车骑将军。如此厚待降将，而像张嶷这样一直忠心耿耿、屡立战功的将领，奋斗了几十年也不过是个荡寇将军，所以夏侯霸主动要跟张嶷交朋友，张嶷才那么冷淡。

郭修虽然投降了蜀汉，但内心里却不愿意当蜀臣，他想找机会刺杀后主刘禅，利用向刘禅道贺的时机，一边拜贺一边趋前，希望接近刘禅，但总被旁边的人阻隔无法行动。郭修于是另找行刺目标，费祎举办岁首大会，郭修也在座，费祎是蜀汉的二号人物，干脆就朝他下手，郭修亲手刺杀了费祎，自己也被蜀人所杀。

曹魏这边得到消息，认为郭修是烈士，少帝曹芳下诏褒奖郭修，说他的行为是杀身成仁、舍生取义，论勇猛赛过战国时的著名刺客聂政、论功劳超过西汉初年的刺客傅介子，追封其为长乐乡侯，食邑 1000 户，爵位由郭修留在曹魏的儿子继承。

费祎死后，姜维负责全国的军事（都督中外诸军事），不久又正式继任大将军，他可以全力准备北伐了。而朝政方面，从诸葛亮到蒋琬、费祎，实际上是一种摄政的状态，后主并无多少实权，随着费祎的死这种局面得到了改变。

姜维是费祎之死的最大受益者，考虑到郭修和姜维都是陇右人，郭修又是姜维收降的，于是有人大胆推测，认为郭修之所以刺杀费祎并非出于对曹魏的忠诚，而是姜维暗中指使的，但这种看法没有任何依据，只能算一种推测。

费祎之死改变了蜀汉的政治格局，由于历史原因，蜀汉内部一向存在派系之争，刘备、诸葛亮可以充分平衡各派的力量，蒋琬、费祎也基本能做到表面无事，而姜维缺乏相应的资历和基础，后主也无法完全掌控一切，自此之后蜀汉内部的斗争变得复杂化。

七十一、司马懿死了

再回到曹魏，看看政变之后的时局。

少帝正始十年（249）4月8日，距政变即将满百日，少帝下诏改元为嘉平。本月，太尉蒋济去世，享年61岁。

在此次政变中蒋济发挥了重要作用，事后司马懿以少帝的名义晋封蒋济为都乡侯，食邑增加到700户，蒋济立即上疏谢绝。蒋济的心情有些复杂，他支持司马懿推倒曹爽一伙，但他也向曹爽等人做过保证，保他们性命无忧，但结果与此相反，蒋济深感自责，他的死与此有很大关系。

在司马懿主持下，太尉一职由孙礼接任，他是坚定的"反曹派"，对曹爽一伙恨之入骨，此前孙礼已改任司隶校尉，他担任太尉后，司隶校尉一职由司马懿的另一名铁杆拥护者何曾担任。司马师担任了卫将军，同时兼任中护军，军职虽然还不是最高的，但等于主持全国的军务，待时机成熟时再就任大将军一职。

少帝曹芳这一年18岁了，曹爽辅政时原本还指望过有亲政的那一天，现在看来已经没戏了，出于对司马懿的敬畏，他主动提出拜司马懿为丞相，享受赞拜不名、入朝不趋、剑履上殿的特权，同时加九锡，这些东西指的是哪些内容之前已经说过，曹芳完全是按照曹操当丞相时的套路来的，但司马懿坚辞不受。

一方面，司马懿觉得这些都是虚的，没有实质性的作用反而容易落下口实，招来更多的攻击；另一方面，现在也只是大局初定，曹氏几代人不断经营，仍有不少人对他们怀有感情，暗中反对自己的人也不在少数，还不是通过加官和特权来树立个人威望的时候。

曹爽等人被杀后空出许多重要职位，司马懿借机安插那些自己认为可靠的人，除了之前提到过的邓艾、孙礼、何曾、钟会，还有王基、石苞、卢毓、傅嘏、傅玄、胡奋等人，这些人对曹魏感情较淡，或者受到过排挤和打压，绝对坚定地支持司马懿。

朝廷最核心的机构是中书台和尚书台，中书台有孙资和钟会在那里，可以让人放心；尚书台方面，司马懿让三弟司马孚去担任长官（尚书令），又把卢毓等人调过去担任尚书，协助司马孚。

在地方上司马懿也加快了布局，西线战场由郭淮坐镇，郭淮属于职业军人，不热衷政治，这一点让司马懿放心，司马懿也负责过西线战场，郭淮也算是他的部下了，经过磨合，郭淮已经越来越让司马懿感到满意，更何况在西线战场还有陈泰、邓艾两个“自己人”，那里应该不会出问题。

南线战场方面，司马懿曾在荆州主持军务多年，有一定基础，荆州刺史原来是李胜，就是到司马懿府上探病的那位，李胜被杀后荆州刺史空缺，司马懿安排王基去继任，司马懿担任大将军期间，王基曾在大将军府任过职，是老部下。

王基任荆州刺史前只是朝廷秘书局里的一名尚书，资历还不足以负责整个南线战场，司马懿就把王昶派过去，这是个大有来头的人，也是三国后期的一个重要人物。

王昶字文舒，出身于著名的太原王氏家族，与汉末名臣王允为同宗，曹丕当太子时王昶曾任太子府中庶子，作为“太子四友”之一的司马懿那时便与王昶有很多交往。王昶后来担任过散骑侍郎、洛阳典农都尉等。魏明帝时期下诏让朝廷大臣推荐人才，每人只能推荐一名，时任太尉的司马懿推荐的就是王昶。在司马懿的关照下，王昶担任了兖州刺史、扬烈将军。

司马懿以少帝的名义晋升王昶为征南将军，假节，负责整个南线战场（督荆、豫诸军事），王昶不负重托，在荆州刺史王基等人的支持下大力发展经济，加强军队训练，又在新野建立基地训练水军，曹魏在南线战场的实力大增。

三大战场中，只有东线战场让司马懿心里没底。

负责东线战场的是王凌，目前已经78岁了，他有一个更显赫的头衔：车骑将军，论起来在军中的地位数他最高，司马师的卫将军也不及他，骠骑将军曹洪早已故去，大将军曹爽被杀，在名义上王凌如今是魏军的第一号人物。

跟王昶一样，王凌也出身于太原王氏家族，他与王允的关系更近，是王允的侄子，早年便到曹操身边任职，历经曹氏四代人，对曹氏忠心耿耿，职务不断上升，之前说过，满宠曾是王凌的上级，王凌根本不把他放在眼里，满宠离职后，曹爽对王凌进一步拉拢，让他负责整个东线战场（都督扬州诸军事）。

论年龄、论资格王凌都与司马懿都不相上下，他在东线战场经营多年，势力很大，他不会轻易顺从司马懿，也不能用强力迫其就范，为此司马懿很费了一些脑筋。

司马懿以少帝的名义征王凌回朝廷任职，担任三公之一的司空，对这项任命王凌显然不感兴趣，找了很多借口一直不来就任。但王凌也知道这么拖着不是办法，必须主动出击，为此他找到兖州刺史令狐愚商量对策。

令狐愚是王凌的外甥，作为“拥曹派”，他们目前的处境差不多，王凌派心腹秘密前往兖州，令狐愚提出以扬州和兖州为基地另立朝廷与洛阳分庭抗礼，令狐愚连新皇帝都想好了，这就是曹操的儿子、楚王曹彪。

曹彪不仅辈分很高，而且跟曹植等人一样，长期以来过着被监视、限制的生活，而他生性不愿意逆来顺受，总想改变，他的封地目前就在兖州刺史部，是令狐愚控制的地盘。

令狐愚还听到一个传说，兖州刺史部东郡的白马河里出了妖马，夜里过官家牧场时发出鸣叫，众马皆应，天亮时有人看见这匹马的蹄印大如斛斗，一连数里，最后没入河中，不知什么时候在当地就有了一则民谣悄悄传唱起来，其中有“白马素羁西南驰，其谁乘者朱虎骑”的话。曹彪字朱虎，又是白马王，结合以上传说和民谣，令狐愚坚信拥立曹彪一定能成事。

令狐愚的计划让王凌动了心，但他的儿子王广还在洛阳，起事前必须把他接出来。王凌派人秘密到了洛阳，把计划告诉儿子，让他设法脱身，但王广反对父亲这么做，给父亲写了封信，信中说：“司马懿内心虽然难以捉摸，但也没有做过大逆之事，现在他能擢贤用能，广树政绩，修先朝之政令以应众心所求，对于曹爽犯下的过错，全部予以改正，政令莫不以体恤百姓为先。况且，司马懿父子兄弟并握兵要，不是那么容易打倒的。”

王广说得并不错，司马懿虽然是夺权上位的，好像不够光彩，但曹爽等人之前实在太差劲，早已失去了人心，司马懿掌权后的确面貌焕然一新，已深得朝野上下的拥护，此时举兵反对他并没有成功的基础。

但王凌仍然决心一搏，因为他已经没有别的出路了。

然而，就在这个关键时刻却出了意外。

王凌突然得到一个不幸的消息，令狐愚死了。整个计划都是令狐愚在策划，包括楚王曹彪那边的联络工作也都是令狐愚在负责，他突然不在了，王凌顿时傻了眼。

更不幸的事还在后面，令狐愚谋反有两个主要助手，一个叫杨康，一个叫单固，令狐愚死时杨康正好在洛阳出差，他是应司徒之命来谈公事的，听到消息不亚于一声晴天霹雳，起事成功的可能性本来就不高，主事的人不在了，结果可想而知，为了给自己和家人留条退路，杨康就在司徒府揭发了谋反的事。

此时的司徒是高柔，司马懿的坚定支持者，听到杨康的报告，高柔不敢怠慢，马上带他去见司马懿。司马懿仔细分析了兖州和扬州方面的形势，决定先隐而不发，告诉杨康这件事不要再提，让杨康仍回兖州，以免引起怀疑。

之后，朝廷派了个叫黄华的人前去继任兖州刺史，这时王凌还在为要不要起事而犹豫不决，他不知道司马懿对他们的事已了如指掌，王凌甚至还派了个叫杨弘的将军去秘密联络黄华，约他共同起事。

黄华的来历史书没有太多记载，但可以肯定的是，在如此重要的关口，司马懿派他去兖州，说明他是司马懿绝对信任的人，王凌要跟这样的人合伙造反，连这点儿常识都没有吗？这件事不可思议，要么王凌之前与黄华就有一些来往，被黄华骗了，要么杨康回到兖州后给王凌玩起了“无间道”，诱导王凌犯低级错误。

王凌一直拖着不去朝廷就职，还待在淮南的寿春，司马懿这边也不着急动手，就这样过了一年多。到了嘉平三年（251）4月，中原地区突然发生了一场地震，王凌觉得机会来了。

王凌上奏朝廷，说得到情报，孙吴将利用涂水上涨的机会由水路向扬州发起进攻，他向朝廷申请调兵的虎符，以便就近调动各路魏军，报告很快被朝廷驳回。

这让王凌有些意外，以往遇到这种情况朝廷是不会不准的，他这才意识到事情可能已经败露了，马上再派杨弘到兖州，找黄华商议起兵的事。结果杨弘非但没有完成任务，还被黄华给策反了，黄华、杨弘联名给司马懿写信报告情况，把王凌的最新计划和盘托出。

司马懿知道时机成熟了，于是亲率大军前往淮南讨伐。

司马懿以少帝的名义下诏对王凌谋叛行为进行揭露，有杨弘的密报，王凌所有计划包括行动细节都不再是秘密，王凌想抵赖都不能。但是诏书里同时回顾了王凌的功绩，说他也是一时糊涂犯了错误，只要迷途知返仍然可以原谅，如果主动投降，可以既往不咎。为了让王凌相信，司马懿还给他写了封信，信中言辞恳切，对王凌进行安慰，保证不会伤害王凌及家人的性命。

此时王凌的心里已经大乱，他几次派人下书，希望能与司马懿直接对话，开始未获回应，后来接到司马懿的回信，约他在一个叫丘头的地方相见。

王凌乘一叶小舟单独前往，随身特意带上印信、符节，他这时只想保命，他对司马懿说自己统重兵在外，执掌一方，却心怀不义，有负朝廷，今后别无所求，只希望与妻子儿女同在一处，子息后代平平安安地生活就行了，年近80岁的王凌在司马懿面前完全是一副乞怜的神态，哀求司马懿说："生我者父母，能让我活下去的是您啊！"

司马懿没有当场杀了王凌，但也没有履行诏书和信中的诺言，而命600名步骑押解王凌由陆路返回洛阳。与曹爽当年一样，王凌很想知道司马懿是让他活还是让他死，于是向押解自己的军士要了几个钉子，说是用来钉棺材用，王凌请他们务必向司马懿报告一下。

如果不给，说明还有活的可能，但经请示司马懿后，王凌得到了钉子。王凌感到绝望，走到项县时，看到谷水岸边有一座祠堂，是贾逵的祠堂，过去同为魏臣，王凌更感悲伤。

王凌在贾逵碑像前大声呼喊："王凌我一生尽忠魏室，贾逵，你在天的神明知道吗？"之后，王凌服毒自杀。司马懿率兵继续进驻寿春，对王凌的家人、心腹和嫡系进行了一场大清洗，凡参与过谋反、事先知情而不报告的一律夷灭三族，王凌的儿子王广虽然反对父亲谋反，但也在洛阳被杀。令狐愚被开棺剖尸，与王凌的尸体一起在野外曝晒三天示众，之后就地掩埋，不用棺殓。

郭淮的妻子是王凌的妹妹，为拉拢郭淮司马懿刚刚把王凌的车骑将军一职授给他。郭淮的妻子本应从坐，御史前往长安收捕，郭淮的手下以及羌、胡渠帅等数千人叩头请郭淮上表留下妻子，五个儿子也都叩头至流血，请父亲救母亲一命，郭淮不从。

但到最后，郭淮还是给司马懿写了封信，请求宽恕妻子。司马懿接到郭淮的信，看了很久，最后同意特赦，但郭淮在司马懿心中的分量大减，两年后郭淮病故。

在审查中，令狐愚的另一个心腹单固宁死不屈，被杀。杨康虽然揭发有功，但负责审理此案的廷尉对这个人比较反感，在结案报告中说他与单固的对质中言辞错乱，很多事情没说清，建议一并问斩，司马懿同意。

楚王曹彪也未逃过一劫，司马懿以少帝的名义下玺书予以谴责，曹彪为保妃嫔及儿子们一命，只得自杀，妃嫔和儿子们降为庶人，流放平原郡，朝廷派来监视曹彪的官员都因犯了知情却不及时劝阻或报告的罪过处死。为防止有人再用分封在各地的曹氏王公做文章，司马懿让少帝下诏，把各位王公集中在邺县居住，命有关部门严加监管，不得与外人随便联系。

司马懿的手段的确很残酷，说得好听一些，这叫作"敢爱敢恨"，对于他欣赏的人、看中的人，同时又认同他、支持他的，一律给予爱护、提拔和重用，对于反对他的人，则向来毫不手软。

嘉平三年（251）6月，司马懿率大军返回洛阳。

走到一个叫五池的地方，遇到侍中韦诞一行，他们是奉少帝之命前来劳军的。又往前走，走到一个叫甘城的地方，又遇到太仆卿庾嶷一行，除了劳军，还带来了少帝的诏书，拜司马懿为相国，晋爵安平郡公，食邑增加到5万户，全族19名子弟都封为侯爵。

司马懿仍不同意，上奏回绝。

平了这场叛乱，司马懿也病倒了，而且病得不轻。有史书说，司马懿病重期间梦见王凌、贾逵等人扮作厉鬼来索命，让他的心情很烦乱，加重了病情。7月，司马懿回到洛阳，病情进一步加重，司马懿知道这一次是大限将至了，于是向儿子们立下遗嘱，交代说自己死后葬于洛阳东北方向的首阳山，不坟不树，陪葬就用一些平时穿的衣服就行，不设明器，日后也不与其他人合葬，子孙不得祭陵。

嘉平三年（251）8月5日，司马懿在洛阳病逝，享年73岁。少帝下诏授其谥号文贞，追封相国、郡公。他的孙子司马炎后来当了晋朝的皇帝，加他的尊号为宣皇帝，称其陵墓为高原，庙号晋高祖。

司马懿的一生可谓波澜起伏，20多岁来到曹操手下做事，43岁时被封侯爵，担任尚书仆射。他最辉煌的时期是在47岁到60岁之间，他两次被托孤，平孟达、抗诸葛亮、伐公孙渊、拒孙权，建立了不世功勋，获得了巨大的个人威望。

司马懿由魏臣而走向“篡魏”，更多的原因也许是为自保，其中的是非曲直只能继续留给历史去评价了，但他开创了一个新时代，即使离开了人世，这也是一个无法改变的事实了。

司马懿死后少帝下诏擢升司马师为抚军大将军，主持朝廷日常事务（录尚书事），并擢升司马懿的三弟、朝廷尚书令司马孚为太尉，同时继续兼任尚书令一职，司马昭此时的职务是安东将军，主持淮北一带的军务（都督淮北诸军事），司马氏的权力基础巩固，没有因为司马懿的死而削弱。

七十二、孙权的烦恼

来说说孙权吧，他也步入了晚年。

晚年的孙权对外的进取心大减，他的精力都被内部的纷争所占据，尤其在太子的废立上，孙权更是感到了烦恼。

孙权的第一位夫人是谢氏，死得比较早，后来陆续娶了徐夫人、袁夫人、王夫人、步夫人、潘夫人等。在这些人里孙权最宠爱的是步夫人，一是因为她长得很美；二是因她的性格好，不妒忌；三是因她为孙权生了两个可爱的女儿，即孙鲁班和孙鲁育。

孙权很早的时候有立步夫人为后的想法，但遭到群臣的反对，大家认为应该立太子孙登的养母徐夫人，但孙权又不愿意，结果谁都没立，后来干脆不再提这个话题了。

步夫人死时仍没有得到皇后的名号，孙权不甘心，授意臣下上书，请求为步夫人追赠皇后名号，孙权批准，追封步夫人为皇后，追赐印玺和绶带，并下册书。被身为皇帝的丈夫追封为皇后，步夫人还是历史上的第一例。从这件事也可以看出，孙权与太子孙登之间的关系似乎有些微妙，不过到了吴大帝赤乌四年（241），年仅33岁的孙登突然患病死了，他临终前向父皇上疏，希望立弟弟孙和为太子。

孙和这时19岁，生母是王夫人，他从小就很聪明，孙权特别喜欢他，常把他带在身边，孙和得到的珍宝、珠玩、衣物等赏赐在各皇子里经常是最多的。孙和爱好文学，善骑射，不仅聪明还善于思考，尊敬老师，爱护人才，孙权于是立孙和为太子，为示庆贺，孙权还下令把吴郡的禾兴县改名为嘉兴县，即今浙江省嘉兴市。

孙和虽然年轻却很有见识，被立为太子后曾向孙权上疏，认为当时各官府只是依照官样文书去办事，奸猾的人会按照自己的想法篡改公文，所以要求杜绝此类现象。还有两位官员不和，互相揭发，孙和对他们说："能居文武官位的人有多少呢，你们互相仇恨，图谋陷害，怎能得福？"

这两位官员从此和好，互相友善。

吴大帝赤乌六年（243），孙吴第二任丞相顾雍去世，这时张昭、诸葛瑾、潘濬等重臣也已先后离开人世，孙权下诏拜陆逊为丞相，不再担任上大将军，但仍兼任荆州牧、右都护，统领荆州方面的一切事务（领武昌事）。

这时孙权已经60多岁了，身体大不如前，开始生病。人一旦意识到自己来日无多就容易乱想，孙权焦虑起来，他最顾虑的是自己死后能给儿孙们留下怎样的政治遗产。在孙权看来，丞相陆逊能力强、威望高，年龄虽然只比自己小一岁，但身体却很好，太子孙和虽然善良、好学、待人诚恳，但缺少帝王的霸气，孙权担心他根本驾驭不了陆逊这样的大臣。

也许正是出于这样的考虑，孙权突然做出了一个令人惊讶的决定，在孙和被立为太子后不久，他又突然下诏封孙和的弟弟孙霸为鲁王，并对他特别地宠爱，很多人意识到这是太子地位不稳的暗示。

孙霸生年不详，但此时也只有十几岁，孙权宠爱他，也许是因为他的性格更为刚毅果敢，但这样一来问题就复杂了，孙吴内部很快就围绕着孙和和孙霸形成了两个政治集团。

孙权的大女儿孙鲁班跟太子孙和的母亲王夫人关系不好，孙鲁班十分讨厌王夫人，因此反对孙和而支持孙霸。孙鲁班先是嫁给了周瑜的儿子周循，周循死后又改嫁全琮，全氏也是江东大族，全琮是孙权深为依赖的将领之一，时任大司马，地位仅次于陆逊，在孙鲁班的影响下全琮也义无反顾地站在了孙霸的一边。还有骠骑将军步骘，他是孙鲁班生母的同族，所以也支持孙霸，镇南将军吕岱、吕岱之子荡魏将军吕据、朝廷中书令孙弘等人也属这一派，他们结成了一个势力很大的集团。

但孙霸毕竟是弟弟，孙和毕竟是太子，在一些坚守正统观念的朝臣看来，未来的皇帝还应该是孙和的，持这种观点的有丞相陆逊、太常卿顾谭、太子太傅吾粲、左将军朱据、会稽郡太守滕胤、平魏将军施绩、尚书丁密等人。顾谭是顾雍的孙子，诸葛恪是诸葛瑾的儿子，施绩是名将朱然之子，朱然本姓施，过继给朱治后改姓，朱然死后施绩重新改姓为施。

太子居南宫，孙霸是鲁王，上面两大集团围绕未来继承人的这场纷争又被称为“南鲁之争”。

孙鲁班亲自指导孙霸，让他主动结交知名人士。鲁王一派的全琮还给陆逊写信，对陆逊进行试探和拉拢，结果受到陆逊的警告。太子一派的顾谭则多次上书孙权，建议对孙和的太子之位再次予以明确，以绝他人之念，吾粲也上书，不仅建议申明孙和的太子之位，更建议让孙霸出驻夏口，把孙霸的心腹杨竺等人调离建业。

陆逊上书孙权，言辞更为恳切：“太子是正统，地位应如磐石之固，鲁王是藩臣，宠秩应当有差别，这样上下才得安定，我在此叩着头流着血向您禀报！”陆逊前后多次上书，却没有得到孙权的回应，陆逊请求由武昌回建业，当面与孙权讨论嫡庶之分，孙权下诏，不许陆逊来。种种迹象表明，孙权其实是站在鲁王一边的。

一次，孙权与鲁王一派的重要成员杨竺单独谈话，涉及二宫优劣，杨竺抓住机会竭力夸赞鲁王的才能，适合当太子，孙权当场表示赞同。但这场谈话并非没有第三者在场，有个到孙权这里送东西的小吏躲在了床下，把他们说的话全听到了，此人赶紧报告了孙和，孙和十分紧张，想向陆逊求援。恰好陆逊本族有个叫陆胤的人在尚书台担任选曹郎，正有公务要去武昌，孙和换了便服偷偷去见他，二人在一辆车上密议，决定由陆胤把有关情况告诉陆逊，让陆逊再次上表劝谏。

陆逊上表，谈到孙权与杨竺的对话，孙权大怒，认为是杨竺泄的密，但杨竺矢口否认。孙权知道杨竺是鲁王的死忠分子，也不可能把消息告诉陆逊，其中一定有隐情，就让杨竺调查。杨竺怀疑到了陆胤，他告诉孙权，陆胤刚好去过武昌，陆逊的上表紧接着就来了，消息一定是陆胤泄露的，孙权下令把陆胤抓起来拷问，陆胤为掩护太子，就说是杨竺告诉他的，孙权下令把杨竺也抓了起来。

杨竺经不起拷打，只得违心承认是自己说出去的，孙权把杨竺杀了，陆胤反而保住了一命。

从上面这件事上看，两派的斗争相当激烈。

为打击对手，全琮父子突然揭发了一件事，吴大帝赤乌四年（241）发生了一场芍陂之战，顾谭的弟弟顾承、张昭的儿子张休等随全琮父子参战，吴军获胜，本来这件事已经过去了，论功行赏也已结束，但全琮父子突然旧事重提，向孙权揭发说行赏不公，背后有问题。

他们的理由是，此战他们父子功劳最大，但张休、顾承等人得到的赏赐反而更多，原因是张休、顾承与典军陈恂有私下往来，因此得到了更多的奖赏，孙权接到举报后命令有关部门予以调查，查来查去，顾承、顾谭都获了罪，被流放到交州。

这件事显然是冲着陆逊来的，因为顾谭、顾承不仅是顾雍的孙子，还是陆逊的外甥，孙权对陆逊已到了忍无可忍的程度，借此事向陆逊表达不满。

不久，太子太傅吾粲也受人陷害，竟被孙权处死，在审查吾粲期间，发现吾粲曾多次写信给陆逊，通报建业的情况。孙权又抓住这个把柄，派人到武昌责问陆逊，陆逊又急又气，竟然忧恚而死。

孙权趁机擢升步骘当丞相，全琮升任右大司马，鲁王一派大获全胜。在这次人事调整中，诸葛瑾的儿子诸葛恪也异军突起，被任命为大将军，这是他父亲诸葛瑾生前担任过的职务。

孙鲁班则加紧了对太子的陷害，孙权生病，孙和到孙策庙里祈祷，希望父亲的病早点儿好。孙和的妃子张氏是张休的侄女，张休的府邸刚好在孙策庙附近，孙和祈祷完，张休邀请他到府中坐坐。孙鲁班一直派人跟踪太子，知道了这件事，觉得可以做文章。

孙鲁班跑到孙权那里告状，说太子根本没去庙里，而是跑到张休那里商量大事去了。孙鲁班还说，太子的生母王夫人听说皇上有病，不忧反喜。

孙权听后大发雷霆，消息传到王夫人那里，她竟恐惧忧愁而死，孙权对孙和则更加失望。在芍陂论功事件中也牵扯到张休，朝廷中书令孙弘等人翻出旧账，孙权下令对张休进行审查，张昭的儿子、太子的岳父张休居然被赐死了。

眼看孙和就要被废，孙霸坐上太子之位指日可待，孙权却停下了手。在一次与族人孙峻的谈话里，孙权道出了他的忧虑："子弟不和，臣下分成两派，将导致袁氏之败，被天下人耻笑。太子只能立一个人，怎能不引起争斗？"

犹豫了一年，孙权也只是下令将孙和软禁在宫中，仍没有废掉他。在这场"南鲁之争"中孙权的小女儿孙鲁育没有公开表态，但她的丈夫朱据支持太子，他上书为太子鸣冤："太子是国之根本，他为人雅性仁教，天下归心，现在猝然责罚他，将引发满朝疑虑。当年晋献公偏信骊姬而害申生，汉武帝听信江充而让戾太子冤死，臣担心太子不堪其忧而身亡，到时候再想建思子宫也无法使太子复生了！"

朱据还联络了朝廷尚书仆射屈晃等一批朝臣跑到宫门外为太子请愿，他们把自己绑起来，叩头触地。孙权登上宫里的白爵观看到这番场景，非但没有引起触动，反而感到厌恶，他下诏斥责朱据、屈晃等人没事找事，但这件事毕竟涉及朝臣较多，又在外界产生了广泛影响，孙权没开杀戒，而是把朱据降为新都郡丞，把屈晃斥归乡里。朱据曾得罪过孙弘，他还没有到达新的任所，孙弘便私自冒用孙权的名义下发诏书，把这位堂堂的骠骑将军、孙权的女婿杀了，而事后孙弘竟未被追究。

斗来斗去，孙权实在厌烦了。

孙权又做出一个更令人惊讶的决定：他要废掉太子，但不立孙霸，而是在其他儿子中另立新人。孙霸的下面还有两个弟弟，分别是孙奋、孙休和孙亮，其中孙亮年龄最小，却受孙权格外疼爱，孙亮的母亲潘夫人近年来也最受孙权宠爱，孙权有立孙亮为太子的打算。

孙鲁班察觉到孙权对鲁工已不感兴趣，马上全力去支持孙亮，她不断在孙权面前称颂孙亮，并把丈夫全琮的一个侄孙女嫁给了孙亮。

吴大帝赤乌十三年（250），孙权下诏正式罢黜孙和，贬为平民，放逐到故鄣，即今浙江省长兴县。同时立皇子孙亮为太子，此时孙亮只有 7 岁。

孙霸的结局竟然还不如哥哥孙和，孙权下诏将其赐死，全寄、吴安、孙奇等孙霸身边的人全被诛杀，“南鲁之争”以双方的惨败而结束，此事牵涉范围之广、官员之多，在汉末三国的历次政治斗争中都首屈一指。

孙权最后选定的接班人只是个 7 岁孩子，此时孙权已经 68 岁了，已来日无多。经过一场政治洗礼，朝廷上下一片黯淡，大家互相设防，不敢轻信任何人，一旦孙权不在，年幼的孙亮如何接好这个班，又让孙权头疼起来。

七十三、孙权也死了

就在册立孙亮为太子的这一年，孙权还宣布接到神人所授的书册，将次年改元为太元元年，同时册立太子孙亮的母亲潘夫人为皇后。

这位潘皇后是孙权第一位、也是唯一一位在任的皇后，她是会稽郡人，父亲是一名县吏，犯罪被判处死刑，按法律潘皇后和她的姐姐都被罚为官家奴婢，在宫里的织室做苦工，一次偶然的机会孙权看到她，把她召进后宫，后来生下了孙亮，从而改变了命运。

史书对这位潘皇后评价不高，认为她为人阴险、妒忌，又特别会讨孙权欢心。步夫人死后，孙权最喜欢的人其实不是她，而是袁术的女儿袁夫人，袁夫人有节行，但没有生下儿子，孙权想立她为皇后，袁夫人因为自己没有儿子而固辞。潘夫人立为皇后，对袁夫人加以谮害，有些事已经在宫中传开了。

还是这一年，孙权听说临海郡的罗阳县出了位神人，名叫王表，这个人在民间被传得神乎其神，说他言谈饮食虽然与常人没有区别，但有本事让人看不到他的身体，是一位隐形人。孙权于是派中书郎李崇去把这个人迎进宫中，带去的有辅国将军、罗阳王的印绶，准备把这两项官职授予王表。张昭为孙氏三代人辛苦了一辈子，临死才是辅吴将军，一个江湖骗子轻松就能登此高位，张昭地下有知，情何以堪?

王表随李崇出来，还带着一个叫纺绩的婢女，一路之上与各地郡县长官交谈，没有能难倒王表的，每过高山大河，王表都让婢女鼓捣一些神秘仪式，说是与山神河神互通消息。

王表到建业后，孙权在皇宫东门苍龙门外为他建起府邸，经常派大臣前去请王表预测水旱灾害，往往都能应验，孙权对王表深信不疑。

吴大帝太元元年（251）8月，江东有多地突遭大风袭击，江海涌溢，有的地方平地水深八尺以上，从曲阿传来消息，孙权父亲孙坚的高陵所有松柏都被大风吹倒了，吴郡郡治所在地南城门居然被大风吹起，又落到地上。

太子、丞相不得善终，大臣广受株连，孙吴的国运就像孙权的身体状况一样一天不如一天了。孙权下诏大赦天下，此前他以中原尚未一统为由不同意郊祭，现在下诏在南郊进行祭祀。

这时已经到了冬天，从南郊祭祀回来后孙权受了风寒，病倒了。孙权不得不认真考虑身后的事，新太子年幼，看来也得效仿魏蜀来一次托孤了。孙权跟大家商议可向谁托付后事，朝中文武一致认为非诸葛瑾的儿子诸葛恪莫属。

诸葛恪是孙吴政坛新生代的领军人物，目前担任大将军，陆逊死后代替他统领荆州事务。孙权虽然从小就喜欢这个年轻人，这些年对他也刻意栽培，而诸葛恪在平息山越与曹魏交战中立下不少战功，显示出一定才干，但孙权认为诸葛恪有刚愎自用的毛病，心中犹豫。

孙峻上书孙权，认为诸葛恪足以辅国，朝中官员没有人能比得上他的才干，力保诸葛恪。孙峻是孙权晚年最信任的本家子弟，他的话还是有相当分量的，孙权于是下了决心，征诸葛恪回建业。

在病床前，孙权向诸葛恪托孤，在场的还有中书令孙弘、太常卿滕胤、将军吕据、侍中孙峻等人，滕胤是孙权堂弟孙奂的女婿，原任会稽郡太守，不久前被孙权召回担任太常卿，吕据是吕范之子，目前担任荡寇将军。

孙权对诸葛恪等人说："我病得不轻，恐怕不能跟你们再相见了，国事就托付给你们了。"诸葛恪流着泪，对孙权说："我和众大臣身受陛下大恩，当不惜献出生命以执行您的诏令，希望陛下安定心情，减少忧虑，不要把身外之事挂在心上。"

孙权于是升诸葛恪为太子太傅，朝廷的日常工作由诸葛恪主持，只有杀人的大事需要事先禀报。孙权还升孙弘为太子少傅，仍兼任中书令；升孙峻为武卫将军，掌管禁军；升吕据为太子右都督，负责军事。这样就形成了以诸葛恪为首，以孙弘、滕胤、吕据、孙峻为辅的辅政班子，这种结构想必是孙权精心设计的，刘备托孤于诸葛亮，曹丕托孤于曹真、曹休、司马懿、陈群，曹叡托孤于曹爽、司马懿，在孙权看来都不成功，托孤给一个人，容易形成权臣，帝王反成傀儡；托孤给多人，不容易形成核心，大家互相设防，效率低下；托孤给两个人，就更不可取，不内斗都不由人。

孙权以诸葛恪为首辅，让他发挥才干，放手辅佐幼帝振兴孙吴，但又给他安排了一个助手团队，里面有宗室，有亲属，有近臣，也有老将后代，他们分别掌管军政事务和禁军，是助手也是监督者，诸葛恪如果有异心，无法一手遮天。

诸葛恪上任后尽心尽力，对于国家法令中有不合时宜的都逐条列举向孙权禀报，孙权对他的意见均表示同意。

吴大帝太元二年（252）元旦，病榻上的孙权下诏，册立太子以外的其他几个儿子为王。孙权共七个儿子，长子孙登、次子孙虑、四子孙霸已死，在世的除太子孙亮外还有三个，包括被废为庶人的孙和，他们都被封为王。

孙和被废后一直过着提心吊胆的日子，突然接到诏令被封为南阳王，驻守在长沙；孙权的五子孙奋被封为齐王，驻守武昌；孙权的六子孙休被封为琅邪王，驻守虎林。

孙权之所以这样安排，同样也是为巩固太子继位后的政权所考虑，孙权希望孙亮执政后有三个哥哥在外为依托，皇位坐得更稳当。

然而有人对孙权确定的辅政方案有不同想法，这个人是潘皇后，她刚当上皇后没几天，野心却异常膨胀，潘皇后派人找到朝廷中书令孙弘，向他询问吕后称制的情况。汉高祖刘邦死后皇后吕雉之子刘盈继位，政权实际上由吕后掌管，刘盈后来死了，吕后干脆临朝称制，成为事实上的皇帝，分封吕氏子弟为王侯，掌管军权，又任命亲信审食其为丞相，掌握朝政。

按照潘皇后的想法她的儿子一旦登上天子之位，就不劳诸葛恪等人辅政了，她可以包办。可是潘皇后没成为第二个吕后，在侍奉孙权期间由于过度劳累，她病倒了，宫人们趁其昏睡，一起动手把她缢杀，之后假称是被恶鬼所害。看来潘皇后的人缘差到了极点，就连身边的人都这么厌恶她，只是纸里包不住火，这件事的秘密还是泄露了，有六七个人被杀。

到了这一年的 2 月，孙权再次下诏改年号为神凤。

孙权病情加重，众人多次请王表为孙权请福，王表承受不住巨大的压力，找个机会溜了。

4 月 26 日孙权驾崩，享年 71 岁。

在不到两年时间里，司马懿、孙权先后去世。陈寿评价孙权是勾践那样的奇才，是一代英豪，他继承父兄的事业，独据江南，与魏、蜀形成三足鼎立之势，成就了一番大业。但也指出孙权性格好犯忌，喜杀戮，到了晚年，这些缺点更加明显。裴松之则认为孙权废弃毫无过失的太子，为国家大乱埋下了祸根。

孙权死后太子孙亮继位，由于他中途被废，死后没有皇帝的庙号，也是一位“少帝”，史书用他被废后的爵位称其为会稽王。

孙亮继位后改年号为建兴，谥父亲孙权为大皇帝，史书称吴大帝。建业附近有座钟山，因孙权祖父名孙钟，为避讳改其名为蒋山，孙权的陵寝就在蒋山之下，称蒋陵。今天的具体位置在南京市东郊的钟山南麓，随葬的还有步夫人和潘皇后。

七十四、长夜里的反抗

孙权驾崩的消息传到北方，曹魏方面有不少人觉得机会来了。

司马师此时已正式升任大将军，加侍中、持节，都督中外诸军事、录尚书事，全面掌握了军政大权，朝廷名义上还是曹魏的，其实已不姓曹了。

紧接着从孙吴方面又传来消息，说几位辅政大臣间发生了内讧。原来，少傅兼朝廷中书令孙弘与诸葛恪一向矛盾很深，孙弘担心诸葛恪全面掌权后对自己不利，就想先下手为强，他打算假传圣旨将诸葛恪诛杀。

这位中书令看来是三国时期最疯狂的人之一，他刚刚用假传圣旨的办法杀了皇帝的女婿，又把张昭的儿子张休陷害致死，现在要用同样的办法解决首席托孤大臣。"战绩"如此辉煌，可惜史书对他着墨却不多，他姓孙，也不知是不是孙权的族人，作为孙权晚年接触最多、也最信任的人之一，是孙氏族人的可能性很大。

但孙弘跟孙权的另一位族人孙峻似乎关系也不好，孙峻提前知道了孙弘的密谋，暗中通知了诸葛恪，诸葛恪邀请孙弘过来议事，孙弘不知有危险，就去了，结果被当场斩杀。

这些消息陆续传到曹魏这边，不少人认为这正是灭吴的绝好机会，征南大将军王昶、征东将军胡遵、镇南将军毌丘俭等人纷纷上表请求征吴，他们分别负责曹魏的中线战场和东线战场，"四征将军"高于"四镇将军"，所以从名号上区分的话，王昶相当于中线战场总指挥，毌丘俭相当于中线战场副总指挥，而胡遵相当于东线战场总指挥，他们都提出了具体的作战计划，但内容各不相同。

至于如何不同，史书没有详细说明，司马师把这三份作战计划交给了朝廷尚书傅嘏看，让他发表意见，傅嘏看完后写了一份很长的奏疏谈自己的看法。

傅嘏的奏疏首先简要总结了这三份作战计划的不同：一个主张采取水路强攻的办法征吴，之后不断扩大占领区，利用占领区征集粮食，作长期战争的准备；一个主张多路出击，齐头并进，从四个方向对敌人发起进攻，之后发起间谍战、诱降战，等待其内部瓦解；一个主张在自己这边先搞大规模屯田，抓住机会从各个方面向前逐步推进，最后一举突破。

傅嘏认为，这三份作战计划都是讨贼的常用办法，相对来说最后一种最好，更加稳妥。但他的意见没被采纳，司马师最终采纳的是在“四路进军”基础上的修改方案，具体如下：由王昶率部攻打南郡，由毌丘俭率部攻打武昌，由胡遵和东线战场镇东将军诸葛诞率部攻打东兴，三路大军中以东兴这一路为主攻。

作战计划下达，各部分头行动，司马师让司马昭以安东将军的身份担任征吴各军的总监军。孙吴方面在诸葛恪的指挥下分头予以应对，诸葛恪判断出魏军的主攻方向，亲自率4万大军驰援东兴。东兴距长江上要塞濡须口不远，更靠近建业，位于今安徽省含山县境内。在曹操时代，由合肥南征江东，主战场通常在濡须口，孙吴加强东兴要塞的防备后，双方交战的地点前移至东兴。

东兴在长江的北岸，位于一处高峻险要的地方，胡遵、诸葛诞以及监军司马昭率7万人马来攻，诸葛恪派老将丁奉率吕据、留赞、唐咨等部为先头部队前去救援。时间紧迫，丁奉亲率一支3000人的快速机动部队突进，时值寒冬，刮着北风，漫天飘雪，经过急行军后丁奉率部到达东兴，占据了要地徐塘。

魏军在胡遵等人的率领下也到达了这里，由于天气恶劣，没有马上发起进攻，在侦察敌情时丁奉发现魏军前锋部队人马并不多，为了取暖有些魏军将领还聚在一起喝酒，经验丰富的丁奉意识到机会来了，他对手下说：“想要封侯的，就在今天了！”

丁奉命士兵脱下铠甲，扔掉长矛大戟，只戴着头盔，拿着刀和盾牌轻装爬上堤堰，之后击鼓呐喊，趁魏军没有防备发起了全面进击。激战中，吕据等后续部队也先后赶到，魏军惊恐万状，四散逃命，归途中要过一处浮桥，因为争抢通过，结果浮桥断裂，很多魏军将士掉入水中，魏军前部督韩综、乐安郡太守桓嘉等高级官员也落了水，死者数万人。

这位韩综不是一般人，他是孙吴老将韩当的儿子，也曾是一名吴将，后来叛逃，经常危害孙吴，孙权生前曾咬牙切齿发誓要捉拿他，吴军找到了韩综的尸体，诸葛恪命人割下他的首级送往建业的太庙，祭祀吴大帝。吴军缴获的车辆、牛马、骡驴等难以计数，各种战利品堆积如山。

另外两路魏军本来只是配合作战，目的是牵制中线战场的敌人，听说主战场已经失利，王昶、毌丘俭下令烧毁各自营地撤退，此次三路大军出击孙吴的作战计划因东兴溃退而全面失败。

司马师刚刚全面执掌军权就遇到这次大败，不好追究众将领的责任，只是处罚了弟弟司马昭，将其爵位削除。而此战为诸葛恪大大地长了脸，孙亮下诏晋封他为阳都侯，负责全国的军事（督中外诸军事），还兼任荆、扬两州的州牧。

司马氏兄弟全面掌权似乎开局不利，有人认为司马师、司马昭的水平看来不过如此，所以有了想法。

有这种想法的首先是李丰，此人不简单，他也是曹魏的“高干子弟”，他的父亲李义曾任曹魏的卫尉，史书上说李丰善于识人、善于品评人物，社会活动能力很强，备受瞩目，魏明帝时有孙吴降人来投，魏明帝亲自召来问话，询问一些江东的事，魏明帝问在江东那边曹魏什么人知名度最高，降人回答说是“安国”，安国正是李丰的表字。

曹爽执政时期李丰任皇太后永宁太仆，曹爽软禁了郭太后，李丰是具体操办者，按说，曹爽失败后，他会受到诛杀，但李丰和他的弟弟李翼很会来事，能八面玲珑，游走于各方势力之间，李丰的儿子李韬还娶了魏明帝的女儿齐长公主，当时京中有几句顺口溜说他们：“曹爽之势热如汤，太傅父子冷如浆，李丰兄弟如游光。”

曹爽集团失败后，李丰到尚书台任职，担任尚书仆射，司马孚是他的顶头上司，日子不太好过。李丰经常请病假，而且一请就是好长时间，当时制度规定，官员连续请病假满百日将解职，李丰总是在快满百日时回到尚书台上几天班，然后再请病假。

李丰利用他长袖善舞的特长跟司马师尽量拉近关系，司马师后来要选一个中书台的中书令，有人推荐了李丰，司马师同意。

或许因为对未来心里没底，或许因为跟曹氏是姻亲且怀有感情，所以李丰暗下决心要推翻司马氏，主意打定，李丰就开始秘密联络志同道合者，他首先想到的是夏侯玄。

夏侯玄的情况还不如李丰，他虽然侥幸逃过一劫，但从此不仅郁郁不得志，而且整天过着提心吊胆的日子。司马懿死的时候，许允对夏侯玄说：“看来你今后不用再这么忧虑了。”许允字士宗，高平陵政变时与陈泰一起在曹爽和司马懿之间传过话，因此后来受到重用，担任了中领军，掌管着禁军，听了他的话，夏侯玄叹道：“士宗，你难道看不到吗？此人尚能以通家年少看待我，而子元、子上不容我呀！”

夏侯玄所谓“此人”是指司马懿，子元、子上是司马师和司马昭的字。后来，李丰告诉夏侯玄，如果行动成功就推举他来执政，夏侯玄动心了。

李丰联络的人还有光禄大夫张缉、黄门监苏铄、永宁署令乐敦、冗从仆射刘宝贤等人，其中张缉是曹魏旧臣、凉州刺史张既的儿子，他还是少帝曹芳的岳父，现在的张皇后就是他的女儿。李丰的弟弟李翼此时任兖州刺史，李丰等人打算让李翼找个借口带兵来洛阳，双方内外相合，一举将司马师、司马昭兄弟诛杀，之后推举夏侯玄为大将军、张缉为骠骑将军，共同辅政。

李翼于是向朝廷提出了相关请求，找的理由不知为何，但这样的事朝廷通常也不会随便乱批，李翼被拒绝。李丰不死心，又想利用百官入朝参拜贵人的机会在某处密藏心腹，等司马师经过时将其诛杀。

这种套路似乎眼熟，吕布诛杀董卓就是这么干的，论势力董卓比司马师可大多了，不一样灰飞烟灭？所以李丰有理由相信他会一举成功，但他的运气不如吕布好，还没等动手秘密就被泄露了出去，司马师在震惊之余更十分愤慨，他对李丰相当不错，把他当成了朋友，司马师自认为没有亏待朋友。

司马师立即下令发兵去捉拿李丰，舍人王羕建议：“李丰如果不知道事情已败露，他就会来，只有知道事情已败露了他才会挟众自卫，派这么多人去还不如让我先去会会他。”司马师命王羕带上车辆去请李丰，李丰见状就明白了一切，惊惧之下，只得随王羕去见司马师。司马师见到李丰后就大声指责他，越骂越气愤，李丰知道必有一死，反而硬气起来。

看李丰到这时候了还没有求饶的架势，司马师怒不可遏，抄起旁边武士身上的刀对着李丰就拦腰砍去，李丰被诛杀。

这起发生在少帝嘉平六年（254）2月的未遂政变，就以李丰的被杀而提前结束了。司马师命人把李丰的尸体连夜送到廷尉处，廷尉钟毓表示不能接收，原因是李丰没有经过审判，还不是犯人，司马师无奈，去请来了诏书，钟毓才勉强收下。

少帝曹芳此时已经22岁了，听说李丰死了，他急了，追问李丰是怎么死的，在宫里大吵大闹，司马师听后头痛不已，他后悔没有好好去审审李丰，本来曹芳与此事脱不了干系，现在反而让他抓住了把柄。

司马师只好请永宁宫帮助，由郭太后出面才平息了曹芳的愤怒。郭太后虽不是曹芳的母亲，但她是魏明帝的皇后，曹芳是魏明帝的养子，郭太后在名义上是曹芳的长辈。

随后夏侯玄、张缉、李翼、苏铄、乐敦、刘宝贤等参与政变的人全部被抓了起来，夷灭三族。

七十五、选叔父还是侄子

事情虽然过去了，但司马师仍耿耿于怀。

如果要追查此次事变的后台，少帝曹芳显然跑不了，但现在却没办法直接去责问他了。不久，有人报告说许允在此次政变中的表现很可疑，同时许允跟少帝之间似乎也很亲近。

有人反映，李丰等人被抓后许允曾想马上来见司马师，但不知为何，出门之后又有些犹豫，于是又回家去取衣服，一来二去最后还是没有来，不过估计他是想来为李丰等人求情的。还有人反映，许允跟少帝来往很多，二人经常在一起谈话，由于没有其他人在场，所以不知道他们都谈了些什么。

司马师警觉起来，看来禁军再交给许允去指挥已经不合适了，恰在这时镇北将军刘静去世，司马师让许允转任该职，论品秩是升了，但论重要性显然大为降低，为打消许允的顾虑，司马师还专门找他谈了一次话："镇北将军平时虽然事情不多，但也镇守一方，足下去上任，可谓震华鼓、建朱节，又能在家乡做官，岂不是锦衣昼行的美事！"

许允出生于河间国高阳县，属北部战区的辖区，被衣锦还乡倒也值得庆贺，许允的心情好了很多，还把司马师的话告知了一些同僚。许允将要赴任，少帝曹芳提出要专门为他举行一次聚会来送行，席间少帝跟许允非常亲近，分别时还流下了泪。

这一切让司马师更加狐疑起来，就在这时西部战场传来军情，蜀汉的姜维又一次出兵攻打陇右，为增加长安的兵力，司马师决定调安东将军司马昭率部驰援，司马昭当时驻守在许昌，路过洛阳时将在平乐观举行一次阅兵行动，少帝亲自主持，朝中重要官员都参加。

许允这时还没走，他突然发现这是个好机会，于是又秘密见到少帝，建议在司马昭前来辞行时把他杀了，之后将其部众收归少帝指挥，据此击退司马师。这个计划看来更不靠谱，不过许允担任禁军统领，想必手下也有一些心腹，把各方面力量联合起来的话倒也有发起突然一击的可能性，所以少帝同意了。

少帝命人立即书写诏书，正写着有人通报说司马昭来了，少帝没有任何准备，赶紧命人叫来优人进行表演，他自己一边吃着栗子一边看演出，因为司马昭的提前出现，少帝恐慌，诏书最后没能送达许允的手中。

许允还想再等等，有人催他赶快去上任，他只得动身。他刚一离开洛阳，有关部门就举报他有经济犯罪行为，于是许允被追回加以逮捕，经过廷尉的审讯许允先被判处死刑，后减刑为流放边地乐浪郡，妻子和儿女不得同行，但是许允没有到达乐浪郡，在半路上他莫名其妙地死了。

许允有两个儿子，分别叫许奇和许猛，许允在流放的路上被杀的消息传来，门生想把这两个孩子藏起来，许允的妻子阮氏不让，她镇定地说，这不关孩子们的事。

过了一段时间果然没事，阮氏就带着孩子们移居到许允的墓前，司马师派钟会去察看，如果许允的儿子们才德超过他们的父亲，就把他们抓起来。许允的儿子也猜出了大概，就去与母亲商量，母亲对他们说："你们虽然很优秀，但才能器识比你们的父亲还有差距，跟钟会交谈时，想怎么说就怎么说，不会有问题。另外要注意的是，不要过度悲哀，钟会不说你们就不提，对于朝中的事，可以多少问一些。"

许奇和许猛照着母亲说的做了，钟会回去复命，把见面的细节都报告了司马师，结果免于一祸。

李丰、夏侯玄等人被杀，司马师原以为少帝会冷静下来，抛弃那些不切实际的幻想，好好与他们兄弟合作，哪怕做个像汉献帝那样的帝王呢，双方也可相安无事。

但许允这件事让司马师感到了失望，司马师觉得少帝很难停下他的冒险行为，指不定后面还会弄出什么事来，看来必须痛下决心，对这个问题来个彻底解决。

少帝嘉平六年（254）9月19日，司马师以郭太后的名义召集百官，突然向大家宣布，当今天子荒淫无度，亵近倡优，不可以承天绪，建议将其废黜，收回皇帝的玺绶，仍为齐王，归藩于封地，同时另立彭城王曹据为新皇帝。

群臣听得目瞪口呆，简直不敢相信这是真的，但也不敢反对。

司马师说，既然大家都不反对，那就一致通过。司马师让郭太后的叔父、宣德将军郭芝到永宁宫报告情况，请郭太后颁发谕旨，并索要皇帝的玺绶。郭芝到了永宁宫，发现少帝曹芳也在那里，正在与郭太后说话，郭芝直截了当地对曹芳说："大将军要废陛下，立彭城王曹据。"

曹芳早有思想准备，听完也不作声，走了。但这件事郭太后显然事先并不知情，或者不完全知情，少帝走后郭太后一脸不高兴。郭芝劝侄女说："大将军主意已定，应该顺着他的意思，咱们不要多说什么。"郭太后仍一脸不痛快，对郭芝说："我要马上见到大将军，有话跟他讲！"郭芝以为侄女真要去给曹芳求情，继续劝她："还是算了，赶紧把皇帝的玺绶拿来吧。"

许允事件后皇帝的玺绶都被收了起来，交由太后保管，郭芝一再催促，郭太后只得让人取来皇帝的玺绶，但没有马上颁布谕旨。郭芝拿着玺绶先回去复命，司马师让人到库房里把齐王的印绶找出来交给曹芳，让他马上搬出去，仍去当他的齐王。

曹芳搬出了洛阳，当时曹氏的王公都集中在邺县居住，但曹芳的身份毕竟特殊，没去邺县，但也没有到封地齐国，而是去了河内郡，此地距洛阳不远，便于监督，司马师让人在河内郡营建了一处齐王宫，按照诸侯王的礼制让曹芳在这里居住。

晋朝建国时曹芳仍在世，曹氏王公相应降低了封爵，他被降为邵陵县公，于西晋泰始十年(274)去世，时年43岁。

郭太后还是去见了司马师，她确实有很要紧的话要说："听说大将军要立彭城王，可彭城王曹据按辈分是我的叔父，他要当了皇上，我往哪里摆？"是啊，太后通常是皇帝的母亲一辈，现在却成了皇帝的侄女，这个关系够乱的，司马师这才发现自己确实考虑得有些不周，郭太后一直是自己坚定的政治同盟，有着不可替代的作用，就拿这次废立来说，有没有郭太后的谕旨效果完全不同。

司马师赶紧问："那么，太后认为谁最合适呢？"郭太后的心里早有了人选，对司马师说："高贵乡公曹髦是文帝的长孙，明帝弟弟的儿子，他最合适。"

曹髦字彦士，魏文帝曹丕之子东海定王曹霖的儿子，此时14岁，按照曹魏的封爵制度，皇帝的儿子初封为亲王，之后嫡长子世袭，而庶子降格再封，亲王的庶子就封为公爵，再往下封侯爵，再下封伯爵，曹髦被封为高贵乡公，封地在兖州刺史部东郡的东武阳，他的父亲曹霖已于少帝嘉平元年（249）去世。

司马师对新人选没有意见，但有一个问题："曹髦毕竟只是小宗，入继大统是否合适？”按照嫡长子继承制，嫡长子一支称为大宗，拥有无可非议的继承权，庶子一支称为小宗，不是在特殊情况下一般都没有继承权，曹霖不是曹丕的嫡长子，曹髦也不是曹霖的嫡长子，在继承权上就大打折扣了，在这一点上似乎不如曹据更有优势，司马师说的就是这个意思，但郭太后并不这么认为：“礼法上说，可以让小宗过继给大宗，尊大宗的父母为父母，成为大宗的后嗣，可见小宗仍有入继大统的义务，请大将军务必再议！”

郭太后的说法倒也有一定道理，曹芳既已被废，那么现在讨论继承的就是继魏明帝的大统，魏明帝如果有嫡长子，皇帝就应该是嫡长子的；没有嫡长子就是其他儿子的；没有亲生儿子，有养子也行。但魏明帝的三个亲生儿子都早早地死了，有过两个养子，一个就是曹芳，另一个是曹询，而曹询也在十多年前就死了，魏明帝已绝嗣，那么从他晚辈中再过继一个继承大统是符合礼制的，从辈分上说曹髦是魏明帝的侄子，而曹据是魏明帝的叔父，显然曹髦更合适。

在司马师看来选谁其实都差不多，而郭太后的态度却很重要，司马师于是把郭太后的意见再交群臣讨论，众人当然也说不出什么来，于是就这么定了。

司马师命太常卿王肃持节去迎接曹髦，曹髦不在封地高贵乡，他和其他曹氏宗亲一起被集中在邺县居住，王肃到了邺县，将这位毫无思想准备的 14 岁少年接到洛阳。

这一年的 10 月 4 日，曹髦抵达洛阳，进城前先在洛阳以北的玄武馆住了一晚。次日曹髦进洛阳城，文武百官在宫城的西掖门前集体参拜，曹髦下车答拜，有人提醒说天子不必答拜，可曹髦说：“我现在仍是臣属，而非天子。”答拜完毕，继续行进至止车门，曹髦命令停车，要步行入宫，有人劝阻说按照制度天子可乘车进宫，曹髦仍然反对：“我只是接到太后的征召，并不知道来做什么呀！”

听到这些话，人们无不佩服，小小年纪脑子却这么清楚、这么有章法，不知是幸还是不幸。车驾来到太极殿东堂，郭太后亲自在此等候，她本不用来，但不来又不放心，曹髦是她的侄子，小时候见过，她要亲自看一看马上要当皇帝的人是不是曹髦。

见了面，确认无误，郭太后才放了心。

七十六、毌丘俭和文钦之叛

嘉平六年（254）10月5日，曹髦在洛阳太极殿登基。

曹髦后来也中途被废，没有庙号，史书仍以少帝相称，或称其为高贵乡公。少帝曹髦继位后宣布大赦天下，改年号为正元。授予大将军司马师入朝不趋、奏事不名、剑履上殿的特权。

少帝曹髦还授予司马师假黄钺，在天子的各类授权中有假节、持节、使持节、假节钺、假黄钺的不同。其具体内容有所区别。比如："假节"平时无权处置人，只有在战时可斩杀犯军令的人；"持节"平时可杀无官位的人，战时可斩杀二千石以下的官员；"使持节"平时和战时都可以斩杀二千石以下的官员；"假节钺"或"假黄钺"则如同天子本人亲临，就假节、持节、使持节的人都可以斩杀。

少帝曹髦还下诏评定此次废立定策之功，对有功人员一律封爵、增邑、晋位，众人皆大欢喜。但也有人高兴不起来，有个负责执法监察的官员（治书侍御史），看到司马氏当权后曹氏一再被欺凌，心里很激愤，对父亲说："大人您负有为国家独当一面的重大责任，现在皇帝被废黜，您跟没事的人一样，恐怕要受到天下人的指责啊！"

说这个话的人名叫毌丘甸，他的父亲就是镇东将军毌丘俭，目前负责整个东线战场（都督扬州诸军事），毌丘甸应该在洛阳，毌丘俭应该在寿春，他们二人的这段话应该是通过书信传递的。

毌丘俭听完儿子的话深以为然，一方面他是曹魏的忠臣，从他父亲开始就受到曹魏的重用，他本人更得益于魏明帝的破格提拔，在曹氏与司马氏之间他当然更倾向于前者；另一方面司马氏掌权后他的日子表面依旧风光，但面前已经危机四伏了，司马氏把他归为曹魏余党，对他并不信任，他与曹爽、夏侯玄、李丰等人的关系都很好，而这些人被司马氏父子一一铲除，毌丘俭知道自己就是下一个。

一年前，在毌丘俭指挥下东线战场曾取得一场大捷，击退了孙吴方面发起的一次大规模进攻，严重挫败了孙吴的气焰，毌丘俭和扬州刺史文钦立下了大功，但司马氏兄弟事后毫无表示。

这是一次很重要的战役，发生在上一年的5月，孙吴方面在诸葛恪亲自指挥下，又一次大张旗鼓地向曹魏发起了进攻，挟之前东兴之战的余威，诸葛恪此次志得意满，抱着必胜之心而来。吴军很快进军到合肥，把合肥新城围了起来，而在西线战场，蜀汉的姜维也同时出击，此时费祎已死，姜维可以放开手脚行动，他集合起数万人马从石营出击，包围了曹魏在陇右地区的重要据点狄道。

司马师本想命太尉司马孚率20万人马去救援合肥，听说姜维同时在陇右出兵，感到有些紧张，命令毌丘俭在东线战场加紧防守，而把主要兵力投放到了西线。

吴军主力围攻合肥新城，时间长达两个多月，诸葛恪务求将合肥新城攻下，所以动用了各种攻城的办法进行猛攻，城里的守军则拼命死守，让吴军始终无法破城。时间一久，吴军也有些承受不住，将士疲惫，军营里又流行起疾病，有一半士卒患了病，值日官向诸葛恪报告，诸葛恪认为是谎报军情，要斩值日官。将军朱异与诸葛恪见解不同，诸葛恪大怒，将其撤职，逐回建业。有个叫蔡林的都尉提出一些不同意见，诸葛恪大为反感，蔡林恐惧，临阵投降了魏军。

诸葛恪有些疯狂了，因为他太想取得眼前的大胜，他认为双方都已经到了极限，就看谁能坚持到最后，坚持和撤退是两个完全不同的结果，再坚持一下，把合肥新城拿下，那将是一件了不起的成就，吴大帝孙权生前多次兵临合肥城下，但从未将其攻克，如果他诸葛恪全面指挥攻击合肥就能将其拿下，那将是多么风光的事！而如果退兵，等于宣布这是一场败仗，那些政敌们又该有话说了，所以诸葛恪死都不肯退。

一直到了7月，吴军这边士气越来越低落，士卒死的死、伤的伤、病的病，随处可见有士卒在道路上匍匐呻吟，这个仗实在没法打了，诸葛恪这才下令撤退，此战让诸葛恪在孙吴的威望大跌，不少人对他由崇敬变为怨恨。

诸葛恪主政以来刚愎自用，对待下属一向苛刻，让不少人产生了怨言，共同辅政的武卫将军孙峻对诸葛恪把持大权也很有意见，看到他声望跌落，于是密谋将其铲除。

孙峻以少帝孙亮的名义召诸葛恪入宫饮宴，并亲自去迎请，诸葛恪虽然有疑心但还是去了，结果在宴会上当场被诛杀。诸葛恪的儿子诸葛竦、诸葛建以及弟弟奋威将军诸葛融等全部被杀。

凡与诸葛恪有关系的人都受到了株连，其中还包括前太子孙和。孙和刚被改封为王，好日子还没过几天就传来诏书，将其削去爵位，放逐到新都，原因是他的妃子张氏是诸葛恪的外甥女。孙和只得前往新都，但随后又来了使者，说有人揭发他与诸葛恪密谋，要在武昌建都，诸葛恪推举他为帝，孙和只得自杀。

少帝孙亮任命孙峻为太尉，滕胤为司徒，不久孙峻授意心腹纷纷上疏少帝孙亮，推举孙峻为丞相，兼任大将军。

孙吴因为这场合肥之战而元气大伤，孙峻虽然得权，但名望不足，揽权又过于急切，所以权力根基并不稳固，孙吴还将陷入新的内乱之中，对外已基本丧失了攻击的力量。

毌丘俭和文钦在此次合肥之战中立下了大功，在没有强力后援的情况下不仅挫败了敌人的进攻，而且挫伤了对方的国运，扭转了东线战场的形势，按理应该得到奖赏，但事情过去之后，朝廷并无任何反应，反而有一些不利于文钦的消息传来，说他有意虚报俘获的数量，用以邀功请赏，这让文钦很不忿。

文钦是曹操当年手下部将文稷之子，祖籍沛国谯县，与曹氏同籍，因为他骁勇威猛、数有战功，在曹爽掌权时深得器重，与毌丘俭一样他也是一个“拥曹派”。类似的遭遇，相同的处境，让毌丘俭和文钦不知不觉地走在了一起，他们决定共同起兵反抗司马氏。

少帝曹髦正元二年（255）正月，吴、楚地界上出现了一颗耀眼的彗星，有数十丈长，从吴、楚向西北方的中原地区划去，毌丘俭和文钦认为这是祥兆，是上天要他们起兵的暗示，于是联合在寿春起兵，他们假称得到了郭太后的密诏，要他们讨伐司马师。为增加声势，他们还联络了镇南将军诸葛诞，诸葛诞考虑再三，还是把他们派去的人斩了，与他们划清界限。

毌丘俭和文钦集中起来的人马有五六万，渡过淮河后向西攻击，前锋到达项县，河南尹王肃向司马师建议说：“之前关羽曾在汉水俘虏了于禁，所以有了北上夺取天下的大志，后来孙权发动突然袭击，俘虏了关羽手下将士们的家属，关羽的大军因此土崩瓦解，毌丘俭、文钦手下不少将士的父母、妻子都在内地，必须紧急行动，一边出兵拦截叛军，一边保护好叛军将士的家属，这样一来叛军就会发生关羽式的失败。”

 按照当时的制度，镇守边地的将士，家眷都要留在内地，不仅毌丘俭和文钦这样的高级将领，就是一些中下级武官也有家属在内地居住，王肃说的确实是个要害。

王肃以及在中书台任中书侍郎的钟会、在尚书台任尚书的傅嘏等人都劝司马师亲征，但司马师此时正遭受着一场痛苦，他的眼睛里生了瘤子，大夫刚刚给他动过外科手术，伤口还很严重，所以有些犹豫，傅嘏对他说："淮南将士一向战斗力很强，毌丘俭和文钦正是依靠他们才长驱直入，现在他们已到达项县，如果前方稍有差池，敌人就会势如破竹，我们连翻盘的机会都没有，瞬时就将全盘皆输。"

司马师听了这话，惊出一身冷汗："就是躺在车子里，我也要去！"司马师让司马昭为中领军，留守洛阳，自己亲征淮南，征召附近州郡的兵马在陈国、许昌一带会师，任命荆州刺史王基代理监军之职，统率已集结于许昌的各路兵马。

之后，司马师、王基率魏军主力由许昌过石梁河，占领了重要据点南顿，淮南叛军将领史招、李续先后投降，毌丘俭和文钦还想夺回南顿，但觉得希望渺茫，于是又撤回项县。

在两军相持阶段司马师先后接到了两个报告，一个报告是从长安传来的，曹魏征西将军郭淮病故，幸好在这个方向父亲司马懿早有准备，陈泰、邓艾都已成长起来，前不久邓艾已调回内地担任兖州刺史，司马师便以少帝曹髦的名义升陈泰为征西将军，假节，全面负责雍州、凉州的军事（都督雍、凉二州的军事）。

另一个报告是，毌丘俭、文钦起兵后孙吴方面也有了行动，孙峻命孙吴的骠骑将军朱据、左将军留赞等率兵袭击曹魏东线战场的大本营寿春，司马师急调豫州、青州、徐州、兖州各地人马，一方面向项县附近集结，准备对叛军发起总攻；另一方面做好防守寿春的准备。

各路大军陆续集结到位，司马师命镇南将军诸葛诞统率豫州的人马从安风向寿春方向的吴军发起攻击，命征东将军胡遵率青州、徐州的人马由谯县、睢阳之间向前攻击叛军，切断其退路，防止叛军四处逃散。

司马师率中军进屯汝阳，毌丘俭、文钦此时已无计可施，要进攻，敌人拒不应战；要退走，又怕败退之际被敌人攻击，于是停在项县不能动弹。时间一长，军心涣散，借太后诏书发兵本是假的，秘密慢慢地也无法保住，士卒开始大量逃亡。

仓促之下，毌丘俭、文钦向兖州方面求救，兖州刺史邓艾是司马氏坚定的追随者，怎么会和他们同谋？邓艾杀了叛军派来的使臣，率所部进抵乐嘉城，参与围攻战。

虽然形势对叛军极为不利，但叛军也不甘于束手就擒。文钦与毌丘俭分兵，在项县之外寻找战机。文钦有个儿子叫文鸯，只有 18 岁，但勇力过人，他亲自率领一支突袭队，趁夜杀入司马师的大营，让司马师受惊不小，刚动过手术的那只眼伤口突然崩裂，眼珠都崩了出来，为了不影响士气，司马师强忍剧痛，用牙咬住被子，把被子都咬破了。最后终因寡不敌众，文鸯冲杀了一阵，只得撤走。

魏军前来追击，文鸯大怒，仅率十余骑又返身杀回，深入敌阵，风驰电掣，摧枯拉朽，无人可挡，魏军只得停止追击。过了一阵，魏将司马班又率 8000 精锐骑兵再追，文鸯毫不惧怕，再次杀回，瞬间斩敌 100 多人。

但是，文鸯再勇猛也改变不了战场上的总体格局，文钦只好向项县撤退，去与毌丘俭会合，谁知道此时毌丘俭已从项县撤出了，文钦无奈，又想回寿春，但听说寿春已被诸葛诞占领，走投无路之际文钦最后投降了孙吴，被孙吴任命为镇北大将军，假节、封为谯侯，同时兼任幽州牧。

毌丘俭就没有这么好的运气，他从项县出来，之后向北方逃去，他在幽州当过刺史，跟北方少数部族首领很熟，想逃到那里，但路上左右亲随越来越少，到达安风渡口时被地方武装阻击，毌丘俭被一个叫张属的人击斩，首级送往洛阳，朝廷封张属为侯爵。

声势浩大的毌丘俭、文钦之叛就这样失败了。

七十七、最后的“拥曹派”

毌丘俭、文钦之叛没能重创司马氏的权力体系，却重创了司马师本人，在文鸯发起的那次突袭中司马师的眼伤复发，伤势还挺重，本来他想去寿春，亲眼看一看这个4年前刚刚发生过叛乱的地方为何又发生了叛乱，但由于伤势严重，还是放弃了。

司马师赶回洛阳，走到许昌时觉得伤情进一步加重，只好不走了，让人去通知弟弟司马昭，要他来许昌。司马昭得到消息大吃一惊，星夜赶来。

见到弟弟后，司马师当即宣布辞去大将军一职，交由弟弟担任，之后让司马昭马上返回洛阳，不得耽误，司马昭还未动身，司马师的病情又突然恶化了。

少帝曹髦正元二年（255）正月28日，司马师病死于许昌，终年47岁。消息传到洛阳，少帝曹髦素服吊唁，发布诏书，认为司马师有济世宁国之勋、克定祸乱之功，应该加以殊礼，让公卿们商议。有大臣建议按照当年霍光死后所礼遇，应追拜司马师为大司马，增邑5万户，谥号为武公。

少帝曹髦同意，诏书送达许昌，司马昭却上表辞让：“臣亡父不敢受丞相、相国以及九命之礼，亡兄不敢受相国之位，这是因为丞相是太祖武皇帝生前担任过的职务。当年萧何、张良、霍光都有匡佐之功，萧何的谥号是文终，张良的谥号是文成，霍光的谥号是宣成，如果非要以文武作为谥号的话，请按照萧何等人的标准赐予就行。”

少帝曹髦诏准，颁给司马师谥号为忠武。

但是少帝突然又下了另一份诏书，说南方不断发生叛乱，局势仍不稳定，让司马昭就地在许昌驻守，不必返回洛阳了。诏书在送达司马昭之前先要经过傅嘏之手，他是朝廷秘书局的尚书，本次又随司马师出征，参与机要。

傅嘏觉得事关重大，如果按诏书执行，洛阳的局势就有失控的危险；如果不执行诏书，又有违命的嫌疑。傅嘏找钟会商量，钟会也随军出征，他名义上是中书台的中书侍郎，实际是司马师的高级参谋，他建议先不要以司马昭的名义回复，而以傅嘏的名义给少帝曹髦上一份奏章，阐明司马昭回师洛阳的重要性，奏章发出的同时司马昭只管率军回师。

钟会的意思是，司马昭干脆装着不知道有这份诏书，将来说起违诏来那也是傅嘏的错，顶多让傅嘏替司马昭背一次黑锅。司马昭认为钟会的这个主意不错，依计而行。

大军行至洛阳近郊，少帝曹髦的诏书又来了，正式拜司马昭为大将军，都督中外诸军事并主持朝廷日常工作（录尚书事），对于前一份诏书则只字不提了。

你不提我也不提，表面上大家仍相安无事。

少帝曹髦正元三年（256）5月，郿县以及上谷等地都报告发现了甘露，即一种凝结在树叶上的甘甜液体，在古人看来这是吉祥之兆。六月初一，少帝曹髦下诏改元为甘露。

8月，少帝曹髦再加司马昭为大都督，这是曹魏没有过的一个职务，同时授予其奏事不名的特权，假黄钺。任命司马孚为太傅，司马孚原来的太尉一职由高柔接任，高柔原来的司徒一职由司空郑冲接任，擢升朝廷尚书左仆射卢毓为司空。

郑冲字文和，是一名儒学家，出身寒微，有姿貌和声望，司马氏父子对他很看重，其实要的是一个招牌，郑冲并不过问政治。高柔、卢毓之前都有过介绍，他们是司马氏的坚定支持者，除了他们，邓艾、钟会、石苞、胡奋、傅嘏、傅玄、钟毓、贾充等近年来也迅速崛起，他们都追随着司马氏，曹魏时代的一批风云人物渐渐成了故人和旧人。

司马昭盘点了一下地方上的要员，其他地方他都比较放心，唯有东部战区征东大将军诸葛诞让他放心不下。诸葛诞当年也是“浮华党”的重要一员，跟夏侯玄、何晏、邓飏等人交往深厚，如今负责着整个东线战场，司马昭对这个人感到心里没底。但诸葛诞在毌丘俭、文钦谋反事件中立场坚定，率先带兵进入寿春，为平叛立下大功，之后又组织人马反击孙吴方面的进攻，还击斩了孙吴左将军留赞，没有确凿的证据，不好轻易动他。

司马昭把这个顾虑说给了自己的大将军长史贾充听，贾充是曹魏重臣贾逵之子，贾逵是有名的“拥曹派”，贾充还娶了“拥曹派”李丰的女儿，按理内心里也应该站在曹氏的一边，但他却成了坚定的“反曹派”，处处维护司马氏的利益。

李丰等人谋反事件发生后贾充本应受到株连，但在司马师的庇护下他轻松过关了。贾允的妻子李婉才貌双全，父亲李丰因罪被诛后李婉被流放到乐浪郡，贾充马上与她划清界限，另娶了郭淮的侄女郭槐。李婉后来遇大赦，贾充的母亲柳氏重节义，让贾充前往迎接，贾充害怕郭槐不敢去，只得另找一处房子让李婉居住，郭槐听到风声，每次贾充出门都派人盯梢。

贾充就是一个投机分子，他给司马昭出了个主意，建议派人去诸葛诞那里借视察的名义试探一下反应，并自告奋勇前往，司马昭同意。

贾充以大将军长史的身份去了寿春，公事处理完，贾充提出私下里与诸葛诞密谈，谈话中，贾充直奔主题："现在洛阳朝野上下都在谈论，希望皇帝陛下把大位禅让给大将军，不知明公以为如何？"诸葛诞一听勃然大怒，对贾充说："听说你是贾逵的儿子，你们父子世受国恩，怎出此言？这事我坚决反对，如果洛阳再发生政变，我诸葛诞愿以命相报！"

贾充回来把诸葛诞的话报告了司马昭，还报告说此次寿春之行，听说诸葛诞变卖财产，赈济施舍，又赦免了不少不该赦免的人，目的都是收买人心，同时还训练了数千人的侠义之士为贴身卫队，形迹十分可疑。司马昭于是决定解决诸葛诞，他以少帝曹髦的名义下诏改任诸葛诞为司空，解除其兵权，即刻来洛阳上任，诸葛诞接到诏书后大惊。

少帝曹髦甘露二年（257）4月，诸葛诞在寿春起兵。

诸葛诞分析了王凌、毌丘俭和文钦这两次起事失败的原因，认为没有与孙吴密切配合是最重要的一方面，为此他派自己的长史吴纲去孙吴，表示自己愿意称臣，为了让孙吴方面放心，他还让吴纲专门带上儿子诸葛靓，意思是愿意留在孙吴做人质。

孙吴方面这两年又发生了惊天动地的变化。文钦投降后，主持孙吴国政的孙峻一度想利用文钦发起新的军事行动，他让吕据、刘纂、朱异、唐咨等高级将领制订计划，让他们与文钦一起由江都北上进入淮河地区，去攻击曹魏的徐州、青州。

孙峻在建业的石头城亲自为众将饯行，但大军还未出发，孙峻突然得了重病，仓促间把后事托付给堂弟孙綝后就死了，少帝孙亮拜孙綝为武卫将军，负责全国的军事指挥（都督中外诸军事），这次军事行动只得中途停止。

孙綝之前不过是个偏将军，资历很浅，根本镇不住局面，老将吕据首先不服，联络一些朝臣和将领共同上疏少帝孙亮，推荐司徒滕胤任丞相，主持朝政，孙綝则发起反击，任命滕胤为大司马，让他接替刚刚故去的老将吕岱的职务去镇守武昌。

吕据大怒，联络滕胤要联合罢黜孙綝，孙綝则命堂兄孙宪率部北上，在江都拦截吕据所部，同时以少帝孙亮的名义命令文钦、刘纂、唐咨等人讨伐吕据、滕胤。经过一场乱战，滕胤兵败被杀，吕据看到大势已去只得自杀，少帝孙亮拜孙綝为大将军。

孙吴的夏口督孙壹是孙坚弟弟孙静之孙，他有两个妹妹分别嫁给了滕胤和吕据，孙綝对他自然不放心，密令朱异率军夺取夏口，用武力解决孙壹，孙壹不敌，率一部人马投降了曹魏，被曹魏任命为车骑将军，同时遥领交州牧。

孙綝刚刚掌权就接到诸葛诞愿意称臣的报告，大喜，命将军全怿、全端、唐咨、王祚等率3万人马与文钦一起北上接应诸葛诞，少帝孙亮任命诸葛诞为孙吴的大司徒、骠骑将军，同时遥领青州牧，封寿春侯。

司马昭亲率大军前来平叛，为防止少帝曹髦趁机异动，司马昭专门把他以及郭太后都带上随征。6月5日，司马昭率魏军主力到达项县，各路平乱大军陆续来此集结，总兵力达到26万人。

诸葛诞怀疑新任扬州刺史乐綝是司马昭派来监视他的，于是把乐綝杀了，整合起各路人马以及淮南各郡县的部队共10多万人，诸葛诞担心这些人马还不够，又在控制区内紧急招兵，很快又得到四五万人。

这样算下来，双方兵力再加上孙吴的人马，参加此战的各方人马总数达到了45万人左右。盘点一下汉末三国的几次著名战役，官渡之战曹军直接投入的兵力有3万多人，袁军12万人；赤壁之战曹军直接投入的有8万人左右，孙刘联军约5万人；夷陵之战蜀军直接投入的兵力约8万人，吴军约5万人。以上这几场著名战役，双方投入的总兵力合计约43万人，尚不及此次诸葛诞起兵及平叛之战。

司马昭让王基行镇东将军，会同安东将军陈骞包围寿春，包围圈尚未形成，孙吴方面的援军也到了，吴军的一部趁乱从东北方向冲入城中，在寿春城不远的安丰，吴军另有一部驻扎在那里，与寿春形成呼应。

王基向司马昭建议先不要猛攻，只需将寿春城围困起来，时间长了里面自乱，司马昭同意。王基于是命人深挖壕沟，坚守营垒，不轻易攻城，时间一长，城里的人果然急了。

文钦本来是救援的，结果一冲动就跟全怿等人冲进了城，现在被围，赶紧组织人马发起反攻，试图冲开包围圈，但无法成功。孙綝见状，亲率吴军主力前来增援，前锋推进到镬里，此地在今巢湖以东，孙綝督令朱异、丁奉、黎斐等将领率部前去寿春解围。

朱异进军速度最快，所部抵达黎浆，司马昭派石苞、州泰迎击，务必阻止敌人的增援。为加快行进的速度，朱异命部下抛弃了辎重，因为没有重型装备，无法突破敌人的阻击线，只得退往孙綝的大营，他们连给养都没带，一路上靠摘食树叶果腹，狼狈不堪，但到达大营后，孙綝大怒，让他们立即返回去驰援寿春，朱异认为将士们已极度疲乏，无法执行命令，孙綝恼了，把朱异当场诛杀。

但随后孙綝又下达了一个奇怪的命令：将吴军主力撤回江东。

寿春城里的诸葛诞以及文钦、全怿还在盼着援军的到来，司马昭让人散布谣言说孙吴大军即将杀到，寿春之围很快将解除，城里的人误以为真，对粮草也就不加控制了。寿春城池坚固，破攻是很困难的，能守多长时间其实取决于城里有多少粮食。

又守了一段时间，仍未见到援军，诸葛诞等人明白上当了，但已经晚了，粮草消耗得差不多了，城里的将领们一部分人主张继续固守待援，一部分人则主张主动出击，以求绝处逢生，文钦和孙吴派来的援军属于前者，文钦对诸葛诞说："我们以及孙吴将士的家属都在江东，即使孙綝不打算来救，皇上和孙吴将士的这些家属们岂能愿意？所以援军到达是迟早的事，为何要冒险？"

但诸葛诞的部下都主张突围，双方吵得很凶，诸葛诞倾向于文钦的看法，但他劝服不了那些主张突围的人，为控制局面，诸葛诞打算把主张突围的部将杀了，消息走漏，一部分将领翻越城墙出了城，向魏军投降。

又守了几个月，寿春城仍然未被攻破，钟会建议使用离间计，最后吴将全怿率本族数千人打开城门投降了魏军，司马昭以少帝曹髦的名义任命全怿为平东将军，寿春城里深受震动，士气大损。

情势越发紧迫，文钦和诸葛诞却发生了矛盾，诸葛诞一怒之下把文钦杀了，文钦的儿子文鸯和文虎拼死突出城去，也投降了魏军，司马昭上书保举文鸯和文虎为将军，让人往城里喊话，说就连文鸯和文虎这样的人投降后都既往不咎，还拜了将军，你们还害怕什么？

经过这番攻心战后，魏军再次发起猛攻。少帝曹髦甘露三年（258）2月20日寿春城被攻破，诸葛诞在突围时被杀。

七十八、司马昭之心

从王凌到毌丘俭、文钦，再到诸葛诞，淮南先后三叛，都可以看作是曹氏与司马氏之争的延续，随着曹芳被废和诸葛诞的失败，“曹马之争”已经进入尾声。

但这并不意味着斗争再也没有波澜了，少帝曹髦成为这场斗争的新主角，与前任曹芳不同，曹髦是个精力旺盛、十分活跃的年轻人，他经常把那些有学问的大臣们集中起来，跟他们谈论经典、评价前代得失，这些大臣惊讶地发现，曹髦的学问和见解与他的年龄极不相称，曹髦跟他们这些素以饱学著称的人在一起谈论丝毫不怯场。

曹髦经常在太极殿东堂宴请侍中荀顗、尚书崔赞、袁亮、钟毓、中书令虞松等人，曹髦和他们边吃边聊，有一次他们最后聊到了前代帝王的优劣，曹髦对荀顗等人说：“夏在位时已呈衰败之象，相在位时被人杀害，只有少康聚集夏的遗老遗少，光复禹的功绩，另外还有高祖皇帝，他拔起于陇亩，驱帅称豪，消灭了秦王和项羽，包举宇内。少康和高祖皇帝才略不同，但都是举世大贤，按照他们的功德，谁该排在前面呢？”

荀顗等人认为高祖皇帝刘邦更优：“天下的镇国重器是由上天授予王者的，圣贤的美德应该顺应时机，这样才能接受天命去创立基业。具体到承接前代功业方面，创造和因袭在难易程度上是不同的，少康功德虽然美好，但仍然只是中兴之君，可和汉世祖相提并论，但与高祖皇帝还是有些差距。”

荀顗等人说的汉世祖，指的是汉光武帝刘秀，他开创了一个王朝，之所以把他也称为中兴之君，是因为在汉末三国时期通常认为刘秀开创的后汉只是前汉的延续。但曹髦更推崇少康，对刘邦则不以为然：“自古以来的帝王，论功绩、德业、言论、行为各有优劣短长，所谓创业之君未必都优秀，继任者也未必都低劣。商汤、周武王、高祖皇帝虽然都受命于天，但贤圣也有不同，我认为他们之间还是有一定悬殊的。少康出生于国家灭亡之后，自己的身份已降低为奴隶，只能四处逃难，但最终复兴了大禹的功业，没有极大的德行和极广的仁义怎能建立这样的功勋？”

曹髦推崇的这位少康是夏朝的第六位国君，他的父亲相被敌人杀死，他成了遗腹子，然而凭借个人的魅力，他后来争取到许多部族的支持，也得到夏人遗民的拥护，最后以弱胜强，战胜了仇敌，重振了夏朝，历史上称为“少康中兴”。

曹髦认为，与少康相比刘邦真的算不了什么：“汉高祖趁秦朝瓦解之势，倚仗权术和武力成就了功业，但在很多方面都违反了圣人的法度。作为儿子，多次让父亲身处危险之中；作为君主，将贤明的属臣囚禁；作为父亲，不能保护好自己的儿子。汉高祖去世后国家几至灭亡，如果他跟少康互换一下所处的时代和境遇，也许他无法复兴大禹的功业。所以，应该以少康为上而汉高祖为下，各位爱卿还可以再讨论。”

这场讨论一直持续到次日，荀顗、袁亮等人认为曹髦所说有道理，确实少康更优秀，但崔赞、钟毓、虞松等人仍坚持汉高祖更胜一筹，曹髦最后进行了总结：“说少康凭借已有的本钱创业而汉高祖白手起家，事实并非如此。各位不知道，在上古三代凭借仁德勋业成事是很难的，而在秦朝末年凭借武力成就功业则相对容易。况且最上等是立德，其次才是立功，汉高祖功劳虽高，但比不上少康的大德。诛杀暴君肯定得动用武力，少康在武功方面一定不如汉高祖吗？我看未必，只是夏代古书散佚，少康的丰功伟绩缺失无载罢了，如果三坟五典都能留传下来，少康的事迹也都有详细的记载，难道还会再有异议吗？”

经这么一说，大家都心服口服。

曹髦却很谦虚，又对大家说：“我的知识面还不够开阔，听到的、看到的还很有限，只是喜欢发发议论罢了，还远没有领悟其中的精髓。”在皇宫里切磋学问还不够，曹髦还跑到太学，与当代的那些大儒们探讨《周易》《尚书》《礼记》，这都是最难懂的古书，曹髦与专家学者们讨论起来却头头是道，学者们都惊呼自己已经远远赶不上皇帝陛下的才学了。

大家的反应可能会有些夸张，一个高中生再有天赋也无法一下子盖过博导，但高中生能掺和到博导们讨论中，就已经不同凡响了。

从曹髦褒少康、贬刘邦的观点里隐约可以看出他的一些政治抱负来，少康所遇到的挫折岂不正是曹魏目前的困境？曹髦也许是想借少康中兴来激励自已。至于刘邦，在曹髦看来有的也只是权术和智谋，德行实在不配盛名，这是不是又在暗讽司马氏父子？

这些露骨的谈论自然会很快报告到司马昭那里，面对这个思想活跃、精力旺盛又天赋极高的年轻人，司马昭困惑了。

还有一次，曹髦与中护军司马望、侍中王沈、散骑常侍裴秀以及钟会等人又在太极殿东堂讲宴，一边吃喝一边议论学问，俨然一个小沙龙。曹髦丝毫没有当傀儡的压抑和紧张，反而很高兴也很随兴，喝得兴起，他把裴秀称为儒林丈人，把王沈称为文籍先生。

曹髦很喜欢司马望，他是司马孚的次子，参加过多次战斗，立有军功，担任了中护军的重要职务，平时比较忙，曹髦又经常想把司马望叫来说话，干脆赐给他一部追锋车及五名虎贲士，一有聚会就让司马望乘追锋车飞驰而来。

司马望似乎对曹髦也很有好感，二人很能谈得来，但司马望脑子还算清醒，知道跟曹髦过分接近很危险，这时陈泰由西线战场调回洛阳担任朝廷尚书右仆射，司马望主动要求出任征西将军，负责西线战场的指挥（都督雍、凉诸军事）。

又有一次，曹髦到辟雍与群臣赋诗，曹髦出题让大家赛诗，看谁写得又好又快，侍中和逌、尚书陈骞写得有点慢，没在规定时间里写完。事后，负责纪律的官员上奏，称他们对天子不敬，建议将二人免职，曹髦在奏折上批复道："我爱好诗赋，目的是从中知得失，没有其他东西，所以要原谅和逌和陈骞。从今往后群臣都应当玩习古义、修明经典，这才符合我的想法。"

看着这个年轻人，司马昭越来越后悔，真不该立他为帝。有一次参加完朝会，司马师悄悄地问钟会："你觉得当今皇帝上如何？"钟会并没有多想，脱口而出说："当上皇上论文采可比陈思王，论武功可追武皇帝！"在那个时代，人们普遍认为陈思王曹植的文采和武皇帝曹操的武功是两座无法逾越的高峰，眼前这位少年天子如果兼而有之，那将多么可怕啊？

司马昭心情烦闷，只想骂娘，但说出来的却是："如果像你说的这样，真是社稷之福哇！"

权臣与傀儡之间也可以较好地相处，至少也能处成曹操和汉献帝那样，但司马昭不是曹操，曹髦也做不了汉献帝。

与父亲和哥哥的行事风格都不同，司马昭做事更喜欢直截了当，甘露三年（258）5月，司马昭授意心腹大臣上奏，要求给司马昭晋封公爵，曹髦无奈，只得封司马昭为晋公，参照当年曹操封魏公时的做法，用八个郡作为司马昭的食邑，同时拜其为相国，加九锡。

对司马昭的步步紧逼曹髦既反感又无奈，又忍了两年，到甘露五年（260），曹髦实在没法再忍了，就找来几个“心腹”商议对策，包括侍中王沈、尚书王经、散骑常侍王业等，都是一些经常在一块谈论学问的人，曹髦觉得跟他们能“谈得来”。

把这几个人秘密地召集在一起，曹髦说的第一句话是：“司马昭之心，路人所知也！”这句话大概在曹髦心里已憋了很久，所以一说出来就足以振聋发聩，并在后世成了千古名言。说完这句话，曹髦又接着对大家说：“他迟早要把我废掉，我不能坐以待毙，我想与众卿讨伐他！”这几个文人估计都吓傻了。

王经劝道：“当年鲁昭公不能忍受季氏专权，讨伐失败而出走，最终丢掉了国家，被天下人耻笑。如今大权在司马昭之手已经掌握了很久，朝廷之内以及四方之臣都为他效命，这也不是一天两天了，而宫中宿卫空缺，兵力弱小，陛下凭借什么讨伐他？您要这样做，不是想除去疾病却反而让病害得更厉害吗？祸患难测，愿陛下好好想想。”

曹髦已无法再忍，他猛然从怀里掏出一块玉版摔到地上，怒吼道：“我意已定，即使一死又有何惧，何况也不一定会死！”曹髦不仅要干，而且还要先禀报太后，看来确实是气糊涂了。还没等他去找太后，却发现王沈和王业已经溜了，曹髦知道他们大概是向司马昭告密去了。

曹髦豁出去了，带着身边的几百个人连喊带叫地冲了出去，这些人大概是一些宦官、随从甚至宫女，领头的有冗从仆射李昭、黄门从官焦伯等，能一下子拉出来几百人，说明曹髦还真不是吃素的。这时下起了雨，更让此举增添了悲壮的气氛。

司马昭即使已得到了王沈和王业的报告，也来不及专门去部署了，首先与曹髦一行照面的是司马昭的弟弟司马伷，他任屯骑校尉，并不统领禁军，大概有什么事刚好路过东止车门，无意撞上“天子造反”，司马伷不知道该如何应对，曹髦一顿呵斥，居然把司马伷以及带着的人都训跑了。

曹髦率领队伍继续前行，他们的目标大概是司马昭的相国府，走到南阙下，遇到贾充带着人前来阻挡，司马望外任后中护军一职由贾充担任，他有守卫京城的职责。曹髦当然认得贾充，对此人大概最无好感，也不搭理，挥着剑就往前冲，见谁砍谁。

众人不知如何是好，纷纷后退，贾充把一个叫成济的头目叫过来，对他说：“司马氏如果失败了，还有你等吗？何不出击？”成济立即指挥手下往上冲，曹髦厉声喝道：“把武器放下！”虽是快死的人了，但仍是天子，一句话，有人居然就把武器扔到了地上。成济急了，向前猛刺，曹髦应声而倒，当场殒命。

太傅司马孚闻讯赶来，见曹髦已倒在血泊之中，司马孚跑过去大哭。司马昭听到消息也吃了一惊，手里正拿着的东西都掉到了地上，他脱口而出说：“天下人该怎么议论我？”

司马昭赶紧召集众位大臣商议，大家面面相觑，朝廷尚书右仆射陈泰建议：“只能斩贾充，以谢天下。”司马昭沉吟半晌，下不了决心。最后司马昭上报郭太后，把所有罪责都推到成济身上，郭太后同意，将成济斩首，夷三族。

为做好善后工作，郭太后还颁发了一份诏书，历数曹髦的罪状，捏造了曹髦用弩射自己、买通左右给自己下毒等骇人听闻的情节，算是为曹髦被弑降降温。

之后，以亲王的礼制把曹髦安葬在洛阳西北的瀍涧。

七十九、姜维十一次北伐

曹髦死了，还得再选个新皇帝。

选来选去，最后选中了只有 15 岁的曹璜，他是燕王曹宇的儿子、曹操的孙子，论起来与魏明帝曹叡是平辈，对郭太后应该叫声嫂子，但郭太后这一次没有阻拦。

曹宇被封亲王，他还在世，他的儿子只能降格封为公爵，曹璜的爵位是常道乡公，常道乡位于幽州刺史部渤海郡的安次县，今属河北省廊坊市，在当时是较为偏远的地方，之所以封得这么偏远，是因为曹璜出生于少帝曹芳正始七年（246），离高平陵之变没有几年，曹氏已经衰微，能有个爵位也就不错了。

曹璜的父亲曹宇的封地也在幽州刺史部，之前说过，魏明帝曹叡临终前曾考虑拜曹宇为大将军，要托孤给他，后来临时改变主意才托孤给了曹爽和司马懿。高平陵之变后曹氏宗亲集中在邺县居住，曹宇、曹璜父子都到了邺县。

甘露五年（260）5 月 8 日，司马昭派儿子司马炎去邺县迎接曹璜，司马炎是司马昭的长子，司马师虽然有过 5 个女儿，却没有一个儿子，所以司马炎其实也是司马懿的长孙，他目前已经 24 岁了，司马望卸任中护军后他继任该职。

六月初一，曹璜被接到洛阳城外，郭太后下诏将他的名字改为曹奂。关于改名的原因，史书没做进一步说明，有人认为这是郭太后给曹璜的一个下马威，为的是让他知道连自己的名字他其实都不能做主，所以得始终记得自己是谁，还有人说“璜”与“皇”同音，郭太后内心里并不想承认曹璜是皇帝，而“奂”与“换”同音，预示着将来有一天还要把曹璜的这个皇位换掉。

这样的说法实在过于牵强了，郭太后是以诏书的形式为曹璜改名的，要公诸天下，即使她的心里真有那么一些“小九九”，也不好直接说出来吧，为曹璜更名一定有更充分的理由。

推测起来可能还是与避讳有关，古人很讲究避讳，第一类是避国讳，范围涉及全国，避的是皇帝本人及其父祖的名讳；第二类是避家讳，范围主要在本家族之内，避的是父祖的名讳；第三类是避内讳，范围在本家庭内，避的是母祖的名讳。曹璜的名字似乎与第一、第二类都没有关系，但第三类就不一定了。

如果曹璜一直是曹宇的儿子，问题当然不会出现，因为在给他起名字的时候肯定已经考虑了以上种种情况，但如果曹璜在法律上的继承关系发生了变化，比如他成为其他人的子嗣，那就得考虑第三类避讳了。

与曹髦一样，曹璜也是一个小宗，他要继承大位，必须事先过继给大宗，至于是谁，这一点史书没有记载，有人说过继给了魏明帝曹叡，但他们是平辈，于伦理不符，只能过继给魏文帝曹丕。但无论过继给谁都要重新考虑内讳的问题，郭太后下诏为曹璜更名，应当是这个原因。

六月初二，曹奂进入洛阳，首先拜见了郭太后，之后前往太极殿，就在那里继了帝位，由于他和他的前两任一样最后都没有得到庙号，所以史书称其为少帝或常道乡公。

少帝曹奂继位后即宣布大赦天下，改年号为景元。当月，少帝曹髦下诏增两个郡为晋公司马昭的食邑，连同之前的八个郡，司马昭的封地已增至十个郡，成为曹魏的“国中之国”。少帝曹奂还下诏，加司马昭九锡，赐钱千万，帛万匹，所有司马氏子弟中还没有封爵的一律封为亭侯。

相较于曹芳和曹髦时期，司马氏的政治基础此时更加牢固，无论朝堂之上还是各州郡，“亲曹派”的势力都基本被清除，四处遍布着司马氏的心腹，曹奂这个皇帝更加傀儡化。

近一段时间，孙吴忙于内斗，曹魏忙于皇位更替和夺权，它们的主要精力都被本国的内部事务所吸引。

蜀汉方面，姜维则始终牢记诸葛亮的遗志，一直矢志于北伐。姜维前后主持的北伐，次数比诸葛亮还要多：第一次，蜀汉后主延熙元年（238）姜维和蒋琬兵出陇右，在南安郡与魏军相持不下；第二次，延熙七年（244）曹爽征汉中，姜维和费祎出兵兴势，与王平一起大败曹爽，这个之前已经讲过；第三次，延熙十年（247）姜维兵出陇西，与魏将郭淮、夏侯霸战于洮西；第四次，延熙十二年（249）姜维再出陇西，以廖化为先锋，与曹魏多名将领在陇西展开会战，双方互有胜负；第五次，延熙十三年（250）姜维以羌人和胡人为辅助，与魏将郭淮战于洮西，双方打成平手；第六次，延熙十六年（253）姜维出兵包围南安，粮尽而退；第七次，延熙十七年（254）姜维出兵陇西的狄道，斩魏将徐质；第八次，延熙十八年（255）姜维率夏侯霸等兵出狄道，在洮西大破魏将王经，后魏将陈泰派兵前来解围；第九次，延熙十九年（256）姜维再次出兵陇西，蜀将胡济进兵迟缓，蜀军被魏将邓艾击破于段谷；第十次，延熙二十年（257）曹魏发生诸葛诞之叛，姜维趁机出兵秦川，魏军坚守不战，至次年蜀兵撤退；第十一次，蜀汉后主景耀五年（262）姜维出兵与魏将邓艾战于侯和，蜀军为邓艾所破，撤往沓中。

一直到曹魏少帝曹奂继位之初，姜维先后主持过的北伐就有十一次之多，具体战绩是：大胜两次，小胜三次，相拒不克四次，小败一次，大败一次。

仅从战绩看似乎胜多败少，但这说明不了什么问题，因为曹魏在西线战场向来坚持防御作战的原则，能拖就拖、能避就避，不求一城一地得失，更看中大局，这个办法虽然使魏军打了更多的败仗，但却以较小的代价维持住了西线战场的总体格局，盘点下来，蜀汉在西线战场并没有太多的实质性进展。

魏军两次打败姜维，负责具体指挥的都是邓艾，曹魏征西将军司马望后来调回洛阳，改任卫将军，邓艾便升任为征西将军，成为曹魏西线战场的负责人。

蜀汉频繁用兵，极大地消耗了财力和国力，最后到了兵困民疲的程度，各种反对用兵的声音也多了起来，姜维面对的压力越来越大。

蜀汉内部的情况更让姜维烦心，费祎、董允先后去世，陈祗以侍中的身份兼任朝廷尚书令，成为处理内政的主要负责人，他对姜维北伐还是比较支持的，但相对于蒋琬、费祎和董允，他却有一个致命的缺点：结交宦官。

蜀汉后期宦官逐渐得势，代表人物是黄皓，他善于阿谀献媚，处心积虑地一心往上爬，被后主刘禅所宠信。董允生前担任朝廷尚书令，还能约束黄皓，董允经常劝谏刘禅远离黄皓，对黄皓也常常加以责备，黄皓畏惧董允，尚不敢过分胡来，到董允死时黄皓也担任黄门丞，算是宦官中的中级职务。

董允死后黄皓失去了约束，陈祗作为董允的继任者，不仅不能抑制黄皓，还有意跟他结交，黄皓很快升至中常侍，又兼任奉车都尉，成为宦官的首领。

黄皓的手越伸越长，开始干预朝政。后主景耀元年（258）陈祗病逝，黄皓进一步把持了朝政，大肆培植自己的势力，打击那些不肯顺从自己的人。后主的弟弟刘永一向看不惯黄皓，黄皓不断在后主面前诋毁刘永，后主对刘永逐渐疏远，以至于刘永竟有十多年不能见到刘禅，刘永尚且如此，其他不顺从黄皓的人会落个什么结果，可想而知。黄皓还插手军队，永安都督阎宇巴结讨好黄皓，黄皓提拔他当上了右将军，用以牵制姜维。

景耀五年（262），姜维奏请后主刘禅，要将黄皓处死，但刘禅不同意，对姜维说黄皓只不过是个小人物，不必太在意。刘禅还让黄皓去向姜维谢罪，当然这只是装装样子罢了。

姜维见黄皓在朝中枝连叶附，上面又有后主的庇护，不仅感到忧虑，甚至有些恐惧，他奏请后主，自己愿常驻沓中，该地是位于岷山、迭山中的一处小型盆地，在今甘肃省舟曲县境内，在陇西郡、天水郡的正南方，距成都十分遥远。

不用兵时姜维就在沓中屯田种麦，很长时间都不敢再回成都。

八十、蜀汉的灭亡

打败仗不可怕，就怕瞎折腾。

孙吴经过一番折腾，实力大损；蜀汉经过一番折腾，国势渐衰。相比较而言，曹魏虽然也折腾过，但人家底子厚，抗打击能力强，恢复得也快。司马昭全面掌权后，一方面巩固权力基础，消灭政治对手；另一方面继续扩充军力，积极准备统一之战。

蜀汉和孙吴两个对手得一个一个地来，先灭哪一个呢？司马昭经过认真考虑，认为应该先灭亡蜀汉，少帝曹奂景元四年（263）夏天，司马昭召集群臣，对大家说："自从寿春平叛以来已经六年没有战事了，这几年里我们集中精力制造兵器、修缮盔甲，准备对付吴蜀二虏。如果灭吴的话，我大致计算过，造战船、开水道总共得用去1000多万个工日，也就是说10万人得忙100多天才能完成。另外南方地势低下、气候潮湿，必然会遇到疾疫。所以应当先取蜀，灭蜀三年之后，借巴蜀可以顺流而下的有利地势，水陆并进去灭吴，就像历史上晋灭虞定虢、秦吞韩并魏那样，是很容易的。据报告蜀国有9万军队，驻守在成都及守备后方的大约4万，余下5万是机动部队。如今姜维被拖滞在沓中不能东顾，我们的大军可以直指骆谷，趁其空虚袭击汉中。"

蜀军如果不采取这样的策略也不要紧，司马昭认为："蜀军如果各自据城守险，必然兵力分散，首尾不能相顾，我们就可以调集大军破其城池，派遣机动部队占据其村野，敌人虽有剑阁却无以为守，虽有雄关却无力自保，以刘禅的昏庸，在边城陷落、内部士民惊慌的情况下，蜀国的灭亡一定指日可待！"

司马昭伐蜀的决心已下，但征西将军邓艾对此有不同意见，他认为最好的出征时机是蜀国内部出现祸乱，而目前看这个条件还没有到来，所以得等一等，为此他多次陈述了相关看法。

但司马昭不想再等了，他做出了两项安排，一项安排是派自己身边的主簿师纂去担任邓艾的军司马，之前介绍过军司马相当于武职的长史，等于让师纂这位大将军长史降格为征西长史，用意当然是传达和执行司马昭伐蜀的作战意图和方案。

另一项安排是提拔钟会担任镇西将军，“四征将军”高于“四镇将军”，如果邓艾是征西将军的话，钟会就是镇西将军，其意图也是督促邓艾抓紧行动。

邓艾只得执行司马昭的命令，积极筹备伐蜀事宜。

少帝曹奂景元四年（263）8月，征蜀大军集结完毕，开始行动。

司马昭部署了三路大军：一路由征西将军邓艾指挥，从狄道进攻沓中的姜维，拖住姜维所率领的蜀军主力，让其不得东顾，这路人马约3万人；一路由雍州刺史诸葛绪率领，从祁山方向进攻武街的蜀军，目的是断绝姜维的退路，这路人马也在3万人左右；一路由镇西将军钟会指挥，分别从斜谷和骆谷进攻汉中，这路人马在10万人左右。

从以上部署看，钟会这一路是主力，其他两路是配合作战。

征蜀大军有一部分是从洛阳出发调往西线战场的，大军离开洛阳前有个叫邓敦的将领力谏不可伐蜀，司马昭大怒，下令斩了，为征蜀大军祭旗。

9月，邓艾率天水郡太守王颀等部攻打姜维的沓中大营，同时指挥陇西郡太守牵弘在一旁进行牵制，又让金城郡太守杨颀进攻甘松，多路出击，令姜维四处招架。

钟会率领的一路大军从秦岭栈道进兵，由于兵力充足，可以同时由褒斜道和傥骆道齐进，让蜀军更难防范。钟会命牙门将许仪在前面开路，自己率领大军紧随其后，在经过一座刚修好的桥梁时，钟会坐骑的马蹄陷入坑中，钟会大怒，下令将许仪斩首。

许仪的父亲是已故名将许褚，钟会一翻脸谁都不认，魏军将士无不惊骇。钟会在军中资历有限，来西线战场也只有几个月时间，但许仪的一颗人头就为他树立起足够的权威。

进入关中平原后，钟会发现蜀军主动退至各个据点不出来交战，于是命魏将荀恺、李辅等各率一部人马包围了汉城、乐城等要点，自己西出阳安口，在路过定军山时，听说诸葛亮埋在这里，钟会特意派人前往祭拜，并下令军士不得在诸葛亮墓的附近牧马砍柴。

姜维率领的蜀军主力在沓中无法抽身，看到汉中情况危急，于是指挥众军拼死回援，邓艾命王颀率部紧追，姜维率张翼、廖化等各军集结于剑阁，之所以没有向汉中驰援，是因为战事发展得太快，钟会已夺取了汉中。

10月，钟会由汉中挥师南下，到达剑阁。剑阁是蜀汉北部的第二道防线，剑阁如果有失成都平原将无险可守，情势危急，后主刘禅赶紧向孙吴求救，孙吴派老将丁奉进攻曹魏的寿春，命将军留平、施绩进攻南郡，命将军丁封、孙异进攻沔中，也是三路出击，在曹魏的中线和东线两个战场同时发起进攻。

司马昭对此早有预料，他命令这两个方向的魏军采取守势，只要顶住敌人的进攻就行，魏军仍倾尽全力在西线战场进行决战。

剑阁地势险要，易守难攻，钟会一时无法得手。

邓艾这一路推进到了阴平道的北口，当年夏侯霸逃亡蜀国就走的是这条路，这条路可以避开剑阁进入成都平原，但其险峻程度超过了秦岭中的栈道，加上现在正值隆冬，要从阴平道进攻蜀汉有些不可思议。

但邓艾决定冒险，他简选精锐，要诸葛绪率本部人马前来会合，之后过阴平道，从江油进攻成都，但诸葛绪不同意，他认为从阴平道进攻蜀国不符合既定的作战计划，于是率领本部的3万人马向东行进，在白水与钟会合军，但钟会想独掌军权，他密告诸葛绪畏懦不进，司马昭以少帝曹奂的名义发来诏书，让钟会用囚车押诸葛绪回去受审，诸葛绪的人马就这样归了钟会指挥。

钟会继续率兵进攻剑阁，仍不能攻克，这时魏军后勤保障出了问题，粮食眼看就要吃完了，而粮道险远，补给困难，钟会提出撤军。

邓艾不同意，他写信向司马昭建议说："敌人已经疲惫不堪，现在正应该乘势加强攻击。可以从阴平道进军，沿着山中小路经德阳亭奔赴涪城，这里距剑阁以西有百余里，距成都只有300多里，从这里可以派一支精悍的部队直接攻击敌人的心脏。到那时，姜维一定得引兵救援涪城，钟会正好乘虚而入；如果姜维死守剑阁而不救涪城，那么涪城兵力很少，按照兵法所说'攻其不备，出其不意'，一定能打败敌人！"

司马昭批准了邓艾的计划，于是邓艾率本部人马进入700里长的阴平道，一路上凿山通道、攀木缘崖，大军鱼贯而进，历尽了艰险，在最危险的地方，邓艾亲自裹着毡子从山上往下滚。邓艾的冒险取得了成功，蜀军压根没料到阴平道里会杀出一支奇兵，等邓艾所率人马出了阴平道直达江油关时，守关的蜀将马邈投降。

江油关失陷，下一个目标就是涪城，后主刘禅急令诸葛瞻率尚书张遵、尚书郎黄崇、羽林右部督李球等前往涪城阻击邓艾。诸葛瞻是诸葛亮的儿子，此时36岁，是蜀汉的卫将军，与辅国大将军董厥共同主持朝政（录尚书事），张遵是张飞的孙子，黄崇是黄权的儿子，李球是李恢的侄子。

诸葛瞻率部到达涪城后一直不敢向前，黄崇劝他迅速出击，抢占险要地势，不让敌人轻易进入平原地带，但诸葛瞻犹豫不决，担心分兵之后涪城更难防守。魏军在邓艾的率领下由江油关长驱直入，蜀军被打败，涪城丢失，诸葛瞻率蜀军主力退守到成都北部重镇锦竹。

邓艾派使者给诸葛瞻送信诱降，表示如果诸葛瞻肯投降，可保举他为琅邪王，诸葛瞻大怒，斩了邓艾的使者，率军出战。

这一仗打得很激烈，邓艾派他的儿子邓忠从右翼包抄，派师纂从左翼包抄，结果二人均进攻不利，报告说敌人难以击破，邓艾一听急了，也不管是不是自己的儿子，下令斩杀二人："生死存亡在此一举，有什么不能攻克的！"二人只得再次出战，指挥所部人马拼死进攻，最终蜀军被击破，诸葛瞻、张遵等人战死，诸葛瞻的儿子诸葛尚也在军中，听说父亲战死，也冲入敌阵而死。

成都城内一片惊慌，后主刘禅召集群臣商议，有人建议逃往孙吴，有人建议逃往南中，光禄大夫谯周等人建议投降曹魏，大家议来议去，最后大多数人赞成谯周的意见。但刘禅仍狐疑不决，他想逃往南方，谯周上疏说："南方是远夷之地，一向不愿意顺从，多次反叛，是诸葛丞相以兵威相逼，他们才愿意服从。以现在的情况，去了那里对外需要抵御强敌，对内朝廷需要大量供需，只能加倍地从夷人那里索取，到时候他们必然会反叛。"

刘禅默然无语，他承认谯周说得有理，不过也有人担心邓艾率领的魏军已经杀到跟前，他要是不愿意接受投降怎么办？谯周认为不会，他的理由是："现在对曹魏来说，除我们以外孙吴也未臣服，在这种情况下他们一定会接受投降，并且以礼相待。如果陛下降魏，魏不裂土以封陛下，谯周愿只身前往洛阳为陛下去争！"

最后，刘禅派侍中张绍等人奉玺绶向邓艾请降，张绍一行走到雒县时遇到邓艾，邓艾大喜，当场表示接纳，刘禅另派太仆卿蒋显赴剑阁向姜维宣布敕书，要他就地向钟会投降。

邓艾随后到达成都城外，刘禅率领太子、诸王以及群臣等 60 多人绑住自己、抬着棺材出城拜见，邓艾手执魏帝颁发的符节，上前为刘禅解开绑绳，又令人焚烧了棺材，接受投降。

邓艾宣布，承曹魏皇帝的旨意拜刘禅为行骠骑将军，刘禅的太子刘璿被任命为奉车都尉，刘禅的其他儿子被任命为驸马都尉，原蜀汉百官也各拜了新官职，同时任命师纂代理益州刺史，陇西郡太守牵弘等人任蜀中各郡的太守。

至此，42 年前由刘备一手创建的蜀汉政权灭亡了，根据刘禅投降时向邓艾所献的士民籍簿，蜀汉灭亡时的人口共 28 万户、94 万口，甲士共 10 万零 2000 人，官吏 4 万人。

正在剑阁与钟会对峙的姜维闻讯惊愕不已，此时益州诸郡县都收到了刘禅罢兵投降的敕书，姜维无奈，只得投降钟会。

钟会见到姜维，故意问他："你为何来得这么晚哪？"姜维眼里含着泪水，但一脸正色："今天能来，已经算早的了！"钟会对姜维肃然起敬，不敢再予轻慢，他让姜维仍统率蜀军原有的人马。

消息传到洛阳，朝野欢庆。曹奂下诏，命晋公司马昭以相国的身份总揆百官；拜邓艾为太尉，增加其封邑 2 万户，邓艾的两个儿子都封为亭侯，各得封邑 1000 户；拜钟会为司徒，钟会原来只是个亭侯，直接晋封为县侯，食邑增至 1 万户。

八十一、掀起一场内斗

消灭了蜀汉，邓艾自认为功劳主要是他的。

邓艾越来越自信和傲慢，与钟会的矛盾也越来越深。灭蜀后，邓艾一心筹划灭吴的计划，但他不知道的是，钟会在背后搞起了各种小动作，要置他于死地。

钟会修改了邓艾与司马昭之间的通信，把邓艾的上表也进行了修改，使人读起来觉得邓艾相当傲慢无礼，司马昭对邓艾产生了反感和戒心。

钟会向司马昭诬告说邓艾要谋反，司马昭以少帝曹奂的名义发来诏书，要钟会把邓艾抓起来送往洛阳审问，钟会此时还没有进入成都，他派卫瓘带人到成都收擒邓艾。

卫瓘字伯玉，是曹魏名臣卫觊的儿子，曾任曹魏廷尉，他师从著名书法家张芝，工草书，也是当代著名的书法家，此时以征蜀大军监军的身份在钟会处，钟会让他去成都抓人，是打算借邓艾之手把他杀了，之后把邓艾的谋反罪坐大坐实。

卫瓘知道钟会的阴谋，但又不能抗命不遵，只得带着1000多人去了成都，到了以后，他向邓艾手下的将领们下达了通知，说自己奉诏捕拿邓艾，其他的人一概不予追究，如果按时到自己这里报到，爵位和赏赐一切如旧；如果不肯露面，就诛灭他三族。

次日鸡鸣时分，邓艾的部将们纷纷赶到卫瓘军营报到，只有邓艾没来，卫瓘于是乘坐着使者的专车赶往邓艾的住所，邓艾还在睡梦中，结果父子一起被擒。邓艾没料到会是这样的结局，仰天长叹道："我是忠臣啊，居然到了这种地步，白起的悲剧今日重现！"

少帝曹奂景元五年（264）正月十五日，钟会进入成都。

钟会派人送走了邓艾，此时他大权在握，麾下的魏军以及投降的蜀军加在一起有 20 多万，这让钟会有了更大的野心。但这时也传来了让钟会不安的消息，就在他进入成都的同时司马昭亲率 10 万大军赶到了长安，中护军贾充又率 1 万步骑进入汉中，驻扎在乐城。

钟会觉得司马昭对他也起了疑心，钟会对心腹说："如果为了抓一个邓艾，相国应该知道我就能做到，他率领大军前来一定是发现了异状，我们应当先动手，如果顺利的话，就可以得到天下。如果不顺利，就退回蜀地，学刘备偏安于一隅。自从淮南之战以来我从未失策，已天下闻名，像我这样功高名盛的人哪能有好归宿呢？"

说干就干，上个月即景元四年（263）12 月郭太后在洛阳去世，钟会把在成都的魏军将领和重要官员都集中到蜀汉原来的宫殿里，名义上为太后发丧，人到齐之后，钟会突然出示了一份所谓的太后遗诏，说是要他讨伐司马昭，钟会强迫众人在遗诏上写下同意的字样作为凭据。之后，钟会委派亲信将领去掌握各路军队，对于不服从的将领，钟会把他们关了起来，派兵严加看守。

老将胡遵的儿子胡烈也在被看押的人之列，他编造谎言说钟会已经挖好了一个大坑，要把将官们一个个打死埋在坑里，这个消息一传开，被关押的人惊恐悲愤。

正月 18 日中午，胡烈率儿子胡渊等一部分人从被看押的地方擂鼓呐喊而出，各营官兵为救本部将领也都先后拥来，支持和反对钟会的人于是在成都城里展开了一场混战，最终前者占了上风，钟会、姜维以及原蜀汉太子刘璿等人被杀。

成都群龙无首，监军卫瓘出来收拾残局，钟会谋反让他陷入尴尬，因为不久前他还跟钟会一起联名诬陷邓艾，如果邓艾到洛阳后东山再起，后果不堪设想。此时邓艾还在路上，卫瓘于是派护军田续带人去追赶，田续曾是邓艾的部下，当初在江油关因惧战不前差点儿被邓艾杀了。田续追上邓艾，恶狠狠地说："终于可以报江油之辱了！"

一代名将邓艾及儿子被诛杀。

这一年的 3 月，少帝曹奂下诏改元为咸熙，同时封司马昭为晋王，增加十个郡作为封地，加上之前的十个郡司马昭的封地达到了空前绝后的二十个郡。少帝曹奂同时下诏追封舞阳侯司马懿为晋宣王，追封忠武侯司马师为晋景王。

少帝曹奂还诏令刘禅前来洛阳居住，封其为安乐县公。刘禅只得离开成都前往洛阳，过起了被软禁的生活。

一次，司马昭设宴，刘禅在座，司马昭故意让人演奏蜀乐，在座的蜀汉旧臣们皆掩面而泣，然而刘禅却显得怡然自得，毫不伤悲，司马昭故意问他：“安乐公思念蜀国不？”刘禅回答：“这里如此快乐，不想蜀国了！”在没人的地方，蜀汉旧臣郤正对刘禅说：“陛下，司马昭若再问这样的话，您就闭目沉思片刻，说‘先人的坟墓还在蜀地，我没有一天不想念’，这样司马昭就会让陛下回到蜀国了。”

司马昭又设酒宴，果然再提同样的问题，刘禅按郤正教他的说了，司马昭惊讶地说：“这些话怎么有点像郤正说的？”刘禅也惊讶地说：“你怎么知道的？”司马昭及左右大笑起来。对此有两种解读，一种看法是刘禅确实是个扶不起的阿斗，让人又哀又恨，哀其结局不幸，又恨其不争；另一种看法是刘禅其实很高明，他只有装得如此老实忠恳且平庸无能才能打消司马氏的怀疑，从而保全余生。

蜀汉灭亡对孙吴来说无疑是最悲惨的消息。

然而，此时的孙吴君臣们似乎还无法去认真思考这件事将会给自己带来的影响，这些年他们一直都陷入在越来越严重的内讧中。孙吴的大权被孙綝掌控了多年，之前在诸葛诞之叛中孙綝亲自率军去接应，非但没有救出诸葛诞等人，反而把将军朱异杀了，引起朝野的一致怨愤。

孙綝回到建业，这时少帝孙亮已开始亲政，他派人责问孙綝为何救援不成而诛杀大将，孙綝无法回答，干脆称病不再上朝。为保住权力，孙綝在建业的朱雀桥附近修建屋宇供自己居住，命弟弟威远将军孙据宿卫宫禁，另外的几个弟弟，包括武卫将军孙恩、偏将军孙幹、长水校尉孙闿等分别率军驻守在各处要点。

随着孙亮对掌权的渴望越来越强，孙亮与孙綝之间的矛盾也越来越激化，孙亮突然提出要追查他的姐姐孙鲁育被杀事件，孙鲁育是被孙峻杀的，孙亮下诏怒责虎林督朱熊、外部督朱损等人当年没有劝阻孙峻以致姐姐被杀，朱熊、朱损都是孙綝的亲信，孙亮此举其实剑指孙綝，孙綝为二人求情，孙亮不许，命左将军丁奉杀了朱熊和朱损。

孙亮和大姐孙鲁班、太常卿全尚、将军刘承等人密谋欲除掉孙綝，但事情被孙亮的一个妃子知道了，这个妃子是孙綝的从外甥女，她向孙綝密报了此事，孙綝连夜带兵捉拿全尚，派孙恩去杀了刘承，之后举兵包围皇宫。

孙綝命光禄勋卿孟宗到宗庙祭祀先帝，之后召集群臣，宣布废黜孙亮，群臣无不震惊，但也没人敢违抗。孙綝派中书郎李崇到孙亮处收回皇帝的玉玺，然后以诏书的形式向全国公布了孙亮的所谓罪状，将孙亮贬为会稽王。

孙亮被废后，孙綝立孙权的第六个儿子琅邪王孙休为皇帝，孙休下诏拜孙綝为丞相、大将军兼领荆州牧，任命孙恩为御史大夫、卫将军，孙据为右将军，孙幹为将军，孙綝和几个弟弟都被封为侯爵，他们手中掌握着军队，权势达到了顶峰。

孙休也不甘于做个傀儡，后来在张休、张布和老将军丁奉等人的协助下将孙綝诛杀，并夷灭其三族，孙休认为与孙峻、孙綝这样的人同族简直是耻辱，特将二人从族谱中除名，把他们的名字改为故峻、故綝，之前受过他们迫害的人，包括诸葛恪、滕胤、吕据等都给予平反。

公元264年是农历的甲申年，在中国的历史上这一年至少用过四个年号，分别是曹魏的景元五年和咸熙元年，孙吴的永安七年和元兴元年，这一年发生的大事实在太多，可以算得上三国后期最为忙碌的一年。

也是在这一年，孙吴的皇帝孙休得病死了，孙吴的权臣濮阳兴、张布、万彧等人拥立孙权的孙子孙皓为皇帝。孙皓是以故太子孙和的儿子，孙权生前很喜欢这个孙子，给他起了个小名叫彭祖。孙和在“南鲁之争”之争中失势，遭到废黜，后又被封为南阳王，孙峻杀诸葛恪时，由于诸葛恪是孙和的妻舅，孙和也受到了株连，被赐死，孙和的正妃张妃殉情自杀，孙皓的生母何姬说都死了谁来养遗孤呢？于是坚强地活了下来，抚养孙皓和孙和的其他三个儿子。

孙休继位后改变了对孙和等人的态度，认为他们是被孙峻迫害的，于是封孙皓为乌程侯。孙休死时本来有儿子，但这时蜀汉刚刚灭国，加上南方的交趾郡发生了叛乱，孙吴国内深感震惊，大家都认为应该立一位年长些的君主，权臣万彧之前担任过乌程县令，即孙皓封地所在的那个县，与孙皓关系很好，就向掌握实权的丞相濮阳兴、左将军张布等人推荐了孙皓，孙皓这才当上的皇帝。

孙皓继位之初励志革新，抚恤人民、开仓赈贫，使孙吴呈现出一定起色，濮阳兴、张布等人一看有些后悔，就在孙皓继位的当年，他们密谋要除掉孙皓，但有人提前报告给了孙皓，孙皓将濮阳兴、张布等人诛杀。

还是在这一年，司马昭派孙吴降人徐绍、孙彧回到江东，把灭蜀的过程向孙皓做了通报，等于是来提醒和警告的，孙皓于次年派使者纪陟去洛阳，向曹魏皇帝贡献方物。

灭亡蜀汉、压迫孙吴，对曹魏来说这是几代人的梦想，这一切几乎发生在一年之内，不过主持这件事的人姓司马而不姓曹了。

八十二、三国归晋

少帝曹奂咸熙二年（265）2月，太行山发生了地震。

人们议论纷纷，以为曹魏的气数这一回算是到头了。

5月，晋王司马昭立长子司马炎为王太子，几个月前司马炎已被任命为副相国（副贰相国）、抚军大将军。司马昭大约觉得自己身体出现了异样，所以加快了向儿子交班的步伐。

这一年司马昭55岁，司马炎29岁。8月的一天，司马昭病死，司马炎立即继晋王位，任命曹魏的司徒何曾担任晋国丞相，这时曹魏仍实行三公制，晋国是曹魏的“国中之国”，依照当年曹操当魏王时设相国的旧例，晋国设丞相一职。

司马炎指派一些心腹到少帝曹奂处游说，要曹奂学习当年汉献帝禅让的故事把皇位让给司马炎，曹奂巴不得早点儿解脱，于当年12月下诏给司马炎：“晋王，你们家世代辅佐皇帝，功勋盖天、四海蒙恩，上天要我把皇位让给你，请顺应天命，不要推辞！”

当年曹丕接受禅让，让来让去有近二十个来回，司马炎倒没有那么多的讲究，象征性地客气一下就“笑纳”了，曹奂于是从皇宫搬了出来，暂时居住于金墉城。离开时，太傅司马孚前来拜辞，拉着曹奂的手流泪不止。

当月司马炎继皇帝位，定国号为晋，后世称他为晋武帝，同时追尊晋宣王司马懿为宣皇帝，晋景王司马师为景皇帝，晋文王司马昭为文皇帝。晋武帝司马炎还下诏改年号为泰始。

泰始，如泰山般稳固的基业就从今天开始！

继蜀汉之后曹魏政权也灭亡了，这一天发生在少帝曹奂咸熙二年即265年的农历十二月，对应公历在266年的1月，曹魏建立于220年，算起来应该有四十六年。

司马炎又下诏奉魏帝曹奂为陈留王，命其迁往邺县居住，各项礼节参照当年曹魏优待汉献帝的做法执行，同样被集中在邺县居住的原曹氏诸王、公一律降为侯。从曹操到曹丕、曹叡，奋斗了几十年，皇位没了，只剩下最后一个象征性的陈留王，而司马氏一族却一夜之间诞生出一大批王来：晋武帝的叔祖父司马孚为安平王，叔父司马干为平原王、司马亮为扶风王、司马伷为东莞王、司马骏为汝阴王、司马肜为梁王、司马伦为琅邪王，弟弟司马攸为齐王、司马鉴为乐安王、司马机为燕王，加上堂兄弟、堂伯父、堂叔父，司马氏一族共有二十七个人被封王。

晋武帝任命石苞为大司马、郑冲为太傅、王祥为太保、何曾为太尉，任命安平王司马孚为太宰，以这个身份指挥全国军队（都督中外诸军事），任命贾充为车骑将军，王沈为骠骑将军。

后世对司马炎评价较一般，原因主要出在他执政的后期，但至少在登基之初他还是很有作为的，他曾制定了五项基本国策："一曰正身，二曰勤百姓，三曰抚孤寡，四曰敦本息末，五曰去人事。"这些政策的核心思想就是休养生息、爱护百姓、发展生产，他还下诏释放奴婢，把他们组织起来代替士兵军屯，同时整治军队贪腐、要求百官廉洁、减少赋役课丁、推崇节俭等。

由于政策得力，司马炎在位的前期晋朝国力大增，农业生产上升，国家赋税充裕，人口增加，司马炎后来有个年号叫太康，人们把这一时期称为"太康盛世"。

在内政上司马炎也有一套，他总结前代治政的得失，在中央不断加强尚书台的建设，在尚书台内设置了吏部、三公、客曹、驾部、度支、屯田六个部，以后又改为吏部、殿中、五兵、田曹、度支、左民等部，让他们分别执掌三十五个曹，部里设尚书，曹里设郎中，各有职守，掌握各项实权，九卿及地方官员均奉尚书台之命行事，太宰、太傅、太保、太尉、司徒、司空以及大司马、大将军被称为"八公"，却渐渐成为尊崇虚衔，司马炎通过掌握尚书台直接控制着权力。

除尚书台外还加强了中书台和门下省的建设，中书台掌管诏令、文书的撰定，负责参议政事，地位较之前有很大提高；门下省是在原侍中、散骑常侍等顾问类职务基础上设置的，负责向皇帝提供政策咨询和决策参考，同时获得审查尚书台文案的职权。上面这三个部门逐渐发展成尚书省、中书省、门下省，是日后“三省六部制”的基础。

登基的第三年即泰始三年（267），司马炎下诏颁布了一份经过多年编定而完成的法律，后世称《泰始律》，这是中国封建社会第一部儒家化的法典，分为20篇、620条，涉及刑名、盗律、贼律、诈伪、请赇、告劾、捕律、系讯、断狱、杂律、户律、擅兴、毁亡、卫宫、水火、厩律、关市、违制以及诸侯律等各方面，与前代律令相比，其刑罚部分均有所减轻，起到缓和社会矛盾的作用。

蜀汉虽然灭亡了，司马炎并没有藐视原来的蜀汉官员，而是从他们中间选拔出一批人继续在晋朝为官，如曾在蜀汉任职的《三国志》作者陈寿，入晋后历任著作郎、长广郡太守、治书侍御史、太子中庶子等职，这种稳定官吏队伍的措施也保证了社会的稳定过渡。

所以晋朝取代曹魏后国力不断上升，统治更加稳固。

而在长江的对岸孙吴却日益走着下坡路，孙皓继位后虽然也有要干一番大事的雄心，继位之初也展现了一定的志向和才干，但随着权力得到巩固，其荒淫、残暴的一面逐步暴露了出来。

孙皓最恨别人看自己，有人敢看他几眼或者在他面前乱说话都会被定罪，他的后宫有几千人，如果哪个姬妾让他瞧着不顺眼，就马上杀掉扔进水中，杀人的花样更多，有剥面皮、挖眼睛、砍双脚等，中书台的长官贺邵向他进谏，本应受到表扬，反而被他命人用烧红的锯条残忍地锯下了舌头。

晋武帝咸宁五年（279），孙吴方面到处流传着一个预言，说孙吴即将灭亡，军队会从南方发起进攻，灭亡吴国的人姓公孙，孙皓大为紧张，命令把姓公孙的人都找出来，从大臣到士卒一个不放过，全部流放到交州。

看到这种情况，羊祜、杜预等人认为孙皓腐化透顶，孙吴已上下完全离心，建议出兵伐吴。这一年的12月，司马炎命镇军将军司马伷、安东将军王浑、建威将军王戎、平南将军胡奋、镇南大将军杜预、龙骧将军王濬、巴东监军唐彬等分为六路伐吴，总兵力在20万以上，其中五路大军分从长江北岸的不同地点一齐向孙吴进攻，另一路由益州、巴东沿长江东下发起进攻。

尽管孙吴国力已衰，但这场战役仍打得相当激烈。吴军在巫峡钉下大量锋利的铁锥以阻挡晋军的战船，被攻破后又在长江的狭窄处用粗大的铁链封锁江面，晋军则用火烧的办法再将铁链烧断。

这场战役进行了四个多月，晋武帝咸宁六年（280）3月，龙骧将军王濬率领的这一路率先攻至建业城下，走投无路的孙皓听从臣下的建议，仿效刘禅的做法备上亡国之礼，素车白马、肉袒面缚并带上棺材，之后率领太子孙瑾等二十一人到王濬军营前请降。

至此，三国中的最后一个政权也灭亡了，从孙权建国到孙皓投降，一共经历了五十一年。据史料记载，孙吴灭国时共有 53 万户、230 万人，官吏 32000 人、军队 23 万人、后宫 5000 余人。

孙皓投降后被司马炎封为归命侯，于四年后去世。

早在孙吴灭亡的八年前，蜀汉最后一位皇帝刘禅已经去世。

如果从汉灵帝中平元年（184）黄巾起义算起，到晋武帝咸宁六年（280）三国归晋，历史差不多走过了 100 年。

对中国人来讲，这充满离乱与痛苦的一个世纪也太漫长了……

而现在，终于结束了！

主要参考书目

[1] 陈寿 . 三国志 [M]. 北京：中华书局，1982.
[2] 陈寿 . 三国志 [M]. 上海：上海古籍出版社，1980.
[3] 范晔 . 后汉书 [M]. 北京：中华书局，1965.
[4] 房玄龄等 . 晋书 [M]. 北京：中华书局，1965.
[5] 常璩 . 华阳国志 [M]. 北京：商务印书馆，1958.
[6] 司马光等 . 资治通鉴 [M]. 上海：上海古籍出版社，1980.
[7] 熊方等 . 后汉书三国志补表三十种 [M]. 北京：中华书局，1984.
[8] 钱仪吉 . 三国会要 [M]. 上海：上海古籍出版社，1991.
[9] 卢弼 . 三国志集解 [M]. 上海：上海古籍出版社，2009.
[10] 梁章钜 . 三国志旁证 [M]. 福建：福建人民出版社，2000.
[11] 严耕望 . 两汉太守刺史表 [M]. 上海：上海古籍出版社，2007.
[12] 郦道元 . 水经注 [M]. 上海：上海古籍出版社，1990.
[13] 刘义庆 . 世说新语 [M]. 北京：中华书局，2011.
[14] 李昉编 . 太平广记 [M]. 北京：中华书局，1961.
[15] 严可均辑 . 全后汉文 [M]. 北京：商务印书馆，1999.
[16] 严可均辑 . 全三国文 [M]. 北京：商务印书馆，1999.
[17] 诸葛亮 . 诸葛亮集 [M]. 北京：中华书局，2002.
[18] 曹操等 . 三曹诗集 [M]. 山西：山西古籍出版社，2008.
[19] 俞绍初校 . 建安七子集 [M]. 北京：中华书局，2005.

后记

钟情于三国，缘于少年时的经历。

我出生在皖北的美丽古城亳州，那时还叫亳县，是个大平原，到处是河，小时候经常在河里游泳。上学后得知常去的那条河是涡河的支流，涡河是淮河的支流，1800 多年前亳州人曹操曾在涡河边居住，也常常在河里游泳，还在河里遇到过鳄鱼。

这些勾起了我的好奇，也让我对曹操、对三国的历史有了特别的关注。后来离开亳州到外地求学、工作，但亳州城南那一个个巨大的“曹氏孤堆”以及城里的曹操运兵道常常浮现在脑海里，于是遇到与三国历史相关的书籍、文章总喜欢收集起来，外出途中凡有三国遗迹的地方不管多麻烦也要想办法绕道去看一看，日积月累、心摹手追，三国竟然成了我业余生活中不可分割的一部分。

二十多年来我一直在不知不觉地积累着，读了数千篇与三国有关的文章，搜集了数百本与三国有关的书籍，做了数不清的笔记，画了一张又一张“三国地图”、三国人物关系图，也先后去过分散在全国各地的数十处三国遗址，一开始纯粹出于爱好，后来逐渐有了把学习的心得用文字写下来的想法。

大约在 2009 年 5 月前后，我第一次把学习体会以帖子的形式发在了天涯社区的“煮酒论史”专栏，立即引来广泛关注，网友们给予了众多好评，受此鼓励，我坚持写了下去，这就是《曹魏帝国》的长帖，连载到一个月左右，一家出版公司在网上留言，询问我是否愿意将该文整理出版，这就是后来《曹操秘史》的第一部。该书出版后我继续在天涯社区连载这个长帖，根据其又整理出版了《曹操秘史》的第二部和第三部。

在出版《曹操秘史》前我也出版过一本诗集和一本散文集，并在 2005 年加入了陕西省作家协会，传统的出版方式是：一本书自己埋头写完，之后交出版社审稿、修改和定稿，整个过程中没有读者的参与。而网上发帖最大的好处是读者可以参与讨论，既提出书稿中的疏失和不足，也对下面的写作给予建议，在写作《曹操秘史》的过程中我经常受到网友们的启发，天涯社区里的煮酒论史板块是一个很专业的论坛，里面有许多水平很高的网友，他们不仅给我鼓励，而且给了我很多实实在在的帮助。

网上写作还有一个好处，它可以督促你不断写下去。写作是件苦差事，我从事金融工作，平时很忙，靠业余时间写作，但无论多忙都坚持每天写一段，这都是网上发帖促成的，平时不管多忙多累都要不停地写下去，有时候遇到出差，就在周末多写几段“备用”，就是用这样的方法，让我在不到九个月时间里写完了《曹操秘史》三部约80万字的书稿。

《曹操秘史》出版后取得了成功，第一部上市30天即销售5万多册，荣登当当网新书热卖榜第二名，有30多家报刊给予了连载，50多家报刊刊登了评论文章，《曹操秘史》在内地先后出版了三个不同版本，香港中华书局出了繁体版，台湾人类智库出版公司在台湾也出了繁体版，还出版了《曹操》《曹操全传》两种新传记。之后，出版社主动约稿不断，但我仍坚持书稿先在网上发帖，一来回报天涯社区，二来我已习惯了这样的写作方式，自2010年以来，我先后在天涯社区又发布了《诸葛亮：从乡村青年到帝国CEO》《孙权：做一名成功的富二代》《彪悍的人生不解释：我是温侯吕布》《司马懿大传》《职场人士不能不看的99个三国智慧》《〈汉末英雄记〉里的三国往事》等长帖，后来分别以《诸葛亮：蜀汉舵手的历史真相》《生子当如孙仲谋》《我是温侯吕布》《司马懿（两卷）》《机关：从三国偷学到的99个非常手段》《浪花淘尽英雄》以及《三国往事》等为书名正式出版，加上《旷世雄才刘玄德》一书，我用七年时间先后为六位三国历史人物出版了八部传记，写了三部有关三国历史的随笔评论集。

爱三国，对我而言是一种纯粹的爱，只有热爱、没有功利。写三国也一样，所有的快乐都来自写作本身，写作不是一种煎熬而是一种享受，在日常学习、阅读的过程中不由得会产生思想的火花，渴望把它记录下来，即使再忙也会挤出时间去做这件事。2010年夏天，我所供职的公司由北京复兴门的远洋大厦搬到了东直门的东环广场，那时住在玉泉路的嘉德公寓，平时坐地铁上班，公司搬家后在地铁里的时间成倍增加，为了不浪费时间，我买了一部有手写功能的电子书，在地铁里开始了“写三国”，上班的路上一般能写七八百字，下班一样，回去导入电脑，整理一下、补充补充就是一篇小稿子，用这种方法我先后写了100多篇有关三国的文章，成为后来出版的《机关：从三国偷学到的99个非常手段》《浪花淘尽英雄》两本书的主要内容。

从爱三国、读三国到写三国，使我对三国这段历史和那些历史人物不断有了新认识，而走进一个个三国的“历史现场”又让我对历史的认识有了更多的具象，使认识得到了升华：登上汉魏许县故城遗址上的毓秀台，体会到的是东汉帝国日薄西山的荒凉；站在临漳的铜雀三台故址上，体会的是曹操当年“横槊赋诗意飞扬”的豪迈；秋风时节登上关中平原最西端的五丈原，感受到的是秋风凛凛、“出师未捷身先死”的悲壮……在白帝城、在赤壁、在隆中，在蔡文姬的故里，在孙权、刘备、诸葛亮等人的墓旁，在这一个个历史的现场，不仅有“念天地之悠悠”的幽思之情和朝拜之情，更有还原历史、追寻历史细节的快乐，心灵里也总会感受到那撞击历史回音壁的绝响。

但也有遗憾，迄今为止虽然写了八部三国历史人物传记，总字数近 300 万，但还没有写过一部全景式的“三国史”。对写史而言，传记相对容易些，因为只需要照顾主要人物的生平事迹即可，其他人和事与他们虽有交叉，但交叉是相对有限的，全景式的历史则不然，需要关照方方面面的人物及其关系，时间不能乱，又不能记成“流水账”。

所以这次出版《三国全史》又是一次全新的挑战，它不是将传记素材拼接起来那么简单，而需要从宏观上重新把握、从微观上重新组织。所幸的是，当年在读书学习的过程中便很注意对史料的整合、厘清，曾花了大量时间把《后汉书》、《三国志》及裴松之注、《晋书》、《华阳国志》等史书以及《全三国文》、《三曹诗集》、《建安七子集》等一一拆分，按时间顺序将它们重排，起于汉桓帝本初元年（146 年）止于晋武帝泰始元年（265 年），跨度 120 年，每年一篇，所有事件能精确到日的精确到日，能精确到月的精确到月，最后得到了数百万字的读史笔记。

写作《三国全史》促进了这项艰巨工作的完成，它不仅极大地配合了本书的写作，而且收到许多意想不到的效果，当同一历史事件在不同史书或同一史书中不同篇章中的记载被集中起来时，可以直观地看出它们之间的差异或矛盾，从而剖析其中的原因、分析其真相。所以，《三国全史》不仅是写作对象和写作方法上的变化，在内容上也有了新的超越，书中记录了许多之前没有想到的问题，对之前出版的那些书中所存在的个别错误也进行了纠正。

总之，对我而言这又是一次新的提升，让我在爱三国、读三国、写三国、行走三国的路途上向前又迈出了一大步。

南门太守

写于古都西安